# 新时代高素质体育人才创新与发展问题研究

## ——国家体育总局“优秀中青年专业技术人才百人计划”第二批培养对象代表性研究成果汇编

国家体育总局干部培训中心　编

北京体育大学出版社

策划编辑：李志诚
责任编辑：李志诚
责任校对：仝杨杨
版式设计：水分子

图书在版编目（CIP）数据

新时代高素质体育人才创新与发展问题研究：国家体育总局"优秀中青年专业技术人才百人计划"第二批培养对象代表性研究成果汇编 / 国家体育总局干部培训中心编．-- 北京：北京体育大学出版社，2021.12
ISBN 978-7-5644-3538-7

Ⅰ．①新… Ⅱ．①国… Ⅲ．①体育 – 人才培养 – 中国 –文集Ⅳ．①G812-53

中国版本图书馆 CIP 数据核字（2021）第 270185 号

新时代高素质体育人才创新与发展问题研究
XINSHIDAI GAOSUZHI TIYU RENCAI CHUANGXIN YU FAZHAN WENTI YANJIU 国家体育总局干部培训中心 编

出版发行：北京体育大学出版社
地　　址：北京市海淀区农大南路 1 号院 2 号楼 2 层办公 B-212
邮　　编：100084
网　　址：http://cbs. bsu. edu.cn
发 行 部：010-62989320
邮 购 部：北京体育大学出版社读者服务部 010-62989432
印　　刷：三河市龙大印装有限公司
开　　本：787mm × 1092mm　1/16
成品尺寸：185mm × 260mm
印　　张：29.75
字　　数：632 千字
版　　次：2021 年 12 月第 1 版
印　　次：2021 年 12 月第 1 次印刷
定　　价：200.00 元

## 编委会

# 前言

国家体育总局历来高度重视体育人才培养工作。进入新时代，国家体育总局党组和各级体育部门始终高举习近平新时代中国特色社会主义思想伟大旗帜，认真贯彻落实习近平总书记关于体育的重要论述和指示批示精神，深刻把握体育事业改革发展大局，注重加强高层次、宽领域、高技能、复合型体育人才的选拔和培养。

瞄准2035年建成体育强国的目标和任务，国家体育总局党组严格对标党中央部署要求，高度重视“人才强体”战略的组织和实施。近年来，我国先后发布了《全国体育人才发展规划（2010—2020年）》《体育强国建设纲要》《“十四五”体育发展规划》，持续加强人才培养和人才队伍建设，努力为体育事业的可持续发展培养忠诚、有担当的高素质人才队伍，凸显体育人才在体育事业发展中的引领作用，构建起与体育强国建设相协调的体育人才培养体系和创新型体育人才工作格局，形成一支具有爱国精神、创新精神、科学精神和人文素养的高素质体育人才队伍。

“优秀中青年专业技术人才百人计划”（以下简称“百人计划”）由国家体育总局人事司牵头组织实施，是人才培养专项计划中涉及人员范围最广的一项计划，2011年和2016年分两批面向全国各省、区、市体育局，国家体育总局各直属单位和共建体育院校进行选拔，以5年为周期进行重点培养。2016年，第二批选拔工作完成，确定了104名基础扎实、视野开阔、成果显著、有培养前途的中青年专业技术人才为培养对象，研究领域涉及体育人文社会学、体育教学、运动训练、运动人体科学、运动医学等。

为提升体育高端人才科研创新水平，加强“百人计划”培养对象之间的学术交流，促进“百人计划”培养对象研究成果的宣传和推广，扩展研究成果对广大体育科研工作者的积极影响和研究成果转化，助力体育强国建设，在第二批人选培训期间，我们征集了培养对象在各自研究领域中取得的代表性研究成果，编辑成册并予以出版发行。

本书资料的收集、整理和出版工作由国家体育总局干部培训中心负责，在编辑过程中得到了国家体育总局人事司的关心、指导和北京体育大学出版社的大力支持，在此一并表示感谢。

编委会

2021年11月

# 目录

# 美国花样滑冰运动的组织管理及对我国的启示

马玉丹[1]，曾爱华[1]，温朝晖[2]

（1. 汕尾职业技术学院，广东　汕尾　516600；2. 吉林省体育科学研究所，吉林　长春　130022）

**摘要**：本研究通过分析美国花样滑冰运动的开展情况，提取其成功经验，以期为我国花样滑冰运动发展助力，实现我国花样滑冰运动的健康快速发展。

**关键词**：花样滑冰；美国；中国

花样滑冰是集美感与技巧于一体的冰上运动，受到全世界人民的喜爱，在欧美国家具有悠久的发展历程与深厚的群众基础。在我国，花样滑冰也经历了“初级起步阶段”“攀登高峰阶段”等阶段。本研究主要结合笔者在美国访学期间的调研和文献资料调查，探索美国花样滑冰运动的组织管理特点，试图为我国花样滑冰运动的发展提供经验。

## 1　美国花样滑冰运动的发展与组织管理概况

### 1.1　美国花样滑冰运动的发展概况

1997—2020赛季美国花样滑冰协会注册人数见图1。

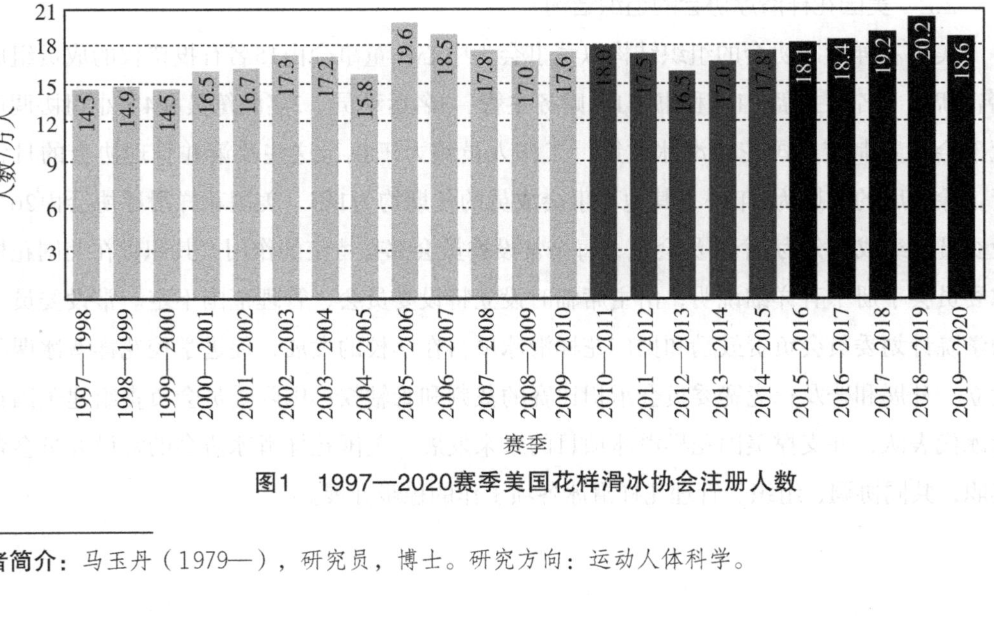


图1　1997—2020赛季美国花样滑冰协会注册人数

**作者简介**：马玉丹（1979—），研究员，博士。研究方向：运动人体科学。

自1948年美国运动员迪克·巴顿（Dick Button）赢得第一枚花样滑冰奥运金牌起，美国已经连续在18届冬奥会花样滑冰项目中每届至少获得一枚奖牌。截至2017—2018赛季，美国花样滑冰运动员累计赢得了53个世界头衔，奖牌数量接近200枚，处于世界前列。如图1所示，截至2019—2020赛季，近5个赛季美国花样滑冰协会注册人数基本稳定在18万人以上，可见美国花样滑冰人口基础较好。

### 1.2 美国花样滑冰运动的组织管理概况

社会体育组织管理是美国各个运动项目管理的重要方式，花样滑冰也不例外，其组织管理机构主要有美国花样滑冰协会、职业滑冰协会和滑冰协会。其中，美国花样滑冰协会是官方的花样滑冰教练员培训、认证的机构；职业滑冰协会是管理培训及专业表演的机构，组织花样滑冰教练员的培训和认证的工作；滑冰协会是由冰场持有者、运营商、教练员、建筑商及供应商等共同构成的组织，他们支持冰场的发展和运作，并且负责提供场地，推广休闲滑冰运动在美国的发展。

## 2 美国花样滑冰协会的组织结构与管理优势

### 2.1 美国花样滑冰协会概况

美国花样滑冰协会是美国奥林匹克与残疾人奥林匹克委员会及国际滑冰联盟的成员。美国花样滑冰协会成立于1921年，至今已有百年历史。美国花样滑冰协会成立之初，仅有7个创始会员俱乐部，经不断发展壮大，迄今为止，有750 多个会员俱乐部。美国花样滑冰协会总部位于科罗拉多州的科罗拉多斯普林斯，这里也是世界花样滑冰博物馆和名人堂的所在地。

### 2.2 美国花样滑冰协会的组织结构

美国花样滑冰协会的组织结构以董事会为中心，董事会由15名有投票权的成员组成：1名主席、3名副主席、1名秘书、1名财务主管、3名运动员、2名教练员和4名小组协调员。董事会负责制定美国花样滑冰政策，工作人员致力于执行这些政策并管理协会的日常职责。除主席的任期为2年外，其他董事会成员的任期均为1年。美国花样滑冰协会由26个常设委员会组成，分为5个委员会组，每个常设委员会都有特定的作用，其职责在美国花样滑冰委员会手册中有详细说明；由主席临时设立特设委员会，管理范围不定。常设委员会中的学院计划委员会负责鼓励和推广花样滑冰项目在学校的发展，促进学校花样滑冰课程的设立、开展和普及；竞赛委员会承担比赛的裁判和管辖权；国际委员会负责组建美国花样滑冰代表队，并支撑美国花样滑冰项目的未来发展。美国花样滑冰协会的常设委员会各司其职，共同协调、组织、管理花样滑冰各项工作的稳步开展。

### 2.3 美国花样滑冰协会的管理优势

（1）美国花样滑冰协会提供各种类型的奖学金、赠款和奖项，旨在发展花样滑冰运动，帮助运动员在训练、比赛中获得成功，每年用于资助的项目经费在1 500万美元左右。其经费来源包括捐赠、基金、奥委会拨款、会费、转播费、冠名费、广告费等。

（2）美国花样滑冰协会重视宣传工作，通过多种宣传途径提升美国花样滑冰运动的普及率。例如，美国花样滑冰协会制作了“滑冰”杂志档案，即电子数据库，供用户查找自1923年12月以来的全部资料。而且，美国花样滑冰协会在网上建立了花样滑冰粉丝区，为广大粉丝及时播报最新的美国花样滑冰新闻、亮点、故事，不仅让粉丝了解美国花样滑冰运动员的最新成绩，还让他们了解美国花样滑冰队的幕后故事。同时，每年会员俱乐部都会举行花样滑冰表演，展示花样滑冰运动员的才能与花样滑冰项目的魅力。2016年6月1日，在残奥会和专业滑冰联合会的支持下，美国花样滑冰协会、美国冰球协会和美国速滑协会共同发起了“美国学会滑冰计划”，为民众提供滑冰学习机会，从而使民众养成滑冰的终身爱好。

（3）美国花样滑冰协会提供技术支持，包括积极开展教练员培训、提供专门的科研医疗支持等，以促进花样滑冰运动的持续发展，提升花样滑冰项目科学训练水平。

（4）美国花样滑冰协会建立了完备的运动员分级制度，各等级有明确的测试内容与标准，一旦通过最高级别的测试，就可成为申请大学的加分点。

## 3 美国花样滑冰运动的组织管理对我国的启示

### 3.1 逐步完善协会体系

中国花样滑冰协会2018年成立于北京，积极推动花样滑冰工作的开展，包括开办CFSA冬令营、夏令营等，创办俱乐部联赛暨U系列赛事，完善协会建设，制定运动标准体系，建立复合团队，等等。多项措施并举，极大地促进了我国花样滑冰运动的开展。美国花样滑冰协会的经验对中国花样滑冰协会的发展有可借鉴之处。例如，可以通过官方媒体宣传运动员训练、比赛的幕后花絮，吸引更多的人关注花样滑冰。同时，可以积极推进运动等级制度与升学考试建立联系，增加花样滑冰项目参与人数。

### 3.2 加大项目普及力度

由于气候条件、地理位置等因素，长期以来我国冰雪项目主要集中在东北地区，以吉林和黑龙江为主。近年来，随着国家冰雪战略的实施，除了东三省，其他省、区、市也开始积极建设冰场，培养花样滑冰优秀运动员，基于花样滑冰俱乐部的培养模式已经悄然出现在北京、上海、广东等地。

3.3 结合本土“体教融合”

我国在借鉴美国花样滑冰协会组织管理经验的基础上，更应该结合国家政策方针，结合本土实际发展花样滑冰。随着体教融合政策的推进，各级地方政府应该积极促进各学校开展花样滑冰课程。但是，如何推进运动等级制度与升学考试建立联系？如何推进花样滑冰运动进校园？这些问题都值得进一步深入探索。

## 参考文献

[1] 张子华.冬奥会花样滑冰比赛评述[J].体育文化导刊，2015（8）：106-109.

[2] 于立强.新中国花样滑冰运动发展历程与阶段特征研究[J].吉林体育学院学报，2010，26（3）：56-57.

[3] 陈琦，马玉丹，叶晶龙，等.美国华裔花样滑冰运动员成功的社会动因及启示[J].冰雪运动，2019，41（5）：18-26，32.

[4] 张清华.冬奥会竞技体育强国区域特征与启示[J].安徽体育科技，2017，38（2）：12-16，20.

[5] 于海浩，孙玉巍．俱乐部培养花样滑冰后备人才的可行性研究[J].冰雪运动，2012，34（4）：32-37.

# 外部环境对儿童青少年参加锻炼天数的影响

王　东

（辽宁省体育事业发展中心医疗康复中心，辽宁　沈阳　110179）

**摘要：**党中央高度重视儿童青少年体育，国家体育总局和教育部联合推动体教融合工作，关注儿童青少年全面健康发展。本研究通过对2017年国家体育总局组织的全国儿童青少年体育健身活动状况调查中最近一个月内每周体育锻炼天数和外部环境因素的统计分析，找出影响儿童青少年体育锻炼的关键问题，从而改善外部环境，提高儿童青少年的体质健康水平。

**关键词：**体育锻炼；外部环境；锻炼天数

## 1　研究对象与研究方法

### 1.1　研究对象

本研究的研究对象为外部环境对儿童青少年参加锻炼天数的影响。

### 1.2　研究方法

1.2.1　问卷调查法　本研究只对问卷中的外部环境维度15个题项和健身习惯中最近一个月内每周的锻炼天数进行研究。本研究的问卷来自国家体育总局，信度和效度都经过专家论证。本研究旨在单独分析外部环境维度的影响，并做了信度和效度的检验。（表1、表2）

由表1可见，各题项的克隆巴赫系数都大于0.7，信度较高。由表2可见，各题项通过效度检验。

**表1　外部环境各题项的克隆巴赫系数表**

| 题项 | 克隆巴赫系数 |
|---|---|
| 你的父母经常参加体育锻炼吗？ | 0.729 |
| 你的父母支持你参加体育锻炼吗？ | 0.725 |

**作者简介：**王东（1974—），研究员，本科。研究方向：群众体育。

续表

| 题项 | 克隆巴赫系数 |
|---|---|
| 你的父母会陪你参加体育锻炼吗? | 0.716 |
| 你的父母愿意花钱让你参加体育锻炼吗? | 0.715 |
| 你周围参加体育锻炼的人多吗? | 0.724 |
| 你的父母、老师会因为上课外辅导班不让你参加体育锻炼吗? | 0.765 |
| 你住的地方或周边有锻炼的场地或设施吗? | 0.723 |
| 你参加过学校以外的其他机构组织的体育活动吗? | 0.727 |
| 一般情况下，雾霾天或空气质量不好的时候，你还参加体育锻炼吗? | 0.748 |
| 学校体育场地设施能满足你的体育锻炼需求吗? | 0.726 |
| 学校开设的体育课和课外体育活动能满足你的体育锻炼需求吗? | 0.726 |
| 学校的体育课或课间操时间有被其他课程占用过吗? | 0.774 |
| 学校大概多久举办一次运动会? | 0.761 |
| 体育成绩好的学生在同学们当中受欢迎吗? | 0.740 |
| 学校宣传过与科学健身有关的知识吗? | 0.730 |

**表2　外部环境各题项的KMO和巴特利特球形检验表**

| | | |
|---|---|---|
| **KMO 取样适切性量数** | 0.834 | |
| **巴特利特球形检验** | 近似卡方 | 12 320.827 |
| | 自由度 | 105 |
| | 显著性 | 0.000 |

1.2.2　统计分析法　运用SPSS统计软件对调查数据进行处理。

## 2　研究结果

2.1　最近一个月内每周参加体育锻炼天数的性别差异分析

由表3可见，最近一个月内每周参加体育锻炼天数不存在性别差异。因此，外部环境因素的影响不用考虑性别差异。

表3　最近一个月内每周参加体育锻炼天数的性别差异表

| 题项 | 男 | 女 | $t$ | $P$ |
|---|---|---|---|---|
| **每周参加体育锻炼天数** | 4.64 ± 2.05 | 4.61 ± 1.89 | 0.508 | 0.611 |

2.2　外部环境各题项与最近一个月内每周参加体育锻炼天数的相关性分析

外部环境各题项与最近一个月内每周参加体育锻炼天数的相关性分析见表4。

表4　外部环境各题项与最近一个月内每周参加体育锻炼天数的相关系数表

| 题项 | 与最近一个月内每周参加体育锻炼天数的相关系数 |
|---|---|
| 你的父母经常参加体育锻炼吗？ | 0.103** |
| 你的父母支持你参加体育锻炼吗？ | 0.236** |
| 你的父母会陪你参加体育锻炼吗？ | 0.098** |
| 你的父母愿意花钱让你参加体育锻炼吗？ | 0.192** |
| 你周围参加体育锻炼的人多吗？ | 0.228** |
| 你的父母、老师会因为上课外辅导班不让你参加体育锻炼吗？ | –0.086** |
| 你住的地方或周边有锻炼的场地或设施吗？ | 0.148** |
| 你参加过学校以外的其他机构组织的体育活动吗？ | 0.182** |
| 一般情况下，雾霾天或空气质量不好的时候，你还参加体育锻炼吗？ | –0.063** |
| 学校体育场地设施能满足你的体育锻炼需求吗？ | 0.165** |
| 学校开设的体育课和课外体育活动能满足你的体育锻炼需求吗？ | 0.157** |
| 学校的体育课或课间操时间有被其他课程占用过吗？ | –0.098** |
| 学校大概多久举办一次运动会？ | 0.007 |
| 体育成绩好的学生在同学们当中受欢迎吗？ | 0.069** |
| 学校宣传过与科学健身有关的知识吗？ | 0.117** |

注：**表示$P$<0.01，相关性显著。

2.3　外部环境维度各题项对最近一个月内每周参加体育锻炼天数的影响因素分析

由表5可见，本次回归模型的拟合度一般，$R^2$=0.107表示能影响锻炼天数的因素还有很多；这些外部环境因素之间不存在多重共线性，VIF全部小于5；回归方程显著，$F$=31.97，$P$<0.01，意味着这些外部环境因素中至少有一个可以显著影响最近一个月内每周参加体育锻炼天数。从表5中可以看出，“你的父母支持你参加体育锻炼”“你的父母陪你参加

体育锻炼”“你周围参加体育锻炼的人多”“你参加过学校以外的其他机构组织的体育活动”这些因素都是正向影响锻炼天数的因素；“你的父母、老师会因为上课外辅导班不让你参加体育锻炼”“雾霾天或空气质量不好”“学校的体育课或课间操时间被其他课占用”这些因素都是负向影响锻炼天数的因素，这些因素的$P$都小于0.05，相关性显著。

**表5　外部环境各题项对最近一个月内每周参加体育锻炼天数的线性回归表**

| 题项 | 未标准化系数 | | 标准化系数 | $t$ | 显著性 | VIF |
|---|---|---|---|---|---|---|
| | B | 标准错误 | Beta | | | |
| （常量） | 6.184 | 0.225 | — | 27.525 | 0.000 | — |
| 你的父母经常参加体育锻炼吗？ | 0.021 | 0.055 | 0.007 | 0.387 | 0.698 | 1.362 |
| 你的父母支持你参加体育锻炼吗？ | 0.350 | 0.045 | 0.144 | 7.714 | 0.000 | 1.508 |
| 你的父母会陪你参加体育锻炼吗？ | 0.139 | 0.043 | 0.061 | 3.210 | 0.001 | 1.557 |
| 你的父母愿意花钱让你参加体育锻炼吗？ | 0.054 | 0.039 | 0.027 | 1.371 | 0.170 | 1.715 |
| 你周围参加体育锻炼的人多吗？ | 0.361 | 0.051 | 0.127 | 7.127 | 0.000 | 1.384 |
| 你的父母、老师会因为上课外辅导班不让你参加体育锻炼吗？ | −0.212 | 0.044 | −0.079 | −4.857 | 0.000 | 1.150 |
| 你住的地方或周边有锻炼的场地或设施吗？ | 0.037 | 0.040 | 0.016 | 0.929 | 0.353 | 1.361 |
| 你参加过学校以外的其他机构组织的体育活动吗？ | 0.372 | 0.050 | 0.130 | 7.377 | 0.000 | 1.343 |
| 一般情况下，雾霾天或空气质量不好的时候，你还参加体育锻炼吗？ | −0.173 | 0.077 | −0.036 | −2.256 | 0.024 | 1.129 |
| 学校体育场地设施能满足你的体育锻炼需求吗？ | 0.098 | 0.053 | 0.040 | 1.836 | 0.066 | 2.083 |
| 学校开设的体育课和课外体育活动能满足你的体育锻炼需求吗？ | 0.020 | 0.052 | 0.008 | 0.374 | 0.708 | 2.072 |
| 学校的体育课或课间操时间有被其他课程占用过吗？ | −0.139 | 0.051 | −0.045 | −2.735 | 0.006 | 1.188 |
| 学校大概多久举办一次运动会？ | 0.028 | 0.033 | 0.013 | 0.831 | 0.406 | 1.044 |
| 体育成绩好的学生在同学们当中受欢迎吗？ | 0.089 | 0.062 | 0.023 | 1.443 | 0.149 | 1.143 |
| 学校宣传过与科学健身有关的知识吗？ | 0.059 | 0.052 | 0.020 | 1.138 | 0.255 | 1.318 |
| $R^2$=0.107　$F$=31.97　$P$<0.01　因变量：每周参加体育锻炼天数 | | | | | | |

## 3 结论

目前儿童青少年参加课外辅导班的趋势越演越烈，严重占用了儿童青少年的体育锻炼时间，加之教师、家长忽视体育锻炼，甚至占用体育课和课间操时间，使儿童青少年本来就很少的校内体育锻炼都没有了，导致儿童青少年体质健康水平持续下降。为此国家体育总局和教育部联合印发《关于深化体教融合 促进青少年健康发展的意见》，并出台相关细则保证儿童青少年的体育锻炼时间。全社会的正面体育锻炼导向，全民健身上升到国家战略，全民积极参加体育锻炼，都给儿童青少年带来正向引导，相信儿童青少年的体质健康水平会逐步提高。

## 参考文献

孔琳.中国儿童青少年身体活动促进模式构建的理论与实证研究[D].上海：华东师范大学，2021.

# 我国公益性社会体育指导员队伍的建设与发展研究

王旭光

（天津体育学院运动与健康研究院，天津　301617）

**摘要**：本研究依托国家体育总局群众体育司和社会体育指导中心2016—2018年委托的社会体育指导员制度修订研究任务，对我国公益性社会体育指导员队伍的发展现状进行了思考，提出了我国公益性社会体育指导员队伍建设的建议。

**关键词**：社会体育指导员；全民健身志愿服务；公益性

公益性社会体育指导员是以满足人民体育需求为目的，以奉献服务、健康、快乐为宗旨，从事于全民健康志愿服务的社会体育指导员。

## 1　我国公益性社会体育指导员队伍的发展现状

目前我国公益性社会体育指导员（以下简称指导员）队伍接近300万人，在百姓健身指导、活动开展、健康方式引领、和谐社区建设等多方面发挥着重要的作用。但指导员队伍也面临诸多问题，包括来源渠道单一，整体素质有待进一步提高；经常开展服务的指导员数量、健身指导服务内容等与百姓需求之间还有较大的差距；各级指导员协会的实体化程度较低，指导员队伍社会化的组织管理体系还有待完善；人们对指导员队伍的志愿服务精神，对指导员队伍的作用还缺乏广泛共识、深度理解和认同；指导员工作保障和激励机制还不完善，“常效化”的志愿服务体系亟待建设与完善；等等。

## 2　我国公益性社会体育指导员队伍建设的建议

党的十八大以来，国家进一步加强志愿队伍、志愿服务、志愿组织建设，积极构建有利于志愿服务和志愿精神传播的社会环境，为指导员队伍建设提供了良好的外部环境。健康中国、体育强国建设和全民健身国家战略的深入实施，对构建更为完备的多元化全民健身体系提出了更高质量的要求。为促进指导员队伍建设，本研究提出以下几点建议。

---

**作者简介**：王旭光（1971—），教授，博士。研究方向：全民健身政策、体育社会学、体育社会组织等。

2.1 优化指导员技术等级，加强指导员队伍与其他各类健身指导队伍的相互融通

目前指导员技术等级的层级多、晋升需要的时间长，对指导员开展服务，尤其是“常效化”服务的评价不足。建议尽快出台“指导员志愿服务的星级评价”办法，减少指导员技术等级的层级，增加指导员分类，将高校体育专业毕业生、运动项目协会认证的专业人员（包括大众健身指导员、职业指导员、教练员、裁判员等）、体育教师等与新的指导员分级分类对应并积极引导他们加入指导员的志愿服务队伍。

2.2 以百姓的健身需求为导向，加快构建多层次健身指导队伍与社会需求紧密对接的社会化管理体制和运行机制，为指导员队伍发展不断注入新的活力

指导员队伍社会化的组织管理体系是扩大指导员队伍来源、促进指导员服务与百姓需求紧密对接的关键环节。目前指导员协会的实体化程度不高，社会化的自我组织和管理体系亟须建设。对此，本研究有以下几点建议。①进一步加强各级指导员协会的实体化，广泛吸纳社会力量，建立完善的协会内部治理机制。②加强指导员协会团体会员和个人会员的建设，建立起全国性指导员协会—地方各级指导员协会—指导员工作站，以及与各级体育总会、体育项目协会、人群体育协会等社会组织有机联络的自治体系和自我管理的运行机制。③进一步推进政府职能转变，明确政府在指导员工作中的职能。各级政府体育部门主要职责是做好宏观调控、政策指导、经费保障、标准制定、工作督导等，发挥以制度性、组织性、信息类服务为主的宏观管理和政策调控职能。指导员协会内部治理机制完备后，应把指导员的注册、培训、考核、认定等日常的事务性工作逐步交给指导员协会及其合作的各类项目协会等专业组织，推进指导员工作的自治和自主管理。④积极建立指导员协会与体育项目协会、人群体育协会、行业协会等专业组织的分工合作模式，使这些专业社会组织积极承担指导员招募、培训、考核、任用、奖励、激励等工作。⑤依托各级各类基层体育社会组织等建立指导员工作站，承担指导员日常活动开展、组织管理等工作。

2.3 弘扬志愿服务精神，完善指导员队伍的保障和激励机制，构建百姓身边“常效化”的全民健身志愿服务体系

（1）建立和实施指导员志愿服务的评价机制。各级指导员协会应依托指导员工作站对指导员的服务情况进行记录、评价，并对长期开展志愿服务的优秀指导员授予荣誉奖章。

（2）加强指导员的工作保障。加强规划和政策引导，依托社区、体育项目协会、企事业单位等广泛建立指导员与社会需求对接的服务平台。加强各级指导员协会、基层体育社会组织和指导员工作站的建设。通过设立指导员公益岗位，购买保险、订立服务协议，保障指导员服务的相关权益。

（3）完备政府购买指导员服务的政策与制度。积极探索购买指导员的培训、活动、服

务等政策与制度。

（4）完善指导员的激励政策。加强指导员的宣传工作，落实指导员队伍精神奖励、物质补贴、提升发展空间等多元化的激励措施。

（5）加快指导员信息化服务平台建设。积极探索依托信息服务平台开展指导员培训、考核、服务评价等，以技术革新加快引领指导员工作转型升级。

## 3 结语

“十四五”时期，我国开启全面建设社会主义现代化国家的新征程，指导员队伍的建设也需要新的理念、新的思路和新的发展格局，以更好地满足百姓的健身与健康需求，满足百姓对美好生活的新需求。

### 参考文献

[1] 中华人民共和国体育运动委员会.中华人民共和国体育法规汇编（1993—1996）[G].北京：新华出版社，1997.

[2] 刘国永，王欢.中国社会体育指导员发展报告（1994—2014）[M].北京：社会科学文献出版社，2016.

# 美国高等篮球名校体育网站粉丝区设计分析

王雪峰

（南京晓庄学院，江苏　南京　210017）

**摘要**：本研究采用网络调查法对美国5所高等篮球名校体育网站粉丝区（Fan zone）进行分析，以完善我国高校体育网站建设，吸引更多的大学生和周边社区居民关注和参与高校体育的发展。

**关键词**：美国；高校；粉丝区

1999年，教育部要求高校建立自己的校园网，高校体育网站也从最初一个链接发展为今天丰富多样的体育网站。本研究通过分析美国高等篮球名校体育网站粉丝区设置，以期为完善我国高校体育网站建设提供参考。

## 1　研究对象与研究方法

### 1.1　研究对象

本研究的研究对象为美国高等篮球名校体育网站粉丝区。

### 1.2　研究方法

1.2.1　文献资料法　通过查阅中、美高校体育网站建设的文献资料，为研究的深入奠定基础。

1.2.2　网络调查法　本研究按照美国高校篮球队在全国大学体育协会（NCAA）举办的篮球比赛中获全国冠军次数选出前5名的学校，即加利福尼亚大学洛杉矶分校（11次）、肯塔基大学（8次）、北卡罗来纳大学教堂山分校（6次）、杜克大学（5次）、康涅狄格大学（5次），查阅这些高校体育网站粉丝区设置情况并加以整理。

1.2.3　数理统计法　运用Excel对调查数据进行统计处理。

**作者简介**：王雪峰（1973—），教授，博士。研究方向：体育社会学。

## 2 结果与分析

### 2.1 美国高等篮球名校体育网站粉丝区栏目设置

美国高等篮球名校体育网站粉丝区具体栏目见表1。

表1 美国高等篮球名校体育网站粉丝区具体栏目

| 序号 | 学校名 | 粉丝区二级目录 | 粉丝区三级目录 | |
|---|---|---|---|---|
| 1 | 加利福尼亚大学洛杉矶分校（UCLA） | Join Us | （1）Bruin Kids Club | （4）The Den-UCLA Students |
| | | | （2）Bruin Win Rewards | （5）Fan Travel |
| | | | （3）IMG Promotions | （6）Sign up Bruin Emails |
| | | Bruin Extras | （1）Award Winners | （6）Hall of Fame |
| | | | （2）Bruins in the Pros | （7）NCAA Championships |
| | | | （3）Coach John Wooden | （8）Olympic History |
| | | | （4）Downloadable Schedules | （9）Online Store |
| | | | （5）Events Schedule | — |
| 2 | 肯塔基大学（UK） | — | （1）BBN Hotels | （13）Cheerleading |
| | | | （2）Digital Guides-Football | （14）Dance Team |
| | | | （3）Digital Guides-Men's Basketball | （15）Hall of Fame |
| | | | （4）Football Gameday Information | （16）Junior Wildcat Club |
| | | | （5）Kroger Community Fields | （17）Mascot |
| | | | （6）UK Athletics App | （18）Mitch Barnhart Podcast |
| | | | （7）UK Healthcare John Calipari Show | （19）Pageantry |
| | | | （8）UK Healthcare Mark Stoops Show | （20）Pep Band |
| | | | （9）UK Sports Marketing Staff | （21）Posters/Pocket Schedules |
| | | | （10）UK Sports Network Radio &TV Affiliates | （22）Reserve/Buy Tailgate |
| | | | （11）Cats in the Community | （23）SEC Network FAQ |
| | | | （12）CATSPY Awards | （24）UK Team Shop |
| 3 | 北卡罗来纳大学教堂山分校（UNC） | Fan Zone | （1）ACC Network | （14）Rameses Request Form（PDF） |
| | | | （2）Accessibility Information | （15）Olympians |
| | | | （3）Carolina Fever | （16）Parking |
| | | | （4）Carolina Insider Podcast | （17）RSS Feeds |
| | | | （5）Carolina Newsflash | （18）Social Media |

续表

| 序号 | 学校名 | 粉丝区二级目录 | 粉丝区三级目录 | |
|---|---|---|---|---|
| 3 | 北卡罗来纳大学教堂山分校（UNC） | Fan Zone | （6）Charitable Donations/ Autographs | （19）StubHub: Buy and Sell |
| | | | （7）Clear Bag Policy | （20）Tailgating Policy |
| | | | （8）Football Tailgate Packages | （21）Tar Heel Sports Network |
| | | | （9）Hotel/Travel Information | （22）Tar Heel Express |
| | | | （10）Kids Club | （23）Tar Heel Traditions |
| | | | （11）Live Stats | （24）Auctions |
| | | | （12）Mobile App | （25）GoHeel TV |
| | | | （13）National Champions | — |
| | | Popular Link | （1）Tickets | （3）Contest |
| | | | （2）UNC Store | — |
| 4 | 杜克大学（D） | — | （1）A–Z Game Day Guides | （7）Donation Requests |
| | | | （2）Blue Devil 360：Duke Athletics Podcast | （8）Experiences |
| | | | （3）Blue Devil Sports Network from Learfield IMG College Affiliates | （9）Social Media |
| | | | （4）Camps | （10）Student–Athlete of the Week |
| | | | （5）Cheerleading/Mascot | （11）Subscribe to Our Newsletters |
| | | | （6）Game Day Hospitality | （12）Travel Guide &Promotions |
| 5 | 康涅狄格大学（UCONN） | Quick Links | （1）Event Calendar | （3）Feedback |
| | | | （2）Bag Policy | （4）Digital Wallpapers |
| | | Gameday Info | （1）Men's Basketball | （5）Basketball Traffic Patterns |
| | | | （2）Women's Basketball | （6）Basketball Gameday Shuttles |
| | | | （3）Men's Hockey | （7）Directions |
| | | | （4）Football | （8）Scoreboard Messages |
| | | Traditions | （1）National Championships | （5）Huskies of Honor |
| | | | （2）History of UCONN Athletics | （6）Husky Heritage Sports Museum |
| | | | （3）Fight Song/Alma Mater | （7）Marching Band |
| | | | （4）Jonathan the Husky Dog | （8）Spirit/Cheer/Dance |
| | | Promotions | （1）Junior Husky Club | （3）Youth Group Branding |
| | | | （2）Coaches Radio Shows | （4）Gameday Promotions |

美国高等篮球名校体育网站粉丝区栏目数量在12~28个，每一栏目还可延伸出很多小分支，对以学校吉祥物为标志的专业运动队的文化价值、社会形象、社区互动、商业化服务进行了全方位的宣传和塑造，增加了本校师生员工、周边社区居民对校运动队的关注、参与、支持，为提升学校影响力和体育服务水平创造了良好条件。

2.2 美国高等篮球名校体育网站粉丝区设计的共同点

2.2.1 吉祥物、俱乐部、注册会员网络入口及运动App 吉祥物是学校及其体育核心价值的体现。吉祥物可将以前及现在的学生运动员、教练员、团队经理等与学校联系起来，致力于通过一个团结的校友社区来发展学校体育运动。吉祥物传递勇敢、坚强、力量、幸运、爱、拼搏等正能量。UCLA的吉祥物是熊Joe Bruin，象征能力和力量，学校通过它鼓励每个学生勇敢挑战自己，以开放、乐观的态度去面对和接受不同的思想交流和碰撞；UK的吉祥物是野猫Scratch，强调力量和敏捷；UNC的吉祥物是公羊Rams，强调力量和强壮；D的吉祥物是蓝魔Blue Devil，强调勇敢、顽强和爱；UCONN的吉祥物是狗Jonathan，强调勇敢、忠诚和迅猛。每个吉祥物身上都有竞争的含义，这与美国高校强调体育竞争的理念密切相关。（表2）

表2 粉丝区吉祥物及俱乐部名称

| 校名 | 吉祥物 | 吉祥物名称 | 俱乐部名称 | 会员 |
|---|---|---|---|---|
| UCLA | 熊 | Joe Bruin | Bruin Kids Club | 13 岁以下儿童 |
| UK | 野猫 | Scratch | Junior Wildcat Club | 13 岁以下儿童 |
| UNC | 公羊 | Rams | The Rams Club | 分为初中及以下学生、大学生和成人 3 个层次 |
| D | 蓝魔 | Blue Devil | Blue Devil Club | 分为初中及以下学生、大学生和成人 3 个层次 |
| UCONN | 狗 | Jonathan | Junior Husky Club | 13 岁以下儿童 |

吉祥物作为形象大使，以拟人的身份发出号召，吸引师生和周边社区居民加入俱乐部。例如，UCLA“今天就成为会员”，UK“加入野猫俱乐部是热爱体育的一种伟大方式”。后面显示加入俱乐部的最低年费、付费链接及享受不同待遇的收费标准、方便的注册方式及体育App下载，使人很容易成为其中的一员。

2.2.2 教练秀、名人堂、啦啦队、乐队的社交媒体传播 为增加会员黏性，俱乐部粉丝区设置教练秀，知名运动员、教练员的社交媒体传播和互动。这些社交媒体主要是Twitter、Facebook、YouTube、Instagram、Galleries等，通过社交媒体，粉丝与运动员、教练员实现了良性互动。名人堂陈列不同体育项目获奖奖杯、照片、知名球员球衣、球、知名教练员和运动员的卓越贡献等，相当于一个校级体育博物馆，展示学校体育的辉煌历史。啦啦队、乐队主要展示队员的风采、演出精彩瞬间、社区服务活动及队员招募等。乐队战歌也是展示主题之一，展示了学校的伟大、包容、爱。它们是学校及运动队进行社会宣传和形象展示的重要方式和场合。

2.2.3　在线商店、比赛日程、比赛日安排及票务　粉丝区和网站导航都设有在线商店。学校在线商店网页可与淘宝、京东媲美。在线商店主要售卖与学校吉祥物及Logo有关的物品，物品的精美和种类的齐全令人惊叹。比赛日程在电子日历上具体到每月每日的时间地点。比赛安排则事无巨细地介绍了观赛有关的衣食住行用，并对残疾人观众观赛做了细致说明，让人惊叹于主办方的细心服务和人性化安排，其中许多项目为有偿服务。票务引导观众通过网络或校方体育App购买比赛门票。虚拟场馆会详细显示不同项目、席位的票价。贵宾席只有捐赠一定数量钱财的人才能购得。全方位无死角服务，让人感叹西方高校体育比赛服务的完美。

2.3　美国高等篮球名校体育网站粉丝区设计对我国高校体育网站建设的启示

美国高等篮球名校体育网站粉丝区以辖区观众为中心，以运动竞赛为抓手，进行文化传播、形象展示、媒体互动、社区活动，吸引观众参与，同时充分利用商业运作，以学校吉祥物和Logo为主要文化元素，结合比赛项目，制作各种体育产品，满足观众需求，也围绕观众需求，用凸显校园文化的体育价值观、社交媒体和商业运作对运动竞赛进行全面包装，并围绕观看行为提供全方位的衣食住行用服务，最终增加观众的黏性，推动文化传播和体育产业化的发展。

## 3　结语

目前我国高校体育网站以行政为导向，设计上缺少市场因素和媒体互动，网站使用率低，影响力小。我国高校体育竞赛尚处于初级阶段，体育网站需要结合我国国情，在大学生体育协会的领导下，借助商业手段，进一步发展高校体育联赛，吸引更多的学生和周边居民关注和参与高校体育，为建设体育强国作贡献。

## 参考文献

NCAA. 获得篮球国家冠军的统计[EB/OL].[2020-01-11].https://www.ncaa.com/history/basketball-men/d1.

# 上海部分运动项目运动员不同季节维生素D营养状况研究

王　晨

［上海体育科学研究所（上海市反兴奋剂中心），上海　200030］

**摘要**：本研究调查分析上海部分运动项目运动员不同季节维生素D的营养状况，为制定合理的预防及改善措施提供客观依据。结果显示，上海部分运动项目运动员维生素D营养缺乏及不足的问题广泛存在，不同运动项目，尤其是室外运动项目女足运动员夏季及体操运动员四季维生素D缺乏及不足问题不容忽视，定期检测运动员血清25（OH）D水平来评估其体内维生素D营养状况十分重要。

**关键词**：运动员；运动项目；季节；维生素D

维生素D是人体不可缺少的一种脂溶性维生素。大量研究数据显示，全世界普通人群普遍存在维生素D缺乏或不足的情况，并由此导致多种疾病的发生。目前运动员维生素D营养状况未得到足够的重视。一份对涉及全球2 313名运动员的23项研究的Meta分析报告显示，各地运动员普遍存在维生素D不足的情况且营养状况差别非常大。而我国目前缺乏针对运动员维生素D营养状况的全面评估。

## 1　研究对象与研究方法

### 1.1　研究对象

本研究以上海部分运动项目运动员不同季节维生素D营养状况为研究对象，并选取具有代表性的室内运动项目女子排球、体操及室外运动项目女子足球共计45名上海职业运动员（均为国家一级及以上运动员）作为本研究的实验对象。（表1）

**表1　各运动项目运动员基本信息**

| 运动项目 | 人数 | 年龄/岁 | 身高/cm | 体重/kg |
|---|---|---|---|---|
| 女子足球 | 15 | 22.9 ± 1.9 | 169.9 ± 6.8 | 60.8 ± 7.3 |

**作者简介**：王晨（1972—），研究员，硕士。研究方向：运动营养与训练监控。

续表

| 运动项目 | 人数 | 年龄/岁 | 身高/cm | 体重/kg |
|---|---|---|---|---|
| 女子排球 | 15 | 18.8 ± 1.5 | 181.0 ± 6.0 | 67.9 ± 4.4 |
| 体操 | 15 | 18.4 ± 3.9 | 158.1 ± 8.4 | 48.7 ± 10.7 |

1.2 整体实验方案

本研究通过对女子足球、女子排球、体操共计45名上海职业运动员，分别在冬季、春季、夏季、秋季代表月份（四季以气象划分法来划分，阳历1月、4月、7月、10月分别作为冬、春、夏、秋的代表月份）的月末空腹抽取静脉血，进行血清25（OH）D水平的测试，分析上海职业运动员不同运动项目、不同季节体内维生素D营养状态。所有受检者采血前至少1个月未使用过血制品、免疫调节剂及维生素D相关营养制剂。

1.3 血清25（OH）D水平的测定

空腹状态下肘正中静脉取血3 mL，L-800R离心机（江东仪器）3 000 RPM离心15 min，分离血清，-80℃冻存待测。25（OH）D水平采用罗氏Cobas e601型全自动电化学发光免疫分析仪及该仪器专用配套试剂进行测试。

1.4 人体内维生素D营养状况的评价标准

25（OH）D是人体内维生素D主要的储存形式，不易受其他因素影响且半衰期较长，在血液中浓度稳定，是评价维生素D营养状态的黄金指标，故本研究采用血清25（OH）D水平来评价运动员维生素D的营养状态。

根据美国内分泌协会的推荐标准：血清25（OH）D≥30 ng/mL被定义为体内维生素D水平正常，21 ng/mL≤25（OH）D<30 ng/mL被定义为体内维生素D不足，25（OH）D<21 ng/mL被定义为体内维生素D缺乏。最佳维生素D水平血清25（OH）D阈值建议>40 ng/mL 。

1.5 数据分析与统计学处理

本研究采用SPSS 17.0统计软件进行数据处理，所有数据正态性检验采用One-Sample Kolmogorov-Smirnov检验，连续变量符合正态分布的用均值 ± 标准差表示。上海部分运动项目运动员不同季节、不同运动项目运动员不同季节、不同运动项目运动员相同季节之间血清25（OH）D水平是否存在差异采用单因素方差分析，上海部分运动项目运动员不同季节、不同运动项目运动员不同季节、不同运动项目运动员相同季节血清25（OH）D水平两两比较采用LSD法。所有统计方法显著性水平均选取双侧0.05。

## 2 研究结果

### 2.1 上海部分运动项目运动员不同季节血清25（OH）D水平及维生素D营养状态比较

上海部分运动项目运动员不同季节血清25（OH）D水平及维生素D营养状态比较具体见表2。

表2 上海部分运动项目运动员不同季节血清25（OH）D水平及维生素D营养状态比较

| 季节 | 25（OH）D/（ng·mL$^{-1}$） | 维生素D营养状态 | | | |
|---|---|---|---|---|---|
| | | 缺乏/% | 不足/% | 正常/% | 最佳/% |
| 冬季 | 18.6 ± 6.1$^{bbdd}$ | 60.0 | 33.3 | 6.7 | 0.0 |
| 春季 | 24.4 ± 5.4$^{aac}$ | 24.4 | 62.2 | 13.3 | 0.0 |
| 夏季 | 20.8 ± 6.9$^{bdd}$ | 57.8 | 28.9 | 13.3 | 0.0 |
| 秋季 | 26.4 ± 7.6$^{aacc}$ | 17.8 | 51.1 | 31.1 | 6.7 |

注：与冬季比较a表示$P$<0.05，aa表示$P$<0.01；与春季比较b表示$P$<0.05，bb表示$P$<0.01；与夏季比较c表示$P$<0.05，cc表示$P$<0.01；与秋季比较d表示$P$<0.05，dd表示$P$<0.01。

### 2.2 上海不同运动项目运动员不同季节血清25（OH）D水平及维生素D营养状态比较

2.2.1 女排运动员不同季节血清25（OH）D水平及维生素D营养状态比较 具体见表3。

表3 女排运动员不同季节血清25（OH）D水平及维生素D营养状态比较

| 季节 | 25（OH）D/（ng·mL$^{-1}$） | 维生素D营养状态 | | |
|---|---|---|---|---|
| | | 缺乏/% | 不足/% | 正常/% |
| 冬季 | 20.0 ± 4.5$^{bbcd}$ | 53.3 | 46.7 | 0.0 |
| 春季 | 28.8 ± 5.2$^{aa}$ | 0.0 | 60.0 | 40.0 |
| 夏季 | 25.9 ± 7.0$^{a}$ | 33.3 | 33.3 | 33.3 |
| 秋季 | 25.6 ± 5.3$^{a}$ | 20.0 | 60.0 | 20.0 |

注：与冬季比较a表示$P$<0.05，aa表示$P$<0.01；与春季比较b表示$P$<0.05，bb表示$P$<0.01；与夏季比较c表示$P$<0.05，cc表示$P$<0.01；与秋季比较d表示$P$<0.05，dd表示$P$<0.01。

2.2.2 体操运动员不同季节血清25（OH）D水平及维生素D营养状态比较 具体见表4。

表4　体操运动员不同季节血清25(OH)D水平及维生素D营养状态比较

| 季节 | 25(OH)D / ( ng · mL$^{-1}$ ) | 维生素 D 营养状态 | | |
| --- | --- | --- | --- | --- |
| | | 缺乏 / % | 不足 / % | 正常 / % |
| 冬季 | 14.1 ± 4.0$^{bbd}$ | 93.3 | 6.7 | 0.0 |
| 春季 | 21.2 ± 4.2$^{aac}$ | 40.0 | 60.0 | 0.0 |
| 夏季 | 16.5 ± 3.7$^{b}$ | 73.3 | 26.7 | 0.0 |
| 秋季 | 18.8 ± 4.3$^{a}$ | 60.0 | 40.0 | 0.0 |

注：与冬季比较a表示$P$<0.05，aa表示$P$<0.01；与春季比较b表示$P$<0.05，bb表示$P$<0.01；与夏季比较c表示$P$<0.05，cc表示$P$<0.01；与秋季比较d表示$P$<0.05，dd 表示$P$<0.01。

2.2.3　女足运动员不同季节血清25(OH)D水平及维生素D营养状态比较　具体见表5。

表5　女足运动员不同季节血清25(OH)D水平及维生素D营养状态比较

| 季节 | 25(OH)D / ( ng · mL$^{-1}$ ) | 维生素 D 营养状态 | | |
| --- | --- | --- | --- | --- |
| | | 缺乏 / % | 不足 / % | 正常 / % |
| 冬季 | 22.3 ± 6.0$^{dd}$ | 33.3 | 46.7 | 20.0 |
| 春季 | 24.5 ± 4.9$^{cd}$ | 20.0 | 66.7 | 13.3 |
| 夏季 | 19.4 ± 5.0$^{bdd}$ | 66.7 | 26.7 | 6.6 |
| 秋季 | 30.7 ± 7.4$^{aabcc}$ | 0.0 | 46.7 | 53.3 |

注：与冬季比较a表示$P$<0.05，aa表示$P$<0.01；与春季比较b表示$P$<0.05，bb表示$P$<0.01；与夏季比较c表示$P$<0.05，cc表示$P$<0.01；与秋季比较d表示$P$<0.05，dd 表示$P$<0.01。

## 2.3　上海不同运动项目运动员相同季节血清25(OH)D水平及维生素D营养状态比较

不同运动项目运动员相同季节血清25(OH)D水平及维生素D营养状态比较见表6。

表6　上海不同运动项目运动员相同季节血清25(OH)D水平及维生素D营养状态比较

| 季节 | 女足 / ( ng · mL$^{-1}$ ) | 女排 / ( ng · mL$^{-1}$ ) | 体操 / ( ng · mL$^{-1}$ ) |
| --- | --- | --- | --- |
| 冬季 | 22.3 ± 6.0 | 20.0 ± 4.5 | 14.1 ± 4.0$^{××}$ |
| 春季 | 24.5 ± 4.9 | 28.9 ± 5.2 | 21.2 ± 4.2$^{××}$ |
| 夏季 | 19.4 ± 5.0 | 25.9 ± 7.0$^{**}$ | 16.5 ± 3.7$^{××}$ |
| 秋季 | 30.7 ± 7.4 | 25.6 ± 5.3$^{*}$ | 18.8 ± 4.3$^{×}$ |

注：女足运动员与女排运动员比较*表示$P$<0.05，**表示$P$<0.01；女排运动员与体操运动员比较×表示$P$<0.05，××表示$P$<0.01。

## 3 分析与讨论

3.1 上海部分运动项目运动员不同季节血清25(OH)D水平及维生素D营养状态比较分析

研究显示，日照能量达到临界值（18 mJ/cm$^2$）以上，皮肤才能够合成维生素D。不同季节日照能量不同，皮肤合成维生素D水平也不同，因此季节应该是影响维生素D水平的主要因素之一。上海地处亚洲东南，平均海拔约4 m，可促进皮肤合成维生素D的紫外线每年在5月初至10月底较为丰富，但由于6月上海进入梅雨季节，降水量多，到达地面的总辐射最大值一般出现在夏季的7—8月；冬季上海日照时间最短，相对其他季节空气污染天数相对偏多，影响了紫外线的穿透，降低了太阳照到地球的能量，同时冬季接受日晒的部位相对其他三季较少，一般仅为面部及双手；上海的春季和秋季气候宜人，人们户外活动时间较冬季和夏季均明显增加，日照能量亦相对较高。因此，上海日照能量总的特点是冬季最小，夏季最大，春、秋季次之。也就是说，通常情况下，在上海，维生素D在夏季通过日照的作用在人体合成得最多，春、秋季次之，而冬季则是维生素D缺乏的高发季节。考虑到不同性别人群日常生活习惯等方面的差异也会影响体内合成维生素D水平，故本研究主要选取女性运动员作为实验对象。针对上海45名不同运动项目职业运动员不同季节体内血清25（OH）D水平调查结果显示，上海部分运动项目运动员维生素D缺乏及不足的情况较为严重，且不同季节间存在显著差异：秋季和春季维生素D水平相对较高，其中秋季维生素D缺乏率最低、正常率最高，这可能与当年秋季晴朗天气较春季晴朗天气偏多有关；而夏季和冬季维生素D水平相对较低，这与上海的日照能量及皮肤暴露面积特点不符，原因可能是上海夏季气候炎热，运动员户外活动时间明显减少且多采取穿长袖防晒衣、撑防晒伞等防晒措施，反而减少了日照时间及皮肤接受紫外线照射的面积。本研究结果进一步说明不同日光辐射强度及皮肤暴露面积是引起维生素D水平季节性差异的主要因素。

3.2 上海不同运动项目运动员不同季节血清25(OH)D水平及维生素D营养状态比较分析

室内运动项目上海女排运动员和体操运动员冬季血清25(OH)D平均水平最低，维生素D缺乏率最高，且无人达到正常水平，基本符合上海日照能量的特点。但值得注意的是，上海体操运动员4个季节的维生素D缺乏率均明显高于女足和女排运动员，且四季维生素D均无人达到正常水平。体操项目具有难度高、危险性大、动作技术复杂的特点。体操运动员专项化训练年龄非常小，有的甚至从5岁开始就进行专项训练，他们每天在体操馆内训练时间长达数小时，基本上是宿舍—训练馆—食堂三点一线的生活，根本无暇进行户外活动，同时体操项目对体重控制要求非常高，尤其是生长发育期的体操运动员经常会有能量负平衡现象，长期的高负荷训练、能量负平衡和非常少的户外活动时间都会导致体操运动员体内维生素D严重不足。因此，除了建议教练员改变训练计划，保证体操运动员每天有适当的户外 活动时间以外，有必要进行适当的维生素D强化食品或维生素D制剂的补充。

室外运动项目上海女足运动员秋季血清25（OH）D平均水平最高，维生素D正常率也最高，且显著高于室内运动项目上海女排运动员体内维生素D水平，这与室外运动项目运动员训练时日晒时间较室内运动项目长有关；而其夏季的维生素D缺乏率最高，原因是上海女足运动员夏季户外训练时间尽管与其他季节基本相同，但往往避开日照强度较大的时间段，甚至选择晚上训练，同时女性通常以白为美，怕晒黑晒伤，在夏季即使是晚上或阴天训练，除了像室内运动员一样在户外活动时会穿长袖防晒衣以外，女足运动员也往往通过涂抹较厚SPF50+的高指数防晒霜等多重措施加强防晒，这反而较冬季减少了日晒时间及皮肤与紫外线的接触面积，进而影响了体内维生素D的合成。来自美国加利福尼亚州托罗大学骨科医药学院的研究团队的一项新研究结果表明，使用SPF15以上的防晒霜会使体内维生素$D_3$的合成减少99%。另一项研究发现，涂抹常规剂量的防晒霜或将致体内维生素D缺乏，数据显示若使用小于世界卫生组织推荐的防晒剂量（$<2\ mg/cm^2$）的防晒霜，体内维生素D合成量随防晒霜厚度的减小呈指数性增长；若使用推荐剂量及防晒系数的防晒剂，则维生素D的合成将受到抑制，而上海女足运动员使用的防晒霜的防晒剂量远远超出世界卫生组织推荐剂量。

综上，影响运动员体内维生素D水平的因素包括地理位置、季节、运动项目、运动类型（室内/室外训练）、训练时间、是否使用防晒剂、防晒剂量等。上海部分运动项目运动员维生素D存在较为严重的缺乏及不足的情况。考虑到上述影响运动员体内维生素D水平的诸多因素，以及维生素D体内合成及营养吸收等方面个体差异的影响，运动员不同季节只有通过足够时间的阳光照射、合理使用防护用品、个性化的合理膳食及营养补剂摄入相结合的方式才能满足健康及提升竞技能力的需求。

本研究结果尚有一定的局限性。由于运动员血清25（OH）D水平的测试选择的测试时间点尽管为每个季节的代表月份，但仅为每个季节的季中，且各运动项目运动员样本量偏小，季末维生素D营养状况或增加样本量后是否有同样的结果还有待进一步观察。

## 4 结论与建议

### 4.1 结论

上海部分运动项目运动员维生素D缺乏及不足的问题广泛存在，不同运动项目，尤其是室外运动项目女足运动员夏季及体操运动员四季维生素D缺乏及不足问题不容忽视，定期检测运动员血清25（OH）D水平来评估其体内维生素D营养状况十分重要。

4.2 建议

（1）需加强对运动员及教练员的宣传教育工作，保证运动员不同季节充足、合理的日晒时间。

（2）冬季是需要补充维生素D的主要季节，体操运动员尤其要注意维生素D强化食品或适量的维生素D制剂的补充。

## 参考文献

[1] HOSSEIN-NEZHAD A, HOLICK M F. Vitamin D for health: a global perspective [J]. Mayo Clin Proc, 2013, 88 (7) : 720-755.

[2] FARROKHYAR F, TABASINEJAD R, DAO D, et al. Prevalence of vitamin D inadequacy in athletes: a systematic-review and meta-analysis[J].Sports Med, 2015, 45 (3) : 365-378.

[3] DAHLQUIST D T, DIETER B P, KOEHLE M S. Plausible ergogenic effects of vitamin D on athletic performance and recovery [J]. J Int Soc Sports Nutr, 2015 (12) : 33.

[4] CAPRIO M, INFANTE M, CALANCHINI M, et al. Vitamin D: Not just the bone. Evidence for beneficial pleiotropic extraskeletal effects [J]. Eat Weight Disord, 2017, 22 (1) : 27-41.

[5] HE C S, AW YONG X H, WALSH N P, et al. Is there an optimal vitamin D status for immunity in athletes and military personnel? [J]. Exerc Immunol Rev, 2016, 22: 42-64.

[6] HOLICK M F. Vitamin D deficiency [J].N Engl J Med, 2007, 357 (3) : 266-281.

[7] GOOLSBY M A, BONIQUIT N. Bone health in athletes: the role of exercise, nutrition, and hormones[J].Sports Health, 2017, 9 (2) : 108-117.

[8] TENFORDE A S, KRAUS E, FREDERICSON M. Bone stress injuries in runners [J]. Phys Med Rehabil Clin N Am, 2016, 27 (1) : 139-149.

[9] WALRAND S. Effect of vitamin D on skeletal muscle [J].Geriatr Psychol Neuropsychiatr Vieil, 2016, 14 (2) : 127-134.

[10] SHULER F D, WINGATE M K, MOORE G H, et al. Sports health benefits of vitamin D [J].Sports Health, 2012, 4 (6) : 496-501.

# 基于扎根理论的冰雪体育产业网络关系模式构建

王　琪

（北京师范大学体育与运动学院，北京　100875）

**摘要：**本研究运用扎根理论对冰雪体育产业网络关系模式进行构建，采用半结构式访谈法从冰雪装备制造商、雪场投资人、冰雪旅游服务者，以及酒店、运输和旅行社等相关运营者处进行资料获取，通过扎根理论三级编码构建出冰雪体育产业网络关系模式，内容包括冰雪体育产业发展条件与网络合作目的、产业合作过程、网络关系品质和绩效评估四大部分，为冰雪体育产业运营者对网络合作的建立、合作模式的发展，以及提升优化产业结构提供理论参考和建议。

**关键词：**扎根理论；冰雪体育产业；产业模式；构建

北京冬奥会的成功申办迎来了中国冰雪体育产业的“黄金时代”。中国冰雪体育产业发展还处在初期阶段，面对冰雪运动基础薄弱的现实问题，如何开拓中国潜在的冰雪大市场，激发冰雪体育产业潜力，需要精心布局。而要使冰雪场地日益专业、规范，冰雪场地设计和安全保障日益丰富完善，运动培训发展更加多元，精致装备研发与销售、景区食宿及周边服务体系更加健全，需要冰雪体育产业齐头并进、相互合作、互利共赢，只有这样才能让中国冰雪体育产业经济逐渐走向成熟。

## 1　文献综述

冰雪体育产业模式构建是探讨冰雪体育产业发展的关键环节，是明确冰雪体育产业发展方向的重要举措。张瑞林、李凌（2017）提出冰雪体育旅游业是体育健身休闲产业的重要组成部分，是冰雪体育产业快速发展的支柱产业。张瑞林（2016）提出将冰雪体育产业划分为核心层、相关层、基础层3个层次，分别表现为冰雪竞赛表演、运动参与、技能培训、生态旅游、供给服务等几个方面。当前，冰雪体育资源布局于北京、河北、辽宁、吉林、黑龙江、内蒙古、云南和新疆8省（自治区、直辖市），冰雪体育产业资源划分为产业

**作者简介：**王琪（1980—），教授，博士。研究方向：学校体育学。

基础和产业潜力两部分。基于此，冰雪体育产业运行的商业模式划分为社区模式、企业模式和混合模式3种，分别以政府、市场主导的角色与责任主体的转变而改变。互联网时代，冰雪体育产业运营迎来了新的契机。张才成（2017）认为，冰雪文化体育旅游消费者表现出冰雪文化体育产品选择自主权、个性化、多样化和互动性的新需求特点。冬奥会背景下，冰雪体育产业作为体育产业网络的一个分支，是亟须发展且关乎国际地位与利益的支柱产业。

对于产业网络，哈马莱宁（Hamalainen，1993）认为，产业网络的研究来源于社会网络，其立足点在于企业经营活动，始终镶嵌于社会网络中。而社会网络是一个众多因素相互作用构成的大环境，包括人员、组织机构、总体环境等因素，是一个建立合作关系的过程。约翰逊（Johnson）和麦特森（Mattson）（1987）将产业网络定义为基于竞争策略的网络关系，是相互依赖、利益分享的长期关系，包括人员间的互动过程，即交换与调试环节，实质是合作与竞争的关系。哈坎森（Hakansson）和约翰逊（Johnson）（1988）认为，产业网络模式具有产业间相互依赖与互动的关系，角色包括个人、部门、单位3种，同时网络具有弹性功能，但权利利益与结构利益会决定网络的发展。芮明杰等（2009）基于对产业与资源整合的认识提出产业网络由活动、资源和参与者三大要素相互作用构成。邓智团（2009）认为，团体产业网络已成为提高产业竞争力、推动区域经济发展的重要力量，也是促进区域间产业交流与技术创新的重要方式。

本研究基于扎根理论探析冰雪体育产业网络关系模式的构建。陈向明（2015）提出，扎根理论是一种做质的研究的方式，其主要宗旨是在经验资料的基础上建立理论。扎根理论的基本思路是从资料中产生理论，时刻对理论保持敏感，采用不断比较的方法和理论抽样的方法，灵活运用文献，以理论性评价为保证。王斌等（2015）认为，扎根理论是一个不断重复循环的研究过程，研究者自身始终在资料收集、整理、编码、分类、命名、撰写备忘录和理论建模整个过程中“活动”。李志刚（2007）认为，扎根理论对资料的重视和依赖，使其与案例研究方法紧密联系起来，案例研究的案例选取和资料搜集策略可以有效地为扎根理论的资料分析提供支持，只不过扎根理论的资料搜集与分析是一并发生、同时进行、连续循环的。

综上所述，本研究基于扎根理论构建冰雪体育产业网络关系模式是一个从理论现象到本质的过程，在于挖掘网络关系模式的内在构造，以便进一步构建模式。本研究通过提炼过程发现冰雪体育产业网络关系模式的相关概念、主范畴、核心范畴，形成扎根理论的“开放性编码—主轴编码—选择性编码”的系统研究流程，旨在挖掘构建冰雪体育产业网络关系模式核心因素，为冰雪体育产业的健康持续发展提供相应的理论与实践指导。

## 2 研究对象与研究方法

### 2.1 研究对象

本研究以冰雪体育产业网络关系模式构建为研究对象。

### 2.2 研究方法

冰雪体育产业网络关系是一种社会问题的体现，并且网络关系的链接不仅有不同企业、活动，还有很多种类的资源。本研究采用质性研究方法处理质性资料，主要目的是了解资料的意义，包括调查对象的事件、情境及他们的行为意图。

2.2.1 文献资料法 本研究在研究前期通过提出研究问题，建立研究框架，厘清研究思路，然后在中国知网、山东大学图书馆电子资源库大量查阅与冰雪体育产业、网络关系相关的国际期刊、中文核心期刊等，了解冰雪体育产业在学术领域的研究动态和成果，初步整理研究需要的资料。

2.2.2 访谈法 本研究在文献阅读和理论学习的基础上，采用半结构式访谈法对冰雪体育产业主要环节的运营者进行访谈。之所以选择半结构式访谈法，是因为在访谈的过程中可以根据受访者的回答来进行进一步的提问，挖掘出更多与研究内容相关的资料信息，从而有效地达到扎根理论分析中所需要的理论饱和度。受访者信息见表1。

表1 受访者信息

| 行业角色 | 企业代号 | 类别 | 受访者身份 |
|---|---|---|---|
| A. 资源开发、制造者 | A1 | 国际滑雪场 | 雪场企业董事长 |
| | A2 | 5A 级观光景区 | 景点引导员 |
| | A3 | 新建室内雪场 | 雪场管理者 |
| | A4 | 装备制造公司 | 公司副总经理 |
| | A5 | 器械研发部 | 器材部门研发员 |
| | A6 | 餐饮、商品店 | 商品经营者 |
| B. 环节加速者 | B1 | 旅游公司 | 旅游业务主管 |
| | B2 | 网站运营商 | 网站业务经理 |
| | B3 | 广告公司 | 销售经理 |
| | B4 | 政策制定部门 | 政府部门副处长 |
| | B5 | 培训机构 | 机构主管 |

续表

| 行业角色 | 企业代号 | 类别 | 受访者身份 |
|---|---|---|---|
| C. 规划引导者 | C1 | 旅游局 | 市旅游局副局长 |
| | C2 | 学校 | 高校教授 |
| | C3 | 合作机构 | 培训教练员 |

资料来源：根据受访者资料整理所得。

2.2.3　扎根理论分析法　扎根理论分析法是本研究的一个重要方法，也是研究分析的主体部分。本研究在研究前期通过文献阅读与理论学习，掌握了扎根理论的研究思路；结合本研究主题与内容，在半结构式访谈法中获取大量冰雪体育产业中的资料信息，然后根据扎根理论的三级编码过程，即开放性编码、主轴编码和选择性编码对冰雪体育产业运营者的访谈内容进行不断比较、归纳与提取，按照访谈内容与理论间的相互关系提炼出冰雪体育产业网络结构的类属与属性，在经过层层分析与探讨后，发现冰雪体育产业网络的“核心类属”，并据此进行冰雪体育产业网络关系模式的构建。

## 3　结果与讨论

### 3.1　开放性编码

开放性编码也称为一级编码，指在充分理解分析资料的基础上赋予相应概念，再以新的方式重新组合的过程，目的是从原始资料中发现概念的类属并将类属加以概念化，进而确定类属的属性和维度。本研究对受访者的原始资料即逐字稿进行开放性编码，找出冰雪体育产业网络关系发展的影响因素，并按照访谈的顺序对受访者进行编号，Q1代表第一位受访者，以此类推；然后对原始资料进行整理和归纳，根据研究需要剔除部分与研究无关的资料，通过概念化形成67个概念，最后概括成33个范畴。（表2）

表2　开放性编码分析（部分范畴示例）

| 范畴 | 概念 | 原始资料 |
|---|---|---|
| 产业特点 | 产业分工 | Q1：顾客来雪场滑雪，不能孤零零地光有个雪场，它需要交通、餐饮、住宿等多个行业的配套经营，要满足顾客来雪场滑雪这一整套的需要 |
| | | Q2：雪场也分淡旺季，通常来说冬天是滑雪旺季，尤其是节假日、周末过来的人多，年轻人愿意来，大学生多；夏季就是淡季了 |

续表

| 范畴 | 概念 | 原始资料 |
| --- | --- | --- |
| 资源开发 | 消费市场 | Q3：雪场11月底就开放了，年轻人愿意来，大学生来得多，有的是图个新鲜，朋友、同学成群结伴地过来 |
| | | Q3：我们这里的雪场分三级道，会滑的都上中级、高级道，不会滑的在初级道上学，我们这儿也有教练员，防护网很齐全 |
| | 项目拓展 | Q4：我参与过的冰雪运动就是滑雪，个人感觉项目设置比较单调，买票进去就只能滑雪，其他项目都是要另收费的 |
| | | Q5：朋友说吉林有雾凇、查干湖冬捕，我感觉查干湖冬捕是挺有特色的活动项目，要是有这样的活动我也想去玩玩 |
| | | Q5：开展冰雪项目能利用当地得天独厚的自然条件，像滑雪、温泉、冬捕这些项目，尤其是现在的游客还挺愿意接受这些新鲜的活动 |
| | | Q6：如果周边活动项目多一点，有多余的时间，还能有机会玩玩周边特色活动项目 |
| 冰雪体育发展条件 | 人才培养 | Q7：来的还是不会滑的多，会滑的还是少数 |
| | | Q7：有请教练员的，这样学得快，教练员给你指导技术、动作 |
| | | Q7：教练员有全职的，旺季的时候也会聘兼职教练员，都是高校学生，这对他们也是个锻炼机会 |
| | | Q7：滑雪的人多了教练员忙不过来 |
| | 产业竞争力 | Q8：最近几年国家鼓励发展冰雪产业，滑雪的人多了，各地雪场越来越多，现在竞争压力也大呀 |
| | | Q9：也就这几年开始滑雪的人多了，早前哪有这么多人，现在雪道也多了，开了6条，还开了雪地摩托、雪上飞碟、冰上滑梯等一些项目，来的人真不少 |
| 政策制度 | 政策指引 | Q10：北京2022年要举办冬奥会了，电视、网络整天报道宣传，现在国家也重视冰雪体育这块，社会氛围好，参加的人是越来越多了 |
| | | Q11：国家颁布文件、政策，要求现在办雪场质量得跟上，人员、设施都得配套齐全 |
| 提供高质量产品 | 消费者立场 | Q12：现在的消费者跟从前那真是不一样了！自我想法都很多，稀奇古怪的啥也有，爱刺激、新鲜，都很有个性 |
| | 消费者期望 | Q13：在宣传方面也不能过度夸大，游客来了以后和实际情况差太多，那也是会有心理落差的 |
| | | Q13：一般对学生来说，大部分就是图个新鲜，有个好口碑也是一种宣传，有同学介绍来的，也有班级组织来滑雪的 |
| | 产品优化 | Q14：不用排很长时间的队，玩的项目多我更愿意去，要不净排队耽误时间了，都玩不了几趟，出去玩嘛就是图开心、放松的 |
| | | Q15：要是玩的项目有特色，环境好，我会推荐给身边的同学、朋友 |

续表

| 范畴 | 概念 | 原始资料 |
|---|---|---|
| 双方互益 | 主体产业 | Q16：发展冰雪产业，还是要加大宣传力度，打造冰雪品牌，当然也能带动周边食宿、交通的发展 |
| | 拉动同行业 | Q17：出去玩之前会提前查查来回都坐什么车，周围有什么吃的，时间长的话还会考虑住宿方不方便，距离远近 |
| 拓展市场 | 消费者市场 | Q18：节假日会推出优惠活动，学生票、团体票等这些折扣优惠活动，鼓励顾客能多带家人、朋友前来 |
| | 合作发展 | Q19：与周边的纪念品、餐饮、住宿等商家达成合作关系，为顾客提供了方便，是个双赢的事情 |
| 提高服务质量 | 服务结构优化 | Q20：促进冰雪产业服务结构整体素质和效率的提高 |
| | 强化内部管理 | Q21：协调冰雪产业内部组织各种权利之间的关系，明确各部门之间的职责权限 |
| 生产开发 | 开展市场调查 | Q22：产品生产开发之前进行市场调查，明确消费者需求，如消费者在消费过程中注重的因素、消费偏好有哪些，进而使产品的开发有针对性 |
| | 降低成本 | Q23：产品质量是一定要保证的！尽量减少一些不必要的支出也就是降低成本，成本降低了效益也就上来了 |
| 产业运营 | 产业结构创新 | Q24：各部门明确分工，提高办事效率，提高绩效 |
| | 规模效率 | Q25：各行业之间通过多维的合作来共同发展，优化资源与路径，发挥自身特色优势，扩大生产经营规模，才能促进效益增长 |
| 关联产业 | 相关辅助产业 | Q26：采购时，严格要求雪板、雪鞋、雪杖这些装备的质量 |
| | | Q26：关注游客对滑雪装备设施、服装的质量、舒适度、材质、款式提出的各种意见，为我们今后不断改善做参考 |
| | 运营商 | Q27：比较看重整个雪道安全保障设施是否完善 |
| 服务体验 | 冰雪体验 | Q28：我会选择众所周知的冰雪活动场所进行运动 |
| | | Q29：其他人的评价也会影响我的参与意愿 |
| | | Q30：之前的冰雪活动经历会影响我以后来不来这个雪场滑雪，也会影响我喜不喜欢这项运动 |
| | | Q31：一次愉快的体验会给我留下美好的回忆，我会推荐给身边朋友作为游玩的参考 |
| | 体验式营销模式 | Q32：每次都给顾客最好的产品和服务体验，这一直都是我们的服务宗旨 |

续表

| 范畴 | 概念 | 原始资料 |
|---|---|---|
| 装备研发、制造 | 科技含量创新 | Q33：现在的冰雪运动的服装都含高科技材料，防风透气性更好，很受顾客欢迎 |
| | 装备研发制造 | Q34：冰雪运动装备在研发上加强对科技含量的关注，提高产品质量 |
| 行业互动 | 主体产业与相关产业沟通合作 | Q35：注重冰雪主体产业滑雪、滑冰行业与周边的餐饮、食宿、运动装备等行业合作发展 |

3.2　主轴编码

主轴编码就是根据开放性编码整理出来的概念化范畴做进一步的归纳，将相同性质的范畴提升到更高层次的概念的过程。此过程共归纳出8个主轴编码，具体见表3。

**表3　主轴编码分析**

| 主轴编码（主范畴） | 开放性编码（主范畴） | 内容说明 |
|---|---|---|
| 机遇与环境 | 产业特点 | 冬奥会背景、政策的推动，北冰南展，冰雪体育产品技术研发都为冰雪体育产业发展提供了有利环境 |
| | 资源开发 | |
| | 冰雪体育发展条件 | |
| | 政策制度 | |
| 企业互利认识 | 提供高质量产品 | 盈利互益是指通过提高产品质量、服务质量，加强冰雪体育产品营销商合作关系，有效拓展市场，实现双方互利共赢的效果 |
| | 双方互益 | |
| | 拓展市场 | |
| | 提高服务质量 | |
| 合作对象的选择 | 生产开发 | 因为冰雪体育用品单独制造和生产比较困难，所以针对冰雪体育产业销售的需求，寻找合适的合作对象 |
| | 产业运营 | |
| | 关联产业 | |
| 企业自我能力增强 | 服务体验 | 合作厂商在加入冰雪体育产业网络后，为了提供更好的冰雪活动服务体验，优化装备研发升级，加强行业经验分享、沟通，进而增强自我能力 |
| | 装备研发、制造 | |
| | 行业互动 | |
| 企业间互动模式 | 资源分享 | 冰雪体育各行业之间为加强合作关系以及业务往来所进行的一切组织活动，包含资源分享、环节合作、营业规划、产业文化理念 4 项 |
| | 环节合作 | |
| | 营业规划 | |
| | 产业文化理念 | |

续表

| 主轴编码（主范畴） | 开放性编码（主范畴） | 内容说明 |
| --- | --- | --- |
| 经营绩效 | 营销对象 | 经营绩效指的是企业内部绩效，冰雪体育产业经营网络所带来的效益包括有形的效益和无形的效益 |
| | 再购人群 | |
| | 营销渠道 | |
| | 营销业绩 | |
| | 资本优化 | |
| | 利润增长 | |
| | 品牌效果 | |
| | 销售期望值 | |
| 关系紧密程度 | 权力分配 | 关系紧密程度是冰雪体育主体产业与其辅助产业、相关产业之间的关系表现 |
| | 相互信任 | |
| | 转换成本 | |
| 网络绩效 | 消费产值 | 网络绩效是指企业网络成员因为加入冰雪体育产业网络所获得的效益，单独一个企业的绩效也会影响整体的网络绩效，企业经营绩效越高，网络绩效越高 |
| | 合作时间 | |
| | 持续合作意向 | |
| | 消费满意度 | |

本研究通过对主轴编码的进一步说明，进行更深一步的探讨。

（1）机遇与环境。产业发展主要会受一定机遇与环境以及产业的特性等因素的影响。冰雪体育产业发展可能会受消费者的收入、社会文化观念和生活方式改变的影响。国家政策法规的限制与开放，可能会改变冰雪体育产业的发展环境，冰雪资源开发可以促进冰雪体育产业的发展。因为冰雪体育产业的产品无法单靠产品的制造或生产来满足，需要依赖产业上下游的合作完成，所以形成了自身的产业分工特性。此外，冰雪体育产品具有消费行业产品特点里的易逝性，也就是说商品服务无法储存，如不及时使用就会消失，如滑冰、滑雪等项目，因此形成了淡旺季的产业特性。

（2）企业互利认识。企业互利认识是指合作企业本身对合作互利关系的认识，即合作企业本身对应该如何提供给合作对象更好的产品或服务的自我认识。网络合作企业对合作互利关系的认识，包括提供更好的产品或服务、合作双方能给予相应的回馈以及共同创造更大的市场3个方面。提供给合作对象更好的产品或服务，包含把合作对象的消费者也当成自己的消费者来服务，让合作对象和消费者都能享有良好的服务体验，或者是了解合作对象的需求，进而提供符合他们需求的商品。合作双方必须能给予对方相应的回馈，无论是在产品的品质还是服务与价格上，这样的合作才能长久。良好的合作关系除了可以让业务活动正常运作外，也有可能带来更大的市场商机；或者是有更多的对象加入合作网络，让该合作网络的资源更加丰富；抑或是合作对象共同创立新的机构部门，以争取更广大的市场；等等。

（3）合作对象的选择。合作对象的选择的最大影响因素就是合作者对合作互利关系的认识，包括认识的广度与深度。如果只有冰雪资源而没有旅行社或交通资源，那么地处偏远地区的冰雪体育产业也不会有开发者或消费者。因此，在冰雪体育产业合作模式中，所有的合作过程都是相辅相成的，而在这种相互依赖的合作模式中，对合作互利关系的认识将会影响旅游产业运营者对合作对象的选择。从研究资料中得知，一般对合作互利关系的认识是指与指标性的企业合作可以带来更大的市场机会，但是相对而言，也需要给予企业更高的报酬回馈，通常会选择产业界前几名的企业进行合作。

（4）企业自我能力增强。合作企业在加入合作网络之后，因为有了对合作互利关系的认识，就会想到要提供给合作对象更好的产品或服务，而这将会促使企业自我成长，如研发制造新的装备、提高服务品质、增加企业间的互动交流，从而增强自我能力。

（5）企业间互动模式。因为有了对合作互利关系的认识，合作企业就会愿意将自己的资源和其他企业分享，或者在合作企业之间形成共同的文化价值观，所以合作互利关系的认识将会对企业间互动模式造成影响。从研究资料中可以看出，对合作互利关系的认识指的是提供给合作对象更好的产品或服务，并且把合作对象的消费者也当成自己的消费者，因此在企业间互动模式上，他们将不仅仅提供合作内容的服务，还提供合作对象要求以外的服务。

（6）经营绩效。这里说的经营绩效是指企业经营绩效，也就是企业内部绩效，指的是企业因为加入冰雪体育产业所获得的效益，包括有形的效益和无形的效益。通常情况下，关系紧密程度会影响企业经营绩效，即企业关系紧密程度较高时，会给企业带来相对较高的效益，而这些企业的经营绩效也会影响网络的整体绩效。

（7）关系紧密程度。关系紧密程度指的是冰雪体育主体产业与其辅助产业、相关产业之间的关系表现。通常情况下，关系紧密程度会受到企业间的合作过程的影响，也就是企业间的互动关系越好，关系紧密程度越高。此外，关系紧密程度也会进一步影响企业 经营绩效。

（8）网络绩效。网络绩效是指企业网络成员因为加入冰雪体育产业网络所获得的效益。通常企业个体的绩效也会影响整体的网络绩效，也就是企业经营绩效越高，网络绩效越高。网络绩效会受到前面说到的企业自我能力增强和经营绩效的影响。

3.3　选择性编码

选择性编码就是根据开放性编码和主轴编码的范畴结果进一步发展冰雪体育产业网络关系模式的核心概念。通过选择性编码归纳出4个冰雪体育产业合作关系的核心范畴，见表4。

表4　选择性编码分析

| 选择性编码（核心范畴） | 主轴编码（主范畴） | 内容说明 |
| --- | --- | --- |
| 产业网络合作目的 | 机遇与环境，企业互利认识 | 冰雪体育产业网络合作形成动机与目的主要源于环境条件因素，以及合作者之间的利益关系 |
| 企业合作过程 | 企业自我能力增强，合作对象的选择，企业间互动模式 | 网络内的合作过程可以增强合作者的自身能力，合作者的互动可以有效提升其增值 |
| 网络关系品质 | 关系紧密程度 | 产业网络合作动机与目的和合作过程会影响网络关系品质 |
| 绩效评估 | 经营绩效，网络绩效 | 产业绩效通过网络合作者的经营绩效和网络绩效来评估 |

通过表4的选择性编码分析，可以了解主范畴和核心范畴的属性与说明。下面将对选择性编码产生的4个核心范畴之间的关联性进行具体描述分析。

（1）产业网络合作目的。从资料信息分析可以看出，相关的冰雪体育产业条件和对网络合作互利关系模式需求的认知是冰雪体育产业合作形成的目的。因为冰雪体育产业包括的行业范围广阔，从资源开发建设、产品生产与营销和消费者需求，到餐饮业、旅游业、交通业和商品销售业等，以及相关的组织与行政机构，并且冰雪体育产业中的相关行业的供给弹性较小，所以冰雪体育产业间有了合作关系的产生。而在合作关系产生之后，合作者们对合作互利关系的认识，就会影响合作内容、合作方式、合作绩效，以及合作对象的选择和继续合作的意愿。

（2）企业合作过程。产业网络合作过程中，会有许多业务合作和信息交换，而企业间的合作过程是由企业自我能力增强、合作对象的选择和企业间互动模式组成的。从产业网络合作形成的目的中可以得知，冰雪体育产业的发展机遇与环境和企业互利认识会影响企业合作过程。例如，国家政策的指向会促使企业合作的形成，而对合作互利关系的认识会影响合作对象的选择以及企业间互动模式等。企业自我能力增强对合作对象的选择也会产生很大的影响，而当面对不同的合作时，就会出现不同的企业间互动模式。因此，企业合作过程受企业自我能力增强、合作对象的选择及企业间互动模式的影响。

（3）网络关系品质。网络关系品质是指关系紧密程度。通常关系紧密程度会受到企业合作过程的影响，也就是企业间互动关系越好，关系紧密程度越高，因此当合作对象想要转移到其他合作网络时，所付出的转换成本也就越高，企业合作过程将影响网络关系品质。

（4）绩效评估。从前面对冰雪体育产业网络合作目的和企业合作过程的分析可以知道，这些因素都会影响企业经营绩效，而冰雪体育产业具有一个特殊的产业结构，很多产品的制造与生产都没有办法通过单一的企业去完成，需要通过企业间的分工协作，彼此之间要有相互依赖的产业特性存在，因此企业个体绩效将直接影响整体冰雪体育产业网络绩效。

3.4　冰雪体育产业网络关系模式构建

本研究根据扎根理论开放性编码、主轴编码和选择性编码三级编码，结合相关文献和理论对13家冰雪体育产业运营者的访谈资料进行分析，构建出冰雪体育产业网络关系模式，其中包括8个主轴编码归纳出的主范畴和选择性编码发展出的4个核心范畴，如图1所示。

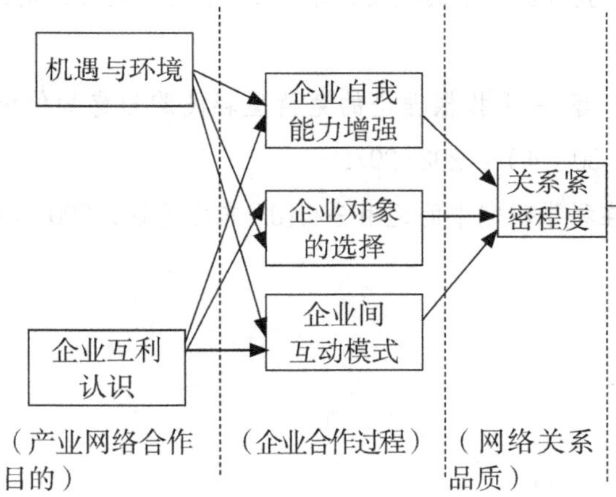


**图1　冰雪体育产业网络关系模式图**

## 4　结语

冰雪体育产业运营者应借助产业发展机遇，提高对网络合作互利关系的认识。产业网络合作的目的与动机将会对网络内整个产业的合作过程产生影响，并且合作者的对象选择以及网络内的合作互动模式也会影响合作过程。冰雪体育产业运营者需要有不断增强自身能力的意识。产业网络间的合作过程将会对网络关系品质产生影响；产业网络合作者应增强合作关系紧密程度，在合作关系中提高网络关系品质。合作关系紧密程度直接影响合作者本身的绩效，从而间接影响网络绩效；而网络关系品质也会直接影响企业经营绩效，从而间接影响网络绩效。

## 参考文献

[1] 张瑞林，李凌.冰雪体育旅游消费者行为与体验模式的影响研究[J].天津体育学院学报，2017，32（2）：93-98.

[2] 张瑞林.我国冰雪体育产业商业模式建构与产业结构优化[J].体育科学，2016，36（5）：18-23，53.

[3] 张才成.冰雪体育文化旅游产业网络营销策划研究[J].边疆经济与文化，2017（8）：25-26.

[4] 芮明杰，邓少军.产业网络环境下企业跨组织知识整合的内在机理[J].当代财经，2009（1）：69-75.

[5] 邓智团.产业网络化的系统经济学解读——以计算机全球生产网络为例[J].新华文摘，2009（23）：53-56.

[6] 陈向明.扎根理论在中国教育研究中的运用探索[J].北京大学教育评论，2015（1）：2-15，188.

[7] 王斌，郭冬冬，刘炼，等.基于扎根理论的竞猜型彩民购彩感知价值概念模型研究[J].天津体育学院学报，2015，30（4）：292-297.

[8] 李志刚.扎根理论方法在科学研究中的运用分析[J].东方论坛，2007（4）：90-94.

# 感觉交互作用对自由式滑雪空中技巧运动员平衡能力影响的研究

王 新

（沈阳体育学院运动人体科学学院，辽宁 沈阳 110102）

**摘要**：本研究探究在各种感觉系统的交互作用下自由式滑雪空中技巧运动员平衡调控的差异性，揭示不同感觉输入对运动员平衡的影响程度；通过记录25名运动员稳定平面睁眼（T1）、稳定平面闭眼（T2）、非稳定平面睁眼（T3）、非稳定平面闭眼（T4）4种状态下维持平衡时压力中心（COP）的移动速度（SV），分析各种感觉功能的作用。结果显示，男、女运动员在不同条件下维持自身平衡时前庭觉作用均占有最大的比重，其次是本体感觉和视觉。运动员某种感觉系统受到干扰时，其他感觉系统会替代维持平衡。视觉或本体感觉受到干扰时，男、女运动员选择替代的感觉系统没有展示出相同的特征。

**关键词**：自由式滑雪空中技巧；感觉交互作用；感觉功能；平衡能力

自由式滑雪空中技巧是2022年北京冬奥会的重点项目之一。平衡能力已被发现与技巧类运动项目成绩显著相关，水平越高的运动员会表现出越强的平衡能力。优秀运动员可能会通过神经适应来增强平衡能力，这种神经适应对视觉输入的依赖较少，而更多地依赖于姿势控制的其他组成部分，如本体感觉减少对姿势控制的视觉贡献的必要性可能会使我们更多地关注对平衡和运动表现至关重要的其他感觉输入。

## 1 研究对象与研究方法

### 1.1 研究对象

本研究以感觉交互作用对自由式滑雪空中技巧运动员平衡能力的影响为研究对象，以25名自由式滑雪空中技巧国家队运动员为测试对象。所有运动员6个月内下肢都无损伤，为保证测试过程中运动员身体处于无疲劳的放松阶段，测试安排在当天无训练的调整休息日进行。

---

**作者简介**：王新（1974—），教授，博士。研究方向：运动生物力学。

1.2 研究方法

1.2.1 数学计算法 根据Lacour等的测试方法，采用以下“感觉整合评估”公式评价感觉交互作用。

评价视觉作用：

① （T2−T1）/（T2+T1）表达自身本体感觉未受到干扰，视觉变化引起平衡能力变化的程度。

② （T4−T3）/（T4+T3）表达自身本体感觉受到干扰，视觉变化引起平衡能力变化的程度。

评价本体感觉作用：

① （T3−T1）/（T3+T1）表达自身视觉未受到干扰，本体感觉变化引起平衡能力变化的程度。

② （T4−T2）/（T4+T2）表达自身视觉受到干扰，本体感觉变化引起平衡能力变化的程度。

评价视觉与本体感觉同时作用：

（T4−T1）/（T4+T1）表达自身视觉与本体感觉同时受到干扰时平衡能力变化的程度。

1.2.2 统计分析法 本研究使用SPSS 21.0进行数据分析处理，结果用均值±标准差（$\bar{x} \pm S$）形式表示，采用配对样本$t$检验检测不同条件下每项测量数据的差异，以$P<0.05$为差异有统计学意义。

## 2 结果与分析

2.1 不同条件下运动员SV变化差异

25名运动员（14男、11女）在4种条件（T1、T2、T3、T4）下SV的结果如图1、图2所示。通过配对样本$t$检验，在视觉受到干扰的情况下，男、女运动员在T2与T1、T4与T3下的对比均具有显著性差异（$P<0.05$）；在本体感觉受到干扰、视觉未受到干扰的情况下，男、女运动员在T3与T1下的对比均具有显著性差异（$P<0.01$）；在视觉与本体感觉同时受到干扰的情况下，男、女运动员在T4与T1下的对比均具有显著性差异（$P<0.01$）。

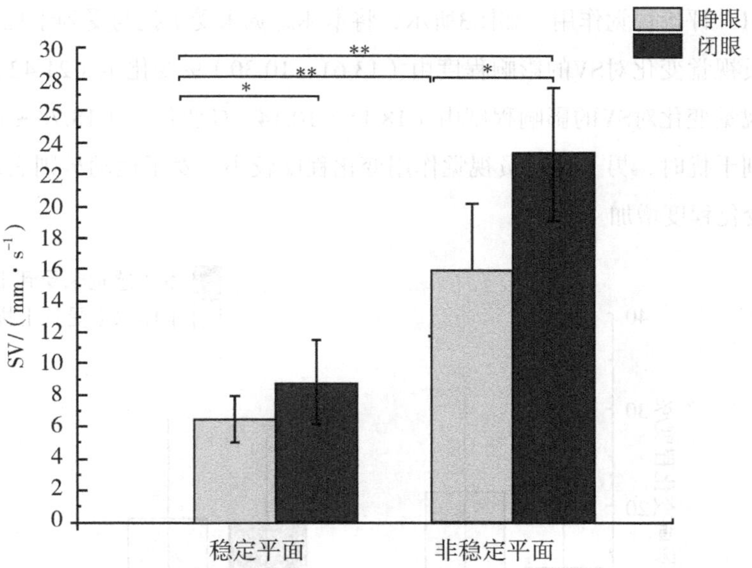


注：*$P$<0.05，不同条件有显著性差异；**$P$<0.01不同条件有极显著性差异。

**图1 女子运动员不同平面SV**

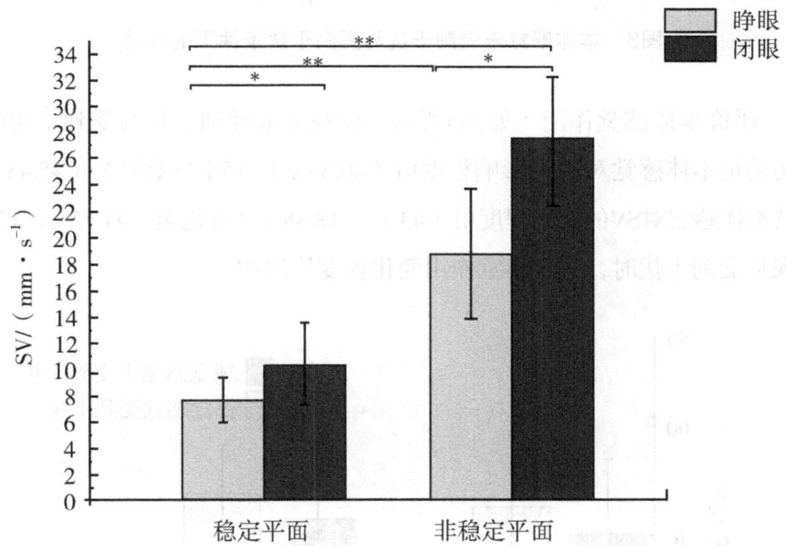


注：*$P$<0.05，不同条件有显著性差异；**$P$<0.01不同条件有极显著性差异。

**图2 男子运动员不同平面SV**

## 2.2 不同影响条件下SV变化程度

本研究将运动员不同条件下的SV结果按照“感觉整合评估”公式进行计算，得出在面对不同感觉干扰时运动员维持自身平衡稳定的变化情况，评价不同感觉作用的影响程度。

2.2.1 评价视觉作用 如图3所示，将本体感觉未受干扰与受到干扰情况进行对比，女子运动员视觉变化对SV的影响程度由（13.61 ± 10.30）%变化至（21.42 ± 12.02）%，男子运动员视觉变化对SV的影响程度由（18.15 ± 10.14）%变化至（18.70 ± 10.78）%。当本体感觉受到干扰时，男子运动员视觉作用变化程度较小，女子运动员则表现出相反情况，视觉作用变化程度增加。

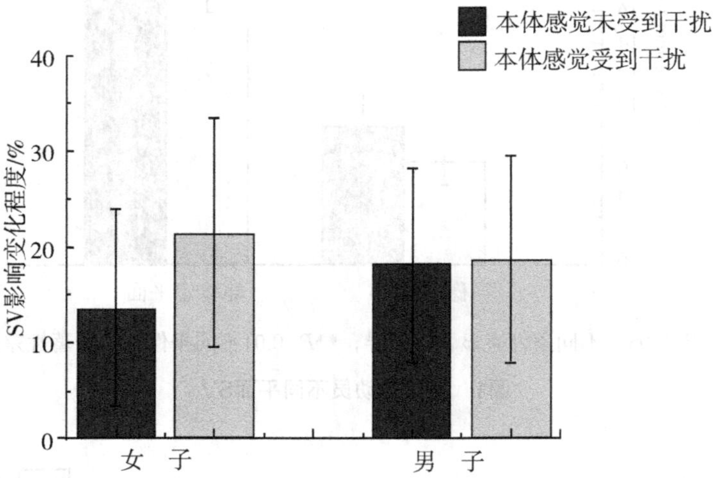


图3 本体感觉未受到干扰与受到干扰条件下的移动

2.2.2 评价本体感觉作用 如图4所示，将视觉未受到干扰与受到干扰的情况进行对比，女子运动员本体感觉对SV的影响程度由（40.83 ± 13.15）%变化至（45.43 ± 12.74）%，男子运动员本体感觉对SV的影响程度由（43.13 ± 18.85）%变化至（47.72 ± 8.47）%。当男、女运动员视觉受到干扰时，本体感觉作用变化程度均增加。

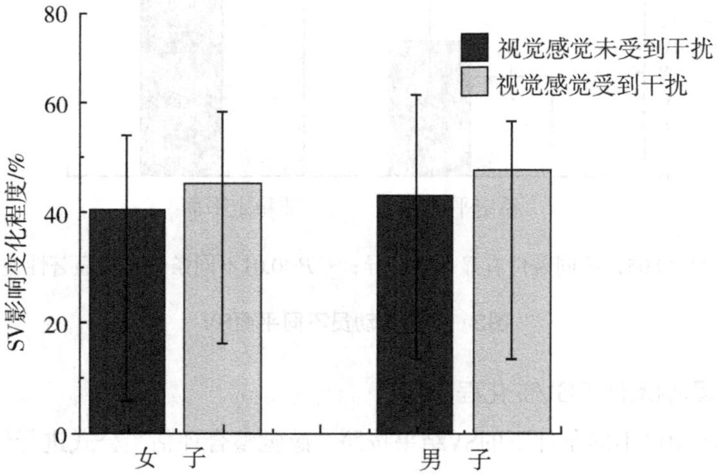


图4 视觉未受到干扰与受到干扰条件下的移动

2.2.3 评价视觉与本体感觉同时作用 如图5所示，在视觉与本体感觉同时受到干扰的情况下，女子运动员的SV影响变化程度为（55.83 ± 9.59）%，男子运动员的SV影响变化程度为（55.66 ± 14.57）%。其中各种感觉变化程度标准差较大，个体之间不同感觉系统对平衡能力的影响差异较大。

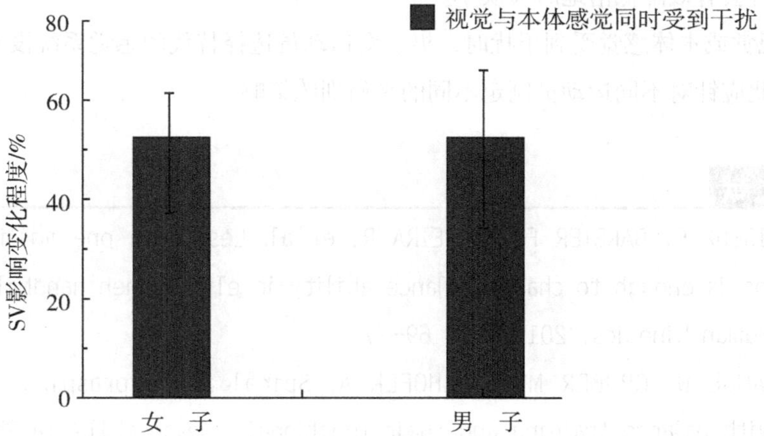


**图5 视觉与本体感觉同时受到干扰条件下的移动**

### 2.3 不同感觉作用重要程度分析

本研究通过不同条件下SV的影响变化程度，参考郭丽敏等（2003）运用公式计算感觉作用重要程度（公式1）的方法，计算男、女运动员在不同条件下本体感觉、视觉与前庭觉3种感觉功能在维持平衡过程中所起作用的重要程度。（表1）

$$公式1：\frac{\overline{x}}{100+\overline{x}}$$

**表1 男、女运动员不同条件下感觉作用重要程度**

| 性别 | 姿势 | 视觉作用 /% | 本体感觉作用 /% | 前庭觉作用 /% |
|---|---|---|---|---|
| 女 | T1 | 11.98 | 28.99 | 35.83 |
| | T2 | — | 31.24 | 68.76 |
| | T3 | 17.64 | — | 82.36 |
| 男 | T1 | 15.36 | 30.13 | 35.76 |
| | T2 | — | 32.30 | 67.70 |
| | T3 | 15.76 | — | 84.24 |

## 3 结论

（1）男、女运动员在不同条件下维持自身平衡时感觉系统展示出相同的特征，前庭觉作用均占有最大的比重，其次是本体感觉和视觉。因此，应该针对影响较大的前庭觉进行有效训练，增加落地时的平衡稳定控制能力。

（2）运动员视觉或本体感觉系统受到干扰时，其他感觉系统作用增加替代维持平衡。例如，比赛中面对雪质不适问题时，需要其他感觉系统作用替代维持平衡，较好的感觉功能的相互配合会有效降低落地时失误率。

（3）视觉或本体感觉受到干扰时，男、女运动员选择替代的感觉系统没有展示出相同的特征，因此应针对不同运动员制定不同的平衡训练策略。

## 参考文献


[1] VISEUX F, BARBIER F, PARREIRA R, et al. Less than one millimeter under the great toe is enough to change balance ability in elite women handball players[J]. Journal of Human Kinetics, 2019, 69: 69-77.

[2] TAUBE W, GRUBER M, GOLLHOFER A. Spinal and supraspinal adaptations associated with balance training and their functional relevance[J].Acta Physiologica, 2008, 193 (2) : 101-116.

[3] CHAPMAN D W, NEEDHAM K J, ALLISON G T, et al. Effects of experience in a dynamic environment on postural control[J].British Journal of Sports Medicine, 2008, 42 (1) : 16-21.

[4] VUILLERME N, TEASDALE N, NOUGIER V. The effect of expertise in gymnastics on proprioceptive sensory integration in human subjects[J].Neuroscience Letters, 2001, 311 (2) : 73-76.

[5] LACOUR M, BARTHELEMY J, BOREL L, et al. Sensory strategies in human postural control before and after unilateral vestibular neurotomy[J].Experimental Brain Research, 1997, 115 (2) : 300-310.

# 高原地区青少年运动员选材研究

甘春龙[1,2]

（1. 贵州省体育科学研究所，贵州　贵阳　550007；2. 广西师范大学体育与健康学院，广西　桂林　541006）

**摘要**：本研究以850名不同海拔地区青少年运动员（12~17岁）为测试对象，对其身体形态、机能及素质等指标进行测试对比分析，并归纳总结出田径耐力项目高原地区运动员的科学选材敏感指标。研究结果充实和完善了我国田径耐力项目优秀后备人才的数据资料库，为运动员的科学选材提供参考。

**关键词**：高原；田径；青少年；选材

## 1　研究对象与研究方法

### 1.1　研究对象

本研究以高原地区青少年运动员为研究对象，以2018年全国越野跑锦标赛、2018年高水平后备人才基地锦标赛（竞走营）、2018年第八届田径耐力项目高原地区对抗赛和贵州省第十届运动会4个比赛的850名运动员为测试对象。

### 1.2　研究方法

本研究采用测试法、专家咨询法、调研法、归纳总结法、数理统计法等研究方法，并严格按照各指标标准测试方法进行测试。（表1）

**表1　测试内容与指标**

| 测试内容 | 测试指标 |
|---|---|
| 身体形态 | 体重、身高、下肢长、足长、足弓高度、跟腱长、最大呼气胸围、最大吸气胸围、肩宽、髂宽、髋宽、体脂百分比 |
| 身体机能 | 肺活量、心功指数、安静心率、睾酮、铁蛋白、血红蛋白 |

**作者简介**：甘春龙（1983—），副研究员，在读博士研究生。研究方向：高原训练和运动生理生化监控。

续表

| 测试内容 | 测试指标 |
|---|---|
| 身体素质 | 速度：100m 跑<br>力量：后抛实心球、立定跳远、悬垂举腿、夹臂俯卧撑（女）、引体向上（男）<br>有氧能力：12min 跑<br>灵敏协调：1min“十”字跳<br>柔韧性：坐位体前屈<br>髋部灵活性：横叉、纵叉<br>专项素质：400m 竞走用时和总步数 |
| 专项成绩 | 5 000m 跑、10 000m 跑 |
| 功能性动作筛查（FMS） | 过顶深蹲、跨栏上步、直线箭步蹲、主动直膝抬腿、躯干稳定性俯卧撑 |

## 2 结果与分析

### 2.1 高原划分

目前，国内外的研究中对于亚高原和高原的概念还不完全统一。根据文献资料和前期研究，本研究对高原的划分如下：海拔高度在500m以上1 500m以下为亚高原，海拔高度在1 500m以上2 500m以下为高原，海拔高度在2 500m以上为高高原。

### 2.2 不同海拔地区运动员的对比分析

男性运动员的身体形态指标主要表现为高高原地区的围度指标值较其余地区高，其胸围值表现最为明显，最大吸气胸围和最小呼气胸围均随海拔高度增加而增大；长度指标则表现为平原和亚高原地区值较高，如内踝长和外踝长随海拔高度增加而减小，平原地区值最大，足弓高度则为亚高原组最大。身体机能方面，肺活量随海拔高度增加而增大；心率、舒张压和血氧饱和度则随海拔高度增加而减小；心功指数随海拔高度增加而减小，说明心肺功能随海拔高度增加而增强。身体素质方面，柔韧性和力量指标各海拔高度组之间差异不大，且各年龄组均存在相同趋势。

女性运动员的身体形态指标主要表现为高高原地区的宽度指标值较其余地区低，如肩宽和髂宽随海拔高度增加而减小；长度指标则表现为平原地区值较高，如足弓高度、内踝长和外踝长均随海拔高度增加而减小，平原地区值最大。身体机能方面，高高原地区运动员的肺活量明显高于其余地区；心率和舒张压则随海拔高度增加而减小；女性运动员不同海拔高度地区的组间差异表现与男性运动员一致，心功指数随海拔高度增加而减小，说明心肺功能随海拔增加而增强。身体素质方面，平原地区运动员的柔韧性最好，力量指标各海拔组之间差异不大，且各年龄组均存在相同趋势。

2.3　高原地区对抗赛测试结果分析

男性运动员生理年龄显著高于实际年龄；下肢长度平原组最大，与高原组、高高原组有显著性差异，亚高原组与高原组有显著性差异，下肢长度随着海拔高度增加逐渐减小；足弓高度同样出现随海拔高度增加而减小的规律；跟腱长度高高原组最大，与高原组有显著性差异；足弓高度随海拔高度增加而减小；最大吸、呼气胸围高高原组显著高于其他组；膝围、小腿围随海拔高度增加而减小，平原组与高高原组有显著性差异；肺活量随海拔高度增加而增大，高高原显著高于其他组。

女性运动员平原组、亚高原组、高原组的生理年龄与实际年龄有显著性差异，生理年龄大于实际年龄；高高原组没有显著性差异；足弓高度随着海拔高度增加而减小，平原组、亚高原组与其他组有显著性差异；肺活量随海拔高度增加而增大，高高原组与亚高原组有显著性差异；安静心率随海拔高度增加而降低，亚高原与高高原组有显著性差异；高高原组恢复期心率显著低于其他组，说明高高原组在高原地区对抗赛中的恢复能力高于其他组或相同强度刺激对心脏的影响小于其他组；髂宽、髋宽、踝宽随海拔高度增加而增大，但没有显著性差异；小腿围随海拔高度增加而减小，没有显著性差异。

2.4　后备人才基地测试结果分析

本研究通过形态学指标的测试，建立了竞走项目青少年运动员部分形态学指标的参考范围，并使平原地区运动员、亚高原地区运动员、高原地区运动员基本形态学指标有了一定的参考范围。从身体机能指标的测试结果来看，前12名男、女运动员的血红蛋白和心功指数得分相对较高，其余指标得分较低。从身体素质指标的测试结果来看，前12名男、女运动员的各项指标得分相对较低。从功能性动作筛查的测试结果来看，前12名男、女运动员总体表现较好，只有个别运动员存在局部问题。

2.5　骨龄测试结果分析

骨龄测试结果显示，有25.8%的运动员为晚熟型，有16.7%的运动员为早熟型。其中，男性运动员晚熟型比例为22.8%，女性运动员晚熟型比例为30.0%，男性运动员早熟型比例为21.8%，女性运动员早熟型比例为9.8%。晚熟率最高的是高高原地区运动员，早熟率4个不同海拔高度地区相差不大。越野项目和中长跑项目男性运动员的晚熟率与早熟率都相差不大，竞走项目男性运动员较其他两个项目男性运动员晚熟率偏高，早熟率偏低。中长跑项目女性运动员晚熟率偏高且早熟率为0，其次晚熟率偏高的是竞走项目女性运动员，3个项目女性运动员早熟率都不算高，其中早熟率最高的是越野项目女性运动员，为14.9%。

## 3　结语

目前建立的高原田径耐力项目优秀后备人才数据库的人员数量还相对较少，主要原因是耐力项目优秀青少年运动员的样本数量偏少，同时存在研究指标片面、缺乏专项素质等方面的指标的问题。今后需要对研究测试指标进行适当调整，尽可能增加专项素质、运动能力等方面的测试，加强数据的科技测试，扩大应用范围和增加应用程度，以便进一步补充和完善高原田径耐力项目优秀后备人才数据库，增加耐力项目优秀运动员的数据，为进一步筛选评价指标提供数据依据。

## 参考文献

[1] 赵晋，孔垂辉. 亚高原环境对运动训练的影响综述[J]. 北京体育大学学报，2005，28(1)：78-79，126.

[2] 赵晋. 高原、亚高原训练对世居亚高原运动员运动能力的影响及其机制研究[D]. 北京：北京体育大学，2006.

[3] BRUTSAERT T D. Do high-altitude natives have enhanced exercise performance at altitude? [J].Appl Physiol Nutr Metab，2008，33(3)：582-592.

[4] SAUNDERS P U，PYNE D B，GORE C J. Endurance Training at Altitude[J]. High Altitude Medicine & Biology，2009，10(2)：135-148.

# “腰背委中求”理论在运动性腰腿痛治疗中的应用体会

石　红

（甘肃省体育工作第一大队，甘肃　兰州　730050）

**摘要**：本研究的目的是观察针灸刺血委中穴对运动性腰腿痛的影响，以求证典籍中的“腰背委中求”的针刺理论。本研究采用针灸疗法及刺血疗法观察受试者针刺委中穴前后腰腿痛的变化，结果发现针刺委中穴对腰腿痛可以改变的效应存在差异，针刺委中穴后，腰腿痛可以明显减轻。因此，本研究得出结论：针刺委中穴对运动性腰腿痛的特异性作用体现在针刺委中穴后腰腿痛明显缓解。

**关键词**：运动性腰腿痛；针灸；刺血；腰背委中求

腰腿痛是常见的亚健康症状，对人们的生活质量有极大的影响。尤其是对于运动员而言，腰腿痛不仅影响他们的日常训练，还会给他们的生活和学习带来不便，甚至直接导致更大的运动损伤和比赛成绩的下降。

## 1　中医药学治疗运动损伤源远流长

“腰背委中求”语出于《四总穴歌》，最早见于明代针灸家徐凤编著的《针灸大全》。而四总穴，是明代前的针灸医师在摸索中总结出来的4个具有治疗效果的穴位，即足三里穴、委中穴、列缺穴和合谷穴。委中穴，位于下肢远端，但适应证范围极为广泛，体现了中医按照经络循行取穴的特点。传统上对治疗腰背痛的理解是足太阳膀胱经从头走足，直经腰背，合于腘窝，以治疗腰背部疾病，尤其是外邪引起的腰背痛为主。《灵枢·终始篇》云：“病在腰者，取之腘。”

委中穴作为足太阳膀胱经的合穴，历代文献记载基本相同，即位于腘窝纹中心。现代医学标准化定位委中穴在腘横纹中点，在股二头肌肌腱和半腱肌肌腱的中间。用委中穴治疗腰背部疼痛是根据经络循行取穴，本研究论证“腰背委中求”理论在运动医学中的临床应用。

---

作者简介：石红（1970—），专技七级（副主任医师、副高级），本科。研究方向：运动损伤的中医药防治及针灸在运动损伤中的合理使用。

## 2 临床应用

委中穴主要用来治疗腰腿痛，笔者主要将其用于治疗急性、实性疼痛，临床上常用于治疗急性的腰骶部疼痛、急性腰扭伤等。

2.1 操作方法

俯卧位，在腘横纹方向中央处取穴。针法：直刺，0.5~1寸深。感应：局部酸痛，或麻感辐射到脚底（针刺可出血）。由于皮肤下的筋膜浅层富含静脉，针刺此处易刺伤静脉，最好不要反复提插针刺委中穴，此穴针刺深度以刚好刺中胫神经为准。依据胫神经和腘静脉之间的关系，针尖向外偏斜50°~100°方向进针，刚好刺中胫神经，患者会有电刺激下传到足底位置，应马上停止，一般进针不能超过1寸。

2.2 运动损伤典型病例

刘某，男，25岁，曲棍球运动员，2011年5月20日就诊。主诉：进行专项训练时用力不当突然腰痛，动则刺痛加剧，站立躺不下，躺下起不来。腰部呈前倾强迫位，活动受到限制，触诊腰部有僵硬和肌痉挛。诊断为急性腰扭伤。先针双侧委中穴，运动员自觉有麻胀感向下放射后，再针承山穴，以酸胀为宜，留针30min，1天1次。起针后自觉腰痛明显减轻，可缓慢行走，采用相同取穴治疗3天后临床症状消失，后期随访再未复发。

**注：**急性腰扭伤又称“腰痛”，是常见病、多发病，任何年龄都可能发生。主要临床症状为腰部刺痛，行走不便，患者痛苦极大。运动医学研究认为急性腰扭伤是由于突然发力时方法失当，腰局部的肌纤维出现损伤，从而引起肌纤维炎性反应压迫末梢神经，出现剧痛。中医认为本病为气滞血瘀、经络闭塞所致。

于某，男，24岁，跆拳道运动员，2016年6月2日就诊。主诉：腰部剧痛难忍，打喷嚏、咳嗽时疼痛加剧。运动员感觉受伤时腰部有撕裂感，伤后即出现腰部剧痛。诊断为腰椎间盘突出症并经腰椎CT确诊。诊断符合《中医病证诊断疗效标准》相关标准，患者腰部制动，采用委中穴刺血治疗。每3天1次，5次为1疗程。

**注：**近期研究证实炎症反应是急性腰椎间盘突出症腰腿痛的重要发病机制。委中穴刺血具有舒筋活络、祛瘀生新的功效，适用于腰背筋膜的劳损、腰椎间盘突出、急性腰腿扭伤、肌肉痉挛、风湿性关节痛、局部迟钝、感觉迟钝等肩背部、腰臀部和下肢疾病。中医认为肾主骨、肝主筋、脾主肉。肾虚则骨软化，肝虚则筋挛缩，脾虚则肉消瘦。中医委中穴刺血疗法，有利于行气活血、伸筋疏络、调理人体营卫、补肝益肾，促进新陈代谢，控制系统炎症反应，抵御外邪侵袭。

钱某，男，25岁，武术运动员，2012年4月13日就诊。主诉：腰痛并且感觉臀部及下肢放射样疼痛。查体：第三腰椎横突叩击痛（+），梨状肌压痛（+）。诊断为第三腰椎横突综合征，梨状肌损伤。笔者采用“双针一罐”法治疗，选用阿是穴、委中穴，用梅花针叩刺阿是穴，用三棱针点刺委中穴，然后加拔火罐。每3天1次，3次为1个疗程。

**注：**第三腰椎横突是腰椎功能活动中心，相比其他横突，第三腰椎横突长，尖端易受外力影响出现损伤，从而产生一系列相关临床症状。

## 3 结论

委中穴治疗对急性腰痛虽有显著疗效，但也有其限制。经临床研究观察可以发现，腰部疼痛和局部症状明显部位如果在足太阳膀胱经的经络走行路线上，即在脊柱侧旁1.5~3寸的腰肌位置，则委中穴治疗效果明显。

针灸方法要正确。现在有人直接套用古人的取穴来选穴治疗疾病，往往达不到满意的疗效。在治疗腰痛时，主穴如出血不顺利可加拔火罐。临床中针刺委中穴时如果针刺深度偏差，容易伤及腘动脉或其分支，导致患者血流不止，甚至有可能截肢。在委中穴施针时，应严格掌握针刺方向及针刺深度。

综上所述，委中穴是治疗腰痛的重要穴位。其治法以针刺或小隐静脉点刺出血为主，必要时可进行其他技术辅助。

中医经典的“腰背委中求”理论在运动医学中的应用，表明针灸的机理可以改善腰痛部位的皮肤血流量，疏通经络，恢复正常的气血循环，加强营养供应，消除引起疼痛的物质，最终减弱或消除腰痛。这样可以使周围积聚的致痛物质被组织液排出，使疼痛消失，也就是中医所说的“通则不痛”。

## 参考文献

[1] 张健，吕沛霖．中医药防治竞技运动损伤的研究探讨[J]．陕西中医，2006，27（8）：968-969.

[2] 吴近珠.浅谈“腰背委中求”的立论机理和临床应用[J].内蒙古中医药，2010，29（8）：122-123.

# 运动对高血压动脉LTCC和BKCa通道的表观遗传调控

石丽君

（北京体育大学运动生理教研室，北京　100084）

**摘要：**本研究探讨有氧运动改善自发性高血压大鼠肠系膜动脉平滑肌L型电压门控钙通道（LTCC）和大电导钙激活钾通道（BKCa）功能的表观遗传机制。研究方法：将12周龄雄性自发性高血压大鼠（SHR）及正常血压大鼠（WKY）随机分为正常血压安静组、正常血压运动组、高血压安静组和高血压运动组。研究发现，规律的有氧运动可有效降低SHR血压，引起动脉平滑肌细胞BKCaβ1亚基启动子区甲基化，调控miR-328在转录后靶向抑制LTCCα1c亚基表达，是运动改善高血压肠系膜动脉BKCa和LTCC功能重构的表观遗传机制之一。

**关键词：**运动；离子通道；DNA甲基化；miRNA

高血压是重要的全球性公共卫生问题。高血压下观察到的血管张力增加与血管平滑肌细胞（VSMC）膜上的离子通道重构有关。规律有氧运动是有效预防和控制高血压的非药物治疗方法，与VSMC离子通道功能改善密切相关，但其潜在机制仍不清楚。近年来随着表观遗传学的迅速发展，表观遗传修饰在环境与基因之间搭建起了桥梁。本研究从表观遗传角度，探讨启动子区DNA甲基化及miR-328在运动干预高血压动脉平滑肌LTCC和BKCa通道功能中的作用。

## 1　材料与方法

### 1.1　实验动物分组及运动方案

将12周龄雄性自发性高血压大鼠（SHR）和正常血压大鼠（WKY）随机分为安静组（WKY-SED，SHR-SED）和运动组（WKY-EX，SHR-EX）。运动组进行8周中等强度跑台训练，方案：坡度0°，20 m/min，50%~55% $VO_2max$，每天60 min，每周5天。

---

**作者简介：**石丽君（1972-），教授，博士。研究方向：运动和心血管生理学。

1.2 电生理记录

1.2.1 肠系膜动脉平滑肌细胞急性分离 往大鼠腹腔注射戊巴比妥钠（50 mg/kg）麻醉，取肠系膜动脉2~3级，采用酶机械法进行急性分离。

1.2.2 膜片钳全细胞和单通道纪录 LTCC电流和全细胞$K^+$电流（$I_K$）采用传统电压钳模式进行记录。BKCa单通道电流采用膜片钳内面向外记录模式。

1.3 钙成像

基于Leica DMi8全内反射荧光（TIRF）系统在负载Fluo-4AM的肠系膜动脉平滑肌细胞上进行钙火花信号捕捉。

1.4 亚硫酸氢盐测序法（BSP）

提取肠系膜动脉基因组DNA，对CACNA1C和KCNMB1基因启动子区CpG岛进行甲基化检测。

1.5 VSMC原代培养及转染

取12周龄Wistar大鼠，分离培养VSMC传至5~7代后，采用Lipofectamine RNAiMAX试剂进行miR-328干扰序列转染。

1.6 数据分析处理

数据以均值±标准差的形式表示；在体实验采用双因素方差分析（高血压×运动），离体实验采用单因素方差分析；$P$<0.05有显著性差异。

## 2 结果

2.1 有氧运动对高血压大鼠动脉血压的影响

采用尾动脉无创血压监测系统对WKY和SHR实验前后的心率（HR）、收缩压（SBP）、舒张压（DBP）、平均动脉压（MAP）进行测量，结果见表1。

**表1 有氧运动对WKY和SHR心率及血压的影响**

| 指标 | WKY-SED | WKY-EX | SHR-SED | SHR-EX |
|---|---|---|---|---|
| SBP | 137.6 ± 7.2 | 131.2 ± 9.2* | 197.8 ± 18.0* | 182.9 ± 8.4# |
| DBP | 98.2 ± 5.6 | 95.1 ± 8.6 | 148.4 ± 7.4* | 139.6 ± 5.4# |
| MAP | 111.3 ± 8.0 | 107.1 ± 8.6 | 164.9 ± 12.2* | 154.2 ± 10.9# |
| HR | 364.1 ± 15.9 | 358.5 ± 12.9 | 421.2 ± 18.9* | 400.2 ± 23.8# |

注：*表示与WKY-SED组相比，$P$<0.05有显著性差异；#表示与SHR-SED组相比，$P$<0.05有显著性差异。

### 2.2　运动减弱SHR肠系膜动脉平滑肌LTCC和BKCa电流

高血压引起肠系膜动脉平滑肌细胞LTCC和BKCa通道功能上调，而有氧运动可减弱高血压引起的这些改变。（图1、图2）

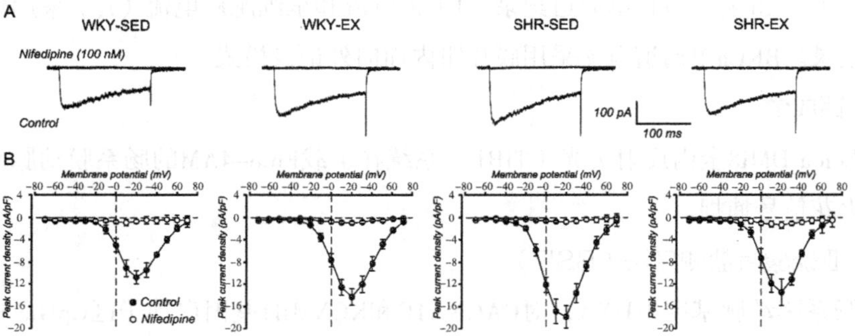


注：A——全细胞$Ca^{2+}$电流（黑色）及100 nM Nifedipine （红色）阻断后$Ca^{2+}$电流代表图；B——LTCC通道电流-电压（I-V）曲线图。

**图1　大鼠肠系膜动脉平滑肌细胞LTCC通道电流**

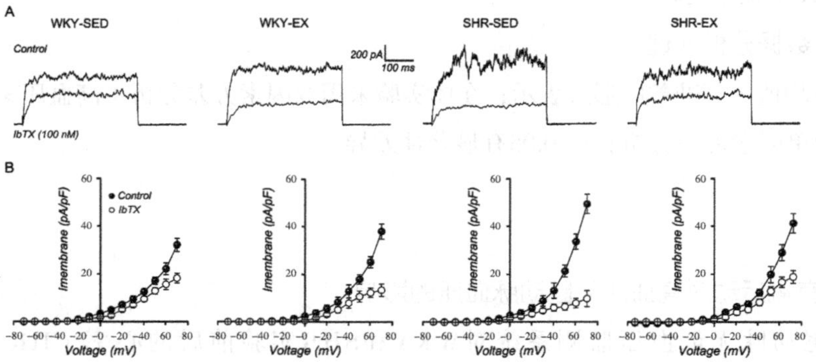


注：A——全细胞$K^{+}$电流（黑色）及100 nM IbTX（红色）阻断后$K^{+}$电流代表图；B——BKCa通道电流-电压（I-V）曲线图。

**图2　大鼠肠系膜动脉平滑肌全细胞$K^{+}$电流**

### 2.3　运动抑制SHR肠系膜动脉平滑肌BKCa通道门控特性及钙火花功能改变

8周有氧运动后，SHR-EX组BKCa单通道开放概率（*P*0）显著低于SHR-SED组，然而运动却增强了正常血压组BKCa通道活动，WKY-EX组*P*0明显增加，显著高于WKY-SED组。（图3A、图3B）

局部$[Ca^{2+}]_i$升高，即VSMC胞内肌质网上RyR开放产生的钙火花可激活附近的BKCa通道。因此，采用钙离子成像技术检测了各组VSMC自发性钙火花变化情况。如图3C所示，钙火花活动改变可能是高血压肠系膜动脉血管平滑肌BKCa通道功能上调及运动后BKCa通道活动改变的原因之一。

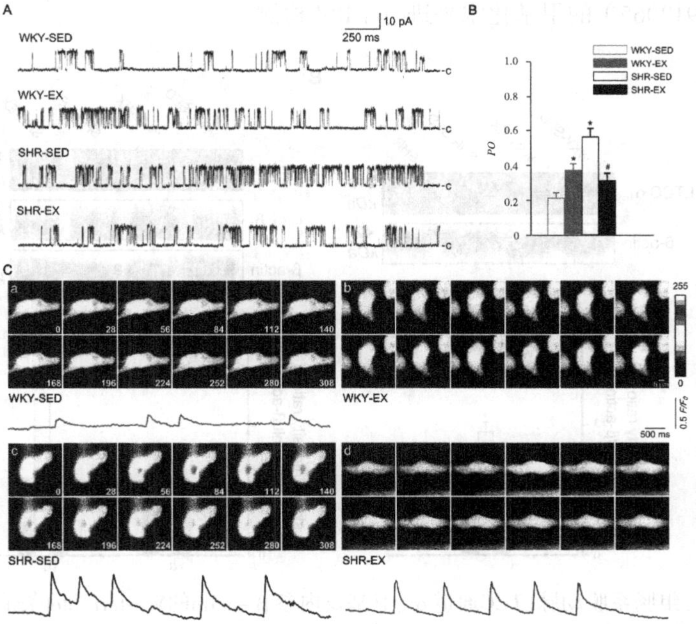


注：A——HP=+40 mV，[$Ca^{2+}$]free=1 μM，各组肠系膜动脉平滑肌BKCa通道开放示意图；B——BKCa通道开放概率（*P*0）统计图；C——各组平滑肌细胞钙火花代表图和钙离子荧光强度变化曲线图。*表示与WKY-SED相比，*P*<0.05有显著性差异；#表示与SHR-SED相比，*P*< 0.05有显著性差异，各组*n*=6。

**图3　大鼠肠系膜动脉平滑肌BKCa单通道电流及钙火花特征**

## 2.4　各组肠系膜动脉血管平滑肌LTCC和BKCa通道蛋白及mRNA表达变化

如图4A、图4C所示，与WKY-SED相比，SHR-SED组LTCC通道$\alpha_{1c}$亚基蛋白表达显著上调（*P*<0.05），有氧运动显著下调SHR-EX组$\alpha_{1c}$表达量。BKCa通道α亚基在各组间表达无显著差异。与WKY-SED组相比，SHR-SED组$\beta_1$亚基蛋白表达显著上调（*P*<0.05）。因此，高血压$\beta_1$/α比值呈现显著性上升（*P*<0.05）。提示，高血压时$\beta_1$亚基上调较α亚基更为显著；经有氧运动后，$\beta_1$/α比值也呈显著下降。

qPCR结果如图5A所示，各组大鼠LTCC通道$\alpha_{1c}$亚基mRNA表达无显著差异（*P*<0.05），但有氧运动显著下调SHR-EX组$\alpha_{1c}$mRNA表达量（*P*<0.05）。BKCa通道α亚基mRNA在各组间表达无显著差异。与WKY-SED组相比，WKY-EX组和SHR-SED组$\beta_1$亚基mRNA表达均显著上调（*P*<0.05）。而经有氧运动后，SHR-EX组较SHR-SED组$\beta_1$亚基mRNA表达发生显著下调（*P*<0.05）。

## 2.5　运动对高血压肠系膜动脉CACNA1C和KCNMB1基因启动子区甲基化的影响

如图5B所示，实验分别选取位于4号染色体LTCC通道$\alpha_{1c}$基因（CACNA1C）启动子区538 bp长度、包含11个CpG位点的CpG岛区（216566309-216566846），以及位于10号染色体上的BKCa通道$\beta_1$基因（KCNMB1）启动子区402 bp长度、包含7个CpG位点的区域

（18911664-18912065）的甲基化水平进行了BSP检测。

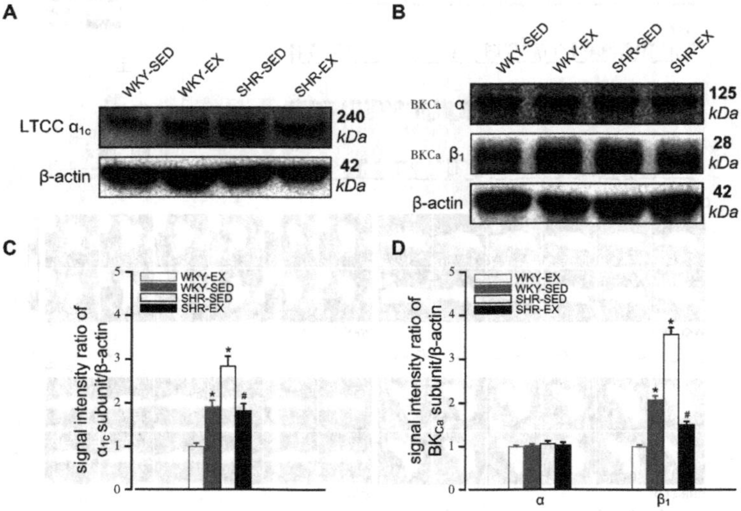


注：A——各组肠系膜动脉LTCC通道 $\alpha_{1c}$亚基及内参 β -actin的Western blot条带；B——各组肠系膜动脉BKCa通道 α 和 $\beta_1$亚基及内参 β -actin的Western blot条带；C——各组肠系膜动脉 $\alpha_{1c}$亚基蛋白表达统计图；D——各组肠系膜动脉 α 和 $\beta_1$亚基蛋白表达统计图。

**图4　各组大鼠肠系膜动脉LTCC和BKCa通道亚基蛋白表达**

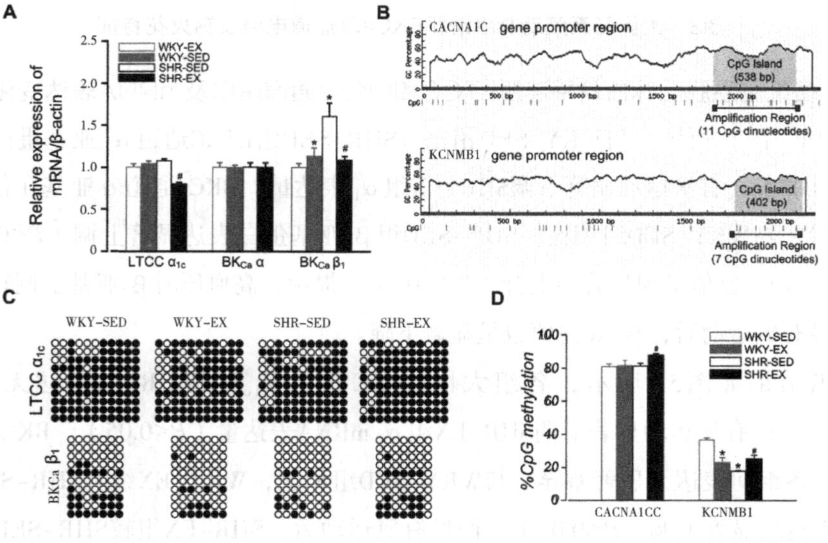


注：A——各组肠系膜动脉LTCC通道 $\alpha_{1c}$亚基、BKCa通道 α 和 $\beta_1$亚基mRNA表达统计图；B——CACNA1C、KCNMB1基因启动子区CpG岛区图谱；C——各组CACNA1C、KCNMB1基因CpG位点DNA甲基化情况示意图，每个基因选取10个克隆进行测序，其中黑色圈代表甲基化位点，白色圈代表未甲基化位点；D——CACNA1C、KCNMB1启动子区CpG位点甲基化百分比水平统计图，各组$n$=6。

**图5　各组大鼠肠系膜动脉LTCC、BKCa通道亚基mRNA及DNA甲基化水平**

结果显示（图5C、图5D），各组肠系膜动脉CACNA1C基因启动子区甲基化水平未发现显著改变；运动后，SHR-EX组甲基化水平显著上调，发生超甲基化。对于KCNMB1基因，正常血压时，WKY-EX组肠系膜动脉KCNMB1基因启动子区显著去甲基化。同时，与WKY-SED组相比，SHR-SED组KCNMB1基因启动子区甲基化水平也发生显著降低；但有氧运动后，SHR-EX组KCNMB1启动子区甲基化水平上调，表现为超甲基化。

2.6 运动经miR-328靶向调控LTCC通道$\alpha_{1c}$亚基表达

对各组miR-328表达进行检测，如图6A所示。结果显示，正常血压时，WKY-EX组和SHR-SED组肠系膜动脉miR-328表达均显著降低（$P<0.05$）。有氧运动后，SHR-EX组miR-328表达显著上调（$P<0.05$）。这与LTCC通道$\alpha_{1c}$亚基蛋白表达结果相反。**提示：**运动可能经miR-328靶向调控LTCC通道$\alpha_{1c}$亚基表达。

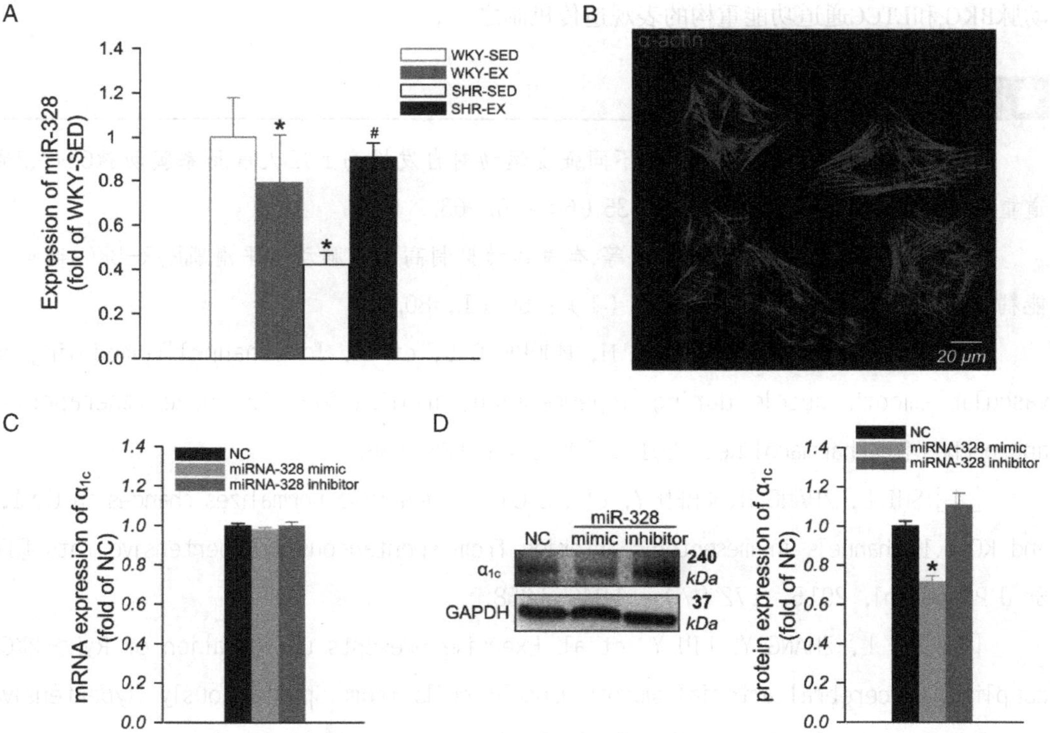


注：A——大鼠肠系膜动脉miR-328表达统计图，各组$n=6$；B——平滑肌特异性肌动蛋白α-actin荧光标记的VSMC代表图；C——VSMC转染miR-328 mimic或inhibitor48 h后LTCC通道$\alpha_{1c}$亚基mRNA表达统计图，$n=6$，代表培养的细胞批数；D——VSMC转染miR-328 mimic或inhibitor 48 h后LTCC通道$\alpha_{1c}$亚基蛋白表达统计图，$n=6$。*表示与WKY-SED组相比，$P<0.05$有显著性差异；#表示与SHR-SED组相比，$P<0.05$有显著性差异。

图6 VSMC转染后LTCC通道$\alpha_{1c}$亚基mRNA及蛋白表达

VSMC骨架蛋白α-actin清晰可辨，证明培养的细胞为血管平滑肌细胞，纯度达到95%，无杂细胞污染，可用于后续转染实验（图6B）。$\alpha_{1c}$亚基mRNA表达在转染后48 h无显著变化（图6C）。而在转染miR-328 mimic48 h后$\alpha_{1c}$亚基蛋白表达显著下调（$P<0.05$），转染miR-328 inhibitor组$\alpha_{1c}$亚基蛋白表达稍上调（图6C）。

## 3 结论

本研究证实了长期规律有氧运动可有效降低自发性高血压大鼠血压，逆转高血压VSMC离子通道重构，下调高血压肠系膜动脉$\alpha_{1c}$和β1亚基表达，从而降低LTCC电流，延缓$BKC_a$通道的病理性代偿增强，诱导动脉平滑肌功能恢复。其中，有氧运动引起BKCa $\beta_1$亚基启动子区甲基化，调控miR-328在转录后靶向抑制LTCC $\alpha_{1c}$亚基表达，是运动改善高血压肠系膜动脉$BKC_a$和LTCC通道功能重构的表观遗传机制之一。

## 参考文献

[1] 鲁妮，陈渝，邱方，等.不同强度运动对自发性高血压大鼠肠系膜动脉CaV1.2通道重构的影响[J].体育科学，2015，35（6）：57-63.

[2] 张严焱，刘雨佳，柏平，等.有氧运动抑制高血压脑动脉平滑肌RyR-BKCa通道功能耦联上调[J].体育科学，2017，37（1）：55-61，80.

[3] JOSEPH B K，THAKALI K M，MOORE C L，et al. Ion channel remodeling in vascular smooth muscle during hypertension：implications for novel therapeutic approaches [J].Pharmacol Res，2013，70（1）：126-138.

[4] SHI L，ZHANG H，CHEN Y，et al. Chronic exercise normalizes changes in Cav1.2 and KCa1.1 channels in mesenteric arteries from spontaneously hypertensive rats [J]. Br J Pharmacol，2015，172（7）：1846-1858.

[5] SHI L，ZHANG Y，LIU Y，et al. Exercise prevents upregulation of RyRs-BKCa coupling in cerebral arterial smooth muscle cells from Spontaneously Hypertensive Rats [J]. Arterioscler Thromb Vasc Biol，2016，36（8）：1607-1617.

# 筋膜松解手法及康复锻炼治疗痛风性关节炎一例

卢慧敏[1]，张 伟[2]

（1. 内蒙古自治区体育科学研究所，内蒙古 呼和浩特 010000；2. 内蒙古自治区体育职业学院，内蒙古 呼和浩特 010000）

**摘要：**痛风是单钠尿酸盐（MSU）沉积所致的晶体相关性关节病，与嘌呤代谢紊乱及（或）尿酸排泄减少所致的高尿酸血症直接相关，属代谢性风湿病范畴。痛风可并发肾脏病变，严重者可出现关节破坏、肾功能损害，常伴发高脂血症、高血压病、糖尿病、动脉硬化及冠心病等。痛风发作时疼痛剧烈，通过松解筋膜的方法治疗可以有效缓解疼痛。

**关键字：**痛风；筋膜粘连；筋膜松解手法

**典型病例：**

**患者：**张伟，男，生于1982年3月12日，1.77 m，72 kg，2020年3月9日来诊。

**主诉：**右踝关节间断疼痛、肿胀4年，加重4个月。

**现病史：**患者2006年体检尿酸值在临界点，因无症状未予关注。2016年7月，剧烈运动2 h后，当晚出现右踝部红肿、疼痛，不能行走，伴有体温38.5℃，症状持续4天未见缓解，自服芬必得（具体剂量不详），后症状逐渐好转。自认为是踝关节扭伤，未予重视。2017年2月，因食用麻辣龙虾、饮啤酒，1 h后上述症状复发。内蒙古医科大学第一附属医院诊断为痛风。服用秋水仙碱、碳酸氢钠片、非他布司（具体剂量不详），1周后症状消失。后因饮食不当、运动过量症状反复出现。发病时间间隔逐渐缩短，症状加重，发作持续时间延长。一直未规律用药。2018年以后严格控制饮食、运动，但右踝部症状依旧频繁发作。2019年12月后无明显诱因，症状反复发作，每月发作1~2次，症状持续10天左右，不敢运动，不能随意饮食，生活质量严重下降。其间间断服用秋水仙碱、碳酸氢钠片、非他布司及中药汤剂。

**来诊时症状：**右踝关节疼痛、肿胀，局部皮肤红紫、皮温高，触诊皮肤及软组织僵硬，弹性减弱，局部压痛阳性。右踝关节各方向活动均受限，不能负重。

---

**作者简介：**卢慧敏，主任医师。研究方向：运动损伤的治疗与康复。

**既往史**：有右踝关节损伤史。

**个人史**：偶饮酒，每次约250 g，吸烟史10年，每天6支。

**检查**：尿酸（UA）测定597 umol/L。

DR报告显示右侧踝关节退行性改变。

MRI报告显示：

①右踝关节诸组成骨退行性改变。

②右侧内外踝、距骨、舟骨骨髓水肿。

③右侧距腓前韧带损伤。

④右侧内踝周围软组织损伤。

⑤右踝关节积液，右侧拇长屈肌腱腱鞘积液。

**诊断**：痛风。

**治疗**：筋膜松解手法（筋膜粘连严重，局部肿胀，压痛明显，先轻柔抚触局部，使皮肤适应，软组织放松下来，手指轻轻下压，向张力大的方向轻推，保持这个力度5~10 s，手指再移动找高张力的位置，轻推，以患者不会感到痛苦为度），关节松动术（轻柔助力打开踝关节的活动度），功能锻炼（踝关节的背屈、跖屈，内外翻，非负重下主动运动，以患者不痛或微痛为度）。其他治疗方式维持原治疗方案，未予干预。

**效果**：做以上治疗后患者感觉踝关节疼痛明显减轻，活动度也有所改善，第二天复诊时肿胀有所减退，皮肤红紫也有所改善。患者先后治疗5天，症状缓解明显，可以负重行走（症状消失时间明显比以前短），在此期间未予药物治疗。笔者嘱咐其坚持功能锻炼，运动强度以不痛或微痛为度，随着运动能力的提高，循序渐进地增加运动量。2021年4月，患者自述治疗后症状缓解明显，后一直坚持功能锻炼，打开活动度，加强踝关节力量，提高踝关节的稳定性，进行全身身体机能训练。2020年7月又发作1次，但症状轻微，3天左右症状消失。治疗后到2021年3月12日先后做过4次尿酸检测，测试值均高于正常值上限。

**现象**：

① 损伤会诱发痛风的症状。损伤会改变局部的微循环，容易让尿酸在局部沉积，产生症状。

② 筋膜松解手法松解局部组织，症状会很快消失。

③ 治疗后症状减退，但血尿酸浓度没有明显下降。

④ 恰当的功能锻炼会使踝关节的力量增强，本体感觉提高，关节的稳定性更好，抗损伤能力增强，出现损伤的概率降低。

**讨论分析**：

通常情况下，当患者发生足踝部损伤时，会出现局部代谢紊乱的情况。尿酸达到一定程度，以及尿酸盐微结晶沉积等都属于痛风发作的决定性条件。一般情况下，当患者体内的嘌呤以及核酸代谢出现紊乱时，尿酸合成会增多；患者肾脏排尿酸减少，也会导致血尿酸浓度升高，这种情况下，尿酸盐微结晶就十分容易沉积在人体的关节组织中。尿酸盐微结晶能够对人体组织产生化学刺激，造成组织损坏，同时白细胞对结晶具有吞噬作用，导致强烈的炎症反应，这时便表现为痛风。该患者为职业运动员，曾有多次踝关节扭伤的经历。反复踝关节扭伤会造成局部软组织损伤，筋膜粘连，走行于其间的血管受到卡压，血液循环不畅，尿酸盐微结晶更易在此处沉积。每次损伤都会加重血循环不畅，使症状加重，当各种原因引起尿酸升高时症状也容易出现。筋膜松解手法可以松解组织粘连，使局部血液循环改善，所以症状能很快缓解。运用此手法时要注意动作轻柔、循序渐进，动作粗暴易造成进一步的组织损伤，应以患者基本不会感到痛苦为度。

痛风引起的疼痛与软组织粘连，使该关节的活动度下降，肌肉力量下降，本体感觉减弱，运动能力下降，轻微的负荷就容易产生新的损伤，所以在症状减轻的情况下，要逐渐恢复运动能力，在缓解期要循序渐进地加强功能锻炼，增强其抵抗运动损伤风险的能力。

通过对该病例的观察，发现筋膜松解治疗方法并不能降低尿酸水平，而仅仅是改善局部微循环，消除局部症状，所以治疗痛风性关节炎还需要控制饮食，合理用药，把尿酸水平降下来。

2020年3月以后，运用筋膜松解手法对5名相似患者进行治疗，都取得了不错的效果。

## 参考文献

[1] JACKSON G, SINCLAIR V, MCLAUGHLIN C, et al. Functional early weight bearing rehabiltation of achilles tendon rupture. The influence of re-rupture rates and outcome scores[J].clinical & Experimental Rheumatology, 2010, 24(4):400-406.

[2] 俞光荣，赵宏谋．足踝部急性损伤的治疗要点与最新进展[J].中国修复重建外科杂志，2011，25(7)：769-773.

# 女子铅球运动员备战2020年东京奥运会投掷技术的研究

史东林，董海军

（河北体育学院，河北　石家庄　050041）

**摘要：**通过高速摄像、三维解析等方法，对备战2020年东京奥运会的3名女子铅球运动员的投掷技术进行研究，发现我国女子铅球运动员滑步阶段普遍存在滑步距离短、右腿向上蹬伸幅度大、腾空阶段身体重心水平方向移动效果差的现象，过渡阶段普遍存在右侧下肢，特别是右髋向投掷方向运动不积极的现象，最后用力阶段普遍存在右髋加速时机过晚的现象。本研究建议通过改进右腿蹬伸幅度，完善右髋用力时机，提高最后用力阶段左侧身体的鞭打幅度。

**关键词：**女子铅球运动员；技术；奥运会

女子铅球是我国田径的传统优势项目。进入21世纪后，我国涌现出巩立姣、李梅菊、高阳等一批优秀的女子铅球运动员，特别是巩立姣参加过3届奥运会，获得过世锦赛金牌。国家体育总局为了备战2020年东京奥运会，将女子铅球列为重点保障项目，成立了专门的技术科研攻关组，对现阶段我国优秀女子铅球运动员（国家队）的投掷技术进行研究，进一步探索女子铅球的训练规律和完善技术理论。

## 1　研究对象与研究方法

### 1.1　研究对象

研究对象基本情况见表1。

**表1　研究对象基本情况**

| 姓名 | 出生年月 | 身高 / cm | 体重 / kg | 个人最好成绩 /m | 研究成绩 /m | 获得的最好名次 |
|---|---|---|---|---|---|---|
| 巩立姣 | 1989 年 1 月 | 175 | 118 | 20.43 | 19.18 | 世锦赛金牌、奥运会银牌 |
| 高阳 | 1997 年 11 月 | 173 | 95 | 19.20 | 17.80 | 世青赛银牌、世锦赛第五 |
| 郭甜茜 | 1995 年 6 月 | 177 | 102 | 18.59 | 17.70 | 世青赛金牌 |

**作者简介：**史东林（1972—），研究员，博士。研究方向：体育教育训练学。

女子铅球是我国的优势项目，在国际赛场上有争夺奖牌的实力，而且后备人才培养方面也比较完善，形成了老、中、青的梯队建设。以上3名运动员是现阶段国家队队员，代表了现阶段我国该项目的最高水平。

1.2 研究方法

1.2.1 高速摄像法 本研究采用2台高速摄像机，1台位于投掷圈右侧，1台位于投掷圈后侧。2台摄像机主光轴夹角约90°，拍摄距离约10 m，机高约1.2 m，拍摄采样频率为120帧/秒。

1.2.2 动学解析法 本研究采用美国ARIEL公司生产的APAS运动录像分析系统，对技术视频进行裁剪和解析；采用人体模型DLT引导图像测量系统，以及日本的松井秀治人体模型，获取所需参数的原始数据。

## 2 研究结果

为了更好地研究滑步推铅球技术，通常将完整技术分为3个阶段和5个瞬间：①滑步阶段，从滑步起动开始到右脚着地瞬间；②过渡阶段，从右脚着地瞬间到左脚着地瞬间；③最后用力阶段，从左脚着地瞬间到器械出手瞬间。（图1至图3）

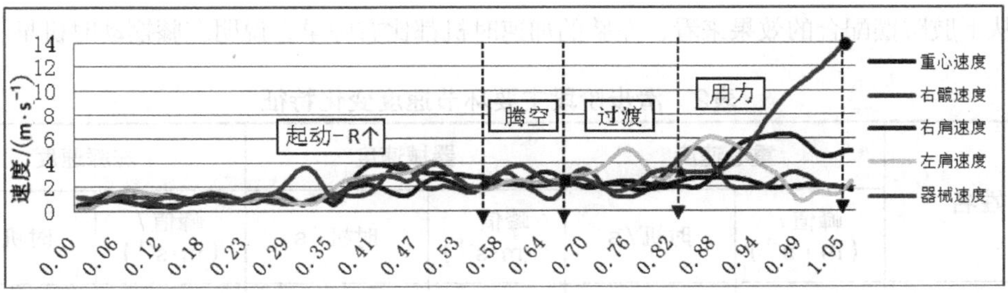


注：◆表示右脚离地瞬间，■表示右脚着地瞬间，▲表示左脚着地瞬间，●表示器械出手瞬间。

**图1 巩立姣19.18 m环节加速曲线图**

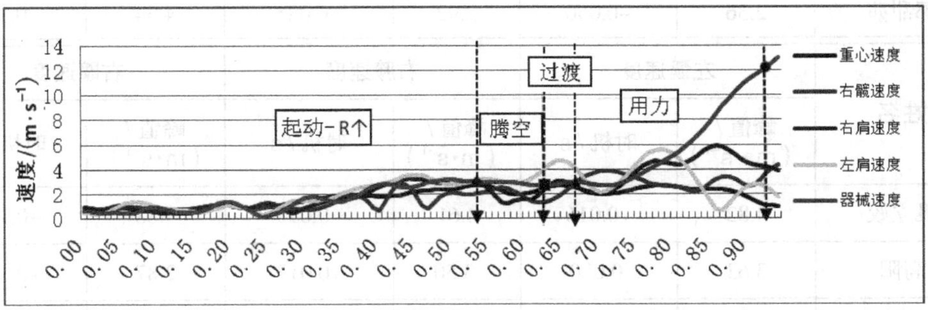


注：◆表示右脚离地瞬间，■表示右脚着地瞬间，▲表示左脚着地瞬间，●表示器械出手瞬间。

**图2 高阳17.80 m环节加速曲线图**

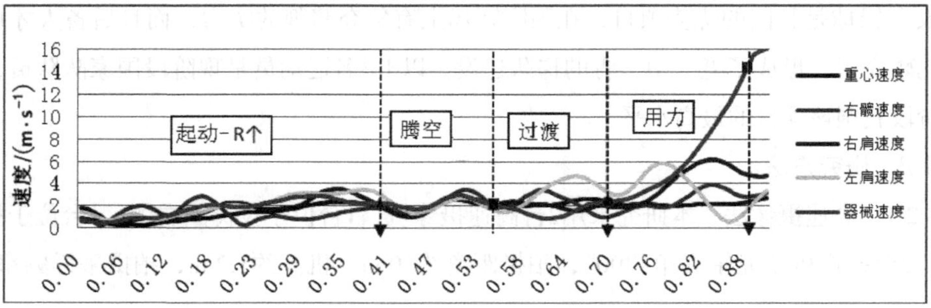


注：◆表示右脚离地瞬间，■表示右脚着地瞬间，▲表示左脚着地瞬间，●表示器械出手瞬间。

**图3　郭甜茜17.70 m环节加速曲线图**

### 2.1　滑步阶段主要环节加速特征分析

滑步在推铅球技术中占有重要的地位，主要完成人体向投掷方向的加速。滑步技术对后续动作的影响较大，对过渡阶段和用力姿势的形成有重要的意义。

由表2可知，我国女子铅球运动员普遍存在器械加速时机早于身体重心，而且加速幅度略高于身体重心的现象，这在一定程度上是不合理的。其中，除了巩立姣器械速度峰值时机和身体重心速度峰值时机在同一时刻外，其他2名运动员器械速度峰值时机都早于身体重心。从下肢蹬摆配合的效果来看，左膝的加速时机都比右膝早，说明左膝摆动时机早于右腿

**表2　滑步阶段主要环节速度变化特征**

| 姓名 | 重心速度 | | 器械速度 | | 左膝速度 | |
|---|---|---|---|---|---|---|
| | 峰值/(m·s⁻¹) | 时机/s | 峰值/(m·s⁻¹) | 时机/s | 峰值/(m·s⁻¹) | 时机/s |
| 巩立姣 | 2.70 | −0.066 | 3.88 | −0.066 | 4.33 | −0.183 |
| 高阳 | 2.71 | 0.000 | 3.17 | −0.041 | 4.35 | −0.192 |
| 郭甜茜 | 2.36 | −0.050 | 2.92 | −0.083 | 4.54 | −0.175 |

| 姓名 | 左髋速度 | | 右膝速度 | | 右髋速度 | |
|---|---|---|---|---|---|---|
| | 峰值/(m·s⁻¹) | 时机/s | 峰值/(m·s⁻¹) | 时机/s | 峰值/(m·s⁻¹) | 时机/s |
| 巩立姣 | 4.82 | +0.016 | 4.61 | −0.033 | 3.88 | −0.116 |
| 高阳 | 3.63 | 0.000 | 3.50 | +0.017 | 2.87 | −0.100 |
| 郭甜茜 | 2.94 | +0.142 | 4.17 | +0.109 | 3.44 | +0.117 |

注：表中“−”表示右脚离地前，“+”表示右脚离地后。

的蹬伸，即均是“先摆后蹬”的，其中高阳和郭甜茜2名运动员右膝的加速时机在右脚离地之后的收拉阶段。右髋的加速时机巩立姣和高阳2名运动员都出现在右脚离地前，随着右腿的蹬伸完成伸展。判断右髋加速合理性除了要参考加速时机外，还要参考右髋伸展的方向，与右腿的蹬伸角度有直接关系。郭甜茜右髋的速度峰值出现在右脚离地后，反映了她右腿在收拉阶段运动积极。

从各环节加速曲线可以看出，巩立姣在腾空阶段器械有明显的加速现象（图1），这在技术原理上是不合理现象。郭甜茜在整个滑步阶段速度曲线重合度较高，都是在右脚离地后逐渐下降，随后又开始上升，右髋在右脚着地前有加速现象。

### 2.2 过渡阶段主要环节加速特征分析

过渡阶段又称为转换阶段，以下肢向投掷方向运动为主，上肢以及肩关节的速度出现急速上升都是不合理的，下肢主要以右髋为核心转动加速。世界级优秀运动员过渡阶段右髋加速现象非常明显，这是最后用力阶段“满弓”状态形成的必要条件。（表3）

**表3 投掷阶段主要环节速度变化特征**

| 姓名 | 重心速度/($m\cdot s^{-1}$) | | 器械速度/($m\cdot s^{-1}$) | | 右肩速度/($m\cdot s^{-1}$) | | 左肩速度/($m\cdot s^{-1}$) | |
|---|---|---|---|---|---|---|---|---|
| | R↓ | L↓ | R↓ | L↓ | R↓ | L↓ | R↓ | L↓ |
| 巩立姣 | 2.31 | 2.47 | 2.44 | 3.24 | 2.56 | 2.01 | 2.78 | 3.89 |
| 高阳 | 2.48 | 2.50 | 2.68 | 2.97 | 2.37 | 2.61 | 4.04 | 4.07 |
| 郭甜茜 | 2.21 | 2.44 | 2.16 | 2.40 | 2.16 | 2.03 | 1.61 | 3.23 |
| 姓名 | 右膝速度/($m\cdot s^{-1}$) | | 左膝速度/($m\cdot s^{-1}$) | | 右髋速度/($m\cdot s^{-1}$) | | | |
| | R↓ | L↓ | R↓ | L↓ | R↓ | L↓ | | |
| 巩立姣 | 3.07 | 3.57 | 2.81 | 3.65 | 2.18 | 4.52 | | |
| 高阳 | 2.51 | 3.52 | 1.86 | 1.44 | 1.30 | 2.89 | | |
| 郭甜茜 | 3.26 | 1.98 | 2.88 | 3.04 | 2.09 | 1.01 | | |

我国女子铅球运动员过渡阶段普遍存在右侧下肢，特别是右髋向投掷方向运动不积极问题，主要和右膝的跪蹬效果差有直接关系，造成了左脚着地的距离普遍较短，一定程度上缩短了最后用力阶段对器械加速的距离；肩横轴转动幅度较小，对器械加速的幅度较小，同时存在右侧下肢加速不积极现象，过渡阶段下肢有明显停顿现象，右髋加速时机晚、右膝跪蹬效果差。这是我国女子铅球运动员和世界优秀女子铅球运动员相比存在的主要问题。而巩立姣这一点做得较好，在右脚着地后右侧下肢就开始了加速，加速时机较早，不但右髋加速效果突出，而且过渡阶段右腿用力停顿时间较短，这也是她的技术优势。

### 2.3 最后用力阶段主要环节加速特征分析

最后用力阶段是对器械加速的最后一个阶段，这一阶段专项技术的好坏直接影响最后成绩的好坏。

由表4可知，我国女子铅球运动员身体各环节速度的峰值时机基本在最后用力阶段，即左脚着地以后，但也有部分环节的速度峰值出现在过渡阶段。巩立姣最后用力阶段右髋和左髋的速度峰值达到3.88 m/s和4.82 m/s，远远高于国内其他女子铅球运动员，这也是她最大的技术优势，用力中髋关节加速效果较好，也符合投掷技术的原理。身体各环节达到速度峰值的顺序为左膝、右髋、左髋、右膝、左肩、重心、右肩，除左膝速度峰值出现在过渡阶段外，其他环节速度峰值都在最后用力阶段，说明了最后用力阶段左侧下肢的伸展程度还有待进一步提高。我国女子铅球运动员除巩立姣外，普遍存在右髋用力时机晚的现象，在右脚着地后普遍存在停顿现象，不能及时推动右髋加速，这是影响我国女子铅球运动员用力技术的一个主要问题。同时，最后用力阶段左侧下肢用力效果较差，撑蹬的时间过短或者距离偏短，包括巩立姣也存在这样的问题，整个身体的鞭打幅度偏小，影响了最后用力阶段对器械的做功距离和效果。

表4 最后用力阶段主要环节速度变化特征

| 姓名 | 重心速度 | | 器械速度 | | 左膝速度 | | 左髋速度 | |
|---|---|---|---|---|---|---|---|---|
| | 峰值 / ( m·s$^{-1}$ ) | 时机 / s | 峰值 / ( m·s$^{-1}$ ) | 时机 / s | 峰值 / ( m·s$^{-1}$ ) | 时机 / s | 峰值 / ( m·s$^{-1}$ ) | 时机 / s |
| 巩立姣 | 2.72 | +0.066 | 6.33 | +0.142 | 6.13 | +0.041 | 3.91 | +0.025 |
| 高阳 | 2.71 | +0.117 | 5.89 | +0.192 | 5.59 | +0.117 | 3.54 | +0.025 |
| 郭甜茜 | 2.66 | –0.025 | 6.18 | +0.142 | 5.83 | +0.075 | 3.01 | +0.142 |
| 姓名 | 右膝速度 | | 右髋速度 | | 左髋速度 | | | |
| | 峰值 / ( m·s$^{-1}$ ) | 时机 / s | 峰值 / ( m·s$^{-1}$ ) | 时机 / s | 峰值 / ( m·s$^{-1}$ ) | 时机 / s | | |
| 巩立姣 | 3.87 | –0.084 | 3.88 | –0.116 | 4.82 | +0.016 | | |
| 高阳 | 2.79 | +0.092 | 2.87 | –0.100 | 3.60 | +0.050 | | |
| 郭甜茜 | 3.39 | –0.017 | 3.44 | +0.117 | 3.43 | –0.008 | | |

注：表中“–”表示左脚离地前，“+”表示左脚离地后。

## 3 研究结论

（1）我国女子铅球运动员在滑步阶段普遍存在滑步距离短、右腿向上蹬伸幅度大、腾空阶段身体重心水平方向移动效果差的现象，滑步阶段器械加速时机早于身体重心。

（2）我国女子铅球运动员在过渡阶段普遍存在右侧下肢，特别是右髋向投掷方向运动不积极的现象，右髋加速时机过晚。

（3）我国女子铅球运动员在最后用力阶段普遍存在右髋用力时机晚的现象，最后用力阶段左腿撑蹬时间短，整个身体的鞭打幅度偏小（左侧身体）。

## 参考文献

[1] 文超.田径运动高级教程[M].北京：人民体育出版社，1994.

[2] 董海军，苏明理，吴钟权，等.我国优秀女子铅球选手滑步技术特征的运动学研究[J]. 西安体育学院学报，2010，21（1）：93-96.

[3] 王铮.浅析铅球投掷技术中的力学原理[J].中学物理教学参考，2019，48（6）：36-37.

[4] 张少伟，张浩，刘芳. 我国优秀男子铅球运动员投掷技术的运动学研究[J]. 天津体育学院学报，2013，28（3）：273-276.

# 日本体育发展的动因及对我国的启示

白志忠

（内蒙古体育职业学院，内蒙古　呼和浩特　010050）

**摘要：**近几十年来，日本体育产业已经成为其经济发展的支柱型产业。究其原因，本研究认为日本深厚的体育文化是日本体育产业不断前行和发展的动力源。

**关键词：**日本；体育文化；发展；动力源

在公元7—10世纪的近300年间，中国的汉字、医学、书法、文史、哲学、建筑学、围棋、书法、剑术、拳术与气功等传入日本，日本至今依然留有浓厚的中国古代文化痕迹。日本善于拿来并能融会贯通，在发展基础之上善于创新，在体育文化的发展和传承方面有着深厚的积淀。

## 1　体育文化是日本体育发展的动力源

### 1.1　体育文化政策保障是日本体育发展深厚的社会基础

1.1.1　体育立法是民众广泛参加体育活动的社会基础　日本《体育运动振兴法》（1961年）、《关于增进国民健康和体力对策》（1964年）、《关于普及振兴体育的基本对策》（1972年）相继出台，为日本体育的重心向大众体育普及转移提供了政策保障。随着时代发展，日本的体育法也在不断更新。在此后出台的《关于面向21世纪的体育振兴策略》（1989年）、《体育振兴基本计划》（2000年）中，21世纪的体育发展目标已经变为终身体育。

1.1.2　体育场地和健身设施为社会体育参与者提供物质基础　日本虽然国土狭小，资源有限，但其体育场地和健身设施却遍布城乡街道社区、公共活动场地、公园绿地等场所，给人们的业余锻炼、体育活动带来了极大的便利。

1.1.3　“体育节”等体育假日的实施对推动体育休闲活动起到了保障作用　为纪念1964年东京奥运会，日本创设了国家法定假日“体育节”，开展形式多样的体育活动，就

**作者简介：**白志忠（1972—），教授，博士。研究方向：体育文化、体育产业。

连证券市场也停止交易，国民纷纷走向户外运动健身。日本媒体在报道“体育节”活动时大都讲的不是成绩，而是指出一些活动开展的不足之处，特别关注的是青少年的体质问题，非常重视和发展体育运动。

1.2 体育动漫、影视文化高度繁荣是日本体育发展的内生动力

1.2.1 体育动漫中的体育英雄人物，极大激发了青少年对体育的兴趣 日本是世界上动漫最发达的国家，拥有世界上一流的创意团队，出现了一批优秀的动漫作品，影响了一代又一代青少年的成长。特别是日本的体育动漫，伴随着日本青少年的成长，涉及高尔夫、手球、乒乓球、橄榄球、空手道、柔道、摔跤、相扑、合气道、赛车，甚至中国武术项目，直接推动和影响了青少年对体育的热爱和追求。

1.2.2 体育影视作品激发了青少年对体育的热情 日本的体育影视作品如《排球女将》《足球小将》《棒球英豪》《网球王子》《奈绪子》《功夫棒球》等无不激发青少年对体育的热情，成为他们生活中的一部分。

1.2.3 赛事转播是体育文化传播的有效手段 在公交、地铁上利用手机或平板电脑进行较短时间的赛事点播，是日本人偏爱的体育观赛习惯。除了奥运会、世界杯等国际赛事外，日本职业棒球联赛、日本本土J足球联赛、甲子园棒球联赛及东京箱根间往复大学马拉松接力赛事等，已经形成赛事文化品牌，不仅形成了产业效应，其文化所蕴含的力量也不可小觑。

1.3 体育、文化、旅游等产业融合发展是日本体育发展的新动能

1.3.1 体育文化旅游产业是产业变革的先锋 日本的体育旅游资源丰富，文化底蕴深厚。日本政府提出“体育旅游观光”战略，文部科学省的体育厅、文化厅与国土交通省的观光厅三部门合作，把日本区域内的体育、文化、旅游资源相融合，构建日本品牌，促进日本区域经济发展。

1.3.2 “体育旅游观光”战略是日本体育、文化、旅游产业融合的催化剂 “体育旅游观光”战略是把体育、文化、旅游结合在一起，通过欣赏和体验世界文化遗产、当地风俗习惯、传统文化等形式，吸引国内外的游客，推动地方经济发展，切切实实增强地方经济活力。

## 2 日本体育发展对中国体育发展的启示

2.1 体育文化要统领群众体育、竞技体育、体育产业协调发展

一个国家、一个民族的强盛，总是以文化兴盛为支撑的。文化是体育发展不竭的动力源。只有“强势”的体育文化，才能推动群众体育、竞技体育、体育产业快速发展。

2.2 体育、文化、旅游等产业融合发展成为新兴产业发展必然态势

体育与文化、旅游、影视、教育、健康、养老、农业、水利、林业、通用航空等产业融合发展的态势和效果日渐显现。体育、文化、旅游等产业融合发展，成为丰富旅游产品体系、拓展旅游消费空间、促进旅游业转型升级的必然要求，能极大地促进经济社会持续健康发展，拓展经济发展新空间。从融合发展中的市场培育和发展来看，体育的发展始终离不开文化这个根和魂。

2.3 培养学生终身体育的意识

学校体育要树立"健康第一"的理念，从幼儿园起，培养学生终身体育的意识，中小学生要掌握一两项运动技能，在运动中享受体育带来的快乐。

2.4 传承中华优秀传统体育文化，弘扬中华体育精神

围绕建设社会主义体育强国的目标，树立"大体育文化观"，挖掘、整理和传承中华优秀传统体育文化，夯实中国体育发展的社会基础和文化根基；积极挖掘、讲好体育故事，弘扬中华体育精神，使之成为全党、全国各族人民团结奋斗的强大精神力量。

## 3 结语

一项事业的发展，如果没有文化的支撑是不能长久的。文化是根和魂，是体育不断前行和发展的动力源。

## 参考文献

[1] 熊晓正.试论古代中西体育文化选择的差异[J].体育文化导刊，1989（6）：36-40，61.

[2] 李海霞.日本文化产业的主要特点探析[J].天府新论，2010（6）：114-119.

[3] 孙庆彬，朱波涌.日本民族体育文化的特征及启示[J].体育学刊，2012，19（2）：45-48.

[4] 骆平山.我国与日本校外体育开展状况之比较[J].南京体育学院学报（社会科学版），1994（3）：35-37.

[5] 舒盛芳，沈建华.日本竞技体育崛起过程中的国民社会心态和政治诉求[J].体育学刊，2012，19（2）：40-44.

[6] 吴新宇，李世森，韩富清.日本体育文化产业的发展研究[J].体育研究与教育，2013，28（4）：14-17.

# 功能性正骨手法治疗运动员腰椎间盘突出症的应用探讨

包信通

（山东省运动康复研究中心，山东　济南　250000）

**摘要：**运动损伤的诊疗与康复，应当建立在对人体运动系统的生理基础的深刻理解和运动规律的基本认识，以及对运动项目特点的精准把握之上。功能性正骨手法是在运用传统推拿按摩疗法治疗运动损伤的过程中结合现代康复手段反复探索实践，从中医整体观念出发形成的基于关节功能恢复理论的独特手法。本研究通过对治疗手法、机理、典型病例的论述，阐述功能性正骨手法治疗运动员腰椎间盘突出症的应用，强调了关节功能恢复理论的重要性。

**关键词：**功能性正骨手法；腰椎间盘突出症；运动员；独特手法

专业运动员在运动中主要通过躯干部位保持身体平衡，腰部是协调其他部位综合发力的基础，承受较大应力。现代竞技体育环境下，运动员长期超负荷训练和高强度比赛加剧了腰椎间盘的退变，增加了纤维环破裂的概率，导致运动员容易罹患腰椎间盘突出症。运动员为了防止停止训练导致的身体机能下降，从而在比赛中维持最好的竞技水平，必须保持系统训练。为使患有腰椎间盘突出症的运动员坚持系统训练，治疗过程中需要缩短治疗时间，从而迅速恢复腰椎稳定，以及相关肌肉和关节运动功能。功能性正骨手法是一种基于关节功能恢复理论的独特手法，这套手法以恢复关节运动功能为目的，调整关节平衡，从而达到迅速恢复腰椎稳定及相关肌肉和关节运动功能的功效。

## 1　治疗手法

腰椎间盘突出症患者通常表现为腰椎曲度变直，屈伸、侧屈、旋转功能受限，甚至出现强迫体位，疼痛、麻木、酸痛等向一侧或两侧下肢放射。功能性正骨手法是在评估患者的这些运动功能基础之上针对相应关节运动功能出现的异常，通过手法予以纠正。具体操作如下。

---

**作者简介：**包信通（1974—），主任医师，硕士。研究方向：运动损伤机制与防治。

1.1 腰椎曲度调整手法

施术者一手掌按压患者腰部正中，另一手把握患者一侧脚踝，使患者被动屈膝90°，推拉小腿做内外旋往复运动，反复5~8次，转至患者另一侧重复同样的手法，以按压腰部手感受到椎体滑动或患者腰部曲度改善为佳。

1.2 腰部屈伸功能调整手法

前屈受限者。患者两脚间距与肩同宽，脚尖向前站立，施术者站立于患者身体一侧，用一手拇指抵住患者腰椎间盘突出的椎间隙，另一手从身体前面稳住患者骨盆，嘱咐患者做缓慢匀速的前屈运动，在患者感到疼痛后，稍作停顿，然后回复至中立位，再做缓慢匀速的前屈运动，反复5~8次。

后伸受限者。患者两脚间距与肩同宽，脚尖向前站立，施术者站立于患者身体一侧，用一手拇指抵住患者腰椎间盘突出的椎间隙，另一手从身体前面稳住患者骨盆，嘱咐患者做缓慢匀速的后伸运动，在患者感到疼痛后，稍作停顿，然后回复至中立位，再做缓慢匀速的后伸运动，反复5~8次。

1.3 腰部侧屈功能调整手法

侧屈受限者。施术者与患者同向而立，施术者站立于患者后面，用一手拇指抵住患者侧屈疼痛部位，患者对侧手臂上举，施术者另一手扶住患者上举手臂的上臂，稍稍用力辅助患者做缓慢匀速的侧屈运动，在患者感到疼痛后，稍作停顿，然后回复到中立位，再做缓慢匀速的侧屈运动，反复5~8次。

1.4 骶髂关节调整手法

患者俯卧位，施术者立于床尾，轻握患者双踝，拇指抵于内踝下方，目光与两小腿垂直，比较两手拇指位置，比较下肢长短。如患侧拇指位置偏上，施术者一手掌根抵住患侧髂后上棘，另一手紧握患侧脚踝，向患者后方缓慢拉至极限，稍作停顿，待患者适应放松，猛然发力，抵住髂后上棘的手也用掌根发力按压髂后上棘，以出现弹响声为佳。如患侧拇指位置偏下，患者侧卧位，健肢在下伸直，患肢屈曲，躯干后伸位，施术者一手抵住患者髂前上棘，另一侧的手肘抵住患者坐骨结节，手中指抵住患者髂后上棘，在患者深呼气末手掌与肘关节同时发力，推动患者髂骨做后旋，以出现弹响声为佳。

每次治疗45 ~ 60 min，间隔6天进行下一次治疗，连续治疗4次为1个疗程。

## 2 机理

腰椎间盘突出症多见于举重、跨栏、游泳、投掷、体操运动员等，他们常有腰部外伤史。一部分运动员是在持续进行大力量的负荷训练或比赛中受伤，一部分是在超负荷训练或身体疲劳、技术动作不正确情况下受伤。常用的治疗手法，大多以改善患者临床症状为方向，以解除局部机械压迫、消除局部炎性刺激为手段，往往忽略了对患者腰部功能失常与腰椎间盘突出之间因果关系的探究，没有重视恢复患者的运动功能，甚至有些患者的临床症状也未能得到根本消除。另外，运动员长期进行专项训练，超负荷训练或急性损伤后治疗不彻底，反复发作，致病因素长期存在。因此，在对运动员患者的治疗上，应当以快速、迅捷，注重恢复关节运动功能为方向，保证运动员的系统训练和竞技水平。

人体的关节运动，主要是通过肌肉收缩产生的应力进行抗阻运动，这些应力和因抗阻而产生的反作用力，都要通过构成关节的骨、软骨、椎间盘、韧带、肌腱、筋膜等组织进行传导和吸收。在传导和吸收的过程中，这些应力和反作用力对关节的机械作用不断重复，促使这些组织的结构不断进行适应性改变。尤其是运动员，需要长年累月重复同样的训练内容和动作来提高个人能力，机体组织也在重复地接受相同的应力刺激，在突破自我的超负荷训练中，有时不可避免超出其组织结构的承受能力，导致相应的组织病理变化，形成反复性损伤。而这些受损的组织如果不能自我修复，关节运动能力就会下降，影响应力的传导和吸收，使力的方向产生偏移，表现为整个关节功能的失常。

从脊柱生物力学和运动生理解剖学角度看，腰椎间盘突出症主要是由腰、骨盆、髋关节、双下肢系统整体的力学失衡，导致了整个运动轴附属的神经肌肉功能紊乱、筋膜损伤和脊柱力学紊乱。在训练的过程中，运动员经常负重，腰椎经常重复屈伸和旋转动作，腰部的肌肉需要收缩发力，并通过关节组织进行应力和反作用力传导。腰椎关节吸收应力的主要组织是腰椎间盘，腰椎间盘在传导和吸收应力的过程中逐步退化，当超出组织承受的限度时会产生组织破坏而突出，从而破坏腰椎关节的运动力学平衡。腰椎关节力学失衡后，就会产生关节不稳，失稳的腰椎关节在运动的过程中，会引起腰臀部核心肌群的收缩保护，过度收缩产生的部分应力会通过肌肉、筋膜、韧带止点传导到骶髂关节上，引起骶髂关节的功能紊乱，进而逐步影响邻近的髋、膝、踝关节；下肢髋、膝、踝关节的超负荷运动，会导致髋、膝、踝关节产生异常的应力并通过肌肉、韧带等组织传导至骶髂关节和腰椎关节，引起腰椎关节力学失衡，进一步造成腰椎间盘突出。可见，腰椎关节力学失衡与下肢运动链运动功能失衡互为因果。在腰腿疼各类疾病中，腰椎间盘突出症与骶髂关节的功能紊乱互为因果，它们既可能独自出现，也可能同时存在，沈国权称之为“二联症”。因此，功能性正骨手法治疗腰椎间盘突出症应该用整体观念来处理，不能只治疗局部腰椎间盘突出位置。

腰椎间盘突出症是由于在外力作用下椎间盘结构完整性被破坏，引起周围的韧带组织损伤、炎症和痉挛，产生局部疼痛。除此之外，突出的组织压迫脊髓和神经根等组织引起神经炎症，并沿神经传导，引起神经痛和麻木。从神经动力学角度考虑，对神经所支配组织的治疗是治疗神经问题的最好方法，障碍神经移动特别是障碍神经拉伸是治疗的主要支柱。

功能性正骨手法是在对运动员腰椎间盘突出的部位及其影响的动作进行生物力学以及运动功能解剖学分析的基础上，对相关的关节进行肌肉力量、活动范围、本体感觉、神经控制等方面功能的评估，探寻伤病处运动功能失衡的根本原因，通过独特的正骨手法调整关节的平衡，使人体运动对椎间盘的力学影响得到改变，减少或解除受损组织所受的致伤因素刺激，从而使受损部位逐渐修复。而对于神经受压迫产生的神经损伤、肿胀及疼痛，可通过活动关节、拉伸放松神经支配的组织以及神经周围的软组织来移动神经做纵向、横向滑动，纵向滑动防止过度紧张，横向滑动防止过度卡压，并刺激神经组织中的伤害感受器，使受刺激部位的神经内血流增加，达到修复神经损伤、消除局部炎症、提高痛阈值、迅速消除疼痛的目的。

## 3 典型病例

**患者**：王某某，女，17岁，篮球专业，运动年限7年，2019年3月27日初诊。

**主诉**：腰痛伴左腿麻木1年，臀部疼痛或交替发作。

**现病史**：该患者1年前出现臀部疼痛，休息1周后缓解，未予治疗，后反复发作，在省某医院诊断为腰椎间盘突出症，曾做过小针刀3次疼痛缓解，训练后仍时有发作，现腰疼、臀疼、麻木。腰前屈后伸受限，侧屈侧转受限，向左稍好。

**查体**：L1–L5棘上、棘间压痛，右侧L1–L2椎旁压痛，左侧L1–L5椎旁压痛。双骶髂关节压痛，以左侧为著。双侧髂后上棘压痛，屈膝抗阻力量弱。直腿抬高试验，左侧（+），4字试验双侧（+），骨盆分离（+）。影像检查：MRI示L4、L5腰椎间盘突出。

**诊断**：腰椎间盘突出症，双侧骶髂关节紊乱。

**处理**：腰椎骶髂关节功能性正骨手法整复，治疗1次后好转，前屈后伸受限减轻，侧屈侧转受限减轻。治疗1个疗程后臀部疼痛消失，前屈后伸、侧屈侧转恢复正常，恢复训练至今无复发。

## 4 结语

功能性正骨手法治疗运动员腰椎间盘突出症以恢复腰部力学平衡为目的，减少对椎间盘部位的应力刺激，使患者运动功能趋于正常的同时可快速消除各种临床症状，操作安全，疗效显著。今后，在功能性正骨手法治疗运动员腰椎间盘突出症临床试验各方面应进行更深入的探讨和研究。

## 参考文献

[1] 曲绵域，于长隆.实用运动医学[M]. 4版. 北京：北京大学医学出版社，2003.

［2］杜红根，魏晖，蒋忠，等.三种不同脊柱旋转手法治疗腰椎间盘突出症的病例对照研究[J].中国骨伤，2016，29（5）：444-448.

［3］沈国权．脊柱手法治疗中的整体观念[C]．第四届全国推拿学术交流论文汇编，1995：28.

［4］SHACKLOCK M. Clinical Neurodynamics[M]. Amsterdam：Elsevier，2005.

# 基于情感运动处方的新趋向

朱昭红

（西安体育学院运动与健康科学学院，陕西　西安　710068）

**摘要：**近年来越来越多的研究者和践行者认识到运动处方更应该帮助人们形成健康的生活方式。这就要求运动处方不仅要关注有效性和安全性，还要考虑运动中所经历的积极情感反应，从而帮助个体保持长期锻炼的行为习惯。现有研究已经证实了运动强度是运动中情感反应的前置因素，而且最近出现的运动强度和情感反应关系的相关理论和研究显示出基于情感的运动处方有望成为未来研究的新焦点。该理论认为运动强度与情感反应之间存在剂量反应关系，而且可能会受到认知和内感受器线索两类因素的调节，并指出了剂量反应关系的特点和影响机制。未来研究仍需进一步明确这一剂量反应关系的个体差异，揭示两者交互作用的神经机制，同时应确定该类研究中运动强度的评价标准，为实现人性化以及良好的运动处方效果提供证据支撑。

**关键词：**情感反应；运动强度；运动处方；双模式理论

人民健康是民族昌盛和国家富强的重要标志，但现在我们面临着慢性疾病暴发的事实。《中国国民健康与营养大数据报告》指出，中国76%的白领处于亚健康状态，慢性疾病患病率已达20%，且疾病呈现年轻化趋势。运动已被证明是预防疾病、增强体质、促进身心健康的良方。自20世纪70年代中期《运动处方指南》问世以来，一直基于与药物处方相类似的基本原理，即所确定的运动剂量，如频率、持续时间和强度，既能产生健身效果和健康效益，又能尽可能降低大部分人的损伤风险。但现实中不难发现这样的现象，即使再有效再安全的运动处方，如果不能长期有规律地执行，那么其价值也终将是零。

威廉斯（Williams）和克万（Kwan）等的研究证实了运动中所引发的积极情感反应与自我报告的未来运动行为呈正相关，并提出了基于情感建立运动处方的观点，认为运动中的积极情感反应可能会成为除了有效性和安全性之外运动处方的第三核心要素。据此有学者提出通过提升个体在运动中的“良好感觉”，实现长期锻炼的行为模式。近年来，学者们围绕如

---

**作者简介：**朱昭红，副教授，博士。研究方向：体育运动与青少年心理发展。

何有效提升运动中“良好感觉”这一情感反应的问题，开展了大量研究。现有研究已经证实了运动强度是运动中情感反应的前置因素，最近出现的运动强度和情感反应关系的相关理论和研究还显示出基于情感的运动处方有望成为未来研究的新焦点。

本研究首先对现有研究中运动强度与情感反应关系的理论演变进行了梳理，之后总结了运动强度与情感反应关系及其交互机制的现有研究进展，最后在此基础上对上述理论研究进行了评述和展望。

## 1 运动强度与情感反应关系的理论进展

在运动心理学领域，一些研究结果支持了这样的观点，即一次剧烈运动与消极情感的减少或积极情感的增加有关，过去20年里的研究进一步证实了运动强度与人们在运动中所产生的情感反应之间存在着剂量反应关系。

### 1.1 倒U模型

里德（Reed）和奥内斯（Ones）指出，运动强度与情感反应之间的剂量反应关系呈现倒U型，即中等强度运动可以优化积极情感变化，而低强度运动不足以产生显著的情感变化，高强度运动要么是无效的，要么产生令人厌恶的消极情感。但这一理论与近期的研究结果不一致。有研究发现，低强度锻炼也可以产生暂时但显著的积极情感变化，而高强度锻炼，如针对意志耗损的增量锻炼方案，也会产生一些积极情感变化，如自尊改善。甚至有研究发现在中等强度（如60% $VO_2max$）运动中，一些人报告说快乐感增加了，而另一些人报告说快乐感减少了。这些数据提示了倒U模型没有考虑到情感反应可能会受多种因素相互作用，如个体因素、社会因素、体能和生理因素的影响，个体对这些因素的反应往往是“主动的”而不是“被动的”。另外，倒U模型仅仅是一种描述性模型，而不是机制性模型。因此，它无法产生可验证性假设，用于阐明所观察到情感变化的潜在原因。

### 1.2 双模式理论

在上述背景之下，艾科卡基斯（Ekkekakis）提出了双模式理论，认为运动时的情感反应和运动强度之间的关系可能会受到认知和内感受器线索两类因素的调节。其中认知因素主要起源于前额叶皮层（包括对运动的意义、目标、自我效能感在内的自我知觉、归因和对运动的社会背景的考虑等过程），而内感受器线索则主要来自运动所引发的生理变化导致的各种感受器反应。虽然这两种因素都不可能完全独立控制运动时的情感反应，但在不同的运动强度下它们的相对优势和影响不同。

现有研究多采用通气阈值（Ventilatory Threshold，VT），即氧气的通气当量增加而二氧化碳的通气当量没有相应增加的那一点，作为运动强度指标来探索运动强度与情感反应的剂量反应关系，如图1所示。研究表明，在VT以下或VT附近的情感反应变异性大于在VT

以上的情感反应变异性，具体表现为以下几种情况。

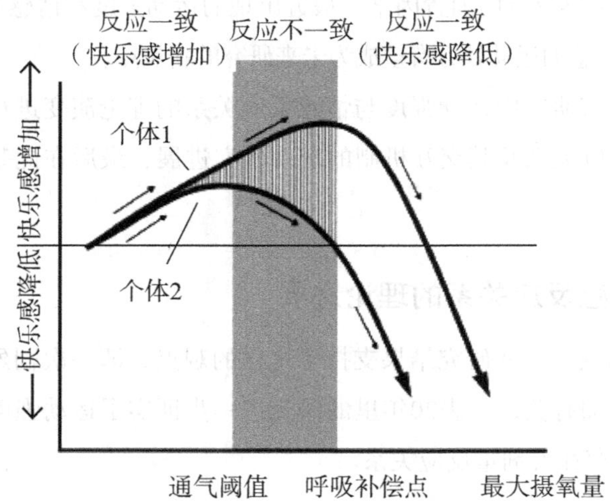


**图1　运动强度与情感反应的关系**

运动强度在VT以下时，有氧代谢是其主要的能量来源，个体处于生理稳定状态（随着时间的推移，心率、摄氧量或血乳酸水平都没有明显的增加），大多数人报告说，在这种强度范围内，他们的快乐水平是稳定的或不断增加的。这时认知因素和内感受器线索之间独立作用，情感反应大多是积极的。

运动强度在VT或呼吸补偿点（Respiratory Compensation Point，RCP）时，血乳酸初期可能是稳定的，但随着时间的推移，乳酸浓度提高。这种强度往往具有一定的挑战性，可以持续相当长的一段时间，但不可能无限期地持续下去，因为生理系统必须发生相当大的变化才能维持。这时内感受信息的数量和强度增加，许多身体不适感的信号进入意识，忍受这些信号的能力就像忍受疼痛的能力一样，往往取决于个体的认知因素。这些认知因素决定了个体将内感受信息解释为积极的还是消极的，这种认知个性化使得个体在这种运动强度下的情感反应出现变异性。

运动强度在VT以上时，个体从最大乳酸稳态延伸到最大摄氧量的水平。耗氧量和血乳酸水平持续升高，直至活动因力竭而终止，生理稳态不再维持。在这种强度下，内感受信息（这是身体伤害的信号）凌驾于认知因素之上，内稳态的破坏进入意识的主要方式是明显的负面情绪的激增。因此，在这种强度下，对运动的情感反应可能依赖于连接躯体感觉传入大脑情感中心的通路，如杏仁核、前扣带皮层和岛叶皮层等，这些通路绕过了额叶皮层，因此，该过程几乎不受认知因素的影响。霍尔（Hall）等人指出，在剧烈运动强度下的情感反应代表了一种进化的原始“警报”功能，它与疼痛非常相似，旨在停止和退出导致体内平衡被严重破坏的活动。在这种强度下，情感反应可能主要受生理变化和内感受器线索的驱动，因此，大多是消极的，而且这一变化在个体之间是同质的。

## 2 运动强度与情感反应关系的研究现状

基于上述理论，现有研究主要集中在短暂中低强度运动所引发情感反应的特点。这类研究中绝大多数采用VT作为运动强度评价的标准，所选择的研究对象有大学生、老年人、男孩及坐式生活方式人群，采用的运动方式有实验室内运动分级练习测试（GXT）、跑步机上运动、日常活动、户外散步和快走等。这类研究均表明中低强度的运动，甚至日常活动在不同人群中均能够引发积极情感反应，一旦运动强度继续增加则表现为负性情感反应显著。同时，研究中让被试者选择让他们感觉良好的运动强度时，被试者往往会凭直觉选择一个接近或低于他们VT强度的运动。而且，研究表明，无论是自选还是强制性的运动所引发的积极情感反应都与自我报告的未来运动量正相关。该结果表明，运动强度对情感反应的影响具有长效性。

与早期倒U模型不同，双模式理论是一个机制性理论，明确指出了运动强度对情感反应的影响受到认知和内感受器线索两类因素的调节作用。现有研究已证实了当运动强度在VT附近或VT以下时，个体对运动所产生的情感反应受到动机、对锻炼后情感的预期及个人特质等认知因素的影响。例如，盖琳（Guerin）和福捷（Fortier）研究发现，在女大学生群体中内部动机强的被试者在运动后能体验到更多的积极情绪。茜恩（Shin）等研究了经常锻炼的男大学生也得到了同样的结论，即随着内在动机的提高，积极情感体验增加。赫尔弗（Helfer）等研究发现，人们对锻炼后积极情感的预期会增加个体的积极情感反应和运动意图。马格南（Magnan）认为，运动强度与情感反应的剂量反应关系与个人特质有关，并证明了和较少参与运动的人相比较，经常参与运动的人在运动中会体验到更多的积极情感。关颖珊（Kwan）和布莱恩（Bryan）的研究中进一步证实了经常运动者、身体质量指数良好以及在运动中自我效能感高的人体验到的积极情感反应更高。

综上所述，现有研究结果证实了将运动中积极情感反应作为未来运动处方第三要素的可能性和必要性，即通过控制运动强度引发运动中的积极情感反应，进而增加未来运动行为的发生率。

## 3 现有研究的局限性和未来研究展望

在过去的40多年中，《运动处方指南》对运动科学领域产生了革命性的影响，使专业人员能够在科学证据的基础上进行实践，但是近年来越来越多的研究者和践行者认识到运动处方也可能对行为甚至生活方式的改变有影响，这就要求运动处方不仅要关注有效性和安全性，还要考虑运动中所经历的积极情感反应，从而帮助个人保持长期锻炼的行为习惯。尽管现有研究已经证实了低于和接近VT的运动强度有助于人们在运动中感觉良好，而且运动中这种积极情感反应对锻炼行为的形成与坚持有预测作用，但仍有大量的工作需要继续深入进行。

3.1　要进一步明确运动强度对情感反应影响的个体差异

在过去的10年里，一些关于运动与情感关系的研究开始将被试者的选择集中在久坐不动、超重或肥胖人群的样本上，这些样本比大学生更能代表成年人群的特点。艾科卡基斯和林德（Lind）报告说，当中年、久坐不动的超重女性在跑步机上以比她们自己选择的速度快10%的速度行走时，她们的快乐感会降低，而正常体重的女性则不会。早期对大学生的研究表明，只有当强度超过VT时，幸福感才会下降。与此不同，韦尔奇（Welch）等研究了年龄在18～35岁，至少有1年没有运动的女性，在分级测试期间，她们的幸福感会持续下降。同样，谢泼德（Sheppard）和帕菲特（Parfitt）发现，不运动的中年男性在低于VT期间的愉悦感下降。艾科卡基斯等在肥胖的中年妇女中也发现了同样的情况。之后，艾科卡基斯等进一步采用虚拟现实技术发现沉浸式的愉快音乐能够较好地改善超重成年人在运动时和运动后的愉悦感。这些数据表明了未来研究有必要将重点放在那些缺乏运动和超重或肥胖的人群身上，而现有研究缺乏关于这类人群情感反应的资料。现有研究数据显示，大多数久坐不动、超重或肥胖的成年人在大部分锻炼强度范围内的快乐感都有所降低，这使得超重或肥胖的成年人的高退出率和不参与运动的高比例现象屡见不鲜。对于这种现象有两种可能的解释：其一，可能是生理上的，如呼吸困难和气喘、体温调节能力受损或肌肉和骨骼疼痛加剧；其二，可能是自我效能感下降或对强烈而陌生的身体症状的恐惧。这些可能性都需要在未来研究中进行系统的调查。

此外，尽管我们在这里总结的研究结果适用于一般人群，或者适用于群体中的大多数人，但有些人的反应必然会有所不同。例如，当被要求选择一种让人感觉良好的强度时，一些人会选择一种强度过低而没有效果，或者过高而不安全的强度。必须探讨造成这些不同模式的因素，以协助专业人员查明可能有这种反应倾向的个人，并调整他们的干预措施。最后，还需要深入探讨的是整个生命周期中不同人群，尤其是青少年阶段的肥胖儿童或久坐儿童的情感反应特点。

3.2　运动引发情感反应的机制有待进一步明确

如前所述，双模式理论提供了一个框架，从这个框架中可以推导出情感反应模式潜在的机制。然而，这些推导出来的机制尤其是神经机制，尚未得到验证。例如，根据双模式理论，当强度低于VT时，认知因素的影响为“低至中等”。但到目前为止，研究表明，情感反应与认知因素（如自我效能感）之间在低强度下的相关性非常弱或为零，与外周生理参数的相关性也接近于零。这些研究结果引出了一个疑问：在低强度和自定步调的运动中，如短时间的散步，是什么导致了积极情感反应的产生？未来研究可能需要通过将定量和定性研究方法相结合的方式来解决这一问题。

按照双模式理论，在高强度条件下预测个体的快乐感呈现统一降低的趋势，而且认为这一结果源于内稳态的破坏，这一假设是基于愉悦度评分与VT以上的各种外周生理参数之间呈现显著的负相关。根据双模式理论的神经基础，在VT以上的运动强度下，情感反应多依赖于皮质下通路，而不是由皮质介导的杏仁核通路。从依赖于皮质介导（接近VT的运动程度）的情感诱导模式，到绕过皮质（运动强度更高）的情感诱导模式，这种功能上的转换是为了确保个体能够产生强烈的负面情感反应，因而不会因认知因素而减轻。近红外光谱评估的氧合数据表明，这种“开关”不仅可能是反映在内稳态失衡时，而且可能是安全机制的结果。根据戴维森（Davidson）的研究，前额皮质在接触厌恶刺激时会对杏仁核施加抑制控制，从而调节伴随厌恶刺激而来的消极情感反应，从实践的角度来看，如果这一机制成立，就意味着当强度超过VT时，通过控制剧烈运动带来不快的认知干预是无效的。据此，有学者认为，对于那些在运动过程中难以保持生理稳定状态的个体（如长期久坐、超重或肥胖的人）而言，可以借助生物反馈的手段训练个体具备改善运动强度的自我监控和自我调节能力，从而保持运动中的积极情感反应。但这一假设有待进一步验证。

### 3.3 运动强度的测量指标需要统一

《运动处方指南》自发布以来，一直基于范围推荐的模式。具体来说，从运动自觉量表（RPE量表）的得分来看，指南推荐的运动强度从“相当轻”到“非常强烈”，可选择的运动强度从3.0代谢当量单位的步行到超过8.7代谢当量单位的跑步都被认为是合适的。这种模式尽管在适应个人偏好和容忍水平方面具有灵活性，但缺乏针对个人量身定做运动或身体活动的系统方法。近十多年以来基于阈值的模式替代了范围推荐的模式，多采用VT、乳酸阈值（Lactic Threshold，LT）或乳酸堆积起点（Onset of Blood Lactate Accumulation，OBLA）作为运动强度指标，从某种意义上说，超阈值强度诱发了一种综合的心理生理应激反应。达到这些阈值的强度对改善健康和健身仍然是安全有效的，对大多数健康的人来说也是愉快的或至少是可以忍受的。运动强度指标不一致性必然会导致研究结果的混淆，未来研究需要和运动科学其他领域的研究者进行沟通和协作，确定出从生理角度更加合理地评定运动强度的指标。同时，这些指标都需要昂贵的仪器（代谢或乳酸分析系统），这使得它们无法用于日常运动测试和处方。即使能够收集到数据，要想可靠地确定这些指标也是一项挑战。为了克服这些困难，研究者还提出了一些切实可行的替代方案。例如，有研究者提出自定步调模式。所谓自定步调就是个体自行选择运动强度、运动类型和运动时间，这种模式允许个人选择最符合本能享乐倾向的运动方式。研究发现，在这种模式下，个人往往倾向于选择接近但不超过他们VT的运动强度。但这些方法的准确性仍需进一步评估。

## 4 结语

本研究总结分析了基于情感运动处方的理论观点和现有研究中的局限性，并指出了未来研究的方向，为实现人性化以及良好的运动处方效果提供了参考。

## 参考文献

[1] LADWIG M A, HARTMAN M E, EKKEKAKIS P. Affect-based exercise prescription: An idea whose time has come? [J]. ACSM's Health & Fitness Journal, 2017, 21 (5): 10-15.

[2] WILLIAMS D M, DUNSIGER S, CICCOLO J T, et al. Acute affective response to a moderate-intensity exercise stimulus predicts physical activity participation 6 and 12 months later[J].Psychology of Sport and Exercise, 2008, 9 (3): 231-245.

[3] WILLIAMS D M, DUNSIGER S, JENNINGS E G, et al. Does Affective Valence During and Immediately Following a 10-Min Walk Predict Concurrent and Future Physical Activity? [J]. Annals of Behavioral Medicine, 2012, 44 (1): 43-51.

[4] KWAN B M, BRYAN A D. Affective response to exercise as a component of exercise motivation: Attitudes, norms, self-efficacy, and temporal stability of intentions[J].Psychology of Sport and Exercise, 2010, 11 (1): 71-79.

[5] EKKEKAKIS P, HARGREAVES E A, PARFITT G. Invited guest editorial: Envisioning the next fifty years of research on the exercise - affect relationship[J]. Psychology of Sport and Exercise, 2013, 14 (5): 751-758.

[6] SHRANK W H, CHOUDHRY N K. Therapy: Affect and affirmations - a 'basic' approach to promote adherence[J].Nature Reviews Cardiology, 2012, 9 (5): 263-265.

[7] VAN LANDUYT L M, EKKEKAKIS P, HALL E E, et al. Throwing the Mountains into the Lakes: On the Perils of Nomothetic Conceptions of the Exercise-Affect Relationship[J]. Journal of Sport and Exercise Psychology, 2000, 22 (3): 208-234.

[8] REED J, BUCK S. The effect of regular aerobic exercise on positive-activated affect: A meta-analysis[J]. Psychology of Sport and Exercise, 2009, 10 (6): 581-594.

# 跑步改造大脑：来自fMRI的证据

任占兵[1]，吴进龙[1]，黄瑞旺[2]

（1. 深圳大学体育部，广东　深圳　518060；2. 华南师范大学心理学院，广东　广州　510631）

**摘要：**本研究的目的是探索跑步改造大脑的证据，基于fMRI探索耐力跑步运动员脑灰质结构特征。研究对象为耐力跑步运动员22人和普通健康被试20人。研究结果发现，两组被试的脑灰质体积差异显著（$P$=0.04<0.05），耐力跑步运动员的中央前回与后回灰质体积显著增大。因此，本研究得出结论，耐力跑步运动员躯体运动皮层和躯体感觉皮层灰质体积显著增大。

**关键词：**耐力跑步；脑结构；脑灰质；脑可塑性

人类跑步由来已久。研究发现，跑步具有很多益处，如降低心血管疾病风险、改善癌症患者的生命质量等。研究发现，运动员会表现出明显的脑神经特异性，但是跑步是否可以改造大脑？目前尚不确定。灰质（Gray Matter，GM）负责大脑高级功能且位于大脑皮层表面，本研究基于fMRI探索耐力跑步运动员脑GM的可塑性变化的证据。

## 1　研究对象与研究方法

### 1.1　研究对象

本研究选择耐力跑步运动员22人［年龄（26.27 ± 6.07）岁，体重（60.27 ± 6.37）kg］和普通健康被试20人［年龄（26.27 ± 6.07）岁，体重（60.27 ± 6.37）kg］为研究对象。

### 1.2　研究方法

1.2.1　fMRI扫描　实验测试的fMRI系统为西门子3.0 T，扫描采用T1序列，扫描参数为TR=2 300 ms，TE=3.24 ms，FA=9°。

1.2.2　结构像数据分析　本研究基于Matlab R2018b采用VBM 的工具箱分析结构像数据。

---

**作者简介：**任占兵（1979—），教授，博士。研究方向：运动认知神经科学、有氧运动的生理和心理机制、体能训练的理论与实践等。

## 2 研究结果

### 2.1 基本信息比较结果

两组被试的年龄（$P$=0.31>0.05）、体重（$P$=0.07>0.05）和受教育年限（$P$=0.06>0.05）差异均不显著。

### 2.2 全脑GM体积计算结果

两组被试的全脑GM体积差异显著（$P$=0.04<0.05），见图1。

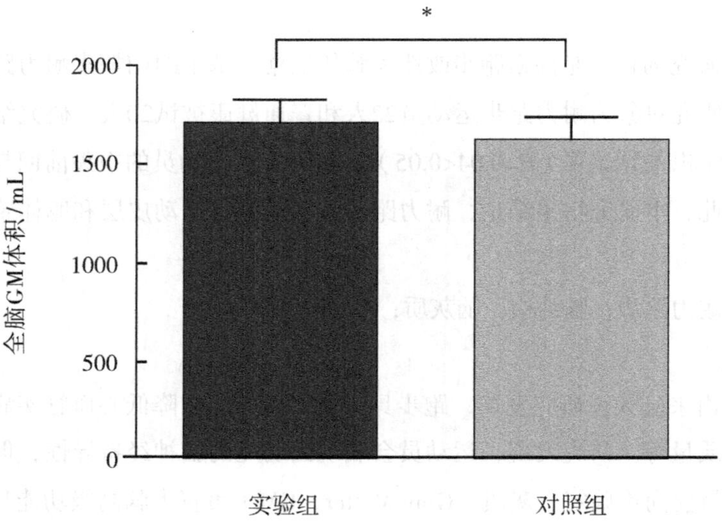


图1 全脑GM体积柱状图

### 2.3 运动员比非运动员显著的脑区

表1为运动员和非运动员组间GM体积比较结果。以普通健康的非运动员作对照，耐力跑步运动员大脑左半球的中央后回（Postcentral Gyrus，Post-G）区域GM体积增大显著，耐力跑步运动员大脑左半球的中央前回（Precentral Gyrus， Pre-G）区域GM体积增大显著。（图2）

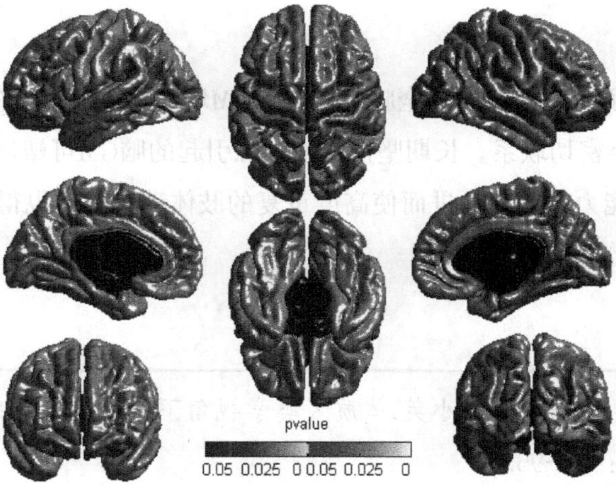


图2　耐力跑步运动员激活显著的脑区

## 3　分析与讨论

研究发现，跑步改造大脑主要体现在跑步者大脑Pre-G区域GM体积增大。Pre-G区域对躯体运动中枢的自主运动功能的控制非常重要。对于有运动障碍的患者而言，大脑运动皮层GM体积较小，如自发性的帕金森病，表明了Pre-G区域在动作控制中的重要作用。Pre-G区域的运动皮层参与人体躯干及四肢运动技能的协调和整合、姿势控制和自主运动控制等，尤其是运动协调能力更需要依赖躯体运动中枢参与和整合。耐力跑步运动员Pre-G区域GM体积的增加可能与耐力跑步过程中身体长时间的周期性训练密切相关，长期的跑步运动可以让人体的运动协调能力得到显著改善。人体下肢肌肉的协调性与跑步经济性高度相关，说明跑步训练改善了人体的协调性，这种外周协调的改善可能会进一步映射到中枢神经系统并引起大脑皮层的可塑性变化。

跑步改造大脑还体现在跑步者大脑Post-G区域GM体积增大。Post-G区域是躯体感觉中枢，可以感受到人体躯干以及四肢的深部感觉。耐力跑步过程需要运动员时刻感知自身的速度节奏，根据体能状况和环境变化及时调整配速，保证耐力跑步全程配速的合理性。研究发现，技能主导类项目的运动训练对大脑运动中枢的神经可塑性具有显著影响。例如，复杂的全身平衡训练可以使人左侧大脑运动辅助皮层以及前额皮层背侧GM显著增大；高尔夫新手经过40 h的训练，运动和辅助运动脑皮质的GM增大显著。前人的研究证实了运动训练可以引起运动中枢GM的神经可塑性变化，本研究进一步证实了体能主导的耐力跑步训练同样可以引起脑GM的可塑性变化。

## 4 结论

本研究表明，耐力跑步运动员全脑及局部脑GM增大显著，较大的GM体积可能与长期周期性跑步训练具有密切联系。长期坚持跑步训练引起的脑GM可塑性变化可能在一定程度上反映了神经适应能力的提高，进而使高度重复的肢体动作程序也得到了优化。然而，具体机制则要进一步增大样本进行探索。

## 参考文献

[1] 任占兵，吴进龙，陈小英.体质人类学视角下的人类耐力跑步假说[J]. 体育学刊，2019，26（5）：86-95.

[2] WILLIAMS P T. Relationship of distance run per week to coronary heart disease risk factors in 8283 male runners[J].Arch Intern Med，1997，157（2）：191-198.

[3] BERNHART J A，O'NEILL J R. Walking and running to benefit breast cancer: descriptive characteristics of participants in the 2017 Walk for Life events[J]. Perspect Public Health，2019，139（6）：303-307.

[4] 任占兵，胡琳琳，张远超，等.运动技能专家脑可塑性研究进展：来自磁共振成像的证据[J]. 中国体育科技，2019，55（2）：3-18.

[5] JUBAULT T，GAGNON J F，KARAMA S，et al. Patterns of cortical thickness and surface area in early Parkinson's disease[J]. Neuroimage，2011，55（2）：462-467.

[6] GOBLE D J，COXON J P，VAN IMPE A，et al. The neural control of bimanual movements in the elderly: Brain regions exhibiting age-related increases in activity，frequency-induced neural modulation，and task-specific compensatory recruitment[J].Hum Brain Mapp，2010，31（8）：1281-1295.

[7] DAYAN E，COHEN L G. Neuroplasticity subserving motor skill learning[J]. Neuron，2011，72（3）：443-454.

[8] HEISE G，SHINOHARA M，BINKS L. Biarticular leg muscles and links to running economy[J].Int J Sports Med，2008，29（8）：688-691.

[9] TAUBERT M，DRAGANSKI B，ANWANDER A，et al. Dynamic properties of human brain structure: learning-related changes in cortical areas and associated fiber connections[J].J Neurosci，2010，30（35）：11670-11677.

[10] BEZZOLA L，MERILLAT S，GASER C，et al. Training-induced neural plasticity in golf novices[J].J Neurosci，2011，31（35）：12444-12448.

# 基于高中学生体育学科核心素养培育的教学变革

任　杰[1]，陈长洲[2]

（1. 上海体育学院中国乒乓球学院，上海　200438；2. 上海体育学院休闲学院，上海　200438）

**摘要**：我国高中体育与健康课程以培育学生体育学科核心素养为目的进行了变革，并且从理念转向、课程重构、教学优化及评价转型方面进行了一系列改变。具体表现为：课程理念从“知识本位教学”走向“素养本位教学”；课程结构呈现出结构化课程模块，有效衔接不同课程内容；在保证学生课程运动负荷前提下，优化教学方案和组织形式；以培育学生体育学科核心素养为导向，量化学生学业质量等级标准。

**关键词**：体育与健康课程标准；体育学科核心素养；高中；课程改革

在当今教育总体发展趋势下，“培养什么样的人”成为很多国家共同探讨的话题。在国际经济合作与发展组织（OECD）首次提出“核心素养”这一概念后，各国纷纷启动了对核心素养的学理研究，从不同角度阐释了核心素养的内涵，并为其构建了基本框架和内容体系，由此引发新一轮基础教育课程改革的国际趋势。我国于2017年年底颁布了《普通高中体育与健康课程标准（2017年版）》，标志着高中体育与健康课程标准新一轮变革的开始，也标志着体育学科核心素养从理论探讨向实践操作迈出了坚实的一步。本研究是在体育学科核心素养的内涵和结构体系的基础上对高中体育与健康课程的教学变革路径进行了探索，以期对高中体育教育工作者有所裨益。

## 1　理念转向：从“知识本位教学”走向“素养本位教学”

教学理念对教学目标具有重要的指引作用，指引着教学活动的开展、教学内容和方法的选择、教学活动的实施及教学效果的达成。新一轮的高中体育与健康课程标准的实施将建立在新的体育课程教学理念之上。新的教学理念将呈现出以下3点变化。一是补充了课程的根本任务。在继续坚持“健康第一”的指导思想的同时，落实立德树人的根本任务，以培育学生的体育学科核心素养为目的，以学生的内在需求为出发点，促进学生全面发展。

---

**作者简介**：任杰（1971—），教授，博士。研究方向：运动技能学、运动心理和体育教育。

二是尊重学生需要，保证学生的主体地位，在教学内容选择上多询问学生的意见，在教学组织和实施上以学生的兴趣为主导，在教学方式上关注学生技能的学习，等等。三是创新教学评价方式。要进一步从注重终结性评价转为注重学生的过程性评价和终结性评价相结合，从教师主导的评价转为教师和学生共同评价相结合，从而促进学生成为课堂教学的主体，提高学生在课堂上的主动性和参与兴趣，促进学生在课堂上更有效率地学习，最终提高课堂学习的效果。

## 2 课程重构：构建结构化课程模块，确保不同课程内容的有效衔接

课程是一种“行动计划”，是学生通过教师指导所获得的间接经验和技能，所以体育教学的改革需要以新的课程构建为载体。在体育学科核心素养的导向下，高中体育与健康课程标准更加注重学生多样化的需求，并构建了不同的课程模块。新的课程标准在课程目标、课程内容、课程评价等方面都进行了创新。新的课程标准增加了1个学分，并且突出了体能的重要性，对内容也进行了新的阐述。新的课程体系更加注重运动技能学习的延续性，各模块之间也是递进关系，呈现螺旋上升和逐渐拓展的趋势。为了充分体现以学生的需求为核心，保证学生学习技能的多样性和对技能的掌握，新的课程体系对学生选课也提出了新的要求，要求学生可以连续选择一个模块，可以对一个运动项目连续选10个模块，也可以连续学完3个模块（第一学年）或7个模块（第二学年）之后，选择其他项目继续学习，以提高学生的学习主动性。

## 3 教学优化：优化教学方案和组织形式，量化课堂运动负荷

新的课程标准以学生体育学科核心素养的培养为目标，根据运动项目特点和学生的实际需要优化教学方案和组织形式，呈现出以下3个方面的变化。第一，学生的选课形式更加灵活多样。学生既可以跟随原有的班级进行选课，也可以打破班级和年级进行选课，显示出新的课程标准指导下的教学组织形式更加灵活多样的特点。这种选课模式也有助于课堂的组织和实施。第二，基于学科核心素养的教学方案的设计和改变。原来的水平教学计划模式下细化所形成的单元教学、学时教学及课时教学计划，转变为新型的学段教学计划、模块教学计划和课时教学计划，并且对教学方案提出了更高的要求。第三，强调运动负荷在体育课堂的重要性。课时教学计划以模块教学计划为依据，以学生需求为导向，对课堂学习目标、教学内容和方法、教学组织和管理、运动负荷以及安全防范措施等基本要素进行了具体的阐述。新的课程标准还建议每节体育课堂安排10 min左右的体能练习，通过补偿性体能练习促进学生体能的全面协调发展。

## 4 评价转型：研制学业质量标准，评定学科核心素养等级

体育与健康课程的评价要发挥测评过程固有的诊断、反馈、激励和发展功能，摒弃过去重结果轻过程的局限，成为检验学生是否完成学习目标的重要手段。新的学业质量标准根据不同等级的体育学科核心素养进行研制，与不同模块的课程内容有机结合，实现对学生进行学分认定和量化。学生通过高中体育与健康课程的学习所具备的学业质量分为5个等级，与学生的体育学科核心素养等级水平一一对应，分别为优秀、良好、中、及格和不及格，对应的等级分别为A、B、C、D、E。每个模块百分制成绩表与学分转换关系是：$\Sigma \geqslant 90$，积5分；$80 \leqslant \Sigma < 90$，积4分；$70 \leqslant \Sigma < 80$，积3分；$60 \leqslant \Sigma < 70$，积2分；$\Sigma < 60$，积1分。其中积分为1的模块成绩为不及格，需要通过补考重新获得学分。单个模块的学分是评定学生学业质量的重要参考依据，所以如何对单个项目进行模块划分和对不同项目之间模块的交叉进行最终学分认定，都对新时期高中体育与健康课程提出了更高的要求和挑战。

## 5 结语

新的课程标准既融合了国际基础教育改革的发展趋势，又结合本土化的实践经验进行了创新，保证了课程的延续性和引领性。新的课程标准代表了国家意志，强调对学生体育学科核心素养的培育，明确了学生必备的品格、能力和价值观，为高中体育与健康课程的变革指明了方向。然而，如何将新的课程标准的精神和要求进一步落实仍面临巨大挑战，需要研究者进一步加强对体育学科核心素养的研究，需要一线体育教育工作者对教学进行不断实践与反思，这样才能切实解决我国学校体育领域存在的"学生喜欢体育却不喜欢体育课""学生学了12年的体育课却一项运动技能也未掌握"等难题。

## 参考文献

[1] 季浏.我国《普通高中体育与健康课程标准（2017年版）》解读[J].体育科学，2018，38（2）：3-20.

[2] 崔友兴，李森.基于学生核心素养培育的教学变革[J].当代教育与文化，2017，9（1）：29-34，48.

[3] 汪晓赞，尹志华，李有强，等.国际视域下当代体育课程模式的发展向度与脉络解析[J].体育科学，2014，34（11）：3-15，26.

[4] 李卫东，汪晓赞，WARD P，等.体育课程教学模式[M].北京：高等教育出版社，2018.

# 新疆阿勒泰地区滑雪运动起源初考

刘　石

（哈尔滨体育学院，黑龙江　哈尔滨　150008）

**摘要：**随着北京冬奥会的申办成功，滑雪运动在我国得到了迅速发展，冰雪运动文化氛围愈发浓郁。对滑雪这项古老运动的起源进行更深入的探索，有利于我们更好地认识其所蕴含的生活、生产、娱乐意义，从而更好地开发其运动价值。新疆阿勒泰地区作为人类滑雪运动的起源地之一，留存着万年前人类滑雪的遗迹，对这一地区滑雪起源的自然地理等因素进行研究，具有积极的理论与实践价值。本研究通过对阿勒泰汗德尕特乡的实地考察，结合文献研究，获得滑雪产生的主要条件，探寻人类滑雪文明产生的影响因素。

**关键词：**滑雪；起源；自然地理；动因；文明

2015年，北京成功申办2022年冬奥会，直接带动了滑雪运动在我国的广泛开展。滑雪在我国有着古老的发展历史，新疆阿勒泰地区作为人类滑雪运动的起源地之一，迄今留存着万年前人类滑雪的岩画，记录着万年前人类在这一地区通过滑雪进行捕猎等活动的场景。地处欧亚大陆交会处，阿勒泰地区古老的传统滑雪运动是如何产生的引起了学者的关注。对这一地区滑雪起源的自然地理等因素进行研究，具有积极的理论与实践价值。本研究通过对阿勒泰汗德尕特乡的实地考察，结合文献研究，同有关专家和汗德尕特乡政府工作人员访谈等方法，探寻滑雪产生的动因，以进一步研究人类滑雪文明产生的客观条件和影响因素。

2006年1月16日，中国滑雪协会技术顾问、我国第一位滑雪冠军单兆鉴发布了《阿勒泰宣言》，对外宣告阿勒泰为世界滑雪最早起源地。2021年4月，本研究课题组赴新疆阿勒泰汗德尕特乡进行实地考察，了解学者们最关注的滑雪起源地的自然地理和人文特点，以便进一步研究滑雪运动的起源与传播路径。

---

**作者简介：**刘石（1972—），教授，博士。研究方向：冬季奥林匹克运动。

## 1 新疆阿勒泰地区的自然环境特征

新疆阿勒泰地区优越的自然地理环境，是滑雪运动起源的必要条件，人们推测人类滑雪起源于此，除了因为现在仍然在新疆禾木等地区古老的图瓦人等传统部落中存在和现代滑雪板有巨大差别的毛皮制木质滑雪板等实物，并有阿勒泰滑雪活动岩画遗存佐证，还因为这一地区天然的雪资源为人类滑雪提供了优越的客观环境条件。

### 1.1 高山环抱、平原接续是新疆阿勒泰地区滑雪产生和传播的地理条件

相比其他地区，新疆阿勒泰地区地处欧亚大陆交会处，这一地理位置具有欧亚两大洲文明对话与交流的客观条件。广袤的平原为游牧生产提供了足够的草场。从阿勒泰机场到阿勒泰市，再驱车至汗德尕特乡将近2 h，沿途可以看到阿勒泰地区主城区和附属各乡镇被群山环抱。为探寻阿勒泰地区雪资源，2021年4月课题组赴新疆进行了为期1周的实地调研。4月已至春季，但远山尽皆白雪覆盖，环抱的平原牧场春草初生，为当地的牧民提供优良放牧场所。绵延的雪山环抱阿勒泰，成为天然屏障，更好地保护了牧人和牛羊。处于“童年期”的人类，当农业生产尚不足以满足其最基本的生存发展需求时，牧业更好地提供了日常必需的各种生产生活资料。因此，万余年前这一地区很有可能是人类游牧文明较繁荣的区域。特定的气候条件，又使得当时的人类必须应对冬季冰雪严寒对生存提出的各种挑战。在大雪封山，交通阻断，而又必须出行进行狩猎、运输等活动时，滑雪应运而生。

### 1.2 水源丰沛，雪山湖泊遍地，雪资源形成的自然气候优势突出

新疆阿勒泰地区地处我国西北端，拥有得天独厚的水资源。境内的冰川湖泊和高海拔山脉，阻挡着西伯利亚吹来的季候风，南北方向的经向气流交汇，尤其是在冷空气和暖湿气流活跃的情况下，阿勒泰地区的雨雪资源非常丰富。冷暖气流在此交锋，年均降水量能达到15 mm。2021年考察期间，阿勒泰地区的降雪持续至5月中下旬，远远超过年平均降雪期。天然孕育的雨雪资源，造就了阿勒泰山区全年8个月的漫长雪季。高山耸立环绕，森林牧场草原遍布，早期人类在此享受充分的生产生活便利条件，同时能根据需要不断转换居住地，进一步扩大游牧生活优势。平原在群山合抱中绵延，有利于游牧民族的生产劳动，在此地，人类的滑雪运动依托气候条件自然而然地出现了。

## 2 阿勒泰滑雪文化传播的再思考

自19世纪起，现代滑雪运动对欧洲、美洲、亚洲都产生了深远影响。欧洲地区滑雪的起源和目前发现的最早滑雪起源遗迹，均表现出这项运动的起源应该与狩猎生产、生活交通和战争祭祀等活动密切相关。而且，现代人通过考古发现的世界各地滑雪的古老历史遗

迹也分散在阿尔卑斯山的欧洲国家和俄罗斯等地。很多学者都曾对人类的滑雪运动最早起源地进行过探索。总体来看，早期人类的滑雪运动应该是同因多源，即滑雪起源的主要动因集中于生产生活和娱乐活动这些早期人类的共同需要，表现出极大的共性特征，而起源地应是集中于有这些需要的地区，或者说，应该不止一个地区。

新疆阿勒泰地区地处我国西北端，向北与俄罗斯、蒙古国和哈萨克斯坦诸国有中亚山系相连。现在阿勒泰地区仍在沿用古老的毛皮滑雪板，主要由禾木地区的少数民族传承。阿勒泰汗德尕特乡岩画，描摹的内容是远古人类通力合作，脚踏雪板猎取各种动物的场景，狩猎的动物种类丰富，牛、马、猪的形象生动如初。这些岩画，生动描画了祖先创新思想，以智慧和团队合作来获取远超人类运动能力的动物，说明岩画产生的时候，此地已有人类发达的生产活动存在。阿勒泰地区的阿尔山，是中亚山系的缺口所在之处，与俄罗斯、蒙古国和哈萨克斯坦诸国境内的中亚山系相比，海拔相对较低，水量丰沛，能提供稳定的牧草。通过对禾木地区的实地考察，课题组推测阿勒泰地区的古老滑雪运动，主要是人类在相对封闭环境中，为解决生产运输实际困难而进行的创新劳动。跨越历史，可以想象，当年人类祖先寻到此处良好的巨石，细心描绘如何诱使健硕的牛马进入包围圈，如何运用滑雪技术实现有效的集体分工，获得充足的食物。推测在滑雪产生之初，存在阿勒泰原住民不断向外扩张，迁移至欧洲的条件。当然，滑雪文明在最初，无论是从阿勒泰传向欧洲，还是从欧洲传至阿勒泰，都必定为早期人类的存续发展提供了一个重要途径。

## 3 结语

源于生产生活需要的滑雪运动，在经过恶劣自然环境的考验后，逐渐发展为较成熟的人类活动形态。远祖在滑雪成为重要和高效的狩猎、交通手段，抑或是发展为战争、祭祀或休闲活动内容后，将之生动描绘并记录在岩洞内。跨越万年时光，这些幸存下来并得以完好保留的历史遗迹，仍像远祖当年写给人类后代的“教科书”一样，教导、启发我们如何更好地完成这一重要的生活教育。

## 参考文献

单兆鉴，王博.人类滑雪起源地——中国·新疆·阿勒泰[M]. 北京：人民体育出版社，乌鲁木齐：新疆人民出版社，2011.

# 奥运会心理遗产对国家认同影响的理论框架

刘东锋

（上海体育学院，上海　200438）

**摘要**：本研究在梳理大型赛事对民众心理影响研究相关文献的基础上，探究大型赛事对民众心理影响的发生机制，以及这种影响是否会进一步影响国家认同。本研究将有助于从理论层面进一步明晰大型赛事对民众心理与国家认同影响的作用机制与规律，为提升民众的心理收益、增强国家认同提供指导，有助于提升大型体育赛事的举办效益，实现赛事的可持续发展。

**关键词**：奥运会；心理遗产；国家认同

自20世纪80年代中期开始，体育赛事的心理效益逐渐引起学界的注意。特别是在克朗普顿（Crompton）2004年提出了赛事心理收入的概念框架之后，赛事的心理影响得到了更为广泛的关注。一些学者纷纷直接采用克朗普顿的概念框架或对其进行改造，针对不同类型的体育赛事开展了理论与实证研究，在包括赛事心理收入的测量评价等方面取得了较为丰硕的成果，大部分现有研究也证实了赛事心理影响的存在，如基姆（Kim）和沃尔科（Walker）。但总体上看，体育赛事对民众心理影响的研究尚处于早期阶段，包括大型赛事对民众心理影响的作用机制等问题的认识有待进一步深化。此外，像奥运会这样超大规模的赛事的影响是否能够转化为心理遗产而在赛事结束后较长一段时间仍旧能够存续等问题也有待进一步研究。基于此，本研究在前人研究的基础上，将关注点投射到奥运会心理遗产与国家认同这一研究方向上，提出理论框架与研究假设。

## 1　文献综述与心理收入的基本概念

自20世纪70年代开始，“心理收入”一词一直被经济学家用作除货币收入之外、分析劳动力供给和劳动力行为的另一个因素。而自从里奇（Ritchie，1984）在赛事旅游研究中引入该概念以来，心理效益的重要性在旅游和赛事活动管理领域的研究中也逐渐得到了认

---

**作者简介**：刘东峰，教授，博士。研究方向：体育管理体制等。

可。克朗普顿是体育管理领域中较早提出心理收入定义的研究者，他将其定义为“体育赛事或体育运动队对居民的集体士气产生的积极影响，尤其是当赛事举办成功或主队获胜的时候”。麦宁（Maennig）和波尔舍（Porsche）（2008）则提出，当德国民众对2006年世界杯带来经济增长和就业率提升的希望破灭之后，“感觉良好已被证明是本次赛事给主办国带来的最重要的可以衡量的效益”。

基于上述文献梳理与讨论，本研究将体育赛事的心理收入界定为：“体育赛事可能给主办地或主办国居民带来的包括愉悦感、幸福感、自豪感等在内的积极的心理感受。”

## 2 体育赛事与国家认同及国家软实力

国家认同是一个国家的公民对自己归属哪个国家的认知，以及对这个国家的构成如政治、文化、族群等要素的评价和情感。因此，国家认同不仅是一种政治认同，更是一种文化认同，而核心则是价值认同，不仅表现为对国家的归属感，还表现为对国家的历史、文化、传统的尊重和热爱，对国家制度、法律、政策的支持和服从。因此，从这个意义上说，国家认同反映了一个国家对内的向心力与凝聚力。由于奥运会、足球世界杯等现代竞技体育常常被建构成国家实力比拼的平台，在这些国际竞技舞台上是否能够取得好成绩被赋予了关乎国家地位与声望的象征意义，这也是为什么长期以来高水平竞技体育成为各国，尤其是大国用来强化国家认同、提升国家软实力的政策工具。

## 3 理论框架与研究假设

### 3.1 体育涉入度与心理收入

所谓涉入度（involvement），是指个体基于内在需要、价值判断与兴趣所认知的对某个对象的关联程度，它反映了个体对对象、对自身重要性的认知，以及由此产生的热情和兴趣。在体育管理方面的文献中，一些研究表明体育赛事的涉入度可能是一个会影响个体对该赛事的认知与态度的前因变量。例如，阿尔梅尼扬（Armenakyan）等（2017）的研究显示，受众对赛事的涉入度将会正向影响其对该赛事的期望与评价。基于此，本研究提出以下研究假设：涉入度将会对奥运会心理收入产生正向影响。

### 3.2 心理收入与国家认同

奥运会的举办被认为能够对国民的国家认同产生影响，社会认同理论（Social Identity Theory）可能会为我们提供一个有助于理解这种影响的视角。社会认同理论是由塔菲尔（Tajfel）首先提出来的。作为20世纪最具影响力的社会心理学者，塔菲尔在20世纪70年代发表的一系列文章，奠定了这一理论的基础。社会认同理论认为，出于满足自尊的内在需要，每个个体都希望获得积极的评价，因此个体有借助群体的地位与声望感知和提升自我的地位与声望的愿望与倾向。这也意味着，在群际互动与比较中，一个群体的地位与声望越高，群体成员对该群体的认同度就越高。同时，个体对群体的认同度越高，群体地位与声望的变化对群体成员的自尊的影响也就越大。而奥运会、足球世界杯等超大规模的体育赛事的举办一般都需要超强的经济实力、稳定的社会环境等作为支撑，而且申办过程往往竞争激烈，因此从获得主办权到成功完成赛事举办，都可能有助于提升主办国的国际声誉，增强国民自豪感，并通过对国民的这种正面的心理影响进一步增强其对国家的认同。

基于上述讨论，本研究提出以下研究假设：奥运会的心理收入将对国家认同产生正向影响。

综上，基于文献梳理与论证，本研究提出了涉入度作为奥运会心理收入的前因变量及心理收入对国家认同产生正向影响两对研究假设。当然，这些假设还有待于实证研究进行进一步的确认。

## 参考文献

[1] RITCHIE J R B. Assessing the Impact of Hallmark Events: Conceptual and Research Issues[J].Journal of Travel Research, 1984, 23(1): 2-11.

[2] MAENNIG W, PORSCHE M. The Feel-Good Effect at Mega Sports Events. Recommendations for Public and Private Administration Informed by the Experience of the FIFA World Cup 2006[J].Hamburg Contemporary Economic Discussions, 2008(18): 33.

[3] 左高山.政治忠诚与国家认同[J].马克思主义与现实，2010(2)：105-109.

[4] 董进霞，陆地，李璐玚.全球化世界中的体育与国家认同、伦敦奥运及女子体育——国际体育社会学协会主席Pike女士、副主席Jackson先生学术访谈录[J].体育与科学，2014，35(1)：86-90，96.

# 供需协同视角下体育产业供给侧结构优化的路径研究

刘远祥

（山东体育学院，山东　济南　250102）

**摘要**：本研究采用文献资料法、逻辑分析法，对体育产业供给侧结构优化的路径进行了研究，提出驱动需求侧的“三驾马车”和启动供给侧的“三大引擎”。

**关键词**：体育产业；供需协同；供给侧；优化；路径

从供给视角来审视考量中国体育产业发展的经验教训和当下现状，可以发现体育产业的“供需错位”问题：“有效供给不足”和“有效需求不足”并存，已然成为中国体育产业发展的最大障碍。有效解决上述问题，必须正确处理好体育市场供给与需求的辩证统一关系，加强供给侧和需求侧互动反馈，统筹需求侧管理与供给侧结构性改革，协同发力，实现体育市场的“供需均衡”。

## 1　需求侧：驱动“三驾马车”

体育产业供给侧结构优化的最终目的是满足消费者日趋多元化、个性化、品质化的体育消费需求，需要在供给端和需求端两侧协同发力，激活体育产业发展新动力。在需求侧，要积极培育“三驾马车”框架下的体育需求新动能，在体育消费、投资和出口3个方面合理分配资源。

### 1.1　培育体育人口，激发释放体育消费需求

体育人口是体育消费的主力军，是体育消费的基础。体育产业供给侧结构优化，应以进一步扩大体育人口规模和消费需求为前提，促进体育消费的扩容提质升级。目前，我国居民参加体育活动锻炼的人口比例与发达国家尚存在较大差距，体育消费需求不足，体育消费整体水平有待提高。应强化问题导向，着力解决好“谁来消费”的关键问题。要引导居民体育消费需求，扩大体育人口；积极落实《国务院关于实施健康中国行动的意见》，引导居民树立“大健康观”，充分认识体育在健康产业链前端中的预防和后端中的康复作

**作者简介**：刘远祥（1980—），教授，博士。研究方向：体育经济学。

用；全面落实“十大扩消费行动”，建立全民体育的社会基础，加强体育消费的科学指导，普及体育技能，进行科学健身指导，培育更多的体育人口。

1.2 驱动消费升级，实现体育消费提质扩容

顺应居民体育消费需求的新变化，是深挖体育消费潜力的重要前提。要以市场需求为导向，加快优化产业供给结构、提高产品品质，促进体育产品和服务供给由主要满足“量”的需求向更加注重“质”的需求转变。

要准确识别和把握居民体育消费需求的变化趋势，以消费升级促进产业升级。在细分体育市场的基础上，及时关注不同年龄的各类目标群体体育消费的新变化和新特征，大力培育中高端消费群体，尤其是面向青少年的体育培训市场、中青年的健身娱乐市场、老年的康复养老市场、“全年龄群”的医养健康市场，大力培育中高端消费群体，推动消费结构转型升级，形成带动力强的消费新增长点。切实找准体育产品和服务的市场定位，全面挖掘不同运动项目背后潜在的消费者，扩大消费需求。

1.3 加大投资力度，完善体育公共服务体系

在适度扩大总需求的过程中，应该进一步扩大政府投资，增加体育公共产品和服务的供给力度。加大体育场地、设施等基础设施建设，增加体育公共产品的有效供给，这是培育体育人口、引导居民体育消费、开展体育活动的基本前提。各级政府要持续扩大有效投资，突出投资的有效性和精准性，注重强功能、优布局、重利用、惠民生，避免重复建设，提高利用率。同时，要通过政策扶持、立项补助、贴息贷款等方式鼓励社会力量、民间资本采取独资、控股、参股等市场化模式投资体育产业，发挥财政资金“四两拨千斤”的放大效应和乘数效应。

1.4 推动国际贸易，构建双循环新发展格局

要摸清国际市场真实需求，提供有效产品供给，培育出口新增长点。利用先进技术改造提升传统劳动密集型产业，培育新的国际合作竞争优势，巩固和提升外贸产品的传统优势和综合竞争力，加快推动外贸优化升级。之前中国出口较多的是相对廉价的健身器材和运动服装、鞋帽，并一度被称为“世界加工厂”，今后应开拓和满足国际市场中的中高端需求，精心培育出口品牌，加快培育外贸竞争新优势，开拓出口新市场，提升体育用品对外贸易的质量。

以体育竞赛表演、健身休闲产业为核心的体育服务业，其产品就是服务，而且是在本国、本地的消费服务，所以体育服务业出口不是送出去，而是请进来，需要通过承办或主办各级各类体育赛事活动，吸引更多的外籍运动员来华参赛、观赛，发挥好体育产业的旁侧效应，有效带动交通、旅游、餐饮、通信等行业的发展，扩大外籍人员在华消费规模。

## 2 供给侧：启动“三大引擎”

供给侧与需求侧是经济发展的“一体两面”，单侧管理不能解决供需失衡的问题。体育产业供给侧结构优化，需要在持续驱动需求侧的“三驾马车”的同时，做好供给侧“生产要素、企业产品和体育产业”这3个递进层次的效率提升与结构优化，启动以下“三大引擎”。

### 2.1 要素层面：提升全要素生产率

生产要素资源作为生产的投入具有不可替代性，没有要素投入就无法获得产出。体育产业供给侧结构优化的核心是激活生产要素，创造市场化的环境，解除供给抑制与供给约束，使劳动力、土地、资本、技术、制度五大生产要素能够自由流通，在价格信号的指引下，完成体育产业的投入产出和再投资，引导新供给的形成，进而创造新需求、培育新动能、形成新动力。要进一步简政放权，深化“放管服”改革，消除供给抑制和供给约束，着力改善体育产业生产要素资源供给环境。特别是要通过改进制度供给，激发微观经济主体投资体育产业的市场活力，以供给创新来激活和释放体育消费需求潜力，通过创新驱动和供给管理解决好体育产业供给侧结构优化问题。

### 2.2 产品层面：提高供给体系质量

丰富产品供给、提高供给体系质量，是解决“消费什么”“敢于消费”问题的有效举措，也是深度挖掘体育消费潜力的关键所在。要从供给侧积极响应需求侧的变化，以产业升级引领消费升级，培育形成新供给、新动力，释放新需求、塑造新需求、创造新供给，实现体育市场供给与需求的有效对接，摆脱“体育有效需求不足与部分需求外溢并存”的困境。提高供给体系质量，确保量质齐升，才能释放体育消费需求，并拉动体育产业从新兴朝阳产业快速成长为国民支柱产业。一方面，要顺应居民消费升级规律以及体育消费群体的新变化、新需求，建立决策过程公众参与和事后反馈机制，及时准确掌握需求，开展菜单式、订单式服务，以广大居民多样化、品质化、个性化的体育需求为导向，努力提供优质服务。做好各类产品和服务的“查漏补缺”，尤其是增加赛事和群众体育活动的供给，满足消费者体育赛事、活动的参与、观赏的消费需求。通过增量增效优化体育产品和服务供给，解决有市场需求无市场供给的怪象，通过供给驱动消费升级。另一方面，要努力提升体育产品品质，深入开展体育产业质量标准品牌提升行动，从内在质量、外观设计等方面全方位提高供给产品的档次、规格和性能，打造新的消费体验。加强“预付费”健身、培训行业的监管，加大打击“卷钱跑路”等各类不规范服务的力度，积极营造“乐于消费、敢于消费、放心消费”的消费环境，增强消费者对国产体育产品和服务的品质信任度和品牌认可度，更好地满足消费者品质化的消费需求，引导“海淘”“代购”一族消费回流。

2.3 产业层面：优化体育产业结构，实现供给侧结构优化

体育产业结构优化升级包括体育产业结构的合理化和高级化两个方面。体育产业结构合理化是体育产业结构由不合理走向合理的过程，具体是指体育产业内各部门、各业态能够实现资源的最优配置并能协调发展，从而取得良好结构效益。体育产业结构高级化是指体育产业结构由低水平向高水平的发展过程，其实质是通过体育科技创新发展，使体育产业不断向深加工和高附加值化、高集约化、高加工化发展，提高生产要素资源的利用率，提升全要素生产率，更好地促进体育产业高质量发展的过程。

综上所述，只有通过供需双侧协同发力，推进体育产业供给侧结构性改革，提高供给体系的质量和效率，才能实现体育产业高质量发展。

## 参考文献

[1] 刘远祥，孙冰川.体育产业供给侧改革的动因与路径研究[J].山东体育学院学报，2019，35（6）：1-7.

[2] 朱珍.供需双侧管理述评与展望[J].当代经济管理，2018，40（2）：6-10.

[3] 黄海燕.推动体育产业成为国民经济支柱性产业的战略思考[J].体育科学，2020，40（12）：3-16.

# 我国退役运动员创业的社会支持问题研究

刘　建

（南通大学体育科学学院，江苏　南通　226019）

**摘要：**帮助退役运动员成功创业是具有时代和现实意义，影响退役运动员生活的重要课题。本研究围绕退役运动员创业的社会支持问题构建社会支持系统，阐明了社会支持层次结构、支持主体组成、不同主体的支持内容，并对退役运动员创业的社会支持现状进行了实证分析，旨在为退役运动员创业的精准帮扶提供借鉴和参考。

**关键词：**退役运动员；可持续生计；创业；社会支持

自2003年人事部等三部门下发《自主择业退役运动员经济补偿办法》后，退役运动员再就业形势发生了根本性变化，原来的"以组织安置为主"逐渐被"自主择业（包括自主就业和自主创业）"取代，"退役再就业"的概念也被"退役自主择业"取代。退役自主择业是指退役运动员通过自身努力重新获得就业岗位或自主创业的过程。在实施"双创"的时代背景下，自主就业和自主创业正在成为退役运动员的主要生计途径，如何帮助退役运动员成功自主就业和自主创业是具有时代意义的课题。

## 1　社会支持理论概述

### 1.1　社会支持的概念

有关社会支持的研究始于20世纪60年代后期，多年来国内外不同学科领域学者从不同视角给"社会支持"下了不同的定义。代表性的定义有：①社会支持是一种主体与客体之间的互动交流与交换活动；②社会支持是一种帮扶活动和帮助行为；③社会支持是一种来自他人的给予和帮助；④社会支持是一种获得外界帮助的可能性；⑤社会支持是一种帮扶作用；⑥社会支持是一种帮扶机构的汇总。前3种定义分别强调了社会支持的互动性、过程性和实质性的本质特征，第4种和第5种定义则分别强调了社会支持的可能性和功能性，第6种定义强调了社会支持主体的多元性。本研究比较认同前3种定义，同时结合我国国

**作者简介：**刘建（1972—），教授，博士。研究方向：运动员培养与保障、体育教育管理。

情，将社会支持定义为：“有需要的社会个体获得政府、社会组织和其他社会个体的主动帮助和利用帮助的过程。”

1.2 社会支持系统

1.2.1 社会支持的主体与客体 社会支持理论认为社会支持系统是一个多群体、多层面、多领域的复杂的多维体系。周林刚等认为，主体、客体、内容和手段等要素构成了社会支持系统。章谦认为，社会支持的主体是国家、企业、社团和个人等“各种社会形态”，社会支持的客体主要是社会弱势群体。综合国内外学者研究成果及观点，结合我国国情，本研究将社会支持主体归纳为政府组织、非政府组织、街道社区和社会关系网络中的个体成员，将社会支持的客体重点聚焦为社会弱势群体。

1.2.2 社会支持的内容与方法 不同类型的社会支持主体提供不同类型的社会支持内容。社会支持的内容取决于支持主体拥有的支持资源情况，决定了社会支持的手段。社会支持还涉及支持主体的支持目标和支持程度。社会支持包括两个代表性的分类：第一类是站在宏观概括视角的分类，将社会支持分为情感性支持、工具性支持、信息支持和评价性支持；第二类是站在实际操作视角的分类，将社会支持分为物质帮助、行为帮助、亲密互动、指导、反馈和社会互动6种类型。相比较而言，第一类分法逻辑层次比较清晰，但过于宏观不利于操作；第二类分法逻辑关系不够清晰，要素之间相互包含，但具有一定的操作性。本研究综合上述两种分类，结合我国国情，将社会支持内容归纳为政策支持、舆论支持、资金支持、物质支持、教育支持、技术支持、信息支持、情感支持和平台支持。

## 2 退役运动员创业的社会支持现状

### 2.1 退役运动员创业社会支持系统

本研究在参考国内外相关研究结果的基础上，结合退役运动员创业实际，构建了我国退役运动员创业的社会支持系统。该系统包括支持的层次结构、支持主体构成、支持主体角色、各主体的支持内容4个方面的内容。其中，支持层次主要包括宏观支持、中观支持和微观支持3个层次，支持主体主要包括政府组织（各级体育局、教育局等职能部门）、街道社区、非政府组织（各类基金会、社团组织、企业团体、新闻媒体以及妇联等）、个体成员（家庭成员、亲戚朋友、邻居、教练员、队友等），支持内容主要包括政策扶持、资金帮助、技术指导、物质捐赠、教育培训、创业培训、技能培训、信息供给、情感陪伴、平台搭建和舆论宣传等。退役运动员创业社会支持系统充分体现了多元主体参与、支持层次间有序衔接的特点，其结构如图1所示。

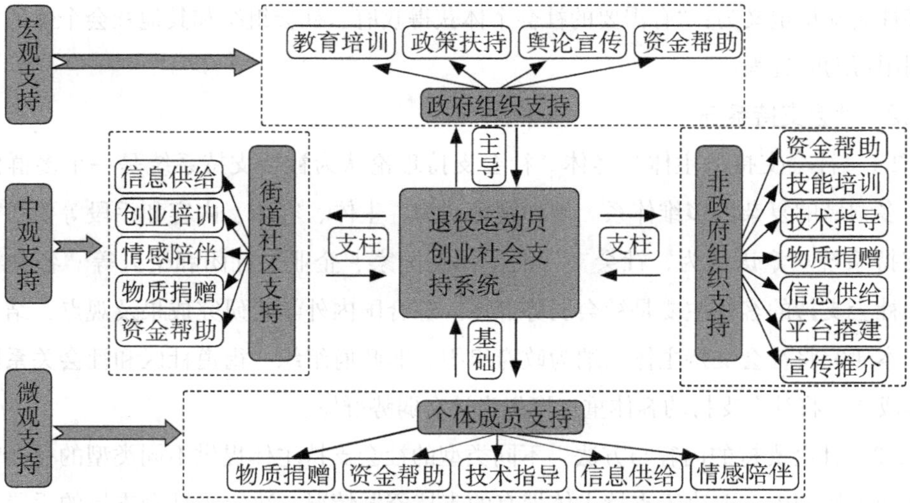


**图1 退役运动员创业社会支持系统模型图**

2.2 退役运动员创业的社会支持现状

本研究前期的相关研究表明，社会支持对退役运动员创业资本具有正向影响作用。本研究重点围绕帮扶主体和帮扶内容两个方面对社会支持现状进行实证分析，将退役运动员“已获帮扶”和“期待帮扶”进行比较，将“期待帮扶”高于“已获帮扶”定义为“负差异”，反之为“正差异”。

2.2.1 帮扶主体 退役运动员群体的帮扶主体主要包括政府组织、街道社区、非政府组织和个体成员。针对“给予您帮扶的群体有哪些”和“您期待得到哪些群体的帮扶”两项调查的结果表明，在实际帮扶过程中，除个体成员帮扶主体能满足退役运动员期望外（表现为正差异），其他3个帮扶主体均没有达到退役运动员期望水平，退役运动员对非政府组织帮扶的期待尤为强烈（表现为负差异）。

2.2.2 帮扶内容 ① 政府组织帮扶内容。政府是退役运动员帮扶主体中最重要的群体，直接影响着退役运动员的生计资本状况。从政府为退役运动员群体提供帮扶的内容看，政府在“退役保障、政策制度、权利保护和教育培训”方面的帮扶内容，与退役运动员群体期待帮扶内容均表现为负差异，说明退役运动员群体期望政府提供更多更有效的政策帮扶。② 街道社区帮扶内容。社区作为退役运动员社会支持的重要帮扶主体之一，对退役运动员顺利融入社会起着不可忽视的作用。调查结果表明，社区帮扶的6项内容与退役运动员所期待内容之间同样表现为负差异，依次为“就业咨询、心理咨询、经济救助、社会捐赠、就业岗位提供和服务性救助”，表明退役运动员对社区帮扶内容的期待较为宽泛，且期待强度较高，在“就业岗位提供”“就业咨询”“经济救助”方面的期待尤为强烈。③ 非政府组织帮扶内容。非政府组织作为退役运动员社会支持的重要帮扶主体之一，对退役运动员成功就业创业起着至关重要的作用。美国、英国和日本等发达国家的非政府组织在运动员发展过程中起着核心且不可替代的作用。本研究的调查结果表明，退役运动员在非政府组织已获帮扶与期待帮扶之间同样表现为负差异，依次为“就业创业信息提供、就业创业平台、就业创业技能培训、就业创业指导、就业岗位提供、宣传推介活动”，尤其是“就业岗位提供”“就业创业技能培训”和“就业创业信息提供”3个方面的差异最为明显。④ 个体成员帮扶内容。虽然退役运动员群体对获得个体成员帮扶的情况比较满意，表现为正差异，但从具体个体成员提供的帮扶内容看，仅在“资金帮助”方面（主要指家庭）表现为正差异，也是唯一一项为正差异的帮扶内容，而在“情感陪伴、物质捐赠、信息供给”3个方面均表现为负差异。从4个支持主体总体看，个体成员提供的支持内容与运动员期待支持之间的差异最小。

## 3　结语

退役运动员创业的社会支持是一项系统工作，需要全社会的参与，需要根据退役运动员个体差异和创业需要统筹推进，各支持主体相互配合共同做好退役运动员创业的帮扶工作。

## 参考文献

[1] 周林刚，冯建华.社会支持理论——一个文献的回顾［J］.广西师范学院学报（哲学社会科学版），2005，26（3）：11-14，20.

[2] 林顺利，孟亚男.国内弱势群体社会支持研究述评[J].甘肃社会科学，2010（1）：132-135，156.

[3] 刘建.我国退役运动员再就业资本的获得及资本性功能分析[J].中国体育科技，2012，48（1）：3-11.

[4] 邹德新.运动员可持续生计资本影响因素的实证研究[J].体育学刊，2012，19（5）：28-32.

# 越野滑雪主要滑行技术动力链力学机理

刘贵宝

（黑龙江冰雪体育职业学院，黑龙江　哈尔滨　150025）

**摘要：**本研究以越野滑雪主要的交替滑行技术为切入点，通过构建人体三维运动链模型，提取专项技术动作力学特征，进而通过动力链理论及相关力学原理，分析下肢动力链各关节的专项技术动作时相特点、关节链角度结构特征、肌肉链角速度强度特征、骨骼肌杠杆作用、下肢动力线与重心关系、势能与动能转化等机理，进一步认识越野滑雪专项技术力学机理，以期为促进陆地有效转换雪上专项能力训练方法与手段的发展提供理论依据。

**关键词：**越野滑雪；动力链；机理

越野滑雪项目在历届冬季奥运会中占据重要战略地位，受到各国重视，而我国越野滑雪项目长期处于国际中下游水平。导致我国越野滑雪项目与冰雪运动强国有较大差距的原因是多方面的，除了人才队伍匮乏、政策扶植力度薄弱等方面外，还有专项能力及其训练问题，这个问题在比赛中集中表现在我国选手体能不足和技术动作变形等。除了氧代谢能力和力量耐力等方面，越野滑雪专项能力训练还需重视专项技术训练要求。对专项技术特点的认识程度，将影响专项训练合理性和陆地与雪上专项能力衔接有效性。

## 1　研究方法

本研究通过构建人体三维运动链模型，基于越野滑雪交替滑行技术动作提取真实运动图像序列中所蕴含的下肢环节点三维空间信息，分析主要关节时相、角度、角速度的变化特征，进而利用动力链理论及相关力学原理，分析越野滑雪专项技术动作力学作用机理。

## 2　研究方案

交替滑行技术是传统式越野滑雪的主要技术，本研究对其进行下肢力学特征分析，进一步认识下肢动力链各关节的专项技术动作时相特点、关节链角度结构特征、肌肉链角

**作者简介：**刘贵宝（1974—），研究员，硕士。研究方向：运动生物力学。

速度强度特征、骨骼肌杠杆作用、下肢动力线与重心关系、势能转化等，从而初步认识其动力链机理，以期为促进陆地有效转换雪上专项能力训练方法与手段的发展提供理论依据。

## 3 研究结果

### 3.1 下肢动力链时相特征

（1）交替滑行技术可分解为单支撑滑行、双支撑后蹬两个阶段，分别约占动作周期的80%和20%。按动作节点，单支撑滑行阶段可细分为提板后拉、提板前摆、落板过程，双支撑后蹬阶段可细分为预蹬动、停板后蹬过程。

（2）单支撑后蹬阶段，下肢一侧是闭链形式，另一侧是开链形式。开链形式下，以髋关节向心收缩进行克制性屈收动作为主，膝关节和踝关节肌群以离心收缩形式进行静力性保持。闭链形式下，下肢各关节肌群基本保持等长收缩形式进行静力性支撑。

（3）双支撑滑行阶段，下肢双侧皆是闭链形式。预蹬动时，蹬动侧动力链各环节逐级绕下链蓄积弹性势能，为后蹬动作准备初始条件。停板后蹬时，足部闭链与地面反作用力有利于下肢动力链势能转换为动能。

（4）与跑步对比，交替滑行技术没有腾起过程，而是替代为滑行过程，且始终是单支撑与双支撑动作交替进行。开链时的提板负荷使摆动腿动力链膝关节和足踝肌群处于被动拉长状态，以离心收缩形式为主进行静力性对抗工作，无法减小下肢对髋关节轴的转动惯量，进一步增加摆动负荷。这种特点是越野滑雪交替滑行技术所需的专项能力之一，更需要关注和加强下肢动力链后拉负荷训练。

（5）与跑步着地缓冲的退让性工作不同，落板下滑过程是肌肉处于向心收缩状态的克制性工作。与跑步着地后的超等长蹬伸过程不同，停板后蹬是下肢动力链从上到下逐级从静力性支撑到动力性蹬伸的传导过程，是静力支撑条件下的后蹬动作。这种特点也是越野滑雪交替滑行技术所需的专项能力之一。

### 3.2 下肢动力链角度特征

（1）提板后拉和前摆时，支撑腿总体角度基本保持不变，肌肉以等长收缩形式进行静力性工作；摆动腿以髋关节角度变化为主，肌肉以向心收缩形式进行克制性工作，而膝关节和踝关节角度基本保持不变。

（2）落板时，支撑腿下肢动力链主要以膝关节和踝关节的屈收动作完成势能积蓄。这个过程存在一个蹬动的初始角度问题。

（3）双支撑预蹬动时，髋关节先于膝关节和踝关节伸展，大关节动作带动小关节势能积蓄与释放。这个过程存在一个蹬动时机问题。

（4）停板后蹬结束时，踝关节发生较大变化，有利于迅速有力地完成蹬伸动作。

3.3 下肢动力链角速度特征

（1）单支撑伴随提板前摆阶段，髋关节角速度从增速到减速变化，变化幅度最大；支撑腿动力链在以足踝关节带动完成静力性支撑工作的同时，开始进行髋关节主导的和膝关节辅助的势能积蓄。这个过程存在一个滑雪板提拉高度问题。

（2）单支撑伴随落板阶段，右腿髋、膝、踝各关节角速度先后下降，体现了大关节带动小关节活动的顺序性；关节角速度负值区域下降，为下肢动力链的主动加速屈收积蓄弹性势能。

（3）摆动腿落板下滑阶段，身体随人体重心惯性前倾。支撑腿髋关节先于膝关节和踝关节在负值区域出现一个角速度反向变化，为利用大关节带动小关节活动的顺序性进行有力蹬伸创造条件。此时下肢动力链主要以膝关节和踝关节继续积蓄势能。

（4）双支撑伴随停板后蹬阶段，髋关节角速度在正值区域逐渐加大，直至右腿蹬伸后期达到最大值，膝关节和踝关节角速度逐渐从负值区域进入正值区域，表明在髋关节带动下，下肢动力链进入势能转化为动能的过程。这个过程存在一个利用体重加强蹬动力量的问题。

（5）单支撑伴随提板后拉阶段，髋关节角度持续增加，但伸展肌力矩逐渐减小。膝关节角度基本保持不变，处于等长收缩形式的静力性工作状态。踝关节角速度从正值区域到负值区域持续下降，足踝以开链屈收形式承担提拉滑雪板负荷。

3.4 下肢动力链杠杆机理

（1）单支撑滑行时，支撑腿肌群进行等长静力性工作，处于拉长状态的肌群有髋关节后侧肌群、膝关节前侧肌群、踝关节后侧肌群，肌肉张力大，但力臂较短；处于缩短状态的肌群有髋关节前侧肌群、膝关节后侧肌群、踝关节前侧肌群，肌肉张力小，但力臂较长。

（2）双支撑蹬动时，支撑腿各关节按髋、膝、踝顺序，从静力性支撑过渡到动力性蹬动。呈拉长状态进行向心收缩的肌群有髋关节后侧肌群、膝关节前侧肌群、踝关节后侧肌群，呈缩短状态进行离心收缩的肌群有髋关节前侧肌群、膝关节后侧肌群、踝关节前侧肌群。

（3）双支撑蹬伸阶段，在以下肢动力链各关节为相对支点的条件下，为对抗上体重力矩负作用，产生推动性杠杆作用的肌群有髋关节前侧肌群、膝关节前侧肌群、踝关节前侧肌群，产生拉动性杠杆作用的肌群有髋关节后侧肌群、膝关节后侧肌群、踝关节后侧肌群。其中，髋关节肌群和膝关节肌群杠杆作用主要作用于大腿关节，踝关节肌群杠杆作用主要作用于小腿和足部。

3.5 下肢动力链重心动力线机理

（1）下肢动力线，其方向可能恰好穿过人体重心，也可能偏离人体重心。

（2）动力线偏离角过大，将不利于滑行速度平稳性和下肢动力线作用效率。

（3）下肢动力线向同侧偏离人体重心，会引起人体动力链对姿态失衡的代偿反应，破坏重心运行轨迹。

（4）动力线偏离角应该在重心矢状面内从穿过重心到较小的偏下范围内，可以根据滑行速度与体能消耗情况进行适当调整。

3.6 下肢动力链势能转化机理

（1）下肢动力链存在弹性势能积蓄与释放过程，伴随弹性势能与动能的转化过程。

（2）从落板至双支撑预蹬动阶段，是下肢动力链积蓄弹性势能的过程。其本质是人体改变姿态条件为各关节肌群准备工作初始条件。

（3）从双支撑预蹬动到蹬伸结束阶段，是下肢动力链释放弹性势能的过程。其本质是各关节肌群伸展动作使各自链接环节端支撑力增大的效能。

（4）每个周期内的势能积蓄与释放转化为动能是由技术动作模式主导的，即在既定运动表现下，技术决定体能水平，更好的技术所需的体能水平更低。

## 4 研究结语

本研究从人体动力链视角进一步认识越野滑雪专项技术动作力学特点与规律，促进越野滑雪技术训练和体能训练理念、方法与手段的发展，并据此进行越野滑雪雪上专项技术动作群力学分析。

## 参考文献

［1］王宏伟.浅谈越野滑雪技术[J].黑龙江科学，2017，8（5）：58-59.

［2］王超胜.越野滑雪运动员力量训练的重要性[J].黑龙江科学，2016，7（23）：134-135.

［3］刘贵宝.基于撑杖动作时相的越野滑雪运动员疲劳运动学特征[J].冰雪运动，2016，38（2）：14-18.

# 中国女子水球队备战东京奥运会训练路径研究

刘钦龙

（首都体育学院，北京　100191）

**摘要**：中国女子水球队作为我国获得东京奥运会参赛资格的为数不多的几支集体球类项目队伍之一，曾经在北京奥运会、里约奥运会取得较好成绩。但近年来由于各种原因，中国女子水球队世界大赛成绩连续下滑，2019年世锦赛仅取得第11名，与世界强队的差距不断拉大。本研究通过综合分析近年来中国女子水球队在世界大赛中的表现，尝试全面系统地评估当前中国女子水球队面临的主要问题，提出备战东京奥运会的训练对策，以期为中国女子水球队有的放矢地备战、参赛提供依据。

**关键词**：女子水球队；东京奥运会；训练路径

## 1　中国女子水球队备战东京奥运会面临的主要问题

### 1.1　逐渐脱离世界强队阵营

从近年来世界大赛表现及稳定性来看，当前世界女子水球总计9支强队，第一集团为美国（USA）队和西班牙（EPS）队，第二集团为俄罗斯（RUS）队、匈牙利（HUN）队、澳大利亚（AUS）队、意大利（ITA）队，第三集团为荷兰（NED）队、希腊（GRE）队、加拿大（CAN）队。2019年新规则实施后，水球比赛节奏进一步加快，对运动员的体能和临场应变能力的要求更高。2019年世锦赛前9名场均得分较2017年世锦赛场均得分提高1.5分，第二、第三集团之间界限趋于模糊。新规则实施后，中国队场均得分仅提高1分，低于其他9支强队场均得分的提高水平，中国队与世界9强之间的差距进一步拉大。2019年世锦赛中，中国女子水球队仅获得第11名，滑落至2010—2019年来世界大赛成绩低谷。（表1）

表1　2017、2019年世锦赛中国队与世界9强表现对比

| 2019 年世锦赛 | | | | | | | 2017 年世锦赛 | | | | | | |
|---|---|---|---|---|---|---|---|---|---|---|---|---|---|
| 名次 | 国别 | 场次 | 总得分/分 | 总射门/次 | 场均得分/分 | 射门成功率/% | 名次 | 国别 | 场次 | 总得分/分 | 总射门/次 | 场均得分/分 | 射门成功率/% |
| 1 | USA | 6 | 93 | 189 | 15.5 | 49 | 1 | USA | 6 | 92 | 175 | 15.3 | 53 |

---

**作者简介**：刘钦龙（1973—），教授，博士。研究方向：运动训练过程控制理论与实践。

续表

| 2019 年世锦赛 | | | | | | | 2017 年世锦赛 | | | | | | |
|---|---|---|---|---|---|---|---|---|---|---|---|---|---|
| 名次 | 国别 | 场次 | 总得分/分 | 总射门/次 | 场均得分/分 | 射门成功率/% | 名次 | 国别 | 场次 | 总得分/分 | 总射门/次 | 场均得分/分 | 射门成功率/% |
| 2 | ESP | 6 | 85 | 197 | 14.2 | 43 | 2 | ESP | 7 | 76 | 199 | 10.9 | 38 |
| 3 | AUS | 7 | 66 | 206 | 9.4 | 32 | 3 | RUS | 7 | 69 | 207 | 9.9 | 33 |
| 4 | HUN | 7 | 134 | 254 | 19.1 | 53 | 4 | CAN | 7 | 70 | 202 | 10.0 | 35 |
| 5 | RUS | 6 | 95 | 208 | 15.8 | 46 | 5 | HUN | 6 | 78 | 188 | 13.0 | 41 |
| 6 | ITA | 6 | 58 | 181 | 9.7 | 32 | 6 | ITA | 6 | 70 | 190 | 11.7 | 37 |
| 7 | NED | 7 | 86 | 238 | 12.3 | 36 | 7 | GR | 6 | 64 | 172 | 10.7 | 37 |
| 8 | GRE | 7 | 67 | 201 | 9.6 | 33 | 8 | AUS | 7 | 70 | 178 | 10.0 | 39 |
| 9 | CAN | 6 | 84 | 204 | 14.0 | 42 | 9 | NED | 6 | 88 | 191 | 14.7 | 46 |
| 平均值 | | | 85 | 208 | 13.3 | 40.7 | 平均值 | | | 75 | 189 | 11.8 | 39.9 |
| 11 | CHN | 6 | 58 | 186 | 9.7 | 31 | 10 | CHN | 6 | 52 | 152 | 8.7 | 34 |

1.2 基础体能薄弱，制约技战术水平发挥

从近年来的世界大赛，尤其是2019年世锦赛来看，中国女子水球队暴露出基础体能薄弱、专项体能不强的问题，制约着其决战东京、决胜赛场的能力提升和实力发挥。近年来，队伍重战术轻体能、重意识轻能力，花费了过多的时间进行战术演练和意识培养，在把握体能和个人能力提升、训练方法手段、陆上强度要求等方面与实战脱节。2018—2019年3次共18场世界重大比赛中，有12场比赛的最后一节中国队得分低于对手，其中5场比赛最后一节仅得1分，2场比赛最后一节得0分。比赛后段中国队对抗能力明显下降，队员在疲劳状态下攻防技术动作变形，战术意识混乱，效率大打折扣。（表2）

表2 中国女子水球队世界大赛成绩（2018—2019年）

| 序号 | 比赛时间 | 对手 | 赛事 | 比分（中国队在前） | 每节得分/分 | | | | 每节失分/分 | | | |
|---|---|---|---|---|---|---|---|---|---|---|---|---|
| | | | | | 1 | 2 | 3 | 4 | 1 | 2 | 3 | 4 |
| 1 | 2018.09.04 | 澳大利亚队 | 第十七届世界杯 | 8 ∶ 11 | 0 | 3 | 4 | 1 | 2 | 3 | 2 | 4 |
| 2 | 2018.09.05 | 西班牙队 | 第十七届世界杯 | 7 ∶ 13 | 2 | 2 | 2 | 1 | 2 | 4 | 4 | 3 |
| 3 | 2018.09.07 | 美国队队 | 第十七届世界杯 | 5 ∶ 15 | 0 | 4 | 0 | 1 | 4 | 4 | 3 | 4 |
| 4 | 2018.09.09 | 加拿大队 | 第十七届世界杯 | 10 ∶ 10 | 3 | 4 | 3 | 0 | 1 | 3 | 4 | 2 |
| 5 | 2019.06.04 | 荷兰队 | 世界联赛总决赛 | 7 ∶ 15 | 2 | 2 | 3 | 0 | 4 | 4 | 3 | 4 |
| 6 | 2019.06.05 | 澳大利亚队 | 世界联赛总决赛 | 8 ∶ 10 | 2 | 1 | 3 | 2 | 2 | 2 | 3 | 3 |

续表

| 序号 | 比赛时间 | 对手 | 赛事 | 比分（中国队在前） | 每节得分 | | | | 每节失分 | | | |
|---|---|---|---|---|---|---|---|---|---|---|---|---|
| | | | | | 1 | 2 | 3 | 4 | 1 | 2 | 3 | 4 |
| 8 | 2019.06.07 | 美国队 | 世界联赛总决赛 | 6 ： 21 | 1 | 1 | 1 | 3 | 6 | 6 | 5 | 4 |
| 9 | 2019.06.09 | 加拿大队 | 世界联赛总决赛 | 10 ： 13 | 4 | 2 | 1 | 3 | 2 | 4 | 2 | 5 |
| 10 | 2019.07.20 | 希腊队 | 光州世锦赛 | 8 ： 12 | 1 | 2 | 4 | 1 | 4 | 2 | 4 | 2 |
| 11 | 2019.07.22 | 加拿大队 | 光州世锦赛 | 10 ： 10 | 4 | 4 | 1 | 1 | 4 | 3 | 1 | 2 |
| 12 | 2019.07.24 | 新西兰队 | 光州世锦赛 | 14 ： 12 | 4 | 3 | 4 | 3 | 2 | 2 | 2 | 6 |
| 13 | 2019.06.06 | 意大利队 | 世界联赛总决赛 | 7 ： 10 | 2 | 1 | 2 | 2 | 3 | 2 | 2 | 3 |

### 1.3　参赛信心不足，赢球意志不坚定

2014年以来，中国女子水球队在世界大赛中负多胜少，里约奥运会仅获得第7名，随后两年世界大赛中对阵欧美强队的比赛仅胜1场。连续失利使队员挫败感陡增，训练时情绪低落，比赛时自信心不足，自身失误较多，关键球把握不住，作战风格不鲜明，战术特点不突出，整体进攻缺少锐气，防守缺乏霸气，队伍缺乏具有凝心聚力、完成致命一击的核心队员。

### 1.4　战术意识欠缺，应变能力较差

从与世界强队比赛对抗的表现来看，中国队员的位置意识不清晰，互相支持不够，整体配合缺乏默契，临场进攻反击不坚决，传接球调动不足，缺少抢抓机会的意识，面临机会传射不果断，往往开局慢热，赛中组织缺乏体系，处理关键球没底气，比赛节奏的掌控能力较差，比分落后时韧性不足，得分难，失分易。2018—2019年18场世界大赛中，中国队场均得分仅为8.67分，场均失分达到12.56分，得失分比不足70%；关键战术六打五和五防六成功率明显低于强队，六打五成功率平均仅为40%，明显低于45%的强弱队分界线。

## 2　备战东京奥运会的训练对策

### 2.1　规范技术体系，对接世界水球主流趋势

多年来中国女子水球的发展一直独立于欧洲主流技术之外，支撑、传球、射门、封手、移动、虚晃等基本技术，以及中锋、防中锋抢位技术基本停留在中国多年前的男子水球技术体系上，表现为以垂直体位支撑为主导，强调躯干在动作链中的基础作用，具有动作幅度小、移动范围小、支撑高度低等特点，与欧洲水球以水平体位支撑为主导，强调下肢踩水在动作链中的基础作用，重视支点杠杆效应，动作幅度大、移动范围大、支撑高度高的技术体

系明显脱节。因此，规范踩水、移动、封手等基本技术，强调水平体位支撑，强化踩水能力及与上肢技术的衔接，在基本技术上对接世界水球主流技术是中国女子水球发展的必然环节。

2.2　持续提高基础体能，促进专项技能提升

要持续强化基础体能训练，不断从体能训练中增强信心，提升比赛竞争力。注重基础体能与水球专项能力的转化，提高对抗能力及攻防转换速度，以强个体和快节奏为方向，强化“强、高、快、准”四大核心要素，即“对抗强、支撑高、节奏快、传射准”。

“对抗强”——水球是集体对抗球类项目，对抗是实现技战术的前提。首先，要打造能抗的物质基础，持续强化基础力量、核心力量、心肺能力等基础体能；其次，要会抗，增加柔道训练，掌握控制重心、懂劲善攻、擒拿解脱的本领，比赛中清晰攻防位置职责，明确攻防核心环节，坚定执行，不盲目；最后，要敢抗，培养血性和狼性文化，做到进攻有杀气，传切犀利、传射果断，防守有霸气，敢逼，逼得死，敢抢，抢得下。

“支撑高”——支撑是水球传球射门的基本技术，支撑高度和高支撑的持续时间是衡量一支球队水平的重要指标。要着重加强水中支撑的专项练习，通过设定标志、测试标准等，不断强化运动员高位支撑下的持续能力，提高传球、射门、封手等技术的稳定性。

“节奏快”——无快而不胜，快节奏是现代集体球类项目发展的必然趋势。“快”是强大的心肺和对抗能力的表现。只有能游，才能更多地“快游”；只有主动对抗，才能实现快速传切、传射。下一阶段，要在夯实基础体能的基础上增加游泳量和游泳强度，提高抗乳酸能力，以强大的游动能力支撑全场快速游动反击、快速传射、给对手制造压力，培养“围、逼、抢”的防守风格。

“传射准”——“准”是技战术最后的精确实现。对抗疲劳后技战术不稳定，是当前中国女子水球队存在的主要问题。实现“准”，首先要能抗疲劳，而且在疲劳后能够保持技术结构的稳定性。因此，在强化基础体能的同时，要重点针对核心力量、传射动力链的薄弱环节加强训练，提高水中专项体能训练强度和对抗下完成传射技术的稳定性，结合固定点、移动点、封手下的多球射门练习，提高射门的精准性。

2.3　明确攻防基本原则，完善战术体系

集体球类项目基于个体能力的整合及与对手强弱点的博弈，而临场应变是在基本攻防原则和个体经验基础上的应激。因此，明确攻防原则和基本战术体系，有利于队员更快地建立战术体系，逐渐清晰反击多打少、少防多，阵地六打五、五防六，阵地紧逼、区域联防时的基本走位和技术运用，提高攻防整体效率，避免无谓的失误、失分。

2.4　培养核心球员，加强守门员专项能力提升

要根据球员场上位置特点，不断挖掘球员的个性和技术特长，培养具有领导力和过硬心理素质、稳定得分能力的核心球员，确保对关键球的把握有能力、有底气、有魄力。建

议在中锋、顺手边、反手边挖掘进攻核心球员，在防中锋位培养防守核心球员，形成进攻有体系、防守有定力的基本战术结构。

## 3 结语

近年来，中国女子水球队的世界大赛成绩连续下滑，逐渐脱离世界强队阵营。面临备战东京奥运会的艰巨任务，中国女子水球队需尽快适应新规则的竞赛导向，融入世界主流技术体系，同时不断强化专项技能、完善战术体系、培养核心球员、强化队伍的赢球意志，力争东京奥运会参赛成绩取得新突破。

## 参考文献


［1］刘钦龙，刘大庆，周爱国，等.世界优秀女子水球队竞技特征分析[J].中国体育科技，2006，42（4）：93-96.

［2］潘政彬，刘钦龙.中国女子水球队“六打五”进攻战术表征研究[J].山东体育科技，2017，39（2）：54-59.

［3］戴群，张运亮，刘钦龙. 中国女子水球队运动员战术意识特征诊断[J].中国体育科技，2013，49（2）：85-91，100.

# 大历史观下我国体育体制的嬗变与特征

刘　亮

（武汉体育学院艺术学院，湖北　武汉　430079）

**摘要**：本研究基于整体、联系的大历史观，以标志性历史事件和重要时间节点为依据，将我国体育体制嬗变历程与基本特征进行了总结，并阐述了每个阶段体育组织模式的改革任务。

**关键词**：大历史观；体育体制；嬗变历程；模式选择

基于整体和普遍联系观点来分析、解决问题的大历史观，为深化体育体制改革、推动体育强国建设提供了指引。基于此，本研究运用大历史观对中国体育管理运行体系的形成脉络进行梳理，剖析体育体制嬗变和模式选择的内在规律，为找准下一步体育体制改革的正确方向提供借鉴。

## 1　以建立“新体育”为任务目标的党政军融合型（1949—1952年）

中华人民共和国成立后，政府根据建设“新体育”的目标要求，加强对中国体育制度和组织网络系统的改造，一方面仿效苏联模式将全国体育资源纳入统一计划管理体系，另一方面借鉴解放区体育的经验来确立党对体育工作的绝对领导，为“新体育”管理体制奠定了基础。总体来看，无论是早期由中国共产主义青年团牵头，还是由教育部短暂领导，都或多或少地继承了革命战争年代的体育领导体制。而对当时极度落后、艰苦起步的中国体育来说，也只有通过这种党政军一体所形成的强大合力和独特优势，才能“自上而下”地推动体育的迅速发展。由此，中国体育体制的雏形开始呈现。

## 2　以“普及和经常化”为发展方针的职能衍射型（1952—1978年）

1952年11月，中央人民政府体育运动委员会的成立，标志着中国体育体制的定型。根据运动“普及和经常化”的体育发展方针，各行业、各领域的体育专职机构相继成立，

**作者简介**：刘亮（1980—），教授，博士。研究方向：体育体制改革。

并形成了管理体育的三大组织系统：国家行政部门系统、军队系统和社会组织系统。这三大组织系统的动员极大地激发了群众参与体育活动的热情，调动了各行各业办体育的积极性。行政学理论和行政生态学创始人里格斯（Riggs）认为，“衍射型”作为工业社会的行政模式，是指分工细致、互不混杂的行政机构执行着各自不同的行政职能，协调统一和追求效率是其主要特征。而这一时期体育管理系统也体现了显著的职能衍射型行政特点，从而成为中国体育制度的鲜明特色，标志着体育体制框架基本成型。

## 3　以“举国体制”为主要表征的部门全能普化型（1978—1986年）

党的十一届三中全会后，体育行政部门制定了“国家体委和省级体委要在普及和提高相结合的前提下侧重抓提高”的工作方针，“竞技体育适度超前发展”的思想开始形成，省市级以上体委的工作重心逐步向竞技体育转移。相应地，体委领导下的“分工负责制”也演变成了体委集“管、办”于一身的“部门制”，“举国体制”这一竞技体育发展模式的确立就成为一种必然。不可否认，“举国体制”对我国竞技体育发展起到了巨大的促进作用。但这种由以各级体委为中心的管理体制、以专业运动队为中心的训练体制和以竞技发展战略为中心的竞赛体制所构成的体育发展体系，其资源整合过程是严格按照计划行事的政府行为。根据行政管理学理论，这属于一种典型的体育行政部门所主导的全能普化型管理体制。

## 4　以“体育社会化”为导向的部门间有限分工型（1986—1992年）

在社会主义市场经济条件下，行政管理主导型体制的弊端不断暴露，“如何破除封闭的体制”就成为一项迫切的任务。1986年4月，国家体委（现国家体育总局）《关于体育体制改革的决定（草案）》的出台，标志着国家体育体制开始进行战略性调整。从这一阶段改革的总体安排来看，转变思路“调动各方面力量办体育”构成了体育体制改革的主线。而这一时期竞技体育成绩在国际大赛的突破带动了群众体育的发展和高涨的社会体育需求，原先由政府承担的群众体育职能被转移并引入社会力量就成为当时的一种合理选择。当然，体委系统所让渡出来的体育职能并不包括竞技体育职能，这是和改革开放前“职能衍射型”体制的最大不同，因而仅被视为一种行政部门间的有限分工模式。

## 5　以“六化六转变”为重点的契约法治型（1992—2002年）

1992年，党的十四大确立了“社会主义市场经济体制”的改革目标，带动了各领域、各行业改革的深化，体育体制也随之迎来了新一轮的调整与变革。1993年，国家体委《关于深化体育改革的意见》确立了“六化六转变”的目标。不同于20世纪80年代的改革注重在行政系统内部进行“办体育”的社会责任分解，本轮改革紧扣体育体制赖以存在的经济基础的变化进行改革的设计，聚焦体育发展中更深层次的问题和矛盾。而市场机制作为一种契约经济和交换关系的本质，为改革实践中法治思维和契约性关系的生成奠定了基础。

## 6 以“办好奥运会”为中心的非常规任务驱动型（2002—2012年）

承办奥运会是这一时期举国关注的大事件。齐心协力共办奥运会，成为社会各界的共识。根据任务型组织理论，“奥组委”作为一个法律实体和组织之上的组织，被赋予了强大的资源统摄能力。而以“办好奥运会”为中心的非常规任务驱动型模式，让中国各界对奥林匹克运动有了更为深入的理解和认识，重建并提升了体育发展的社会资本，为我国体育体制的进一步改革提供了新动力。

## 7 以强调系统性治理为导向的生态系统治理型（2012年至今）

党的十八大开启了全面建成小康社会的新征程，相应地，这一时期的体育体制改革也呈现出显著的“生态型”特征：改革方式已经不再是竞技体育、群众体育、体育产业、学校体育等人为割裂的单个领域或制度的修缮与调整，也不再是从前那种“头疼医头，脚疼医脚”治标不治本式的“碎片化”改革，而是一种在整体性、系统性和协调性思维引导下的综合性改革。

## 8 结语

我国体育体制的形成、改革与完善经历了一个漫长而复杂的历史演进过程：从服务于革命战争和国家建构，到有效提升中国的国际地位和影响力；从为社会主义建设和改革开放凝心聚力，到助力“健康中国”建设……回顾历史才能展望未来，中国体育体制改革的不懈探索和坎坷历程，为我们客观认识过去、深入理解当下和准确把握未来提供了参照。

## 参考文献

[1] 谷世权.体育理论与体育史论丛[M].北京：当代中国出版社，2011.

[2] 韩春苓.中国体育大事概述（1900—1948年）[J].体育文化导刊，2004（5）：63-65.

[3] 熊晓正，钟秉枢.新中国体育60年[M].北京：北京体育大学出版社，2010.

[4] 国家体育总局.新中国体育70年（综合卷）[M].北京：人民出版社，2019.

[5] 田雨普.新中国60年体育发展战略重点的转移的回眸与思索[J].体育科学，2010，30（1）：3-9，50.

[6] 谭华.“普及与提高相结合”方针的由来与发展[J].体育文化导刊，1992（1）：2-7.

# 学校体育中“供给”与“接受”关系之厘清

刘 晖

（郑州大学体育学院，河南 郑州 450044）

**摘要：**学校体育在学生素质拓展、体质增强等方面一直扮演着十分重要的角色。新时代体教融合背景下体育教学的具体目标为促进青少年享受乐趣、增强体质、健全人格、锤炼意志。为了学生能够德、智、体、美、劳全面发展，成为人格健全、体魄健康的完整的人，学校体育教学开始反思探索，积极改革，但依然面临极大挑战。这一挑战的主要原因就在于传统的体育课程教学并不能催生学生的学习兴趣，无法让学生积极主动地参与学习，切实掌握所学。习近平总书记在全国教育大会上强调“开齐开足体育课”，强化体育课是党和国家对学校体育提出的明确要求。我国目前学校体育中的“供给”与“接受”失衡问题存在已久，且常常被回避。本研究采用了文献资料法与逻辑分析法对学校体育教学中存在相关问题进行梳理与分析，研究结果表明，目前我国学校体育教学中存在的“供给”与“接受”失衡问题不容忽视，只有厘清两者间关系及其影响因素、作用机制才能够切实改善学校体育的教学效果。在“供给”与“接受”之间发挥主要作用的是学生的具身认知和元认知的综合作用，两种认知方式影响面较广，影响机制复杂。

**关键词：**学校体育；教学；关系

教育是影响人一生发展的重要因素。学校教育是教育的重点领域，体育是学校教育中不可缺失的重要组成部分。学校体育在学生素质拓展、体质增强等方面一直扮演着十分重要的角色。新时代体教融合背景下体育教学的具体目标为促进青少年享受乐趣、增强体质、健全人格、锤炼意志。为了学生能够德、智、体、美、劳全面发展，成为人格健全、体魄健康的完整的人，学校体育教学开始反思探索，积极改革，但依然面临极大挑战。这一挑战的主要原因就在于传统的体育课程教学并不能激起学生的学习兴趣，无法让学生积极主动地参与学习，切实掌握所学。习近平总书记在全国教育大会上强调“开齐开足体育课”，这是增强学生体质、提高学生身体素质的硬性要求和有效途径。而我国学校体育

**作者简介：**刘晖（1977—），教授，硕士。研究方向：篮球教学与训练、体能教学与训练等。

政策规定了学校体育发展的标准，引导着学校体育未来发展方向。我国目前学校体育中的“供给”与“接受”失衡问题存在已久，但由于不知缘由又迫于无奈，这一问题常常被回避。回避并不利于问题的解决，想要从根本上解决这一问题，必须对其进行深入分析，将其细细梳理。

## 1 学校体育中“供给”与“接受”的深层关系

学校体育中“供给”与“接受”的深层关系就是基于学生具身认知和元认知综合作用的个体认知影响下的知识、技能的传递关系。

### 1.1 对具身认知及其影响的深度阐述

具身认知对学习的影响较大，但一直以来都未能得到学界的重视。

1.1.1 认知的种类和特性由个体的身体结构、特性决定 个子高的学生会认为自己更适合参与篮球运动，也更愿意参与篮球活动；相对而言，个子矮的学生在篮球运动方面就没有那么自信，主动参与篮球课程学习的积极性也许就不如前者。在学校体育教学活动中，学生首先会依据自己的身体条件对当前教师教授的知识、技能做出判断，进而决定是否要积极努力。这是“供给”与“接受”关系发展的第一步。

1.1.2 认知过程、心智过程具有非表征特点 在反复枯燥的行进间运球练习中，教师一再强调篮球活动是轻松愉快的，但是学生如果已经感觉到疲劳了，可能就无法了解或不愿理解教师传递的知识技能信息。学生从参与课程学习的那一刻起，对教师“供给”的知识技能就存在一个属于自己的前置认知，在课程学习中又会时不时出现一种属于他们自己的认知，这类认知时不时影响着学生的“接受”水平。

1.1.3 认知、身体与环境是一体的，三者紧密结合在一起 生活在南方的学生可能更愿意参与游泳课，而生活在北方的学生可能更期待滑雪课程的开设。如果个人本身没有因为身在某种环境中而产生的需求，其身体活动、认知活动可能就不能够按照拟定的方向顺利进行。没有在篮球运动氛围的环境中长大的学生，也许对篮球不感兴趣；一个在乒乓球世家中长大的学生，对于参与乒乓球运动可能会带着一种与生俱来的积极性。

1.1.4 身体和环境是认知系统的构成成分 在学生参与体育课程活动的过程中，教师给学生创设的学习环境、学习氛围对于学生的认知过程不断地发生着动态影响，学生在活动中的身体状态也不断地给他们提供着即时认知及其反馈。

### 1.2 关于元认知及其影响的深层释义

当一个学生的自身认知局限造成学生元认知水平下的技能习得满足感时，学生可能会出现学习中的“一瓶子不满半瓶子晃荡”类自满自负情绪，不利于完整地“接受”教师的“供给”。相反，当一个学生的认知格局相对完整时，他的认知中已经存在篮球技能的最佳状态表象，他就可能会在元认知的过程中告诉自己还有不足，应该更为踏实地学习，刻苦地练习，虚心地“接受”教师的“供给”。因此，在具身认知的视角下，体育教学应遵循身心智一体原则、根植原则；在元认知的视角下，体育教学可配合使用多种元认知训练。

## 2 具身认知的视角看待体育学习，应遵循的原则

### 2.1 身心智一体原则

应该让学生在运动中获得认知、在生活中获得认知、在体验中改善认知，切实达到“在很大程度上，我们的意识体验被刻写在肌肉里”这样的学习效果。这种意识体验不是学生完全自主获得的，而是在良性干预下获得的，这将直接优化学校体育中“供给”与“接受”的关系。

### 2.2 根植原则

学校体育“供给”与“接受”的关系改善需要注重环境互动因素，在关注课程教学环境的细节问题的同时，不忘在大环境上下功夫。

## 3 元认知的视角看待体育学习

有利于促进学生思考、反思及自我调节、自我选择的方法都可以选用，如知识传授法、自我提问法、他人提问法、出声思维法、目标学习训练法、规程化训练法、相互教学法等。

学校体育中“供给”与“接受”的关系问题，并非我们日常认为的最浅显简单的学生个体需求导向下的知识、技能等的传递关系，而是基于学生具身认知和元认知综合作用的个体认知影响下的相对多元复杂的知识、技能传递关系。

## 参考文献

[1] 张玉超，康娜娜.改革开放后我国学校体育思想的发展回顾与展望研究[J].南京体育学院学报（社会科学版），2015，29（4）：92-98，105.

[2] 俞海洛，方慧，刘洋，等.习近平新时代关于体育的重要论述对普通高校体育教学改革的启示[J].体育学刊，2020，27（5）：76-81.

[3] 邓伲姣，王华倬.我国学校体育政策话语转变历程与审思[J].体育文化导刊，2020（6）：26-32.

[4] 邹小江，林向阳.我国高校体育教学改革的缘起、论域、困惑及建议[J].山东体育学院学报，2020，36（2）：112-118.

[5] 丛灿日，王志学."严出"之下高校体育课程改革的审视及推进路径[J].体育学刊，2020，27(2)：117-123.

[6] 黄晓丽，金育强，卢亮球，等.学校体育价值的理性审视[J].广州体育学院学报，2014，34(6)：11-15.

[7] 陈万红.我国学校体育教学指导思想的历史嬗变与反思[J].体育文化导刊，2015(3)：127-130.

[8] 叶浩生."具身"涵义的理论辨析[J]. 心理学报，2014，46(7):1032-1042.

[9] 叶浩生.身体与学习：具身认知及其对传统教育观的挑战[J].教育研究，2015，36(4)：104-114.

[10] 陈琦，刘儒德.当代教育心理学[M].北京：北京师范大学出版社，1997.

# 4周橘皮素补充对短跑运动员血清尿酸水平的影响

刘　猛[1, 2]

（1. 上海体育学院体育教育训练学院，上海　200438；2. 重庆市体育科学研究所，重庆　400015）

**摘要**：本研究主要探讨橘皮素补充对短跑运动员血清尿酸水平的影响。本研究采用配对分组的方法，将24名短跑运动员随机分为实验组和对照组，其中，实验组运动员每次训练前均补充橘皮素补剂（含橘皮素200 mg），对照组补充安慰剂，持续4周。分别在每周的第一天（T1、T2、T3、T4）及干预结束（T5）时采集两组运动员的血液样本，分析并比较两组的血清尿酸水平、超氧化物歧化酶（SOD）、肌酸激酶（CK）、乳酸脱氢酶（LDH）及肌酐等生化指标的差异。研究结果表明，①补充橘皮素补剂后，运动员的血清尿酸水平（T2～T5，$P \leqslant 0.003$）、LDH水平（T2～T5，$P \leqslant 0.040$）以及尿酸/肌酐比值（SUA/Cr）（T2～T5，$P \leqslant 0.041$）均显著下降；②与对照组相比，实验组运动员的血清尿酸水平显著偏低（T4，$P=0.044$；T5，$P=0.034$）；③实验组的SOD活性水平始终维持相对稳定，对照组则呈持续下降趋势（T5 VS T1，$P=0.041$）。研究证明，4周橘皮素补充可能会抑制黄嘌呤氧化酶和黄嘌呤脱氢酶活性，提升人体抗氧化能力，缓解机体氧化应激损伤，进而降低体内血清尿酸水平。

**关键词**：橘皮素；血清尿酸；黄嘌呤氧化酶；氧化应激

尿酸是人体嘌呤代谢的最终产物，其分泌过多或排泄减少会导致体内血清尿酸水平升高，进而引发痛风、冠心病、糖尿病等疾病。研究指出，因长期进行高强度运动训练和高蛋白饮食，运动员的血清尿酸水平普遍高于普通人群。统计显示，运动员的血清尿酸水平约比普通人群高13%～17%，高尿酸血症（HUA）的发病率为普通人群的3～4倍。另外，部分血清尿酸衍生疾病（如HUA、痛风等）的发病风险会随运动员训练年限的增加而升高，如与训练年限较短（≤3年）的运动员相比，训练年限较长的运动员（≥10年）发生HUA和痛风的概率明显更高。降尿酸药物（如别嘌醇）能有效降低体内血清尿酸水平，但是，运动员长期服用降尿酸药物可能会造成肝肾功能损伤、骨髓抑制和兴奋剂检测阳性等问题，

---

**作者简介**：刘猛，副研究员，博士。研究方向：兴奋剂风险防控。

这限制了此类药物在运动领域的应用。因此，寻求天然健康、安全有效且无兴奋剂禁用成分的降尿酸物质，一直是国内外学术界关注和研究的热点。

柑橘类黄酮具有潜在的降尿酸功效。它可通过抑制黄嘌呤氧化酶活性，减少尿酸的生成。橘皮素（Tangeretin）是柑橘类黄酮的核心成员，主要提取于橙、柚、柑、橘的皮茎，具有抗炎、抗氧化、抗癌及预防心血管和神经退行性疾病等功能。与其他柑橘类黄酮相比，橘皮素具有萃取纯度高（99.79%）、类药性佳（0.43）、口服利用率好（21.38%）等优点，而且橘皮素不含兴奋剂禁用物质，非常适合运动员群体。本研究前期的研究首次发现，举重运动员连续口服橘皮素（200 mg/d）4周后，血清尿酸水平显著下降，橘皮素能帮助运动员控制血清尿酸水平。但是，前期的研究未能很好地监控运动员的训练、饮食等影响因素，且选取的样本较少（$n$=10），缺少对照组。因此，橘皮素对血清尿酸水平的影响目前仍不十分清楚。

基于此，本研究通过分析比较短跑运动员补充橘皮素前后的血清尿酸水平及相关生化指标，如超氧化物歧化酶（SOD）、肌酸激酶（CK）、乳酸脱氢酶（LDH）、肌酐及尿酸/肌酐比值（SUA/Cr），探讨橘皮素的降尿酸功能。研究结果将有助于进一步了解橘皮素的功能作用，解密其调节人体血清尿酸代谢的机制，为橘皮素补剂将来用于职业体育（如助力运动员备战奥运会等国际赛事）和大众健身（如助力“健康中国”建设）提供理论依据。

## 1 研究对象与方法

### 1.1 受试者

本研究选取24名专业短跑运动员（男12名，女12名）作为受试对象，运动等级均为国家二级及以上运动员，实验期间所有运动员均在同一名教练员的监督下执行相似的训练方案。本研究采用配对、随机、双盲实验设计。首先，按照形态、性别等将运动员两两配对，然后随机分为实验组（171.98 ± 5.14 cm，62.22 ± 12.82 kg，24.30 ± 3.39岁）和对照组（174.84 ± 8.54 cm，57.92 ± 9.81 kg，23.10 ± 2.76岁）。实验组补充团队自研产品——“清果人”柑橘活性蛋白固体饮料（20 g/份，含纯度99.79%的橘皮素200 mg和纯度95%的分离乳清蛋白粉19.8 g；兴奋剂检测编号：2019FD234）；对照组补充Cansure（美国）分离乳清蛋白粉（20 g/份，纯度95%；兴奋剂检测编号：2019FD279）。

参与本研究之前，所有运动员均接受系统、严格的医学检查，均无心血管疾病、抑郁症、肾脏病等疾病，且近4周内未服用降尿酸药物或运动补剂。运动员详细了解本研究的内容、流程及潜在风险，并签署知情同意书。本研究严格遵守《赫尔辛基宣言》并经上海体育学院学术与伦理委员会审核批准。

1.2　数据采集与处理

本研究在2019年冬训高强度训练期间进行，为期4周。实验期间，所有运动员均被要求每日上午7：30—8：30进入实验室，按编号现场领取并服用橘皮素补剂或安慰剂，全程由研究人员监督完成。另外，分别在每周的第一天（T1、T2、T3、T4）及实验结束后的次日（T5）采集运动员的血液样本（图1B），每次抽取静脉血4 mL，采血前均要求为空腹状态（禁食≥8 h），采血结束后立刻服用橘皮素补剂或安慰剂。血液样本采集后30 min内，使用高速离心机（蜀科TG16，中国）分离出血清样本（2 000 R/min，15 min），之后将其储存于-80℃医用冰箱（博科BDF-86V158，中国）。实验结束后，对血清样本进行统一分析（BioTek-Epoch，美国；迈瑞SAL-6000，中国），记录血清尿酸、尿素、肌酐、SOD、CK及LDH结果。（图1）

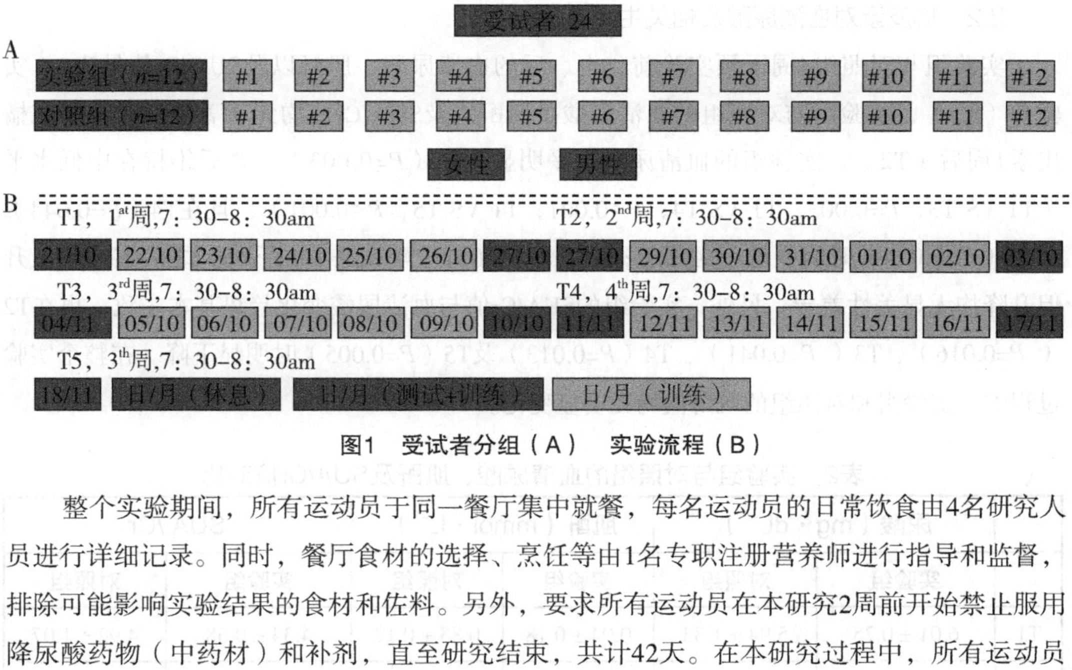


**图1　受试者分组（A）　实验流程（B）**

整个实验期间，所有运动员于同一餐厅集中就餐，每名运动员的日常饮食由4名研究人员进行详细记录。同时，餐厅食材的选择、烹饪等由1名专职注册营养师进行指导和监督，排除可能影响实验结果的食材和佐料。另外，要求所有运动员在本研究2周前开始禁止服用降尿酸药物（中药材）和补剂，直至研究结束，共计42天。在本研究过程中，所有运动员均未出现任何不适症状。

1.3　统计学分析

本研究通过SPSS 25.0软件进行统计学分析，数据以均值±标准差表示。采用双因素（2个组别×5个不同时间点）重复测量方差分析，比较干预前后受试者的血清尿酸及相关生化指标（SOD、CK、LDH、尿素、肌酐以及尿酸/肌酐比值）的差异。如有显著性，则在LSD标准的基础上进行两两比较。显著性水平定为$P<0.05$。

## 2 研究结果

### 2.1 每日食物摄入情况

实验组（EXP）和对照组（CTROL）的每日热量摄入及主要营养物质比例（蛋白质、脂肪、碳水化合物）差异均无统计学意义。（表1）

**表1 实验组和对照组的每日热量摄入及主要营养物质比例**

| 组别 | 每日热量摄入 / ( kJ · $d^{-1}$ ) | 蛋白质 / % | 脂肪 / % | 碳水化食物 / % |
|---|---|---|---|---|
| 实验组 | 9 767 ± 2 155 | 27 ± 5 | 21 ± 4 | 51 ± 4 |
| 对照组 | 10 456 ± 2 399 | 28 ± 2 | 20 ± 3 | 50 ± 4 |

### 2.2 橘皮素对血清尿酸及相关生化指标的影响

实验组与对照组4周干预实验前、中、后的血清尿酸、肌酐以及SUA/Cr值见表2。实验前（T1），实验组与对照组的血清尿酸、肌酐以及SUA/Cr值均无显著性差异。补充橘皮素1周后（T2），实验组的血清尿酸水平明显下降（$P$=0.003），之后维持在中低水平（T1 VS T3，$P$=0.003；T1 VS T4，$P$<0.001；T1 VS T5，$P$<0.001），且在T4（$P$=0.044）和T5（$P$=0.034）时明显低于对照组；对照组的血清尿酸先是小幅下降，之后波动式上升但升降均无显著性差异。另外，实验组的SUA/Cr值与血清尿酸变化趋势基本一致，也在T2（$P$=0.016）、T3（$P$=0.041）、T4（$P$=0.013）及T5（$P$=0.005）时明显下降。在整个实验过程中，实验组和对照组的肌酐值均无明显变化。

**表2 实验组与对照组的血清尿酸、肌酐及SUA/Cr值对比**

| | 尿酸（mg · $dL^{-1}$） | | 肌酐（mmol · $L^{-1}$） | | SUA /Cr | |
|---|---|---|---|---|---|---|
| | 实验组 | 对照组 | 实验组 | 对照组 | 实验组 | 对照组 |
| T1 | 6.01 ± 0.75 | 5.94 ± 1.33 | 0.94 ± 0.18 | 0.85 ± 0.12 | 4.34 ± 0.58 | 4.92 ± 1.07 |
| T2 | 4.97 ± 1.17$^{##}$ | 5.85 ± 1.42 | 0.92 ± 0.16 | 0.82 ± 0.12 | 3.66 ± 0.71$^{*#}$ | 4.84 ± 1.23 |
| T3 | 5.19 ± 0.92$^{##}$ | 5.73 ± 1.08 | 0.97 ± 0.17 | 0.91 ± 0.12 | 3.64 ± 0.62$^{**#}$ | 4.27 ± 0.66 |
| T4 | 5.18 ± 0.67$^{*##}$ | 6.29 ± 1.44 | 0.94 ± 0.11 | 0.87 ± 0.14 | 3.72 ± 0.39$^{*##}$ | 4.97 ± 1.38 |
| T5 | 5.22 ± 0.76$^{*##}$ | 6.21 ± 1.12 | 0.92 ± 0.09 | 0.86 ± 0.12 | 3.81 ± 0.37$^{*##}$ | 4.91 ± 1.04 |

注：与初始值（T1）比较，#，$P$<0.05；##，$P$<0.01；与对照组比较，*，$P$<0.05；**，$P$<0.01。

实验组与对照组的血清SOD、CK以及LDH值可见表3。实验前（T1），上述指标均无组间的显著性差异。在整个实验期间，实验组的SOD活性水平保持稳定，而对照组则持续下降，并在T5（*P*=0.041）时出现显著下降（VS T1）。实验组的LDH变化趋势与血清尿酸高度一致，在橘皮素干预1周后（T2）出现显著下降（*P*=0.040），而后一直稳定在中低水平（T3 *P*=0.028，T4*P*=0.036，T5 *P*=0.018）。另外，实验组和对照组CK值均在T4（*P*=0.011，*P*=0.019）和T5（*P*=0.020，*P*=0.020）时显著下降，前者的CK值在T5时显著低于后者（*P*=0.039）。

表3　实验组与对照组的血清SOD、CK及LDH值对比

| | SOD（$u \cdot ml^{-1}$） | | CK（$mmol \cdot L^{-1}$） | |
|---|---|---|---|---|
| | 实验组 | 对照组 | 实验组 | 对照组 |
| T1 | 61.33 ± 12.03 | 66.99 ± 2.69 | 366.73 ± 229.85 | 399.55 ± 215.54 |
| T2 | 63.12 ± 5.01 | 65.39 ± 3.14 | 286.45 ± 148.32 | 391.82 ± 186.09 |
| T3 | 65.48 ± 4.67 | 60.41 ± 8.07 | 252.45 ± 149.01 | 329.45 ± 194.31 |
| T4 | 60.96 ± 4.66 | 58.43 ± 8.97 | 229.09 ± 125.55# | 284.54 ± 137.87# |
| T5 | 63.49 ± 6.07 | 60.47 ± 7.66# | 202.27 ± 87.42*# | 283.55 ± 97.72# |
| | LDH（$u \cdot l^{-1}$） | | | |
| | 实验组 | 对照组 | | |
| T1 | 196.28 ± 33.62 | 203.15 ± 42.64 | | |
| T2 | 167.05 ± 23.79# | 196.73 ± 34.48 | | |
| T3 | 164.05 ± 20.35# | 188.21 ± 48.15 | | |
| T4 | 164.51 ± 25.63# | 193.29 ± 45.44 | | |
| T5 | 159.66 ± 28.11*# | 185.57 ± 32.84 | | |

注：与初始值（T1）比较，#，$P<0.05$；与对照组比较，*，$P<0.05$。

## 3　讨论

本研究旨在探讨橘皮素补充对短跑运动员血清尿酸及其相关生化指标（SOD、CK、LDH以及肌酐）的影响。本研究发现，实验组运动员每日补充200 mg橘皮素，1周后血清尿酸水平显著下降，之后（第2～4周）一直维持在中低水平，而且明显低于同期对照组。本研究还发现，实验组运动员补充橘皮素后，LDH、CK及SUA/Cr值明显减少，SOD活性水平稳中有升；同期，对照组运动员的SOD活性水平显著下降。与本团队的前期研究一致。本研究再次证实，补充橘皮素4周能改善机体抗氧化能力，缓解运动造成的氧化应激损伤，进而降低血清尿酸水平。

尿酸是嘌呤代谢的最终产物，约2/3来源于内源性，1/3来源于富含嘌呤的食物。多数哺乳动物通过尿酸酶的作用将尿酸氧化为尿囊素，但是，因为进化，尿酸酶失去活性，人类仅能通过尿、便途径排出尿酸。研究表明，尿酸作为一种非酶类抗氧化剂，可有效清除单态氧、自由基以及过氧亚硝酸盐，缓解机体的氧化应激反应。但是，体内血清尿酸水平会随运动而上升，且恢复速度较慢，甚至在运动24 h后仍处于较高水平，该现象被称为运动性高尿酸现象。长期高强度运动以及高蛋白饮食（补剂）会刺激尿酸的过度生成，进而导致机体血清尿酸水平升高。本研究在运动员冬训期开展，其间运动员训练强度高，且每天训练前均补充分离乳清蛋白粉（20 g/d），因此，我们观察到对照组运动员的血清尿酸水平呈逐步上升趋势，个别运动员的血清尿酸水平甚至超过健康标准值（标准：男性≥7.0 mg/dL，女性≥6.0 mg/dL），提示有高尿酸血症的潜在风险。近乎相同的条件下（相同的训练方案，补充分离乳清蛋白粉19.8 g/d及橘皮素200 mg/d），实验组运动员的血清尿酸水平始终处于相对较低水平，且个别血清尿酸水平较高的运动员在干预中后期血清尿酸水平显著下降，基本恢复至正常水平。基于此，本研究认为，橘皮素能减少机体代谢产生的尿酸，预防运动性高尿酸现象。这也提示橘皮素可能对高尿酸血症具有一定治疗效果。

黄嘌呤氧化酶（Xanthine Oxidase，XO）或黄嘌呤脱氢酶（Xanthine Dehydrogenase，XDH）能催化黄嘌呤与次黄嘌呤产生尿酸，是人体尿酸生成的关键。学界普遍认为，抑制XO或XDH活性能减少尿酸产生，是降低体内血清尿酸水平的有效途径。多项研究已表明，柑橘类黄酮（如橙皮素、槲皮素等）具有较强的降尿酸功能，已被尝试用于研发降尿酸药物。橙皮素与橘皮素相似，提取于柑、橘、柚等水果，且两者同属多甲氧基黄酮（PMFs）亚族，化学结构和功能活性高度相似。法提梅（Fatemeh）等发现，口服2周橙皮素[5 mg (kg/d)]后，伴有高尿酸血症大鼠的肝脏内的XO（23.69%）和XDH（20.68%）活性明显被抑制，血清尿酸水平显著下降（24.93%）。艾米（Ami）等发现，橙皮素通过疏水性相互作用与XO或XDH有效结合，进而抑制XO或XDH的活性，减少血清尿酸的生成。他们还发现，高尿酸血症大鼠补充橙皮素1周后，XO、XDH及血清尿酸水平均显著下降，并在之后的2~4周内一直维持在相对较低水平。黄（Huang）等也发现，连续7天补充橙皮素[100 mg/(kg · d)$^{-1}$]后，实验鼠的XO活性显著下降。与上述研究发现一致，本研究中，实验组运动员在冬训期间每天补充200 mg橘皮素，1周后，他们的血清尿酸水平开始显著下降，并在其后的3周干预期间一直维持在相对较低水平。因此，本研究推论，与橙皮素相似，橘皮素也可通过抑制XO或XDH活性，抑制机体代谢产生尿酸。由于缺少直接证据，此推论仍有待进一步验证。

补充抗氧化剂能缓解剧烈运动引起的氧化应激反应，间接减少尿酸的生成。吴丽君等发现，经过4周虾青素补剂干预（12 mg/d），实验组运动员安静状态下的血清尿酸水平显著下降（干预前3.89 ± 0.44 mg/dL，干预后3.33 ± 0.61 mg/dL）；另外，实验组运动员在力竭运动后即刻和1 h，血清尿酸水平均显著低于同期对照组。佩德罗（Pedro）等指出，铁人三项运动员在正式比赛前补充大量维生素C（3 g）可显著降低血清尿酸和LDH水平（赛后即刻和1 h）以及CK值（次日清晨）。佩德罗等认为，维生素C因为具有较强的抗氧化活性，所以有助缓解机体因剧烈运动引起的氧化应激损伤，进而减少尿酸的产生。

橘皮素作为一种天然果蔬抗氧化剂，其抗氧化活性已被相关研究从不同层面证实。塔罗齐（Tarozzi）等借助化学方法发现，橘皮素能显著清除1，1–二苯基–2–三硝基苯肼自由基与2，2–联氮–二（3–乙基–苯并噻唑–6–磺酸）二铵盐自由基，清除率分别为10%和8%。塞尔米（Selmi）等从细胞层面发现，橘皮素可明显缓解过氧化氢叔丁基（t–BHP）诱发的HepG2细胞氧化损伤，提升自由基清除速率。研究团队前期通过动物实验发现，4周橘皮素[50 mg/(kg・$d^{-1}$)]干预能显著提高昆明鼠的抗氧化酶活性，并显著降低高强度力竭运动造成的心肌与骨骼肌氧化应激损伤。在本研究中，实验组运动员口服橘皮素补剂4周后，SOD活性水平稳中有升，而对照组运动员的SOD活性水平呈下降趋势，并在4周干预结束（T5）时显著低于实验组；同时，实验组运动员的LDH和CK值较干预前明显下降。

综上，本研究认为，适量补充橘皮素能提升人体抗氧化水平，缓解运动造成的氧化应激损伤，并间接减少尿酸的生成。

SUA/Cr值是预测与评估代谢综合征发病风险的关键指标。研究指出，SUA/Cr水平与代谢综合征患病率呈高度正相关。隆一（Ryuichi）等通过剂量—反应研究发现，SUA/Cr值越高，代谢异常组分个数越多，代谢综合征患病风险越大。刘（Liu）等也指出，SUA/Cr水平与代谢综合征呈现线性剂量—反应关系。研究发现，受职业生涯期间高强度运动、高蛋白饮食以及长期体重控制等因素影响，精英运动员退役后，代谢综合征发病风险明显高于同龄普通人群。在本研究中，实验组短跑运动员口服4周橘皮素后，SUA/Cr水平明显下降，且显著低于同期对照组。这可能提示，橘皮素在减少尿酸分泌的同时，还会对预防运动员代谢综合征起到积极的作用。

## 4 结论

本研究创新性地将橘皮素与分离乳清蛋白融合，应用于爆发力项目运动员冬训高强度训练阶段的血清尿酸代谢调控。本研究发现，补充橘皮素补剂（橘皮素200 mg/d）能提升运动员的抗氧化能力，缓解冬训期间高强度运动引起的机体氧化应激反应，显著降低血清尿酸水平，进而可能对缓解运动疲劳并加速运动后身体机能恢复起到积极作用。同时，考虑到所有运动员在服用橘皮素期间无任何生理或情绪不良反应（如失眠、恶心、烦躁等），本研究认为橘皮素可作为运动补剂用于辅助运动员训练。

## 参考文献

[1] BONIFACIO A L, JESUS M V. Uric acid and evolution [J].Rheumatology, 2010, 49 (11): 2010-2015.

[2] MAIUOLO J, OPPEDISANO F, GRATTERI S, et al. Regulation of uric acid metabolism and excretion [J].International Journal of Cardiology, 2016, 213: 8-14.

[3] 潘慧，林志达，罗小强，等.广东省部分运动员血尿酸水平分析[J]. 中山大学学报（医学科学版），2016，37（5）：786-790.

[4] CASTRO V M F, MELO A C, BELO V S, et al. Effect of allopurinol and uric acid normalization on serum lipids hyperuricemic subjects: a systematic review with meta-analysis [J].Clinical Biochemistry, 2017, 50 (18): 1289-1297.

[5] ZHANG Y M, ZHANG Z Y, WANG R X. Protective mechanisms of quercetin against myocardial ischemia reperfusion injury[J].Frontiers in Physiology, 2020, 11: 956-961.

[6] CÓRDOVA A, MIELGO-AYUSO J, FERNANDEZ-LAZARO C I, et al. Effect of iron supplementation on the modulation of iron metabolism, muscle damage biomarkers and cortisol in professional cyclists [J].Nutrients, 2019, 11 (3): 500.

# 体操运动员肩袖损伤康复并重返赛场一例报告

刘 舒，高 璨

（国家体育总局运动医学研究所，北京 100061）

**摘要**：本研究使用肌骨超声对2018年国家队1名队员肱二头肌损伤进行一年的跟踪观察。研究结果表明，肌骨超声对肱二头肌损伤程度的监测有助于控制康复和专项训练强度。因此，肌骨超声检查可以监测运动员肱二头肌损伤后康复训练计划的合理性。

**关键词**：体操；肌骨超声；肩袖损伤

## 1 病例资料

姓名：ZXX，男，出生于1998年1月。专项训练：16年。

### 1.1 既往损伤史

2018年4月3日，练习吊环弹十字右肩拉伤；4月7日，双杠前摆到头时右肩有疼痛，直臂后伸疼痛6分；4月9日，单杠沉浪时再次拉伤。

4月11日，右肩MRI：右肩关节前上盂唇复合体、喙肱韧带损伤。

4月13日，田得祥大夫会诊：

体格检查：肩前屈（-），肩后伸（+），外展抗阻（-），肩内旋抗阻（-），直臂外旋抗阻（+），背后举起测试（-），Hawkins检查（-）。

诊断：肱二头肌长头腱腱鞘炎。

治疗：超声波治疗和封闭注射。

### 1.2 伤病资料

2018年8月15日，下午5点鞍马训练，支撑扭转移动时，突发右上臂弹断感，疼痛出现。

8月15日，超声检查：右侧肱二头肌长头腱纤维纹理清晰，连续性可，可见少量腱鞘积液，液深2 mm。右侧肱二头肌肌肉纤维纹回声略增强，纹理尚清晰，未见明显异常回声。（图1）

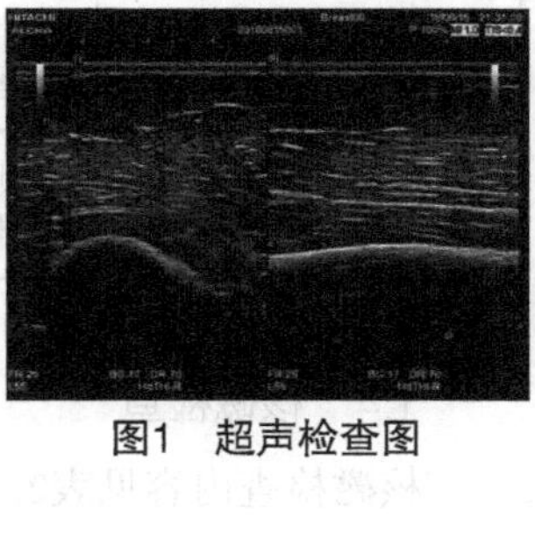

图1 超声检查图

**作者简介**：刘舒（1974—），副主任医师，本科。研究方向：运动损伤、医务监督。

体格检查：右肩及上臂外观无畸形，无肿胀；肱二头肌近段有压痛；结节间沟和肩峰下无明显压痛。屈肘抗阻（-），speed test（+），Yergason test（+），余（-）。

初步诊断：肱二头肌筋膜部分撕裂，肱二头肌长头腱腱鞘炎。

处理建议：①冷敷、支持带固定；②快速针刺；③8月16日再次复查超声，如有积液需MRI检查；④建议在肌贴保护下训练，尽量减少引起疼痛的动作。

### 1.3 肌骨超声检查

肌骨超声检查采用HI VISION Ascendus彩色多普勒超声诊断仪，探头频率5~10 MHz。患者均选择坐位，手臂自然下垂。操作者为国家体育总局体育医院超声科主治医师。（表1）

**表1 肌骨超声检查内容**

| 日期 | 超声检查 | 回声不均匀性减低范围 | 训练和比赛情况 |
| --- | --- | --- | --- |
| 2018 年 8 月 15 日 | 侧肱二头肌长头腱纤维纹理清晰，连续性可，可见少量腱鞘积液，液深 2 mm。右侧肱二头肌肌肉纤维纹回声略增强，纹理尚清晰，未见明显异常回声 | 无 | 亚运会第一天训练受伤，坚持完成比赛，获得团体和鞍马两块金牌 |
| 2018 年 9 月 5 日 | 右侧肱二头肌长头肌腱肌肉交界处可见肌肉纤维纹理模糊 | 4.3 cm × 2.2 cm | 亚运会结束回国后检查 |
| 2018 年 9 月 7 日 | 右侧肱二头肌长头肌腱肌肉交界处可见肌肉纤维纹理模糊 | 3.5 × 1.6 cm | 准备 10 月世锦赛 |
| 2018 年 9 月 11 日 | 右侧肱二头肌长头肌腱肌肉交界处可见肌肉纤维纹理模糊 | 2.9 × 1.3 cm | 准备 10 月世锦赛 |
| 2018 年 10 月 10 日 | | 1.0 × 0.8 cm | 世锦赛出发前 |
| 2018 年 11 月 20 日 | 右侧肱二头肌长头肌腱肌肉交界处陈旧性损伤。损伤区域内部纤维纹理模糊，回声减低，其内可见星点状强回声 | 1.2 × 1.3 cm | 世锦赛获得团体和双杠金牌。回国后检查 |
| 2019 年 3 月 27 日和 4 月 10 日 | 右侧肱二头肌长头肌腱肌肉纤维纹理清晰 | — | 冬训正常训练，提高了双杠难度 |

### 1.4 核磁检查

核磁检查内容见表2。

表2　核磁检查内容

| 时间 | MRI 报告 |
|---|---|
| 2018 年 8 月 28 日 | （1）右侧肱二头肌近段肌肉、肌腱损伤，部分肌束可能撕裂；<br>（2）肱二头肌长头腱腱鞘积液 |
| 2019 年 3 月 27 日 | 原右侧肱二头肌长头肌腱与肌腹移行部异常信号已消失，肌腱连续性良好，临近肌腹信号未见异常；冈上肌前、上缘筋膜水肿；盂肱上韧带、喙肱韧带筋膜水肿 |

## 2　分析

### 2.1　肱二头肌损伤的原因和对体操的影响

肩关节运动时肱二头肌长头和肩袖肌群（特别是冈上肌）是维持肩峰下关节正常运动功能的主要动力结构，两者的收缩迫使肱骨头下降。肱二头肌长头肌腱可以使肱骨头压低，对维持盂肱关节的稳定性起到重要的作用。

2014年对32名国家体操队员的超声检查发现，14人超声异常（占43.8%），8人肱二头肌异常（占25%），临床检查发现13人有肱二头肌损伤（占40.6%）。

在训练中诊断和判断肱二头肌损伤及损伤程度，是制订治疗康复计划和安排训练的关键。常用的临床检查和核磁检查对1级损伤程度的细分不足，本病例在8个月内进行了8次超声检查，对比赛和训练前后损伤变化得到了清晰的数据，将康复、训练和比赛强度进行综合分析，为制订下一步训练计划奠定了基础。

### 2.2　肌骨超声应用

1958年，首次有文献报道了超声在肌肉骨骼系统中的应用，包括肌肉、肌腱、软骨、脂肪等超声图像。它在肌肉骨骼学和运动医学中的引入使这一先进的技术被更好地推广应用。在诊断运动损伤方面，超声影像技术十分有潜力。它在易用性、可用性、舒适性和成本方面优于其他成像技术。就安全性而言，患者不会像在X射线中那样暴露于辐射中，而且可以在植入金属或起搏器的患者（MRI中是禁止的）身上应用。目前认为标准的超声诊断对人体没有任何已知的有害影响。

## 3　病例讨论

### 3.1　肌骨超声的诊断与训练比赛强度导致损伤程度的变化一致性较高

超声可以广泛用于运动损伤后肌肉状况的临床评估，如肌筋膜撕裂和肌内血肿、肌肉断裂、肌内钙化、肌肉的脂肪萎缩和纤维化。实时剪切波超声弹性成像技术联合常规超声可评价肌肉撕裂后恢复情况。不同组织之间的弹性并不一样，肌肉通过超声弹性成像进行弹性模量的量化，剪切波超声弹性成像通过计算剪切波的速度变化得到组织的弹性值，图像色彩反映组织的硬度。这些超声指标都为患者伤后复健提供客观的影像学参考。

运动损伤与运动强度密切相关，本病例中肌骨超声发现在两次大赛后损伤范围最大，随着治疗、康复和控制训练强度，损伤逐渐缩小。有了超声的数据支持，可以更好地量化训练和康复强度。

3.2　肌骨超声便携性好，能为外训和比赛把关

超声诊断仪器有台式和便携式，整体价格相对便宜，在体育赛事、运动医学诊所、急救设施和手术室等方面具有巨大的优势用途。本病例2018年8月15日在国外比赛，不能及时做核磁检查，由于有肌骨超声的检查，才能下决心继续参赛。

3.3　肌骨超声对运动员肌肉1级损伤的检查成本低，可以动态和持续观察

在高水平运动员日常训练中，无明显纤维断裂的肌肉1级损伤比例较高。如何制订治疗康复计划往往更多地依赖队医经验和面临的比赛任务。

肌骨超声对一些骨皮质及骨外膜疾病的评价较为敏感准确，可以观察到极为细致的骨骼肌纤维，在评价肌肉完全或局部撕裂方面效果较好。肌腱炎症及韧带断裂等是肌骨超声的常规项目，也逐渐取代核磁成为肌腱韧带相关功能评价的新标准。肌肉的力学特性与其结构形态相关，定量超声可获得FL（肌肉纤维长度）、PA（肌肉羽状角度）、MT（肌纤维厚度）等肌肉结构参数，直接或间接反映肌肉力的产生和输出，可以定量评定肌肉功能。运用定量超声分析静态和动态时肌肉状态与力量的关系可了解肌肉力量和与其相关的身体运动及性能。

通过本病例可以发现，超声检查能对制订训练强度和康复计划提供科学依据，对趋势判断有重要作用。

3.4　超声应该与临床检查相结合

本病例2018年8月15日超声检查无明显异常，但是根据临床检查还是诊断为肱二头肌筋膜部分撕裂，这与损伤的发展变化比较一致。

3.5　运动员肱二头肌和肌腱1级损伤在坚持训练和比赛的同时达到临床痊愈

肱二头肌长头肌腱的病变是一种肌腱病变。以往认为肌腱病变是一种炎症改变，被称为肌腱炎。最近病理生理学研究表明，肌腱病变潜在的病理改变主要是由肌腱的退变引起的。

运动员在训练和比赛中往往根据经验安排1级损伤后的训练计划，导致损伤反复和加重退变，不但影响训练质量，也是肌腱断裂的主要诱因。

本病例通过持续肌骨超声检查，对损伤进行了量化数据描述，在此基础上分析总结之前训练和康复计划内容及强度，从而为制订下一阶段训练和康复计划提供科学依据。经过8个月的实践，成功完成了两次大赛任务和一次高强度冬训，并达到临床愈合。结果表明，

肌骨超声可以对运动员运动损伤的防治提供借鉴。

## 参考文献

[1] ITOI E, MOTZKIN N E, MORREY B F, et al. Stabilizing function of the long head of the biceps in the hanging arm position[J]. J Shoulder Elbow Surg, 1994, 3(3): 135-142.

[2] DUSSIK K T, FRITCH D J, KYRIAZIDOU M, et al. Measurements of articular tissues with ultrasound[J].Am J Phys Med, 1958, 37(3): 160-165.

[3] ARTS I M, OVEREEM S, PILLEN S, et al. Muscle ultrasonography: a diagnostic tool for amyotrophic lateral sclerosis[J].Clin Neurophysiol, 2012, 123(8): 1662-1667.

[4] CHINO K, TAKAHASHI H. Measurement of gastrocnemius muscle elasticity by shear wave elastography: association with passive ankle joint stiffness and sex differences[J]. European Journal of Applied Physiology, 2016, 116(4): 823-830.

[5] FINNOFF J T. The Evolution of Diagnostic and Interventional Ultrasound in Sports Medicine[J].PM&R, 2016, 8(3): 133-138.

[6] WAKEFIELD R J, GIBBON W W, CONAGHAN P G, et al. The value of sonography in the detection of bone erosions in patients with rheumatoid arthritis: a comparison with conventional radiography[J]. Arthritis Rheum, 2000, 43(12): 2762-2770.

[7] GRASSI W, FILIPPUCCI E, FARINA A, et al. Sonographic imaging of tendons[J]. Arthritis Rheum, 2000, 43(5): 969-976.

[8] 刘美快，陈斌. 定量超声评估肌肉功能研究进展[J]. 中国介入影像与治疗学, 2018, 15(12): 769-772.

[9] RILEY G P, GODDARD M J, HAZLEMAN B L. Histopathological assessment and Pathological significance of matrix degeneration in supraspinatus tendons[J]. Rheumatology, 2001, 40(2): 229-230.

# 代谢组学在运动人体科学领域的应用研究现状

安　楠

（国家体育总局运动医学研究所，北京　100051）

**摘要：**本研究综述了代谢组学方法在运动人体科学领域的研究现状，探讨和分析了近年来运动引起糖类、脂类、蛋白质代谢变化的组学研究成果及其在运动疲劳等领域的应用前景。

**关键词：**代谢组学；运动；营养

应用代谢组学方法可以鉴别出有意义的指标，有助于更好地了解运动人体代谢变化并分析其规律特征，提取出有价值的信息，指导后续从营养角度进行有针对性的补充，有效促进训练后恢复，提升运动表现。

## 1　运动与糖类代谢物的代谢组学研究

首先，代谢组学可以鉴别不同运动形式对糖类代谢物质的影响。对男性自行车和铁人三项运动员随机进行高强度间歇运动（HIIT）或持续性中等强度运动（MOD）后的组学分析显示，HIIT组的碳水化合物氧化水平、血浆葡萄糖和乳酸盐含量均显著高于MOD组，HIIT组后三羧酸中间体显著高于MOD组，而脂质代谢的中间物显著低于MOD组，表明在消耗相同能量的情况下，HIIT组可以更好地促进机体糖代谢。对年轻健康男性受试者的研究得到了类似结果。其次，代谢组学可以鉴别不同运动水平个体糖代谢物质的差异。对191名优秀运动员（121名高耐力水平和70名中等耐力水平运动员）的血清样本进行代谢组学分析显示，高耐力水平运动员的糖代谢相关物质，如琥珀酸、牛磺酸、甘露糖和半乳糖的含量均显著高于中等耐力水平运动员。用代谢组学法分析专业男性赛艇运动员与对照组血清，发现专业运动员血清丙氨酸含量显著高于对照组，丙氨酸在丙氨酸-葡萄糖循环中起重要作用，表明训练能够上调丙氨酸-葡萄糖循环。最后，代谢组学还可以鉴别运动恢复水平差异：一项急性运动后血清代谢组学分析发现，糖原分解中间物如3-磷酸甘油酸、葡萄

---

**作者简介：**安楠（1974—），研究员，博士。研究方向：运动人体科学。

糖-6-磷酸，糖酵解代谢物如乳酸、丙酮酸，三羧酸循环中间代谢物如琥珀酸、延胡索酸、苹果酸、顺乌头酸，柠檬酸、异柠檬酸等糖代谢物含量显著增加。另一项研究显示，跑步者（$n$=15）连续3 d在跑步机上以70%$VO_2max$速度跑步2.5 h，并在运动前、运动后即刻和运动后14 h采集血样，运动后14 h机体多种代谢物水平发生变化，其中22种代谢物与脂/肉碱代谢有关、13种与氨基酸/肽代谢有关、4种与血红蛋白/卟啉代谢有关，以及3种为三羧酸循环中间体，提示与运动供能过程的高度关联。

## 2 运动与脂类代谢物的代谢组学研究

近年来脂类代谢物的相关数据库也在逐渐建立中，目前为止可参考的最大数据库为lipid Maps。

首先，代谢组学可以评价运动后不同恢复时间脂类代谢物的变化。健康男性进行中等强度跑台运动，在运动前、运动后即刻及运动后3 h和24 h分别取血，使用飞行质谱-液质联用（QTOF-MS）技术测定受试者血浆代谢物的变化。结果发现，受试者运动后即刻血浆中的游离脂肪酸、生长激素和去甲肾上腺素含量较运动前显著增加；在运动恢复阶段甘氨鹅去氧胆酸、马尿酸、辛烷基肉碱（C8：0）、癸酰肉碱（C10：1）、葵二烯酰肉碱（C10：2）和癸酰肉碱（C10）含量显著增加，其中癸酰肉碱（C10：1）运动后即刻增加了近9倍，提示中长链酰基肉碱是中等强度运动最具判别性的血浆生物标志物。测定自行车运动员在一次75 km自行车赛后不同时间血浆中13-HODE+9-HODE的水平变化，结果显示，在运动后即刻和运动后1.5 h分别增加了3.1倍和1.7倍，在运动后21 h恢复到运动前水平，且与运动后F2-异前列腺素、亚油酸和花生四烯酸以及肾上腺素水平呈正相关，表明该物质可以作为评价急性运动适应性的生物标记。其次，代谢组学可以鉴别不同训练水平脂类代谢物的特征。对普通青年、初级水平和高水平赛艇运动员血清中内源性代谢物进行分析，发现专业运动员血清中棕榈酸、亚油酸和油酸含量显著高于普通人。进行2周力量耐力训练后，再分别测定其1周末、2周末的血清代谢指标，发现游离脂肪酸、棕榈酸、亚油酸和油酸的含量随着训练时间增加而显著增加，表明力量耐力训练可以增强脂肪代谢能力，应用QTOF-MS技术的代谢组学有望筛选出监测运动员身体状态的新灵敏指标。

通过代谢组学方法研究运动对机体脂类代谢物的影响具有十分广阔的发展空间和应用前景。

## 3 运动与氨基酸类代谢物的代谢组学研究

安静状态下，氨基酸一般不参与供能，但在长时间较大强度运动后，人体开始动用蛋白质分解产物氨基酸氧化供能。有研究提出，力量运动员在经过多种形式训练后，除少数氨基酸因为参与三羧酸循环再合成而含量增加之外，大部分血清氨基酸含量都是减少的。通过质谱法在运动前、后测量大于200个代谢物，发现血液中23种代谢物显著改变，说明在运动中机体快速上调了骨骼肌底物利用的能量代谢通路，氨基酸代谢加强。另一项研究通过对长跑选手马拉松赛后即刻的血样分析，发现与急性运动结果相反，参与糖异生作用的氨基酸，包括丙氨酸、苏氨酸、脯氨酸、缬氨酸、组氨酸、谷氨酰胺、天冬酰胺的水平下降，出乎意料的是色氨酸代谢物，包括邻氨基苯甲酸、犬尿氨酸、喹啉酸的水平升高，具体原因有待进一步研究。运动后丙氨酸的增加可能与机体防御机制和糖异生作用有关。在短时间和高负荷运动中，通过单磷酸腺苷和支链氨基酸的脱氨作用，肌肉中氨的含量会增加。在糖酵解代谢中丙酮酸通过转氨作用合成丙氨酸，去除肌肉中对人体有毒性作用的氨，氨被转化为尿素随后消除。

## 4 代谢组学在运动疲劳研究中的应用

长时间运动会导致运动员出现疲劳症状，与大量的不良反应有关，而运动员对长时间运动后血清代谢中发生的变化了解甚少。有研究使用非靶向气相色谱和飞行质谱-液质联用（GC-QTOF-MS）方法，分析比较马拉松运动员比赛前后血清样本，发现运动员的蛋白质降解、氧化应激、雷帕霉素复合物1的靶标抑制和自噬均显著增加，结果显示代谢组学方法可以有效地提示运动员的疲劳状态。

唾液样品应用代谢组学分析可以便捷获得结果。有研究对122名足球运动员连续3天比赛后唾液疲劳标记物进行组学检测，同时通过传统疲劳症状指数即心率、体重和情绪鉴别出27名疲劳球员，结果发现，疲劳运动员唾液中的144种代谢产物存在明显的代谢组学差异，包括3-甲基组氨酸、1-磷酸葡萄糖和6-磷酸葡萄糖等参与葡萄糖代谢的物质，显示唾液代谢物可以作为新的疲劳标记。

以上代谢组学研究涉及运动能量代谢的诸多方面，在提高能量储备及运动能力、促进运动后疲劳恢复等方面进行了初步探索，未来广泛开展代谢组学研究可以更有效地监控运动状态和指导精准营养。

## 参考文献

[1] PEAKE J M, TAN S J, MARKWORTH J F, et al. Metabolic and hormonal responses to isoenergetic high-intensity interval exercise and continuous moderate-intensity exercise[J]. AJP Endocrinology and Metabolism, 2014, 307（7）: 539-552.

[2] BERTON R, CONCEICAO M S, LIBARDI C A, et al. Metabolic time-course response after resistance exercise: a metabolomics approach[J]. Journal of Sports Sciences,

2016, 35 ( 12 ) : 1211-1218.

[ 3 ] AL-KHELAIFI F, DIBOUN I , DONATI F, et al. A pilot study comparing the metabolic profiles of elite-level athletes from different sporting disciplines[J]. Sports Medicine-Open, 2018, 4 ( 1 ) : 2.

[ 4 ] YAN B, JIYE A, WANG G, et al. Metabolomic investigation into variation of endogenous metabolites in professional athletes subject to strength-endurance training[J]. Journal of Applied Physiology, 2009, 106 ( 2 ) : 531-538.

[ 5 ] LEWIS G D, FARRELL L, WOOD M J, et al. Metabolic Signatures of Exercise in Human Plasma[J].Science Translational Medicine, 2010, 2 ( 33 ) : 33, 37.

[ 6 ] NIEMAN D C, SHANELY R A, GILLITT N D, et al. Serum Metabolic Signatures Induced By a Three-Day Intensified Exercise Period Persist After 14h of Recovery in Runners[J].Journal of Proteome Research, 2013, 12 ( 10 ) : 4577-4584.

[ 7 ] 蔡教英，欧阳克蕙，上官新晨，等.脂质代谢组学的研究进展[J].动物营养学报，2011, 23 ( 11 ) : 1870-1876.

[ 8 ] LEHMANN R, ZHAO X, WEIGERT C, et al. Medium Chain Acylcarnitines Dominate the Metabolite Pattern in Humans under Moderate Intensity Exercise and Support Lipid Oxidation[J]. PLoS ONE, 2010, 5 ( 7 ) : 11519.

[ 9 ] NIEMAN D C, SHANELY R A, LUO B, et al. Metabolomics approach to assessing plasma 13-and 9-hydroxy-octadecadienoic acid and linoleic acid metabolite responses to 75-km cycling[J]. Am J Physiol Regul Integr Comp Physiol, 2014, 307 ( 1 ) : 68-74.

[ 10 ] PITKÄNEN H, MERO A , OJA S S, et al. Serum amino acid responses to three different exercise sessions in male power athletes[J].The Journal of Sports Medicine and Physical Fitness, 2002, 42 ( 4 ) : 472-480.

[ 11 ] VALEÉRIO D F, BERTON R, CONCEICAO M S, et al. Early metabolic response after resistance exercise with blood flow restriction in well-trained men: a metabolomics approach[J].Applied Physiology Nutrition and Metabolism, 2017, 43 ( 3 ) : 240-246.

[ 12 ] STANDER Z, LUIES L, MIENIE L J, et al. The altered human serum metabolome induced by a marathon[J]. Metabolomics, 2018, 14 ( 11 ) : 150.

[ 13 ] RA S G, MAEDA S, HIGASHINO R, et al. Metabolomics of salivary fatigue markers in soccer players after consecutive games[J].Applied Physiology Nutrition and Metabolism, 2014, 39 ( 10 ) : 1120-1126.

# 高校体操发展现状研究
## ——以河南省为例

孙爱景，张天佑

（郑州大学体育学院，河南　郑州　450044）

**摘要**：本研究运用文献资料法、问卷调查法等研究方法，对河南省高校体操发展现状进行调查研究，并提出相应建议。

**关键词**：高校体操；发展；瓶颈

## 1　研究对象与研究方法

### 1.1　研究对象

高校体操发展的现状。

### 1.2　研究方法

1.2.1　文献资料法　本研究通过郑州大学图书馆、中国知网、万方数据库等途径搜索相关文献。经过梳理，总结以往相关研究取得的成果，为本研究提供支持。

1.2.2　问卷调查法　本研究以参加2019年河南省首届高校体操比赛的28所院校为样本，对具有体育教育专业的院校进行分层抽样，抽取河南大学、河南科技大学、安阳师范学院、南阳师范学院、河南师范大学、郑州科技学院、郑州大学体育学院7所具有代表性的院校的学生为调查对象。向河南大学发放问卷5份、河南科技大学发放问卷2份、安阳师范学院发放问卷4份、南阳师范学院发放问卷2份、河南师范大学发放问卷8份、郑州科技学院发放问卷3份、郑州大学体育学院发放问卷4份，共计发放问卷数量为28份，回收28份，回收率100%，其中有效问卷数量为28份，有效率为100%。

1.2.3　数理统计法　本研究对回收问卷进行数据统计，通过各项问题横向与纵向对比进行交互分析，以期通过数据分析找出数据背后的现实规律。

1.2.4　逻辑分析法　本研究通过文献综述、访谈及问卷调查所获得的相关资料和有效数据运用逻辑分析法进行系统分析。

**作者简介**：孙爱景（1971—），教授，硕士。研究方向：体育教育训练学、体育人文等。

## 2　结果与分析

### 2.1 河南省高校体操专业教师现状分析

2.1.1　教师年龄结构现状　表1显示，河南省高校体操教师多数集中在41~60岁，占比为60.7%，已呈现年龄偏大的趋势，年轻教师人数略显不足。老教师在科研中属于中坚力量，有着丰富的科研成果和理论经验，但体操教学以直观教学法和保护帮助为主，需要年轻教师进行动作示范及学生练习过程中的保护与帮助，对身体素质要求较高。年轻教师的不足是影响体操教学质量的因素之一，因此各高校应加强对青年教师的培养。

表1　教师年龄结构调查表　*n*=28

| 年龄 / 岁 | 人数 | 百分比 /% |
|---|---|---|
| <30 | 5 | 17.9 |
| 31~40 | 3 | 10.7 |
| 41~50 | 8 | 28.6 |
| 51~60 | 9 | 32.1 |
| >60 | 3 | 10.7 |

2.1.2　教师职称结构现状　表2显示，河南省高校体操教师中教授占比为28.6%，副教授占比为39.2%，教师队伍有较强的教学、科研能力。讲师占比不足20%，其原因是体操课程在改革过程中，地位不断降低，导致体操教师出现了短暂的人才断层。这种人才断层问题并不是个别高校自身的问题，而是体操课程地位下降的一种体现。

表2　教师职称结构调查表　*n*=28

| 职称 | 人数 | 百分比 / % |
|---|---|---|
| 教授 | 8 | 28.6 |
| 副教授 | 11 | 39.2 |
| 讲师 | 5 | 17.9 |
| 助教 | 4 | 14.3 |

2.1.3　教师参加体操相关培训及赛事现状　河南省已经30年没有高校体操比赛及相关培训了，有些教师从事高校体操教学工作至将近退休，都没有机会带领学生参加体操比赛及相关培训。比赛是学习的平台，是交流的平台，失去了比赛的平台，高校之间就失去了相互学习、相互交流的平台。教师队伍整体能力的增强需要赛事平台的推动，只有相互学

习、良性竞争才是高校体操项目发展的有效途径。

2.2 河南省各高校体操设施现状

表3显示，调研的7所院校除郑州科技学院外都有体操场馆。其中，河南师范大学、安阳师范学院、河南大学体操项目开展相对较好，近几年对体操场馆进行了重新装修和器材更新。结合高校体操比赛现状，这3所院校也是首届高校体操比赛中参赛人数最多、获奖最多的院校。4所院校的教师认为本校的体操场地器材完全可以满足体操课程教学，1所院校的教师认为本校的体操场地器材基本满足体操课程教学，2所院校的教师认为本校的体操场地器材完全不能满足体操课程教学，这种情况在很大程度上阻碍了本校体操项目发展。

**表3　河南省各院校体操场馆与体操设施现状**

| 编号 | 院校 | 是否拥有体操场馆 | 是否满足教学需要 |
|---|---|---|---|
| 1 | 河南大学 | 是 | 满足 |
| 2 | 河南师范大学 | 是 | 满足 |
| 3 | 安阳师范学院 | 是 | 满足 |
| 4 | 河南科技大学 | 是 | 基本满足 |
| 5 | 南阳师范学院 | 是 | 不满足 |
| 6 | 郑州大学体育学院 | 是 | 满足 |
| 7 | 郑州科技学院 | 否 | 不满足 |

2.3 学时分配与教学内容之间的问题

2.3.1 学时安排现状　表4显示，各院校之间的课时数差异较大，课时数最多和最少相差达到44学时。《普通高等学校体育教育本科专业各类主干课程教学指导纲要》（以下简称《指导纲要》）提到，从1991年开始体操课程要求不少于200学时，到1997年要求不少于144学时，再到2003年至今要求不少于90学时。从1991年到2003年，数十年的改革让体操课的学时数下降了半数还要多。但多数学校基本满足了2003年至今不少于90学时的要求。

**表4　河南省各院校体操普修课课时安排调查表**

| 排名 | 院校 | 课时数 |
|---|---|---|
| 1 | 河南大学 | 108 |
| 2 | 河南师范大学 | 108 |
| 3 | 安阳师范学院 | 98 |
| 4 | 河南科技大学 | 96 |

续表

| 排名 | 院校 | 课时数 |
|---|---|---|
| 5 | 南阳师范学院 | 72 |
| 6 | 郑州大学体育学院 | 72 |
| 7 | 郑州科技学院 | 64 |

结合河南省体操课开展实际，河南大学、河南师范大学、安阳师范学院作为体育教育老牌院校，始终坚持以体操课程为基础项目的传统，开设学时数满足《指导纲要》的要求。南阳师范学院、郑州大学体育学院、郑州科技学院3所院校伴随着课程改革不断削减体操课程的分量，目前体操课程的开设学时数未能满足《指导纲要》的要求。教学大纲学时的变化势必引起教学内容的变化，目前，有限的教学学时与教学内容之间的问题日益凸显。课程学时是课程内容和课程教学效果的基础，随着体操课时数的不断削减，课程目标、课程内容与课程评价也连锁性地发生着变化，课时变化是其他变化的诱因。

2.3.2 教学内容现状 表5显示，双杠、垫上技巧、队列队形、徒手操教学频数百分比均为100%，单杠教学频数百分比为85.7%，轻器械体操、跳跃与其他教学频数百分比均为14.3%。教学内容以2006年国家体育总局体操运动管理中心制定的竞技体操三级动作为标准。从体操课程调研情况中可以看出，多数高校体操教学将竞技比赛+基本体操的教学模式沿用至今，竞技体操、基本体操依旧是体操课程主要的组成部分，体操课程教学内容框架几乎没有变化，体操课的教学仍是以技术动作教学为侧重点，教学内容单一无新意，对学生缺少吸引力，无法真正培养学生兴趣，满足不了社会需求。而郑州科技学院因场地器材原因没有单杠项目教学，用轻器械体操中的跳绳替代了单杠教学。安阳师范学院和郑州大学体育学院在体操课中融入了体育教师基本功课程，使得对学生的培养更侧重教学。

**表5 河南省各院校体操教学内容现状调查表**

| 教学内容 | 频数 | 百分比 /% |
|---|---|---|
| 单杠 | 6 | 85.7 |
| 双杠 | 7 | 100.0 |
| 垫上技巧 | 7 | 100.0 |
| 轻器械体操 | 1 | 14.3 |
| 实用性体操 | 0 | 0 |
| 队列队形 | 7 | 100.0 |

续表

| 教学内容 | 频数 | 百分比 /% |
| --- | --- | --- |
| 徒手操 | 7 | 100.0 |
| 跳跃 | 1 | 14.3 |
| 其他 | 1 | 14.3 |

结合高校教学与社会需求的实际，高校教学侧重点与社会需求之间存在着错位，高校教学需要结合社会需求，挖掘体操的基础性、健身性，为教育和社会发展作出贡献。

## 3 结论与建议

河南省高校体操师资力量雄厚，有众多资历老的教师，但教学中坚力量不足，青年教师的缺乏影响了体操教学的后续发展。除个别高校外，教学场地器材基本满足教学需要。除部分高校的体操教学学时低于教育部规定学时外，其他高校体操教学学时分配基本满足教育部的规定。目前体操传统教学内容与社会发展现实之间存在一定的脱节，教学侧重点与社会需求之间存在错位，以及未能对高校体操教学内容进行有效的改革是制约高校体操发展的瓶颈所在。本研究提出以下建议：①各高校增加体操专业教师岗位，对目前的年轻教师进行着重培养，使其快速成为骨干教师。②举办专业性教师培训，提升教师的专业素质水平；开设高校体操比赛，做到以赛带练，以赛促交流，以赛促提高，提高赛事等级，推动高校体操的改革和发展。③严格按教育部的要求落实体操教学时数，除进行传统体操内容教学外，结合社会发展需求设计形式多样的课程内容，如花样跳绳、基本体操、快乐体操等大众体操项目，培养学生兴趣，教学内容的改革应与社会发展及大众健身相结合。

## 参考文献

[1] 赵光辉.河南省本科院校体育教育专业实验教学现状研究[D].新乡：河南师范大学，2015.

[2] 王峰.潮课视角下普通高校非体育教育专业体操课程发展研究[D].济南：山东体育学院，2014.

[3] 李瑞琪.河南省高校体育教育专业体操课教学环境研究[D].开封：河南大学，2016.

[4] 李洋.新《全国普通高等学校体育课程教学指导纲要》产生的背景及意义[J].考试周刊，2014（4）：94.

[5] 喻志云.河南省高校体育教育专业体操必修课现状研究[D].成都：成都体育学院，2013.

# 幼儿体育舞蹈的课程开发与推广研究

李小芬

（北京体育大学艺术学院，北京　100084）

**摘要**：本研究运用文献资料法、焦点座谈法、行动研究法，以舞蹈体能和音乐节奏为辅助，从街舞、拉丁舞、标准舞中提取动作元素，开发出舞蹈与动作技能相结合的特色化体育舞蹈课程，在实践推广中实行“五教并举”的模式。本研究成果符合幼儿发展的五大领域要求，能有效地促进该课程在幼儿教育中发挥作用，为实现中国体育舞蹈人才战略做好早期阶段准备。

**关键词**：学前教育；体育舞蹈；课程开发

近年来，我国大力推进学前教育，倡导良好的幼小衔接以培养幼儿的德、智、体、美、劳全面发展。同时，幼儿体育教育工作被赋予了更高的标准和期待。《体育强国建设纲要》提出：推进幼儿体育项目和幼儿体育器材标准体系建设，引导建立幼儿体育课程体系和师资培养体系。体育舞蹈是集体育与舞蹈、艺术于一体的运动，适合爱跳爱玩爱动的幼儿，因而幼儿体育舞蹈课程开发受到行业协会的高度重视。

## 1　研究方法

### 1.1　文献资料法

本研究以“幼儿教育”“幼儿体育舞蹈”“课程开发”“preschool dance education”“childhood dance education”“early-age dance sport ”等为关键词，在国内外相关数据库中共检索文献60篇，其中国外文献11篇。本研究充分借鉴了国内外的研究成果。

### 1.2　焦点座谈法

为了提高幼儿体育舞蹈课程开发工作的科学性、合理性，本研究访谈了体育舞蹈研究方向和幼儿教育领域的专家，借由专家学者的权威建议进行重点问题、关键领域等方面的焦点座谈，以解决课程研发难点、疑点。

---

**作者简介**：李小芬（1974—），副教授，博士。研究方向：体育教育（体育舞蹈教学与训练）。

1.3 行动研究法

本研究在幼儿体育舞蹈课程研发初步定版后，设置4个实践小组，按照行动研究法的模式，通过行动—观察—反思—完善—进一步行动的3轮闭环实践，完成课程内容和技术等级标准的定版。

## 2 结果与分析

2.1 我国幼儿体育活动和体育舞蹈教育存在的困境

幼儿体育活动应该以幼儿的身体素质发展为基础，注重趣味性、发展性教学，着眼幼儿基本动作与动作能力的培养。然而，在很多幼儿园的体育课程教学中，教师过多地注重幼儿动作技能的练习及动作技能的机械化训练，使得体育活动内容无法有效体现幼儿基本动作与身体素质发展之间的关系。

从对幼儿体育舞蹈培训机构的调研来看，大众对幼儿参与体育舞蹈实践有较大争议：部分机构所实施的教学内容成人化，没有科学系统的幼儿技术发展体系，体育舞蹈早期化育才选材盲目，幼儿体育舞蹈师资专业和理论知识欠缺。幼儿体育舞蹈教育存在着科学性不足、专业性不强、系统性不够的问题。

2.2 基于跨体育和舞蹈学科理念进行课程开发

国外研究证明，20周的舞蹈训练干预对于幼儿的动作模式发展有着积极作用；舞蹈课程在形成身体运动技能的过程中，能增强幼儿不同感官的积极体验，进而有效促进幼儿良好认知能力及思维能力的形成。基于前人已有的研究成果，在研发我国幼儿体育舞蹈课程的过程中，应该融入跨学科理念来进行内容架构。

2.3 幼儿体育舞蹈课程的开发

2.3.1 幼儿体育舞蹈课程开发的依据 当今幼儿发展的模式主要涉及健康、认知、社交、语言、情感、运动技能等方面。《3–6岁儿童学习与发展指南》从健康、语言、社会、科学、艺术 5 个领域设定了相应的标准和要求。从社会需求看，家长、幼儿为什么选择体育舞蹈进行学习与锻炼？因为体育舞蹈融合了体育的动、舞蹈的美、音乐的感知，体育舞蹈课程实现了游戏体验、戏剧表演、高度参与，体育舞蹈教程达成了课赛结合、课表结合、家校结合的模式，最终形成科学、专业、系统的运动项目。

2.3.2 幼儿体育舞蹈课程目标设定 从动作发展理论和舞蹈教育目标理论出发，幼儿体育舞蹈课程设定了总的学习目标。（表1、表2）

表1 幼儿体育舞蹈课程动作技能学习目标

| 目标类型 | 目标内容 | 基础要求 | 进阶要求 |
|---|---|---|---|
| 动作技能学习总目标 | 幼儿在完成动作时，提高控制力、协调性、自信心 | — | — |
| 动作技能学习目标 1 | “稳定”动作 | 由躺到坐，由坐到躺，从站到坐，简单平衡，弯曲，伸展，转体，翻滚，摇摆 | 倾斜、拧转、摆荡，收缩、平衡 |
| 动作技能学习目标 2 | “移动”动作 | 行走、跑步走、跳跃、弹跳、爬行、匍匐前进 | 单脚跳，单脚交替跳，大跳，旋转，爬（上下） |

表2 幼儿体育舞蹈课程舞蹈学习目标

| 目标类型 | 目标内容 | 基础要求 | 进阶要求 |
|---|---|---|---|
| 舞蹈学习总目标 | 结合舞蹈动作，有意识地控制身体姿态，以提高动作质量 | — | — |
| 舞蹈学习目标 1 | 操控身体部位（活动身体什么部位） | 认知、分离、连接和协调身体的不同部位 | 利用身体各部位，做出预想的姿态和形态；如直的、圆的、宽的等 |
| 舞蹈学习目标 2 | 舞蹈空间的应用（身体部位应活动到什么位置） | 相对位置：人与人之间，人与场地之间；方向：向前、向后、向侧、向上、向下；路线：直线、环形、对角线、波浪形、之字形 | 利用身体各部位不同的关系，做出预想的姿态和形态 |
| 舞蹈学习目标 3 | 舞蹈动作的力效（身体应如何活动） | 速度：快、慢；力量：强、弱 | 连贯性：一气呵成、忽动忽停 |

2.3.3 幼儿体育舞蹈课程的内容架构 基于舞蹈体能和音乐基本素养，幼儿体育舞蹈课程包括：第一步，采用拆分和元素提取法，进行舞种技术的解构；第二步，采用重组法，将元素动作和关键技术与动作模式紧密结合，从幼儿的移动技能和控制技能来进行动作开发；第三步，采用舞蹈作品思维进行结构化动作的呈现，在保证动作质量的基础上，增强艺术感。通过以上3个步骤，实现“体育”与“舞蹈”的有机结合。

通过认知科学、运动生理学、儿童心理学的理论体系，得知幼儿如何学习动作并进一步将教学方法、教学内容进行创新，形成趣味性、合作型、沉浸式、剧情式的体育舞蹈教程。根据动作技能发展理论、《国际幼儿身体活动指南》及体育舞蹈运动项目的特点，总结出幼儿应该学习哪些动作技能，在什么阶段学习，最终形成体育+舞蹈+音乐不一样的体育舞蹈。（图1）

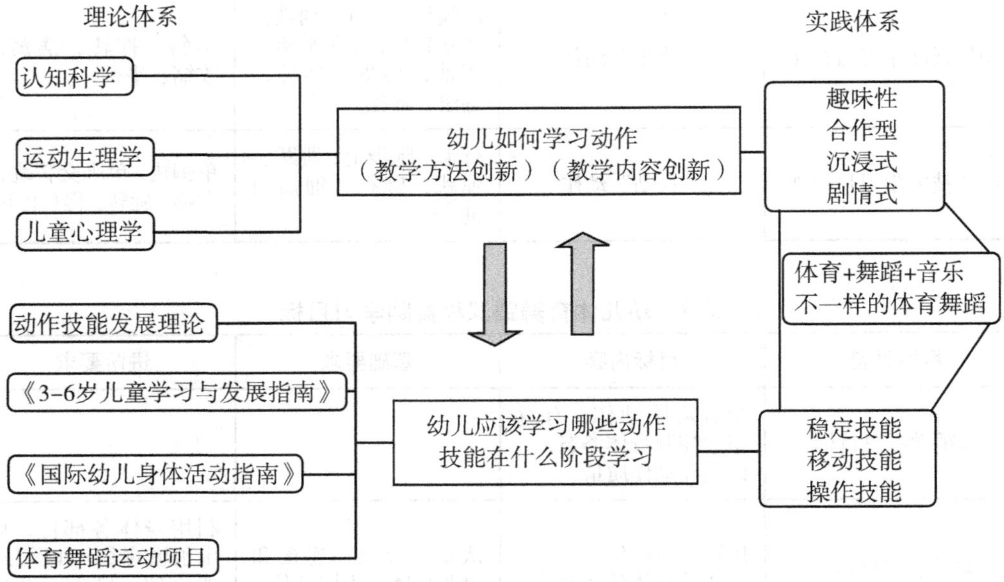


**图1　幼儿体育舞蹈课程的开发体系**

幼儿体育舞蹈课程初级阶段教学大纲如图2所示。

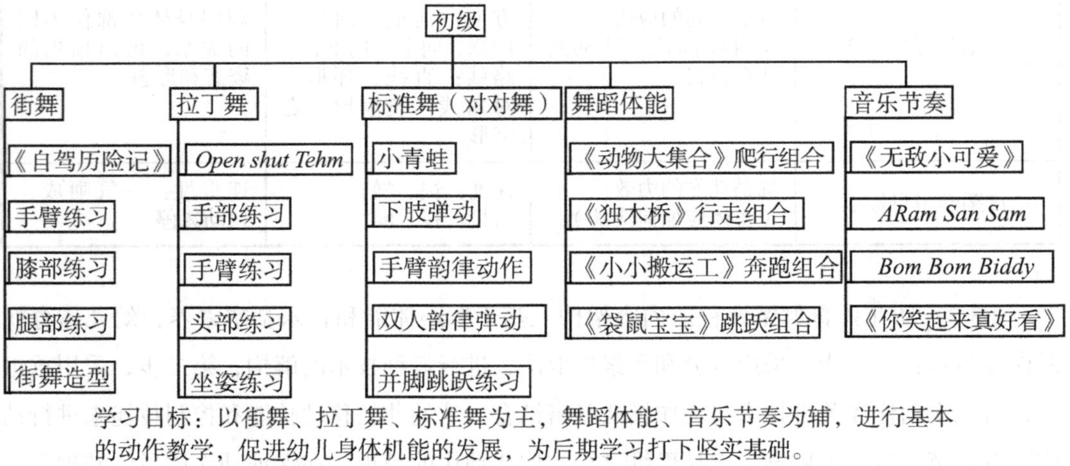


学习目标：以街舞、拉丁舞、标准舞为主，舞蹈体能、音乐节奏为辅，进行基本的动作教学，促进幼儿身体机能的发展，为后期学习打下坚实基础。

**图2　幼儿体育舞蹈课程初级阶段教学大纲**

中国体育舞蹈联合会《3~6岁体育舞蹈教程》以作品为导向体现课程目标，采用以沉浸式体验为主的教学方法与手段，以嵌套式多元化方式组合教学内容，以技术通级和教学展演检验课程目标，满足幼儿全面发展的需求，符合幼小衔接的培养规律。

2.3.4　幼儿体育舞蹈课程的推广与实施　第一步，该课题的研发团队按照计划，历时2年完成了课程开发、幼儿技术等级标准制定、新教材正式出版，以及著作权和版权的登记与归属。第二步，依靠中国体育舞蹈联合会的技术力量和组织体系，开展幼儿体育舞蹈课程和技术体系的师资培训工作，并进一步依靠先期合作的幼儿教育集团进行由内至外的一线师资的实践操作。第三步，在该项目的落地幼儿园所中，教学推广过程坚持“五教合一”。教研：坚持以问题反馈导向为教研重点；教辅：根据课程需要研发和设计通用性教辅材料，增加课程趣味性，提升幼儿参与感；教材：以数字化教材为主，纸质教材为辅，后期结合TV大屏模式进行课堂/双师授课；教学：坚持体教融合，“以人为本”，强化教师以教学大纲为原则的过程管理；教务：以信息系统数据化集成，适用于园所、校园、机构，智能化管理整个学习过程。第四步，进一步社会化推广：配合校园深入挖掘教学资源，提高教学质量，深化教学场景；深入公办/普惠幼儿园和小学，承办校园竞赛，培训幼儿园教师；不断迭代更新，使用科技手段满足教学需求，提高教研能力。第五步，落实教育部有关规定，建立校园类赛事体系，形成教育部门认定的专项竞赛；促进幼儿及家长对体育舞蹈的认知、认可，同时为中国体育舞蹈事业培养更多后备力量，储备更多优质人才。

## 3　结束语

中国幼儿体育舞蹈课程研发是在相关理论的基础上，参考国内外相关研究，结合舞蹈教育的特性，充分发掘体育舞蹈运动项目的动作元素与文化要素，进行跨学科融合创编，落实了幼儿体育舞蹈课程的目标、内容、实施、评价的研发，制定了中国幼儿体育舞蹈技术等级的标准。同时，紧密围绕《学龄前儿童（3~6岁）运动指南》，进行教学方法和手段的对应措施开发。在落地推广方面，整合舞蹈行业协会的技术资源、幼儿教育机构的教育资源以及其他社会资源，进行“五教融合”的推广模式，实现体育+舞蹈的课程项目，助力幼儿教育，为体育舞蹈事业积聚人才打下坚实的基础。

## 参考文献

[1] 张海平，刘兴，高婉娜，等.我国幼儿人群游戏与健身活动开展的现状与分析[J].沈阳体育学院学报，2011，30（1）：90-93.

[2] 马瑞，蔺梦科，宋珩，等.动作技能发展对学前儿童行为自我调节能力的影响[J].体育科学，2019，39（11）：40-47.

[3] 韩晓伟，周志雄.国际幼儿体育研究演进特征及启示[J].北京体育大学学报，2020，43（5）：50-65.

[4] 邱燕，邱阳，肖辉.人学视野下幼儿体育教学的困境与出路[J].湖南师范大学教育科学学报，2012，11（1）：114-116.

[5] 刘美奋，孙秀荣，张茂林，等.山东省幼儿园体育活动现状与对策研究[J].山东体育学院学报，2009，25（10）：83-86.

[6] 陈小娟.幼儿园体育教学中存在的问题及对策[J].兰州大学学报（社会科学版），2000（S2）：298-301.

# 以三大阵地加强竞技体育后备人才培养

李圣鑫

（北京体育大学管理学院，北京 100084）

**摘要**：竞技体育后备人才培养关系到我国体育强国建设目标的实现。要正确认识我国竞技体育后备人才培养存在的主要问题，坚持目标导向、融合发展和多元协同的管理原则，面向“十四五”和2035年远景目标，以学校体育、体校教育和体育俱乐部三大主阵地建设为抓手，坚持体教融合，实现竞技体育后备人才源源不断的新格局。

**关键词**：后备人才；竞技体育；学校；体校；俱乐部

青少年体质健康和竞技体育后备人才培养事关我国体育事业的长远发展。不断深化体教融合，推动青少年文化学习和体育锻炼协调发展，提高青少年体育训练质量和效益，完善竞技体育后备人才培养体系，是加快推进体育强国建设的重要战略任务。

## 1 竞技体育后备人才存在的主要问题

当前，竞技体育后备人才的存量不足、增量受限，项目布局和后备人才结构不合理，四级培养体系不衔接与机制创新滞后，后备人才培养与全民健身国家战略融合不充分等问题还十分突出，这些问题成为制约竞技体育后备人才培养，影响竞技体育更好、更快、更高、更强发展的难点问题。

解决这些问题，必须科学研判体育发展面临的新形势，坚定不移贯彻创新、协调、绿色、开放、共享的新发展理念，坚持稳中求进工作总基调和高质量发展主题，聚焦竞技体育后备人才的选拔、培养、管理和退出等重点领域和关键环节，以体制改革和机制创新作为切入点，坚持目标导向、融合发展和多元协同发展理念，按照“一体化设计、一体化推动”的总原则，构建身体素养显著提升、健康状况明显改善、竞技体育后备人才源源不断的新格局。

**作者简介**：李圣鑫（1979—），教授，博士。研究方向：体育管理。

## 2 新时代竞技体育后备人才培养的基本原则与目标

### 2.1 新时代竞技体育后备人才培养的基本原则

2.1.1 坚持目标导向 竞技体育后备人才培养应以习近平新时代中国特色社会主义思想为指导，全面贯彻习近平总书记关于体育工作的重要指示、批示精神，对标体育强国建设和健康中国建设目标，构建与体育强国战略相适应的竞技体育后备人才培养体系，扎实推进奥运备战工作，全面促进青少年身体素质提升，为竞技体育综合实力提升和中华民族伟大复兴提供强大力量支持。

2.1.2 坚持融合发展 竞技体育后备人才培养应以人的全面发展为目标，全面贯彻体教融合，推进体育、教育两大部门在竞技体育后备人才培养中的战略合作，打通专业体育、业余体育和职业体育通道，创新竞技体育后备人才选拔、培养、管理和激励体系，建立健全的，符合青少年生长发育规律、运动员成才规律的中国特色竞技体育后备人才发展体系。

2.1.3 坚持多元协同 竞技体育后备人才培养应进一步完善举国体制与市场机制相结合的竞技体育发展模式，发挥政府、社会与市场多元主体的协同作用，坚持开放办体育，构建多部门合作、多主体参与、多渠道投入的竞技体育后备人才保障机制，形成政府有为、市场有效、社会有力的竞技体育后备人才培养格局。

### 2.2 新时代竞技体育后备人才培养的目标

随着中国特色社会主义进入新时代，竞技体育后备人才培养必须坚持和完善举国体制，发挥市场和社会力量的作用，从娃娃抓起，从基础抓起，“十年树木，百年树人”，形成以各级各类体校为重点、以学校为主体、以俱乐部为依托、以省市代表队和国家队为龙头的竞技体育后备人才培养体系。以东京奥运会和北京冬奥会为起点，坚持稳中求进工作总基调，面向巴黎、米兰和洛杉矶奥运会，实现优势项目和潜优势项目、一般项目和新开展项目、三大球和基础大项后备人才源源不断的格局。

## 3 新时代加强竞技体育后备人才培养的主要举措

新时代必须坚持政府在竞技体育后备人才培养中的主导地位，发挥市场主体的积极性，推动社会力量积极参与，强化学校、各级各类体校、业余体育俱乐部和职业体育俱乐部在竞技体育后备人才培养中的协同作用，鼓励和支持社会服务机构从事体育人才培养，做强做大后备人才队伍，为健康中国和教育强国建设积蓄力量，为体育强国建设奠定基础。

3.1 加强中小学体育传统特色学校和高校高水平运动队建设，夯实学校体育基础，扩大后备人才生力军

建立和完善从小学到大学的体育教学、训练、竞赛三大体系，发挥体育与教育资源融合的独特优势，依托三大体系建设，实现学校体育的共建共管。推动青少年文化学习和体育锻炼协调发展，夯实学校体育基础，注重不同教育阶段的体育课程的一体化教学，强化全学段衔接，实现体育价值的全周期性。

要坚持实施青少年体育拔尖人才建设工程，制定体教融合的后备人才中长期发展规划，实现学校体育一体化发展模式。在中小学广泛开展课余训练和体育竞赛活动，扩大校内校际体育比赛覆盖面，提高参与度，组织冬（夏）令营等选拔性竞赛活动。按照“一校一品”“一校多品”模式，整合原体育传统项目学校和体育特色学校，设立体育传统特色学校，由教育部门和体育部门联合评定，定期考核学校体育开展情况。推动公共体育场馆设施免费或低收费对中小学代表队开放，将教学、训练和竞赛服务优先纳入政府购买范围。

高校高水平运动队要发挥引导作用，成为高水平竞技体育后备人才输出的重地。鼓励高等院校建设高水平运动队，将其纳入国家竞技体育后备人才培养体系，体育部门、教育部门推进国家队、省队建设改革与高水平运动队建设的衔接。发挥竞赛的杠杆作用，建立小学、中学、大学互联互通的各级竞赛体系，扩大基础训练人数，发现和选拔体育后备人才。教育部门、体育部门整合学校体育赛事、U系列比赛等各级青少年体育赛事，建立分学段、跨区域的县、市、省、国家四级青少年体育赛事体系。鼓励各地利用课余时间组织校内比赛，周末组织校际比赛，假期组织跨区域和全国性的青少年比赛。

3.2 坚持政府主导作用，推动各级各类体校改革，以竞技体校和省市运动队为主体，畅通后备人才培养的主渠道

坚持政府主导作用，在当前继续坚持体校作为后备人才培养主阵地的同时，科学认识体校模式的弊端，加快体校改革试点工作，合理推进奥运项目后备人才中长期发展规划的实施，解决体校的生存发展危机。加强政府对体校的持续投入，改进政府体校评价机制，逐步确定新时代体校新的功能定位与发展路径。

要继续发挥体校培养体育人才的主渠道作用，将体校打造成为青少年体育训练中心和基地。利用政府购买政策，支持大中小学利用体校场地设施和非训练时间进行训练和教学。体校学生的文化教育是痼疾，学训矛盾客观存在，坚持体教融合，鼓励中小学体育教师到体校担任教练员和体校教练员利用非训练时间为中小学学生授课，合理设计课程，制定考核细则，完善政策，落实相关待遇。

### 3.3 推动社会力量参与，发挥俱乐部的市场主体作用，加强后备人才的主阵地建设

要充分调动社会力量参与青少年训练与竞赛的积极性，引导和支持社会力量参与竞技体育后备人才培养，走多元参与、协同发展的道路；鼓励、支持和引导社会、个人投资参与青少年训练工作，提高青少年训练社会化、市场化程度。总结各类体育俱乐部的培养模式，研究协同培养的典型案例。

社会体育俱乐部要合理有序地开展青少年体育培训、训练、竞赛等活动，建立公共体育服务购买机制，制定体育俱乐部参与政府购买服务的制度，完善相关收费制度、体育教学活动服务质量监控标准制度。推进青少年体育竞赛治理现代化，通过政府购买、竞赛市场开发，将青少年体育竞赛交由协会和社会力量承办，充分调动全社会的积极性与创造力，培育多元主体。

## 4 结语

竞技体育后备人才培养关系体育事业的全面、协调、可持续发展，是建设体育强国的重要基础。在深入推进体教融合、全面实施全民健身国家战略、加快推进体育强国建设的伟大事业中，必须紧紧抓住学校体育这一基础，发挥好体校功能，利用好体育俱乐部的主阵地作用，全面发挥政府、市场和社会多方主体的协同作用。

## 参考文献

[1] 国家体育总局青少年体育司.奥运项目竞技体育后备人才培养中长期规划（2014—2024）[M].北京：人民体育出版社，2014.

[2] 段世杰.思考竞技体育[M].北京：学习出版社，2013.

[3] 钟秉枢.体教融合开启学校体育工作和竞技体育后备人才培养新时代[N].中国体育报，2020-09-24（1）.

# 新发展阶段我国职业体育发展定位研究

李军岩

（沈阳体育学院管理与新闻传播学院，辽宁　沈阳　110102）

**摘要：**定位研究有利于明晰新发展阶段我国职业体育的发展方向。本研究运用文献资料法、逻辑分析法等方法，对处于新发展阶段的我国职业体育发展定位进行分析，提出我国职业体育具有满足大众观赏的社会需求、满足价值创造的商业需求、满足人才培养的竞技需求和满足社会价值的文化需求等功能，从而为推动我国职业体育的高质量发展提供借鉴与参考。

**关键词：**新发展阶段；职业体育；发展

我国经济社会发展进入新发展阶段，人民大众的生活消费开始升级，体育消费成为人们健康消费的重要组成部分，更好地满足人民日益增长的美好生活需要的功能日益凸显。随着经济社会的发展，更多的人参与到体育中来，体育不但给他们带来了身心健康，也成为他们融入社会和丰富生活的重要媒介。职业体育是当代体育的显性组织运行模式，对职业体育的剖析能反映出当代体育的整体样态，从而能够全面推进体育的高质量发展。为此，在新发展阶段对我国职业体育定位展开研究有一定的现实价值。

## 1　满足大众观赏的社会需求是职业体育社会功能的反映

随着我国经济社会发展进入新发展阶段，文化娱乐产品成为当前人们的重要消费内容。而职业体育是文化娱乐产品的重要组成部分，逐渐进入大众的消费视野。根据职业体育的内在属性，职业体育具有较高的功能价值、情感价值、社会价值、成本价值，能够提高赛事观众的满意度。从职业体育的发展历程看，职业体育从产生之初就是为了满足人们的观赏需求。特别是到了注重休闲消费的现代阶段，职业体育满足大众观赏需求的特征表现得更加明显。为此，满足大众观赏的社会需求成为我国职业体育的重要功能。职业体育只有满足观众的需求后才能获得自身的价值。在赞助商和媒体伙伴的价值主张分析中可以

**作者简介：**李军岩（1980—），教授，博士。研究方向：体育经济与管理。

看出，满足赞助商和媒体伙伴提出的价值主张的前提就是首先满足赛事观众的价值主张，从而促使更多的人关注职业体育。为此，职业体育应紧紧围绕赛事观众开展各项活动，实施消费者营销计划，提供高质量的赛事相关服务，进而让更多的人喜爱职业体育，参与到职业体育中来。因此，满足大众观赏的社会需求成为我国职业体育的首要功能。

## 2　满足价值创造的商业需求是由职业体育商业属性所决定的

我国职业体育按照商业模式理论，可以分为价值主张、价值创造、价值获取3个环节。价值主张是赛事观众、赞助商、媒体伙伴的价值主张，价值创造是职业体育组织者根据一系列的机制提供精彩赛事进而创造价值的过程，价值获取是经营组织最后获取利润的过程。西蒙·罗滕伯格（Simon Rottenberg）、尼尔（Neale）、埃尔·霍迪里（El-Hodiri）等认为职业体育是具有经营性质的组织，目的是实现利润最大化。杨年松、张保华等也提出职业体育具有典型的经济组织特征。可见，职业体育的经济属性受到学术界的普遍认可。商业化模式是实现职业体育经济性质的重要理论基础，它强调以顾客为中心，突出价值创造的环境。职业体育是具有商业属性的体育活动，只有满足了大众的观赏需求，职业体育商业价值的功能才能顺利实现。

## 3　满足人才培养的竞技需求是职业体育人才培养功能的体现

从职业体育的发展历史来看，职业体育的运动员大多都来自竞技体育。后来，职业体育中表现非常优秀的运动员，也反哺竞技体育。当前，各个国家足球、篮球、排球等国家队的队员绝大部分来自职业体育。职业体育赛场成为各个国家竞技体育人才的摇篮。为了更好地培养竞技体育人才，各个国家单项体育协会对项目的后备人才培养都有十分明确的规定。例如，中国足球协会、中国篮球协会对球队后备人才建设都制定了比较严格的政策，如果达不到政策规定，可能会影响球队职业联赛资格的准入。职业体育成为竞技体育人才培养的一个重要方面，体现出职业体育具有竞技体育人才蓄水池的功能。

## 4　满足社会价值的文化需求是职业体育道德精神的彰显

新发展阶段文化产业获得繁荣发展，而作为文化产业重要组成部分的体育的社会价值也不断彰显。体育文化是体育在文化样态与样式中的延伸，是体育精神与体育实物在文化中的展示。职业体育作为现代商业化的体育赛事是具有丰富内涵的文化产品，吸引了公众、赞助商、媒体伙伴的关注和投入。职业体育赛事文化产品有助于养成人们的良好品德，培养人们的社会主义核心价值观，进而有助于培养全面发展的人。职业体育充分体现了团队合作、公平竞争和顽强拼搏的积极文化。高尚的体育精神和体育道德有利于良性社会文化的形成，而职业体育将这种高尚的体育精神和体育文化融入赛场，注入体育竞争，形成一种弘扬正能量的体育文化。我国职业体育进入新发展阶段，逐渐形成了具有中国特色的新时代体育文化，进而满足社会价值的文化需要。

## 5 结语

未来已来，唯变不变。新发展阶段体育强国建设的号角已经吹响，唯有勇于创新才能获得持续发展。作为体育强国建设前沿的职业体育，其改革成效具有重要的带动意义。为此，有必要对新发展阶段我国职业体育的高质量发展给予高度重视。为了全面推动职业体育的高质量发展，明晰定位是关键和重点，这有利于找准新时代我国职业体育的发展方向，进而为下一步完善职业体育的内部组织管理做好目标导向准备。

## 参考文献

[1] 石勇.体育赛事中现场观众对体验营销的认知行为分析——基于中国职业篮球联赛（CBA）的研究[J].西安体育学院学报，2014，31（6）：694-699.

[2] 杨年松.职业竞技体育经济分析与制度安排[M].北京：经济管理出版社，2006.

[3] 张保华，何文胜，方娅，等.职业体育联盟的生产与经营行为分析[J].体育学刊，2009，16（11）：28-31.

[4] 郝勤.论体育与体育文化[J].上海体育学院学报，2012，36（3）：3-6.

[5] 周爱光，宋亨国.对体育文化内涵的思考[J].体育与科学，2004，25（4）：10-12.

# 基于成分数据分析的
# 儿童青少年身体活动相关行为与体质的关联研究

李红娟

（北京体育大学运动人体科学学院，北京　100084）

**摘要：**成分数据分析已应用于多个研究领域。身体活动相关行为数据就属于成分数据，在研究其对健康的影响时，如果忽视其“定和限制”的本质，研究结果将有很大的局限性。本研究回顾了成分数据分析的发展与方法学，并以儿童青少年身体活动相关行为数据为实例，分析了儿童青少年日常身体活动相关行为时间分配与体质总分间的关系及其替代效应。结果显示，成分数据分析基本支持MVPA的积极健康效益及儿童青少年维持MVPA的重要性，还提示在追求MVPA增加的同时，剩余时间的合理分配对健康促进的重要意义。

**关键词：**成分数据分析；身体活动；健康；定和限制；联合影响

长期以来，行为生活方式与健康研究领域多着眼于孤立地分析睡眠（SLP）、中高强度身体活动（MVPA）或久坐行为（SB）对健康的影响，忽视了24 h活动行为在时间使用上的“定和限制”，以及整体看待不同活动行为之间组合模式的重要性。构成一日活动行为组合的这种具有“定和限制”特性的数据称为成分数据。本研究回溯成分数据分析方法的发展，并通过实例探讨身体活动相关行为与体质关联研究中应用成分数据分析方法的思想与优势，提示相关研究从“孤立”向“综合”转变的必要性。

## 1　成分数据分析方法的提出与方法学

在身体活动与体质健康问题研究中存在诸多具有成分数据属性的变量，如一日身体活动相关行为、全身各种身体成分等。成分数据分析方法的提出与发展，对该领域产生科学合理的研究结果具有重大意义。

### 1.1　成分数据的提出与发展

1960年以前，研究者普遍忽视成分数据“定和限制”的特点，采用为开放性数据设计的传统统计方法分析此类数据。直到20世纪80年代，以艾奇逊（Aitchison）为代表的学者

---

**作者简介：**李红娟（1972—），教授，博士。研究方向：身体活动与健康促进。

开始讨论和阐明成分数据的特有属性，指出成分数据的各分量可以以比例表示。对于具有“定和限制”的数据，仅孤立地对单个分量进行分析是不够的（艾奇逊，1982），这一观点为成分数据这一新的统计分析方法的提出奠定了基础。1986年，艾奇逊首次发表了系统介绍成分数据的论著《成分数据统计分析》。其核心是通过提出成分向量比值的对数，即“对数比”，对成分数据进行数据转换（包括非对称性变换及对称性变换），以适应为开放性数据设计的标准统计分析方法。此论著还介绍了成分数据的样本空间单形、对数比协方差结构、加法逻辑正态分布等一系列针对成分数据的理论体系。这一阶段是成分数据发展的重要节点，提出了针对成分数据分析的可行的统计分析方法。

近年来，成分数据分析方法已得到长足发展并应用于多个领域之中，包括生物学、基因组学、生态学、医学、营养学［特里（Trinh）等，2019］，以及流行病学研究领域。但直到2014年，澳大利亚学者佩迪希奇（Pedišić）等指出使用传统多元统计方法分析身体活动与健康结局的关系的不足，提出成分数据在该领域应用的合理性，该方法在身体活动研究领域才被正式接受与应用。目前成分数据分析方法已逐步发展成为多领域学者所认可的统计学分支。

1.2 成分数据的方法学

根据统计学的定义，成分数据是指任意为正的矢量$X$，满足$x_1+x_2, \cdots, x_D=C$，$C$为任意常数。成分数据的样本空间称为单形，单形的统计学定义［帕沃斯基·格拉恩（Pawlowsky-Glahn）等，2015］为：

$$S^D=\{x=[x_1, x_2, \cdots, x_D];\ x_i>0, i=1, 2, \cdots, D;\ \Sigma_{i=1}^{D} x_i=C\}$$

成分数据样本是一个有限的空间，与实数集R［开放性数据取值范围（$-\infty \sim +\infty$）］所属的“欧式空间”完全不同。成分数据具有“定和限制”的基本属性，其分布也相对复杂。“定和限制”的特性不仅使成分数据间各分量具有共线性，即当组合内一个分量因某种因素发生一定量的变化时，剩余分量中的一个或多个也会相应发生量的反向变化，而且导致成分数据各个分量不服从正态分布。因此，对成分数据的分析和预测成为难题，限制了涉及成分数据的相关问题的研究与结果解释。直到1986年，艾奇逊提出了对数比变换、协方差矩阵及加法逻辑正态分布等理论及方法，解决了成分数据分析的分布及“定和限制”等问题。

成分数据的描述性统计包括集中趋势和离散趋势，分别采用几何均数和变异矩阵来表达。而对于统计推断，成分数据需要首先经过数据变换变为非限制性数据，以适用于传统的统计方法，如多元线性回归及等量替代等。

## 2　成分数据分析应用实例

本研究对北京市和山西省的两所中学的241名初中生进行了身体活动相关行为（睡眠、静坐行为、低强度身体活动、中高强度身体活动）的加速度计客观测量（ActiGraph LLC，Pensacola，FL），并基于成分数据分析方法与成分等时替代，按照《国家学生体质健康标准》对各项体质指标进行测量，分析各活动行为（相对于其他行为）与体质总分及诸多单项指标的关系。

### 2.1　三元图用于描述身体活动相关时间分配成分数据

图1所示为测试对象24 h活动行为的时间使用分布，以三元图矩阵的形式表示，依次代表3种行为。离散情况由围绕行为组合均值的基于正态分布的90%、95%和99%的概率区域表示（虚线）。该群体呈现出SB时间使用较多、SLP时间使用次之、MVPA水平较低的活动行为构成。

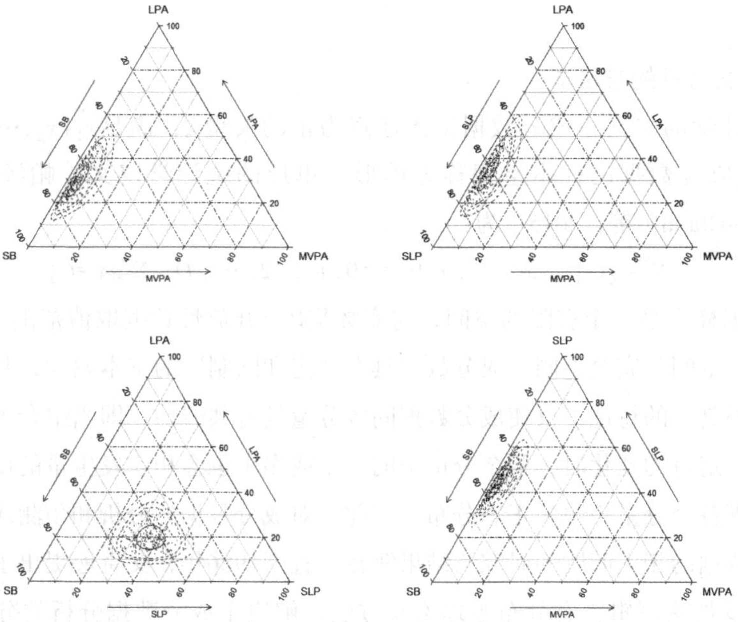


注：虚线表示90%、95%和99%的基于正态分布的概率区域。

**图1　SB、LPA、MVPA和SLP 时间构成的人群分布**

### 2.2　成分等时替代效应分析

图2展示了任一成对行为之间“一对一”的成分等时替代（以5 min的时间间隔递增到30 min的“一对一”替代）对体质总分影响的动态性变化结果。在各指标中，涉及MVPA替

代的分析结果显示，MVPA替代其他行为与MVPA被替代所产生的体质效应差异不对称，这在其他行为中并未发现，具体表现为：MVPA替代其他行为时，体质总分的表现随替代量的增加而呈线性提高趋势，而在MVPA被替代时，相应结局指标的不利变化则呈现曲线变化。MVPA替代SB或LPA（轻度身体活动）时，将较大幅度地提高体质总分，提高范围分别为0.4~2.3分、0.5~3.1分；SLP替代SB或LPA时，体质总分也将提高，2个替代的最大替代效应（30 min）分别为0.9分、1.7分。

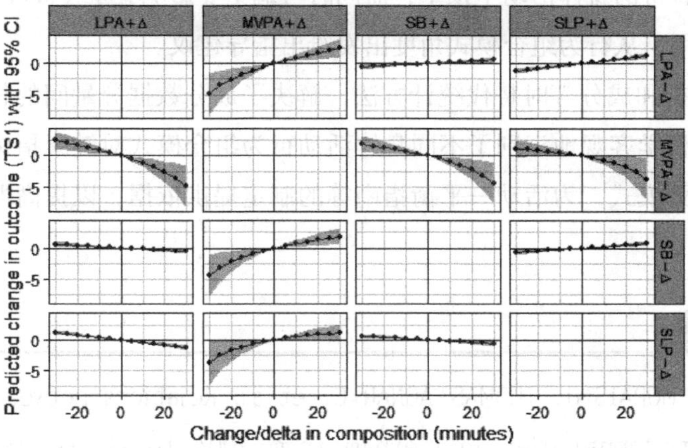


注：TS1表示体质总分。所有成对行为的替代中仅SLP→MVPA的替代无统计学意义。

（箭头代表时间增加的方向）

**图2　成对行为之间“一对一”定量替代的体质总分效应差异**

### 2.3　综合考虑身体活动、久坐、睡眠对健康的综合影响及替代效应

MVPA是儿童青少年身体活动与体质健康促进最主要的干预成分，且MVPA水平的保持相比单纯性地降低SB更有意义。SB不利于体质健康发展，LPA与较好的心肺耐力有关。《中国儿童青少年身体活动指南》指出，儿童青少年每天至少累积MVPA60 min，但是基于成分分析的思想，MVPA产生的健康效益亦取决于剩余时间的分配，因此应多鼓励学生将课间活动的静坐行为转变为各种强度的身体活动，尤其是MVPA，并且要强调保持足够的MVPA水平，特别是MVPA水平较低的学生应尽可能达到推荐量标准。

本研究通过综合探讨24 h身体活动行为的体质健康效应，为儿童青少年体质健康提供合理分配24 h时间以最大限度地实现健康的干预思想并强调了维持MVPA水平的干预重点。同时，本研究在现有以学生体质的整体成绩评价学生身体素质发展的研究基础上，探讨了青少年体质指标与24 h睡眠、久坐及各种强度身体活动行为的关联，为体质发展提供了具有针对性的干预信息，如运动强度的选择。

## 3 结语

身体活动相关行为本质为成分数据，而成分数据具有“定和限制”的属性，各分量之间相互依赖。单一行为对健康结局的影响可能伴随其他身体活动行为分配情况的影响，因而需整体分析身体活动行为产生的联合效应。但传统的统计方法并不适用于成分数据，也不能进行整体分析，因此需引入成分数据分析方法对此类数据进行分析。根据身体活动相关行为特性，在日常的身体活动干预中，需同时考虑主要影响分量（MVPA）与剩余身体活动行为的时间使用，从行为组合模式角度出发给出指导建议。

成分数据分析和成分等时替代统计方法，解决了成分数据分量间的相互影响对健康结局的效应问题，科学客观地识别了不同身体活动行为组合模式对健康指标的影响，并给出了最佳的活动行为模式，为活动—平衡指南等的制定提供依据，以提高群体或个人的健康水平。

## 参考文献

TRINH H T, MORAIS J, THOMAS-AGNAN C, et al. Relations between socio-economic factors and nutritional diet in Vietnam from 2004 to 2014: new insights using compositional data analysis [J]. Statistical Methods in Medical Research, 2019, 28（8）: 2305-2325.

# 2020—2021赛季全国速度滑冰冠军赛女子1 000 m比赛速度研究

李　欣

（黑龙江省体育科学研究所，黑龙江　哈尔滨　15008）

**摘要**：对2020—2021赛季全国速度滑冰冠军赛女子1 000 m速度滑冰运动员比赛中速度变化特征进行研究，运动员在比赛中滑行速度的变化显示了运动员滑行技术与体能分配的情况。

**关键词**：速度滑冰；关键点速度；降速点

2021年3月29日在哈尔滨举行了2020—2021赛季全国速度滑冰冠军赛女子1 000 m比赛。本研究对参赛运动员的比赛数据进行了采集分析。通过测量女子1 000 m速度滑冰运动员在比赛中关键点的滑行速度，为判断速度滑冰运动员的滑行技术、体能特点提供科学依据，为教练员指导比赛中运动员的技术和体力分配提供客观依据。

## 1　研究方法

本研究通过哈尔滨冰上训练中心速度滑冰馆的智能冰场测试系统，采用多路摄像机接力跟踪的方法实现对运动员比赛阶段不同场地位置最佳角度的摄录，通过AI人工智能技术，无线跟踪定位精准采集运动员在比赛中的各项运动数据，实时呈现运动员的瞬时速度、加速度、运动轨迹等各种数据，为日常冰上训练质量控制提供重要的参考数据。参加测试的运动员共计18人，其中内道出发9人、外道出发9人。

如图1所示，本研究通过智能冰场提取9个关键滑行点（入弯、出弯、弯道顶弧、直线中点、500 m终点等）的瞬时速度，分别对所有测速数据进行数理统计分析，比较1 000 m女子速度滑冰运动员不同关键点的速度特点。

---

**作者简介**：李欣（1975—），副研究员，本科。研究方向：运动训练监控。

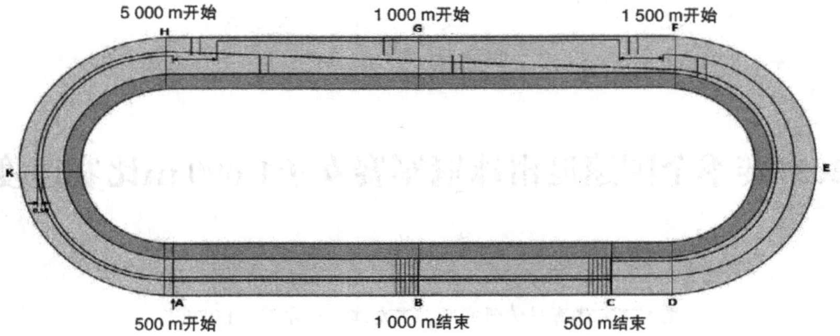


图1　配速区位图

## 2　结果与分析

### 2.1　女子1 000 m速度滑冰运动员关键点速度统计

本研究对参加比赛的18名运动员按照内道出发、外道出发分别统计第一圈与第二圈关键点速度。（表1、表2）

表1　2020—2021赛季全国速度滑冰冠军赛女子1 000 m（内道出发）第一圈关键点速度

| 姓名 | 成绩 | 200 m成绩 /s | 第一圈成绩 /s | 不同位置点速度 /（m·s⁻¹） | | | | | | | | |
|---|---|---|---|---|---|---|---|---|---|---|---|---|
| | | | | C 243 | D 257 | E 303 | F 349 | G 406 | H 463 | K 503 | A 543 | B 600 |
| 尹×× | 1：25.14 | 19.8 | 30.82 | 12.99 | 12.49 | 13.25 | 13.13 | 13.15 | 12.62 | 12.77 | 12.87 | 12.27 |
| 王×× | 1：25.97 | 19.53 | 31.59 | 12.78 | 12.26 | 13.08 | 12.96 | 12.88 | 12.32 | 12.33 | 12.43 | 11.91 |
| 白×× | 1：24.61 | 19.38 | 30.65 | 13.39 | 12.8 | 13.39 | 13.29 | 13.33 | 12.71 | 12.63 | 12.71 | 12.15 |
| 李×× | 1：23.75 | 19.73 | 30.68 | 13.08 | 12.57 | 13.4 | 13.39 | 13.29 | 12.71 | 12.89 | 12.98 | 12.48 |
| 徐×× | 1：24.14 | 19.46 | 30.61 | 13.42 | 12.74 | 13.68 | 13.29 | 13.42 | 12.62 | 12.91 | 12.7 | 12.23 |
| 李×× | 1：17.81 | 18.69 | 28.14 | 14.22 | 13.6 | 14.54 | 14.34 | 14.54 | 13.89 | 14.04 | 14.09 | 13.5 |
| 赵×× | 1：18.06 | 18.49 | 28.69 | 14.07 | 13.5 | 14.27 | 14.04 | 14.15 | 13.58 | 13.77 | 13.8 | 13.18 |
| 海×× | 1：21.42 | 19.17 | 29.51 | 13.74 | 12.98 | 13.94 | 13.75 | 13.81 | 13.08 | 13.28 | 13.4 | 12.77 |
| 裴×× | 1：20.65 | 18.63 | 29.14 | 13.94 | 13.44 | 14.01 | 13.85 | 13.91 | 13.5 | 13.22 | 13.43 | 12.8 |

表2　2020—2021赛季全国速度滑冰冠军赛女子1 000 m（外道出发）第二圈关键点速度

| 姓名 | 成绩 | 200 m成绩 /s | 第一圈成绩 /s | 不同位置点速度 /（m·s⁻¹） | | | | | | | | |
|---|---|---|---|---|---|---|---|---|---|---|---|---|
| | | | | C 643 | D 657 | E 697 | F 737 | G 794 | H 851 | K 897 | A 943 | B 1 000 |
| 张×× | 1：25.52 | 19.54 | 34.58 | 11.97 | 11.4 | 11.98 | 11.92 | 11.72 | 11.19 | 11.25 | 11.18 | 10.59 |
| 孙×× | 1：24.85 | 19.98 | 34.44 | 12.28 | 11.81 | 12.26 | 12.02 | 11.72 | 11.08 | 11.04 | 11.04 | 10.76 |
| 王×× | 1：22.33 | 19.34 | 33.28 | 12.66 | 12.09 | 12.6 | 12.33 | 12.11 | 11.51 | 11.5 | 11.52 | 10.98 |
| 奚×× | 1：22.60 | 19.56 | 32.79 | 12.69 | 12.13 | 12.62 | 12.57 | 12.25 | 11.64 | 11.8 | 11.82 | 11.32 |
| 李×× | 1：23.49 | 19.57 | 33.89 | 12.4 | 11.81 | 12.25 | 12.25 | 11.91 | 11.35 | 11.31 | 11.33 | 10.87 |
| 石×× | 1：19.55 | 18.72 | 32.13 | 13.17 | 12.55 | 12.98 | 12.7 | 12.62 | 12.01 | 11.99 | 11.93 | 11.41 |
| 殷×× | 1：18.10 | 19.2 | 30.56 | 13.7 | 13.1 | 13.66 | 13.38 | 13.24 | 12.66 | 12.65 | 12.77 | 12.07 |

续表

| 姓名 | 成绩 | 200 m成绩/s | 第一圈成绩/s | 不同位置点速度/（m·s$^{-1}$） | | | | | | | | |
|---|---|---|---|---|---|---|---|---|---|---|---|---|
| | | | | C 643 | D 657 | E 697 | F 737 | G 794 | H 851 | K 897 | A 943 | B 1 000 |
| 李XX | 1：21.01 | 19.5 | 32.18 | 12.99 | 12.42 | 12.92 | 12.76 | 12.54 | 11.95 | 11.99 | 11.97 | 11.49 |
| 陶XX | 1：19.72 | 19.52 | 31.42 | 13.29 | 12.72 | 13.21 | 13.04 | 13.01 | 12.23 | 12.01 | 12.22 | 11.59 |

### 2.2 女子1 000 m速度滑冰运动员单圈降速值

女子1 000 m速度滑冰运动员单圈降速值见表3。

**表3 女子1 000 m速度滑冰运动员单圈降速值**

| 姓名 | 尹XX | 王XX | 白XX | 李XX | 徐XX | 李XX | 赵XX | 海XX | 裴XX |
|---|---|---|---|---|---|---|---|---|---|
| 单圈降速 | 12.01% | 10.32% | 12.82% | 8.67% | 11.30% | 10.09% | 7.63% | 10.95% | 12.83% |
| 姓名 | 张XX | 孙XX | 王XX | 奚XX | 李XX | 石XX | 殷XX | 李XX | 陶XX |
| 单圈降速 | 10.13% | 13.18% | 12.02% | 8.40% | 12.85% | 11.95% | 7.83% | 9.72% | 9.17% |

### 2.3 女子1 000 m速度滑冰关键点速度曲线

女子1 000 m速度滑冰关键点速度曲线如图2、图3所示。

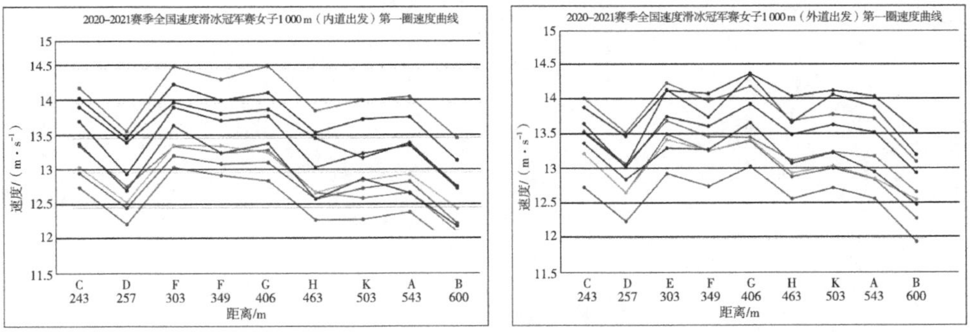


图2 第一圈速度曲线

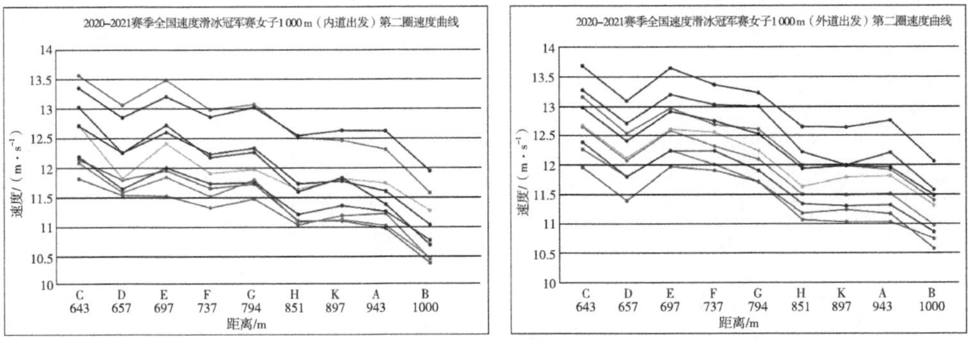


图3 第二圈速度曲线

通过对9处关键点瞬时速度曲线分析发现，运动员普遍在第一圈2个入弯道（C点—D点、G点—H点）过程出现明显的速度下降，提示运动员直线与弯道滑行衔接不流畅，技术存在问题，出现入弯道前明显降速为入弯道做准备，没有利用好直道的加速，在入弯道时损失了速度；第二圈的2个入弯道点也出现了明显的速度下降，同时第二圈速度随滑行距离的增加大幅下降，提示运动员第二圈体能出现问题，不能维持已有速度。运动员第一圈与第二圈速度下降平均值为10.66%，下降幅度偏高，说明运动员后程体能存在问题。

## 3 结语

本研究通过对我国2020—2021赛季全国速度滑冰冠军赛女子1 000 m速度滑冰运动员滑行数据进行分析，发现我国女子1 000 m速度滑冰运动员在直线与弯道的滑行衔接存在技术问题，需要通过针对性的训练方法解决；同时，运动员体能不足，第二圈降速偏大，应加强速度、耐力训练。建议在日常训练中加强直线弯道衔接的技术练习，改进入弯道技术，减少弯道降速损失，利用好直线弯道的技术衔接。合适的弯道入点有利于弯道技术的发挥，尤其是在体能下降后，对保持良好的滑跑节奏、保持较高的滑行速度及在比赛中节省体能具有特别重要的意义。提高体能、加强速度耐力训练，有助于后400 m滑行保持速度，减小降速差值。

# 我国女子20 km竞走双破世界纪录技战术突破点分析

李厚林

（首都体育学院，北京　100191）

**摘要**：为了总结我国女子20 km竞走运动员创造世界纪录的技战术突破之处，运用测量法和专家访谈法等研究方法对杨家玉和刘虹的比赛技战术进行分析。结果显示，杨家玉和刘虹比赛时呈现前快后慢的速度分配，需提高最低速度，降低最高速度，减小比赛速度波动；杨家玉和刘虹平均步频低于原世界纪录，杨家玉最高与最低步频低于原世界纪录，刘虹最高步频与原世界纪录相当，最低步频低于原世界纪录；杨家玉和刘虹步长增大，左腿单侧用力，低速走步长差异大，腾空时间相对较短。

**关键词**：破世界纪录；女子竞走；突破点

女子竞走项目是我国田径奥运会夺金项目。2021年3月20日，在东京奥运会选拔赛中，杨家玉和刘虹分别以1:23:49和1:24:27打破世界纪录，展现出中国女子20 km竞走国际领先水平。

## 1　研究对象与研究方法

### 1.1　研究对象

本研究以杨家玉和刘虹的技术要素为研究对象。杨家玉和刘虹的基本情况见表1。

**表1　运动员基本情况一览表**

| 姓名 | 国籍 | 出生日期 | 身高 /cm | 体重 /kg | 个人最好成绩 |
|---|---|---|---|---|---|
| 杨家玉 | 中国 | 1996.02.18 | 162 | 45 | 1:23:49 |
| 刘　虹 | 中国 | 1987.05.12 | 161 | 46 | 1:24:27 |

**作者简介**：李厚林（1977—），教授，博士。研究方向：田径教学与训练。

1.2 研究方法

1.2.1 测量法

（1）录像拍摄法。2021年3月20日，对女子20 km竞走比赛技术进行三维定点定位录像拍摄。使用2台CASIO-FH25高速摄像机进行技术采集。拍摄以主要通过点为中心，面积约4 m×6 m，比赛开始前和比赛结束后拍摄Peak三维标定框架，主光轴高1.10 m，摄像头距离比赛路线中心的距离约为14.5 m，拍摄频率为120场/s，快门速度为1/1 000 s，摄像机主光轴夹角约为80°。

（2）影像解析法。使用美国ARIAL公司的 APAS三维运动技术解析系统，根据日本松井秀治人体惯性参数模型，选取20个关节点，对比赛技术视频进行DLT数字化处理，获取运动学数据。

1.2.2 专家访谈法 在备战东京奥运会竞走技战术攻关与服务中，长期对国家竞走运动员杨家玉、刘虹进行跟踪研究，与张阜新、孙荔安等多名国家级竞走教练员就竞走技术问题进行交流，比赛后召开总结会，专家进行发言讨论。

## 2 研究结果与分析

### 2.1 前后半程比赛时间分析

从前后半程比赛时间来看，原世界纪录前程10 km时间为42：39，后程10 km为41：59，后程10 km比前程快40 s，呈现出前慢后快的变化；杨家玉前程10 km为41：52，后程10 km为41：57，后程10 km比前程慢5 s；刘虹前程10 km为42：1，后程10 km为42：26，后程10 km比前程慢25 s。杨家玉与刘虹都出现前程快后程慢的速度分配。作为长距离耐力项目，速度分配前程慢后程快更有利于提高成绩。本次比赛尽管创造了新的世界纪录，但还是存在前程速度过快的问题，同时说明成绩还有提高的潜力。

### 2.2 比赛分段速度分析

原世界纪录步频最高速度为4 min5 s/km，最低速度为4 min21 s/km，平均速度为4 min 14 s/km，速度变化率为6.3%。杨家玉比赛最高速度为4 min8 s/km，比原世界纪录慢3 s/km；最低速度为4 min13 s/km，比原世界纪录快8 s/km。通过提高最低速度和降低最高速度，速度高低波动由原世界纪录的16 s/km变为7 s/km；平均速度为4 min11 s/km，速度变化率为2%，比原世界纪录波动小4.3%。

刘虹最高速度为4 m10 s/km，比原世界纪录最高速度慢6 s/km；最低速度4 min20 s/km，比原世界纪录快1 s/km；平均速度为4 min13 s/km，速度变化率为3.9%。杨家玉和刘虹本次破世界纪录的最低速度比原世界纪录最低速度有所提高，最高速度有所降低，比赛速度更为平稳。

### 2.3 比赛步频分析

从步频来看，原世界纪录最高步频为228步/分，最低步频为216步/分，平均步频为224步/分，步频变化率为5.3%。

杨家玉最高步频为221步/分，最低步频为211步/分，平均步频为216步/分，步频变化率为4.6%。杨家玉最高步频比原世界纪录低7步/分，最低步频比原世界纪录低5步/分；最低步频和最高步频2个指标都比原世界纪录有所降低。

刘虹最高步频为228步/分，最低步频为211步/分，平均步频为218步/分，步频变化率为6.8%。刘虹最高步频与原世界纪录相同，最低步频比原世界纪录低5步/分；最低步频有所降低。

### 2.4 比赛步长分析

从步长来看，原世界纪录最大步长为1.11 m，最短步长为1.07 m，平均步长为1.08 m，步长变化率为3.7%。刘虹最大步长为1.12 m，最短步长为1.08 m，平均步长为1.10 m，步长变化率为3.6% 。刘虹最大步长和最短步长比原世界纪录长1 cm，平均步长比原世界纪录长2 cm，步长增长是破纪录的主要因素。刘虹左腿平均步长为1.11 m，右腿平均步长为1.09 m，左右差距为2 cm。刘虹左腿步长比右腿步长长2 cm，低速走中，单步中最大差距为4 cm，左右腿步长低速差距较大。

杨家玉最大步长为1.14 m，最短步长为1.10 m，平均步长为1.11 m，步长变化率为3.6%。杨家玉最短步长与原世界纪录最长步长1.11 m相当，比原世界纪录最短步长长3 cm；平均步长也长3 cm，步长增大是成绩提升的要素。杨家玉左腿平均步长为1.12 m，右腿平均步长为1.10 m，左右差为2 cm。杨家玉左腿步长比右腿步长长2 cm，低速走中，单步中最大差距为5 cm，左右腿步长低速差距较大。

### 2.5 腾空技术分析

从腾空时间来看，原世界纪录左腿腾空时长为63.7 ms，右腿腾空时长为66.7 ms。

杨家玉左腿腾空时长为63.4 ms，比原世界纪录短0.3 ms；右腿腾空时长67.8 ms，比原世界纪录长1.1 ms。腾空时长与原世界纪录相当，保持在肉眼判罚60~80 ms的下限，因此杨家玉腾空技术比较合理。

刘虹左腿腾空时长为60 ms，右腿腾空时长为61.6 ms，左腿腾空时长比原世界纪录短3.7 s，右腿腾空时长比原世界纪录短5.2 s。腾空时长缩短，比赛技术的规范性提高。

## 3 结论与建议

### 3.1 结论

（1）从战术来看，杨家玉和刘虹前程10 km快于后程10 km，呈现前快后慢的速度分配，不利于比赛成绩的提高，还具有提高成绩的潜力。

（2）杨家玉与刘虹通过提高最低速度、降低最高速度，来减小比赛速度波动，提高比赛状态的稳定性。

（3）杨家玉和刘虹平均步频低于原世界纪录；杨家玉最高与最低步频低于原世界纪录，刘虹最高步频与原世界纪录相当，最低步频低于原世界纪录；杨家玉步频比较稳定。

（4）杨家玉和刘虹步长增大，左腿步长长于右腿步长，低速走左右步长差异偏大。

（5）杨家玉和刘虹腾空时间都在腾空判罚的下限，腾空时间不是腾空判罚的重要因素，在身体动作姿态上具有一定的改进空间。

### 3.2 建议

杨家玉和刘虹今后在比赛中应进一步控制起走速度，为创造新的世界纪录奠定基础。

## 参考文献

[1] 李厚林，高聪，杨阳，等.对2015年世界田径锦标赛冠军刘虹犯规技术的运动学研究[J].体育科技文献通报，2017，25（9）：17-19.

[2] 李厚林，张磊，孙婧纳，等.我国高水平女子20 km竞走运动员技术诊断研究[J].山东体育学院学报，2018，34（4）：105-112.

[3] 李厚林，周晓龙，敬艳，等.我国20 km竞走项目优秀女子运动员技术运动学特征对比研究[J].西安体育学院学报，2017，34（6）：747-754.

# 运动训练对运动员社会适应能力的影响

李爱春，盖文翔，周君来

（海南师范大学体育学院，海南 海口 570100）

**摘要**：受举国体制、学训矛盾等影响，运动员的文化学习不系统，人才培养不全面，出现了一系列优秀运动员退役后的社会适应问题。本研究根据近年来文献资料分析运动训练对运动员社会适应能力的影响，并对培养运动员社会适应能力的途径进行综述，以期为社会培养健康的、全面发展的人才提供实践参考。

**关键词**：运动训练；运动员；社会适应能力

随着社会经济的不断发展，人们对健康的定义逐渐有了新的认识。1989年世界卫生组织（WHO）提出以"身体健康、心理健康、道德健康、社会适应良好"4个方面作为健康的标准，说明社会适应能力是健康的重要组成部分，也是人与社会保持和谐状态的一种能力。纵观以往研究发现，社会适应能力的相关研究主要集中在普通大学生方面，对运动员的关注甚少，尤其是有关运动训练对运动员社会适应能力影响的研究更是罕见，因此有必要对此进行进一步的探索。

## 1 社会适应能力的研究

赵鹉等认为，世界卫生组织定义的社会适应是指作为社会人的个体在家庭、工作、人际交往及社会活动等方面的行为。其他专家学者也从不同层面解读了社会适应能力。季浏、潘绍伟认为，人际关系沟通能力和在不同的环境下适应角色的能力是社会适应能力的体现；赵振华等指出，社会适应能力分为自然环境适应能力与社会环境适应能力；刘立新等认为，大学生社会适应能力是大学生通过自我调节，适应快速变换的环境并自我发展的行为能力；李阳指出，社会适应能力是指在日常生活和工作中应对挑战和解决问题的能力；李志芳综述了多位学者的观点，认为社会适应能力表现在实践与沟通能力方面，一方面通过把控自身来适应环境，另一方面通过能动地改造外部环境来实现目的；也有学者认

**作者简介**：李爱春（1975—），副教授，博士。研究方向：运动健康管理。

为社会适应能力是个人通过改变自身不适应社会需求的特性顺利融入社会的能力；还有学者把社会适应能力概述为综合能力的体现；世界教委会认为学校在认识与实践方面能够培养学生的社会适应能力。

著名心理学家利兰（Leland）、科恩（Cone）认为社会适应能力是人们社会生活能力、生活水平的重要表现，是一种处理问题、合理安排生活、主动承担社会责任，以满足社会期望的能力。科尔布（Colb）和汉利·马克斯韦尔（Hanley-Maxwell）也指出，社会适应能力被定义为以下几个方面：沟通能力、解决问题的能力、与同伴及集体之间的交流能力、角色适应能力、自我管理能力等。

综上，虽然学者们对社会适应能力从不同层面进行理解，但是他们一致认为自我能动是内因，外部环境是外因。只有把自身知识水平、技术能力、生活适应能力、人际交往能力、组织能力、合作互助能力、抗压力能力、情境掌控能力等综合素质提升上来，才能在面对角色转换、工作环境变换的过程中顺应万变。

## 2 运动员的社会适应能力研究

近年来，随着市场经济的发展，运动员作为一个特殊的群体，在处理问题时语言表达与沟通交流能力不足，可能与其长期在运动队进行训练、与外界的沟通甚少、生活简单、社会阅历欠缺有关。其退役后再就业面临着较大的困难，很难适应新的社会生活和环境。吴岩等的研究成果表明，运动员的社会适应能力好于普通人，反映了长期的运动训练在塑造优良的品格、提高人际适应能力方面的积极作用。董巍等认为运动员能够很好地控制情绪、明确自己想要什么、具有很好的自我管理能力，运动员退役后会有好的社会适应能力，具有较好的职业选择机会。由此可见，以往的研究结果与当前运动员退役后的社会适应能力差这一现实问题存在较大偏差，需要做进一步的研究。

职业女子足球运动员的文化学历虽然较高，但由于特殊的因素，没有很好地为今后退役走向社会提供良好的学习基础，没有在社会适应、社会化进程中起到应有的促进作用。我国运动员没有真正认识到学习的重要性，对文化学习的理解不够全面深入。这可能与部分运动队、管理者或运动员自身的认知有关。因为目前虽然很大程度上实现了竞技体育院校化，但运动员的学习和训练还是归各支运动队负责，而部分运动队的指导思想依然是以运动训练为先，以提高竞技能力获取比赛胜利为主，秉承“金牌第一”甚至“金牌唯一”的理念。在这种指导思想与理念下，运动员非常重视训练，而在文化学习方面没有下功夫，认知不足，其学习自然很难得到保证。此外，这也与运动队管理有关。运动员训练之外参与文化学习、社会实践、思想品德教育的时间较少，对自己职业选择规划非常迷茫。这是运动员社会适应能力不足的一个重要原因。

澹台林琳认为，学校的学习与生活是个体实现社会适应和社会化的重要途径，在自我改变、掌握应对策略、改正不良的行为习惯方面起着重要的作用。2011年，国家已要求各级体校、省队、国家队进行全日制学习化的改革，补齐数学、历史、化学、地理、生物等文化课程，使运动员培养进入学校化培养道路，已在制度上为全面提升运动员素质和社会适应能力打下良好的基础，但是能否落实和完善还有待深入研究。

运动员在训练过程中较少接受文化教育培养。教练员培养运动员的指导思想是让运动员取得更好的运动成绩，而在运动员教育培养这方面的意识薄弱，而参与训练一年以下的运动员有更多的时间接受教育与文化学习，也足够重视文化教育、品德、思想等学习与实践，有更多的时间接触不同环境，具有很好的主观能力。

## 3 运动训练对运动员社会适应能力的影响

颜天民等指出运动训练是在规则主导下，以身体活动为主，以运动项目为内容，以获得胜利为最终目的的体育文化活动。毕进杰认为运动训练可以提升自身各项素质，展现身体魅力。凡杰等认为提高社会适应能力的动机可以从自身获得感与满足感出发，进一步刺激运动员提高社会适应能力。运动训练追求“更快、更高、更强”的精神，使运动员对自身要求更严格，同时需要运动员能动地与周围环境、与人和谐相处。运动训练真正体现了“各美其美，美人之美，美美与共”。参与运动训练的运动员既有相互竞争不怕输的精神，又相互学习，共同进步，互相欣赏。

张少兴通过调研比较分析发现参与运动训练的大学生比不参与运动训练的大学生在人际关系、工作适应、自我评价及满意度方面更具优势，运动训练不仅使大学生的身体素质得以提高，心理承受能力、竞争意识、规则意识等得到锤炼，而且无形中使大学生的情商和生活质量得以提升。但高水平运动员由于学训矛盾反而在自我评价与满意度方面得分更低。李程秀在另一项调查中通过比较分析发现在情境控制、心胸豁达、自尊自主方面参与运动训练的学生与不参与运动训练的学生差异显著，参与运动训练的学生在性别方面无差异，而且该项调查同样显示了高水平运动员在自我评价中得分不佳。但不可否认的是，运动训练能使大学生形成良好的社会适应能力，这与竞赛成绩无关，而是在训练和竞赛中潜移默化地形成。

近年来，杨茹雪等学者从不同项目的特点发现运动训练对大学生形成良好的社会适应能力有积极作用。篮球竞赛是一项团体协作运动，能使参与者的服从意识、竞争意识、沟通组织能力、应急能力都得到很好的发展；传统的龙舟竞赛运动要求参与者吃苦耐劳、团结共进、坚韧不拔；武术以“德”为首，一招一式是经年累月的沉淀，是对心性意志的磨炼。杨茹雪还认为舞蹈注重审美、创新、策划，一舞惊鸿，不仅需要很扎实的基本功，更需要投入长时间的努力与无数心血和毅力；拓展运动中凸显信任、合作、责任的重要性，使人敢于把自己的安危托付于同伴。

斯科特（Scott）认为运动对社会适应所需要心理素质的影响，最终能够综合为对社会适应能力的提高。布朗（Browne）和弗兰西斯（Francis）认为运动训练有助于身体健康、社会适应和自尊心的发展。伯恩特（Berndt）的研究认为学校环境适应能力和社会适应能力息息相关，学生在学校环境中适应能力低下必定会影响其成年之后的社会适应能力，运动训练可以提高学生的学校环境适应能力，因此运动训练可以促进社会适应能力提高。

综上可见，现有的相关研究集中在运动训练对大学生社会适应能力的影响方面，而有关运动训练对运动员社会适应能力的影响的研究尚未见报道，因此，研究运动训练对运动员社会适应能力的影响，为相关管理部门改革育人理念、完善育人方法、改善育人环境、转变育人策略等提供理论支持，为社会培养健康的、全面发展的人才提供实践参考，对践行“三全育人”培养理念、“竞教融合”育人模式，落实“全民健康”国家战略具有重要的理论意义与应用价值。

## 4 结语

根据社会学理论，人的一生必然会经历由生物人变为社会人的社会化历程。社会化历程是指人与社会进行互动的过程，人通过性格与人格去适应社会，改变社会，从而提高自身的适应能力。因此，社会适应能力已经成为人类在社会生存过程中不可或缺的能力。近年来，社会各界对健康的关注日益增加，国内外学者对此进行了大量的研究，其中也包括对社会适应能力的研究。相关研究已经初步显示运动训练对社会适应能力具有积极的作用。然而，纵观以往研究发现，社会适应能力的相关研究主要集中在普通大学生方面，对运动员的关注较少，有关运动训练对运动员社会适应能力的影响的研究更少。以往研究仅限于情境控制、心胸豁达、自尊自主等方面调查，而对运动员社会适应能力特征的因素鲜有报道与研究，并且有关不同年龄的运动员、不同性别的运动员、不同类型的运动员、不同地区的运动员社会适应能力的比较及其影响因素的系统性研究尚不完善，因此有必要对此进行深入的研究。

## 参考文献

[1] 赵鹍，姚鸿恩.体育保健学[M].北京：高等教育出版社，2011.

[2] 潘绍伟，于可红.学校体育学[M].3版.北京：高等教育出版社，2015.

[3] 赵振华，杨武成，李宝玺.大学生社会适应能力教育研究[J].教育与职业，2015（2）：184-185.

[4] 刘立新，金冬梅，夏永静.大学生社会适应行为方式问卷编制及信效度检验[J].中

国健康心理学杂志，2016，24（3），421-424.

［5］李阳.舞蹈专业大学生社会能力培养模式探析[J].现代交际，2018（24）:190-191.

［6］李志芳.高校武术教育对学生社会适应能力培养的思考[J].运动，2018（14）:95-96.

［7］吴岩，兰茹. 普通高校课外体育活动发展趋势探析[J].南京体育学院学报（社会科学版），2002，16（3）：60-61.

［8］董巍，江勇，张淑华.运动员与运动训练专业大学生社会适应性的比较研究[J].沈阳体育学院学报，2006，25（1）：97-99.

［9］王珊. 我国部分地区职业女子足球运动员社会适应研究[D].沈阳：沈阳体育学院，2014.

［10］澹台林琳.谈美国的家庭学校及对我国教育的启示[J].国家林业局管理干部学院学报，2008，7（4）：29-32.

［11］颜天民.论运动竞赛的功能与特点[J].体育文化导刊，2004（7）:27-29.

［12］颜天民，何荣.论运动竞赛的教育价值[J].北京体育大学学报，2004，27（9）：1235-1237.

［13］毕进杰.学校体育倡导运动竞赛的依据[J].体育学刊，2013，20（5）:101-104.

［14］凡杰，庞德州.体育文化对大学生社会适应力的影响研究[J].汉字文化，2019（4）：166-167.

［15］张少兴.运动竞赛对大学生社会适应能力影响[J].周口师范学院学报，2017，34（5）：138-141.

［16］李程秀.运动竞赛对大学生社会适应能力的影响[J].体育科学研究，2018，22（5）：78-82.

# 抗阻训练强度对2型糖尿病老年患者糖化血红蛋白的影响——Meta分析

李　然，黄丽媛

（北京体育大学运动人体科学学院，北京　100084）

**摘要**：本研究旨在评价高强度和中低强度的抗阻训练对2型糖尿病老年患者的糖化血红蛋白（HbA1c）指标的影响。在国内外6个数据库中检索并提取相关的随机对照研究（RCT）数据，结果表明，抗阻训练显著降低HbA1c（WMD=-0.34，95%CI：-0.66到-0.02，*P*=0.037），亚组分析发现高强度（WMD=-0.99，95%CI：-1.16到-0.81，*P*<0.001）和中低强度抗阻训练（WMD=-0.40，95%CI：-0.63到-0.18，*P*<0.001）均显著降低HbA1c。当前证据表明，2型糖尿病老年患者更适宜选择抗阻训练进行HbA1c的控制，并推荐采取60%~75%1 RM的训练强度。

**关键词**：老年；2型糖尿病；抗阻训练；强度；糖化血红蛋白

2型糖尿病（T2D）是老年人高发的慢性疾病之一，对老年人的身体产生了严重的威胁。2013年进行的一项流调发现，糖尿病的患病比率达到了10.9%，其中T2D这一疾病的现患率是10.4%，老年人患有糖尿病的比例高达20.2%。T2D是由多种病因导致体内胰岛素分泌不足或人体无法有效利用胰岛素，从而出现血糖水平持续升高的情况。目前的研究表明，T2D给老年人带来的危害是多方面的，如导致更高的心血管疾病发生风险，易产生多种并发症，有的患者在认知上还有明显的功能障碍并在活动上受到限制。T2D造成的骨质疏松、肌肉力量和肌肉质量衰减等变化，还会导致T2D老年患者生活独立性下降。

各种形式的运动干预对T2D患者的血糖控制的积极影响已经得到确切的证据支持。运动干预能够改善胰岛素的敏感性，使葡萄糖的清除率提高，减少内脏脂肪含量。推荐T2D患者进行的运动为有氧运动。然而，许多研究人员强调了抗阻训练的重要性，美国运动医学会（ACSM）也建议重视抗阻训练的作用。目前的研究表明抗阻训练能够通过增加肌肉质量、葡萄糖摄取和促进葡萄糖从循环中清除来改善胰岛素敏感性。而且，有氧与抗阻两

**作者简介**：李然（1979—），副教授，博士。研究方向：运动与公共健康。

种运动方式对患有T2D的人群的血糖的影响没有显著性差异。此外，在T2D老年患者中，很多人伴有肥胖或超重，有的还伴有身体残疾或心血管疾病，有氧运动（包括跑步类、骑行类、游泳等）对T2D老年患者来说并不容易实现。而抗阻训练相比有氧运动较少受场所、器材和时间因素的影响，并且不同健康状态的T2D老年患者都可以采取安全可控的抗阻训练方案。在T2D老年患者中，抗阻训练的强度是影响运动有效性的重要指标，所以本研究将系统分析抗阻训练强度对T2D老年患者的血糖的影响，为他们的运动强度选择提供建议。

## 1 研究方法

在PubMed、EBSCO、The Cochrane library、Web of science 、万方、知网等6个数据库中检索关于抗阻训练对T2D老年患者进行干预的随机对照试验（RCT）。检索日期截至2020年7月8日，由2名参与研究的人员按照之前制定好的纳入和排除标准独立进行文献的筛选、对文献进行相关资料的提取，应用Review5.0软件进行质量评价。

依据美国运动医学会的推荐，将抗阻训练分成了高强度组和中低强度组2个亚组。中低强度设定为20%最大重复次数到74%最大重复次数，高强度设定为75%最大重复次数到100%最大重复次数。对照组为有氧运动时，中等强度设定为3.0 METs（代谢当量）到5.9 METs，低强度设定为低于3 METs。

采用Stata15.0软件进行Meta分析。实验数据为连续性变量时，选用了均数差（WMD）和95%置信区间（CI）评价。用I2和Q检验对相关的研究异质性进行了检验，若I2>50%，$P<0.1$，则认为相关研究之间的异质性较大，选取随机效应模型；若I2<50%，$P>0.1$，则选用固定效应模型。

## 2 研究结果

### 2.1 文献检索结果

通过对多个数据库进行系统性检索，总共获取了8 865篇相关的文献，剔除了重复出现的2 332篇文献，对剩余6 533篇文献依据相关标准进行剔除和纳入，最后有16篇文献符合要求。通过全文阅读和分析，剔除子课题研究6篇（Bottom、Simpson、Kadoglou、Brooks、Gordon、Dunstan）。Hangping研究采用了特殊器械进行干预，无法进行强度的确定，予以剔除；Baum的研究结局指标为空腹血糖，HbA1c数据不全，予以剔除。最后确定8项RCT研究符合要求。用PRISMA指南指导所有文献的筛选。

### 2.2 纳入研究的特征及质量评价

纳入的8个随机对照试验（Rech、Mavros、Kadoglou、Ng、Dunstan、Dustan、

Castaneda、Honkola）共有415人参加，其中进行了干预组的有199人，进行对照组的有216人。所有文献结局指标均含有HbA1c，运动干预都采用了抗阻训练，Ng研究的对照组采用有氧训练。Kadoglou研究将参与研究的人用随机的方法，分为低强度对照组、有氧干预组、抗阻干预组及有氧加抗阻干预组进行了分析。Mavros和Dunstan的对照组采用低强度抗阻的干预。由于最后纳入研究的文献比10篇少，选用了Cochrane协作方法评判、估计偏倚风险。

## 2.3 抗阻训练对T2D老年患者HbA1c的影响

纳入的8项研究之间有异质性（I2=95.1%，$P<0.01$），所以选取了随机效应模型进行接下来的分析。结果显示，抗阻训练显著降低了T2D老年患者的HbA1c [WMD=−0.34，95%CI（−0.66，−0.02），$P=0.037$]。（图1）

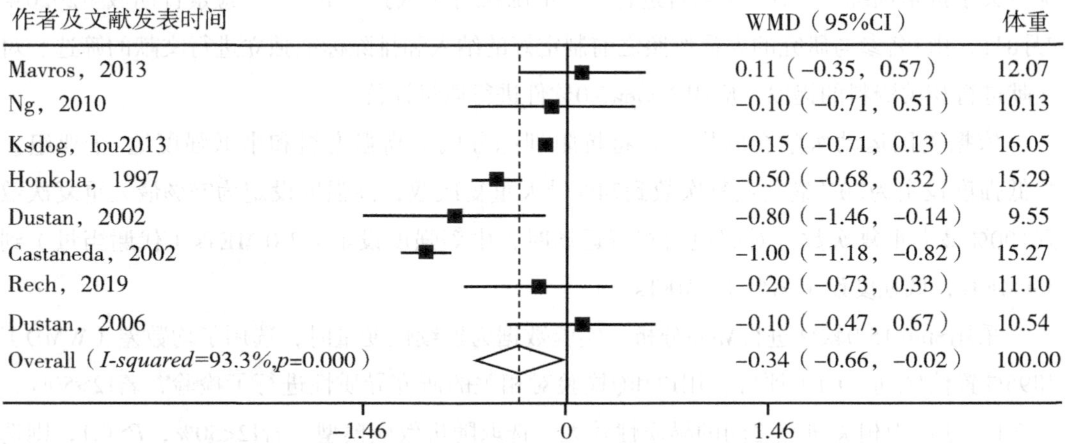


注：抗阻强度来自随机影响分析。

**图1 抗阻训练对T2D老年患者HbA1c的影响**

## 2.4 抗阻训练强度对T2D老年患者HbA1c的影响

3项研究（Dunstan、Mavros和Kadoglou）的干预组设置符合高强度抗阻训练要求，但对照组设置与其他5个研究不同，采用的是中低强度的干预；2项研究（Castaneda和Dustan）的干预组设置符合高强度抗阻训练要求，对照组无运动干预；3项研究（Rech、Ng和Honkola）的干预组设置符合中低强度抗阻训练的要求，对照组也无运动干预。

综上，本研究在亚组分析中分高强度亚组、中低强度亚组和高强度中低强度亚组。分析表明，高强度亚组HbA1c效应值为WMD=−0.99（95%CI：−1.16到−0.81，$P<0.001$），中低强度亚组HbA1c效应值为WMD=−0.40（95%CI：−0.63到−0.18，$P<0.001$），高强度至中低强度亚组HbA1c效应值为WMD=−0.15（95%CI：−0.17到−0.13，$P<0.001$）（图2）。由此可

见，高强度和中低强度的抗阻训练都能够对HbA1c产生作用，高强度的抗阻训练对HbA1c的效果更为明显。

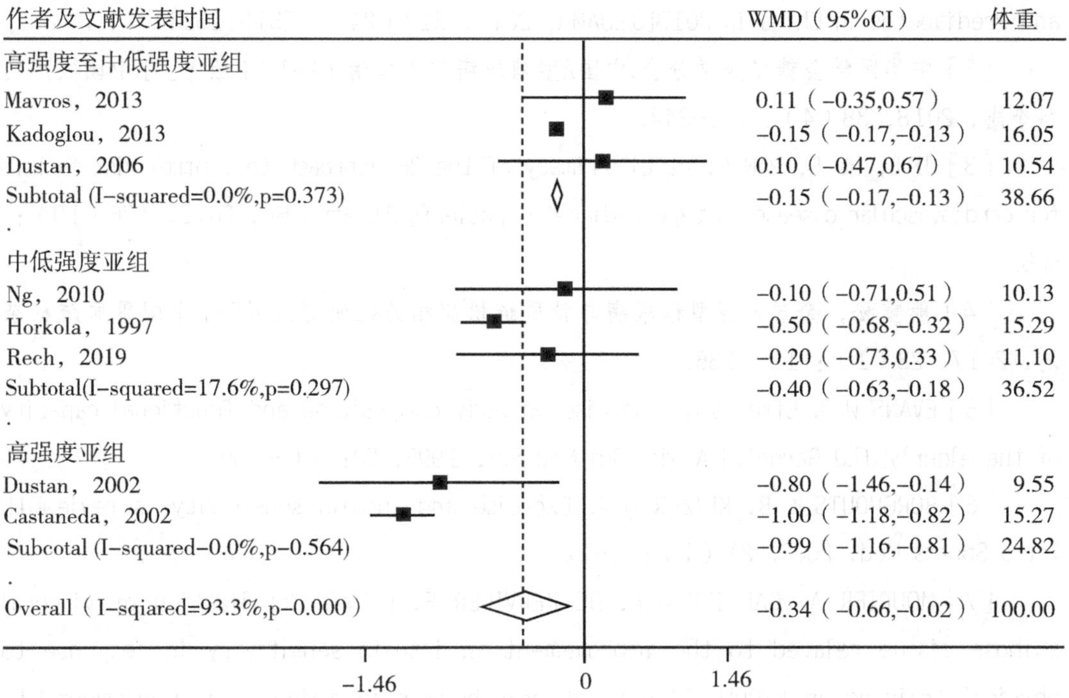


注：抗阻强度来自随机影响分析。

**图2　抗阻训练强度对T2D老年患者HbA1c的影响**

### 2.5　不良事件

4项高强度抗阻训练的研究（Dunstan、Castaneda、Dunstan和Kadoglou）明确地报告了不良事件，1项研究（Dunstan）报道了暂时性肌肉酸痛，1项研究（Dunstan）报道了1次运动后低血糖事件，1项研究（Kadoglou）报道了5次运动后低血糖事件，1项研究（Castaneda）报道了5次运动后低血糖事件和3次冠心病患者胸痛事件。

## 3　结论

本研究分析表明，抗阻训练能够有效改善T2D老年患者的HbA1c水平。中低强度的抗阻训练能产生有效控制HbA1c水平的作用，高强度的抗阻训练产生的血红蛋白的效应值要比中低强度的抗阻训练高，但是高强度的抗阻训练的研究报道了多次低血糖事件和冠心病患者训练过程中的胸痛事件。因此，T2D老年患者更适合选择中低强度的抗阻训练方案。

## 参考文献

[1] WANG L, GAO P, ZHANG M, et al. Prevalence and Ethnic Pattern of Diabetes and Prediabetes in China in 2013[J].JAMA, 2017, 317（24）: 2515-2523.

[2] 中华医学会糖尿病学分会.中国2型糖尿病防治指南（2017年版）[J].中国实用内科杂志，2018, 38（4）: 292-344.

[3] JI L, HU D, PAN C, et al. Primacy of the 3B approach to control risk factors for cardiovascular disease in type 2 diabetes patients[J]. Am J Me, 2013, 126（10）: 925.

[4] 熊雪松，余显霞.2型糖尿病与骨质疏松症相关性研究进展[J].中国骨质疏松杂志，2017, 23（1）: 130-135.

[5] EVANS W J. Effects of exercise on body composition and functional capacity of the elderly[J].J Gerontol A Biol Sci Med Sci, 1995, 50: 147-150.

[6] BORGHOUTS L B, KEIZER H A. Exercise and insulin sensitivity: a review[J]. Int J Sports Med, 2000, 21（1）: 1-12.

[7] MOURIER A, GAUTIER J F, DE KERVILER E, et al. Mobilization of visceral adipose tissue related to the improvement in insulin sensitivity in response to physical training in NIDDM. Effects of branched-chain amino acid supplements[J]. Diabetes Care, 1997, 20（3）: 385-391.

[8] HOLTEN M K, ZACHO M, GASTER M, et al. Strength training increases insulin-mediated glucose uptake, GLUT4 content and insulin signaling in skeletal muscle in patients with type 2 diabetes[J].Diabetes, 2004, 53（2）: 294-305.

[9] DREYER H C, FUJITA S, CADENAS J G, et al. Resistance exercise increases AMPK activity and reduces 4E-BP1 phosphorylation and protein synthesis in human skeletal muscle[J].J Physiol, 2006, 576（2）: 613-624.

[10] CASTANEDA C, LAYNE J E, MUNOZ-ORIANS L, et al. A randomized controlled trial of resistance exercise training to improve glycemic control in older adults with type 2 diabetes[J]. Diabetes Care, 2002, 25（12）: 2335-2341.

# 国家集训队花样滑冰运动员中枢状态监测与评估

李　稚，裘　晟

（广东省体育科学研究所，广东　广州　510663）

**摘要：**本研究分析头皮脑电信号的脑电熵值和脑波频率的震荡特点，获得脑内脑自组织状态和神经递质活动水平的信息，从中枢疲劳、紧张焦虑、应激水平及大脑对训练负荷刺激的适应情况来评价中枢状态，并于2018年开始应用于高水平花样滑冰运动员的综合训练监控体系中，取得了比较好的效果，初步建立国家集训队花样滑冰运动员脑电测试数据，结合其他层面的系统监控指标，为运动员进行科学有效的训练提供客观依据。

**关键词：**中枢状态；花样滑冰；训练监控；自组织

科学准确的训练监控是实现科学训练的重要手段之一，而脑中枢状态的监测与评估是花样滑冰训练监控体系中的重要环节。良好的中枢状态是花样滑冰运动员高质量训练、安全完成训练（集中精神不受伤）的保证。本研究在建立花样滑冰运动员脑电监测数据库的基础上，从中枢疲劳、紧张焦虑、应激水平和对训练安排的适应情况几个方面进行纵向追踪测试与评估，为了解运动员状态、及时调整训练计划、合理安排休息和营养补剂提供客观依据。

## 1　研究方法

1.1　测试仪器及指标

1.1.1　测试仪器　北京日江电子技术有限公司训练状态监控仪。

1.1.2　测试指标　采集脑电信号，选取脑信息熵、脑电主辅频结构、中枢化学介质、中枢注意分配、中枢疲劳程度等指标进行分析。使用的主要分析指标如下。

（1）脑α波优势频概率。根据优势频概率的分布情况，可以将运动员脑活动类型划分为5种。①慢化型。该型的特点是技术优化过程较长，动作精细控制能力较差，接受新技

---

**作者简介：**李稚（1977—），研究员，博士。研究方向：运动疲劳恢复的机理与应用、运动训练适应机制理论与应用。

术领悟时间较长，容易出现技术偏差。②优化型。该型的特点是优先运动控制，具备较好的运动适应能力，学习较快，并且竞技状态稳定。③认知型。该型的特点是注重思维、善于思考，注重学习的理解，所以动作技术学习与领悟能力都较强，在思维方向与训练要求一致的前提下，技术表现与竞技能力均可稳定发挥，教练员在运动员理解基础上的教学会使训练效果较好。④情绪型。该型的特点是兴趣或注意转换速度快，情绪好时注意控制较好，情绪不好时成绩不稳定，易大起大落，容易受环境影响。⑤平均型。该型的特点是脑波频率分散，无优势主波，信息分散。

（2）脑电信息熵值。脑电信息熵值是判断运动员当前全脑活动自组织信息趋向的指标，反映脑波涨落的不确定性和优势频率的有序性。熵值在0~1，越小越好。熵值越小，优势频率涨落的不确定性越小，有序性越大，表示大脑自组织能力越强，受外界干扰越少；反之，优势频率涨落的不确定性越大，有序性越小，表示大脑自组织能力越差，受外界干扰越多。

（3）中枢疲劳指数。中枢疲劳指数以大脑皮层中与中枢疲劳相关的化学物质五羟色胺（5-HT）等神经递质水平推算。评价标准：无疲劳积累，0 ~ 25；轻度中枢疲劳，26~30；中度中枢疲劳，31~35；严重中枢疲劳，36及以上。

（4）紧张焦虑指数。紧张焦虑指数（紧张焦虑得分）反映大脑皮层应激水平，以脑内与兴奋、抑制相关的神经递质（GABA、DA、NE等）的协同关系变化为依据，能推算大脑皮层调制的紧张焦虑状况。评价标准：过于放松，关注度不够，<15；正常范围，15~25；紧张或焦虑状况，>25。

1.1.3　测试方案　与花样滑冰的教练员和科研团队合作，让中枢状态监控测试成为整个监控系统的一部分。

3~5周为运动员进行1次中枢状态监测和评估。监测占大脑主导地位的6个神经递质，即谷氨酸（GLu）、y-氨基丁酸（GABA）、5-羟色胺（5-HT）、乙酰胆碱（ACh）、去甲肾上腺素（NE）、多巴胺（DA），针对脑中枢神经递质均衡情况并联合运动员的训练阶段、训练负荷安排、承受的心理压力及其他关联的监控指标进行分析评价。

## 2　研究结果（以双人花样滑冰运动员FSP0102为例）

### 2.1　单次测试

2.1.1　脑α波优势频概率　双人花样滑冰运动员FSP0102，脑波优势主频为8 Hz、9 Hz和10 Hz，属于认知型，如图1所示。该类型运动员具备比较好的运动技能控制基础，稳定性比较好，不容易受外界影响。该运动员为认知型，而他的搭档为情绪型，两人配对度较好。

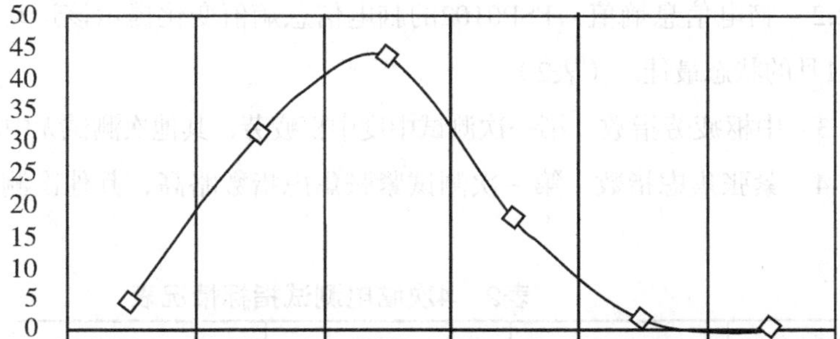


| | 8Hz | 9Hz | 10Hz | 11Hz | 12Hz | 13Hz |
|---|---|---|---|---|---|---|
| 2017/11/26 | 4.6 | 31.6 | 43.6 | 18.1 | 1.9 | 0.2 |

**图1　脑α波优势频概率分布情况**

2.1.2　脑电信息熵值　FSP0102的脑电信息熵值为0.67，在整个队伍里熵值较小，自组织能力较优。（表1）

2.1.3　中枢疲劳指数　FSP0102有中度中枢疲劳，建议注意休息放松。（表1）

2.1.4　紧张焦虑指数　FSP0102应激水平略高，建议注意情绪的放松，缓解压力。（表1）

**表1　脑电测试指标情况表**

| 测试日期 | 训练阶段 | 脑电信息熵值 | 中枢疲劳指数 | 紧张焦虑指数 |
|---|---|---|---|---|
| 2018.11.26 | 冬训中期 | 0.67 | 34 | 29 |

2.2　多次纵向测试

2.2.1　脑α波优势频概率　多次测试，FSP0102优势主频有变化，但是总体变化不大，属于认知型，如图2所示。该运动员善于思考，比赛场上的表现也很稳定。

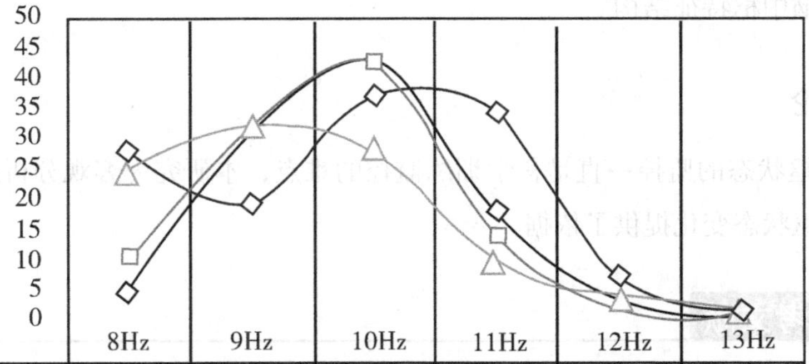


| | 8Hz | 9Hz | 10Hz | 11Hz | 12Hz | 13Hz |
|---|---|---|---|---|---|---|
| 2018.11.26 | 4.6 | 31.6 | 43.6 | 18.1 | 1.9 | 0.2 |
| 2019.3.14 | 8.7 | 32.4 | 43.3 | 14 | 12 | 0.4 |
| 2019.7.2 | 24.5 | 32.6 | 28.4 | 9.7 | 3.4 | 1.4 |
| 2019.11.14 | 28 | 19.3 | 37.6 | 34.9 | 3.7 | 1.1 |

**图2　脑a波优势频概率分布情况**

2.2.2 脑电信息熵值 FSP0102的脑电信息熵值变化提示该运动员一直比较稳定，在2019年11月的状态最佳。（表2）

2.2.3 中枢疲劳指数 第一次测试中度中枢疲劳，其他次测试无中枢疲劳情况。（表2）

2.2.4 紧张焦虑指数 第一次测试紧张焦虑指数略高，其他次测试无紧张焦虑情况。（表2）

表2 4次脑电测试指标情况表

| 日期 | 训练阶段 | 脑电信息熵值 | 中枢疲劳指数 | 紧张焦虑指数 |
|---|---|---|---|---|
| 2018.11.26 | 冬训中期 | 0.67 | 34 | 29 |
| 2019.3.14 | 赛前期 | 0.67 | 24 | 22.5 |
| 2019.7.2 | 赛前期 | 0.81 | 17 | 19.5 |
| 2019.11.14 | 赛前期 | 0.4 | 23 | 13.5 |

## 3 讨论

### 3.1 单次测试

运动员FSP0102脑电分型为认知型，自组织能力较强，有中枢中度疲劳和略微紧张焦虑状况。当时是冬训的中期，经与教练员、随队科研人员和运动员交流后，发现这种情况与运动员学习新动作遇到瓶颈有较大关系，属于正常现象，给予关注和适当引导即可。

### 3.2 多次纵向测试

运动员FSP0102脑电分型稳定在认知型，善于思考，比较稳定，自组织能力强。2019年11月时，该运动员脑电信息熵值较低，无中枢疲劳，无紧张焦虑状态，是取得良好比赛成绩的脑中枢特征结构。

## 4 结论

中枢状态的监控一直是科学训练监控的难点，本研究为客观分析运动员运动训练过程中的中枢状态变化提供了依据。

## 参考文献

[1] 李捷，李端英，裘晟，等.竞赛表现的力量突破与系统训练的“总功”约束（中）——以赛艇项目为例[J].中国体育教练员，2020，28（2）：3-8.

[2] 李捷，王晓军，裘晟，等.竞赛表现的力量突破与系统训练的“总功”约束——目标系统表现最大功率优化与能量提升的系统训练生物原理（上）[J].中国体育教练员，

2019，27（4）：17-21.

［3］李捷，裘晟，李端英，等.“以赛带练”与“以实战为核心”训练原则的现代认识——竞赛目标表现状态与训练过程中能量关系的系统生物逻辑分析[J]. 中国体育教练员，2019，27（3）：14-18.

［4］郑晓，李捷，徐晓阳，等.优秀跳水运动员赛前脑功能训练适应状态的量化分析[J]. 中国运动医学杂志，2015，34（4）：383-387.

［5］宋爱晶，裘晟，张援，等.比赛应激源对不同级别竞技水平跳水运动员脑α波与神经递质的时序影响[J]. 中国运动医学杂志，2014，33（6）：583-589.

［6］王晓军，李捷.不同水平射击运动员脑电α波测试结果的比较[J].体育科研，2009，30（1）：89-91.

［7］翟晴晴，林岭，何吉，等.急性不同强度训练对越野滑雪男运动员脑α波的影响研究[J].浙江体育科学，2020，42（3）：69-73，108.

［8］韩东旭，周传岱，刘月红，等.模拟失重状态人脑波频率涨落分析[J].航天医学与医学工程，2002，15（3）：174-177.

［9］李稚.我国优秀运动员脑功能特征及其训练监控应用的研究[D].上海：上海体育学院，2016.

［10］张晓羽.1小时不同难度记忆操作任务对大学生运动员中枢神经递质的影响[D].宁波：宁波大学，2019.

［11］张小游.60分钟中等强度有氧运动对体育专业男大学生脑功能状态的影响[D].宁波：宁波大学，2018.

［12］吴梅婷.长时间认知操作任务对脑功能状态的影响[D].宁波：宁波大学，2017.

［13］李欣鑫.优秀射箭运动员不同负荷状态下中枢神经递质、脑电复杂度变化及干预方法的研究[D].太原：山西大学，2016.

# 田径运动员贫血的原因探析

杨小英

（广西壮族自治区体育科学研究所，广西　南宁　530031）

**摘要：**本研究探究4名田径运动员贫血的原因，采用的是检测运动员血细胞成分、血红蛋白电泳、地贫基因等方法。检测结果表明，4名运动员的血细胞成分主要检测结果显示他们均有轻度贫血。陈某血红蛋白电泳值为4.8%，明显高于正常值；劳某、周某和石某检出东南亚缺失型α地贫-1基因；4名运动员的G-6-PD活性检测结果均为正常。研究认为，4名运动员均为地中海贫血基因携带者，其中劳某、周某和石某携带东南亚缺失型α地贫-1基因，基因型为（--/αα）；陈某携带β地贫基因。

**关键词：**田径运动员；贫血；地中海贫血

运动性贫血是运动科学界关注而且长期未解决的问题。学术界把运动性贫血分为广义和狭义两类。广义的运动性贫血包括运动员机体内发生的任何贫血现象，狭义的运动性贫血是由剧烈运动导致的贫血现象。目前国内外体育界多以研究狭义的运动性贫血为主。本研究对4名有贫血现象且用现有措施长期无法改变的运动员进行血细胞成分、血红蛋白A2、地贫基因等多项指标联合检测，探究其贫血的原因，为此类运动员制定合理的处理措施提供科学依据。

## 1　研究对象与研究方法

### 1.1　研究对象

以4名广西田径队专业运动员为例，对田径运动员贫血的原因进行研究。经多次对4名运动员的跟踪检测发现，血细胞成分中多项指标异常且经常规处理效果不理想。

### 1.2　研究方法

通过对血细胞成分、血红蛋白电泳、地贫基因等的联合检测来综合分析4名运动员贫血的原因。

---

**作者简介：**杨小英（1968—），研究员，硕士。研究方向：运动训练生理生化监控。

## 2 研究结果

### 2.1 4名运动员血细胞成分分析情况

由表1可知，石某的红细胞数（RBC）接近正常值的最高值（$5.8\times10^{12}$/L），其余3名运动员的RBC均明显高于正常值；劳某和周某的血红蛋白（Hb）接近男性正常值的最低值（130 g/L），陈某和石某的血红蛋白（Hb）低于正常值的最低值（130 g/L）；4名运动员的平均红细胞体积（MCV）均低于正常值的最低值（80 fL），提示他们可能患有贫血，具体贫血原因需结合其他检测综合分析才能确定。

表1 4名运动员血细胞成分主要指标检测结果

| 姓名 | 红细胞计数 / ($10^{12}\cdot L^{-1}$) | 血红蛋白 / ($g\cdot L^{-1}$) | 平均红细胞体积 / fL |
|---|---|---|---|
| 劳某 | 6.37 ↑ | 137.4 | 71.22 ↓ |
| 陈某 | 6.05 ↑ | 119.8 ↓ | 64.96 ↓ |
| 周某 | 6.10 ↑ | 135.0 | 70.30 ↓ |
| 石某 | 5.62 | 122.0 ↓ | 67.70 ↓ |

注：↑表示高于正常值，↓表示低于正常值。

### 2.2 4名运动员血红蛋白电泳检测情况

由表2可知，陈某的血红蛋白A2值明显高于正常值（正常值：2.3%~3.3%），可以诊断其携带β地贫基因；周某的血红蛋白A2值为2.2%，略低于正常值；劳某、石某的血红蛋白A2值均在正常值范围内。这3名运动员可能为α地贫或其他原因引起的贫血，仍需做进一步基因检测确定其贫血原因。

表2 4名运动员血红蛋白电泳检测分析

| 姓名 | 血红蛋白 A2 / % | 检测结果 |
|---|---|---|
| 劳某 | 2.4 | 血红蛋白分析未见异常 |
| 陈某 | 4.8 ↑ | β 地贫 |
| 周某 | 2.2 ↓ | 血红蛋白 A2 量少，建议做基因分析确诊 |
| 石某 | 2.3 | 血红蛋白分析未见异常 |

注：↑表示高于正常值，↓表示低于正常值。

### 2.3 4名运动员地中海贫血基因检测情况

由表3可知，通过基因检测确定劳某、周某和石某携带东南亚缺失型α地贫-1基因，基因型为（--/αα），排除陈某携带α地贫基因。

表3 4名运动员地中海贫血基因检测情况

| 姓名 | 检测项目 | 分析结果 | | 诊断 |
|---|---|---|---|---|
| | | α 地贫血基因分析 | β 地贫血基因分析 | |
| 劳某 | α 地贫基因分析 | 东南亚缺失型 α 地贫 -1 基因，其余基因未检测出 | 未测 | 东南亚缺失型 α 地贫 -1 基因，基因型为（--/α α） |
| 陈某 | α 地贫基因分析 | 未检测出所检测基因 | 未测 | 排除 α 地贫 |
| 周某 | α 和 β 地贫基因分析 | 东南亚缺失型 α 地贫 -1 基因，其余基因未检测出 | 检出所测所有正常序列，未检出所测所有突变序列 | 东南亚缺失型 α 地贫 -1 基因，基因型为（--/α α） |
| 石某 | α 和 β 地贫基因分析 | 东南亚缺失型 α 地贫 -1 基因，其余基因未检测出 | 检出所测所有正常序列，未检出所测所有突变序列 | 东南亚缺失型 α 地贫 -1 基因，基因型为（--/α α） |

### 2.4 4名运动员G-6-PD活性检测情况

由表4可知，4名运动员的G-6-PD活性除劳某在正常值范围内，其余3人均高于正常值，说明他们均无缺乏G-6-PD的情况，可以排除他们由G-6-PD缺乏导致的贫血。

表4 4名运动员G-6-PD活性检测情况

| 姓名 | G-6-PD 活性 |
|---|---|
| 劳某 | 9.0 |
| 陈某 | 27.4 ↑ |
| 周某 | 27.8 ↑ |
| 石某 | 31.3 ↑ |

注：↑表示高于正常值。

## 3 讨论

目前，国内外关于运动性贫血的研究主要是针对狭义的运动性贫血。在防治措施上，国外对于运动性贫血侧重于有效铁剂的研制与利用，并且形成了服用铁剂可以有效防治贫血的片面观点。国内学者则通过合理膳食结构的制定与应用，适宜中草药和低氧条件的探讨和使用，强力营养剂（手段）的研究和使用等方法来改善贫血，但在运动实践中部分研究仍缺乏系统性和实效性。

地贫是一种遗传性慢性溶血性贫血，是由调控珠蛋白合成的基因缺失或突变导致构成血红蛋白的α链和β链珠蛋白的合成比例失衡、红细胞寿命缩短的一种血红蛋白病贫血。临床上，根据基因缺陷的分类，地贫主要分为α链珠蛋白地贫及β链珠蛋白地贫；根据基因分型，地贫分为α地贫、β地贫、γ地贫及γβ地贫等，临床上高发的主要是前两者。地贫临床症状轻重不一，是一种小细胞低色素性贫血，MCV明显低于正常人。外周血MCV降低是地贫的特征，也是临床医师发现该病的第一个信号。也有报道发现有8%左右的地贫基因携带者MCV正常。目前，我国地贫可以通过血细胞成分、血红蛋白电泳、基因等多项指标的检测进行筛查和确诊，发达国家对地贫的诊断与筛查主要运用基因诊断。

自劳某等4名运动员入队进行专业训练以来，长期的科研跟踪发现，他们的血常规指标始终为：劳某和周某的RBC高于$6.00\times10^{12}$/L，Hb均低于140 g/L，MCV低于80 fl；陈某和石某的RBC高于$5.50\times10^{12}$/L，Hb均低于130 g/L，MCV低于70 fl。结合他们在训练中易疲劳，通过训练调整、使用营养补充剂等措施效果欠佳等情况，对他们进行了进一步的实验检测。

为查明4名运动员的贫血原因，本研究对他们进行了血细胞成分、血红蛋白A2、地贫基因等的联合检测。表1的3项指标显示这些运动员为小细胞低色素性贫血。表2血红蛋白A2检测结果显示陈某的血红蛋白A2为4.8%，明显高于正常值，据此可确定陈某为β地贫基因携带者，表3基因检测结果也证实其为β地贫基因携带者，其余3名运动员的血蛋白质A2均小于正常值或接近正常的最低值，他们可能为α地贫或其他原因引起的贫血。表3地贫基因检测结果显示劳某、周某、石某3人均携带东南亚缺失型α地贫-1基因，基因型为（--/αα），排除陈某携带α地贫基因。对4名运动员进行G-6-PD活性测定（表4）的结果排除了他们同时患有G-6-PD缺乏症而导致的溶血性贫血的可能性。综合表1至表4联合检测结果及临床表现可以诊断陈某为β地贫基因携带者，其余3人为α地贫基因携带者。从广义上看，他们都为运动性贫血患者。

地贫为一种慢性溶血性贫血，临床上常将其作为缺铁性贫血进行治疗，但效果不理想。运动实践证明，贫血或血红蛋白过低会直接影响运动员的训练、恢复或身体健康。在科技服务过程中，对4名运动员按缺铁性贫血进行含铁运动营养补剂补充等常规处理，均疗效不佳。经本次检测确定其病因后，对运动员的处理措施为：口服叶酸片10 mg/d，连续服用10 d；加强营养，合理膳食；合理安排训练和休息，忌铁剂补充。最终收到了良好效果。

## 4 结论与建议

4名运动员均为轻度贫血，为地贫基因携带者，应该按轻症地贫特点予以处理。南方属地贫高发地区，红细胞计数偏高，血红蛋白、平均红细胞体积长期低于正常值而经常规方法处理后效果不明显者，应该进一步检查确定其是否患有地贫或G-6-PD活性缺乏的疾病，在选材和训练中均应注意。

## 参考文献

[1] MUNCIE H L Jr, CABPBEll J. Alpha and beta thalassemia[J]. AmFam Physician, 2009, 80(4): 339-344.

[2] 王燕燕，李晓辉，徐西华.地中海贫血诊治进展与我国现状[J].中国实用儿科杂志，2013，28(6)：473-476.

[3] 李长钢.地中海贫血临床诊治中存在的问题[J].临床儿科杂志，2009，27(8)：714-717.

# 退役运动员从事体育相关职业发展影响因素与就业促进政策研究

杨成波

（成都体育学院小球系，四川　成都　610041）

**摘要：**本研究以我国退役运动员从事体育相关职业影响因素与就业促进政策为主要研究对象，以退役运动员、职业转换期运动员、运动员就业安置管理人员和用人单位管理人员等为调查对象，对我国退役运动员从事体育相关职业分类与从业要求进行梳理归纳，对退役运动员从事体育相关职业发展影响因素进行调查分析，对职业转换期运动员就业需求特征进行归纳，对退役运动员就业促进政策进行梳理剖析，进而提出我国退役运动员就业促进政策的优化建议。

**关键词：**退役运动员；体育相关职业；职业发展；就业；促进政策

## 1　体育相关职业分类与从业要求

体育相关职业分为体育相关职业核心层、体育相关职业紧密关联层、体育相关职业外围层。体育相关职业核心层包括体育教育与科研、体育健身休闲、体育竞赛与训练3个职业类群，体育相关职业紧密关联层包括体育管理、赛事运营与服务、体育中介服务、体育场馆服务4个职业类群，体育相关职业外围层包括体育场地设施建设、体育传媒与信息、体育用品制作、其他相关服务4个职业类群。

## 2　退役运动员从事体育相关职业发展影响因素

影响退役运动员从事体育教育与科研职业发展的重要因素为退役年限、年龄、性别、受教育程度、教育重视度、学习能力、自控能力、职业素养、地区就业政策、家庭支持水平、地区经济水平、职业规划满意水平和就业培训满意水平。

影响退役运动员从事体育竞赛与训练职业发展的重要因素为运动等级、训练年限、年龄、退役年限、最高参赛赛事、健康水平、教育重视度、受教育程度、职业素养、适应能力、家庭支持水平、地区体育发展水平、地区经济水平、职业规划满意水平和就业培训满意

---

**作者简介：**杨成波（1978—），教授，博士。研究方向：竞技体育管理与运动训练过程控制。

水平。

影响退役运动员从事体育健身休闲职业发展的重要因素为性别、年龄、退役年限、受教育程度、教育重视度、职业素养、家庭支持水平、地区经济水平、地区就业政策、地区人文环境、地区体育发展水平、就业补偿金、职业规划满意水平和社会保障满意水平。

影响退役运动员从事体育管理职业发展的重要因素为运动等级、年龄、退役年限、训练年限、赛事最好成绩、受教育程度、教育重视度、写作能力、办公能力、协作能力、职业素养、地区就业政策、地区人文环境、地区体育发展水平、家庭支持水平、职业规划意识、职业规划满意水平、就业培训满意水平和社会保障满意水平。

影响退役运动员从事体育赛事运营与服务职业发展的重要因素为年龄、退役年限、健康水平、教育重视度、受教育程度、语言能力、协作能力、职业素养、地区经济水平、地区体育发展水平、家庭支持水平、就业补偿金、职业规划意识、职业规划满意水平和社会保障满意水平。

影响退役运动员从事体育场馆服务职业发展的重要因素为年龄、退役年限、健康水平、性别、教育重视度、受教育程度、协作能力、职业素养、地区体育发展水平、家庭支持水平、就业补偿金、职业规划意识、职业规划满意水平和社会保障满意水平。

影响退役运动员从事体育传媒与信息职业发展的重要因素为年龄、退役年限、教育重视度、受教育程度、适应能力、语言能力、职业素养、家庭支持水平、地区体育发展水平、地区经济水平、就业补偿金、职业规划意识、职业规划满意水平和社会保障满意水平。

## 3 职业转换期运动员就业相关要素特点

### 3.1 文化教育特征

职业转换期运动员的文化教育程度整体偏低，具有专科或本科文凭的居多。职业转换期运动员的受教育意识淡薄，自主学习意识和持续学习能力较弱，对国家有关运动员文化教育的实施政策缺乏了解，对自身文化教育水平的提升缺乏规划和目标。

### 3.2 综合素质能力特征

职业转换期运动员综合素质能力结构较为单一，综合素质存在不全面性和非均衡性特征。其体育专业素质较强，且具有较好的心理抗压能力、吃苦耐劳素质和思想道德素养，而创新能力、自控能力、对外交流能力和文字写作能力等相对较弱。

### 3.3 就业需求特征

职业转换期运动员职业需求大多数集中于体育竞赛与训练、体育教育与科研、体育管理等“编制内”的体育相关职业。其就业选择比较注重区域发展水平和工作环境。多数职业转换期运动员对自主择业或自主创业的规划较为模糊，对自主择业市场需求及自身水平缺乏清晰认知，对自主择业存在抵触和排斥态度。

3.4 社会支持特征

职业转换期运动员的就业选择更加注重地区就业政策的优越性，倾向于就业地区给予更多的扶持或照顾政策。地区经济水平是职业转换期运动员就业选择的重要考虑因素，他们倾向于经济发达或经济发展较好的地区或城市。职业转换期运动员的就业倾向于得到家庭的全面性支持。

3.5 就业培训及保障政策

职业转换期运动员对社会保障、就业政策等缺乏深入了解；对退役后的社会保障需求较高，对伤病保险的保障力度存在担忧；普遍存在参加就业培训的主动意愿，但对现有就业培训体系的课程设置、课程内容和培训方式等的满意度不高。

## 4 退役运动员就业促进政策不足分析

4.1 文化教育相关政策领域

大部分运动员文化学习的主动性和积极性不足，所以对运动员职业素养、综合能力素质、通用实用技能培养有待进一步增强，结合就业及职业发展走向的相关个性化方案有待进一步细化。在职业转换期，针对期望继续读书深造的运动员的引导及文化衔接辅导服务欠佳，基于不同运动项目、不同职业生涯阶段的运动员文化学习的评估、评价体系，以及奖惩机制有待进一步深化完善。

4.2 自主择业相关政策领域

自主择业经济补偿的结构待优化，对项目社会化水平低、就业区域偏远的运动员补偿力度不够，且补偿费的发放方式较单一。针对不同就业及职业走向运动员的职业生涯规划辅助服务体系有待进一步完善，对运动成绩相对欠优异、项目社会化水平低的运动员群体关注力度不够。自主择业相关社会支持系统协同水平相对不足。

4.3 就业与职业培训相关政策领域

退役运动员就业培训的时间安排相对滞后，培训周期偏短。就业培训内容体系欠完善，针对不同项目及职业走向的个性化培训方案有待细化。运动员实习、见习平台建设滞后，时间安排偏晚。就业及职业培训相关评估体系、评价体系、激励机制欠完善。

4.4 社会保障相关政策领域

运动员退役前期的社会保险制度安排有待跟进，相关保障制度设计，对项目社会化水平、就业选择与职业走向的差异性考量不足，伤病保险体系相对单一。

## 5 退役运动员就业促进政策优化建议

### 5.1 文化教育相关政策领域

进一步明确运动员文化教育指导理念，构建运动员个性化技能培养方案，健全运动员文化培训、辅导衔接服务体系，重视运动员文化学习评估、评价及奖惩的体系、机制建设。

### 5.2 自主择业相关政策领域

完善运动员自主择业经济补偿机制，调整比赛奖金及补贴发放方式，加强运动员的运动职业生涯与新的职业生涯规划的衔接融合，提升运动员自主择业社会支持系统的协同化水平。

### 5.3 就业与职业培训相关政策领域

探索以拟退役期为起点的就业培训体系，延长就业培训周期，构建基于项目特点、职业走向的个性化就业与职业培训体系，推进运动员实习平台建设，构建以市场为导向的就业、职业培训评估、评价体系，完善相关奖惩机制。

### 5.4 社会保障相关政策领域

补充完善运动员退役前期的保险体系设计，探索构建多元化的运动员伤病保险体系。

## 参考文献


[1] 王晓红，李金龙.文化教育：我国运动员群体的战略抉择[J].北京体育大学学报，2010，33（4）：11-15.

[2] 马殊韬.辽宁省退役运动员就业情况调查与对策分析[D].北京：北京体育大学，2008.

[3] 曾人杰，许耿菲，肖梦园.厦门市举重退役运动员就业现状调查及对策研究[J].绵阳师范学院学报，2020，39（5）：122-126.

[4] 刘建和，毛俐亚，蒲鸿春，等.关于构建运动员合理退出机制的几点思考[J].西安体育学院学报，2009，26（6）：656-660.

[5] 张华.我国水上奥运项目退役运动员就业现状及对策研究[D].武汉：武汉体育学院，2008.

[6] 刘军.体育运动学校学生文化课学习现状的调查研究——以陕西省少体校为例[D].西安：陕西师范大学，2015.

[7] 虞重干，刘炜，匡淑平，等.我国优秀运动员文化教育现状调查报告[J].体育科学，2008，28（7）：26-36.

# 无标准品条件下建立兴奋剂的质谱检测方法

杨　声

（国家体育总局反兴奋剂中心检测实验室，北京　100029）

**摘要**：为了建立缺乏标准条件下兴奋剂的检测方法，本研究分析了无标准品的客观原因为法律层面的限制、原创成果的专利保护及缺乏商业价值，提出了数据库比对法、文献法、线性回归模型预测等解决办法，综合应用可以解决实际工作中的困难。

**关键词**：标准品；谱库检索；质谱检测；兴奋剂

在反兴奋剂领域，世界反兴奋剂机构（WADA）每年都会更新禁用物质清单，有一些新的物质被加入清单，或者随着技术的发展，发现原有的兴奋剂物质还有其他的代谢物具有更长的检测窗口期，可以用来建立新的检测方法。然而，实验室面临着一个难题，即在最短的时间内跟上国际领先技术，保证体育比赛的公平和公正。为了解决这个难题，本研究从缺乏标准品的原因展开分析，并提出了一些可以在实际工作中使用的方法。

## 1　标准品、有证标准品的概念和作用

在药物分析、计量科学领域，标准品是指具有一个或多个足够均匀的特性值的物质或材料，用以校准设备、评价测量方法或给材料赋值，可作为分析测量行业中的“量具”。有证标准品（Certificated Reference Material，CRM）附有证书，其生产单位实验室经中国合格评定国家认可委员会（CNAS）标准品认可，其一种或多种特性值用建立了溯源性的程序确定，使之可溯源到准确复现的用于表示该特性值的计量单位，而且每个标准值都附有给定置信水平的不确定度。只有有证标准品提供的特性量值和不确定度才能够用于校准仪器，为其他物质赋值或作为质量控制的标样。

**作者简介**：杨声（1973—），研究员，博士。研究方向：兴奋剂检测新技术。

## 2 缺乏标准品的原因

### 2.1 法律层面的原因

国务院颁发的《反兴奋剂条例》于2004年3月1日起正式实施。该条例对兴奋剂生产、经营、进出口环节的管理做出了严格规定，明确了各有关部门的反兴奋剂职责。

2007年，国家食品药品监督管理局发布的《关于贯彻落实〈反兴奋剂条例〉进一步加强兴奋剂管理的通知》中第二项的第三条规定：进出口蛋白同化制剂、肽类激素，需要取得药品监督管理部门出具的进出口准许证。2006年7月，国家食品药品监督管理局、中华人民共和国海关总署和国家体育总局联合发布的《蛋白同化制剂、肽类激素进出口管理办法（暂行）》，对蛋白同化制剂、肽类激素进出口审批进行了规范。

类似地，其他国家也已采用立法的形式限制兴奋剂类物质的进出口，如美国的类固醇法案等均做出了规定，违法持有兴奋剂等物质将受到法律制裁。美国的Steroloids公司就明确规定，该公司生产的标准品一般不能出口到国外，若要出口，必须有外国政府主管部门（如FDA，即美国食品药品监督管理局的机构）同意进口的许可文件才可以。

在严格管理的条件下，在客观上对反兴奋剂方法的检测技术研究遇到了一定的困难。购买兴奋剂的标准品存在层层申报、审批、报告等环节，延长了科研工作的期限。即使研究人员通过检索文献查找到了这些标准品的来源，但受法律层面的约束，也不能购买相应标准品，即使已与有进出口权的供应商签订了采购合同，货品在通过海关时也会被拦截和查扣，甚至退回。

### 2.2 原创性和专利的保护

一般地，如果是原创性的研究成果，作者除了发表论文以外，还常常会申请专利，而专利在审批环节需要一段时间。在此时间内，其他的研究者很难获得原作者的研究材料。如果专利技术获得批准，在很长的时间内（通常为10年），其他人未经授权不得使用专有的技术和材料。

### 2.3 缺乏商业价值

缺乏标准品的另一个原因是市场有限，缺乏商业价值，很多公司不愿意代理。用来建立检测方法的标准品一般用量为几十毫克，而对质量体系和溯源性等的高标准要求，使得很少有公司愿意承担合成、研发标准品的任务。例如，2013年就报道了类固醇药物脱氢氯甲睾酮有M3和M4等新的代谢物，但直到2018年，奥地利实验室的研究人员才人工合成了这2种标准品。

## 3 解决方法

在反兴奋剂领域，质谱检测技术是一种公认的标准技术。例如，对类固醇药物的检测，已经使用气相色谱联用质谱技术，该技术已经有近50年的历史。在缺乏标准品的情况下，可以尝试以下方法。

### 3.1 数据库比对法

3.1.1 气相色谱—质谱联用的数据库 2020年美国国家标准研究所（NIST）发布了全新的 NIST-20 版质谱数据库，其中增加了近4万个新增化合物的 EI 质谱数据，收录了超过30.6万种化合物，更新了保留指数（RI）和检测方法，包含近14万种化合物的45万条RI信息。新增化合物主要为人类和植物代谢物、非法药品等常用分析化合物，进一步提高了广大质谱工作者的分析效率。虽然最新的标准品不一定可以查到，但这个谱库还是有很高的参考价值的。如果检索不到相应物质的质谱数据，可考虑继续查询液质的数据库。

3.1.2 液相色谱—质谱联用的数据库 m/z Cloud是一个高分辨的液相色谱—质谱数据库，主要由赛默飞公司建立。该数据库有代谢组学、法医毒理学、食品科学、环境污染物等领域的物质。它还提供二级高分辨液质质谱图的检索，以及不同碰撞电压下的二级谱图检索。

3.1.3 蛋白质、多肽类物质的数据库 常用的蛋白质数据库有很多，其中UniProt被认为是收录最广泛和注释信息最全面的蛋白质数据库。SwissProt由欧洲生物信息学中心（EBI）维护，其中含有氨基酸序列的数据库目前已合并入 UniProt数据库，SwissProt在基因组、蛋白质组研究方面和分子生物学领域提供氨基酸序列的结构信息。

### 3.2 文献法

通过文献法检索，有时候也能快速、准确地获得新型兴奋剂的质谱数据。在反兴奋剂领域常用的电子SCI期刊的数据库有Elsevier电子期刊数据库和美国国家卫生研究所（NIH）的Pubmed数据库，很多期刊是这两大数据库共同收录的。此外，还有*Nature*和*Science*的网站。国内的数据库有中国知网和万方数据，以及一些专业杂志如《色谱》《分析测试学报》《质谱学报》《体育科学》《中国运动医学杂志》等的网站。

### 3.3 线性回归模型预测法

在实际工作中，如果我们已经有了一类化合物中的几种标准品，但国外的研究者又发表了某个新增化合物的研究文章，我们就可以根据同类化合物在化学结构上的相似性，建立线性模型进行预测。例如，在睾酮酯的检测方法中，若已对丙酸睾酮酯和十一酸睾酮酯进行过定性研究，那么在庚酸睾酮酯缺乏的情况下，就可建的线性模型，结合甾体激素17位的侧链的碳原子数与实际测得的保留时间值，利用统计软件SPSS或Excel工具进行相关分析。如果相关系数 $r$ 在0.95以上，则基本可以预测其保留时间。根据同类化合物的裂解规律，有经验的研究者可以推算出分子离子峰和主要的特征碎片。可以利用这些色谱、质谱参数进行筛查工作。待获得了庚酸睾酮酯的标准品后，经过比对，发现误差为0.5~1.0 min。

## 4 结语

本研究从兴奋剂检测实际工作中遇到的问题出发，分析了缺乏标准品的客观原因并提出了数据库比对法、文献法、线性回归模型预测法。这些方法的综合运用可以解决无标准品的现实困难。

## 参考文献

[1] SOBOLEVSKY T, RODCHENKOV G. Detection and mass spectrometric characterization of novel long-term dehydrochloromethyltestosterone metabolites in human urine[J].The Journal of Steroid Biochemistry and Molecular Biology, 2012, 128(3/5): 121-127.

[2] SHACKLETON C H, KELLY R W, ADHIKARY P M, et al. The identification and measurement of a new steroid 16 beta-hydroxydehydroepiandrosterone in infant urine [J].Steroids, 1968, 12(6): 705-716.

[3] 骆瑜，刘志斌.基于NIST数据库的农药残留裂解谱库的建立及应用[J].食品安全导刊，2019(21): 161-162, 164.

[4] 齐安安，马灵飞，雷春妮，等.Massworks™结合NIST11谱库在羊油香气成分准确定性分析中的应用[J]，质谱学报，2019, 40(2): 167-176.

# 不同方式高原训练期间游泳运动员网织红细胞变化规律的研究

杨贤罡

（河北省体育科学研究所研究中心，河北 石家庄 050011）

**摘要：**本研究用于观察游泳运动员高原训练期间网织红细胞（Reticulocyte，Ret）的变化规律，以及不同方式高原训练中Ret变化的差异。对20名女子游泳运动员分别进行有氧能力主导型高原训练（G1，*n*=9）和速度强度主导型高原训练（G2，*n*=11），时间均为4周。本研究采集晨起空腹静脉血测试成熟红细胞和Ret相关指标作为分析对象。结果表明，①G1期间，Ret%、Ret#和MRV持续显著性下降，第4周显著低于第1周。而IRF先显著升高然后显著下降，第4周与第1周无显著差异。G2期间，Ret%和Ret#在前期相对稳定，后有所升高再显著下降，第4周与第1周无显著差异。MRV前期相对稳定，后有所下降再显著增加。IRF在后2周较前2周显著下降。②G1和G2期间的RBC、HGB和HCT均无显著变化。G1期间的MCV、MCH、MCHC、RDW在中、后期较前期有所升高；G2期间的MCV先升高后下降，MCH和MCHC均持续性下降，RDW持续保持在较高水平。本研究认为，①对高原训练期间Ret变化的分析需综合考虑低氧和训练双重因素的交互作用，在训练方式方面尤其要考虑训练负荷的差异及运动员的适应情况；②与正常红细胞相比，Ret更能反映高原训练期间红细胞生成的状态，其中IRF更为敏感地反映了骨髓造血机能受刺激程度的变化。

**关键词：**游泳运动员；高原训练；网织红细胞；训练方式；未成熟红细胞指数

网织红细胞（Reticulocyte，Ret）是含有残留核糖核酸（RNA）的未成熟红细胞，是晚幼红细胞脱核后到完全成熟红细胞之间的过渡细胞。Ret是监控运动员身体机能，特别是红细胞变化的重要指标。耐力性项目运动员存在很高的运动性贫血风险，易溶血使红细胞受破坏而减少，使得骨髓造血功能受到刺激，促进红细胞的生成增多。极限山地超长距离马拉松比赛后的网织红细胞百分比（Ret%）较赛前显著升高，至赛后5天进一步显著升高。Ret则是反映运动员骨髓造血机能受刺激程度的敏感性较高的血液学指标。

高原训练能够有效提高机体各功能系统的效率，增强运动员备战比赛的水平，已经成

**作者简介：**杨贤罡（1984—），研究员，博士。研究方向：运动表现的生物学机制。

为优秀游泳运动员的重要训练手段。高原训练过程中受低氧和训练双重因素的刺激，骨髓造血状态发生改变时，外周血中Ret的水平比红细胞计数（RBC）、血红蛋白（HGB）的水平更易改变，故通过检测运动员的Ret能够先于RBC、HGB反映骨髓红系造血功能的状态，进而早期评估高原训练的效果。目前，国内外关于高原训练对Ret影响的研究较少且结论不一致，同时这些研究主要集中在比较高原训练前、后的差异，缺少对高原训练过程中的变化规律及其特征的研究。同时，高原训练方式是影响Ret变化的因素之一。本研究的主要目的是通过观察游泳运动员高原训练期间Ret的变化规律，以及不同方式高原训练中Ret变化的差异，为进一步深入分析高原训练以提高运动员的生理机能和竞技表现提供数据支撑。

## 1 研究对象与研究方法

### 1.1 研究对象

不同方式高原训练期间游泳运动员Ret变化规律。

### 1.2 研究方法

#### 1.2.1 测试法

（1）测试对象。在2016年备战全国游泳冠军赛的高原训练期间，选取河北省游泳队的20名女子运动员，根据训练方式将其分为有氧能力主导型高原训练组（G1，$n$=9）和速度强度主导型高原训练组（G2，$n$=11）。运动员基本情况见表1。

训练时间为2016年2—3月，持续4周。训练地点为云南省昆明市天逸运动中心游泳馆，海拔高度为1 895 m。进行高原训练的运动员无心血管系统疾病、无血液学疾病及家族遗传病史、无运动性贫血与疲劳发生。高原训练前1周及高原训练期间服用过铁剂，每日铁补充剂量约为30 mg。运动员此前曾有过高原训练史，2次，4周/次，总高原暴露剂量约为2 500 km·h。

**表1 高原训练运动员的基本情况表**

| 组别 | G1（$n$=9） | G2（$n$=11） |
|---|---|---|
| 年龄 / 岁 | 15.22 ± 2.53 | 15.41 ± 2.38 |
| 身高 /cm | 169.00 ± 4.58 | 168.55 ± 4.23 |
| 体重 /kg | 53.78 ± 7.16 | 54.18 ± 6.48 |
| 训练年限 / 年 | 2.61 ± 1.83 | 3.00 ± 1.66 |
| 运动水平 | 5 名健将 +4 名一级运动员 | 6 名健将 +5 名一级运动员 |

（2）高原训练的负荷安排情况。G1的训练可大致划分为1周的适应和负荷量提高阶段；然后是2周的负荷量阶段，以专项有氧强度为主，含有部分耐乳酸训练和速度训练；最

后是1周的减量调整阶段。

G2的训练可大致划分为1周的适应和负荷量提高阶段；然后是1周的负荷量阶段，以有氧强度为主；最后2周为负荷强度阶段，训练量有所减少，但是训练强度提高，含有较多的无氧训练和速度训练。

2组运动员均完成了14次陆上训练课、12次休息调整课和30次水上训练课。依据强度划分标准将水上训练内容划分为4个强度区域：恢复（R）、有氧（E）、无氧（A）和速度冲刺（S），其分布情况见表2。

**表2　不同方式高原训练运动员水上训练负荷分布情况**

| 组别 | G1（$n$=9） | G2（$n$=11） |
|---|---|---|
| 总负荷量 / km | 19.9 | 19.6 |
| 恢复（R，km/%） | 3.3/16.4 | 3.9/19.9 |
| 有氧（E，km/%） | 14.7/73.8 | 12.1/61.7 |
| 无氧（A，km/%） | 1.3/6.7 | 2.8/14.3 |
| 速度冲刺（S，km/%） | 0.6/3.0 | 0.8/4.1 |

（3）测试指标与方法。分别于各阶段的每周三，即高原训练的第3天、第10天、第17天和第24天，收集运动员晨起空腹状态下肘前静脉血2 mL，并于2 h内通过全自动血细胞分析仪（Beckman Coulter，LH780，美国）分析其成熟红细胞和Ret相关指标。其中，Ret指标包括Ret%、网织红细胞绝对值（Ret#）、平均网织红细胞体积（MRV）和未成熟网织红细胞指数（IRF），正常红细胞指标包括RBC、HGB、红细胞压积（HCT）、平均红细胞体积（MCV）、平均红细胞血红蛋白含量（MCH）、平均红细胞血红蛋白浓度（MCHC）和红细胞体积分布宽度（RDW）。

获取运动员高原训练前、后的个人最好成绩，采用国际泳联积分系统将成绩换算成相应积分，以便进行统计学处理。

1.2.2　数理统计法　数据以均值±标准差的形式表示。游泳运动员高原训练期间各项指标在不同时间点是否存在差异采用单因素重复测量方差分析进行探究。整体分析先通过异常值和正态分布检验，然后根据Mauchly's球形假设检验进行判定。不同时间点间的两两比较采用配对$t$检验，不采用Bonferroni方法对显著性水平进行校正。当部分指标如睾酮、成绩积分仅涉及两个时间点之间的比较时，直接采用配对$t$检验。采用SPSS 13.0软件进行统计学处理，显著性水平定为$P$<0.05。

## 2 结果与分析

### 2.1 有氧能力主导型高原训练对游泳运动员血液指标的影响

整体分析发现，不同时间点的Ret指标Ret%、Ret#、MRV和IRF存在显著差异（$P<0.01$，$P<0.01$，$P<0.01$，$P<0.01$）。两两比较结果见表3。

**表3 女子游泳运动员有氧能力主导型高原训练期间Ret指标的变化**

| 周次 | Ret%/% | Ret#/（$10^{12}\cdot L^{-1}$） | MRV/fL | IRF/%w |
|---|---|---|---|---|
| 1 | 2.36 ± 0.32 | 0.115 3 ± 0.016 9 | 101.08 ± 6.80 | 0.238 8 ± 0.054 1 |
| 2 | 2.02 ± 0.27$^{*}$ | 0.097 8 ± 0.015 5$^{*}$ | 109.75 ± 4.01$^{**}$ | 0.326 2 ± 0.041 2$^{**}$ |
| 3 | 1.94 ± 0.33$^{**}$ | 0.092 7 ± 0.016 5$^{**}$ | 108.54 ± 2.50$^{**}$ | 0.331 4 ± 0.039 2$^{**}$ |
| 4 | 1.57 ± 0.25$^{**}$##&& | 0.076 0 ± 0.013 5$^{**}$##&& | 105.62 ± 2.98$^{*}$##&& | 0.271 3 ± 0.029 2##&& |

注：*表示与第1周相比较具有显著性差异，$P<0.05$，**表示$P<0.01$；#表示与第2周相比较具有显著性差异，$P<0.05$，##表示$P<0.01$；&表示与第3周相比较具有显著性差异，$P<0.05$，&&表示$P<0.01$。

整体分析发现，不同时间点的成熟红细胞指标MCV、MCH、MCHC和RDW存在显著差异（$P<0.05$，$P<0.01$，$P<0.05$，$P<0.01$）。两两比较结果见表4。

**表4 女子游泳运动员有氧能力主导型高原训练期间成熟红细胞指标的变化**

| 周次 | RBC/（$10^{12}\cdot L^{-1}$） | HGB/（$g\cdot L^{-1}$） | HCT/% | MCV/fL |
|---|---|---|---|---|
| 1 | 4.89 ± 0.20 | 141.22 ± 5.43 | 44.44 ± 1.51 | 91.01 ± 3.37 |
| 2 | 4.83 ± 0.31 | 141.00 ± 8.89 | 44.00 ± 2.92 | 29.24 ± 1.11$^{**}$ |
| 3 | 4.78 ± 0.27$^{*}$ | 139.89 ± 6.51 | 43.67 ± 1.87 | 29.30 ± 0.92$^{**}$ |
| 4 | 4.84 ± 0.27 | 141.56 ± 7.37 | 44.33 ± 1.94 | 29.27 ± 0.97$^{**}$ |

| 周次 | MCH/pg | MCHC/（$g\cdot L^{-1}$） | RDW/% | |
|---|---|---|---|---|
| 1 | 28.86 ± 1.09 | 317.00 ± 2.92 | 13.52 ± 0.56 | |
| 2 | 29.24 ± 1.11$^{**}$ | 320.22 ± 4.15$^{*}$ | 13.81 ± 0.58$^{*}$ | |
| 3 | 29.30 ± 0.92$^{**}$ | 321.00 ± 2.78$^{**}$ | 14.07 ± 0.62$^{**}$## | |
| 4 | 29.27 ± 0.97$^{**}$ | 319.11 ± 4.14 | 13.89 ± 0.80$^{*}$ | |

注：*表示与第1周相比较具有显著性差异，$P<0.05$，**表示$P<0.01$；#表示与第2周相比较具有显著性差异，$P<0.05$，##表示$P<0.01$；&表示与第3周相比较具有显著性差异，$P<0.05$，&&表示$P<0.01$。

### 2.2 速度强度主导型高原训练对游泳运动员血液指标的影响

整体分析发现，不同时间点的Ret指标Ret%、Ret#、MRV和IRF存在显著差异（*P*<0.05，*P*<0.05，*P*<0.01，*P*<0.01）。两两比较结果见表5。

**表5 女子游泳运动员速度强度主导型高原训练期间Ret指标的变化**

| 周次 | Ret%/% | Ret#/（$10^{12}$·$L^{-1}$） | MRV/fL | IRF/% |
|---|---|---|---|---|
| 1 | 1.53 ± 0.23 | 0.074 0 ± 0.011 6 | 111.56 ± 4.90 | 0.297 ± 0.031 8 |
| 2 | 1.49 ± 0.32 | 0.070 3 ± 0.014 0 | 113.25 ± 3.78 | 0.293 ± 0.031 0 |
| 3 | 1.75 ± 0.30# | 0.084 2 ± 0.014 3# | 104.54 ± 3.31$^{**}$## | 0.240 ± 0.028 9$^{**}$## |
| 4 | 1.45 ± 0.37& | 0.069 4 ± 0.017 7& | 106.68 ± 4.05$^{**}$##&& | 0.257 ± 0.034 9$^{*}$## |

注：*表示与第1周相比较具有显著性差异，*P*<0.05，**表示*P*<0.01；#表示与第2周相比较具有显著性差异，*P*<0.05，##表示*P*<0.01；&表示与第3周相比较具有显著性差异，*P*<0.05，&&表示*P*<0.01。

整体分析发现，不同时间点的成熟红细胞指标MCV、MCH、MCHC和RDW存在显著差异（*P*<0.01，*P*<0.01，*P*<0.01，*P*<0.01）。两两比较结果见表6。

**表6 女子游泳运动员速度强度主导型高原训练期间成熟红细胞指标的变化**

| 周次 | RBC/（$10^{12}$·$L^{-1}$） | HGB/（g·$L^{-1}$） | HCT/% | MCV/fL |
|---|---|---|---|---|
| 1 | 4.85 ± 0.26 | 140.30 ± 8.41 | 44.73 ± 2.37 | 92.01 ± 2.38 |
| 2 | 4.74 ± 0.24 | 137.77 ± 6.52 | 44.00 ± 1.84 | 92.56 ± 2.55$^{*}$ |
| 3 | 4.83 ± 0.29 | 138.93 ± 7.62 | 45.00 ± 2.28 | 92.95 ± 2.64$^{**}$# |
| 4 | 4.78 ± 0.30 | 136.39 ± 6.70 | 44.18 ± 2.04 | 92.67 ± 2.59$^{*}$& |
| 周次 | MCH/pg | MCHC/（g·$L^{-1}$） | RDW/% | |
| 1 | 28.96 ± 0.84 | 314.64 ± 3.38 | 13.67 ± 0.62 | |
| 2 | 29.07 ± 0.80 | 313.91 ± 4.35 | 14.01 ± 0.78$^{*}$ | |
| 3 | 28.78 ± 0.77$^{*}$## | 309.36 ± 2.16$^{**}$ | 14.26 ± 0.77$^{**\#}$ | |
| 4 | 28.55 ± 0.81$^{**}$##&& | 308.09 ± 1.92$^{**\#\#}$& | 14.23 ± 0.73$^{**}$ | |

注：*表示与第1周相比较具有显著性差异，*P*<0.05，**表示*P*<0.01；#表示与第2周相比较具有显著性差异，*P*<0.05，##表示*P*<0.01；&表示与第3周相比较具有显著性差异，*P*<0.05，&&表示*P*<0.01。

2.3 不同高原训练方式前、后游泳运动员个人最好成绩的变化

两组运动员在高原训练后的个人最好成绩均有显著提高（$P<0.01$，$P<0.01$），成绩转换积分分别提高了59分和58分，均提高了8.6%。（表7）

表7 不同高原训练模式前、后运动员比赛成绩的变化

| 组别 | 训练前FINA积分 | 训练后FINA积分 |
|---|---|---|
| G1（$n$=9） | 686 ± 89 | 745 ± 59** |
| G2（$n$=11） | 678 ± 82 | 736 ± 58** |

注：*表示与训练前相比较具有显著性差异，$P<0.05$，**表示$P<0.01$。

## 3 分析与讨论

高原训练主要通过低氧环境介导促红细胞生成素水平升高来刺激红细胞的生成，升高血红蛋白总量（HB）、HGB、HCT和Ret%，从而使运动能力提高。然而，关于高原训练对身体机能的影响还存在很多的不确定因素，高原训练手段产生阳性结果的比率仅为55.6%。通过检测运动员的Ret能够先于RBC和HGB反映骨髓红系造血功能状态，进而更早地评估高原训练的效果。

高原训练中Ret的变化涉及低氧和运动这2个因素。低氧因素方面，游泳运动员在低海拔高原训练期间，高住组的Ret%没有发生变化，而低住组显著降低，提示低氧有助于升高Ret%。Meta分析显示，Ret%在高原暴露剂量达到100~200 km · h时出现升高。高原暴露2天内即可使HGB快速升高，随后HGB的变化与剂量呈正相关，高原剂量达到1 000 km · h时HGB最多可升高0.94 g/dL。本研究中运动员的高原暴露剂量均超过了1 000 km · h。运动因素方面，运动员的Ret%与普通人群相似，但是个体内差异更大。急性运动可导致Ret升高，长期运动时Ret则下降。耐力型运动员在单次力竭运动后的Ret%增加约0.5%，而在持续整个赛季的长时间高强度比赛后Ret%约减少0.1%。但是公路自行车运动员在比赛期间的Ret#和Ret%先显著下降再显著上升。多个项目的运动员在整个赛季中的Ret%呈现下降，需要注意的是采样时间的选择对该类研究结果的影响。Ret或与HB、RBC的变化相平行，或变化趋势不一致，且Ret和HB之间并无相关性。这可能与运动项目、训练阶段和运动员的机能水平有关。

目前，国内外关于高原训练对Ret影响的研究较少，尤其缺乏Ret在此过程中的变化规律及应用研究。综合已有研究难以准确评估高原训练中Ret的变化情况，原因是各研究在低氧暴露方式、训练负荷、运动员水平、低氧训练史和敏感性、测试方法、营养状况等方面存在异质性。省级游泳运动员在3周高原训练后与训练前比较，Ret相关指标中仅MRV出现显著降低，与此同时HGB显著升高，但该研究未观察高原训练过程中的变化趋势。波兰世

界级游泳运动员的Ret%在高原训练期间先显著升高后逐渐下降，高原训练结束后的RBC、HB和HCT均显著增加。上述2项研究中的高原训练方式有所差异，前者主要为有氧耐力和较大强度的专项训练，后者含有较多的无氧训练，训练强度在后期逐渐提高至比赛强度。

高原训练易发生血清铁储备不足的情况，增加铁的摄入可以提高高原训练的效果。本研究中的运动员在高原训练前、中持续补充了铁剂，基本可以排除血清铁储备不足这一影响因素。对高原训练中Ret变化的分析需要综合考虑高原和训练双重因素的交互影响。本研究中，有氧能力主导型高原训练期间的Ret持续性降低，第4周下降至最低水平。Ret在前期的降低可能主要与训练应激使得Ret的成熟时间缩短，大量Ret快速成长为成熟红细胞，以满足专项有氧训练对血液系统携氧量的需求有关。但研究同时观察到成熟红细胞的RBC、HGB和HCT等并未发生变化。这与前期训练负荷增加导致破坏性溶血亦大量增加有关。高负荷训练易使成熟红细胞的老化加速，溶血增多，红细胞和HGB的破坏增加；在后期虽然训练负荷下降，但是Ret的进行性下降可能是运动员产生适应，使前期对骨髓造血功能的刺激效应逐渐消退与训练负荷下降共同作用的结果。在速度强度主导型高原训练前期，Ret相对稳定，中期有所升高，后期再回落至初始水平。前期的稳定可能主要是因为训练负荷对血液系统携氧量的要求未达到刺激骨髓造血功能的阈值，中期随着专项强度递增和无氧训练内容的增加超过刺激阈值，后期机体适应和负荷降低共同作用。本研究结果提示，高原训练期间的低氧因素相对恒定，而训练方式是影响Ret变化的主导因素，训练结构、负荷变化、机体状态都会影响Ret的变化趋势。

Ret%和Ret#不能反映Ret的成熟度，未成熟的Ret包括高荧光和中荧光强度的Ret。IRF是指未成熟Ret与总Ret的比值，是反映运动员在进行高原训练和返回平原后，促红细胞生成素（EPO）刺激效应产生和消退过程中机体促红细胞生成状态的敏感指标。运动员的IRF相对较高，其参考范围更宽，证实了运动员由于运动性溶血对骨髓造血机能产生了持续性刺激。女子长跑运动员低氧训练过程中IRF的升高早于Ret%、Ret#的增多。但是赛艇运动员的IRF在低氧训练第1天显著下降，第3天恢复至基础水平并一直维持到结束。本研究中，游泳运动员有氧能力主导型高原训练期间的IRF显著升高后再显著下降。IRF前期的升高可能主要与低氧和训练的协同刺激增强骨髓造血功能，大量未成熟的Ret从骨髓释放入外周血有关，后期的下降主要与骨髓造血效应减退有关，同时高原训练后期进入调整期，负荷量减少，训练刺激对携氧量的需求减少，这一点从反映运动员训练负荷和机能状态的肌酸激酶（CK）和血尿素氮（BUN）的变化趋势可以观察到。速度强度主导型高原训练期间的IRF前期相对稳定，后期显著降低。本研究认为两者在前期的差别可能主要与训练负荷，尤其是与有氧训练的负荷强度有关。更高的有氧能力负荷强度对血液系统携氧量的需求更大，从而造成对骨髓造血功能更大的刺激。

游泳项目的重要专项能力是耐力水平。本研究中的运动员均有过高原训练史，教练员以前的主要认识是高原训练对游泳运动员有氧能力的提高有益，有氧能力主导型高原训练是主要的训练方式，而速度强度主导型高原训练是一种新的尝试和经历。2组运动员在此次高原训练后的比赛成绩均显著提高了8.6%，速度强度主导型高原训练在成绩提高方面并未表现出明显的优势，原因可能与运动员水平、赛前训练安排等因素有关。高原训练需要与比赛紧密衔接，回到平原后的训练安排要保持机体通过高原训练所获得的适应性提高，并使运动员提高的身体机能与比赛时间相一致。除了合理地设计训练计划外，还需要辅以针对性的恢复、理疗和营养措施，以获得运动表现的提高。

## 参考文献

[1] BANFI G. Reticulocytes in Sports Medicine[J]. Sports Medicine, 2008, 38(3): 187-211.

[2] ROBACH P, BOISSON R C, VINCENT L, et al. Hemolysis induced by an extreme mountain ultra-marathon is not associated with a decrease in total red blood cell volume[J]. Scandinavian Journal of Medicine & Science in Sports, 2014, 24(1): 18-27.

[3] 樊云彩，盛蕾.高原训练对提高游泳运动员红细胞生成效果的研究[J]. 体育科学，2006, 26(5): 53-55.

[4] BONNE T C, LUNDBY C, LUNDBY A K, et al. Altitude training causes haematological fluctuations with relevance for the Athlete Biological Passport[J]. Drug Testing & Analysis, 2015, 7(8): 655-662.

[5] GARVICAN-LEWIS L A, VUONG V L, GOVUS A D, et al. Influence of combined iron supplementation and simulated hypoxia on the haematological module of the Athlete Biological Passport[J]. Drug Testing & Analysis, 2018, 10(4):731-741.

[6] 胡扬. 高原训练的多元化发展——从HiHi到HiLo再到HiHi+HiHiLo[J]. 体育科学，2010, 30(11): 74-78.

[7] 翁锡全，余群，林文弢，等.间歇低氧暴露对递增负荷运动SD大鼠红细胞参数和网织红细胞参数的影响[J]. 首都体育学院学报，2013, 25(2): 186-189.

[8] 沈倬，刘媛媛，曾凡星，等.低氧训练中网织红细胞血红蛋白与低色素红细胞百分比的变化[J]. 中国运动医学杂志，2006, 25(5): 582-584, 577.

# 体能康复训练创新实证研究
## ——伍冠华肱二头肌肌腱体能康复训练实证研究

杨金柱

（陕西省体育科学研究所，陕西　西安　710000）

**摘要**：陕西省体操运动管理中心吊环运动员伍冠华，曾经是2012年泛太平洋体操锦标赛、2014年全国体操冠军赛、2015年体操世界杯斯洛文尼亚站冠军，在参加福州全国体操锦标赛资格赛时左臂肱二头肌肌腱严重受伤。专家在会诊后建议伍冠华放弃训练进行手术治疗，被他拒绝了。为了帮助伍冠华实现梦想，也为了对运动损伤康复进行科学研究，课题组对伍冠华进行体能康复性训练，旨在帮助他通过体能训练和功能性训练达到康复的目的，并使他重新开始运动生涯。

**关键词**：体能训练；康复；肱二头肌；肌腱

随着时代的发展，现代竞技体操项目对难度和质量的要求越来越高，传统的训练方法已经不能完全满足现代体操项目的发展。为了提高运动员的训练水平，延长运动员的运动寿命，增加运动员出成绩的概率，本研究以陕西省体操吊环运动员伍冠华作为实践例子，把身体运动功能训练运用到男子竞技体操项目上，研究如何寻找身体运动功能训练和男子体操项目之间的平衡点，如何在男子体操项目中引入身体运动功能训练，为运动员获取更优异的成绩保驾护航。

## 1　研究方法

### 1.1　文献资料法

通过中国知网、相关书籍、期刊等搜集资料，为本研究提供理论依据。

### 1.2　现场观察法

通过观察伍冠华的体能训练、国家队和省队的专项训练以及相关测试训练，发现伍冠华的短板，寻找其运动损伤的原因以及制约其竞技能力提升的瓶颈问题。

---

**作者简介**：杨金柱（1968—），副研究员，硕士。研究方向：体育教育训练学。

1.3 访谈法

通过向国家队、省队的知名教练员进行咨询，深入了解吊环专项训练特征、吊环运动员损伤特征及目前的治疗方法等；向资深体能训练专家请教体能康复训练的理论和具体方法。

1.4 逻辑分析法

根据文献资料法、访谈法记录的相关信息，总结归纳体能康复的指导思想和训练方法。

1.5 实验法

根据伍冠华第一次的测试数据及相关理论研究的结果，我们制订了以负荷小、次数多为主的患处康复训练计划，并对伍冠华患处进行了全面的力量训练，以维持肌肉的力量和机能，为其尽快恢复整体力量、尽早进行专项训练创造必需的基础。

实验训练思路：设计12周的体能康复训练计划，分3个阶段，每个阶段4周。主要解决的问题有：①肱二头肌部分修复连接；②周围肌筋膜需求性增长以增强肱二头肌承受拉力的能力；③强化屈肩、屈肘肌群辅助直臂屈肩力量；④纠正肩胛关节的解剖位置，改善胸部肌群和背部肌群的用力比例。

测试仪器：肌肉状态测试仪（TMG），产于斯洛文尼亚，主要从肌肉的收缩时间、放松时间、转换时间、最大径向位移和延迟时间等来测试和评估肌肉的现实状态并通过数据的分析给出对策和功能性的比较，以及被测肌肉的下一步训练建议。

## 2 结论与建议

研究显示：①设计的体能康复训练计划对肱二头肌肌腱的恢复作用不明显，但对串联结构力量的恢复作用很明显；②体能康复训练计划对屈肘及卧推力量恢复作用明显，这主要来源于相关肌肉的代偿；③肱二头肌肌腱的刚度并没有得到很好的恢复，在整体的专项动作中还存在很大风险。为此，建议进一步加强该关节及相关关节的康复和稳定性训练，提高该关节的进一步恢复水平。

## 参考文献

[1] 郑湘平，袁卫华，赵元吉.2008年奥运会我国女子竞技体操后备运动员运动损伤的调查分析[J].辽宁体育科技，2008，30（1）：26-28.

[2] 毛卫国，史海现，张文普，等.体操运动损伤的特征及预防措施研究[J].河南师范大学学报（自然科学版），2001，29（2）：86-89.

[3] 李思民.我国少年男子体操运动员运动损伤的特点及预防[J].中国体育科技，1999，35（8）：25-27.

[4] 王湛博.江苏女子体操运动员退役过早的原因探析[J].南京体育学院学报（自然科学版），2009，8（1）：45-50.

[5] 陈方灿.体能康复训练的价值和功能[J].体育科研，2011，32（4）：27-29.

[6] 王舜霞，李世昌.田径运动员髌骨损伤机理及康复方法研究[J].辽宁体育科技，2008，30（2）：31-32.

[7] 范凯斌.我国优秀射箭运动员损伤及康复研究[J].中国体育科技，2009，45（1）：79-82，106.

[8] 张香，陈方灿，赵志军.体操运动员足踝关节损伤的预防与康复措施[J].中国运动医学杂志，2009，28（4）：452-453.

[9] 赵元吉，彭庆元，潘小非.体操运动员产生心理疲劳的影响因素与恢复手段的研究综述[J].北京体育大学学报，2004，27（10）：1345-1347.

[10] 黄强.关于体操运动损伤机制与伤病预防的研究[J].中国民族民间医药，2010，19（16）：49-50.

[11] 孙成友，俞善云，孙晓，等.少儿体操运动员肘关节骺软骨损伤的机理及预防[J].湖北体育科技，2004，23（2）：182-183.

[12] 郑洁.体操运动中的跟腱损伤原因与防治措施[J].南京体育学院学报（自然科学版），2007，6（3）：69-71.

[13] 胡效芳，郭丽，朱秀芳.艺术体操运动员运动伤病机理探讨[J].首都体育学院学报，2007，19（3）：71-73.

[14] 焦芳钱，刘大庆.对我国女子马拉松运动员年度训练负荷安排的调查研究[J].北京体育大学学报，2010，33（1）：114-117.

[15] 陈广，周铁民，熊西北.对我国优秀马拉松运动员胡刚军训练负荷的分析[J].中国体育科技，2002，38（10）：15-19.

[16] 郭树涛，陈栎圯，王卫星.耐力性项目训练负荷强度安排特征的研究[J].天津体育学院学报，2010，25（4）：290-292，296.

[17] 周越，刘建立，刘伊.青少年女子铅球运动员训练负荷安排与肌肉力量变化规律研究[J].天津体育学院学报，2004（3）：51-53.

[18] 翟丰，葛萍莉.体能主导类耐力性项群田径运动员赛前训练指标研究[J].北京体育大学学报，2007，30（10）：1421-1423.

# 兵团军垦体育文化认同危机与重构

杨冠强

（石河子大学体育学院，新疆　石河子　832003）

**摘要**：兵团军垦体育文化是屯垦戍边中一种特有的社会现象和文化符号。本研究运用文献资料、逻辑分析等方法，对兵团军垦体育文化进行解读，分析兵团军垦体育文化在发展过程中出现的兵团记忆和军垦精神淡化现象，以及兵团军垦体育文化载体的缺失等认同危机，最后从兵团军垦体育文化选择与扬弃、渗透与内化、创新与发展3个层面构建出有效的文化认同路径。

**关键词**：军垦体育文化；认同危机；重构

中国特色社会主义文化源自中华民族五千多年文明历史所孕育的中华优秀传统文化，熔铸于党领导人民在革命、建设、改革中创造的革命文化和社会主义先进文化，植根于中国特色社会主义伟大实践。

在不断调适和创新的动态过程中，个体基于对共同体的文化认同，生成文化自信，继而产生自身文化生命力的坚定信念。只有高度文化认同，才能产生文化自信并带来文化的繁荣。体育文化是民族精神和时代精神的重要组成部分，独特的兵团军垦体育文化，极大地促进了消极的文化自觉向积极的文化自觉转变和兵团文化软实力的提升。

兵团军垦文化是我国红色革命文化的重要组成部分。为了进一步增进兵团军垦文化认同，应对新时代出现的现实问题，有必要对兵团军垦体育文化认同的困境根源进行剖析，探寻消解兵团军垦体育文化认同危机的路径并进行重构。

## 1　兵团军垦体育文化与认同危机

从西周屯田制度形成开始，历经西汉西域屯垦、王震将军组建兵团，到新时代兵团发展壮大，“屯垦精神”“南泥湾”“三五九旅”和“沙海老兵”等红色革命光荣传统文化在兵团人中传承。从兵团军垦文化中孕育出来的体育文化，始终贯穿于屯垦戍边、保家卫

---

**作者简介**：杨冠强（1980—），副教授，硕士生导师。研究方向：体育社会学和体育文化。

国、建设边疆的兵团儿女灵魂之中。兵团军垦体育文化立足于兵团，扎根于边疆，在维稳戍边、促进民族团结、增进兵团职工健康、丰富兵团人业余生活、弘扬体育精神、促进全民文化认同、提升文化自信等方面起到了不可代替的作用。受多重因素的影响，兵团新一代对于"一手拿枪，一手拿镐"的兵团时代印记越发模糊，出现了文化认同危机。

### 1.1 兵团记忆和军垦精神淡化

在当前意识形态领域中，西方价值观与社会主义核心价值观交锋不断。现在兵团城镇化的发展不断引起生活方式和思想观念的变化，年轻一代对军垦文化的概念往往比较模糊，逐渐远离这些文化传统，更多地沉迷于全球化带来的大众消费的文化之中，兵团精神开始淡化，兵团军垦文化出现断层现象，在意识形态中造成民族文化的认同危机。

### 1.2 军垦体育文化载体的缺失

文化基于一定的载体而存在，只有通过一定的形态和方式才能体现出其内涵并被人们所理解和感悟。兵团现有的学校体育教学很少有能突出兵团军垦文化的课程内容。广场舞是全民健身的一个重要载体，兵团文体局虽然组织专家编排了富有兵团军垦特色的军垦健身操，但是和民族健身操相比，军垦健身操形式单一、韵律节奏感不强。在户外拓展项目上，兵团出台了一些政策，鼓励发展红色旅游、红色军垦体育产业。例如，石河子依托军垦博物馆、军垦第一连、周恩来纪念碑等红色旅游景点加大了徒步、骑行、CS对抗等红色体育拓展项目的开展力度，但在开展过程中，特别是在兵团军垦文化载体的把控上，切入点不是很到位。

## 2 选择与扬弃、渗透与内化、创新与发展：兵团军垦体育文化认同的有效路径建构

### 2.1 选择与扬弃：兵团军垦体育文化价值主体在新时代的应然与归位

当一种文化受到另一种文化的影响时，其自身的生态环境就会发生变化，必然会导致文化裂变和转型时期文化选择现象的产生，即文化主体为了自身的生存不断地进行创新、转化并积极吸收其他文化的精华进行自身的重塑，其目的是促进本文化在更高层面上的发展和传承。兵团军垦体育文化在文化选择的过程中，更多地融入了多元文化的时代元素。红色体育拓展训练营、重走长征路、红色运动会等这些带有红色基因的运动项目都是基于现代的定向越野运动、徒步、田径运动会等体育项目的组织形式发展起来的。

虽然兵团人屯垦戍边革命岁月已经成为过去，但维稳戍边的兵团人还在。对兵团军垦体育文化中不适宜在现代语境下开展体育项目的部分理应进行整理取舍，以开阔的视野和胸怀吸收现代体育、军事体育等其他文化之长，使不同的文化融合、涵化，追求多元文化的和谐共生，使兵团军垦体育文化更具时代文化底蕴。

2.2 渗透与内化：军垦体育文化价值主体在新时代的实然

曼纽尔·卡斯特（Manuel Castells）认为，虽然认同也可以由支配的制度产生，但是只有当社会行动者将之内化，并将它们的意义环绕着这内化过程建构时，它才会成为认同。将文化内化于心，是提升文化认同的重要手段。

文化传播的内容和途径等直接影响文化的渗透力。自媒体已经成为人们获取信息的快捷通道，我们要充分依靠网络、电视、广播等载体，在兵团军垦体育文化所承载的价值层面，注重融思想性、科学性、趣味性、娱乐性为一体的兵团军垦文化大众传播，使之与以社会主义核心价值观和兵团精神为主流的社会主义先进文化相适应。兵团新一代是兵团军垦体育文化价值的重要主体，我们要加强兵团军垦文化教育引导，健全学校、家庭和社区的教育体系，在整个教育过程中，以家庭教育为始，使青少年从小树立正确的兵团文化价值观，从小认识兵团，了解兵团军垦文化；在学校体育与军垦体育相结合的课程中增加兵团红色记忆和兵团精神育人的内容；在社会教育的大环境下立足于兵团新时代语境，深化对兵团军垦体育文化的认知和信赖，重新审视兵团军垦体育文化在集体记忆中扮演的角色，进一步加强兵团文化及兵团记忆渗透与内化。

2.3 创新与发展：军垦体育文化价值主体在新时代的必然与诉求

新时代语境下，对兵团军垦体育文化进行创新发展，使新时代的价值理念、内涵和形式介入兵团军垦体育文化现代认同传承发展，符合文化主体的发展诉求。在体制上，兵团作为一个单列计划单位，其管理体制也有特殊之处，特别是体育的管理体制与地方（新疆维吾尔自治区）相比还不健全。在完善本身管理机制的同时还要在与地方文化、教育、宣传等职能部门的协调中进一步创新兵地融合协作机制，积极出台兵团军垦体育文化相关扶持政策，增加相关运行经费，优化运行机构，配备人力物力。同时，为了保证实施效果，应在现有的基础上设计兵团军垦体育文化的可行运行方案，引进第三方监督和评价体系。在内容上，应提升兵团军垦体育文化内涵。站在文化发展的视角，兵团军垦体育是兵团一种独特的实践形式，我们不可一味地强调继承兵团军垦体育文化，还要结合社会主义核心价值观去寻找新的内容和素材，进行整合梳理，寻找兵团军垦文化的当代价值与当代话语表述，创新实践形式，构建起新的兵团特色时代文化，紧贴兵团的文化背景，围绕建设红色兵团这一目标，以体育为载体，讲好兵团故事，引领兵团文化创新发展，充分挖掘兵团的军垦文化资源，构筑兵团军垦体育文化“记忆之场”，如孙龙珍屯垦戍边陈列馆、小白杨哨所等。兵团应积极开展兵团（军垦）红色运动会，在全国红色运动会项目的基础上，对比赛项目进行优化创新；将兵团民兵武装训练融入学校军训课程，使青少年在校园里接受兵团武装训练，创新学校军事体育教育改革；依托全民健身国家战略，编排和整理军垦广场舞，带动全民健身活动开展；大力发展军垦体育旅游产业，拉动消费，促进经济发展。

## 3 结语

文化是一个国家繁荣昌盛的灵魂。兵团的发展见证了中国屯垦戍边事业的进步，兵团军垦体育文化是中华民族优秀的传统文化。在艰苦创业、无私奉献的兵团精神指引下，兵团的文化事业取得了长足的发展。具有军垦特色的兵团体育文化在促进全民健康、带动经济发展、传承兵团精神方面凸显了自己的价值。在全球一体化、多元文化并存的当下，兵团军垦体育文化也在发生着调适与重构。兵团军垦体育文化的价值凸显有利于兵团文化的认同，必将进一步增强文化自信。

## 参考文献

[1] 李燕，张霞.新中国成立70年来马克思主义中国化的基本经验[J].新疆社科论坛，2019(4)：12-17.

[2] 曼纽尔·卡斯特.认同的力量[M].2版.曹荣湘，译.北京：社会科学文献出版社，2006.

[3] 杨冠强.红色文化融入高校国防教育改革的路径研究[J].现代职业教育，2019(27)：50-51.

# 区域城市群休闲体育消费质量评价指标体系的构建

杨 涛[1]，聂 瑶[2]

（1. 西安体育学院体育经济与管理学院，陕西 西安 710068；2. 西安体育学院研究生部，陕西 西安 710068）

**摘要**：新时代，人们更加密切地关注自己的日常生活质量与身心健康。休闲体育作为实现人类健康目标的一个重要手段，直接关系到我们能否顺利完成“健康中国”的建设目标。基于此，本研究运用文献资料法、专家访谈法、德尔菲法、层次分析法，构建区域城市群休闲体育消费质量的评价指标体系，以期提高区域城市群休闲体育消费质量，推动区域休闲体育产业发展。

**关键词**：区域城市群；休闲体育消费质量；评价指标体系

区域城市群指在特定地域范围内，以1个或1个以上的大型城市为中心，周围至少3个城市可以通过成熟的交通网及完善的基础配套设施与其他中心城市之间形成紧密的社会经济联系、紧凑的交通网络，使得城市之间能够达到高度一体化。休闲体育消费质量是指由休闲体育消费主体、客体和消费环境三者结合所产生的休闲体育消费的质的规定性。新时代，休闲体育消费已成为现代消费的重要构成部分。

## 1 研究对象与研究方法

### 1.1 研究对象

本研究以区域城市群休闲体育消费质量评价指标体系的构建为研究对象。

### 1.2 研究方法

本研究主要采用了文献资料法、专家访谈法、德尔菲法和层次分析法。

## 2 结果与分析

### 2.1 休闲体育消费质量评价指标体系构建原则

休闲体育消费质量评价指标体系的构建，严格遵循全面性、规范性、科学性、可操作

---

**作者简介**：杨涛（1979—），教授，博士后，博士生导师。研究方向：体育产业与经济。

性等基本原则，凸显真实性、科学权威性。

2.2 休闲体育消费质量评价指标体系的初步构建

结合国内外相关文献研究，本研究初步建立了休闲体育消费质量评价指标体系，分为3个目标层：A层一级指标3个，B层二级指标9个，C层三级指标27个。

2.3 休闲体育消费质量评价指标体系的构建

为检验指标的合理性，本研究以初建指标的一级指标、二级指标和三级指标的重要性作为衡量标准，在确定专家人选后，请相关专家对每个预选指标的重要性进行判断。同时，对专家意见进行分析统计，用统计学理论知识，对本研究的指标体系采用定量方法进行合理筛选，将优化后的指标体系作为第二轮的部分内容反馈给专家，进行第二轮的咨询。经过3轮的反馈修改，通过层次分析法（AHP）计算出权重，确定休闲体育消费质量评价指标体系，其中一级指标3个、二级指标9个、三级指标27个，具体见表1。

表1 休闲体育消费质量评价指标体系

| 一级指标 | 权重 | 二级指标 | 权重 | 三级指标 | 权重 |
|---|---|---|---|---|---|
| 区域城市群休闲体育消费主体质量（A1） | 0.428 6 | 消费者文化素养（B1） | 0.045 5 | 受教育年限（C1） | 0.007 6 |
| | | | | 对休闲体育运动的参与和了解（C2） | 0.037 9 |
| | | 消费者消费能力（B2） | 0.271 4 | 收入情况（C3） | 0.203 6 |
| | | | | 闲暇（C4） | 0.067 9 |
| | | 消费者消费水平（B3） | 0.111 6 | 休闲体育消费支出（C5） | 0.055 8 |
| | | | | 休闲体育消费支出占生活总支出的比重（C6） | 0.055 8 |
| | | 休闲体育实物消费质量(B4） | 0.111 6 | 休闲体育用品的丰富度（C7） | 0.055 8 |
| | | | | 休闲体育用品的质量（C8） | 0.055 8 |
| 区域城市群休闲体育消费客体质量（A2） | 0.428 6 | 休闲体育服务消费质量(B5） | 0.271 4 | 休闲体育服务项目种类（C9） | 0.012 4 |
| | | | | 休闲体育指导员人数和水平（C10） | 0.031 2 |
| | | | | 休闲体育服务安全保障（C11） | 0.073 8 |
| | | | | 休闲体育服务时间保障（C12） | 0.031 2 |
| | | | | 休闲体育服务环境卫生情况（C13） | 0.013 8 |
| | | | | 休闲体育服务消费价格（C14） | 0.031 2 |
| | | | | 休闲体育活动设置专业性（C15） | 0.077 9 |
| | | 休闲体育精神产品消费质量（B6） | 0.045 5 | 休闲体育精神产品种类（C16） | 0.011 4 |

续表

| 一级指标 | 权重 | 二级指标 | 权重 | 三级指标 | 权重 |
|---|---|---|---|---|---|
| 区域城市群休闲体育消费环境质量（A3） | 0.142 9 | 人工环境（B7） | 0.085 7 | 休闲体育精神产品满意度（C17） | 0.034 1 |
| | | | | 休闲体育活动场所布局设计的合理性（C18） | 0.005 1 |
| | | | | 休闲体育活动场所配套设施的配套情况（C19） | 0.013 8 |
| | | | | 休闲体育信息设施管理水平（C20） | 0.005 1 |
| | | | | 休闲体育场所工作人员的专业素养（C21） | 0.034 2 |
| | | | | 休闲体育消费的服务情况（C22） | 0.013 8 |
| | | 自然环境（B8） | 0.028 6 | 交通情况（C23） | 0.013 8 |
| | | | | 环保状况（C24） | 0.014 3 |
| | | 社会环境（B9） | 0.028 6 | 地理环境特点（C25） | 0.014 3 |
| | | | | 休闲体育氛围（C26） | 0.007 2 |
| | | | | 经济环境（C27） | 0.021 5 |

## 3 结论与建议

### 3.1 结论

（1）本研究严格遵循全面性、规范性、科学性、可操作性等基本原则来构建指标体系，通过专家访谈法、德尔菲法总结了指标的修正意见，确定了指标体系，包括一级指标3个、二级指标9个、三级指标27个。

（2）构建的一级指标包括区域城市群休闲体育消费主体质量、区域城市群休闲体育消费客体质量、区域城市群休闲体育消费环境质量。二级指标包括消费者文化素养、消费者消费能力、消费者消费水平、休闲体育实物消费质量、休闲体育服务消费质量、休闲体育精神产品消费质量、人工环境、自然环境、社会环境。三级指标包括受教育年限、对休闲体育运动的参与和了解、收入情况、闲暇、休闲体育消费支出、休闲体育消费支出占生活总支出的比重等。

（3）通过层次分析法确定各级指标权重。一级指标中，区域城市群休闲体育消费主体质量指标权重为0.428 6，区域城市群休闲体育消费客体质量指标权重为0.428 6，区域城市群休闲体育消费环境质量指标权重为0.142 9。

3.2 建议

（1）体育休闲活动是一种社会文化，是人们丰富的业余活动的重要组成要素。因此，政府部门应大力推广体育健康理念，多渠道、全方位地进行各种体育健康休闲运动的宣传，通过增强人们对体育健康休闲消费的关注程度和参与程度，不断提高人们的体育健康休闲消费比例。

（2）完善休闲体育活动场所评估评价质量标准体系。要推动质量管理标准的深入和落实，增强休闲体育服务组织的经营水平和管理水平，提高整体的经济效益。

（3）进一步加强相关政策的扶持和社会资金投入，加大对体育休闲产业的监督检查力度，增强对市场规范化的管理，减少恶意参与竞争的现象。增加对体育休闲产业的财政支持，依据实际情况对其税收进行一定减免，从而在一定程度上减少其运营成本，以便把更多的资金投入到对项目的创新与提供更高质量的服务上。评选高质量的体育休闲产业并对它们进行表彰，如对休闲体育活动场所进行星级评审，提高产品质量和服务，对深受消费者喜爱的体育休闲项目进行大力扶持，使其通过发展成为具有区域个性化特点的体育休闲项目。

（4）加强地域特色体育文化的交流与宣传，重视传统体育文化的传承与发展。通过不断的交流，总结经验，发现优缺点，结合实际情况，促进休闲体育消费质量的提高。

## 参考文献

[1] 姚士谋，陈振光，朱英明，等.中国城市群[M].北京：中国科学技术大学出版社，1992.

[2] 尹世杰，蔡德容.消费经济学原理[M].北京：经济科学出版社，1992.

[3] 刘海燕，吴家付.我国休闲体育的消费特征及营销策略分析[J].中国商贸，2009（13）：190-191.

# 国乒科研大数据网络平台的研发与应用

肖丹丹

（国家体育总局体育科学研究所，北京　100061）

**摘要：**建立乒乓球大数据化、智能化的科研网络平台，是提升该项目科研保障和技战术水平的有效手段。本研究采用文献资料法、专家访谈法、计算机编程法，开发了一套安卓系统的国乒科研大数据网络平台，包括平台支撑层、数据层、应用App层和用户层。国乒科研大数据网络平台已经应用于中国乒乓球队备战东京奥运会之中，为球队提供了快捷、直观和安全的技战术、体能、运动员信息等科研资料，受到了运动员与教练员的一致好评，实现了以科技助力中国乒乓球队智能化备战奥运会的目标。

**关键词：**乒乓球；大数据；网络平台

科技助力已成为我国竞技体育可持续发展的杠杆和抓手，其对比赛结果之影响日趋增强。建立大数据化、智能化的科研网络平台，是提升科研保障和竞技训练效率的有效手段。在中国乒乓球队日常备战和赛前准备中，高效、直观、便捷的比赛视频资料、技战术数据、分析报告及对手信息资料尤为重要。无论是为备战奥运会，还是为长期竞技后备人才培养目标的实现，建设国乒科研大数据网络平台、改变传统工作方式都是国家乒乓球队的迫切需求。

## 1　研究方法

### 1.1　文献资料法

运用中国知网、百链云图书馆、谷歌学术、百度学术等数据库，以“网络平台”“数据库管理”为关键词，检索、筛选、整理、总结并认真学习关于网络数据库平台建设、App设计等的文献和书籍。

**作者简介：**肖丹丹（1978—），研究员，博士。研究方向：乒乓球技战术诊断、动作技术诊断、人工智能、大数据研究等。

1.2 专家访谈法

结合本研究的实际需要，访谈乒乓球领域和计算机领域的专家，为本研究的设计与实施提供帮助与支持。

1.3 计算机编程法

（1）服务器端口：编写接口协议文档、服务器环境架设，设计数据库和编写App接口。

（2）App端口：先进行UI（User Interface）设计，再进行界面开发，进而获取服务器端接口数据，编写逻辑代码，实现App端与服务端接口的对接。

（3）Web后台管理端口：根据前端的业务逻辑，后台有相应的功能与之匹配，同样需要编写功能上的逻辑代码。

## 2 研究结果

2.1 国乒科研大数据网络平台的结构与实现方法

结合中国乒乓球队的训练、科研和管理现状，考虑到大数据网络平台应用的范围，国乒科研大数据网络平台总体采用四层结构，即平台支撑层、数据层、应用App层和用户层。

2.1.1 平台支撑层 平台支撑层是指硬件（服务器和存储）、操作系统、网络服务、云计算环境，为应用App系统提供基础运行环境和部署，主要包括数据存储共享云平台、关系型数据库、Web容器3部分。本项目采用Linux操作系统，以Hadoop生态圈搭建云计算环境，整合Apache和Tomcat搭建Web服务器提供网络服务，选择阿里云平台。采用https协议确保传输过程数据加密，防止数据被窃取。数据共享平台建成后通过“纠删码”“多版本”“多副本”“WROM”“哈希计算”“自我修复”等技术手段保证数据共享平台上的数据在发生逻辑错误或物理损坏时自动恢复。

2.1.2 数据层 数据层以Hadoop平台的大数据组件为基础构建，存储视频文件采用HDFS分布式文件系统，存储视频特征信息采用HBASE分布式数据库系统并建立两者之间的关联，便于对视频进行处理。数据层的建设以全量或增量的方式，把分散在不同物理环境下的异构数据源中的数据统一采集到数据仓库中，在统一的基础平台上对异构数据进行加工。

2.1.3 应用App层 应用App层是中国乒乓球训练监控大数据平台的各项应用和服务的底层支撑，以Java平台的SSM框架为基础实现统一身份管理、安全控制、数据访问等功能，以大数据处理平台Flink及OpenCV实现视频分析、视频编解码等功能。

应用App层分为服务端与客户端。服务端是客户端获取数据的接口，提供数据库无法存储的多媒体资料及程序逻辑等。客户端为手机、iPad等移动设备上的App。本项目中服务端可同时支持200个App客户端的在线访问。

2.1.4 用户层 用户层是各类应用系统面向最终用户的统一入口，是各类用户获取所需服务的主要入口和交互界面，支持用户通过手机、iPad等移动设备上的App访问业务应用层各系统。用户层以Android技术开发，为用户提供良好的接入体验。

2.2 国乒科研大数据网络平台关键技术的设计与开发

2.2.1 网络平台分段视频播放的实现 中国乒乓球队关键场次的视频已通过PC单机版“乒乓军师”技战术分析软件生成了对比赛时间轴打过技战术标签的XML文件，形成了技战术数据和视频分析库，在PC单机版上可通过“乒乓军师”技战术分析软件实现技战术分段视频的随意播放、截取和合成。如何将大量的单机版技战术数据、视频分段播放模式在网络平台以分段数据流的方式实现，是国乒科研大数据网络平台最需要解决的技术。

2.2.2 比赛视频技战术管理功能设计 对于乒乓球项目而言，运动员技战术能力是竞技能力诸要素的核心，而视频是运动员技战术能力的好的载体和直观的体现方式。建立简便易行的运动员视频技战术管理体系，是建立国乒科研大数据网络平台的关键技术。

（1）视频分类。从多个角度对视频进行分类，便于用户快速找到视频。分类维度有时间范围、比赛类别（奥运会、世乒赛、世界杯、公开赛、洲际比赛等）、比赛地点（北京、上海、东京等）。

（2）视频上传。科研人员通过“数据存储共享云平台”上传工具完成视频上传，该工具支持目录上传或单个视频上传，支持保留本地目录结构、文件名称等原有规范命名方式。

（3）视频自定义标签。视频自定义标签可为科研人员提供更加灵活、可扩展的视频管理模式，为运动员提供更加便于快速查询与观看视频的使用体验。

（4）视频灵活查询。提供多条件快速查询定位视频文件的方法。

（5）数据安全性。传输过程数据加密，保障数据安全性。

（6）视频播放器。实现不同地域（国内外）、不同网络环境下（优、差）比赛视频的流畅播放。

2.2.3 网络平台界面的开发 本研究开发出国乒科研大数据网络平台，每一个界面都简明、易操作、友好、美观。操作、信息显示、人机交换等主要功能都可在操作区完成。

2.2.4 综合数据查询功能设计 查询功能是国乒科研大数据网络平台的核心功能，可实现将不同类型数据库内容综合显示出来。

2.3 国乒科研大数据网络平台的应用效果

国乒科研大数据网络平台已经应用于中国乒乓球队备战东京奥运会中，为球队提供了快捷、直观和安全的技战术、体能、运动员信息等科研资料，得到了运动员与教练员的一致好评。

## 3 结论

本研究突破传统的竞技体育训练资料存储和使用的局限性，发挥互联网的时效性和突破时间、地域限制等的数据与信息共享的优势，构建了国乒科研大数据网络平台。中国乒乓球队教练员、运动员、科研人员、医务人员和协会科研管理人员均可利用电脑、手机、iPad等电子工具，通过App，以网络浏览的方式，快速查询和观看权限范围内的运动员信息、技战术数据、技战术视频、运动员体能训练计划、体能训练（测试）视频、体能训练（测试）照片、体能诊断与训练方法等科研数据以及相关资料。该平台的搭建，既实现了中国乒乓球队运动员奥运备战训练资料的合理存储和便捷应用，又为教练员、运动员、科研人员、医务人员和协会科研管理人员搭建了可实时传输、共享和交流的平台，实现了以科技助力中国乒乓球队智能化备战奥运会。

## 参考文献

[1] 陈锦，邱楷，张媛媛．“互联网+”背景下智慧体育平台建设方案[J].南京体育学院学报（自然科学版），2017，16（3）：125-130.

[2] 徐赟，张辉.国家乒乓球队训练比赛知识交互平台的构建与应用[J].中国体育科技，2014，50（4）：21-24.

[3] 赵传杰，刘颖华，张辉.击剑比赛视频数据库管理系统的结构与应用[J].上海体育学院学报，2006，30（6）：56-59，63.

[4] 张忠秋，张漓，张勇东，等.备战雅典奥运会中国跳水队综合科研攻关与科技服务研究[J].体育科学，2006，26（5）：33-36.

# 关于体教融合视角下大力发展青少年体育俱乐部的若干思考

肖林鹏

（天津体育学院体育经济与管理学院，天津　301617）

**摘要：** 青少年体育俱乐部是促进青少年参加体育活动、提高青少年身体素质和健康水平、服务体育强国建设的重要力量。为充分发挥青少年体育俱乐部的作用，我国需要进一步加强顶层设计并在统筹各类青少年体育俱乐部的发展、加强青少年体育俱乐部的培育孵化、激发青少年体育俱乐部的发展活力、加强青少年体育俱乐部的服务管理等方面不断取得实效。

**关键词：** 青少年体育俱乐部；培育；服务

青少年体育俱乐部（以下简称俱乐部）是我国体教融合的重要阵地，尤其是“俱乐部进校园”首次出现在《关于深化体教融合 促进青少年健康发展的意见》中，不仅为推进体教深度融合、有机融合提供了重要抓手，还给俱乐部在新时期的发展添加了助力。为此，进一步助推俱乐部发展，助力体教融合就成为一个亟待探讨的重要议题。

## 1　统筹各类俱乐部的发展

党的十八大以来，党中央、国务院在财税金融、营商环境等领域多措并举，国家体育总局也不断探索深化体育改革新路径，尝试开展社会力量办体育的新模式。今后在社会上广泛发展的俱乐部不应再局限于民非性质的组织类型，应该涵盖在民政、市场监管部门登记成立，或在相关主管部门备案登记，以青少年为服务对象，以运动技能普及提高、科学健身指导、赛事活动组织、体育文化宣传、文化体育交流等为活动内容的各类组织，它们是促进广大青少年参加体育活动的重要力量。无论是从国家的政策导向看，还是从俱乐部实际发挥的作用看，不管是非营利性质的俱乐部，还是营利性质的俱乐部，都不应厚此薄彼，而应两手都抓，且两手都硬。

---

**作者简介：** 肖林鹏（1973—），教授，博士。研究方向：体育管理。

## 2 加强俱乐部的培育孵化

目前，我国各级、各类俱乐部的数量不足、规模偏小，难以发挥俱乐部的群体功效。为此，各级政府及体育主管部门要树立“放水养鱼”的发展思路，积极引导社会力量创建各类俱乐部，优化登记流程，简化相关手续，下大力气将俱乐部的底盘做大、基础做实。体育部门要主动建立与教育、民政、市场监管、财政、税务等部门的有效协调与沟通机制，共同推动俱乐部的创建发展；要着手解决困扰俱乐部创建发展的教练员、场地、赛事参与等瓶颈性问题。具体建议如下。其一，要积极探索社会教练员的培养机制，加快推动教练员等级体系向社会延伸，探索开展俱乐部教练员从业资格和等级认证，加强对俱乐部从业人员的公益培训，大力提升俱乐部的师资水平。其二，公共体育场馆责任主体应完善相关规章制度，加大对俱乐部开展活动的支持，充分调动各级各类公共体育场地资源服务俱乐部发展。要积极与相关部门协商盘活存量用地，在工业用地改商业用地、场地设施税收政策等方面积极探索。鼓励有条件的俱乐部以自建或合资、合作等形式建设场地设施。其三，加快建立开放、便利和网络化的俱乐部赛事体系。鼓励以俱乐部名义组队参加各地、各级、各类青少年体育赛事活动。鼓励社会力量作为办赛主体面向俱乐部举办市场化赛事活动。

## 3 激发俱乐部的发展活力

激发俱乐部的发展活力，要充分利用政府购买服务、政策扶持、税收优惠等杠杆，积极引导俱乐部参与青少年体育服务。具体建议如下。其一，激发俱乐部广泛开展青少年运动技能培训的积极性。将俱乐部作为加快推进运动技能等级标准落地施行的主体，推动俱乐部成为青少年运动技能普及的重要阵地。其二，使俱乐部成为我国体育后备人才培养的新阵地。完善俱乐部培养支持机制，推动建立后备人才培训、输送等的利益补偿制度，激发俱乐部参与竞技体育后备人才培养的积极性。其三，借助俱乐部弥补政府工作的薄弱环节。利用俱乐部弥补政府力量不易延伸到的短板，积极开展民工子弟、残障青少年、自闭症青少年的体育公益服务。

## 4 加强俱乐部的服务管理

俱乐部工作要作为衡量政府“放管服”工作成效、贯彻落实党和国家青少年体育政策的“试金石”和“落脚点”。具体建议如下。其一，进一步推动俱乐部管办分离，在体育行政主管部门主导下，将更多的行政资源进一步释放给社会，要推动成立各级俱乐部联盟（协会），将俱乐部具体事务转由各级俱乐部联盟（协会）负责。其二，体育主管部门要履行好俱乐部业务主管责任，要提高责任意识和服务意识，加强对俱乐部的政策和业务指导。要进一步健全俱乐部制度体系，研制俱乐部标准体系，加快推进俱乐部的诚信建设，营造透明、公平的竞争环境。其三，将俱乐部工作相关内容纳入地方体育事业发展规划、经费预算和绩效评价体系。其四，要通过等级评定、检查评估等方式，加强对俱乐部的指导与监管，促进俱乐部规范有序发展。要加强青少年参与俱乐部的舆情监测和分析，加大对青少年参与俱乐部活动的引导。其五，要注重俱乐部的宣传推广，通过多种形式针对不同主体进行立体式宣传，让更多的青少年参与到俱乐部开展的各项活动中来。

## 5 结语

近年来，俱乐部的功能与作用日益彰显，对满足广大青少年体育需求起到了积极促进作用。展望“十四五”，俱乐部的发展质量与效益将成为发展中的关键词。为此，我国要进一步加强顶层设计，不断健全俱乐部制度体系，推动形成具有中国特色的俱乐部治理模式。

## 参考文献

［1］肖林鹏，靳厚忠，孙荣会，等.中国青少年体育俱乐部发展报告（2017）[M].北京：北京体育大学出版社，2018.

［2］肖林鹏，孙荣会，陈洪，等.中国青少年体育俱乐部发展报告（2016）[M].北京：北京体育大学出版社，2017.

# 体育出版融合发展的对策研究
## ——以人民体育出版社为例

吴永芳

（中国体育报业总社人民体育出版社，北京 100061）

**摘要：**融合发展，是当前新技术条件下出版业的最佳选择和必然归宿，也是出版业发展的主要方向。本研究以人民体育出版社为例，运用SWOT分析法，就体育图书出版单位融合发展的优势、存在问题、机遇与挑战进行反思与梳理，提出体育出版单位融合发展的对策。

**关键词：**体育；出版；融合发展；对策研究

传统出版与数字出版的深度融合发展已成行业共识，是当前新技术条件下出版业的最佳选择和必然归宿，也是出版业发展的主要方向。

在当前全民健身上升为国家战略，体育成为社会热点、产业焦点之时，如何深入认识和解读融合的概念与内涵，如何利用好各种政策利好，在新技术条件下，发挥自身的专业优势，积极参与市场竞争，寻找到新一轮融合发展的具体路径，成为体育出版单位必须深入思考的问题。

## 1 人民体育出版社融合发展战略分析

融合发展，不是传统出版与数字出版的简单叠加，而是体现在技术、内容、渠道和人才等各个方面的深度融合。

### 1.1 优势

人民体育出版社一直专注于体育图书的出版，不仅拥有丰富的内容资源、渠道资源，而且拥有作者资源、读者资源和人才资源，为实现出版单位的融合发展奠定了较为坚实的基础。人民体育出版社成立至今，共出版图书8 000多种，占体育类图书总量的三分之一，为后续数字化出版积累了大量的内容资源。同时，人民体育出版社拥有一支专业的编辑队

**作者简介：**吴永芳（1971—），副编审，硕士。研究方向：体育出版、体育教育教学服务。

伍和教学设计、摄制、后期制作团队，建成了线上线下、国有发行企业与民营发行企业、行业协会与民间社团、管理部门与各科研院所纵横交错的发行体系。

1.2 劣势

人民体育出版社同其他中小型专业出版单位一样，面临着诸多困难，主要表现在以下方面。一是规模小，缺乏发展的动力。图书生产规模小，人员规模小，使人民体育出版社日常的生产安排和计划只能按照惯性进行，没有更多的精力和人力去开拓新的出版领域。二是非法人主体地位。由历史原因造成的非法人主体地位，使得人民体育出版社在对外合作、投标等经营实践中，受到众多因素掣肘。三是市场化程度低。人民体育出版社虽然一直是事业单位企业化管理，在2012年也完成了转企改制的工作，但是实质上仍未真正走向市场，市场化程度较低。四是事业化管理模式影响深远，观念转变困难。人民体育出版社存在经验管理、惯性思维、缺少规划、内部制度体系不健全、人才培养跟不上、企业文化建设滞后等诸多问题。五是体制机制不利于高端数字融合出版专项人才的引进。人民体育出版社现有的薪酬体系无法吸引高端数字融合出版专项人才，只能走自我培养、自我成长、自我调整的道路，摸索着前进，过程漫长，无法满足业务发展的需要。六是缺乏数字融合出版经费投入。一方面，人民体育出版社部门众多，很难决策在数字融合出版领域投入大量的专项经费；另一方面，国家新闻出版主管部门也一改以往项目支持的方式，改为项目取得一定成效后的评比奖励方式。所以，需要大量经费投入的体育数字出版产品的设计开发不可能起步。

1.3 机遇

无论是从政策层面，还是从认识层面，全媒体融合发展已经成为共识。中央全面深化改革领导小组第四次会议审议通过的《关于推动传统媒体和新兴媒体融合发展的指导意见》，指出了传统业态与新兴业态融合发展的方向，为媒体融合发展出台了顶层设计。习近平总书记关于体育工作的系列讲话，对新时期体育工作的功能、定位有了新的要求。党中央、国务院把体育事业看作中华民族伟大复兴的标志性事业，把体育产业作为推动经济转型升级的重要力量。体育出版因其在传承文化、传播知识方面的突出作用，将承担更多的责任。

1.4 挑战

一是竞争主体剧增。体育的热潮席卷全国，不同以往，大量出版单位涉足武术类、棋牌类、生活类和健身类体育图书出版。除了传统出版企业间的竞争加剧，从事数字融合出版的主体还有技术公司，它们资本雄厚，运营机制灵活，规模较大，已经在数字出版领域占有主导地位。一些教育技术公司如超星、智慧树等，利用自身平台优势和规模优势，也在体育在线课程开发服务领域占据一定位置。二是成本持续上升。人工成本、生产成本持续上升。继2016年10月纸张价格直线式上升之后，2020年10月由于疫情影响，纸张价格再次大幅上涨30%以上，给出版单位带来巨大影响。同时，京津冀协同一体化对环保的要求更高，印刷厂的排污排气成本增加，从而带来工价上涨，印刷成本上升。三是主要资源形式陈旧，不利于吸引目前从小就接触电脑、手机的在校大学生学习，亟待升级改造，而升级改造需要投入大量时间和经费。

## 2 人民体育出版社融合发展的对策

人民体育出版社应转变传统出版思维，结合目前体育类高校发展教学、科研两大核心需求，勇于创新，打破过去就出版论出版的局限，赋予“出版服务”全新的概念，延伸服务触角，扩大服务范围，从科研服务、课程服务、教学服务、就业服务4个方向，开创体育出版融合发展之路。

## 3 结语

未来社会，应充分利用大数据、云计算、移动互联、人工智能、区块链技术，创生新的产业形态，努力实现“出版+体育+互联网+融合产品和服务”的多元融合发展，这才是体育出版单位的生存发展之道。

## 参考文献

[1] 邱菊生，蒋海鸥.我国出版集团融合发展的路径演进及探索[J].出版广角，2021（8）：6-9.

[2] 陈思.数字出版的纵深迈进——试论传统出版与数字出版的融合发展[J].新闻文化建设，2021（6）：15-16.

[3] 秦宇阳.从融合研究看国内出版业融合发展的趋势与特征[J].出版参考，2021（3）：38-42.

# 世界跆拳道优秀女子运动员劳伦犯规行为特征研究

吴建忠

（北京体育大学，北京　100084）

**摘要：**劳伦是英国女子跆拳道67 kg级运动员，是我国女子跆拳道运动员张梦宇在东京奥运会的主要对手之一。近年来，跆拳道竞赛规则进行了频繁的修改，致使运动员的犯规行为不断地发生变化。劳伦的犯规行为具有明显的个人特点，其犯规行为特征值得研究。本研究运用文献资料法、录像观察法、数理统计法、逻辑分析法等方法，对劳伦的犯规行为特征进行分析，以期为我国女子跆拳道运动员张梦宇备战东京奥运会提供理论依据和训练实践参考。

**关键词：**跆拳道；劳伦；犯规行为；东京奥运会；张梦宇

本研究以2018年跆拳道竞赛新规则为参考，从不同战局、战况、距离和场地区域等角度对英国女子跆拳道运动员劳伦的犯规行为特征进行研究。

## 1　研究对象与研究方法

### 1.1　研究对象

本研究以劳伦在2018年世界跆拳道大奖赛、2019年世界跆拳道锦标赛和2019年世界跆拳道大奖赛10场比赛中的犯规行为特征为研究对象。

### 1.2　研究方法

1.2.1　文献资料法　以“跆拳道”为关键词在中国知网检索到文献9 000余篇，以“犯规行为”为关键词检索到文献194篇，其中跆拳道犯规行为相关研究37篇。通过阅读相关文献、查阅书籍等资料，确定统计指标与研究角度，为本研究提供理论支持。

1.2.2　录像观察法　通过世界跆拳道联盟官方网站下载2018年世界跆拳道大奖赛、2019年世界跆拳道锦标赛和2019年世界跆拳道大奖赛劳伦的10场比赛视频并将其作为分析素材，对劳伦的犯规行为进行逐一观察并记录其突出特点，获得本研究需要的数据。

---

**作者简介：**关建忠（1977—），副教授，博士。研究方向：体育出版、跆拳道运动教学等。

1.2.3 数理统计法 通过观看劳伦的比赛录像资料，根据指标对劳伦犯规行为的数据进行逐一统计，并记录统计表格中无法详细记录的犯规行为特点，使用Excel表格对数据从不同角度进行整理，为本研究提供数据支撑。

本研究中出现的“所占比率”“该战况犯规占总数%”的计算方式如下：

所占比率=该战况某一犯规行为犯规次数/该战况总犯规次数×100.00%

该战况犯规占总数%=该战况犯规行为犯规总次数/该运动员总犯规次数×100.00%

1.2.4 逻辑分析法 对数据进行分类汇总与分析，得出劳伦犯规行为特征，并根据劳伦犯规行为存在的特征结合劳伦的技战术特征为张梦宇提出训练、比赛的建议。

## 2 结果与分析

### 2.1 劳伦总体犯规行为特征分析

统计结果显示（图1），在10场比赛中劳伦出现倒地、故意回避或消极比赛、抓或推对方运动员、“Kal-yeo”口令后攻击对方运动员等犯规行为。劳伦的场均犯规次数是1.8次，是张梦宇主要对手中犯规频率较高的运动员之一，其主要犯规行为是抓人。劳伦7次抓对方运动员犯规中，2次搂抱，1次抓护具、衣服，4次抓腿。抓腿是劳伦的习惯性犯规动作，特别是在对方横踢进攻时。

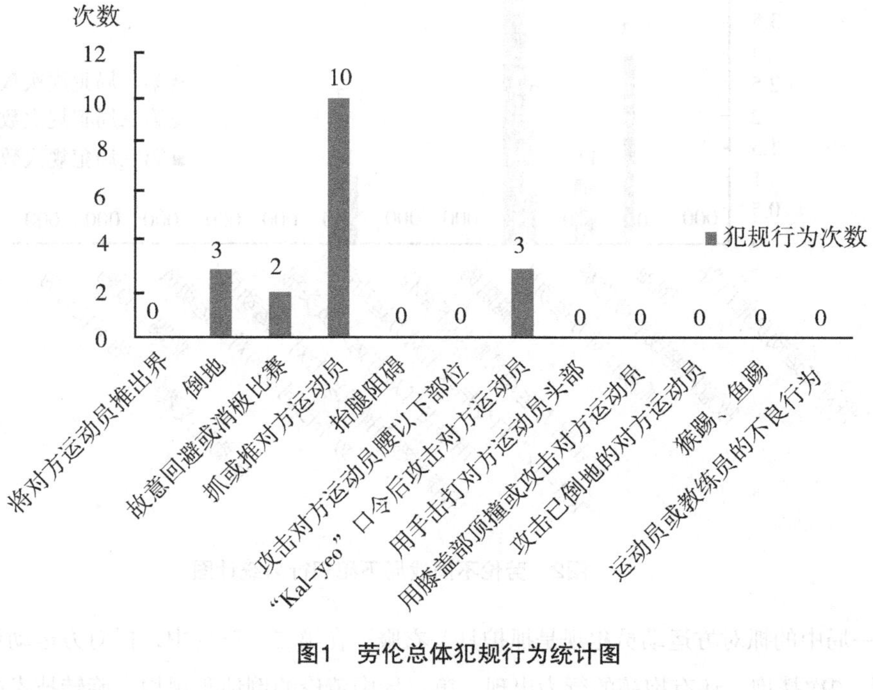


图1 劳伦总体犯规行为统计图

劳伦的倒地犯规、推对方运动员犯规及“Kal-yeo”口令后攻击对方运动员犯规各出现

3次。劳伦的倒地犯规都是旋转技术使用过程中被对手攻击倒地或自己滑倒造成的。

劳伦的推对方运动员犯规都是将对手推出界，其中有1次是劳伦在使用推+踢技术时直接将对手推出界。劳伦在将对手推出界前有直拳得分的情况出现。

“Kal-yeo”口令后攻击对方运动员犯规在劳伦的犯规行为中占16.67%，是一个出现频率占比较高的犯规行为。观察比赛录像可知，劳伦的“Kal-yeo”口令后攻击对方运动员犯规不是因为对裁判员突然给出的口令无法及时反应，而是在裁判员发出口令后继续进攻。

劳伦的故意回避或消极比赛犯规出现2次，均为劳伦在比赛中常出现的消极犯规类型：一是在技术使用过程中，劳伦自身的失误或对手的位置移动致使自己背部暴露给对手，所以背逃被判罚消极犯规；二是临近比赛结束，劳伦在大比分领先时消极后撤保分，被判罚犯规。

### 2.2 劳伦不同战局与战况下犯规行为特征分析

统计结果显示（图2），劳伦在3局比赛中出现的犯规次数分别为4次、7次、7次。劳伦的犯规行为与比赛的战况激烈程度联系较小，不同于其他学者对犯规行为的总体研究得出的特征。劳伦的倒地犯规行为全部出现在第三局。

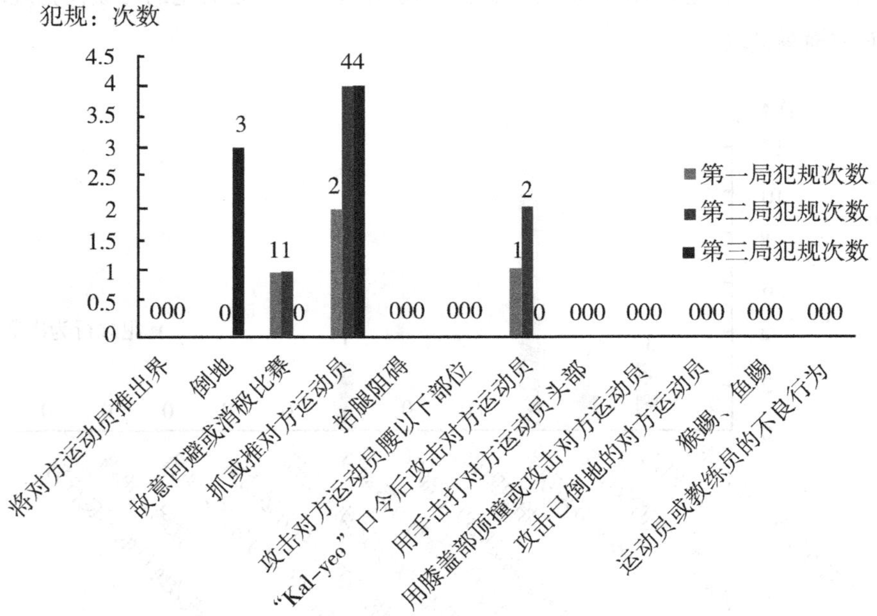


**图2 劳伦不同战局下犯规行为统计图**

第一局中的抓对方运动员犯规是抓护具、衣服；在第二、三局中，抓对方运动员犯规有4次抓腿、2次搂抱，还有抱摔的行为出现。第三局中劳伦的倒地犯规均在旋转技术的使用过程中出现，第三局中劳伦意图使用难度技术追平比分或继续扩大分差，但效果并不理想。

## 2.3 劳伦不同战况下犯规行为特征分析

统计结果显示（图3），当比分相同时，劳伦无犯规行为出现，比分领先时出现10个犯规行为，比分落后时出现9个犯规行为。劳伦的犯规行为在比分领先和落后时出现次数较平均，与其比分是否领先没有较大的关联。故意回避或消极比赛犯规都出现在比分领先时，原因是保分消极后撤或使用旋转技术意图扩大比分优势出现失误而背逃。

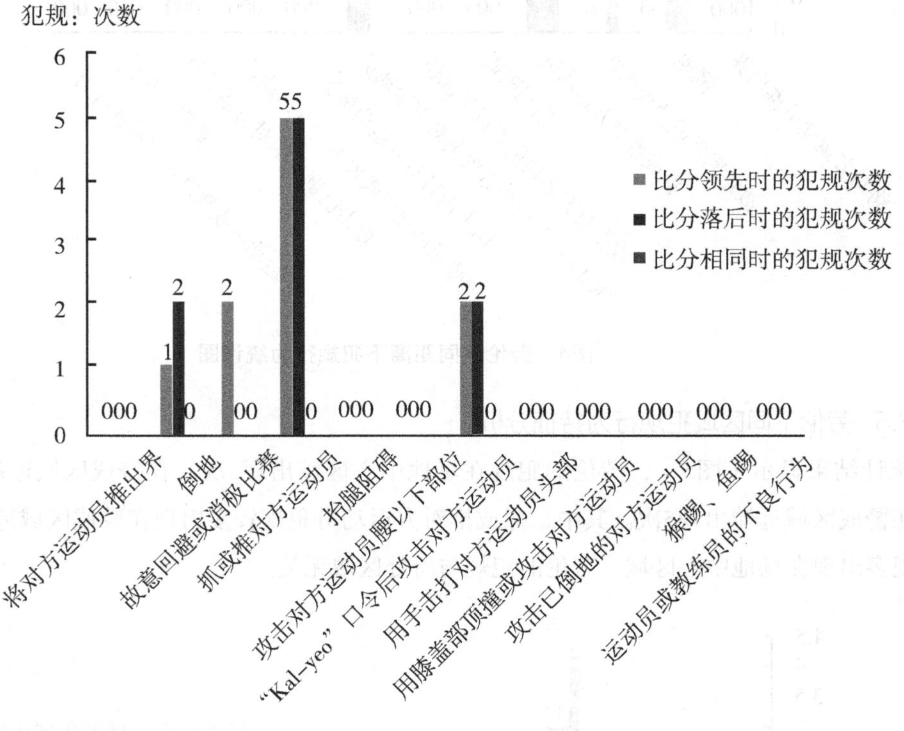


**图3 劳伦不同战况下犯规行为统计图**

## 2.4 劳伦不同距离下犯规行为特征分析

统计结果显示（图4），劳伦在中距离下的犯规行为占总数的38.89%，近距离下的犯规行为占总数的33.33%，中距离和近距离下的犯规行为最多。贴靠时出现4次犯规，远距离时出现1次犯规。

中距离下的犯规以倒地犯规、消极比赛犯规和抓人犯规为主，中距离下劳伦的抓腿犯规非常明显。消极行为都出现在中距离下。近距离和贴靠状态下的犯规行为有抓人犯规、推人犯规和分开后攻击对方犯规。分开后攻击对方犯规的成立条件是双方运动员贴靠，所以只有在近距离或贴靠状态下才可能出现分开后攻击对方犯规。

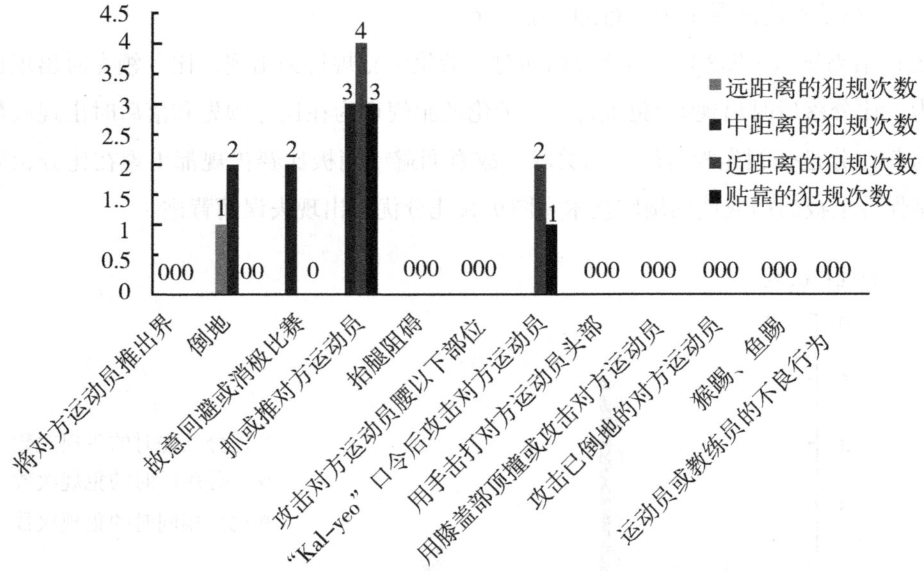


图4　劳伦不同距离下犯规行为统计图

## 2.5　劳伦不同区域犯规行为特征分析

统计结果显示（图5），劳伦的犯规在场地中心区域出现8次，在警戒区域近端出现5次，在警戒区域远端出现5次。其中，抓或推对方运动员犯规较多出现在警戒区域近端，抓腿犯规多出现在场地中心区域。劳伦的犯规与所处区域无关。

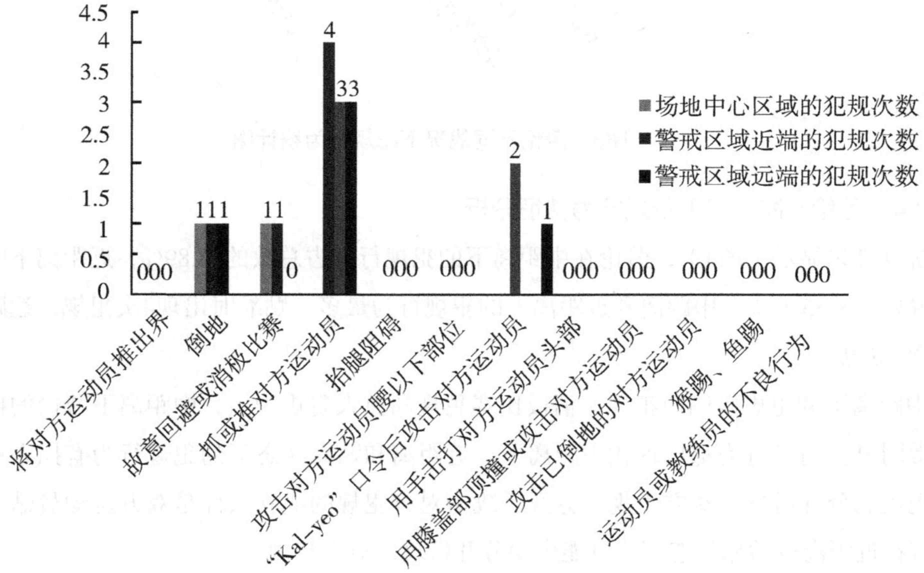


图5　劳伦不同区域犯规行为统计图

在场地中心区域的犯规行为中，抓或推对方运动员犯规占到了50.00%，其次是"Kal-yeo"口令后攻击对方运动员犯规。在警戒区域近端的主要犯规行为是推对方运动员。劳伦没有出界的犯规，在警戒区域近端劳伦对自己技术的使用、位置移动把握较好。在警戒区域远端劳伦常出现的犯规是抓对方运动员，主要有抓护具、衣服和搂抱两类。劳伦抓对方运动员犯规较为严重，多为阻止对手进攻和移动，为自己的进攻制造便利。

## 3 结语

劳伦的主要犯规行为是抓对方运动员犯规，其中抓腿犯规频繁，"Kal-yeo"口令后攻击对方运动员犯规也较常出现。劳伦犯规行为的出现与比赛的战局、战况无关，倒地犯规只出现在第三局，故意回避或消极比赛犯规只出现在比分领先时。劳伦的抓对方运动员犯规在多个距离下多次出现，其犯规行为特征与所在区域无关。

与劳伦对阵时可尝试在其使用旋转技术时将其攻击倒地，注意劳伦直拳得分+推对手使对手出界的技术运用；可增加防守直拳技术的训练，要提前做好横踢进攻时被劳伦抓住腿的应对准备。

## 参考文献

[1] 钟依岑.新规则下跆拳道女子击头技战术运用研究[D].桂林：广西师范大学，2018.

[2] 高志红.第29届奥运会跆拳道资格赛中国队主要对手的战局战况与应对方式研究[J].中国体育科技，2009，45（6）：66-70，86.

[3] 丁浩，侯盛明，陈茜.2017全国跆拳道锦标赛犯规行为统计分析[J].当代体育科技，2017，7（20）：205-206，208.

[4] 吴建忠，庞新，吴素英，等.高水平跆拳道运动员在比赛中常用步法的运用[J].运动，2015（9）：32-33，125.

# 补充益生菌和乳清蛋白对运动员免疫调节功能、无氧功率和下肢肌力的影响

邱　俊

（上海体育科学研究所，上海　200030）

**摘要**：本研究旨在探讨补充益生菌和乳清蛋白对运动员免疫调节功能、无氧功率和下肢肌力的影响，为运动员在新冠疫情期间能够通过合理营养品补充获得更高的训练与比赛水平提供应用依据。研究表明，①运动员补充4周益生菌对机体免疫功能存在积极效果；②补充益生菌可能对男运动员肌肉力量有一定积极作用；③4周乳清蛋白的补充对运动员的免疫调节机能和运动能力未见显著性效果。

**关键字**：益生菌；乳清蛋白；免疫功能；肌力；无氧功率

## 1　研究对象与研究方法

### 1.1　研究对象

补充益生菌和乳清蛋白对运动员免疫调节功能、无氧功率和下肢肌力的影响。

### 1.2　研究方法

1.2.1　实验法　选取36名田径、击剑、现代五项和武术运动员作为实验对象，将其随机分为益生菌组（Probiotics Group，PRO）、乳清蛋白组（Whey Protein Group，WP）、对照组（Control Group，CG），每组12人，男女各6人，所有运动员身体状况良好。

为比较补充益生菌、乳清蛋白与无营养品补充分别对运动员免疫调节功能、无氧功率和下肢肌力等的影响，本研究选择在封闭训练周期中的准备期延长阶段，从国家队营养品目录中选择益生菌和乳清蛋白进行4周营养品补充干预实验，实验前后一天分别测试运动员的身体成分、血液免疫学指标、无氧功率和等速肌力，并进行前后对比。

（1）身体成分测试。清晨空腹使用生物电阻抗法体成分分析仪（Gaia kiko，Jawon Madical）进行身体成分测试，测试指标包括体重 （Body Weight， BW）、体脂百分比（Body Fat Percentage， BF%）、去脂体重（Fat Free Mass， FFM）、肌肉量（Muscle Mass，MM）、

**作者简介**：邱俊（1971—），研究员，博士。研究方向：运动营养和运动员机能评定。

身体质量指数（BMI）等。

（2）血液免疫学指标测试。清晨空腹静脉采1 mL血液置入EDTA试管中，用西门子ADVIA 2120i全血分析仪检测淋巴细胞百分比（Lymphocytes Percentage，LP）和中性粒细胞百分比（Neutrophil Percentage， NP）等指标；采5 mL全血用促凝管分装后在高速离心机上以3 000转/分离心10 min后分离血清，用BD FACScanto II流式细胞仪对IL-6、IL-17A、IFN-γ等免疫指标做流式多因子检测。

（3）无氧功率测试。在上午采用30 sWingate测试方法。阻力设定：功率自行车阻力（Nm）=阻力系数（Nm/kg）×体重（kg），男子阻力系数为0.85，女子阻力系数为0.75。运动员尽全力蹬踏自行车30 s。将测试得出的功率值对应个人体重计算出相对最大功率（*P*peak/kg）、相对最小功率（*P*min/kg）、相对平均功率（*P*mean/kg）等指标。

（4）等速肌力测试。实验当天下午运动员进行膝关节等速肌力测试，测试使用Isomed 2 000等速肌力测试系统进行。本实验选取的方案中角速度为60°/s，重复次数6次。测试指标包括左侧60度屈、伸峰力矩体重比（PT / BW）、右侧60度屈。

（5）营养品补充干预计划。益生菌组摄入的益生菌补剂为4种混合活性菌，包括乳双歧杆菌HN019、嗜酸乳杆菌NCFM、植物乳杆菌Lp-115，长双歧杆菌Bl-05，补充剂量每日1次，每次4 g；乳清蛋白组补充乳清蛋白粉每日1次，1次120 g，每日训练时加100 mL水冲服；对照组无营养品摄入，实验期间运动员一日三餐膳食按照准备期日常膳食摄入推荐量，均在运动员食堂进餐。

1.2.2　数理统计法　数据资料选用SPSS 22.0版本软件进行统计分析，所有数据先进行正态分布检验，再采用配对样本*t*检验，计量资料以均值±标准差的形式表示，将检验结果$P<0.05$设定为差异显著。

## 2　研究结果与分析

### 2.1　身体成分的变化

实验前后运动员身体成分指标变化见表1。PRO组、WP组、CG组的BW、BF%、FFM、MM、BMI等各指标试验前后组内比较无显著性差异（$P>0.05$）。

表1　实验前后运动员身体成分指标变化表　　*n*=36

| 指标 | 组别 | 实验前 | 实验后 |
|---|---|---|---|
| BW/kg | PRO | 67.13 ± 13.40 | 66.67 ± 13.38 |
| | WP | 67.69 ± 15.17 | 67.62 ± 15.18 |
| | CG | 63.53 ± 10.11 | 63.53 ± 9.83 |

续表

| 指标 | 组别 | 实验前 | 实验后 |
|---|---|---|---|
| BF/% | PRO | 18.52 ± 5.53 | 18.45 ± 5.38 |
| | WP | 15.86 ± 3.47 | 15.36 ± 3.63 |
| | CG | 16.82 ± 7.02 | 17.13 ± 6.48 |
| FFM/kg | PRO | 54.69 ± 11.73 | 54.42 ± 11.41 |
| | WP | 57.14 ± 13.58 | 57.46 ± 13.92 |
| | CG | 52.53 ± 7.74 | 52.36 ± 7.42 |
| MM/kg | PRO | 50.90 ± 10.97 | 50.55 ± 10.68 |
| | WP | 53.17 ± 12.68 | 53.52 ± 13.04 |
| | CG | 48.84 ± 7.24 | 48.65 ± 6.91 |
| BMI/（$kg \cdot m^{-2}$） | PRO | 21.65 ± 4.26 | 21.55 ± 4.31 |
| | WP | 22.18 ± 2.54 | 22.17 ± 2.57 |
| | CG | 20.65 ± 2.08 | 20.74 ± 2.00 |

肠道微生态系统的紊乱可导致有益菌丰度降低，有害菌比例增加，从而导致短链脂肪酸（SCFAs）、胆囊酸（BAs）与内分泌调节肽的含量减少，影响机体肠道氧化还原稳态以及肠黏膜的屏障功能。肠道微生物群是一个高度动态的复杂生态系统，许多因素（如年龄、药物使用、压力、运动）尤其是饮食会对其造成影响。有研究指出，运动员与大众人群肠道微生物群具有一定的差异，如促进健康的细菌种类更多，微生物组多样性增加，代谢途径（如氨基酸、抗生素的生物合成和碳水化合物代谢）相对增强。杰里米（Jeremy）等研究了大学生运动员在休赛期训练期间补充益生菌（枯草芽孢杆菌）的效果。23名女运动员被随机分为益生菌组和对照组2组，在休赛期执行为期10周的阻力训练计划，包括每周3~4次的上肢、下肢训练和专项运动训练。研究结果显示，体重方面没有观察到显著变化，瘦体重有增加的趋势，但组间无差异，干预结束后，服用益生菌的运动员相对于对照组运动员体脂率下降更多并且存在组间差异。本研究在益生菌干预4周之后发现PRO组身体成分等各项指标有轻微下降趋势，但和实验前相比无显著变化，说明4周的益生菌补充并没有对身体成分产生显著影响，也可能由于4周的训练强度和益生菌补充不足以引起体重、体脂百分比等产生显著变化。此外，杰奎琳（Jaclyn）等使用随机、双盲交叉设计对健康但超重的受试者（$n$= 28）补充淀粉芽孢杆菌（LA）和发酵乳杆菌，实验结束后进行身体成分测量，研究结果显示，相比于对照组，益生菌组体脂百分比在实验结束后下降更多。但杰奎琳所选取的实验对象为肥胖受试者而非运动员，因为西沃恩（Siobhan）等在此前的研究中指出

运动员与普通人尤其是肥胖人群相比会拥有更加丰富的益生菌群落，所以这也可能是造成实验结果稍有不同的原因之一。

在合适的运动强度下，高蛋白质饮食是改善肌肉合成代谢的有效手段。乳清蛋白补充剂包括所有必需氨基酸，而且支链氨基酸（BCAA）的比例很高，可在比赛或训练期间增强运动员在与运动有关的损伤期间的肌肉性能和恢复能力。洛克伍德（Lockwood）等让健康、有阻力训练经验的男性每天2次摄入30 g乳清蛋白，并结合4天/周的高阻力训练，实验时间为8周。研究发现，补充乳清蛋白对脂肪下降有积极影响并且有助于肌肉量和肌肉力量的增加。尤哈（Juha）等将受试者随机分为3组：30 g乳清蛋白、等热量碳水化合物、蛋白质+碳水化合物，在运动后即刻摄入，为期12周，每周进行2~3次阻力训练。结果发现，受试者腹部脂肪减少并且瘦体重增加。在本研究中，实验前后各组运动员身体成分等指标均无显著变化，原因可能有以下2个方面：①运动员是在准备期中进行的营养品补充干预实验，在此训练周期阶段中训练强度与训练量保持在相对稳定的水平，4周训练所产生的刺激未达到改变身体成分的强度；②本研究所有运动员补充乳清蛋白粉的剂量和时长还不足以造成运动员身体成分发生显著变化。

2.2　血液免疫学指标的变化

实验前后PRO组、WP组运动员中性粒细胞百分比与淋巴细胞百分比均无显著差异，CG组运动员中性粒细胞百分比显著增加（$P<0.05$），淋巴细胞百分比显著降低（$P<0.05$）（表2）。实验前后PRO组、WP组的IL-6、IL-17A、IFN-γ 3种促炎因子虽无显著性差异，但都呈下降趋势，而CG组均呈现出增加趋势。

表2　实验前后血液免疫指标变化表　$n$=36

| 指标 | 组别 | 实验前 | 实验后 |
|---|---|---|---|
| NP/% | PRO | 53.75 ± 11.14 | 52.46 ± 9.96 |
| | WP | 54.76 ± 7.01 | 57.27 ± 6.89 |
| | CG | 53.47 ± 6.46 | 57.75 ± 6.44* |
| LP/% | PRO | 34.08 ± 9.61 | 34.41 ± 9.21 |
| | WP | 34.21 ± 6.89 | 31.91 ± 7.52 |
| | CG | 35.01 ± 5.10 | 30.72 ± 5.38* |
| IL-17A | PRO | 4.67 ± 4.01 | 3.20 ± 0.92 |
| | WP | 4.02 ± 2.52 | 3.38 ± 1.31 |
| | CG | 3.38 ± 1.05 | 4.08 ± 2.00 |

续表

| 指标 | 组别 | 实验前 | 实验后 |
|---|---|---|---|
| IFN-γ | PRO | 21.54 ± 12.44 | 16.95 ± 11.22 |
| | WP | 25.31 ± 20.64 | 20.65 ± 13.40 |
| | CG | 19.23 ± 11.84 | 23.81 ± 15.03 |
| IL-6 | PRO | 18.36 ± 9.40 | 13.47 ± 11.26 |
| | WP | 20.53 ± 15.53 | 19.12 ± 12.08 |
| | CG | 11.84 ± 8.45 | 19.87 ± 17.19 |

注：*表示组内实验前后比较差异呈显著性，$P<0.05$。

免疫机能的变化与上呼吸道感染、胃肠道功能紊乱发生概率的增加有关，对运动员的运动成绩与训练状态造成不可忽视的影响。搏彻斯（Borchers）等指出，给予适量益生菌对宿主的健康有益，并且定期摄入益生菌可以改变肠道微生物群的数量，增强免疫功能。益生菌通过调节微生物群，以及下丘脑-垂体-肾上腺（HPA）和脑-肠-微生物组轴发挥多种健康益处，包括促进胃肠道健康、免疫调节和代谢疾病改善。大强度的训练负荷会破坏运动员体内的抗炎因子和促炎因子动态平衡。马赫（Mach）等指出，微生物群还调节氧化应激和炎症反应，在高强度运动中调节代谢和能量消耗。本研究中PRO组各血液免疫学指标均未发生显著变化，但IL-6、IL-17A、IFN-γ 3种促炎因子都呈下降趋势，而CG组中性粒细胞百分比显著增加，淋巴细胞百分比显著降低，促炎因子呈现出了增加趋势。同样，尼古拉斯（Nicholas）等研究了补充益生菌（发酵乳杆菌）对自行车运动员的影响，结果发现，补充益生菌能有效降低血浆中促炎因子的浓度，进而减轻胃肠道及上呼吸道感染的症状，但这种现象只发生在男运动员中，在女运动员中则没有观察到。阿斯玛（Asma）等指出，益生菌/共生菌可降低部分炎症指标，如IL-6在健康、代谢性疾病和关节炎中无变化；IL-10在健康和代谢紊乱中无变化，在关节炎中增加；IL-4、IL-8、IL-12、IFN-g和TGF-b在健康受试者中无变化。综上所述，运动员补充益生菌可能对机体免疫功能存在积极效果。

乳清蛋白中亮氨酸、赖氨酸、精氨酸等支链氨基酸含量较高，可刺激肌蛋白合成骨骼肌细胞中BCAAs转氨酶、L-谷氨酰胺合成酶和其他与L-谷氨酰胺及其中间体氨基酸合成相关的关键酶的活性，体内实验研究结果表明，肌肉及肝脏中L-谷氨酰胺浓度的升高能够提高组织中谷胱甘肽（Glutathione，GSH）的浓度，缓解机体长时间运动导致的氧化压力。布鲁斯南（Brosnan）等研究证实，耐力运动员补充BCAAs（约每天6 g）能够减缓运动中血浆内L-谷氨酰胺浓度的下降并改善由运动激发的免疫抑制。而本研究结果和以上研究结论不同，WP组运动员各项指标与实验前均无显著差异，说明运动员4周乳清蛋白的补充对运动员机体免疫功能无明显效果。

2.3　无氧功率的变化

实验前后无氧功率指标变化见表3。PRO组男运动员*P*peak/kg显著增加（$P<0.05$），同组女运动员各项指标均无显著差异；WP组男女运动员各项指标均未发现显著差异；CG组男运动员*P*min/kg、*P*mean/kg呈下降趋势但无显著差异，同组女运动员各项指标无显著差异。

表3　实验前后无氧功率指标变化表　　*n*=36

| 指标 | 性别 | 组别 | 实验前 | 实验后 |
|---|---|---|---|---|
| 相对最大功率/（$P$peak · $kg^{-1}$） | 女 | PRO | 11.35 ± 2.11 | 12.23 ± 1.59 |
| | | WP | 12.03 ± 2.65 | 12.42 ± 2.42 |
| | | CG | 11.80 ± 1.15 | 11.95 ± 1.35 |
| 相对最小功率/（$P$min · $kg^{-1}$） | 女 | PRO | 5.07 ± 0.97 | 5.40 ± 0.22 |
| | | WP | 5.53 ± 0.90 | 3.53 ± 0.01 |
| | | CG | 5.08 ± 1.02 | 5.21 ± 1.05 |
| 相对平均功率/（$P$mean · $kg^{-1}$） | 女 | PRO | 7.95 ± 0.50 | 8.01 ± 0.41 |
| | | WP | 7.57 ± 0.76 | 7.42 ± 1.07 |
| | | CG | 7.78 ± 0.46 | 7.82 ± 0.44 |
| 相对最大功率/（$P$peak · $kg^{-1}$） | 男 | PRO | 12.35 ± 1.85 | 13.94 ± 1.71* |
| | | WP | 13.89 ± 1.64 | 14.51 ± 0.39 |
| | | CG | 14.28 ± 1.49 | 15.50 ± 0.77 |
| 相对最小功率/（$P$min · $kg^{-1}$） | 男 | PRO | 5.95 ± 1.10 | 5.99 ± 1.24 |
| | | WP | 5.86 ± 0.76 | 6.07 ± 0.89 |
| | | CG | 5.19 ± 2.56 | 4.17 ± 2.27 |
| 相对平均功率/（$P$mean · $kg^{-1}$） | 男 | PRO | 8.97 ± 0.73 | 9.22 ± 0.90 |
| | | WP | 9.47 ± 0.52 | 9.33 ± 0.37 |
| | | CG | 9.52 ± 0.52 | 9.34 ± 0.40 |

注：*表示组内实验前后比较差异呈显著性，$P<0.05$。

专门研究益生菌补充对运动表现影响的实验并不常见。最近的研究表明，补充益生菌可以通过不同途径改善运动员和有锻炼习惯的人的运动表现。谢曼（Scheiman）等指出，在高强度运动中，宿主以乳酸的形式为特定的细菌提供燃料，而特定的细菌反过来产生代谢物，如丙酸，这对运动中的宿主有益。在本研究中，PRO组中男运动员*P*peak/kg显著增加（$P<0.05$），同组女运动员各项指标均无显著差异。益生菌补充的效果受菌种、补充持续时间、剂量、形式以及宿主机体生理情况等多种因素影响。杰格（Jäger）等报道了2周补充蛋白质结合益生菌与单独补充蛋白质运动后强度测量的差异。根据Wingate测试，补充蛋白质和益生菌的人的肌肉力量水平在实验结束后与实验前基本保持一致，而只摄入蛋白质的受试者肌肉力量水平出现下降，虽然此研究没有说明补充益生菌能够有效提高运动员无氧能力，但提示可能存在积极作用。卡布恩（Carbuhn）等对20名女大学生游泳运动员进行为期6周的益生菌（长双歧杆菌35 624）干预，研究结果发现运动成绩、有氧能力、无氧能力、向心与离心力量、垂直纵跳的高度等运动表现指标都没有与对照组产生显著差异，益生菌的补充并未对运动员起到积极作用。在本研究中PRO组只有在男运动员当中出现*P*peak/kg较试验前显著增加的情况，提示补充益生菌有可能存在性别间的差异。

长时间运动导致外周疲劳的常见原因是肌糖原的耗尽以及肌肉中ATP浓度的下降，而这两种因素都与BCKAD复合物的激活有关。支链氨基酸的补充促进了BCKAD复合物的活性，加速了支链氨基酸中间代谢产物进入TAC，作为能源和底物扩充了TAC中间产物库，进而促进了糖原的合成与ATP的产生，由此达到抗疲劳的作用。拉斯科夫斯基（Laskowski）等对优秀初级柔道运动员早期训练阶段展开了实验，研究补充蛋白质对其有氧和无氧能力发展的影响，蛋白质组和安慰剂组在4周的干预结束后，有氧和无氧功率都增加了，并且蛋白质组的变化程度更加明显，其中蛋白质每日的补充剂量是按照每千克体重0.5 g进行计算的。同样，马修（Matthew）等将41名受试者（男性，$n=19$；女性，$n=22$）随机分为3组，让他们分别摄入鸡肉、牛肉、乳清蛋白，进行为期8周的抗阻训练。干预结束后与其他2组相比，摄入乳清蛋白组受试者无氧功率显著增加。理论上，补充蛋白质促进净蛋白质平衡的改善可以促进肌肉重塑，加快肌肉功能的恢复，反过来可以提高随后的训练质量、运动表现需求。在本研究中，WP组男女运动员无氧功率各指标均未发现显著差异，可能有以下2个原因：①补充剂量的效应差异；②实验中运动员所处训练周期不同以至于在训练强度上存在区别。具体影响因素还需进行深入的针对性研究。

### 2.4 等速肌力的变化

实验前后等速肌力的变化见表4。PRO组男运动员各项指标呈增加趋势但无显著差异，女运动员未发现增加趋势；WP组男、女运动员各项指标均无显著差异；CG组男运动员右侧60度伸膝等速肌力显著下降（$P<0.05$），且其余指标也呈下降趋势，同组女运动员右侧60度屈膝、右侧60度伸膝等速肌力显著下降（$P<0.05$），且左侧60度伸膝等速肌力呈下降趋势但无显著差异。

表4 实验前后等速肌力指标变化表 $n$=36

| 等速肌力 | 性别 | 组别 | 实验前 | 实验后 |
|---|---|---|---|---|
| 右侧60度屈膝/(PT·BW$^{-1}$) | 女 | PRO | 1.70 ± 0.39 | 1.74 ± 0.40 |
| | | WP | 1.51 ± 0.20 | 1.64 ± 0.12 |
| | | CG | 1.46 ± 0.16 | 1.36 ± 0.20* |
| 左侧60度屈膝/(PT·BW$^{-1}$) | 女 | PRO | 1.86 ± 0.40 | 1.83 ± 0.44 |
| | | WP | 1.47 ± 0.13 | 1.67 ± 0.25 |
| | | CG | 1.36 ± 0.13 | 1.37 ± 0.16 |
| 右侧60度伸膝/(PT·BW$^{-1}$) | 女 | PRO | 2.83 ± 0.36 | 2.78 ± 0.54 |
| | | WP | 2.70 ± 0.36 | 2.79 ± 0.53 |
| | | CG | 2.90 ± 0.47 | 2.75 ± 0.47* |
| 左侧60度伸膝/(PT·BW$^{-1}$) | 女 | PRO | 3.03 ± 0.48 | 2.89 ± 0.51 |
| | | WP | 2.85 ± 0.27 | 2.66 ± 0.41 |
| | | CG | 2.66 ± 0.38 | 2.55 ± 0.40 |
| 右侧60度屈膝/(PT·BW$^{-1}$) | 男 | PRO | 1.74 ± 0.35 | 1.79 ± 0.55 |
| | | WP | 1.82 ± 0.29 | 1.87 ± 0.33 |
| | | CG | 1.95 ± 0.33 | 1.70 ± 0.35 |
| 左侧60度屈膝/(PT·BW$^{-1}$) | 男 | PRO | 1.65 ± 0.46 | 1.83 ± 0.47 |
| | | WP | 1.89 ± 0.29 | 1.97 ± 0.33 |
| | | CG | 1.69 ± 0.15 | 1.59 ± 0.34 |
| 右侧60度伸膝/(PT·BW$^{-1}$) | 男 | PRO | 2.64 ± 0.53 | 2.88 ± 0.40 |
| | | WP | 3.05 ± 0.52 | 3.31 ± 0.58 |
| | | CG | 3.87 ± 0.39 | 3.34 ± 0.49* |
| 左侧60度伸膝/(PT·BW$^{-1}$) | 男 | PRO | 2.60 ± 0.65 | 2.91 ± 0.41 |
| | | WP | 3.15 ± 0.47 | 3.10 ± 0.52 |
| | | CG | 3.14 ± 0.59 | 2.80 ± 0.62 |

注：*表示组内实验前后比较差异呈显著性，$P$<0.05。

近些年许多研究从不同角度对益生菌与人体健康的关系进行了探索，植物乳杆菌KX041可保持肠道通透性，发挥抗氧化能力。此外，某些植物乳杆菌能够激活肠细胞的生长信号通路，进而增加肠道的蛋白质代谢。卡布恩等的研究对20名女大学生游泳运动员进行为期6周的益生菌干预，结果发现肌肉力量与对照组之间无显著差异。以上结果与本研究结果稍有差异。在本研究中，PRO组男运动员各项指标呈增加趋势但无显著差异，同组女运动员未发现和男运动员相同的增加趋势，提示益生菌补充可能对男运动员肌肉力量的合成存在积极作用，也可能存在性别差异。同样，易卜拉辛（Ibrahim）等对41名健康男性进行为期12周的干预试验，分别采用只补充益生菌、只执行运动干预、补充益生菌与运动干预相结合3种方案。补充的益生菌为6种混合菌（嗜酸乳杆菌BCMC12130、干酪菌BCMC12313、乳杆菌BCMC12451、双歧杆菌BCMC02290、婴儿杆菌BCMC02129和长杆菌BCMC02120），结果发现只执行运动干预组与益生菌运动相结合组实验后肌肉力量呈显著增加，只补充益生菌组并未发现显著变化。

乳清蛋白具有易消化和吸收的特点，可以快速提高血液中氨基酸的水平，并且乳清蛋白中支链氨基酸含量较高，亮氨酸可减少肌肉蛋白的分解，赖氨酸和精氨酸可刺激肌蛋白合成。此外，肌肉力量与肌肉量相关，一般来说，肌肉量增加，肌肉力量也会随之增加。沃勒克（Volek）等比较了乳清蛋白和大豆蛋白补充对瘦体重和肌肉力量增加的作用效果，在训练日的锻炼后或非训练日的早晨进行补充，同时配合为时9个月的抗阻训练。研究结果显示，乳清蛋白补充后，瘦体重质量的增加幅度更大，各组力量也均有增加。同样，赫尔达（Herda）等8周的乳清蛋白补充联合抗阻训练的干预结果显示受试者的瘦体重与肌肉量增加，并且肌肉力量也出现了相似的提高。而本研究结果显示，WP组男、女运动员各项指标在4周的干预前后均无显著差异，上述列举研究中实验干预时长为8周甚至更长，并且瘦体重都出现了增加。实验结果差异的原因：①可能与本实验干预时间的长度只有4周有关；②可能与本研究所补充蛋白质剂量有关，并且补充蛋白质过程当中训练强度、训练持续的时间、补充持续的时间、摄入时间、训练的频率以及日常饮食摄入等多种因素都会对蛋白质的吸收产生不同的影响。

## 3 结论

（1）本研究提示运动员补充益生菌对机体免疫调节功能存在积极效果。

（2）补充益生菌可能对男运动员肌肉力量有一定的积极作用。

（3）4周乳清蛋白的补充对运动员的免疫调节机能和运动能力未见显著性效果。

## 参考文献

[1] 赵翠翠，覃飞，耿雪，等.肠道菌群——运动干预治疗2型糖尿病的新靶点[J].体育科研，2021，42（2）：85-91.

[2] YATSUNENKO T, REY F E, MANARY M J, et al. Human gut microbiome viewed

across age and geography[J]. Nature, 2012, 486 ( 7402 ) : 222 - 227.

[ 3 ] CLARKE S F, MURPHY E F, O'SULLIVAN O, et al. Exercise and associated dietary extremes impact on gut microbial diversity[J]. Gut, 2014, 63 ( 12 ) :1913-1920.

[ 4 ] PETERSEN L M, BAUTISTA E J, NGUYEN H, et al. Community characteristics of the gut microbiomes of competitive cyclists[J]. Microbiome, 2017, 5 ( 1 ) : 98.

[ 5 ] MORKL S, LACKNER S, MULLER W, et al. Gut microbiota and body composition in anorexia nervosa inpatients in comparison to athletes, overweight, obese, and normal weight controls[J]. Int J Eat Disord, 2017, 50 ( 12 ) : 1421 - 1431.

[ 6 ] TOOHEY J C, TOWNSEND J R, JOHNSON S B, et al. Effects of Probiotic ( Bacillus subtilis ) Supplementation During Offseason Resistance Training in Female Division I Athletes[J]. The Journal of Strength & Conditioning Research, 2020, 34 ( 11 ) :3173-3181.

[ 7 ] JACLYN M O, YEN-MING C, MITCHELL L J, et al. Lactobacillus fermentum and Lactobacillus amylovorus as probiotics alter body adiposity and gut microflora in healthy persons[J]. Journal of Functional Foods, 2013, 5 ( 1 ) : 116-123.

[ 8 ] MACKENZIE-SHALDERS K L, BYRNE N M, SLATER G J, et al. The effect of a whey protein supplement dose on satiety and food intake inresistance training athletes[J]. Appetite, 2015 ( 92 ) : 178 - 184.

[ 9 ] LOCKWOOD C M, ROBERTS M D, DALBO V J, et al. Effects of hydrolyzed whey versus other whey protein supplements on the physiological response to 8 weeks of resistance exercise in college-aged males[J]. J Am Coll. Nutr, 2017, 36 ( 1 ) : 16-27.

[ 10 ] HULMI J J, LAAKSO M, MERO A A, et al. The effects of whey protein with or without carbohydrates on resistance training adaptations[J]. Journal of the International Society of Sports Nutrition, 2015, 12: 48.

# 运动员低能量可利用性研究进展

邱俊强

（北京体育大学运动人体科学学院，北京　100084）

**摘要**：低能量可利用性是近年来运动营养领域的研究热点，与运动员健康密切相关。低能量可利用性指运动员能量摄入相对于运动能量消耗较低而引发的生理失调和运动表现受损的现象，目前已被确认为引发女运动员三联征和运动相对能量不足的核心因素。长期低能量可利用性不仅会损害运动员的健康，更会对运动表现产生负面影响。本研究运用文献资料法等研究方法，对运动员低能量可利用性研究进行探讨。

**关键词**：低能量可利用性；女运动员三联征；LEA评估

膳食能量摄入不足会破坏人体正常的能量平衡，而运动和训练对能量的需求会加剧这种影响。当运动员的能量摄入（Energy Intake，EI）相对于运动能量消耗（Exercise Energy Expenditure，EEE）较低时，可引起低能量可利用性（Low Energy Availability，LEA）的发生。目前的研究表明，LEA是造成一系列激素、代谢和生理失调的关键因素。

## 1　LEA的概念与危害

### 1.1　从女运动员三联征到LEA

在30多年前，研究人员就发现运动女性的继发性闭经发生率较非运动女性高，并且这些患有月经功能紊乱的运动女性似乎也存在骨密度降低和潜在的进食障碍。这些早期发现促使了"女运动员三联征"概念的首次提出，即运动女性出现饮食紊乱、闭经和骨质疏松症3种症状相联系的现象。随后，劳克斯（Loucks）等开创性的实验发现LEA才是造成女运动员月经功能障碍的重要原因，为女运动员三联征的研究指明了方向。1997年，美国运动医学学会（American College of Sports Medicine，ACSM）发布了第一份女运动员三联征共识声明。2007年，ACSM再次发布女运动员三联征声明并将其定义更新为能量可利用性、月经功能和骨密度之间的相互关系，并提供了筛查、诊断、预防和治疗的新建议。2014年，

**作者简介**：邱俊强（1974—），教授，博士。研究方向：运动生物化学与运动营养。

运动相对能量不足模型的提出为男、女运动员由能量缺乏引发的一系列健康（包括心理健康）和运动表现损害提供了理论框架，并且再次确定LEA为关键病因。

1.2　LEA对健康和运动表现的危害

LEA对生理功能的影响是广泛的。当机体持续处于较低的能量可利用性时，可用于维持生理功能的能量减少，最初会造成负能量平衡和体重降低。随后，机体的补偿机制将通过减少用于细胞维持、生长、繁殖以及热调节的能量来恢复新的能量平衡，从而产生生理适应。然而，这种生理适应却是以机体基础代谢降低和内分泌紊乱为代价的。目前的研究表明，LEA可造成月经功能紊乱、骨密度降低、胃肠功能紊乱、免疫功能降低、生长发育延迟、基础代谢率降低、内分泌紊乱、血液功能障碍、心理疾病、心血管功能障碍等（图1）。

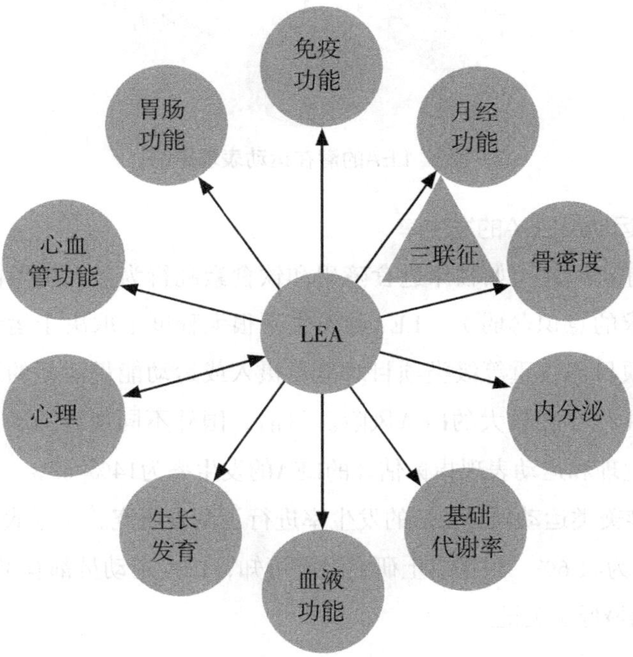


**图1　LEA的健康影响方面**

LEA同样可以影响运动员的运动表现，尽管直接证据较少，但可以明确的是，长期LEA可通过降低肌肉力量、减少糖原储备、增加运动损伤、降低训练效果等间接机制影响运动表现（图2）。

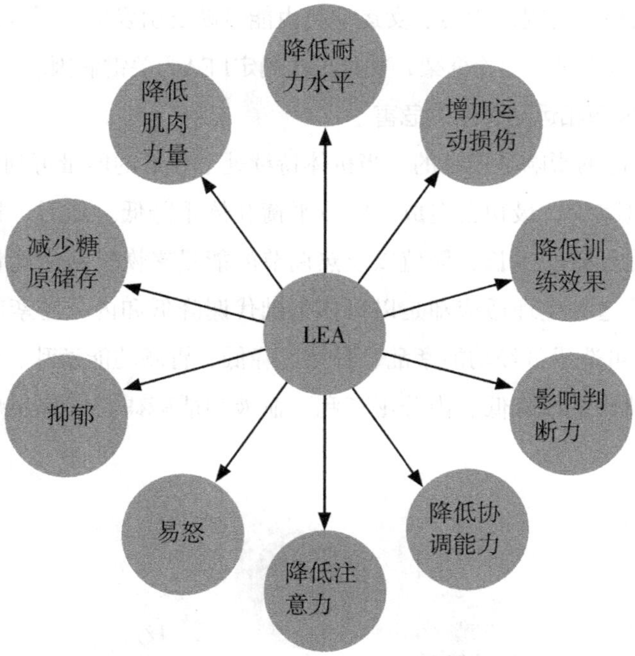


图2 LEA的潜在运动表现影响

1.3 国内外运动员LEA的发生率

LEA可以是有意为之（如临床进食障碍和饮食紊乱行为），也可能是无意造成（能量摄入和能量需求的意识薄弱）。LEA的发生率很大程度上取决于运动项目的类型，难美类项目、耐力项目和体重等级类项目对能量摄入或运动能量消耗的影响较大，因此这类项目的运动员往往存在较大的LEA风险。目前，国外不同项目运动员LEA的发生率为22%~58%，通过生理和运动表现指标估计的LEA的发生率为14%~63%。国内相关研究较为缺乏，目前仅对难美类运动项目LEA的发生率进行了调查研究，结果表明，难美类项目运动员LEA的发生率为41.6%。根据以上研究结果可知，任何运动员都有可能具有LEA风险，而将这种风险降到最低是关键。

## 2 LEA的评估

一般来说，LEA的评估主要有以下两种方式：①直接通过膳食EI和EEE数据进行代数计算；②通过评估短期或长期LEA的潜在症状来间接评估。尽管LEA的代数计算简单［（能量摄入–运动能量消耗）/去脂体重（Fat-Free Mass，FFM）］，但准确地确定EI和EEE一直是最大的挑战。EI可以通过多种方式进行估计，如自我报告、访谈、称重和食物频率问卷等，但由于漏填写、少填写、运动员依从性差等因素容易出现较大的误差（约600 kcal/d）。同时，应采集运动员在不同类型的训练日、工作日和周末的数据，以获得整体训练的可靠信息。EEE的测量方法包括运动日志、能量消耗代谢当量（Metabolic Equivalent，MET）或通过可穿戴设备收集的数据加以补充。其中，最佳方式是通过心率与间接测热法数据来分析，此方法比代谢当量的使用要更精确，但仍可能产生100~600 kcal/d的误差。另外，净EEE指运动期间消耗的能量。因此，应该从整体EEE值中减去静息代谢能量消耗部分。

问卷可以辅助生理测量和进行LEA的临床评估。当数据不容易获得时，问卷可以作为替代方式来估计大规模人群中LEA风险。目前，确定LEA最常用的有效问卷是女运动员低能量可利用性问卷（Low Energy Availability in Females Questionnaire，LEAF-Q）和进食障碍测试问卷（Eating Disorder Examination Questionnaire，EDE-Q）。此外，国际奥委会推荐使用运动相对能量不足临床评估工具（Relative Energy Deficiency in Sports Clinical Assessment Tool，RED-SCAT）进行LEA的评估。

在训练监控中，生物标志物可以作为替代指标以筛查、评估LEA。可靠的研究证据表明，瘦素、胰岛素样生长因子-1（Insulin-like Growth Factor 1，IGF-1）、骨形成和骨吸收标记物以及T3对LEA具有很高的敏感性，通过测试这些血液指标可较准确地发现存在LEA风险的运动员，以防止LEA对运动员的生理和表现造成长期影响。

## 3 展望

随着LEA研究的不断进展，一方面，人们对LEA的认识及对LEA对运动员健康和运动成绩的影响的理解不断提高；另一方面，许多待解决的科学问题逐渐呈现。首先，基于实验室的短期研究确定了LEA对生理的影响，但严格控制LEA的长期研究仍存在空白。其次，关于LEA的阈值存在争议，低于30 kcal/（kg · d）FFM是否会引起生理损害值得推敲。再次，男运动员LEA应该同样得到重视，男性LEA的现状以及与女性的区别值得进一步探讨。最后，为了将LEA更好地应用到实际的训练监控中，今后的研究应该重点解决在现实中如何精确地确定运动员的LEA水平、开发有效的评估方法和工具、确定统一的测试标准和指南等问题。只有这样，才能有效地预防运动员LEA的发生，提高运动员运动表现的同时保障运动员的健康。

## 参考文献

[1] NATTIV A, LOUCKS A B, MANORE M M, et al. American College of Sports Medicine position stand. The female athlete triad [J]. Med Sci Sports Exerc, 2007, 39(10): 1867-1882.

[2] MOUNTJOY M, SUNDGOT-BORGEN J, BURKE L, et al. The IOC consensus statement: beyond the Female Athlete Triad-Relative Energy Deficiency in

Sport (RED-S) [J]. Br J Sports Med, 2014, 48 (7): 491-497.

[3] DRINKWATER B L, NILSON K, CHESNUT C H, et al. Bone mineral content of amenorrheic and eumenorrheic athletes [J]. N Engl J Med, 1984, 311 (5): 277-281.

[4] YEAGER K K, AGOSTINI R, NATTIV A, et al. The female athlete triad: disordered eating, amenorrhea, osteoporosis [J]. Medicine & Science in Sports & Exercise, 1993, 25 (7): 775-777.

[5] LOUCKS A B, CALLISTER R. Induction and prevention of low-T3 syndrome in exercising women[J].American Journal of Physiology, 1993, 264 (5): 924-930.

[6] OTIS C L, DRINKWATER B, JOHNSON M, et al. American College of Sports Medicine position stand. The Female Athlete Triad [J]. Med Sci Sports Exerc, 1997, 29 (5): 1-4.

[7] WADE G N, SCHNEIDER J E, LI H Y. Control of fertility by metabolic cues[J]. The American journal of physiology, 1996, 270 (1): 1-19.

[8] LOUCKS A B, KIENS B, WRIGHT H H. Energy availability in athletes [J]. J Sports Sci, 2011, 29 (1): 7-15.

[9] SILVA M G, PAIVA T. Poor precompetitive sleep habits, nutrients' deficiencies, inappropriate body composition and athletic performance in elite gymnasts[J].European Journal of Sport Science, 2016, 16 (6): 726-735.

[10] VANHEEST J L, RODGERS C D, MAHONEY C E, et al. Ovarian Suppression Impairs Sport Performance in Junior Elite Female Swimmers [J]. Medicine and Science in Sports and Exercise, 2014, 46 (1): 156-166.

[11] MOUNTJOY M, SUNDGOT-BORGEN J, BURKE L, et al. International Olympic Committee (IOC) Consensus Statement on Relative Energy Deficiency in Sport (RED-S): 2018 Update [J].Int J Sport Nutr Exerc Metab, 2018, 28 (4): 316-331.

[12] LOGUE D M, MADIGAN S M, MELIN A, et al. Low Energy Availability in Athletes 2020: An Updated Narrative Review of Prevalence, Risk, Within-Day Energy Balance, Knowledge, and Impact on Sports Performance[J]. Nutrients, 2020, 12 (3): 835.

[13] MENG K, QIU J, BENARDOT D, et al. The risk of low energy availability in Chinese elite and recreational female aesthetic sports athletes [J].J Int Soc Sports Nutr, 2020, 17 (1): 13.

# 可持续发展视角下冬奥会赛事的理论与实践研究

邱　雪

（国家体育总局体育科学研究所，北京　100061）

**摘要**：本研究运用文献资料法等研究方法，梳理了在可持续发展的背景下冬奥会赛事的理论与实践问题。主要结论如下，奥林匹克运动是全球可持续发展的最佳载体，近几届冬奥会陆续开展了一系列重要的可持续行动，这些赛事实践进一步丰富了可持续发展的概念与内涵，同时进一步助推了可持续发展的实施与完善。

**关键词**：可持续；冬奥会；研究

## 1　可持续发展的理论依据

可持续发展是指在不损害后代人满足其自身需要的能力的前提下满足当代人需要的发展。当前，奥林匹克运动已经成为全球可持续发展的最佳载体。而作为这一载体的直接管理者，国际奥委会已于近几年陆续制订了一系列具体的可持续发展方案。这些方案进一步阐明了可持续发展在当前奥运改革及全球防疫中的重要意义，同时为未来奥林匹克运动的发展提供了一个重要的坐标指向。

2015年，国际奥委会成立了可持续性与遗产委员会（The IOC Sustainability and Legacy Commission），取代原来的体育与环境委员会（Sport & Environment Commission）。在此基础上，国际奥委会于同年通过了《奥林匹克运动愿景宣言》（*Olympic Movement's vision statement*）。在这份宣言中，可持续发展被明确写进了奥林匹克运动的工作准则（working principal），意味着国际奥委会在做任何决定的时候，都必须积极获取在社会、经济和环境方面的最大正面效果，而把负面影响降到最低。

2017年，国际奥委会发布了可持续性战略（IOC Sustainability Strategy）。该战略阐述了国际奥委会在可持续发展方面的三大作用和五大领域。三大作用：国际奥委会作为一个组织，采取可持续性原则并将可持续性纳入其日常运作；国际奥委会作为奥运会的主办者，在可持续发展方面发挥积极的领导作用，并确保将其纳入奥运会规划和举办的所有方面；

**作者简介**：邱雪（1978—），研究员，博士。研究方向：奥林匹克。

国际奥委会作为奥林匹克运动的领导者，参与并帮助奥林匹克运动的利益相关方将可持续发展融入他们自己的组织和运作。五大领域分别为基础设施与自然用地、采购与资源管理、交通与物流、工作人员、气候。

2017年，国际奥委会在其可持续性战略的基础上又发布了《遗产战略方针：勇往直前》（*Legacy Strategic Approach*：*Moving Forward*）。该方针对奥运会遗产的核心概念、框架内容及战略任务等做了详细的介绍，并在此基础上进一步阐明了遗产与可持续发展的关系，即遗产着眼于长期收益，而可持续发展则着眼于决策的战略和流程，即以最大化经济、社会和环境维度的积极效应和最小化消极影响为目标。

2021年3月，国际奥委会颁布了最新的改革路线图《奥林匹克2020+5议程》（*Olympic Agenda* 2020+5）。该议程在原有《奥林匹克2020议程》的基础上，指明了未来应对后疫情及时代挑战所涉及的15条改革建议，其中提出的五大趋势为：一是社会内部和社会之间需要更团结，二是数字化的增长与当前数字化服务不足的矛盾，三是实现可持续发展的紧迫性，四是组织和机构对公信力需求的不断提升，五是疫情所造成的财务和经济后果及其对政府和企业决策的影响。在这份路线图中，可持续发展再次成为奥林匹克运动改革路线中的重要内容。

## 2 可持续发展的赛事实践

可持续发展既是全球一项重要的实践行动，也是奥林匹克运动极具感召力的行为语言。目前，国际奥委会已经在《奥林匹克2020+5议程》中承诺在2030年之前要实现建立气候正效能型（climate positive）奥运会的目标。而围绕可持续发展这一主题，近几届奥运会，特别是冬奥会陆续开展了一系列具体的可持续行动，这些赛事实践进一步丰富了可持续发展的概念与内涵，同时进一步助推了可持续发展的实施与完善。

例如，2010年温哥华冬奥会，温哥华冬奥组委（VANOC）就采用了可持续发展管理和报告系统（Sustainability Management and Reporting System，SMRS）来管理奥赛事。VANOC以SMRS为基础，将其扩展并纳入可持续发展相关的经济和社会绩效的管理，这使得整个冬奥会的可持续工作更具合理性与科学性。又如，2014年索契冬奥会，索契冬奥组委（SOOC）创建了可持续发展管理体系（Sustainability Management System，SMS）。SMS的主要目标是充分发挥奥运会的潜力，特别是在城市、地区和国家的社会、环境和经济层面，创造长期的积极变化，并创造和有效利用奥运遗产。再如，2018年平昌冬奥会是奥林匹克运动历史上第一届获得ISO 20121可持续赛事管理体系（Operation System for Sustainable Events）认证的冬奥赛事。为此，平昌冬奥组委（POCOG）专门编制了一份涵盖整个冬奥会筹备和运营过程的温室气体清单，由此，平昌也成为冬奥会历史上第一次“致力于最大限度减少碳排放的奥运会”。

目前，北京冬奥组委已于2019年11月6日（冬奥会举办的前3年）获得了可持续性管理体系的认证。在此基础上，根据2020年5月15日北京冬奥组委出台的《北京2022年冬奥会和冬残奥会可持续性计划》（*Beijing 2022 Olympic and Paralympic Winter Games Sustainability Plan*），2022年北京冬奥会的可持续性总体目标将定义为“创造奥运会和地区可持续发展的新典范”。2022年北京冬奥会将成为奥林匹克运动历史上可持续发展的一个全新样本，包括可持续体系、可持续内容、可持续手段等，相信2022年北京冬奥会将对未来奥林匹克运动的发展具有重要的示范意义。

## 3 结语

奥林匹克运动是全球可持续发展的极佳载体，近几届冬奥会陆续开展了一系列重要的可持续行动，这些赛事实践进一步丰富了可持续发展的概念与内涵，同时进一步助推了可持续发展的实施与完善。

北京作为奥林匹克运动历史上第一个“双奥城市”，特别是作为新冠疫情背景下第一个“冬奥之城”，将成为奥林匹克运动历史上可持续发展的一个全新样本。

## 参考文献

[1] 杜颖，孙葆丽.冬奥会举办地可持续发展研究——以温哥华惠斯勒度假区为例[J].体育文化导刊，2018（2）：23-28.

[2] 于世波，梁鑫，程靖雯，等.北京冬奥会有形遗产可持续发展理念、价值与路径研究[J].辽宁师范大学学报（社会科学版），2022，45（1）：23-28.

# “双奥之城”语境下北京奥运精神的内涵与价值探析

邹秀春，杨良子

（北京体育大学马克思主义学院，北京　100084）

**摘要**：北京奥运精神发轫于中华民族对奥运的百年期盼，经历“两次申奥”的洗礼、21世纪的苦心筹办和新时代对冬奥的热切企盼，逐步形成了“以爱国拼搏为核心、团结友谊为理想、文明和谐为基石、创新超越为动力”的北京奥运精神。在新时代体育强国建设背景下，进一步弘扬北京奥运精神将为引领铸就体育强国梦、中国梦，振奋民族精神、凝聚中国力量，展示中国特色社会主义建设成就，传扬和平发展主张，推进全民健身、增强人民体质提供持久而强大的精神动力。

**关键词**：北京奥运精神；遗产；内涵；价值

北京奥运精神发轫于中华民族对奥运的百年期盼，形成于艰苦卓绝的申奥、办奥的伟大实践，经历百折不挠的艰难求索，彰显了中国人的精气神，集中体现为“爱国拼搏、团结友谊、文明和谐、创新超越”的精神内涵。在全世界饱受新冠疫情侵扰的今天，为办好一届有特色、更精彩的冬奥盛会，需要充分发扬北京奥运精神，砥砺奋进、共克时艰。

## 1　北京奥运精神形成的背景

“世界的奥运盼中国，开放的中国迎奥运，新时期的中国办奥运，新时代的中国享冬奥”，北京奥运精神正是在这样的时代背景下孕育发展的。

### 1.1　世界的奥运盼中国

20世纪下半叶，世界各国逐渐将维护世界和平的目光投向体育，希望用体育这把“钥匙”开启国与国之间的多边外交，通过体育平台寻求对话与合作，谋求共存与共赢。奥林匹克盛会聚焦了全世界人民的目光。中国作为人口最多、发展最快的发展中国家，不应该缺席奥林匹克盛会。1982年3月，萨马兰奇曾向邓小平同志提出中国应该在国际奥林匹克运动中发挥更大的作用，甚至鼓励中国在某个时刻举办一次奥运盛会。

---

**作者简介**：邹秀春（1978—），教授，博士。研究方向：德育理论与实践。

1.2　开放的中国迎奥运

改革开放以来，中国的发展成就十分显著。经济快速发展，社会全面进步，国际地位不断提升，国内民众都有切身体会。然而，世界却不了解中国改革开放的情况。因此，当时的中国急需一个展示自我的窗口，一个更好地走向世界的通道。成功举办一届奥运盛会则是一个再好不过的选择。2000年，北京2008年奥运会申办委员会对北京地区进行民意调查的结果显示，94.6%的人支持北京申办2008年奥运会。当时国际奥委会认为这一数据过高，对真实性存疑，于是在2000年年底，“国际奥委会独立委托调查公司在中国进行了调查，民众支持率达到95%以上”，创下了奥运历史上最高的国内民众支持率。

1.3　新时期的中国办奥运

从“奥运三问”的提出到北京奥运会开办，百年的历程熔铸了百年的梦想和期盼。中国申奥之路本就不易，筹奥之路更是困难重重。北京奥运会开幕式上的姚明与抗震救灾英雄少年林浩的那张照片可以把我们带入那个多灾多难的2008年。当时，奥运会召开在即，面对南方特大雪灾、“5·12”汶川地震、南方洪水等多重挑战，中国人民没有后退，而是更加坚强地站起来。

1.4　新时代的中国享冬奥

党的十八大以来，在中国举办冬奥盛会的梦想被提上日程。2015年1月，中国以“纯洁的冰雪·激情的约会”为申办理念，正式开启了一段新的奥运追逐之旅。夏奥会为人们所熟悉，受关注程度更高，而冬奥会受关注程度较低，受到很多发展条件的限制。在建设体育强国的路上，习近平总书记认识到中国运动项目“夏强冬弱”“冰强雪弱”的客观情况，从体育强国战略角度思考了新时代体育项目发展布局及申办冬奥会的意义。2015年7月31日，中国获得2022年冬奥会举办权。北京作为“双奥城市”再次征服了世界。

## 2　北京奥运精神的科学内涵

北京奥运精神源于中华民族对奥运的百年期盼，形成于艰苦卓绝的申奥、办奥的伟大实践，集中体现为“爱国拼搏、团结友谊、文明和谐、创新超越”的精神内涵。

2.1“爱国拼搏”

“爱国拼搏”中蕴含的爱国主义精神是北京奥运精神的最大底色，而追求卓越、自强不息精神是其突出的特色。“为国争光的爱国精神”“追求卓越的体育精神”“自强不息的拼搏精神”共同构成北京奥运精神“爱国拼搏”的科学内涵。这一内涵虽生发于竞技体育领域，却可以辐射到民族振兴、国家强盛等各个领域。

2.2　“团结友谊”

“团结友谊”中蕴含的团结协作精神是北京奥运精神内在生发的动力源泉，和平友谊精神是其由内而外的世界情怀和美好愿望。“团结协作的团队精神”“真诚奉献的志愿精神”“世界大同的和平精神”共同构成北京奥运精神“团结友谊”的科学内涵。这一内涵立足本国、观照世界，体现了北京奥运精神的强大凝聚力。

2.3 “文明和谐”

“文明和谐”中蕴含的贵和尚礼的文明精神是中华传统“和合”思想与奥林匹克精神在21世纪的集中交汇与融合，突出了人的中心地位，同时考虑到人与环境，以及人自身的和谐发展问题。“贵和尚礼的文明精神”“绿色低碳的环保精神”“健康生活的和谐精神”共同构成北京奥运精神“文明和谐”的科学内涵。这一内涵不仅具有中国价值和现实意义，更具有世界眼光和推动人类社会持续健康发展的长远思考。

2.4 “创新超越”

“创新超越”中蕴含的服务奥运的科学精神凝聚了北京奥运精神的共识，为自主突破、革故鼎新、应对挑战提供不竭动力。“服务奥运的科学精神”“自主突破的创新精神”“革故鼎新的超越精神”共同构成北京奥运精神“创新超越”的科学内涵。这一内涵遵循“创新办奥”“科技办奥”理念，时刻彰显着北京奥运精神与时俱进的时代价值。

## 3 北京奥运精神的时代价值

办好北京冬奥会、冬残奥会意义重大，但目前还面临诸多困难和挑战，需要全社会的共同努力，需要传承和弘扬北京奥运精神，彰显其在新时代的非凡价值。

3.1 引领铸就体育强国梦、中国梦

弘扬北京奥运精神有利于跨越体育领域本身，将体育事业发展置于现代化强国建设的战略高度，让体育强国梦更加深入人心，助力中国梦早日实现。在中国，奥运从来不只是一个体育问题，奥运与国运紧密相连。办好北京冬奥会是实现中国梦的重要助推器。《体育强国建设纲要》部署了2050 年全面建成社会主义现代化体育强国的战略目标。这就要求中国人民继续发扬北京奥运精神，统一思想认识，凝心聚力，发挥优势，补齐短板。

3.2 振奋民族精神，凝聚中国力量

中国梦有赖于冬奥梦，冬奥梦助力中国梦。举办冬奥盛会有利于形成更大的共识、凝聚更多的力量、振奋全民族的精神、开启新时代的圆梦旅程。北京奥运会作为“展示中国”的极佳舞台，能向世界展示中国最新的发展成就，消除西方世界对中国的错误认识，有利于最大限度地激发和凝聚民族自豪感，提高民族凝聚力。

3.3 展示建设成就，传扬和平主张

改革开放40多年来特别是党的十八大以来取得的伟大成就，将在2022年北京冬奥会上接受世界检阅。北京冬奥会广受关注，是展现大国形象、促进全面发展、振奋民族精神的极佳契机。把握这一契机，也有利于攻破形形色色的“中国威胁论”“中国崩溃论”，不断展现中国作为人类命运共同体的倡导者、建设者和维护者的大国形象。

3.4 推进全民健身，增强人民体质

建设体育强国的一个重要前提和归宿就是人民的健康和福祉。北京奥运精神把人民作为发展体育事业的主体，把满足人民群众健身需求、培养自由而全面发展的人作为体育发展的出发点和落脚点。人民群众是体育强国建设的主体与动力，也将是体育强国建设成果的最大受益者。体育赛事的举办将带动人民参与体育、关注体育、欣赏体育的热情，有利于培养健康的生活方式。办好北京冬奥会、冬残奥会，要坚持人民主体性原则，为人民办奥运，靠人民办奥运，同人民享奥运。

## 4 结语

“重在参与、自强不息、顽强拼搏”是习近平总书记倡导的“奥运精神”。新时代的北京奥运精神正期待着北京冬奥会能够接过这一精神火炬，发挥其更大的时代价值。

## 参考文献

［1］黄莉.对北京奥运会的文化自觉[M].北京：中国书籍出版社，2013.

［2］孙大光.中国申奥亲历记——两次申奥背后的故事[M].北京：人民文学出版社，2007.

［3］坚定信心奋发有为精益求精战胜困难 全力做好北京冬奥会冬残奥会筹办工作[N].人民日报，2021-01-21（1）.

# 国内体育传媒融合发展研究

张旭光

（中国体育报业总社有限公司中国体育报，北京 100061）

**摘要**：2020年9月，中共中央办公厅、国务院办公厅联合印发的《关于加快推进媒体深度融合发展的意见》，对体育传媒融合发展提出了新要求、描绘了新蓝图。体育传媒融合发展是必然趋势，也是当务之急。融合发展要坚持移动优先策略，加快推进新媒体平台建设，构建全媒体传播体系，更要坚持“质量思维”，依靠优质内容和思想观点去吸引受众，持续不断地推出原创、优质、鲜活的全媒体体育传播产品。

**关键词**：体育传媒；融合发展；质量思维

中国特色社会主义进入新时代，我国社会的主要矛盾已经发生转变。在体育传播领域，社会主要矛盾的变化对我国体育宣传工作和新闻舆论工作提出了更新、更高的要求。随着信息技术的迅猛发展，人们对体育传播产品的要求更丰富、更直观、更生动、更具个性化与互动性。因此，要想实现体育传媒可持续发展，就要优化政策、调整供给、提升质量，促进体育传播平台和体育产品内容更新迭代，提高其竞争力和生命力。

## 1 国内体育传媒领域的现状及主要问题

当今社会，媒体形态的每一次演进、变革都与科技突破息息相关。从微博、微信到手机客户端，从大数据到写稿机器人，从网络直播到短视频……日新月异的技术突破，成为现代媒体格局变化的动力与引擎。因此，大量新型媒体的出现给传统媒体带来了巨大压力和挑战，尤其是在受众关注度高、参与度深、传播面广，具有高度交互性、时效性、参与性的体育传播领域表现更为明显。

### 1.1 体育传媒多元并存，传统媒体式微、生存艰难

体育活动、体育赛事的特点，决定了体育传播对时效性、互动性、可视性的需求比其他行业更强烈、更显著。虽然传统媒体大多拥有强大的记者、编辑团队，但由于作品缺乏

**作者简介**：张旭光（1972—），主任记者，硕士。研究方向：新闻传播。

时效性、互动性、娱乐性，受众黏性差，报纸、杂志、广播、电视等都在进行深度调整和改革，生存空间被进一步压缩。但这并不意味着谁会取代谁，因为用户需求不同，媒体展现形态、内容不同，媒体形态多元化将长期并存。传统媒体需借自身固有的采编优势、人员优势，学习新技术、掌握新技能，加速媒体融合，生产出更多契合受众需要的产品，才能永葆活力。

### 1.2 新媒体竞争激烈，新闻类关注度低，社交类活跃度高

媒体融合向纵深发展，是大势所趋，更是实际需求、生存需要。不过，单纯的体育新闻类新媒体用户黏性不强、关注度不高、影响力不大。

以体育新闻资讯为主的新媒体整体表现不佳，传播力、影响力偏弱。对广大受众来讲，更多的还是从综合性新闻客户端（如腾讯新闻、今日头条等）获取体育新闻资讯。这也就意味着主打体育新闻资讯的新媒体的用户关注度和使用率较低。

基于此，一些突出互动性和娱乐性、彰显社交和服务属性的体育新媒体脱颖而出，吸引了大批忠实受众，客户端下载量大，用户活跃度也颇高，如腾讯体育、虎扑App等。

### 1.3 体育优质内容供给不足，同质化严重

无论是传统媒体还是新兴媒体，都必须靠优质内容、思想观点去吸引受众，不被“流量思维”牵引，坚守“质量思维”。这才是媒体融合发展的应有之义。

当下，在体育传播领域，内容供给过剩与优质内容供给稀缺共存。一方面，各种简单、重复、低趣味的内容充斥，同质化严重，如一场国际赛事就有上百条内容类似的消息，一些体育明星的花边新闻满天飞；另一方面，真正有深度、有厚度、有广度的原创、优质内容难以寻觅。

在新闻媒体平台，用户的个人意向被最大限度地重视，算法推荐使得国际体育新闻得以在更大范围内传播，而国内体育新闻的传播受限。以往传统媒体占据主导地位时，媒体可以主动地、单向地推荐和传播它们“认为重要的和重大的”体育新闻，这使得国内体育新闻能更直接地、更大范围地抵达受众，但新媒体却不同，受众更多的是被动地“享用”算法推荐的内容和作品。

## 2 体育传媒要始终坚持“内容为王”

要做大做强体育传媒，提高其传播力、影响力，就要抓好传统媒体和新媒体两个阵地。不论技术如何演变、如何更迭，都要坚持“内容为王”，靠优质内容、思想观点去吸引受众、引导受众，让传统媒体与新媒体优势互补，跨界传播。

独家信息、有深度的新闻是稀缺资源。针对需求实现供给，带来稀缺产品，是传统媒体生存发展的关键。同时，传统体育媒体要对自己的受众群体有清晰的分类与定位，紧紧

抓住受众的兴趣点，谋篇布局，寻求差异化，努力做到人无我有，人有我强。

对于新闻媒体来讲，内容始终是根本，是吸引受众、扩大流量的硬道理。体育传媒必须进一步增强守正创新的定力，挖掘丰富多彩的表现形式，提升阅读率、到达率、点赞率、转发率，提升内容吸引力，创新传播形式，创造出更多接地气、带露珠、有深度、有温度的好作品。对于体育传媒来讲，其就是要在深度、广度、厚度上下功夫，讲好体育故事，传播体育精神。

## 3 结语

无论是传统媒体还是新媒体，不同的是技术、平台，相同的是要有针对性地做好供给、做好服务。推进体育传播平台的供给侧结构性改革和内容的供给侧结构性改革同等重要，缺一不可。要借助技术创新、形式创新，最终实现内容创新，培育和发展更多高质量、高水平的体育产品和服务，进一步推进体育传媒深度融合。

## 参考文献

［1］卢新宁."内容+"将成为媒体融合关键词[J].新闻战线，2017（9）:19-21.

［2］王鑫.新媒体时代体育新闻的传播特点与创新发展[J].西部广播电视，2019，1（1）：71，75.

［3］苟蕊婷.全媒体时代网络体育新闻传播的特点研究——以新浪微博大型体育赛事传播为例[D].西安：西安体育学院，2016.

［4］张显峰.媒体融合的根本是内容供给侧改革[J].新闻与写作，2017（12）：77.

# 新时代体教融合改革的思考：新共识·新挑战·新出路

张　欣

（天津体育学院，天津　301617）

**摘要**：随着《关于深化体教融合 促进青少年健康发展的意见》的出台和全国青少年体育工作会议的召开，体教融合的理论与实践问题成为学术界关注的热点。本研究结合天津市体教融合的改革探索，探讨新时代体教融合带来的新共识、新挑战、新出路，旨在为探索深化体教融合科学认识和实施路径提供参考，为落实体教融合、推动体育强国建设提供借鉴。

**关键词**：体教融合；新共识；新挑战；新出路

2020年，习近平总书记主持召开中央全面深化改革委员会第十三次会议，审议通过《关于深化体教融合 促进青少年健康发展的意见》，强调树立“健康第一”的教育理念，推动青少年文化学习和体育锻炼协调发展，培养德智体美劳全面发展的社会主义建设者和接班人。无论是从顶层设计还是从基层实践，新时代体育教育都必将发生一系列积极的新变化，势必会带来新共识、新方法、新挑战、新路径等。探讨新时代体教融合的新共识、新挑战、新出路，对促进青少年健康发展，推动健康中国和体育强国建设具有重要意义。

## 1　新时代体教融合的新共识

### 1.1　青少年健康已成为全社会的共同关注

青少年是国家的未来和民族的希望，促进青少年健康也是实施健康中国战略的重要内容。以习近平同志为核心的党中央站在党和国家事业发展薪火相传、后继有人的战略高度，高度重视青少年工作，亲切关怀青少年和儿童的健康成长。我们既是体育工作者，也是教育工作者，落实好体教融合，是我们的政治责任、历史责任、时代担当，是做到“两个维护”的重要体现。习近平总书记对青少年健康工作的重要要求为体教融合工作指明了方向。全社会的共同关注，为整合各方资源、凝聚社会合力、形成融合机制奠定了良好的

**作者简介**：张欣（1971—），教授，博士。研究方向：体育教学训练理论与方法。

基础。

### 1.2 学校体育的目标价值提升到前所未有的高度

从《学校体育工作条例》到《中共中央 国务院关于加强青少年体育增强青少年体质的意见》，从“学校教育要树立健康第一”的指导思想到习近平总书记在党的十九大报告中提出的“实施健康中国战略”，无不体现出党和国家对学生身心健康的关心、对学校体育的重视，学校体育的目标、价值被提升到了前所未有的高度。怎么落实好？从目前来看，增加体育成绩在考试和升学测试中的比重成为大家的共识，也是现阶段具有较强操作性的方式，各省、区、市也在积极探索和推动。例如，《云南省教育厅关于进一步深化高中阶段学校考试招生制度改革的实施意见》，天津等省、区、市加大中考的体育成绩比重。学校体育的目标、价值提升，为落实健康第一、实现“享受乐趣、增强体质、健全人格、锤炼意志”四位一体的学校体育目标的制度设计奠定了良好基础。

### 1.3 部门协同、全社会共同参与的发展方式成为不可逆转的趋势

目前在体教融合工作中，多部门合作分化现象仍然存在，条块分割造成部门合作不畅通，各方协调、协同、共育、共建、共享、共治的机制还不完善。因此，实施部门协同发展、全社会共同参与，使教育和体育部门、学校、家长、社会等各方面形成合力，是新时代青少年健康工作的重要开展方式，已经形成广泛共识，这为创新体教融合机制奠定了基础。

## 2 新时代体教融合的新挑战

### 2.1 体教融合目标的多元化

新时代体教融合的目标应该是多元的。对运动员群体而言，文化学习应该更多地着眼于运动员学习能力与文化素养的培养上，而不是简单地认为运动员获得文凭就是体教融合。对于普通学生而言，体教融合不是选拔出具备运动潜力的运动员，而是依托体教融合的举措让最广泛的学生群体参与体育、享受体育，为国家培养出更多的体魄强健、人格健全的新时代社会主义接班人。

### 2.2 资源整合的利益冲突协调

体教融合的实施主体是体育部门和教育部门。这就要求两个主体之间加强协作、打破壁垒、整合资源、共同发力。在各部门之间资源由有限度地结合到全面整合的过程中，如何实现共建、共享、开放是个挑战，其中教练员、场地设施、参赛资格、注册与竞赛体系是资源整合的重点。运动员及其成绩、奖励等的归属问题是利益分配机制的主要内容，尤其是在面临单项体育协会脱钩的新形势时，只有进一步畅通运行机制，打通堵点、痛点，体教融合才能顺利推进。

2.3　内容形式效能的统一

在体教融合过程中，传统的挂靠学籍或送教上门等形式与内容较为单一，且存在运动成绩倾轧文化学习的典型问题。在这种背景下实施的体教融合，还没有彻底解决体育后备人才短缺和文化程度不高的问题。这需要从提高思想认识、更新培养模式、改革评价机制等方面进行调整与完善，使体教融合的效能最大化。

## 3　新时代体教融合改革的新出路

3.1　以制度创新推动体教深度融合

体教融合的改革一直在探索中前行，其中一些深层次的问题还没有得到彻底解决，如学训矛盾、学校教练员执教水平偏低、学校场地设施资源不足等问题。这些问题不是通过协调、一事一议的办法就能解决的，而是需要制度固化。目前的制度不能解决，就必须进行制度创新。天津市在这些方面做了很多改革探索，如体育、教育、人力社保等委办局联合出台文件，在各级学校设置教练员岗，由退役优秀运动员经过培训、考核担任师资型教练员，这既带动了学校业余训练和一校一品建设，提高了后备人才培养质量，也为退役运动员解决了出路，收到了很好的效果。

3.2　以专业优势推动体教融合深化

体育院校是体育强国建设的重要力量，其本身具有的教育和体育双重功能，是体教融合新实践的必然选择和责任担当。新时代背景下，体育院校更要做好体教融合这篇“大文章”，在学科专业建设、科研创新、满足社会需求等方面，发挥专业院校优势，创新人才培养模式，培养高素质体育人才，服务于体育强国建设。其中，人才培养模式创新是提高人才培养质量的关键和重中之重。

2017年，在国家体育总局和天津市政府的大力支持和指导下，天津体育学院与中国排球协会共建中国排球学院，并以此作为体教融合新的突破点，在体教融合中植入中国排球学院IP，全面服务于我国排球运动的发展，围绕高水平排球运动员集训、排球教练员与裁判员培训、排球运动科学研究、运动员文化教育、国际交流与排球文化传播五大职能，着力培养具备国际视野、卓越才能、创新精神的各类排球高级专业人才。

3.3　以新技术促进“体教融合”高质量发展

“人工智能”“5G”“大数据”以及AR、VR等科技手段，将极大地丰富体育锻炼的形式和内容，为学校体育、业余训练赋予新的动能。例如，国外已经出现彩虹跑道和虚拟对手，为跑步这一相对单调的运动注入了更多互动内容和新亮点，因此也吸引了许多青少年的参与。新技术的运用，可以帮助人们摆脱场地和器材对体育锻炼的束缚，是未来体教融合促进青少年健康发展的重要手段。

## 4 结语

体教融合是新时代中共中央、国务院深化体育和教育领域改革的一项重大决策部署，是教育事业和体育事业发展改革的重要动力。深化体教融合要达成新的共识，要有新的立场、新的目标、新的动能。落实体教融合，就要促进体育回归教育，统筹推动教育、体育及其他部门间的协同发展，促进体育与教育在各个教育阶段的有效融合，统筹做好政策设计、机制设计、机制执行、过程监督及协调服务工作，不断提升青少年体质健康发展水平，开创青少年体育发展工作的新局面，进而为体育强国、教育强国的实现贡献力量。

## 参考文献

[1] 李爱群，吕万刚，漆昌柱，等.理念·方法·路径：体教融合的理论阐释与实践探讨——“体教融合：理念·方法·路径”学术研讨会述评[J].武汉体育学院学报，2020，54（7）：5-12.

[2] 李子君.2022年北京冬奥背景下我国花样滑冰后备人才培养模式策略研究[D].长春：吉林大学，2019.

[3] 曲鲁平，孙伟，凌波，等.体教融合视域下体育传统特色学校与青少年业余俱乐部协同发展联动机制的研究[J].天津体育学院学报，2021，36（5）：512-519.

[4] 孟昭莉，陈玲.三位一体目标体系下的“体教融合”[J].体育科技文献通报，2018，26（6）：164-166.

# 猪血中克仑特罗手性异构体的区分和测定方法研究

张建丽

（国家体育总局体育科学研究所，北京　100061）

**摘要**：CLEN是WADA在禁用物质清单中明确列示的一种蛋白同化制剂。通过区分和测定CLEN手性异构体来识别CLEN的食源和药源，是近年来的重要研究方向。本研究采用液相色谱串联质谱法建立了猪血中两种CLEN手性异构体的区分和测定方法。样品经过液液提取后经液相色谱分离、电喷雾正离子MRM采集。R-CLEN在猪血浆中的提取回收率为96.6%～101.7%，S-CLEN提取回收率为96.4%～101.9%。两种构型CLEN在0.5～500.0 ng/mL范围内线性关系良好。R-CLEN和S-CLEN的准确度分别为-4.5%～13.8%和-4.7%～13.3%，日内精密度分别为0.9%～9.1%和0.5%～8.3%，日间精密度分别为4.3%～7.7%和4.0%～7.3%。

**关键词**：克仑特罗手性异构体；猪血；液相色谱串联质谱法；兴奋剂

克仑特罗（clenbuterol，简称CLEN）是世界反兴奋剂机构（WADA）在禁用物质清单中明确列示的一种蛋白同化制剂。由于畜牧业中的滥用，CLEN会在牲畜可食性组织中产生残留，进而导致食源性污染。如果运动员误食了被CLEN污染的动物源性食品，就可能会导致兴奋剂检测阳性。而食源性和药源性CLEN的判罚标准不同，因而区分CLEN来源尤为重要。由于CLEN分子结构中含有手性碳原子，其存在一对手性异构体。当前，市售CLEN均为外消旋体，外消旋体CLEN经生物体代谢后两个异构体在其各组织中的分布比例不同。本研究以此为切入点来研究区分CLEN食源和药源的可能性。猪血作为一种可食性动物源性食品，存在运动员误服误用的风险。因此，本研究采用液相色谱串联质谱法建立了猪血中CLEN手性异构体的区分和测定方法。

---

**作者简介**：张建丽（1978—），研究员，博士。研究方向：兴奋剂检测方法、运动员生化监控方法。

## 1 实验方法与结果

### 1.1 试剂与材料

盐酸CLEN购自德国Dr. Ehrenstorfer GmbH公司，D9-CLEN购自德国Berlin-Adlershof GmbH公司，R-CLEN和S-CLEN均由加拿大Toronto公司提供。

### 1.2 仪器

安捷伦1 200液相色谱串联6410三重四级杆质谱，色谱柱：SIGMA-ALDRICH Astec CHROBIOTICTM T（150.0 mm × 2.1 mm，5 μm）；柱温：30℃；流动相：0.01 M的甲酸铵甲醇溶液；流速：0.3 mL/min；采集时间：8 min；进样量：5 μL；ESI（+）模式MRM方式采集。

### 1.3 标准溶液、标准曲线和质控样品的制备

称取一定量盐酸CLEN和D9-CLEN标准品，分别溶解于甲醇，制备成1.0 μg/μL的标准品母液，再用甲醇逐级稀释成1 ng/μL和0.01 ng/μL的CLEN溶液，以及1 ng/μL的D9-CLEN溶液。

### 1.4 样品的前处理

于10 mL试管中量取0.2 mL血浆，加入20 μL浓度为1 ng/μL的D9-CLEN，经0.5 mL碱性缓冲溶液（pH=9.0）调节pH值后，再用4 mL叔丁基甲醚作为提取液，旋盖后往复振荡10 min，3 500 rad/min离心8 min。上清液转移至另一干净试管，置于55℃恒温条件下，氮气流吹干，再用0.25 mL流动相复溶后针头滤器过滤，转移至进样小瓶，进行液相色谱串联质谱法分析。

### 1.5 方法验证

参照方法学验证文献和欧洲药品管理机构对于生物样本方法学验证的指导原则，对本研究建立的检测方法进行了完整的方法学验证，验证参数同时符合WADA技术文件和美国美国食品药品监督管理局（FDA）指导原则。

1.5.1 专属性 通过分析空白基质和向空白基质中分别添加两种异构体和内标的特征离子色谱图来考察方法的专属性。结果表明，空白基质中内源性杂质均不干扰两种异构体和内标的测定，方法具有较好的专属性。

1.5.2 回收率 分别以3个不同浓度水平的质控样品经上述程序处理后的目标化合物与内标定量离子的比值为A1，再将相同量的目标化合物和内标加入相同、等量空白基质提取液中，氮气流吹干流动相复溶后，以其中目标化合物与内标定量离子的比值为A2，则（A1/A2）× 100%即方法的回收率。结果见表1。

表1 血浆中R-（-）-CLEN和S-（+）-CLEN的回收率

| 物质 | 低浓度 | | 中浓度 | | 高浓度 | |
|---|---|---|---|---|---|---|
| | 回收率/% | 平均回收率/% | 回收率/% | 平均回收率/% | 回收率/% | 平均回收率/% |
| R-（-）-CLEN | 93.2 | 97.9 | 94.8 | 96.6 | 101.6 | 101.7 |
| | 102.9 | | 95.1 | | 102.3 | |
| | 98.9 | | 98.0 | | 99.0 | |
| | 100.5 | | 97.8 | | 99.2 | |
| | 106.6 | | 97.1 | | 104.3 | |
| | 85.0 | | 96.4 | | 104.0 | |
| S-（+）-CLEN | 94.9 | 96.4 | 94.3 | 96.6 | 101.8 | 101.9 |
| | 101.7 | | 94.5 | | 102.2 | |
| | 98.8 | | 98.7 | | 99.7 | |
| | 101.0 | | 98.0 | | 99.4 | |
| | 95.0 | | 97.3 | | 104.0 | |
| | 87.0 | | 96.6 | | 104.1 | |

1.5.3　标准曲线　取空白血浆若干份，加入适量目标化合物，分别配制成0.5、5.0、100.0、250.0、400.0和500.0 ng/mL的血浆样本，并在每份血浆样本中加入1 ng/μL的D9-CLEN溶液20 μL，在每个浓度点进行3样本分析，以目标化合物浓度为横坐标，以目标化合物与内标定量离子比值为纵坐标，绘制标准曲线。结果表明，两种异构体在0.5 ng/mL ~ 500.0 ng/mL相关系数$R^2>0.99$，线性关系良好。

1.5.4　准确度与精密度　通过测定空白血浆中低、中、高3个浓度水平的质控样本来评估方法的准确度和精密度。在每个浓度点进行6样本分析，以相对误差来表示准确度，以相对标准变差来表示精密度。结果见表2。

表2 血浆中R-（-）-CLEN和S-（+）-CLEN的准确度与精密度

| Added/( ng·mL$^{-1}$ ) | R-（-）-CLEN | | | S-（+）-CLEN | | |
|---|---|---|---|---|---|---|
| | 0.5 | 250.0 | 500.0 | 0.5 | 250.0 | 500.0 |
| Run 1 | 0.51 | 275.27 | 549.36 | 0.53 | 270.82 | 543.82 |
| | 0.56 | 276.23 | 553.61 | 0.57 | 271.35 | 546.46 |
| | 0.56 | 284.59 | 535.76 | 0.57 | 283.32 | 532.93 |
| | 0.56 | 284.01 | 536.72 | 0.56 | 281.53 | 530.96 |
| | 0.51 | 281.83 | 564.29 | 0.52 | 279.42 | 556.00 |
| | 0.54 | 279.77 | 562.86 | 0.57 | 277.50 | 556.19 |
| Run 2 | 0.51 | 258.75 | 477.59 | 0.50 | 255.89 | 476.39 |
| | 0.55 | 257.00 | 479.86 | 0.56 | 257.39 | 478.62 |
| | 0.53 | 252.71 | 510.50 | 0.54 | 254.22 | 506.40 |
| | 0.51 | 254.10 | 510.72 | 0.51 | 254.13 | 508.14 |
| | 0.48 | 256.87 | 505.27 | 0.48 | 256.38 | 506.42 |
| | 0.51 | 257.60 | 504.73 | 0.52 | 254.91 | 504.71 |
| Run 3 | 0.53 | 274.71 | 544.92 | 0.53 | 272.63 | 549.63 |
| | 0.56 | 274.86 | 541.53 | 0.55 | 275.79 | 546.85 |
| | 0.55 | 271.77 | 531.10 | 0.56 | 272.85 | 533.84 |
| | 0.55 | 270.77 | 529.24 | 0.55 | 272.45 | 533.93 |
| | 0.48 | 266.82 | 536.75 | 0.48 | 267.93 | 537.33 |
| | 0.49 | 266.85 | 537.75 | 0.49 | 266.34 | 538.72 |
| *n* | 18 | 18 | 18 | 18 | 18 | 18 |
| 均值 /（ng·mL$^{-1}$） | 0.54 | 269.14 | 528.48 | 0.54 | 268.05 | 527.07 |
| RE/% | -3.4~13 | 1.1~13.8 | -4.5~12.9 | -4.3~13.2 | 1.7~13.3 | -4.7~11.2 |
| Intra-day RSD/% | 6.9~9.1 | 0.9~1.6 | 1.2~3.0 | 5.9~8.3 | 0.5~2.1 | 1.3~3.0 |
| Inter-day RSD/% | 7.7 | 4.3 | 5.1 | 7.3 | 4.0 | 4.9 |

1.5.5 样本的稳定性 分别以空白血浆配制0.5 ng/mL、250 ng/mL和500.0 ng/mL的R-CLEN和S-CLEN样本，作为低、中、高浓度的质控样本，按上述程序处理后进行液相色

谱串联质谱法分析。处理好的样本在室温下保存，每24 h测定一次，连续测定120 h，在每个浓度点进行6样本分析，采用相对误差来表示样本的稳定性。测定结果显示，处理好的样本在室温下放置120 h稳定。

1.5.6 基质效应 基质效应在液相色谱串联质谱法中是一项重要的方法学验证参数，根据作用的效果不同，可以分为离子抑制作用和离子增强作用。取0.2 mL空白血浆若干份，分别配制0.5 ng/mL、250 ng/mL和500.0 ng/mL的R-CLEN和S-CLEN质控样本，在每个浓度点进行6样本分析；再以0.2 mL去离子水代替空白血浆，按上述方法制备相同浓度的R-CLEN和S-CLEN质控样本，在每个浓度点进行6样本分析。通过比较血浆和去离子水中R-CLEN和S-CLEN的定量离子提取离子色谱峰的峰面积比值，来评估方法的基质效应。从检测结果中可以看出，在低、中、高3个浓度下，R-CLEN和S-CLEN的基质效应分别为123.3%～141.7%和128.3%～140.6%，表现为23.3%～41.7%的离子增强作用。另外，使用同位素标记的标准物质作为内标可以最大化降低基质效应的影响。

1.5.7 残留效应 分别按照空白基质标准曲线中两种异构体的最高浓度样本和流动相的顺序依次进样分析，比较两样本中目标化合物定量离子色谱峰出峰情况。结果表明，残留效应均小于16%，不影响检测结果。

## 2 结论

本研究建立了区分和测定猪血中两种CLEN手性异构体的液相色谱串联质谱分析方法。通过完整的方法学验证发现该法灵敏、准确、简便并能满足WADA方法验证要求，适用于常规检测。

## 参考文献

王立琦，曾振灵，束建花，等.液相色谱—电喷雾串联质谱测定猪组织中β-兴奋剂残留的基质效应［J］.分析化学，2012，40（9）：1445-1449.

# 构建儿童青少年科学健身素养测量模型

张彦峰

（国家体育总局体育科学研究所，北京 100061）

**摘要**：科学健身素养是我们面向新时期全民健身战略新变化提出的新概念，能从更全面的视角去测量、评估人们的体育健身进程及成果。本研究通过结构方程模型构建儿童青少年科学健身素养的测量模型。结果表明，以认知、态度、能力与技能、行为与习惯作为构成要素的科学健身素养被数据验证是适配的、合理的。

**关键词**：科学健身素养；具身性；结构方程模型

全民健身是中华民族伟大复兴的重要保障，是健康中国战略的重要内容和支撑，拥有多元的功能与价值。面对新挑战和新机遇，我们需要更加准确地把握新时期全民健身发展的新内涵、新变化，不断开拓、发展全民健身事业的新境界、新成果。

科学健身素养概念的提出是结合国际相关领域研究的最新方向对我国新时期全民健身内涵的丰富。本研究将通过结构方程模型构建科学健身素养的测量模型。

## 1 相关概念

### 1.1 科学健身素养概念及其构成

科学健身素养是指人们根据各自的特长，科学地发挥具身性潜能，积极与环境进行互动，构建从认知、态度、能力与技能到行为与习惯的良性循环，最终能够自觉地在一定的水平上终身参与体育相关活动。

具身性是理解科学健身素养这一概念的关键。一般观点认为，人的认知、心智是与身体、环境紧密相关的，它们都存在于一个有机体中，认知和心智是基于具体的身体活动、身体结构、具体的环境而发展形成的，不存在离身的认知和心智，这就是具身性。

具身性对身体进行了重新定义，“身”不仅是指代我们所熟知的作为物理存在的工具化的身体（body-as-instrument），更重要的是指代生物学的有机体，即体验的身体（body-

**作者简介**：张彦峰（1975—），研究员，在读博士研究生。研究方向：健康行为与社会发展。

as-lived）。身、心、环境不是相互分离的，而是紧紧结合在一起的统一体，身、心、环境是从不同角度反映这个统一体的不同构面而已。

具身性引入全民健身、体育领域即意味着我们要健的这个“身”不仅是为了提高与保持作为物理存在的身体的机能，更是为了身、心、环境这一统一体的全面提升，从过去强调健身工具观（将体育作为一种实现其他目的的手段、方法）转向强调健身主体观（体育本身的乐趣），从过去只关注体育锻炼的结果（如体测指标）转向关注锻炼相关的整个有机体（如动机、态度、习惯、技能及对应所处的环境等），从过去“一刀切”的评价指标（如是否达标）、过于单一的干预措施转向多样化的评价体系，差异化、细分化的干预方式。

科学健身素养的构成内容包括：①动机及其对应的结果，如知识与理解、态度、具体行为；②能力与技能；③个体与环境的互动；④终身参与体育锻炼相关活动。这些构成内容将科学健身相关的身、心、环境有机地串联统一起来，最终实现的目标则是体育相关活动的终身参与。

### 1.2 结构方程模型

结构方程模型（Structure Equation Model，SEM）是社会与行为领域量化研究的重要统计方法，融合了传统多变量统计分析中的“因素分析”与“路径分析”的统计技术，可以对各种因果模型进行模型辨识、估计与验证。结构方程模型应用于社会及行为科学领域研究的优势在于：结构方程模型采用的是验证性因素分析（Confirmatory Factor Analysis，CFA），比传统的探索性因素分析（Exploratory Factor Analysis，EFA）更有意义、更周详。结构方程模型可以解决复杂事物的“预测”问题。

## 2 研究思路与方法

### 2.1 研究目标

构建儿童青少年科学健身素养的测量模型。

### 2.2 科学健身素养测量模型的观测变量

本研究将认知、态度（情感层面）、能力与技能（身体层面）、行为与习惯（行为层面）作为反映科学健身素养的四大构面（潜变量）。其中，认知包括常识、概念理解2个子项，态度包括价值判断、情感好恶、行为倾向3个子项，能力与技能包括运动锻炼技能、识别与保护技能2个子项，行为与习惯包括行为的频率、强度、时长、坚持时间4个子项。每个子项均对应1个量表。

### 2.3 分析方法

结构方程模型允许各个构面反映的指标变量独立进行分析和联合进行分析，因此，科学健身素养的测量模型可以根据理论更自由地设置，避免了传统的探索性因素分析中要么正交、要么斜交的诸多限制。本研究将对科学健身素养的测量模型进行二阶验证性因素分析，以检验模型整体适配度与内部结构适配度。

### 2.4 数据来源与使用的分析软件

本研究基于2018年儿童青少年体育健身活动状况调查获取的数据，以全国31个省（区、市）及新疆生产建设兵团小学4年级至高中3年级的儿童青少年为调查对象，采取多阶段整群随机抽样方式对243个区（县）的1 112所中小学校进行了调查，共计回收有效样本104 817个，采用SPSS 19.0和AMOS 22.0进行数据分析。

## 3 结果与分析

### 3.1 二阶验证性因素分析

各子项之间存在正相关，且均达到显著，同一构面内的子项的相关系数普遍较构面间子项的相关系数大，表现出同一构面子项的聚敛性。

### 3.2 测量模型整体适配度分析

对于科学健身素养的测量模型，从模型整体适配度看，卡方值显著。但由于卡方值在大样本情况下是非常敏感的，尤其本研究利用的样本量非常大，卡方检验会更容易拒绝虚无假设，因此一般参考其他指标。RMSEA=0.063（该指标值小于0.1代表模型是可接受的），AGFI=0.943（该指标值大于0.9代表模型是可接受的），表明测量模型整体适配。

### 3.3 测量模型内在结构适配度分析

一般认为，因素载荷（标准化）达到0.7及以上为“良好”，也有学者认为因素载荷的最低可接受值为0.3。对于一阶构面，除“概念理解”分数偏低外，其他因素载荷在可接受范围，对于二阶构面，除“认知”潜变量的信度相对较低（0.58），其他构面的因素载荷均较为理想。对于“认知”构面，本研究认为应该予以保留，原因是：一方面，其保证了构面分类的完整性，具有较好的理论意义；另一方面，其因素载荷仍然在可接受范围内，且通过了显著性检验。

### 3.4 各构面的组合信度与收敛效度

一般认为，组合信度应该大于等于0.6，但拉尼·尤迪（Ranie-Eudy，2000）认为组合信度大于等于0.5即可接受。二阶构面、一阶构面除“认知”外，均具有良好的组合信度，说明对应的观测变量的内部一致性良好。本研究保留了“认知”构面，理由参见上文。一般认为，收敛效度应该在0.5及以上，低于0.5则说明测量误差解释的变异量较大，会削弱观测变量对潜在变量的代表性。二阶构面“科学健身素养”，一阶潜变量“态度”“行为与习惯”均具有良好的收敛效度，“知识”“能力与技能”则未达标。但本研究选择保留“知识”“能力与技能”，主要是因为一方面这2个构面的收敛效度并非非常低，另一方面这2个潜变量的收敛效度并未对高阶潜变量“科学健身素养”的收敛效度造成太大影响。“科学健身素养”的收敛效度处于良好水平，说明“知识”“能力与技能”仍然是“科学健身素养”的重要构成。

## 4 结语

本研究利用结构方程模型构建有关科学健身素养的测量模型。尽管有关“认知”构面的信度、效度不是太理想，但模型的建立印证了很多理论推断，为科学健身素养的测量、评价，干预措施的制定提供了一个比较完整的分析框架。

## 参考文献

吴明隆.结构方程模型——Amos实务进阶[M].重庆：重庆大学出版社，2013.

# 优秀运动员免疫球蛋白参考值范围横断面研究

张　援，宋爱晶，刘　晴

（广东省体育科学研究所 广东省体育科技协同创新中心，广东　广州　510663）

**摘要**：广东省运动员的竞技水平在全国位居前列，运动项目分布广泛，项群较为齐全。本研究对2012—2019年广东省35个运动项目的2 274名优秀运动员免疫球蛋白IgG、IgA和IgM水平进行连续8年的跟踪监测，共计6 339人次，旨在开展优秀运动员免疫球蛋白水平分布特点及影响因素横断面研究，并采用LMS方法构建优秀运动员免疫球蛋白参考值范围及各百分位数参考值，以加强教练员和科研人员对运动员机体免疫机能的精准监控和科学评估，制订更加科学合理的训练计划及营养调控方案。

**关键词**：运动员；免疫球蛋白；参考值；训练监控；疲劳诊断；横断面

运动免疫是当前研究的热点。众所周知，运动训练可引起运动员机体免疫应激发生改变，影响运动员训练状态和运动成绩。免疫球蛋白变化可以敏锐反映人体免疫机能状况，同时其检测方法操作快、适用广、费用低，可作为运动员机能状况评定、营养状况监测和疾病诊断的窗口指标，在下队实践中受到科研人员和教练员欢迎。通过文献查阅发现，运动员尤其是高水平运动员长期从事大强度运动训练，其免疫球蛋白水平与普通健康人群相比存在较大差异，具有明显的人群特征。目前运动员免疫水平的评定标准大多沿用临床教科书或试剂说明书提供的普通健康人群标准，参照普通健康人群参考值范围进行评估的运动员免疫水平大多居于正常范围内，与实际观察存在差异，不利于科学训练监控。

已有学者建立了运动员人群免疫球蛋白参考值范围，但存在一定局限性：一是文献报道的样本量较少、项目不全、数据采集时间相对集中、未考虑性别等影响因素；二是建立方法主要采用正态分布法或百分位数法，其中正态分布法要求数据服从正态分布，百分位数法则仅考虑数据的位置信息，主要针对偏态分布数据。运动员免疫球蛋白水平受多种因素影响，本研究采用偏度系数-中位数-变异系数法（以下简称LMS方法）制定免疫球蛋白参考值范围，更为科学合理。

---

**作者简介**：张援（1967—），研究员，博士。研究方向：运动营养生化、大众健康。

## 1 研究对象与研究方法

### 1.1 研究对象

优秀运动员免疫球蛋白参考值范围横断面。

### 1.2 研究方法

#### 1.2.1 测试法

（1）测试对象。选取2012—2019年广东省队35个运动项目的2 274名优秀运动员（男1 192名，18~30岁；女1 082名，18~25岁）作为测试对象。

（2）血清中免疫球蛋白实验室检查方法。采集运动员晨起空腹肘静脉血，2 h内分离新鲜血清样本。采用Dimension Xpand Plus 全自动生化分析仪及其原装配套试剂、定标液和质控品检测，4 h内完成上机，以g/L 为单位。

（3）质量控制。经定标液校准后，仪器每日对中、高2个水平质控血清随机进行连续20次重复测定，所有质控品的靶值、SD值和CV%值均须在可接受范围内方可进行样品测定。实验室每年通过国家卫生健康委员会临床检验中心室间质量评价考试。

1.2.2 数理统计法　对数据进行取值和清洗，运动员免疫球蛋白水平用均值 ± 标准差表示。采用Excel 2003软件建立数据集，采用Ri386 4.0.3软件进行$t$检验和单因素方差分析，采用LMS方法制定免疫球蛋白水平参考值范围和百分位数参考值。

## 2 结果与分析

### 2.1 运动员人群的免疫球蛋白水平分布特征

单因素方差分析和$t$检验结果显示（表1），与普通健康人群相比，运动员IgG（$P<0.01$）、IgA（$P<0.001$）、IgM（$P<0.001$）水平均显著性降低。参考试剂说明书的普通健康人群95%参考值范围，运动员免疫球蛋白异常分布比例分别为2.33%、2.24%、2.81%。

表1 普通健康人群与运动员人群免疫球蛋白比较

| 免疫球蛋白 | 普通健康人群[a] | 运动员人群 | 正常比例 /% | 异常比例 | |
|---|---|---|---|---|---|
| | | | | 偏低 / % | 偏高 / % |
| IgG /(g · L$^{-1}$) | 11.64（6.81，16.48） | 11.50 ± 2.20$^{\triangle}$ | 2 221（97.67） | 5（0.22） | 48（2.11） |
| IgA /(g · L$^{-1}$) | 2.80（0.87，4.74） | 1.92 ± 0.66$^{*}$ | 2 223（97.76） | 49（2.15） | 2（0.09） |
| IgM /(g · L$^{-1}$) | 1.80（0.48，3.12） | 1.30 ± 0.58$^{*}$ | 2 210（97.19） | 41（1.80） | 23（1.01） |

注：a表示均值和95%参考值范围，△表示$P<0.01$，*表示$P<0.001$。

2.2　运动员免疫球蛋白的影响因素分析

2.2.1　不同性别运动员免疫球蛋白水平比较　*t*检验结果显示，男子运动员的IgG（$P<0.001$）和IgM（$P<0.001$）水平显著低于女子运动员，IgA水平差异无统计学意义，见表2。

**表2　不同性别运动员免疫球蛋白水平**

| 免疫球蛋白 | 男（$n$=1 192） | 女（$n$=1 082） |
|---|---|---|
| IgG/（g·L$^{-1}$） | 11.18 ± 2.15* | 11.86 ± 2.20 |
| IgA/（g·L$^{-1}$） | 1.94 ± 0.67 | 1.90 ± 0.66 |
| IgM/（g·L$^{-1}$） | 1.12 ± 0.50* | 1.50 ± 0.60 |

注：*表示$P<0.001$。

2.2.2　不同运动类型、不同运动项群运动员免疫球蛋白水平比较　将运动项目按运动类型和运动项群分组。*t*检验结果显示，体能主导类运动员IgG水平显著低于技能主导类运动员（$P<0.01$），见表3。方差分析结果显示，不同运动项群IgG（$P<0.001$）之间、IgM（$P<0.01$）之间具有非常显著性差异，见表4。

**表3　不同运动类型运动员免疫球蛋白水平比较**

| 运动类型 | IgG/（g·L$^{-1}$）△ | IgA/（g·L$^{-1}$） | IgM/（g·L$^{-1}$） |
|---|---|---|---|
| 体能主导类 | 11.26 ± 2.15 | 1.91 ± 0.66 | 1.28 ± 0.53 |
| 技能主导类 | 11.58 ± 2.21 | 1.92 ± 0.66 | 1.30 ± 0.60 |

注：△表示$P<0.01$。

**表4　不同运动项群运动员免疫球蛋白水平比较**

| 运动类型 | 运动项群 | IgG/（g·L$^{-1}$）* | IgA/（g·L$^{-1}$） | IgM/（g·L$^{-1}$）△ |
|---|---|---|---|---|
| 体能主导类 | 快速力量性 | 11.24 ± 2.03 | 1.95 ± 0.62 | 1.34 ± 0.55 |
| | 速度性 | 11.52 ± 2.07 | 1.97 ± 0.68 | 1.31 ± 0.54 |
| | 耐力性 | 10.81 ± 2.25 | 1.79 ± 0.62 | 1.23 ± 0.51 |
| | 表现准确性 | 11.31 ± 2.13 | 1.92 ± 0.69 | 1.28 ± 0.80 |
| 技能主导类 | 隔网对抗性 | 11.62 ± 2.49 | 1.94 ± 0.69 | 1.35 ± 0.59 |
| | 同场对抗性 | 11.76 ± 2.18 | 1.93 ± 0.65 | 1.33 ± 0.59 |
| | 格斗对抗性 | 11.37 ± 2.18 | 1.92 ± 0.65 | 1.19 ± 0.54 |

注：△表示$P<0.01$，*表示$P<0.001$。

2.2.3 不同季节运动员免疫球蛋白水平比较 将3—5月、6—8月、9—11月、12—次年2月分别划分为春季、夏季、秋季和冬季，方差分析结果显示，不同季节运动员IgG之间具有统计学差异（$P$<0.01），如图1所示。

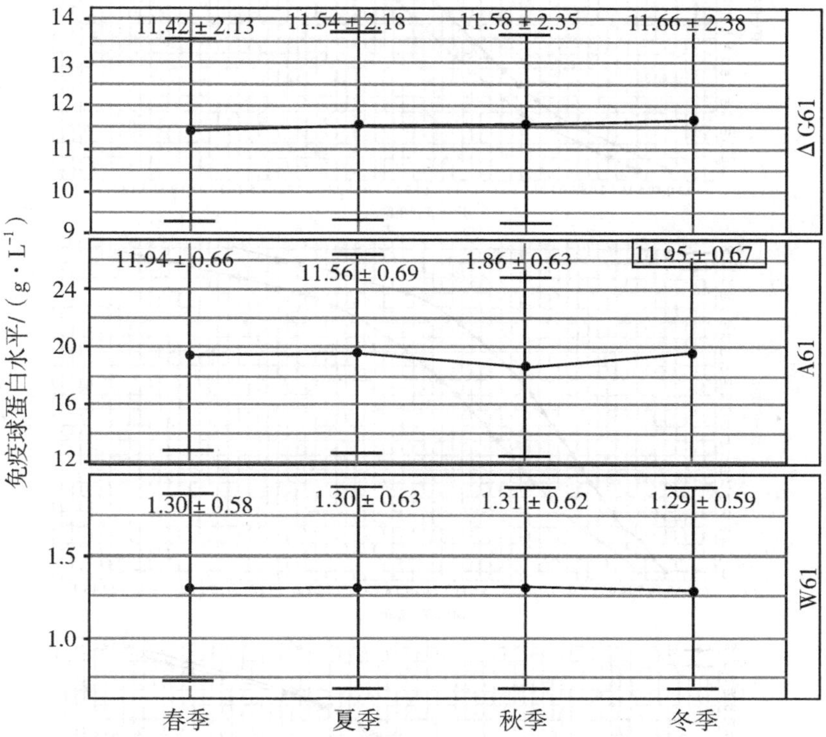


注：△表示$P$<0.01。

**图1 不同季节运动员免疫球蛋白水平**

## 2.3 免疫球蛋白参考值范围及百分位数参考值

采用LMS方法计算不同性别运动员IgG、IgA、IgM百分位数参考值，并取2.5%~97.5%分位数作为运动员免疫球蛋白水平95%参考值范围。男子运动员95%参考值范围：IgG 7.34~15.71 g/L，IgA 0.88~3.47 g/L，IgM 0.46~2.27 g/L；女子运动员95%参考值范围：IgG 7.96~16.56 g/L，IgA 0.82~3.36 g/L，IgM 0.63~2.91 g/L；运动员整体95%参考值范围：Ig G7.34~16.56 g/L，IgA 0.82~3.47 g/L，IgM 0.46~2.91 g/L。相较于IgA，不同性别运动员IgG、IgM百分位数参考值差异较大，如图2所示。

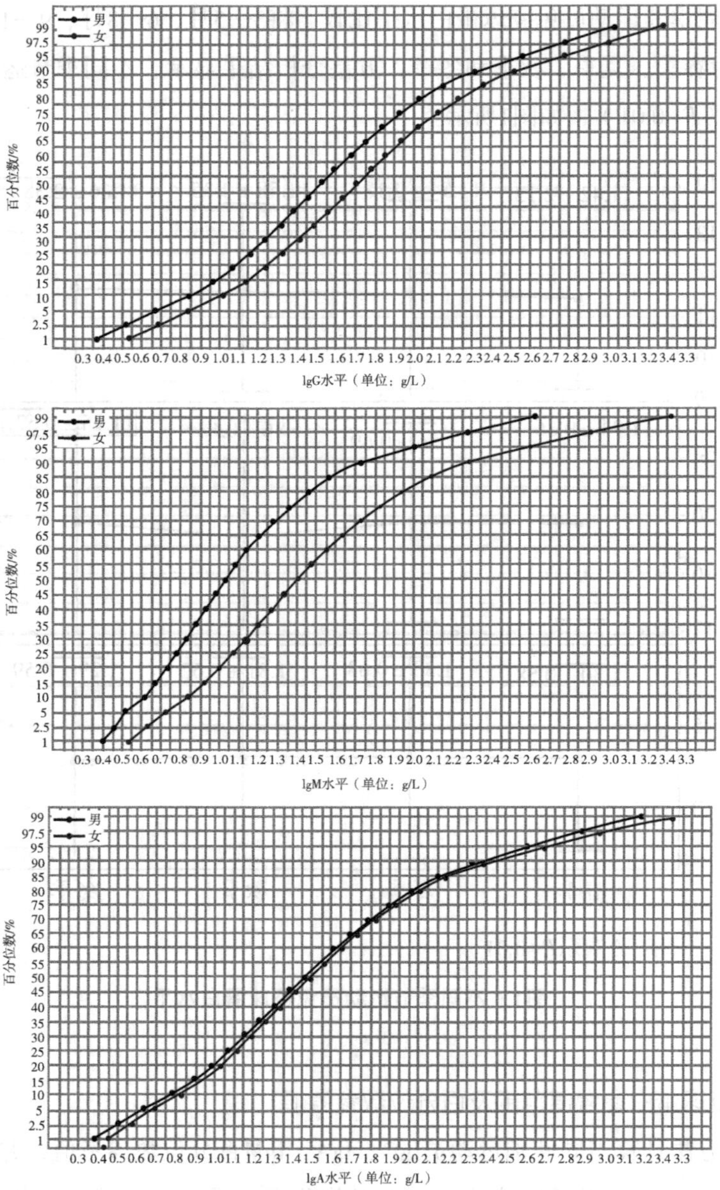


**图2　不同性别运动员免疫球蛋白百分位数参考值**

## 3　结论

（1）本研究样本采自广东省优秀运动员，涉及运动项目全面，样本量大，样本代表性较好；数据采集时间较长、连续，历时8年，包括4年全运会周期各个阶段、各个季节；所有数据均来自具有CMA资质认可的实验室，权威性高；所有数据在统计分析前都进行了预处理和清洗，剔除了缺失值，所采用免疫球蛋白数据为多次测量平均值，降低了测量误差，提高了测量精度，数据可靠性、真实性强。

（2）本研究基于大数据开展横断面研究，采用LMS方法构建运动员IgG、IgA、IgM指标参考值范围和各百分位数参考值。数据显示，运动员免疫球蛋白水平与普通健康人群相比有显著差异，运动员人群参考值范围比普通健康人群窄。基于本研究所建立的运动员免疫球蛋白参考值范围和百分位数参考值对2020年数据进行了回代评估，结果显示，运动员免疫球蛋白IgG、IgA、IgM的异常比例分别为6.97%、5.33%、4.10%，均高于基于普通健康人群免疫球蛋白参考值范围进行评估的异常比例2.33%、2.24%、2.81%，表明本研究建立的运动员免疫球蛋白参考值范围可能在评估运动员免疫球蛋白状态时更加精准，有利于在下队实践中更准确地评估运动员的身体免疫机能状态，避免运动员过度训练、过度疲劳、感染疾病。

（3）本研究较为全面地探讨了运动员免疫球蛋白水平的影响因素，发现性别、运动类型、运动项群和季节均会影响运动员免疫球蛋白水平，尤其是IgG和IgM水平更易受不同因素影响，呈显著性改变，需特别关注。考虑到性别因素，本研究分别构建了广东省不同性别优秀运动员免疫球蛋白参考值范围和各百分位数参考值，有利于对运动员免疫球蛋白水平开展个性化评估。

## 参考文献

[1] CÓRDOVA A, SUREDA A, TUR J A, et al. Immune response to exercise in elite sportsmen during the competitive season[J].Journal of physiology and biochemistry, 2010, 66（1）: 1-6.

[2] GLEESON M. Immune system adaptation in elite athletes[J]. Current opinion in clinical nutrition and metabolic care, 2006, 9（6）: 659-665.

[3] SIMPSON R J, CAMPBELL J P, GLEESON M, et al. Can exercise affect immune function to increase susceptibility to infection[J].Exercise immunology review, 2020, 26: 8-22.

[4] WALSH N P. Recommendations to maintain immune health in athletes[J]. European journal of sport science, 2018, 18（6）: 820-831.

[5] CHINEN J, NOTARANGELOL L D, SHEARER W T. Advances in clinical immunology in 2015[J].The Journal of allergy and clinical immunology, 2016, 138（6）: 1531-1540.

[6] 冯连世，李开刚.运动员机能评定常用生理生化指标测试方法及应用[M].北京：人民体育出版社，2002.

[7] 王世香，李德伦. 运动与免疫球蛋白[J]. 辽宁体育科技，2007，29（1）：24-25.

[8] 冯连世.优秀运动员身体机能评定的方法及存在问题[J].体育科研，2003，24（3）：49-54.

# 古典式摔跤运动员冬训期间身体机能监控

张蓝予

（辽宁省体育事业发展中心，辽宁　沈阳　110179）

**摘要：**古典式摔跤是一项身体直接对抗较剧烈的运动项目，对运动员的综合身体素质要求较高，训练强度较大。为了在冬训期间有效提升运动员的身体素质，使其保持良好的运动竞技状态，防止过度疲劳的发生，很有必要对其进行有针对性的冬季训练身体机能监控。本研究对辽宁省古典式摔跤运动员在冬训期间的各项生化指标进行跟踪监测，并分析其训练特点和相关生化指标的变化规律，旨在对运动员冬训期间的机能状态监控发挥重要作用。

**关键词：**古典式摔跤；冬训；机能监控；生化指标

古典式摔跤运动员必须具备良好的身体素质，而冬训在古典式摔跤运动员的训练中发挥着重要的作用。在冬训期间积极开展有针对性的训练，能不断增强运动员的各项身体素质，提高其技术水平，为接下来的各种比赛打下良好的身体素质基础。冬训期间动态跟踪、监控运动员的生化指标，可以准确掌握运动员的身体机能状态，对于科学化训练有重要的意义。

## 1　研究对象与研究方法

### 1.1　研究对象

以古典式摔跤运动员冬训期间身体机能监控为研究对象。

### 1.2　研究方法

#### 1.2.1　测试法

（1）测试对象。以辽宁省优秀古典式摔跤运动员为测试对象，共16人，年龄为19.3 ± 6.4岁，身高为177.3 ± 8.2 cm，体重为82.7 ± 9.5 kg，训练年限为7.8 ± 4.3年。

（2）冬训期间身体机能监控安排。在2020年12月10日—2021年3月10日冬训的3个月时

**作者简介：**张蓝予（1972—），研究员，硕士。研究方向：体育保健。

间内分3个阶段对辽宁省古典式摔跤运动员进行身体机能监测，第一阶段侧重基础体能的训练；第二阶段侧重专项体能和实战对抗的训练；第三阶段侧重技战术的训练，穿插专项体能、实战对抗的训练。在冬训前的周一7:00空腹状态下取静脉血5 mL，测试各项指标的基础值；在冬训期每个阶段最后一周的周一7:00空腹状态下取静脉血5 mL，测试各项指标的变化值。

（3）测试指标。测试指标包括血红蛋白（Hb）、免疫球蛋白（IgG、IgA、IgM）、血睾酮（T）、肌酸激酶（CK）、血尿素（BU）等。IgG、IgA、IgM检测仪器为美国德灵BN-100特定蛋白测试仪，BU、CK采用雷杜9000半自动生化分析仪监测，T采用西门子CP免疫发光分析仪监测，Hb采用日本光电全自动血球仪监测。各指标测试严格按照各试剂盒说明书进行。

1.2.2　数理统计法　运用SPSS 22.0统计软件对测试数据进行分析处理，结果以均值±标准差表示，采用配对样本$t$检验，$P$<0.05表示差异具有显著性。

## 2　结果与分析

运动员冬训期间各阶段指标变化情况见表1。

表1　运动员冬训期间各阶段指标变化情况

| 指标 | 基础值 | 第一阶段 | 第二阶段 | 第三阶段 |
| --- | --- | --- | --- | --- |
| Hb/（g·L$^{-1}$） | 158.4 ± 10.2 | 148.3 ± 9.4$^{*}$ | 143.5 ± 8.1$^{*\#}$ | 155.4 ± 8.4$^{\#@}$ |
| T/（ng·dL$^{-1}$） | 647.2 ± 171.4 | 589.3 ± 147.2$^{*}$ | 562.4 ± 167.5$^{*\#}$ | 628.4 ± 142.8$^{\#@}$ |
| BU/（mmol·L$^{-1}$） | 6.2 ± 1.2 | 7.3 ± 1.4$^{*}$ | 7.8 ± 1.8$^{*\#}$ | 6.8 ± 1.4$^{*\#@}$ |
| CK/（U·L$^{-1}$） | 172.3 ± 64.6 | 345.4 ± 182.7$^{*}$ | 462.4 ± 161.6$^{*\#}$ | 240.6 ± 112.5$^{*\#@}$ |
| IgA/（g·L$^{-1}$） | 1.5 ± 0.3 | 1.5 ± 0.1 | 1.4 ± 0.9 | 1.5 ± 0.1 |
| IgM/（g·L$^{-1}$） | 1.2 ± 0.6 | 1.2 ± 0.3 | 1.2 ± 0.2 | 1.2 ± 0.3 |
| IgG/（g·L$^{-1}$） | 11.5 ± 2.3 | 11.4 ± 2.6 | 11.8 ± 2.7 | 11.5 ± 2.1 |

注：*表示与基础值比较，$P$<0.05；#表示与第一阶段比较，$P$<0.05；@表示与第二阶段比较，$P$<0.05。

### 2.1　Hb和T的变化情况

在整个冬训期间，运动员的Hb和T值呈现相同变化趋势。第一阶段与基础值相比下降显著（$P$<0.05），第二阶段降到整个冬训期间的最低值，且与第一阶段相比差异显著（$P$<0.05）。第一阶段、第二阶段的值与基础值相比均具有显著性差异（$P$<0.05）。而第三阶段Hb和T值明显回升，与第二阶段相比呈显著性差异（$P$<0.05），但与基础值相比差

异不显著（$P>0.05$）。第一阶段Hb和T值下降原因与冬训刚开始安排的大负荷训练有关，第一阶段侧重提高运动员的基础体能，包括有氧耐力、最大力量等，在大运动量和大强度训练中，运动员机体分解代谢加强，所以Hb和T值降低。第二阶段Hb和T值继续下降，同样与运动训练内容的安排有很大关系，第二阶段针对运动员的专项身体素质进行训练，并且经常穿插实战对抗，训练量和强度仍然很大，因此运动员的Hb和T值继续下降。但是，Hb和T值的下降幅度分别为10%和13%，都在可接受范围内，没有过度疲劳迹象。第三阶段侧重技战术方面，其间穿插专项体能和实战对抗的训练，训练量和强度开始下降，所以可以看出运动员的Hb和T值均有了明显的回升，与第二阶段末相比有显著性差异（$P<0.05$），与基础值相比已经没有显著性差异（$P>0.05$）。

### 2.2 CK和BU的变化情况

在整个冬训期间，运动员的CK和BU值同样呈现相同的变化趋势，在前两个阶段呈逐渐升高的趋势，与基础值相比均具有显著性差异（$P<0.05$）。第二阶段CK和BU值上升幅度更为明显，达到整个冬训期间的最高值，与第一阶段相比也具有显著性差异（$P<0.05$）。而在第三阶段，运动员的CK和BU值开始明显下降，与第二阶段相比具有显著性差异（$P<0.05$），但还没有完全恢复到基础值，与基础值相比仍具有显著性差异（$P<0.05$）。可以看出，第一阶段和第二阶段训练量和强度安排均较大，尤其是第二阶段实战对抗强度更大，运动员CK和BU值均有明显升高。第三阶段侧重技战术方面的训练，整体训练量和强度有所下降，因此这个阶段运动员的CK和BU值均有了明显的回落，但是仍然高于基础值。

### 2.3 免疫球蛋白含量的变化

在整个冬训期的各个阶段，运动员IgG、IgA和IgM的变化幅度很小，均未发生显著性变化（$P>0.05$）。这表明在冬训期间，古典式摔跤运动员的运动量和强度安排科学合理，均在运动员承受范围之内，运动员没有出现机体免疫失调的现象。

## 3 结论

辽宁省古典式摔跤运动员监测指标Hb、T、CK、BU值均随着冬训期间运动训练强度和训练量的变化发生相应的改变，且都在可接受范围之内，并且免疫指标IgG、IgA和IgM在冬训各阶段变化幅度均不大。因此，本次冬训训练负荷安排科学合理，运动员没有出现过度疲劳迹象，并且达到了预期的训练效果，其中机能监控发挥了非常重要的作用。

## 参考文献

［1］冯连世，冯美云，冯炜权.运动训练的生理生化监控方法[M].北京：人民体育出版社，2006.

[2] 孙君杰.江苏省男子羽毛球运动员冬训期机能状态及专项体能的监控研究[J].南京体育学院学报（自然科学版），2017，16（5）：78-81.

[3] 冯连世，李开刚.运动员机能评定常用生理生化指标测试方法及应用[M].北京：人民体育出版社，2002.

[4] 冯炜权.运动疲劳及过度训练的生化诊断——运动生物化学动态之三[J].北京体育大学学报，2000，23（4）：498-502.

[5] 刘建军，张蓝予.男子自由式摔跤运动员大强度训练课部分生化指标的监控[J].辽宁体育科技，2012，34（2）：47-50.

[6] 张婧.优秀武术散打运动员冬训训练监控与机能评定[J].淮南职业技术学院学报，2015，15（2）：88-92.

# 社会支持对中学体育教师职业获得感的影响研究

邵桂华

（吉林体育学院学校办公室，吉林　长春　130000）

**摘要：**本研究综合运用扎根理论、结构方程模型、问卷调查法、数理统计法等，深入分析社会支持对中学体育教师职业获得感的影响。研究发现，工作重塑在学校支持和职业获得感、家庭支持和职业获得感、社区支持和职业获得感之间起到完全中介作用。

**关键词：**中学体育教师；社会支持；职业获得感

## 1　研究对象与研究方法

本研究以社会支持对中学体育教师职业获得感的影响为研究对象，综合运用扎根理论、结构方程模型、问卷调查法、数理统计法等。运用扎根理论的目的是探索中学体育教师职业获得感的维度及影响机制。首先，选取吉林、陕西、山东等省份的13名访谈对象。其次，根据扎根理论整理36个题项，编制中学体育教师职业获得感的初始问卷并生成链接，通过问卷星实施调查。调查问卷在运行时间内共收到304份，经过整理最终获得有效问卷276份，有效率为90.8%。最后，采用SPSS 23.0、AMOS 23.0软件对所收集的数据进行统计分析，并根据模型运算的结果验证研究假设。

## 2　结果与分析

### 2.1　中学体育教师职业获得感影响因素的质性分析

2.1.1　开放式编码　经过多轮调整，将原始材料中出现频率较高的现象逐步提炼为范畴，最终从原始资料中归纳出“学校的各类体育场地设施”“学校体育教学计划的安排”等36个范畴。

2.1.2　主轴编码　经归纳，对“学校的各类体育场地设施”“学校体育教学计划的安排”等36个范畴继续进行提炼，分别得到“学校硬件设施”“体育课程体系”等14个子范

**作者简介：**邵桂华（1972—），教授，博士。研究方向：体育教学。

畴。随后，对14个子范畴继续进行聚类分析，在各个不同的子范畴之间建立起合理的逻辑关系，最终归纳出“学校支持”“家庭支持”“社区支持”“工作重塑”“职业获得感”5个主范畴。

2.1.3 选择性编码 结合研究目标，将“中学体育教师职业获得感的影响因素”确定为核心范畴，分析主范畴之间的关系，同时理出关系线：①学校支持、家庭支持和社区支持能够直接影响工作重塑；②工作重塑能够直接影响职业获得感；③学校支持、家庭支持和社区支持通过影响工作重塑间接影响职业获得感。

2.1.4 理论饱和度检验 研究者根据数据分析得不到新范畴可以被看作停止采样的标准，即理论饱和度检验。结果显示，当编码到第13位受访者时未形成新的范畴，说明本研究前述的理论模型是饱和的。

## 2.2 中学体育教师职业获得感影响因素结构方程模型的构建

2.2.1 预试问卷有效性检验与因素结果分析 运用同质性检验的方法判断预试问卷的适合度，采用CITC作为删除题项的依据，删除了2个CITC<0.5的题项。随后，对剩余的题项进行探索性因子分析，判定预试问卷的建构效度，最终提取出7个共同的因子，累计解释的总方差达到57%。结果表明，该预试问卷可用于正式问卷的调查。

2.2.2 正式问卷内部一致性检验与验证性因素分析 检验结果显示，4个测量模型的组合信度在0.77～0.85，均大于0.7的经验值，测量的因子载荷在0.51～0.76，表明组合信度良好。通过检验，一阶模型的平均方差抽取量在0.354 1～0.492 6，二阶模型的平均方差抽取量为0.400 7。总的来说，构面具有较好的收敛效度。

2.2.3 社会支持对中学体育教师职业获得感的影响的结构方程模型 将全部有效样本代入社会支持对中学体育教师职业获得感的影响的结构方程模型，采用最大似然法（ML）对路径假设进行验证，如图1所示。

从模型中可以得知，此模型的卡方检验为$\chi^2$=1 508.217，绝对配适度指数：GFI=0.765，AGFI=0.734，RMSEA=0.076，SRMR=0.193；增值配适度指数：NFI=0.708，IFI=0.799，TLI=0.781，CFI=0.797；简约适配度指数：PGFI=0.676，PNFI=0.657，$\chi^2$/df=2.569，显示模型可以被接受。

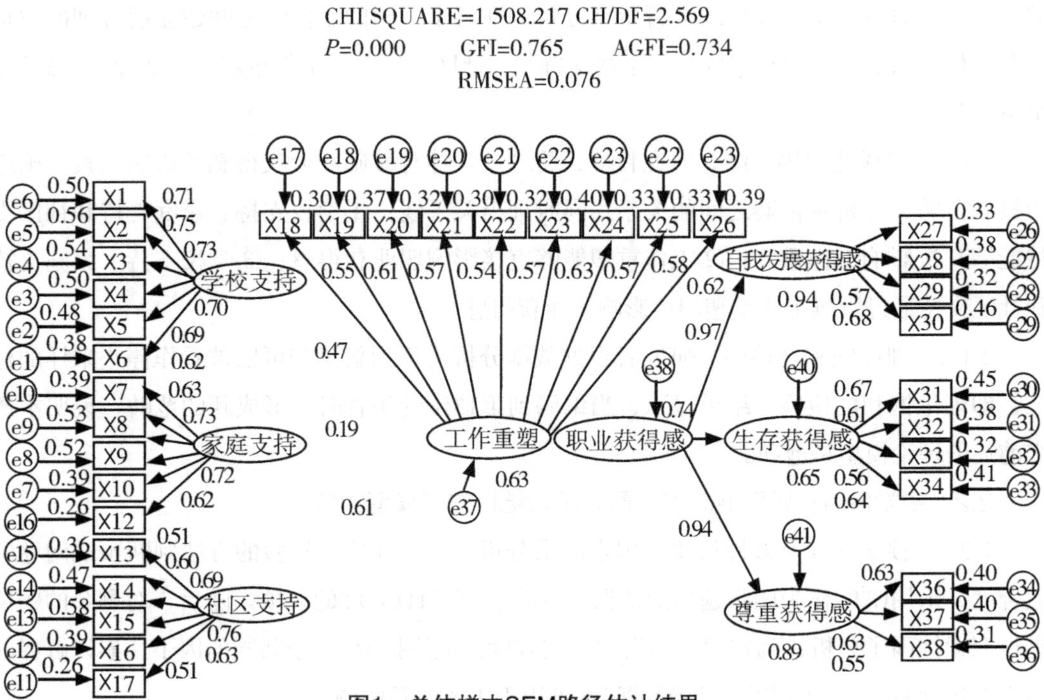


图1　总体样本SEM路径估计结果

## 3　讨论

### 3.1　学校支持、工作重塑、中学体育教师职业获得感之间的关系

统计表明，学校支持对工作重塑的正向影响得到证实（$P<0.001$），工作重塑对职业获得感的正向影响得到证实（$P<0.001$），且工作重塑在学校支持与职业获得感之间起到完全中介的作用。可见：①中学体育教师如果能在场地环境良好、器材齐全的环境下教学，势必会取得良好的教学效果；②学校提供良好的体育课程体系以及体育课程思政建设等方面的培训，同时选派中学体育教师参加各种体育运动项目技能培训等来加强教师的教学实践以及理论研究，将激发教师的工作动力；③学校给予中学体育教师更多的情感关怀，如对学校体育工作的重视、对体育教师全面发展的认同等，有利于教师获得良好的情绪体验，进而增强其幸福感。以上学校给予教师的物质、精神、情感的支持，会使中学体育教师产生心理上的“融入感”，使其自发地询问同事的意见、自主提高自身的体育专业技术和专业素养、自愿无偿地做额外的工作等，提升职业获得感。

### 3.2　家庭支持、工作重塑、中学体育教师职业获得感之间的关系

统计表明，家庭支持对工作重塑的正向影响得到证实（$P<0.01$），工作重塑对职业获得感的影响得到证实（$P<0.01$），且工作重塑在家庭支持与职业获得感之间起到完全中介的作用。究其原因，家长对体育的错误认知是导致家庭体育与学校体育互动脱节的重要原因，

更多的家长对中学生体育课程的认知仅停留在意识层面，事实上家长参与学校教育已经成为发达国家教育改革的重要趋势；另外，疫情常态化背景下家长的体育素养被赋予重要的意义，家长群体俨然已成为参与体育教学的有效主体之一，并且成为一个能更为直接、有效地进行监管和督促的体育团体。基于此，家长群体应借助网络化的手段或通过其他方式与中学体育教师进行沟通，反馈学生居家体育锻炼的情况，形成学校、家庭体育教育的合力，否则单方面依靠体育教师的努力势必会导致教师的职业发展停滞不前、创新动力不足等，对于尊重获得感、自我发展获得感等具有负向作用。

### 3.3 社区支持、工作重塑、中学体育教师职业获得感之间的关系

统计表明，社区支持对工作重塑的正向影响得到证实（$P<0.001$），工作重塑对职业获得感的影响得到证实（$P<0.01$），且工作重塑在社区支持与职业获得感之间起到完全中介的作用。可见：①社区体育设施尤其是青少年体育设施的发展建设是中学生校外体育活动的重要依托；②营造的社区体育氛围会进一步激发中学生参与，为中学生享受运动带来的乐趣、增强体质等奠定坚实的基础；③可吸引更多的中学体育教师参与社会体育指导员队伍建设，参与社区体育俱乐部竞赛活动等。综上所述，只有通过社区体育的诸多变革，减轻中学体育教师的负担，同时使体育教师参与社区体育，才能重塑中学体育教师对体育教学的认知，提高中学体育教师自身的专业技术和能力，进而改变自身态度。

## 4 结论与建议

本研究综合运用扎根理论、结构方程模型、问卷调查法、数理统计法等，深入分析社会支持对中学体育教师职业获得感的影响，研究得出工作重塑在学校支持和职业获得感、家庭支持和职业获得感、社区支持和职业获得感之间起到完全中介的作用，且家庭、学校和社区营造的体育支持环境是中学体育教师职业获得感的三大重要场域，也是家庭、学校、社区的共同责任。只有形成家庭、社区、学校的多元联动机制，才能实现中学体育教师真正意义上的职业获得感的提升。

## 参考文献

[1] 黄静，张晓娟，童泽林，等.消费者视角下企业家前台化行为动机的扎根研究[J].中国软科学，2013（4）：99-107.

[2] 马德浩.从割裂走向融合——论我国学校、社区、家庭体育的协同治理[J].中国体育科技，2020，56（3）：46-54.

[3] 杨启光，陈明选.家庭与学校教育改革的关系：西方的经验与中国的问题[J].华东师范大学学报（教育科学版），2011，29（4）：30-39.

# 花样滑冰重点运动员术后康复营养支持和管理方法：个案报道

邵　晶，安　楠，王启荣

（国家体育总局运动医学研究所，北京　100029）

**摘要**：通过系统地跟踪监测和分阶段营养管理，术后康复期的花样滑冰运动员能够快速恢复、重返训练场和赛场。参照加速康复外科与围手术期管理模式，根据不同营养目标分阶段进行全面的营养支持和管理。研究表明，术后康复过程中设定不同的阶段和营养目标便于监控和管理，给予高蛋白饮食，每日摄入能量逐渐减少，运动员体脂率降低明显，体重缓慢降低，肌肉量保持恒定。因此，花样滑冰运动员术后应尽早实施系统的营养支持和管理，加快术后的康复进程，提高归队后对训练和比赛的适应能力。

**关键词**：花样滑冰；术后康复；营养支持与管理

花样滑冰运动员需要完成高难度的起停、旋转和跳跃，对绝对力量要求高，同时对形体有着较高要求。由于需要长期保持较低的稳定体重，控制自己和队友的动作负荷，花样滑冰运动员在外科手术后康复的特殊时期，应该采取营养支持措施，在较短的时间内快速恢复、重返训练场和赛场。

本研究对我国某男子花样滑冰优秀运动员进行术后100天的系统跟踪研究，参照加速康复外科与围手术期管理模式，分阶段给予不同的营养指导和管理，使得该运动员在康复期保持肌肉功能和力量的同时体重维持在一个合理范围。本研究制订花滑运动员术后个性化的营养支持方案，探究普适性的运动员术后康复营养恢复措施，以期为建立系统的科学营养恢复方案提供数据支持。

## 1　研究对象与研究方法

### 1.1　研究对象

花样滑冰重点运动员术后康复营养支持和管理方法。

---

**作者简介**：邵晶（1977—），副研究员，博士。研究方向：运动营养、运动代谢与食品安全、代谢组学分析。

1.2 研究方法

1名28岁的男子花样滑冰优秀运动员（国际级运动健将）入院施行髋关节镜手术，营养师为配合术后康复和功能训练提供100天全面的系统营养支持和管理。

入院期间，由营养师对该运动员进行一对一管理，营养师—专家团队对运动员膳食和营养措施提出建议和改进措施。

营养师根据项目特征、不同阶段的目标以及相关营养监测结果制订营养恢复方案。营养支持原则是：①每日膳食摄入满足日常活动和康复训练所需；②使膳食结构更加科学、合理；③应用营养品补充膳食中缺乏的营养素。

1.3 计划实施

依据膳食营养方案以及运动员餐厅的供餐结构，营养师指导运动员按照既定目标科学地定量选择食物。

（1）术前营养评估：手术前期主要了解运动员的基本情况（年龄、身高、体重、体成分等）和饮食禁忌，根据营养监测和生理、生化结果进行营养风险评估。

（2）术后分阶段管理：术后分为手术应激期、手术恢复期、体重管理期和自我管理期4个阶段，其营养目标、膳食配餐、营养监测与指导见表1。

**表1 术后不同阶段营养管理**

| 项目 | 手术应激期（术后 0~3 d） | 手术恢复期（术后 4~12 d） | 体重管理期（术后 3~8 周） | 自我管理期（术后 9~15 周） |
|---|---|---|---|---|
| 营养目标 | 供能，提高免疫力 | 促进修复愈合，减少肌肉损失，补充能量 | 控制能量，增肌、减脂 | 增肌、减脂，为归队上冰做准备 |
| 膳食配餐 | 碳水：50%~65%；<br>脂肪：20%~30%；<br>蛋白质：15%~20% | 清淡饮食，补充富含钙质、维生素食物 | 碳水：50%~60%；<br>脂肪：20%~25%；<br>蛋白质：20%~25%，优质蛋白占 1/2~2/3 | 选择高营养素密度食物，增加补水量 |
| | 原则：高蛋白、低脂，逐渐降低每日能量摄入 | | | |
| 营养监测与指导 | 膳食调查，能耗监测，体重 / 体成分监测，血液生化检测，营养教育与营养品补充 | | | |

（3）营养效果评估：根据营养监测结果和运动员自身情况，对实施的营养措施进行效果评估。

1.4 营养监测与评估

1.4.1 体成分测定 采用生物电阻抗分析法（Bioelectrical Impedance Analysis，BIA）测定运动员的体成分，包括体重、骨骼肌质量、体脂百分率等指标。

1.4.2 膳食营养记录 在入院康复及功能训练恢复期间，记录每日膳食摄入并利用运动员及大众膳食营养分析与管理系统计算能量和营养素配比，控制能量摄入。在康复训练的过程中，每周逐渐减少每日总热量的摄入。运动员根据自身营养情况，在膳食的基础上补充适量营养品。

1.4.3　能量消耗测定　采用Sense Wear Armband能量监测仪系统2.0测定手术恢复期和体重控制期连续3 d的能量消耗，并了解运动员睡眠情况。

1.4.4　营养效果评估　根据营养监测和运动员自身情况，对实施的营养措施、营养教育进行效果评估，提出通用的营养支持方案。

## 2　结果与分析

### 2.1　体成分变化

体成分测定结果显示，该运动员体脂率降低明显，体重缓慢降低，肌肉量保持恒定，各项指标已恢复到入院前水平（2020年2月1日为入院第1天），具体见图1。

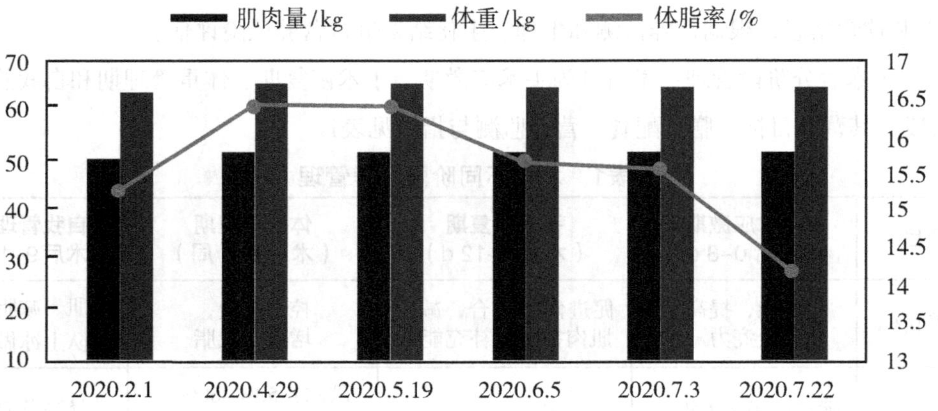


图1　运动员体成分测定结果

### 2.2　膳食营养记录

记录该运动员在入院康复期间每日膳食摄入并计算其能量和营养素配比，随着康复进程，该运动员每日摄入能量每周逐渐减少：3 200 kcal（术后3 d）—2 800 kcal（术后1周）—2 400 kcal（术后2周）—2 000 kcal（术后3~4周）—1 900 kcal（术后5~6周）—1 800 kcal（术后7~8周）。

该运动员在恢复期内增加了善存多维元素片、乳清蛋白粉、迈瑞坦力多欣片3种营养品的摄入，用于膳食以外的营养补充、增加蛋白质的供应及维持健康骨密度。

### 2.3　能量消耗测定

在术后康复期和体重控制期测定、计算该运动员平均每日能量消耗和同期膳食能量摄入（表2），术后康复期是正能量平衡，体重控制期是负能量平衡，符合各自的营养目标。

该运动员睡眠效率低于80%，需要调整活动和作息，保证良好的睡眠质量，使机体得到充分的恢复。

**表2　运动员能量摄入与消耗及睡眠效率**

| 项目 | 能量消耗 / kcal | 能量摄入 / kcal | 能量平衡 Δ（摄入－消耗）/kcal | 躺下时间 / min | 睡眠时间 / min | 睡眠效率 /% |
|---|---|---|---|---|---|---|
| 手术康复期 | 2 521 | 2 836 | 315 | 295 | 419 | 70 |
| 体重控制期 | 2 489 | 1 910 | –579 | 344 | 447 | 77 |

### 2.4　效果评估与营养支持策略

术前检查结果显示，该运动员营养状况良好，符合外科手术要求。术前根据情况适当给予该运动员加餐，鼓励其进食高蛋白食物（如牛奶或酸奶）和富含碳水化合物的饮食（如小面包）。

术后该运动员各阶段营养目标均已实现。术后应尽早恢复饮食，早期以流质饮食为主，然后逐渐从半流质过渡到正常膳食。初期以清淡饮食为主，进食种类根据手术后恢复和运动员的耐受情况而定，以没有腹胀、恶心和呕吐等不良症状为基本要求，少食多餐，饮食结构平衡，摄入总能量满足基础代谢以及功能训练的需求。术后需保证充足的蛋白质摄入，在此基础上适当增加维生素和矿物质营养品的摄入。如果从膳食中无法摄入充足的蛋白质，或者消化和吸收的功能恢复较慢，可在三餐之外适量地补充分离或水解乳清蛋白粉。

出院归队后继续对该运动员进行营养追踪管理。本阶段该运动员逐步适应运动队日常训练和作息，仍以增肌、减重/减脂为目标；三餐以该运动员个人意愿为主，膳食多样化，重视蛋白质摄入，多选取优质蛋白并补充充足的水分，同时关注其睡眠状况。

## 3　结论

花样滑冰运动员骨科手术后尽早接受营养监测和管理，针对不同阶段的营养目标采取相应的营养干预措施，有利于降低运动员围手术期营养不良的发生率，合理控制体重，促进运动员伤病后身体运动功能的恢复，并提高其归队后对专项运动训练的适应能力。

## 参考文献

[1] 丹·贝纳多特.高级运动营养学[M].周帆扬，安江红，刘勇，等译.2版.北京：北京科学技术出版社，2019.

[2] 周宗科，翁习生，曲铁兵，等.中国髋、膝关节置换术加速康复——围术期管理策略专家共识[J]，中华骨与关节外科，2016，9（1）：1-9.

[3] 霍志伟，杨云飞，陈永冬，等.关节外科快速康复围术期口服营养补充方案[J].世界最新医学信息文摘，2019，19（71）：116-117.

[4] 李斌，杨则宜，李际海.优秀网球运动员伤后康复训练期间机能监测和恢复方法的研究：个案分析[J].中国运动医学杂志，2010，29（1）：83-85，82.

[5] 杨月欣，葛可佑.中国营养科学全书[M].2版.北京：人民卫生出版社，2019.

# 体育强国建设背景下我国田径项目发展策略

武文强

（北京体育大学中国田径运动学院，北京 100084）

**摘要**：田径项目作为基础大项、奥运争光项目，是全面建设体育强国的重点项目。针对我国田径竞技水平发展不均衡、群众田径内容不够丰富、青少年田径工作有待深化等问题，本研究对“十三五”时期田径项目发展情况进行梳理，并对“十四五”时期田径项目建设的总体思路、举措进行研究，探索“十四五”时期田径项目发展的举措，以期为下一步田径工作部署提供参考。

**关键词**：体育强国；“十四五”；群众田径；青少年田径

“十四五”是我国全面建成小康社会后，踏上社会主义现代化强国征程，向第二个百年奋斗目标进军的第一个五年规划。体育强国建设作为中华民族伟大复兴的一个标志性事业，受到党和国家的高度重视。新时期体育事业将继续繁荣发展，为我国社会主义现代化建设贡献力量。田径项目应顺应历史发展大势，深入总结分析当前面临的新阶段、新要求，不断推动田径项目实现更好的发展。

## 1 “十三五”时期田径项目存在的问题

### 1.1 田径竞技水平发展不均衡

田径竞技水平发展不均衡，争金面窄，传统优势项目厚度不够明显。冲金点主要集中在女子竞走和女子投掷项目，男子项目尚无冲金实力，男女项目水平发展不均衡。

### 1.2 群众田径内容不够丰富

田径场地内项目的全民健身普及工作缺乏顶层规划和制度保障，田径群体赛事的关注度和吸引力不足，受众有限。马拉松等路跑赛事监管程度不够，扎堆举办，其他田径群众活动发展不平衡，群众赛事安全防范、赛风赛纪管理仍有待进一步加强。

---

**作者简介**：武文强（1973—），副教授，博士。研究方向：田径政策分析、技术分析、运动训练等。

### 1.3 青少年田径工作有待深化

后备人才体系薄弱，体教融合亟待深入。传统的田径后备人才培养三级体系仍不完善，田径高水平优秀苗子的选拔、培养还处于粗放的管理层面，体教融合还需进一步增强，青少年田径运动员的选材测试和数据库建设仍然滞后，尚未形成整体效应和数据优势。

### 1.4 田径产业还需进一步引导

田径项目总体市场化程度低，田径产业推广和营销活动少，大部分田径产品供给不足，在品牌知名度、市场的价值认同方面尚有空间。田径产业开发工作领域广，市场经验不足，产业人才空缺较大。

### 1.5 田径文化还需进一步发掘

田径项目的普及和推广不能满足田径事业发展的需要，田径文化的传播和建设缺少高质量的文化品牌活动，田径文化的多元价值仍有待挖掘。除了马拉松等路跑比赛以外的其他田径项目的文化推广和普及程度仍有待提高，田径宣传和舆论引导工作仍需进一步加强。

### 1.6 田径竞赛体系亟待优化升级

田径竞赛体系和赛事结构不够合理，高水平顶级赛事不足，优秀赛事品牌与资源不足，没有发挥和调动好省市办赛的积极性，赛事分布区域严重不均。与竞赛相配套的专业人才培养体系亟待完善，高水平竞赛人才短缺，各地办赛水平参差不齐，造成赛事成绩参考价值不高。

### 1.7 田径对外交往工作还需加强

田径外事活动举办主体比较单一，以政府、国家机关顶层设计、牵头举办为主，民众自发组织的田径外事活动少，田径外事活动的内容与形式仍以竞技体育、体育产业等常规活动为主，田径运动文化交流的广度和深度尚有较大提升空间。与世界体育大国、强国的双边合作交流仍然有待加强，与港澳台地区的田径交流活动内容不够丰富。

## 2 “十四五”时期田径项目发展策略

### 2.1 问题导向，提高田径竞技体育实力

完善举国体制与市场机制相结合的竞技体育发展模式，调动全国参与田径奥运备战的积极性。深入研究田径项目的训练规律，构建科学合理的田径训练体系。厘清田径项目的制胜之道，强化体能训练，提升运动员的战斗力。

### 2.2 以人为本，多渠道开展田径全民健身

明确田径项目全民健身工作指导思想，坚持将“以人民为中心”作为田径项目全民健身工作的出发点和落脚点，构建标准完善的科学发展制度，完善田径项目全民健身工作顶层设计。优化完善简单、易于开展的身边系列赛事。推动各类场地内项目的社会化发展，

建立多层级的大众等级达标赛事体系，引导田径项目爱好者积极参与。

### 2.3 精准发力，助力青少年田径事业发展

深化体教融合，使体育与教育领域协同发力，促进体育和教育在青少年成长的各个阶段的有效融合，健全、贯通赛事体系，通过赛事激发青少年参与田径的热情。吸引社会资金，与中小学、社会合作共建高水平后备人才基地、户外活动营地等，吸引更多的青少年参与田径运动，缓解后备人才不足的现状，提高青少年对田径的热情，结合田径文化宣传、田径赛事持续深化田径运动在青少年群体中的影响力。

### 2.4 目标导向，引导田径产业更好更快发展

深化“放管服”改革，完善体制机制，推动公共资源向田径领域倾斜。加强标准制定，出台产业发展、鼓励消费政策，多方面优化田径消费环境，优化产业布局，促进区域特色田径产业协调发展。

### 2.5 把握方向，加强对田径文化的挖掘与宣传

加强对田径各项目知识的整理，向公众普及田径知识和观赛常识。深入挖掘田径项目的精神内核和文化内涵，将中华文化与田径项目有机结合，使我国田径焕发文化魅力。鼓励主流媒体致力田径宣传，全面传播田径各项目发展现状和项目常识。挖掘以田径优秀运动员、运动队为原型的文化IP，打造以田径为主题的影视、歌、动漫等文化产品，引导市场推出以田径运动为题材的报告文学、影视、微电影、纪录片、动漫等文化产品。

### 2.6 着眼长远，不断完善田径竞赛体系建设

加快竞赛体制改革，构建多部门合作、社会力量广泛参与的分层分级、结构合理的金字塔式田径竞赛体系。重点突出竞赛的杠杆作用，以赛带练、以赛促练，以高水平、高标准的专业赛事服务好国家队备战任务。畅通分级分类有序参赛通道，推动体育和教育部门青少年田径竞赛体系有机融合。建设业务能力突出的、符合国际大赛要求的竞赛管理和组织人才队伍。

### 2.7 放眼世界，积极主动开展田径对外交往

《体育强国建设纲要》指出，要继续构建体育对外交往新格局，通过体育外交丰富特色大国外交举措。新时期田径对外交往工作要继往开来，遵循社会主义特色外交，积极主动同友好国家开展体育外交，探索构建新型国际关系，增强国际话语权。借助“一带一路”等平台加强与其他国家的沟通，开展“一带一路”体育合作，积极参与国际田联、亚田联等国际体育组织的国际事务处理。

## 3 结语

体育强国建设意义重大，新时期体育建设不仅要聚焦自身领域和关键领域，还要通过

体育促进和推动相关领域协同发展，为未来体育发展打开新的空间，打造新的发展动能。田径领域要在面临新时代、新阶段，新矛盾、新问题，新机遇、新挑战，新目标、新任务等一系列新情况的背景下，全面深化改革，推动田径项目的高质量发展。

## 参考文献

[1] 黄绮雯，周威，姚慧，等. 2015—2019年世界田径锦标赛优势项目发展的洲际特征[J]. 体育学刊，2020，27（6）：139-144.

[2] 卢文云.迈向体育强国我国竞技体育发展面临的问题与对策[J]. 沈阳体育学院学报，2020，39（2）：75-81，107.

[3] 邱珍，李红霞.人民主体性：新时代体育强国建设的基本原则与价值指向[J]. 北京体育大学学报，2019，42（4）：1-7.

[4] 刘波，郭振，王松，等. 体教融合：新时代中国特色竞技体育后备人才培养的诉求、困境与探索[J].体育学刊，2020，27（6）：12-19.

[5] 王子朴，朱亚成.新时代中国体育强国建设中的体育产业发展逻辑[J].北京体育大学学报，2018，41（3）：8-13，47.

[6] 刘彬，黄滨.论体育强国的文化自觉[J].首都体育学院学报，2015，27（6）：505-507.

[7] 鲍明晓.贯彻《体育强国建设纲要》，办好人民满意的体育事业[J]. 体育科学，2019，39（9）：3-13，23.

[8] 钟秉枢.人类命运共同体引领下的中国体育外交战略构建[J]. 体育文化导刊，2019（2）：15-21.

# 男子篮球运动员国际转会态势及其与国际排名的关联性

苗向军

（北京体育大学中国篮球运动学院，北京 100084）

**摘要**：篮球运动员的国际转会已得到越来越多的学术关注，并引发了越来越多的争论，研究篮球运动员国际转会有助于对篮球运动国际化发展的研判。本研究对篮球运动员国际转会态势与趋势进行了分析，并对男子篮球运动员国际转会数量、国际转会平衡指数与FIBA积分排名的关联性进行了分析。

**关键词**：男子；篮球运动员；国际转会；基本态势；国际排名；关联性

运动员的国际流动或迁移是运动员为了获得更好的运动机会和各种激励而在世界各地游历、流动的过程。风靡全球的美国四大职业联盟、欧洲职业足球俱乐部均吸引了全世界的优秀运动员加盟。本研究主要对男子篮球运动员国际转会态势及其与国际排名的关联性进行研究。

## 1 研究方法

### 1.1 样本与数据来源

本研究所有样本均来自2010—2011赛季至2019—2020赛季，国际篮球联合会（简称国际篮联，FIBA）运动员国际转会数据库和国际篮联成员国中16个顶级篮球联赛数据库中记录的18岁以上运动员的转会数据。

### 1.2 数据处理

本研究采用SPSS 25.0进行有关数据的处理与统计分析，采用皮尔逊积差相关系数计算变量间的相关性。

## 2 研究结果与分析

### 2.1 2010—2011赛季至2019—2020赛季FIBA篮球运动员国际转会的基本态势

统计结果显示，2019—2020赛季，国际篮联成员国国际转会的总人数为8 900人，其中

**作者简介**：苗向军（1971—），教授，博士。研究方向：篮球教学训练理论与方法等。

男运动员6 942人、女运动员1 958人。2010—2011赛季至2019—2020赛季，国际转会人次呈现逐年增长态势，但2017—2018赛季首次出现了下降（表1）。这一结果的出现与全球经济增长态势趋缓基本一致，在某种程度上也体现出经济对体育发展的制约和影响，篮球作为全球职业体育的主要代表项目之一也概莫能外。

表1　2010—2011赛季至2019—2020赛季FIBA篮球运动员国际转会情况

| 赛季 | 国际转会运动员人数 | | |
|---|---|---|---|
| | 女运动员人数 | 男运动员人数 | 总人数 |
| 2010—2011 | 1 428 | 4 739 | 6 167 |
| 2011—2012 | 1 593 | 4 982 | 6 575 |
| 2012—2013 | 1 489 | 5 071 | 6 560 |
| 2013—2014 | 1 516 | 5 515 | 7 031 |
| 2014—2015 | 1 807 | 5 993 | 7 800 |
| 2015—2016 | 1 931 | 6 351 | 8 282 |
| 2016—2017 | 2 019 | 6 718 | 8 737 |
| 2017—2018 | 1 960 | 6 518 | 8 478 |
| 2018—2019 | 2 026 | 6 808 | 8 834 |
| 2019—2020 | 1 958 | 6 942 | 8 900 |

### 2.2　FIBA 男子篮球运动员国际流动指数

从男子篮球运动员国际流动的国别看，美国是当今世界男子篮球运动员输出数量最多的国家。2019—2020赛季，美国共转出运动员1 271人，转入195人，平衡指数为1 076。这一数字远超排名第2位的加拿大的国际流动平衡指数（70）（表2）。西班牙（–155）则名列国际流动指数负平衡榜的榜首。（表3）

表2　2019—2020赛季FIBA男子篮球运动员国际流动指数
正平衡前十位国家及FIBA排名与积分

| 排名 | 国别 | 转出运动员人数 | 转入运动员人数 | 运动员国际流动平衡指数 | FIBA 排名 | FIBA 积分 |
|---|---|---|---|---|---|---|
| 1 | 美国 | 1 271 | 195 | 1 076 | 1 | 781.8 |
| 2 | 加拿大 | 86 | 16 | 70 | 21 | 463.8 |
| 3 | 委内瑞拉 | 62 | 2 | 60 | 20 | 494.5 |
| 4 | 阿根廷 | 153 | 112 | 41 | 4 | 662.4 |

续表

| 排名 | 国别 | 转出运动员人数 | 转入运动员人数 | 运动员国际流动平衡指数 | FIBA 排名 | FIBA 积分 |
|---|---|---|---|---|---|---|
| 5 | 摩洛哥 | 31 | 3 | 28 | 69 | 134.2 |
| 6 | 墨西哥 | 104 | 79 | 25 | 24 | 424.2 |
| 7 | 波多黎各 | 87 | 64 | 23 | 18 | 509.6 |
| 8 | 菲律宾 | 46 | 29 | 17 | 31 | 340.8 |
| 9 | 黎巴嫩 | 54 | 38 | 16 | 59 | 179.6 |
| 10 | 中国 | 79 | 64 | 15 | 29 | 363.7 |

注：运动员国际流动平衡指数=转出运动员人数–转入运动员人数。

表3　2019—2020赛季FIBA男子篮球运动员国际流动指数负平衡前十位国家及FIBA排名与积分

| 排名 | 国别 | 转出运动员人数 | 转入运动员人数 | 运动员国际流动平衡指数 | FIBA 排名 | FIBA 积分 |
|---|---|---|---|---|---|---|
| 1 | 西班牙 | 383 | 538 | –155 | 2 | 721.3 |
| 2 | 澳大利亚 | 91 | 199 | –108 | 3 | 667 |
| 3 | 瑞士 | 55 | 141 | –86 | 35 | 174.2 |
| 4 | 德国 | 280 | 444 | –164 | 13 | 513.4 |
| 5 | 澳大利亚 | 63 | 125 | –62 | 3 | 667 |
| 6 | 日本 | 37 | 94 | –57 | 42 | 260.6 |
| 7 | 葡萄牙 | 70 | 150 | –80 | 58 | 180.1 |
| 8 | 以色列 | 94 | 161 | –67 | 39 | 273.3 |
| 9 | 瑞典 | 62 | 118 | –56 | 54 | 197.5 |
| 10 | 意大利 | 295 | 342 | –47 | 7 | 596.4 |

### 2.3　FIBA男子篮球运动员国际流动与国际排名的关联性

通过对FIBA男子篮球运动员国际流动输出数量、输入数量、运动员国际流动平衡指数与FIBA排名、FIBA积分的相关性分析，发现FIBA积分与输出运动员人数间存在非常显著的正相关关系，$r$=0.536，$P$<0.01；FIBA积分与输入运动员人数之间存在非常显著的正相关关系，$r$=0.448，$P$<0.01；FIBA积分与运动员国际流动平衡指数间存在显著的正相关关系，$r$=0.322，$P$<0.05。（表4）

表4 FIBA男子篮球运动员国际流动与国际排名、积分的相关系数统计表

| 项目名称 | 1 | 2 | 3 | 4 | 5 |
|---|---|---|---|---|---|
| 输出运动员人数 | | | | | |
| 输入运动员人数 | 0.459** | | | | |
| 运动员国际流动平衡指数 | 0.835** | -0.105 | | | |
| FIBA 积分 | 0.536** | 0.448** | 0.322* | | |
| FIBA 排名 | -0.366* | -0.403** | -0.16 | -0.868** | |

注：*$P<0.05$；**$P<0.01$。

## 3 结语

2010—2011赛季至2019—2020赛季，FIBA男子篮球运动员国际转会人数保持了逐年增长的总体态势，但自2017—2018赛季以来，逐年增长态势趋缓。FIBA男子篮球运动员国际流动输出数量、输入数量、运动员流动平衡指数与FIBA国际排名有正向关联性。

## 参考文献

[1] FALCOUS M, MAGUIRE, J. Globetrotters and local heroes? Labor migration, basketball, and local identities[J]. Sociology of Sport Journal, 2005, 22(2): 137-157.

[2] BESSON R, POLI R, RAVENEL L. Demographic study of footballers in Europe[M]. Neuchâtel: CIES, 2008.

[3] CARTER T F. In foreign fields: The politics and experiences of transnational sport migration[M].London: Pluto Press, 2011.

[4] MAGUIRE J. Sport labor migration research revisited[J]. Journal of Sport & Social Issues, 2004, 28(4): 477-482.

[5] TAYLOR M. Football's engineers? British football coach's migration and intercultural transfer, c.1910 - c.1950s. Sport in History[J], 2010, 30(1): 138-163.

# 西藏中长跑项目训练方法的探究

范国平

（西藏自治区体育运动技术学校，西藏　拉萨　850007）

**摘要：**本研究运用文献资料法、归纳总结法等，基于对西藏中长跑等耐力项目存在优势的分析，探讨西藏中长跑项目的训练方法。

**关键词：**西藏；中长跑；训练方法

## 1　西藏中长跑等耐力项目存在的优势

世居西藏高原地区的人群在中长跑等耐力项目中优势显著，其心肺功能先天遗传因素较好。近些年来，西藏中长跑运动员取得了优异成绩，他们的运动潜能较为显著，我们要不断积累训练经验，探索出更适合其发展的训练方式，使其有更大的突破。

## 2　西藏中长跑训练方法

### 2.1　速度素质训练

速度素质训练可以提高人的反应能力和爆发力，提高身体快速运动的能力和最快速度。对西藏中长跑运动员而言，竞技成绩的提高需要将重点放在速度方面，将速度训练计划和全年训练计划紧密结合，注意速度和耐力的配合训练。可以根据运动员的实际训练状况，选择使用5 × 30 m+4 × 60 m+3 × 100 m+2 × 120 m的训练方式，也可以选择不同段落的组合跑训练等，同时要安排一些间歇性短距离快速冲刺跑，如50~80 m跑、70%~80% 1RM的力量训练。

### 2.2　专项技术训练

在全年训练中，技术训练始终是其核心的组成部分，运动员必须保持足够规范的跑步状态，才可以减少其在竞赛期间损耗的能量。训练应经济时效地将专项技术训练与全年整体训练相整合，在训练方式中融入多项训练环节。比如，可以在活动阶段进行车轮跑、小步跑、高抬腿等专门性的练习，这些练习对小腿肌肉力量、膝关节的灵活性、动作频率都

---

**作者简介：**范国平（1976—），高级讲师，本科。研究方向：运动训练。

有很大的提高。训练可以采取沙袋高抬腿走或原地快速摆臂1 min激活等形式。除此之外，训练还需要开展负重抗阻训练，将重点放在运动员力量发展方面，可借助跨步跑激发运动员负重训练的热情。

2.3　一般耐力训练

一般耐力训练在全年训练准备期中占的比重较大，因为运动员在训练过程中会感觉单调乏味，所以可适当增加户外运动，如爬山、越野跑等。由于训练地海拔较高，空气密度相对较小，运动员在训练过程中体能消耗大，容易过度疲劳。训练过程中对运动负荷的控制是非常关键的，要坚持体能与技能互补的原则，进行放松整理活动，还要进行适应性训练，同时增加有氧耐力的训练时间。有氧耐力的强度会影响运动员参与及选择训练的方式。有氧耐力训练周期相对较长，且要求运动员具备较强的有氧耐力训练素质。在确立具体的训练目标的同时，应当借助高原环境，综合根据体能、技能的变化，提高运动员的心肺功能，为日后开展各专项耐力训练奠定更为坚实的基础。

2.4　协调灵敏素质训练

协调灵敏素质直接影响运动员身体其他素质的发展状态，要想持续地发展运动员的竞技能力，就需要以提升运动员的协调灵敏素质为训练的切入点。居住在西藏高原地区的青少年运动员长时期处于较高海拔且较为寒冷的区域，在缺氧的地理环境影响下，这些运动员的灵敏性及协调性相对较差。所以，在训练时要调整其训练方式，可以进行协调操、折返跑、反口令、叫数抱团成组等训练。

2.5　力量素质训练

力量素质训练的主要训练目标是运动员上下肢、腰腹两侧核心区域肌肉群。训练腰腹力量时，通常没有必要依靠其他器材，所使用的训练方式一般以垫上腰腹操为主，训练臀中肌、腹内斜肌等。训练上下肢力量时，可通过快速拉伸复合运动训练运动员腿部力量和全身相互协调的力量，通常采用的方式有俯卧撑、仰卧起坐、沙袋式负重高抬腿走、负重蹲起、提铃、抓举、负重奔跑、杠铃式负重弓箭走等。

## 3　结语

目前，耐力项目是西藏高原地区的中长跑运动员展现自身优势的项目之一。长期居住和生活在西藏高原地区的运动员，其身体会自然形成一定的代偿性反应，能够使身体适应低氧的环境。训练应当充分结合这部分运动员的身体特点，总结其训练经验，提炼训练教学要点，挖掘这部分运动员自身的潜能。

## 参考文献

[1] 王捷.浅谈中长跑训练中身体机能的生理反应及处理对策[J].西北成人教育学院学报，2020(3):76-78.

[2] 肖丽芳.中长跑训练方法演变及发展趋势[J].南京工程学院学报(社会科学版)，2020，20(3):109-112.

[3] 张祥禄. 中长跑训练方法及其演变规律的思考[J].田径，2018(9)：30-31.

# 核心稳定性与步枪运动员射击成绩相关性分析

周爱国

（北京体育大学体能训练学院，北京　100084）

**摘要：**本研究以备战2020年东京奥运会的22名步枪射击队运动员为测试对象，通过4D体干核心肌群评估及训练系统测试受试者CS来探究优秀射击运动员CS与射击成绩的相关性。研究表明，90°CS与男子10米气步枪射击成绩呈高度正相关，-90°、90°CS与女子10米气步枪射击成绩呈高度正相关；90°CS与男子50米步枪三姿射击成绩呈高度正相关，0°、-45°、-90°、45°、90°CS与女子50米步枪三姿射击成绩均呈中度正相关。

**关键词：**核心稳定性；射击运动员；射击成绩；相关性

核心稳定性（Core Stability，CS）是影响步枪运动员射击成绩的因素之一。研究表明，CS对提高身体平衡能力起着非常重要的作用，但前人对CS的研究主要集中于短跑、投掷、格斗、游泳、球类等体能主导类项目，至今没有涉及射击运动员CS与射击成绩相关性的研究。探讨优秀射击运动员CS与运动成绩的相关性，进一步明确两者之间的关联程度，可以为训练提供理论上的支撑。

## 1　研究对象与研究方法

### 1.1　研究对象

CS与步枪运动员射击成绩的相关性。

### 1.2　研究方法

#### 1.2.1　测试法

（1）测试对象。本研究以备战2020年东京奥运会的22名步枪射击队运动员为测试对象。其基本信息见表1。

---

**作者简介：**周爱国（1971—），教授，博士。研究方向：体能训练理论与方法。

表1　测试对象基本信息

| 测试对象 | 人数 | 年龄 / 岁 | 身高 /cm | 运动等级 |
|---|---|---|---|---|
| 男运动员 | 11 | 25.1 ± 3.3 | 174.9 ± 4.9 | 国际级运动健将 |
| 女运动员 | 11 | 25.5 ± 4.1 | 164.9 ± 6.1 | 国际级运动健将 |

（2）CS测试。本研究运用4D体干核心肌群评估及训练系统（简称4D）进行CS测试，数据采集功率为：C 220 V 60 Hz/400 W。4D运用三维反重力训练评估的方法，采用360°方位旋转和0°~60°倾斜实施三维被动运动测试，通过固定骨盆、设备的倾斜与旋转，使受试者目视靶向图保持直立来实现对核心肌群的评估和训练。该测试系统目前已被国家体育总局广泛用于测试多支国家队运动员CS，测试结果具有较高的信效度。CS有8项测试指标：0°（前）、–45°（左）、45°（右）、–90°（左）、90°（右）、–135°（左）、135°（右）、180°（后）。

具体测试流程为：①确认腰椎及下肢无伤病；②上机前脱掉鞋子，使双足踏上圆盘，为保证平稳站立，手可以适当扶着骨盆固定器；③上机后足跟紧跟黑色滚轮；⑤双臂交叉，平视前方；⑤配合操作人员完成后续测试项目。（图1、图2）

图1　0° CS测试

图2　180° CS测试

（3）射击成绩测试。根据2019年国际射联比赛规则，本研究选取10米气步枪运动员资格赛60发子弹的平均环值作为每位运动员的射击成绩，选取50米步枪三姿运动员资格赛跪、卧、立姿各40发子弹的平均环值作为每位运动员的射击成绩。

1.2.2　数理统计法　首先，采用独立样本$t$检验分析同一项目不同性别步枪运动员射击成绩、核心稳定性是否存在显著性差异；其次，采用斯皮尔曼（Spearman）相关性分析检验不同角度CS和射击成绩之间的相关程度，相关系数$|r|$在0.3 ~ 0.5为低度相关，$|r|$在0.5 ~ 0.8为中度相关，$|r|$在0.8 以上为高度相关；最后，采用多元线性回归建立射击成绩的

预测方程。本研究显著性水平设为$P<0.05$。

## 2 结果与分析

### 2.1 步枪运动员射击成绩结果

由表2可知，经独立样本$t$检验，在10米气步枪和50米步枪三姿项目中，男运动员与女运动员资格赛平均成绩不存在显著性差异（$P>0.05$），但在三姿中的立射项目中，男、女运动员具有显著性差异（$P<0.05$）。

表2 不同项目步枪运动员资格赛射击成绩统计表

| 比赛项目 | 10 米气步枪 / 环 | 50 米步枪三姿 / 环 | | | | 人数 |
|---|---|---|---|---|---|---|
| | | 跪射 | 卧射 | 立射 | 三姿平均成绩 | |
| 男子步枪 | 10.4 ± 0.1 | 10.2 ± 0.2 | 10.4 ± 0.2 | 10.3 ± 0.2 | 10.3 ± 0.1 | 11 |
| 女子步枪 | 10.3 ± 0.2 | 10.3 ± 0.1 | 10.3 ± 0.2 | 10.1 ± 0.2 | 10.2 ± 0.2 | 11 |
| $P$ 值 | 0.065 | 0.060 | 0.264 | 0.012* | 0.138 | — |

注：*为$P<0.05$。

### 2.2 步枪运动员CS测试结果

由表3可知，经独立样本$t$检验，不同性别步枪运动员在0°、90°、−45°CS均呈现显著性差异（$P<0.05$），但在45°、135°、180°、−90°、−135°CS均无显著性差异（$P>0.05$）。

表3 不同角度步枪运动员CS统计表

| 不同角度 CS | 男子步枪 | 女子步枪 | $P$ 值 |
|---|---|---|---|
| 0° | 126.7 ± 37.4 | 64.3 ± 9.9 | 0.001* |
| -45° | 84.7 ± 28.0 | 41.5 ± 8.9 | 0.001* |
| -90° | 51.4 ± 15.3 | 49.5 ± 8.5 | 0.264 |
| −135° | 26.2 ± 22.3 | 26.9 ± 4.4 | 0.106 |
| 180° | 35.5 ± 22.1 | 32.8 ± 3.9 | 0.221 |
| 135° | 26.2 ± 14.7 | 25.3 ± 8.6 | 0.430 |
| 90° | 93.4 ± 38.5 | 45.9 ± 8.8 | 0.001* |
| 45° | 60.5 ± 19.2 | 55.0 ± 5.5 | 0.023 |

注：*为$P<0.05$。

### 2.3 步枪运动员CS与射击成绩相关性

男子10米气步枪成绩与90°CS呈高度正相关（$r$=0.82；$P$<0.01），与0°、-45°、-135°CS呈中度正相关（$r$=0.73，$r$=0.67，$r$=0.73；$P$<0.05）。女子10米气步枪成绩与-90°、90°CS呈高度正相关（$r$=0.91，$r$=0.88；$P$<0.01），与0°、-45°CS呈中度正相关（$r$=0.68，$r$=0.64；$P$<0.05）。（表4）

男子50米步枪三姿成绩与90°CS呈高度正相关（$r$=0.80；$P$<0.01），与-45°、180°CS呈中度正相关（$r$=0.65，$r$=0.61；$P$<0.05）。其中，立射成绩与-135°CS呈高度正相关（$r$=0.90；$P$<0.01），与-45°、45°、90°、135°CS呈中度正相关（$r$=0.63，$r$=0.69，$r$=0.79，$r$=0.62；$P$<0.05）。但跪射、卧射成绩与CS相关性均无统计学意义（$P$>0.05）。

女子50米步枪三姿成绩与0°、-45°、-90°、45°、90°CS均呈中度正相关（$r$=0.73，$r$=0.66，$r$=0.63，$r$=0.61，$r$=0.64；$P$<0.05）。其中，立射成绩与0° CS呈高度正相关（$r$=0.82；$P$<0.01），与-45°、-90°、90°CS呈中度正相关（$r$=0.67，$r$=0.71，$r$=0.76；$P$<0.05）；但跪射、卧射成绩与CS相关性均无统计学意义（$P$>0.05）。

**表4 不同角度CS与步枪射击成绩相关性**

| 比赛项目 | 0° | -45° | -90° | -135° | 180° | 135° | 90° | 45° |
|---|---|---|---|---|---|---|---|---|
| 男子 10 米气步枪 | 0.73* | 0.67* | 0.41 | 0.73* | 0.53 | 0.57 | 0.82* | 0.55 |
| 女子 10 米气步枪 | 0.68* | 0.64* | 0.91* | -0.05 | -0.37 | 0.46 | 0.88* | 0.26 |
| 男子 50 米步枪 | 0.51 | 0.65* | 0.36 | 0.51 | 0.61* | 0.51 | 0.80* | 0.57 |
| 女子 50 米步枪 | 0.73* | 0.66* | 0.63* | 0.39 | -0.22 | 0.45 | 0.61* | 0.64* |
| 男子跪射 | -0.23 | -0.015 | 0.01 | -0.31 | 0.11 | 0.06 | 0.12 | 0.18 |
| 女子跪射 | 0.47 | 0.48 | 0.44 | 0.17 | -0.42 | 0.15 | 0.38 | 0.58 |
| 男子卧射 | 0.01 | -0.06 | -0.27 | 0.11 | 0.17 | 0.01 | 0.05 | 0.01 |
| 女子卧射 | 0.07 | 0.22 | 0.11 | 0.58 | -0.18 | 0.48 | 0.16 | 0.11 |
| 男子立射 | 0.59 | 0.63* | 0.50 | 0.90* | 0.51 | 0.69* | 0.79* | 0.62* |
| 女子立射 | 0.82* | 0.67* | 0.71* | -0.14 | -0.37 | 0.14 | 0.76* | 0.45 |

注：*表示在置信度（双测）$P$<0.05时，相关性是显著的。

### 2.4 步枪运动员射击成绩多元线性回归模型

图3反映了不同角度CS和男子10米气步枪射击成绩的多元线性回归分析结果，只有90°CS进入男子10米气步枪射击成绩的预测方程，模型线性关系显著（$P$<0.05）。

图4反映了不同角度CS和女子10米气步枪射击成绩的多元线性回归分析结果，只

有-90° CS进入女子10米气步枪射击成绩的预测方程，模型线性关系显著（$P<0.05$）。

图5反映了不同角度CS和男子50米步枪三姿射击成绩的多元线性回归分析结果，只有90° CS进入男子50米步枪三姿射击成绩的预测方程，模型线性关系显著（$P<0.05$）。

图6反映了不同角度CS和女子50米步枪三姿射击成绩的多元线性回归分析结果，只有0° CS进入女子50米步枪三姿射击成绩的预测方程，模型线性关系显著（$P<0.05$）。

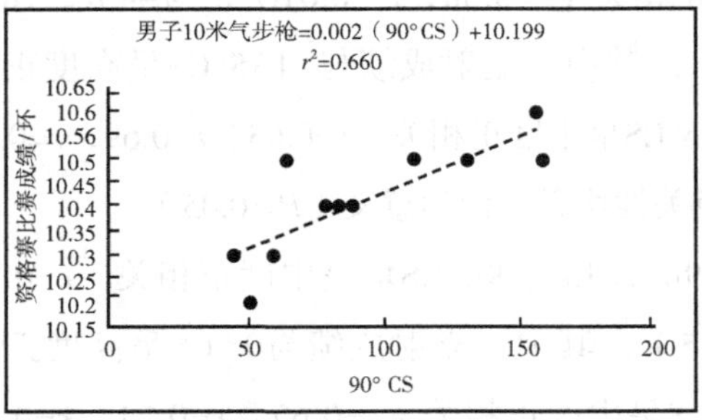


图3　不同角度CS和男子10米气步枪射击成绩的多元线性回归分析结果图（$n$=11）

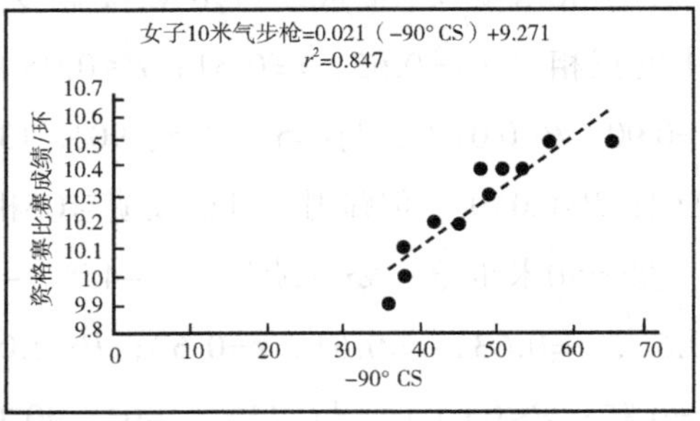


图4　不同角度CS和女子10米气步枪射击成绩的多元线性回归分析结果图（$n$=11）

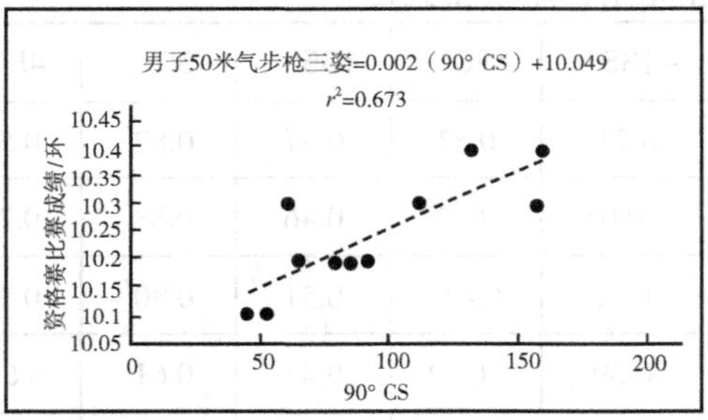


图5　不同角度CS和男子50米步枪三姿射击成绩的多元线性回归分析结果图（$n$=11）

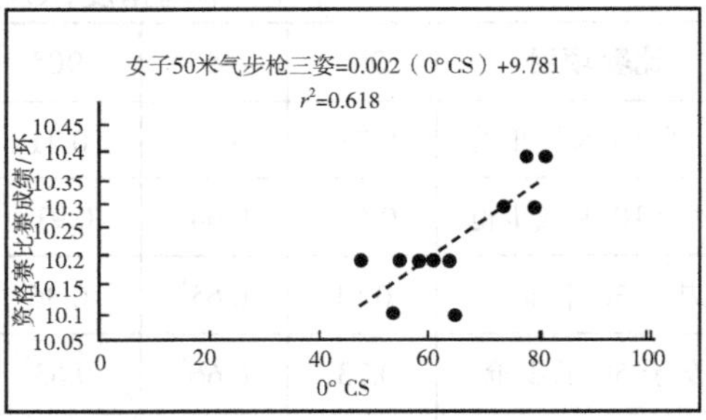


图6　不同角度CS和女子50米步枪三姿射击成绩的多元线性回归分析结果图（$n$=11）

## 3　结论

90°CS与男子10米气步枪射击成绩呈高度正相关，-90°、90°CS与女子10米气步枪射击成绩呈高度正相关，90° CS与男子50米步枪三姿射击成绩呈高度正相关，0°、-45°、-90°、45°、90°CS与女子50米步枪三姿射击成绩均呈中度正相关。

## 参考文献


[1] KIM Y, KIM J, YOON B. Intensive unilateral core training improves trunk stability without preference for trunk left or right rotation[J]. Journal of Back & Musculoskelet Rehabilitation, 2015, 28（1）: 191-196.

[2] 赵俊华，周玉斌，张成.对短跑运动员进行身体核心区力量训练的实验研究[J].北京体育大学学报，2015，38（6）：133-138.

[3] 石玉.核心力量训练对男子标枪运动员最后用力阶段影响研究[J].北京体育大学学报，2017，40（4）：103-108.

[4] 钟军.核心力量训练对跆拳道运动员快速力量发展影响的实证研究[J].武汉体育学院学报，2015，49（5）：92-95.

[5] LEDERMAN E. Core Stability Training: Can It Improve Swimming Performance?[J].Journal of the International Society of Swimming Coaching，2013，3（1）：81-98.

# 运动员运动损伤的预防、诊疗和重返赛场的研究

周敬滨

（国家体育总局运动医学研究所，北京　100061）

**摘要：**本研究针对运动员运动损伤进行了预防、诊疗和重返赛场的研究。预防方面，本研究以科学的流行病学调查方法为切入点，系统分析致伤因素，通过降低风险达到预防运动损伤的目的；诊疗方面，以客观功能评价为基础，针对不同运动损伤和项目特点进行个性化治疗，并长期随访与回顾分析疗效；重返赛场方面，以“安全”和“早期”为目标，将各种客观评价指标相结合，研究安全、早期重返赛场的标准。

**关键词：**运动员；运动损伤；预防；诊疗；重返赛场

运动损伤是影响运动员比赛成绩的重要因素。本研究针对运动员运动损伤进行了预防、治疗和重返赛场的研究，以期为我国优秀运动员运动损伤的预防、诊疗和重返赛场提供理论和实践参考。运动损伤预防的关键是科学地找到致伤因素；诊疗的关键是找出科学的评价方法，通过个性化治疗恢复运动员健康；重返赛场的关键是让运动员在伤后安全、早日重返赛场。

## 1　运动员运动损伤的预防

### 1.1　以科学的流行病学调查方法分析致伤因素

国内大多数运动损伤的流行病学调查研究以横断面的患病率调查为主，仅能大体反映项目的运动损伤特点，不能反映在一段训练和比赛周期内运动损伤的变化规律。笔者在临床实践中，根据我国体育项目特点建立了科学的流行病学调查方法，每日记录伤病变化情况，根据伤病变化趋势来客观反映伤病影响因素，同时得出每千小时训练时间和每千次暴露运动损伤的发病率，以方便同国外同类研究进行对比，也为将来从事科学系统的流行病学调查研究提供模板与方法。

---

**作者简介：**周敬滨（1977—），主任医师，博士。研究方向：运动损伤的手术治疗、康复与重返赛场研究。

该流行病学的调查研究从运动损伤的特点入手，回答何时容易受伤、最容易受何种运动损伤、运动损伤跟什么更有关系等问题，做到“关口提前”、有的放矢地进行运动损伤的预防。课题组的研究发现，在跨界跨项单板滑雪运动员第一个雪季训练时，95%的男性运动员和85.3%的女性运动员至少发生一次运动损伤。运动损伤的发生率和运动损伤特征存在性别和年龄差异，男性运动员脑震荡发生率高于女性运动员，最常见的损伤机制是与场地器材接触。建议队医和教练员了解这一运动损伤特征并制定出有针对性的预防措施，降低其发生率。在实际应用过程中，通过流行病学调查得出的某些结论有针对性地预防了运动损伤。该流行病学调查研究方法在夏季奥运会和冬季奥运会运动项目中被逐渐推广。

1.2 以“预康复”和运动防护作为预防运动损伤的手段

与体能训练结合，以肌肉力量训练、关节活动度训练和本体感觉训练为主的“预康复”方法一直是有效的运动损伤预防手段，以贴布、护具、功能训练为主的运动防护是有效的运动损伤预防方式，而针对不同的运动损伤则要根据其运动损伤特点制订运动损伤预防方案。本研究通过牵拉、离心训练及各种理疗方式，运用个案报道和病例回顾的研究方法进行总结，得出了针对不同运动损伤的有效预防方法。

在诸多过头位运动项目（如乒乓球、体操、羽毛球、举重、排球等）中，肩关节撞击综合征患病率高，长时间的劳损有可能导致不可逆的肩袖肌腱损伤。本研究通过对肩关节疼痛和肩胛骨动力功能障碍的相关研究发现，肩胛带肌肉群和肩胛骨节律训练能够有效地改善肩关节疼痛问题，预防肩袖肌腱损伤的发生。

## 2 运动员运动损伤的诊疗

前交叉韧带损伤及其诊疗问题一直是运动医学中的焦点问题。本研究针对前交叉韧带损伤的不同评价方法、手术方式和随访结果进行系统性回顾和临床基础研究，得出最适合运动员的评价方法和治疗方式。本研究针对前交叉韧带部分损伤的运动员，利用各种评估设备（如膝关节稳定度测量仪、步态分析仪、麻醉下检查、核磁共振等影像学检查），提高诊断的客观性，帮助正确评估膝关节稳定性，以决定治疗方式。有运动员根据其膝关节稳定性结果在短期内经过保守治疗，顺利重返赛场，并取得了良好成绩。核磁共振对移植物信号的随访评价表明，能够更好地恢复膝关节旋转稳定性的手术方式会获得良好的愈合信号；保残重建前交叉韧带的手术方式，能够更好地恢复运动员的膝关节稳定性和本体感觉。前交叉韧带在早期（伤后3个月以内）损伤后依然保留本体感觉小体，早期的保残重建能够提高膝关节本体感觉，提高神经反射速度，增强肌肉保护能力，帮助运动员获得更好的康复效果。

对于其他运动损伤的治疗，本研究也秉承“微创”“精准”的理念进行相关手术器械的研发。例如，跟腱微创加强缝合器针对急性跟腱损伤而研制，在保留高强度缝合的同时，进行微创手术，避免对运动员其他软组织的破坏。

## 3 运动员运动损伤后可重返赛场

重返赛场是运动员运动损伤后治疗的核心目标，一切治疗和康复方式均围绕重返赛场而制定。而对于运动员，重返赛场的核心问题主要是"安全"和"早期"。本研究通过文献回顾、病例回顾总结、个案报道等方式对重返赛场问题进行探讨。运动员更加希望更"早期"地重返赛场，这需要同项目特点、比赛时间、手术方式、手术移植物、康复方案等全面结合。如果是Hefti强度11型以下的运动项目，则有54.8%的情况可以通过保守治疗重返赛场。对于"安全"，则是尽力避免运动员在伤病恢复期受到二次损伤。在运动员前交叉韧带重建术后，一定要考虑移植物的愈合情况，完善康复治疗方案的同时重视移植物有充足的生物愈合时间。有研究证实，术后6~9个月膝关节前交叉韧带再断率最高，术后10个月重返赛场会大大降低再次损伤的发病率。本研究还利用核磁共振对移植物进行愈合程度的评价，科学地判定移植物在重返赛场过程中的强度，以及重返赛场的"安全"时间。将来的研究可以通过蛋白组学和代谢组学等方法，对移植物的愈合情况和关节内环境的变化进行进一步分析。

## 4 结语

运动员运动损伤方面的研究需要从预防、诊断和重返赛场方面综合入手，通过流行病学调查方法分析致伤因素，以"预康复"和运动防护为手段对运动损伤进行全面预防；以客观功能评价为基础进行精确诊断，根据长期随访结果进行"微创"和"精准"的个性化治疗；重返赛场要以"安全"和"早期"为目标，通过改进评价指标，获得判断重返赛场的方法。

## 参考文献

[1] GAO F, ZHOU J, HE C, et al. A Morphologic and Quantitative Study of Mechanoreceptors in the Remnant Stump of the Human Anterior Cruciate Ligament[J]. Arthroscopy: The Journal of Arthroscopic & Related surgery, 2016, 32(2): 273-280.

[2] ZHOU J B, LIU Y J. Research advances in anterior cruciate ligament reconstructions with remnant preservation[J].Zhongguo Gu Shang, 2013, 26(5): 441-444.

[3] 高奉，李海伟，贺忱，等.跨界跨项单板滑雪运动员首个雪季运动损伤的前瞻性

流行病学研究[J].中国运动医学杂志，2020，39（9）：669-677.

［4］朱婷，周敬滨，徐昕.组学技术在前交叉韧带损伤研究中的应用[J].体育科学，2021，41（3）：84-90.

［5］周敬滨，贺忱，高奉，等.运动员前交叉韧带损伤与重建术后的重返赛场：早期与安全的相关问题[J].体育科研，2020，41（3）：1-6.

［6］贺忱，赵志宏，高奉，等.前交叉韧带重建术后轻度旋转不稳定对临床疗效的影响[J].实用骨科杂志，2020，26（9）：787-791，796.

［7］钱驿，周敬滨，贺忱，等.前交叉韧带重建术后重返运动相关因素的研究进展[J].体育科研，2020，41（3）：7-13.

［8］席蕊，周敬滨，高奉，等.肩胛骨运动康复训练干预肩峰下撞击综合征的方法及临床效果研究进展[J].中国运动医学杂志，2020，39（3）：241-246.

［9］吕婷，丁杰，钱驿，等.高能量激光疗法治疗常见运动损伤与骨科疾病[J].中国组织工程研究，2019，23（16）：2566-2572.

［10］席蕊，周敬滨，高奉，等.不同牵拉技术在预防运动损伤中对不同运动能力即时效应的研究进展[J].体育科学，2018，38（11）：75-80.

［11］周敬滨，钱驿，席蕊，等.保残重建与非保残解剖重建对“后交叉韧带愈合”型前交叉韧带损伤的短期临床疗效对比研究[J].中国运动医学杂志，2018，37（11）：899-904.

［12］杨涛，周敬滨，陈天午，等.优秀运动员前交叉韧带重建后何时重返运动：一项基于等速肌力和多种单脚跳测试的研究[J].中国运动医学杂志，2018，37（3）：185-191.

［13］周敬滨，马云，邹荣琪，等.常见运动损伤的预防、评价与伤病运动员重返赛场——基于第64届美国运动医学会年会报告综述[J].北京体育大学学报，2017，40（8）：48-52.

［14］李伟，尚学东，鲁智勇，等.肩胛肌肉失衡优秀乒乓球运动员肩关节功能中心特点分析[J].中国运动医学杂志，2012，31（12）：1059-1063.

［15］周敬滨，李国平，李方祥.慢性膝关节前交叉韧带损伤患者步态的运动学分析[J].中国运动医学杂志，2012，31（10）：898-901，912.

# 加压抗阻训练对优秀公路自行车运动员运动能力的影响

屈成刚

（云南省体育科学研究所，云南　昆明　650051）

**摘要：**本研究选取12名优秀男子公路自行车运动员为实验对象，将其随机分为2组：加压组进行加压抗阻训练结合耐力训练，对照组进行抗阻训练结合耐力训练。力量训练动作包括半蹲、硬拉、卧蹬、臀冲，训练组数均为4组，组间间歇3 min，每周2节力量训练课。加压组双下肢佩戴加压训练带，对照组运动员不佩戴加压训练带。在训练前后对2组运动员进行身体成分、递增负荷、30 sWingate、半蹲跳（SJ）、20 km个人计时及半蹲最大力量测试，探讨加压抗阻训练对优秀公路自行车运动能力的影响。

**关键词：**加压抗阻训练；公路自行车；有氧能力；力量；爆发力

近年来，加压训练（KAASTU Training）又称血流限制训练（Blood Flow Restriction Training，BFRT），以“低强度、高效益、低风险”的特点广泛应用于康复医疗和大众健身等领域。近两年，加压训练在竞技体育领域得到了广泛的应用和推广，相关研究也证实了加压训练在田径、足球、水球、橄榄球、网球等项目中的应用效果。研究发现，加压训练可有效地提高运动员的运动能力，如在等速肌力、爆发力、无氧代谢能力、灵敏素质、有氧水平、抗氧化能力等方面均有良好的促进作用。目前，国内外还没有加压抗阻训练的研究报道，因此，本研究旨在探讨加压抗阻训练对公路自行车运动员运动能力的影响。

## 1　研究对象与研究方法

### 1.1　研究对象

加压抗阻训练对优秀公路自行车运动员运动能力的影响。

### 1.2　研究方法

#### 1.2.1　实验法

（1）实验对象。将12名优秀男子公路自行车运动员作为实验对象，随机分为2组（共6名健将、6名一级运动员，每组含3名健将、3名一级运动员）：加压组（年龄：18.6 ± 1.95

---

**作者简介：**屈成刚（1979—），研究员，硕士。研究方向：高原训练及自行车训练。

岁；身高：178.6 ± 6.62 cm；体重：70.62 ± 5.64 kg）进行加压抗阻训练结合耐力训练，对照组（年龄：20.0 ± 3.24岁；身高：176.8 ± 5.36 cm；体重：68.72 ± 7.62 kg）进行抗阻训练结合耐力训练。2组运动员身高、体重和体能状况组间无差异。

（2）训练方案。2组运动员所有训练内容相同，且各负荷强度训练时间占比相同，即强度Ⅰ区（60% ~ 72%HRmax）、强度Ⅱ区（73% ~ 87%HRmax）、强度Ⅲ区（88% ~ 100%HRmax）、力量训练时间占比分别为72.3%、11.4%、5.2%和11.1%。力量训练动作包括半蹲、硬拉、卧蹬、臀冲。干预期间遵循强度逐渐增大的原则，即第1周为10 ~ 12 RM，第2周为6 ~ 8 RM，第3 ~ 4周为4 ~ 5 RM；训练组数均为4组，组间间歇3 min；每周2节力量训练课。加压组运动员双下肢佩戴加压训练带，对照组运动员不佩戴加压训练带。

（3）测试方案。分别在训练前后对2组运动员进行身体成分、30 sWingate、递增负荷、半蹲跳（SJ）、20 km个人计时（ITT20 km）及半蹲最大力量测试。体重、肌肉量、骨骼肌含量及体脂率（Inbody720，韩国）测试时间为清晨，空腹。最大摄氧量相对值（$VO_2max/kg$）、最大摄氧量绝对值（$VO_2max$）、每分通气量（VE）、无氧阈心率（HRAT）、无氧阈输出功率（PAT）、最大摄氧量心率（HRmax）、最大有氧输出功率（*P*max）、每搏输出量（SV）均使用肺功能测试仪（Cortex Metalyzer 3B，德国），通过递增负荷测试获得。递增负荷方案：以100 W为起始负荷，并以15 W/30 s递增，运动至力竭；要求踏频保持在85 ~ 90 rpm。峰值功率（*P*peak）、平均输出功率（*P*mean）、相对峰值功率（*P*peak/kg）、相对平均功率（*P*mean/kg）采用标准30 sWingate（Lode Ergometry Manager，荷兰）测试获取，阻力（N · m）=0.90（N · m/kg）× 体重（kg）。SJ测试在测力垫（KMS，澳大利亚）上进行：运动员站立于测力垫上，双脚与肩同宽，双手叉腰，下蹲至膝关节成90°，在保持该姿势稳定后用力向上跳起。每名运动员有4次测试机会，取最好成绩。ITT20 km测试时运动员使用个人计时车，在1 km/圈的柏油路面上以原地启动的方式，以最大能力独自完成20 km的骑行。半蹲最大力量测试时以1 RM测试标准程序执行。

1.2.2　数理统计法　所有测试结果以均值 ± 标准差表示，使用SPSS 23.0进行统计学分析。训练前后组内变化采用配对样本非参数检验，训练前后组间比较采用方差分析（ANOVA），$P < 0.05$表示有显著性差异。

## 2　结果与分析

### 2.1　加压抗阻训练对身体成分的影响

从表1可以看出，2组运动员的体重、肌肉量、骨骼肌含量小幅增加，脂肪量和体脂率小幅下降，但均无显著性差异。

表1　实验前后2组运动员身体成分各项指标对比

| 指标 | 实验组（$n$=6） | | 对照组（$n$=6） | |
|---|---|---|---|---|
| | 实验前 | 实验后 | 实验前 | 实验后 |
| 体重 /kg | 70.64 ± 5.64 | 70.84 ± 5.64 | 68.72 ± 7.62 | 69.10 ± 7.49 |
| 肌肉量 /kg | 58.42 ± 4.37 | 58.58 ± 4.33 | 58.02 ± 5.95 | 58.18 ± 5.92 |
| 骨骼肌含量 /kg | 35.22 ± 2.67 | 35.46 ± 2.55 | 35.10 ± 3.91 | 35.12 ± 3.90 |
| 脂肪量 /kg | 8.78 ± 2.37 | 8.62 ± 2.06 | 8.40 ± 1.63 | 8.34 ± 1.50 |
| 体脂率 /% | 12.48 ± 2.77 | 12.12 ± 2.53 | 12.22 ± 2.03 | 12.06 ± 1.81 |

### 2.2　加压抗阻训练对有氧能力的影响

从表2可以看出，2组运动员的$VO_2max$、相对$VO_2max$、HRAT、PAT和SV均有提升，增幅分别为（3.88 ± 4.53）% VS （3.45 ± 3.18）%、（2.87 ± 3.05）% VS （1.52 ± 3.31）%、（1.63 ± 2.05）% VS（0.24 ± 1.23）%、（0.76 ± 2.79）% VS（1.74 ± 5.32）%和（4.22 ± 5.51）% VS（3.35 ± 2.43）%，加压组增幅大于对照组，但组间比较无显著性差异，2组运动员SV均较实验前呈显著性差异（$P < 0.05$）。加压组VE、HRmax与$P$max实验前后无明显变化；对照组VE、$P$max实验前后无明显变化，HRmax稍有下降，降幅为（1.15 ± 1.73）%，组间比较无差异。

2组运动员ITT20 km均较实验前有所提升，加压组较对照组有更大的改善，增幅为（1.89 ± 1.68）% VS（1.44 ± 0.77）%，均较实验前存在显著性差异（$P < 0.05$）。

表2　实验前后2组运动员递增负荷测试各项指标及ITT20 km对比

| 项目 | 实验组（$n$=6） | | 对照组（$n$=6） | |
|---|---|---|---|---|
| | 实验前 | 实验后 | 实验前 | 实验后 |
| 最大摄氧量绝对值 /（L · $min^{-1}$） | 4.545 ± 0.486 | 4.713 ± 0.453 | 4.445 ± 0.453 | 4.591 ± 0.399 |
| 最大摄氧量相对值 /［mL /（min · kg）］ | 63.4 ± 4.39 | 65.2 ± 4.55 | 65.0 ± 2.45 | 66.0 ± 3.61 |
| 无氧阈心率 /（b · $min^{-1}$） | 160.4 ± 1.82 | 163.0 ± 3.39 | 160.6 ± 4.98 | 161.0 ± 6.00 |
| 无氧阈输出功率 / W | 310.0 ± 54.08 | 313.0 ± 59.75 | 296.0 ± 53.78 | 299.0 ± 41.29 |
| 每搏输出量 /（mL · $b^{-1}$） | 145.4 ± 17.54 | 151.0 ± 14.22 | 146.92 ± 17.89 | 152.0 ± 20.11 |
| 每分通气量 /（L · $min^{-1}$） | 206.3 ± 29.16 | 207.1 ± 33.12 | 208.1 ± 11.76 | 208.7 ± 11.80 |

续表

| 项目 | 实验组（$n$=6） | | 对照组（$n$=6） | |
|---|---|---|---|---|
| | 实验前 | 实验后 | 实验前 | 实验后 |
| 最大摄氧量心率 /（b · $min^{-1}$） | 192.8 ± 4.66 | 192.8 ± 3.70 | 189.0 ± 5.57 | 186.8 ± 5.17 |
| 最大有氧功率 /W | 413.0 ± 44.39 | 412.0 ± 51.43 | 408.0 ± 42.22 | 405.0 ± 43.45 |
| 20 km 个人计时 km/s | 1 715.18 ± 137.07 | 1 687.18 ± 138.12 | 1 690.88 ± 119.05 | 1 666.36 ± 113.84 |

### 2.3 加压抗阻训练对无氧能力的影响

从表3可以看出，2组运动员峰值功率、相对峰值功率、平均功率均有不同程度的提升，加压组较对照组提升更明显，但组间比较无差异，增幅分别为（3.66 ± 4.01）% VS（1.81 ± 1.35）%、（4.43 ± 2.28）% VS（0.78 ± 1.94）%、（3.25 ± 3.52）% VS（0.27 ± 2.00）%；2组运动员训练前后以上3项指标均无显著性变化。加压组$P$mean/kg较实验前有所提升，增幅为（3.17 ± 2.52）%（0.68% ~ 6.24%），对照组仅3人有小幅提升。

**表3 实验前后2组运动员Wingate测试各项指标对比**

| 项目 | 实验组（$n$=6） | | 对照组（$n$=6） | |
|---|---|---|---|---|
| | 实验前 | 实验后 | 实验前 | 实验后 |
| 峰值功率 /W | 1 461.4 ± 103.81 | 1 508.2 ± 87.10 | 1 424.0 ± 195.34 | 1 448.6 ± 167.81 |
| 相对峰值功率 /（W · $kg^{-1}$） | 20.25 ± 1.64 | 20.68 ± 0.71 | 21.23 ± 1.07 | 21.38 ± 0.73 |
| 平均输出功率 /W | 832.6 ± 107.84 | 842.6 ± 124.70 | 780.6 ± 55.41 | 773.6 ± 42.91 |
| 相对平均功率 /（W · $kg^{-1}$） | 11.39 ± 0.56 | 11.43 ± 0.85 | 11.22 ± 0.51 | 11.15 ± 0.43 |
| 体脂率 /% | 12.48 ± 2.77 | 12.12 ± 2.53 | 12.22 ± 2.03 | 12.06 ± 1.81 |

### 2.4 加压抗阻训练对力量的影响

从表4可以看出，2组运动员半蹲、SJ均较实验前有所提升，加压组较对照组有更大的改善，增幅分别为7.71% ± 1.66% VS 4.41% ± 2.72%和8.16% ± 1.60% VS 4.13% ± 1.00%，且加压组的半蹲、SJ较实验前有显著性差异（$P < 0.05$）。

表4　实验前后2组运动员半蹲及SJ纵跳测试对比

| 项目 | 实验组（$n$=6） | | 对照组（$n$=6） | |
|---|---|---|---|---|
| | 实验前 | 实验后 | 实验前 | 实验后 |
| 半蹲/kg | 111.0 ± 8.22 | 118.4 ± 8.96 | 107.6 ± 19.14 | 112.0 ± 17.54 |
| SJ | 34.3 ± 2.59 | 37.1 ± 2.56 | 34.3 ± 2.80 | 35.7 ± 2.49 |

## 3　结语

（1）加压抗阻训练较抗阻训练更能提升目标肌肉群肌肉量和降低体脂率。

（2）加压抗阻训练较抗阻训练更能明显地提升运动员有氧水平，对提高肌肉利用氧的能力有更显著的效果，两者提升呼吸能力无明显区别。

（3）加压抗阻训练较抗阻训练对运动员爆发力、速耐水平的训练效果更佳。

（4）加压抗阻训练时间延长至6～8周，训练效果更佳。

## 参考文献

[1]盛菁菁，魏文哲，孙科，等.加压状态下慢速下坡步行的生理负荷与增肌效果研究[J].中国体育科技，2019，55（3）：13-19.

[2]SAKAMAKI M，BEMBEN M G，ABE T. Legs and trunk muscle hypertrophy following walk training with restricted leg muscle blood flow[J]. Journal of Sports science & Medicine，2011，88（10）：338-340.

[3]OZAKI H，LOENNEKE J P，ABE T. Blood flow-restricted walking in older women：does the acute hormonal response associate with muscle hypertrophy? [J].Clin Physiol Funct Imaging，2017，37（4）：379-383.

[4]Park S，Kim J K，Choi H M，et al. Increase in maximal oxygen uptake following 2-week walk training with blood flow occlusion in athletes[J]. Eur Appl Physiol，2010，109（4）：591-600.

# 发展体育旅游产业助力新疆脱贫攻坚工作的研究

赵 刚

（新疆体育职业技术学院，新疆 乌鲁木齐 830007）

**摘要**：本研究旨在通过研究国内外体育旅游产业的发展，为新疆发展体育旅游产业、脱贫攻坚工作提供借鉴。研究建议如下，依托新疆的地理资源优势，大力发展体育旅游产业；积极举办品牌赛事，推动体育旅游产业的发展；积极挖掘和开发少数民族传统体育项目，推动新疆体育旅游产业发展；大力培养体育旅游专业人才，积极促进就业。

**关键词**：体育；旅游；新疆；脱贫攻坚

新疆地域辽阔，风景美丽，但同时是全国脱贫攻坚工作的主战场。新疆贫困人口多，农村人口文化水平低，经济薄弱，致使其脱贫攻坚工作难度大、任务艰巨。笔者于2018年1月到南疆参加深度贫困村的脱贫攻坚工作，经过2年的艰苦努力，致力于使所在的深度贫困村顺利脱贫。身为一名体育工作者，笔者在脱贫工作中也积极探索如何通过体育旅游的方式助力新疆脱贫攻坚工作。

## 1 体育旅游业对新疆脱贫工作的重要意义

新疆拥有广袤的土地、独特多样的地理环境、浓郁的少数民族异域风情、便利的交通，非常适合发展体育旅游。但是，2014年新疆确定的深度贫困县有22个，深度贫困村有1 962个，深度贫困人口有162.75万，新疆是我国脱贫攻坚工作的主战场。发展体育旅游产业，可以提高贫困人口的人均收入，帮助贫困人口脱贫，巩固脱贫攻坚成果，促进社会的和谐发展。

近年来，随着国民经济的发展，我国体育产业发展态势良好，成为国民经济新兴产业的潜力大，可以依托体育小镇建设，举办体育赛事，通过吸引参赛选手、游客等带动新疆贫困地区体育旅游产业发展。

**作者简介**：赵刚（1971—），高级讲师（副高，五级），硕士。研究方向：体育教育、运动训练。

## 2 新疆体育旅游产业发展现状

### 2.1 新疆冰雪旅游产业的发展情况

近几年，新疆冰雪旅游产业发展迅猛。新疆很多地区冬季时间长达半年甚至以上，有着得天独厚的冰雪资源。近年来新疆陆续建成了65个滑雪场，参与滑雪的人越来越多。尤其是自治区政府和国家体育总局重点打造的“中国雪都”“人类滑雪起源地”——阿勒泰地区的滑雪场，包括可可托海国际滑雪场、将军山旅游滑雪场和禾木滑雪场，从2020年11月到2021年的4月，平均日接待4 000多人，节假日期间接待量接近万人，其中有40%的滑雪者来自外地，致使当地一房难求，甚至一餐难求。尤其是可可托海滑雪场，2020年10月1日正式开业，到2021年5月底还可以滑雪，雪季长达8个月，是国内雪季最长的滑雪场。该滑雪场雪道的落差为1.2 km，长为9 km，2021年吸引了7支国家队在此训练。3月以后国内其他滑雪场已相继歇业，而该滑雪场却继续吸引大批外地滑雪爱好者前来滑雪。另外，新疆丝绸之路滑雪场、阜康天山天池国际滑雪场都已经建设成为国内较好的滑雪场，其雪道、雪质、缆车、住宿等基础设施在全国也都名列前茅，已经成了网红打卡滑雪场。尤其是新疆丝绸之路滑雪场的艾文大道、玄奘道，在“雪圈”的知名度非常高，已成为滑雪高手必打卡之地。南疆的阿克苏、库尔勒、喀什等地区，也陆续建设了滑雪场，已成为当地冬季旅游的首选项目，为当地经济注入了活力。

### 2.2 新疆沙漠运动旅游的发展情况

新疆有塔克拉玛干沙漠（中国第一大、世界第十大沙漠）、库木塔格沙漠、古尔班通古特沙漠等10个沙漠，这些沙漠分布于南疆、北疆、东疆各地，为开展沙漠体育旅游产业打下了良好的基础。近年来，新疆也举办了一些知名度较高的沙漠运动比赛，如环塔克拉玛干沙漠越野拉力赛、库木塔格沙漠越野挑战赛、沙漠徒步露营大会等赛事。这些赛事的举办既扩大了当地沙漠景区的知名度，又促进了当地体育旅游经济的发展。

### 2.3 新疆其他运动发展情况

新疆依托丰富多彩的地貌、众多的5A级景区，近年来也通过举办多样的体育赛事来促进体育旅游产业的发展，如环赛里木湖公路自行车赛、赛里木湖马拉松比赛、喀纳斯100 km越野挑战赛、博斯腾湖全国钓鱼比赛、全国露营大会、CBA篮球赛等精品赛事。现在这些比赛已经具备了一定的知名度和影响力，参赛人数越来越多，在很大程度上促进了当地体育旅游经济的发展。另外，以“天马之乡”著称的伊犁哈萨克自治州昭苏县，依托悠久的养马历史，通过建设大型的赛马场，举办赛马比赛、马术表演、骑马体验、星空帐篷等项目，极大地带动了当地体育旅游产业的发展。

## 3 发展体育旅游产业助力新疆脱贫攻坚的建议

（1）依托新疆的地理资源优势，大力发展贫困地区的体育旅游产业，助力和巩固脱贫攻坚成果。新疆拥有166.49万平方千米的土地，占全国面积的1/6，地理气候条件独特，有草原、沙漠、雪山、河流、戈壁、湖泊等各种地理环境，拥有16个5A级景区、21个民用机场。这些优势条件为发展体育旅游产业提供了坚实的基础，新疆应充分利用好这些优势。尤其是南疆贫困地区，拥有世界第十大沙漠塔克拉玛干沙漠、世界第二高峰乔戈里峰、"冰山之父"慕士塔格峰、世界上最大的胡杨林等独特资源优势，应该充分利用这些资源优势，大力发展体育旅游产业，带动贫困地区经济发展。

（2）积极举办品牌赛事，推动体育旅游产业的发展。近年来，新疆举办了一些大型赛事，这些赛事的举办虽然为体育旅游产业的发展创造了良好的条件，但赛事的规模、知名度、影响力还比较弱。尤其是南疆贫困地区的赛事较少，解决贫困人口就业和拉动经济的能力不足。因此，新疆应加大南疆地区赛事举办的力度，促进贫困人口就业，助力脱贫攻坚。

（3）积极开发少数民族传统体育旅游项目，推动贫困地区体育旅游产业的发展，助力脱贫攻坚。新疆自古以来就是少数民族聚居地，有13个世居的民族。新疆已经发掘整理了600多个少数民族传统体育项目，其中有很多特有的少数民族传统体育项目，如叼羊、达瓦孜、姑娘追、押加、秋千、沙哈尔地等，深受各族人民的喜爱。南疆贫困地区应充分利用这些资源，积极发掘和开发体育旅游产品，带动贫困人口就业，促进经济发展。

（4）大力培养体育旅游的专业人才，积极促进贫困地区大学生就业。建议新疆高校加大对体育旅游市场的调研，加大对贫困地区的招生力度，有针对性地培养专业人才，为体育旅游产业的发展奠定人才基础，促进贫困地区大学生就业，助力脱贫攻坚。

## 4 结语

目前新疆体育旅游产业的发展并不理想，产业规模和经济占比都比较低，对脱贫攻坚的贡献不大，作用不明显。在今后的发展中，新疆需要充分发挥体育旅游的资源优势，加大体育旅游产业的发展力度，促进贫困地区人口就业，助力脱贫攻坚，巩固脱贫攻坚成果，为美丽乡村建设发挥应有的作用。

## 参考文献

[1] 凌响超.国外体育休闲旅游与我国体育休闲旅游发展现状对比分析[J].运动，2013（19）：139-140.

[2] 朱建军.我国体育旅游发展的现状、趋势和对策[J].品牌，2015（9）：265.

[3] 吕哲，朱津朋，卢威威.基于供给侧改革背景下新疆体育旅游产业发展研究[J].体育世界（学术版），2020（3）:52-53.

# “健康中国”战略下社区老年体育服务供给研究

赵俊杰[1]，邬宇峰[2]，赵晓琴[2]

（1. 山西体育职业学院，山西　太原　030036；2. 太原理工大学体育学院，山西　太原　030024）

**摘要**：本研究运用文献资料法、问卷调查法等研究方法，对“健康中国”战略下社区老年体育服务供给情况进行研究，并提出相应的建议。

**关键词**：老年人；体育服务；供给

人口老龄化是贯穿21世纪的主要问题。截至2019年年底，中国60岁以上的老年人口达2.54亿，预计2035年将达到4亿。要完善公共体育服务体系，提高公共体育服务质量，鼓励开展全民健身运动，并给予老年人科学的健身指导，提高老年人体质。在如今老年人口日益增多的形势下，如何保障老年人得到合理配套的体育供给服务？社区体育服务供给是一个重要的途径。基于此，本研究对山西省太原市社区老年体育服务供给进行研究，以期为完善我国城市社区老年体育服务供给系统提供参考。

## 1　研究对象与研究方法

### 1.1　研究对象

本研究以山西省太原市六大城区（迎泽区、万柏林区、小店区、杏花岭区、晋源区、尖草坪区）的社区老年体育服务供给为研究对象。

### 1.2　研究方法

本研究采用文献资料法、问卷调查法、专家访谈法及数理统计法进行研究，制作问卷1“太原市城市社区老年人体育锻炼情况和体育服务供给情况调查表”和问卷2“太原市城市社区体育服务供给主体的供给情况调查表”。将问卷1随机发放给太原市6个城区的老年人，发放630份，回收600份。问卷2发放给社区体育负责人，发放30份，回收20份。最后运用Excel对调查数据进行统计处理。

**作者简介**：赵俊杰（1981—），副教授，硕士。研究方向：体育人文社会学　。

## 2 结果与分析

### 2.1 太原市城市社区老年人体育参与情况

调查显示，太原市城市社区老年人整体文化程度不高，具有初中学历水平的老年人占大多数。其原因可能是老年人在接受教育时恰逢中华人民共和国成立初期，当时基础教育设施还不完善。另外，老年人体育锻炼的频率较高，每周锻炼超过7次的老年人超过了调查总人数的1/3。老年人选择锻炼最主要的目的是延年益寿、强身健体和调节情绪。但老年人在体育支出方面却不容乐观，平均每月体育支出在100元以下的老年人占调查总人数的46.7%。其原因与老年人的消费观有很大关联，体育支出还无法在老年人每月支出清单上占据一席之地，体育需求目前也无法成为老年人的基本需求。缺乏体育锻炼知识和体育锻炼场地是影响太原市城市社区老年人参与体育运动的两个主要因素，从侧面反映了体育供给服务的短缺。

### 2.2 太原市城市社区老年体育服务的供给主体研究

体育供给主体在体育服务中发挥着重要作用，主要的供给主体包括政府组织、社会组织与市场组织。太原市城市社区的体育服务供给绝大部分来自政府，供给的体育服务主要是公园的健身器材及开放性的运动场地，如篮球场、足球场等，离小区较远，又缺乏专门人员管理。其原因可能是资金短缺，重视程度低。社会组织的体育服务供给仅限于小区开发商提供的健身器材和一些体育场地。而小区开发商提供的场地也大部分来自新建小区（2010年之后），一些老旧小区（2010年之前）大多存在体育器械与场地配置不齐全的问题，所以居住在旧小区的老年人无法享受到配套的体育服务供给。虽然近几年太原市新建了很多营利性的健身房、体育场馆，但是调查显示，每月体育支出在100元及以下的老年人占调查总人数的46.7%，因此，市场的体育服务供给也就无法发挥应有的作用。

### 2.3 太原市城市社区老年人体育服务需求与服务供给研究

本次调查的太原市城市社区体育服务供给内容包括体育场馆与设施、体育健身指导、体质监测、体育信息服务和体育组织活动5个方面。服务需求与服务供给主要包括需求程度、供给情况、满意程度。调查发现，太原市城市社区老年人对这5个方面的供给内容需求度较高，但满意度偏低。需求程度分析可以很好地反映供给情况，老年人对这5个方面内容需求度高，说明现有的供给状况满足不了需要，而供给满意度偏低的情况也进一步验证了我们的猜测。

## 3 结论与建议

### 3.1 结论

3.1.1 太原市城市社区老年人体育锻炼的意识较强，但体育支出水平较低 太原市城市社区老年人体育参与度较高，每周锻炼超过7次的比例超过1/3，可见其体育锻炼意识是比较强的。老年人的体育支出还处在较低水平，这与老年人体育锻炼的意识不成正比。就当前体育供给现状而言，如果老年人的体育支出水平无法提高，他们就无法享受更高质量的体育供给。

3.1.2 体育服务供给渠道单一、资金短缺是太原市城市社区体育服务供给的主要问题 太原市城市社区体育服务的供给主体仍是政府，社会组织和市场组织的供给作用很小。当前最主要的问题是资金短缺。在本次调查的小区中，体育器材缺乏专门负责人管理，很多器材已经年久失修，无法正常使用。究其原因，资金短缺是主要问题。

3.1.3 太原市城市社区体育服务供给与老年人的需求无法匹配 当前太原市城市社区体育服务供给中存在的主要矛盾是社区体育服务供给无法满足老年人日益多样化的需求。

### 3.2 建议

3.2.1 增加体育供给内容及方式，完善太原市城市社区体育服务供给系统 供给主体（政府）应多渠道增加体育供给内容及方式，可以联系周边学校及单位，在假期开放体育场地，供老年人进行锻炼，提高现有公共体育场地的利用率。

3.2.2 政府应联合其他组织，多渠道增加太原市城市社区体育服务资金供给 对于城市社区体育服务供给，一方面，政府要增加体育服务资金供给，了解老年人需求，更好地配置资源；另一方面，应该联合社会组织、小区、企事业单位，构建完善的供给系统，共同推动老年体育服务的发展。

3.2.3 招聘相关体育人才，管理太原市城市社区体育服务供给系统 政府应该增加社区体育管理方面的岗位，招聘体育专业毕业生；要加强对这方面工作人员的管理，增强他们的责任心和服务意识，提高其重视程度；多组织工作人员进行培训，普及社区体育管理知识，提高专业度。

## 参考文献

[1] 董晨雪.基于差异的正义：我国城乡老年人健康养老服务需求与供给比较研究[D].苏州：苏州大学，2020.

[2] 刘玉.我国社区老年智慧体育服务系统构建与推进策略研究[J].体育科学，2021，41（1）：51-64.

[3] 丁申楠.健康上海战略下社区老年体育服务供给研究——以杨浦区为例[D].上海：上海体育学院，2018.

[4] 田媛，肖伟，姚磊.全民健身对接健康中国建设的主要问题与突破点[J].体育文化导刊，2018（2）：7-11.

[5] 刘亮，王惠.供给侧改革视角下我国公共体育资源供需矛盾的消解与改革路径[J].武汉体育学院学报，2016，50（4）：51-55.

# 聚焦时代内涵创新医体融合人才培养路径

胡毓诗

（成都体育学院运动医学与健康学院，四川　成都　610041）

**摘要：**成都体育学院作为全国成立较早的几所体育院校之一，其运动医学与健康学院为西南地区医体融合专业人才培养高地，每年向全国输送大批医体融合专业人才。时值建党百年的历史机遇，在学校党委的坚强领导下，医体融合专业人才的培养正面临着新的机遇和挑战。本研究从培养现状、需求、目标、创新点等方面出发，系统地归纳了当前人才培养成效，并努力探索出一条更优的医体融合人才培养路径。

**关键词：**医体融合；人才培养；路径

2015年3月，全国政协十二届三次会议首次提出医体融合对国民体质健康促进等的深远意义。2017年12月，中国医体整合联盟成立大会暨医体整合高峰论坛召开，标志着我国医体融合由战略规划进入实质性发展的阶段。成都体育学院建院60余年来一直以“医体融通、医体两精”为办学特色，致力于培养具有医体融合特色的中医学高层次应用研究型人才。

## 1　医体融合专业人才培养现状

### 1.1　优势

1.1.1　生源质量有保障　成都体育学院硕士研究生各学位点生源稳定，生源来自本校和全国中医药院校。

1.1.2　科研转化有优势　成都体育学院依托科技部重点研发计划、国家自然科学基金项目、国家中医药人才工程项目、国家体育总局科技攻关项目，提高重大课题参与度，增强其医体融合的中医学术能力。

1.1.3　校外资源有拓展　成都体育学院拥有3家国家级中医规范化培训基地，拥有夏季奥运会、冬季奥运会、冬残奥会国家金牌队实践教学基地，中医+体育办学资源特色鲜明。

1.1.4　办学条件有支撑　成都体育学院拥有从本科到博士后全阶段办学层次，拥有一

---

**作者简介：**胡毓诗（1976—），教授，博士。研究方向：中医运动医学。

支人员结构合理的高水平“双师型”教学队伍，具有丰富的高层次学术人才培养经验。成都体育学院中医学专业本科通过了教育指导委员会认证，中医学专业硕士学位授权点通过了合格评估。

1.1.5　学生培养有成效　成都体育学院近两届学生就业率稳定，各类资质考试通过率接近100%。

1.1.6　社会服务有声誉　成都体育学院提供竞技体育医疗保障，进行奥运科技攻关，其优势经验反哺全民健康，为国家、社会、行业和地方经济建设作出了积极贡献，被业界誉为“队医的摇篮”。

1.2 不足

成都体育学院人才培养与学科建设成效显著，但仍存在些许不足。其一，医体融合的交叉学科发展有待加强；其二，医体融合的成果推广示范与转化有待加速。目前学校所积累的基础研究成果与临床经验技术主要服务于体育运动领域，其优势经验对人民卫生健康事业的反哺，尤其是在中医+体育促进健康创新研发的转化、全生命周期健康管理方面的推广需加快速度。

## 2　医体融合专业人才培养需求

基于国家、社会和行业“市场导向”，结合成都体育学院专业建设和改革发展，医体融合专业人才培养既是国家卫生事业整体发展、人口疾病谱变化、体育事业发展、中医药文化国际交流等对医体融合专业人才的需求，也是四川省及西南地区的人才需求。

“健康中国”战略的实施促进了全民健康与全民健身深度融合，需要培养中医药理论指导下的医体融合交叉人才。在我国体育事业飞速发展过程中，体育医疗保障对医体融合专门人才的高标准需求增加，需要高校培养在运动损伤防、治、康方面具有核心竞争力，同时既懂体育又熟悉运动项目特点和规律的医体融合人才。

同时，当今社会对中医骨伤科门诊和住院医疗资源有了更多的现实需求。骨伤科和康复科所提供的服务逐渐成为以社区卫生服务中心、运动康复门诊部、中医骨伤诊所为代表的重要服务产品。

## 3　医体融合专业人才培养目标

医体融合专业人才培养的总目标概括为热爱祖国，拥护中国共产党的领导，全面学习领会习近平新时代中国特色社会主义思想，热爱中医药和体育事业，掌握坚实的中医药、体育学等交叉学科的基础理论和系统的专业知识，具备较强的临床实践和传承、创新能力，能够结合现代科研方法与技术从事本专业临床和科学研究工作，培养“医体融合、衷中参西”特色的中医高层次应用创新型人才。

## 4 医体融合专业人才培养新举措

### 4.1 力争突破发展瓶颈，拓宽科技攻关范围

体育是国家文化软实力展示的重要平台，我国正逐步向体育强国迈进。成都体育学院基于国家卫生、体育、中医药事业的发展，积极对接备战北京冬奥会、奥运科技攻关和高水平运动队医疗保障，同时，不断整合教研优势资源，创新了“中西并重、体科互参、防治康训‘四位一体’”的医体融合理论，研发了“研用合一”的医体融合关键技术方法，构建了“三层六台”的医体融合科技助力竞技体育服务模式。相关成果在建立优秀运动员机能评定标准、创建“集合多系统、协同多功能”技战术提升监控体系、探索运动性疲劳规律及快速恢复技术等方面发挥了关键理论与实践支撑作用，具有多学科协作更好、精准度更高、针对性更强的鲜明特点。

### 4.2 助力国家战略，服务中医药守正创新

4.2.1 助推“健康中国”战略 “健康中国”战略的实施是全民健康与全民健身深度融合的重要契机，以健康为中心的观念代替群众以往以治病为中心的观念，促进健康关口前移，立足学校特色，充分发挥中医药、体育在促进健康方面的显著优势，构建“医体融合，衷中参西”的中国特色健康维护体系，从源头上预防和控制重大与慢性疾病的发生与发展。

4.2.2 创新中医药发展 中医药学蕴含着中华民族长期与疾病作斗争的康养智慧及实践经验，融预防保健、疾病治疗和康复为一体。成都体育学院郑怀贤教授开创的中医运动医学已具备一定基础，传承中医精华，发挥传统体育优势，服务中医药国际化，提升中华文化软实力，促进中医药特色服务工程升级，为人类命运共同体提供全生命周期“中国中医健康方案”，助力体育强国建设，发挥中医整体优势和独特医学作用，服务中国国家队奥运科技攻关，开展中医+体育科学研究，为高水平运动队提供医疗保障，为即将到来的越来越多的各类国内、国际体育赛事服务。

### 4.3 深化高水平人才培养，努力探寻提升路径

作为国内唯一一所具有中医学学士和中医学硕士学位授权点的体育院校，成都体育学院培养出了中国奥运代表团医务总监、国家级著名老中医、四川省首届十大名中医、美国运动医学会科研奖励委员会主席等优秀人才，而其所在的四川省仅有中医学博士学位授权点1个，人才培养出现缺口。基于此，成都体育学院不断优化高水平人才培养方案，以中医学博士学位授权点申报为当前重点工作。

## 5 结语

《体育强国建设纲要》为我国今后很长一段时间体育事业的发展明确了方向，充分体现了我国体育工作以人民为中心的根本宗旨。根据前期工作基础，我们认为体育和医学是促进身心健康的“双胞胎”，从过去到未来，医体融合大有可为。如今，“健康中国”战略和体育强国建设正在不断奋力推进，如何将“医”与“体”优化融合，借助当前最新理论技术研究成果，针对大众医体服务需求，实现1+1>2的效果，是值得我们不断思考的问题。医体融合人才培养是落实国家战略、服务人民健康的重要保障，在此基础上，我们应该积极改革创新，坚持医体渗透、衷中参西、防治康训并重，努力为实现体育强国梦作出应有的贡献。

## 参考文献

［1］沈圳，胡孝乾，仇军.我国体医融合的研究进展、热点聚焦与未来展望[J].体育学研究，2021，35（1）：9-19.

［2］薛欣，徐福振，郭建军.我国体医融合推行现状及政策问题确认研究[J].体育学研究，2021，35（1）：20-28.

［3］陈溢.从“体医结合”到“体医融合”的内涵、困境与路径研究[J].四川体育科学，2021，40（1）：41-45.

# 龙舟运动文化对中华传统体育项目发展的启示

禹晓静

（国家体育总局体育文化发展中心，北京　100061）

**摘要**：本研究运用文献资料法和逻辑分析法，对我国龙舟运动文化的发展状况进行分析，提出作为中华优秀传统体育文化项目的龙舟运动，其发展实践为中华传统体育文化发展提供了有益的借鉴和启示。

**关键词**：文化价值；创新发展；竞技化；文化与经济；发展启示

随着时代的发展，具有悠久历史和特色的龙舟运动呈现出新的生机与活力。传统的龙舟运动体现了不同地区独有的文化特色，现代龙舟运动由传统民俗活动向现代体育运动项目转型，逐步成为世界范围内深受人们喜爱的运动项目。作为传统体育文化项目，中国龙舟运动的发展策略和经验为中华民族传统体育文化的传承与发展提供了启示与借鉴。

## 1　龙舟运动文化的创新发展

龙舟运动是中华传统民俗民间体育文化活动，不仅有着丰富的社会内容，而且集竞技性与娱乐性于一体，几千年来为广大人民所喜爱。其由于参与人数之众、活动形式之多、规模之大，在传统的水上竞技运动项目中有着突出的表现。随着国家政策的引导及经济的快速发展，龙舟运动不断被注入新鲜的、当代的、多元的元素，传统文化与现代体育运动融合发展。

### 1.1　龙舟运动竞技化发展

随着中国体育事业的发展，龙舟运动从传统的民俗民间活动向现代体育运动项目转型，在现代体育价值观念的引导下逐步发展成为高度规范化的现代竞技体育项目。1985年，中国龙舟协会成立。每年中国龙舟协会都会举办全国性及以上赛事30多项，运动员和群众近千万人参与。由地方龙舟组织举办的活动越来越呈现出区域广、形式多的特色。龙舟运动竞赛组织规范化、标准化，赛事活动丰富，社会影响力较大，逐步成为全民健身事

**作者简介**：禹晓静（1971—），高级工艺美术师，本科。研究方向：体育文化。

业的重要组成部分。

### 1.2 龙舟运动国际化发展

1976年香港举行了第一次国际龙舟赛——香港国际赛。此后，按照香港龙舟赛的模式，龙舟运动在全世界范围继续发展，亚洲及欧美地区陆续开展了龙舟竞赛。国际龙舟联合会于1991年在香港成立，亚洲龙舟联合会于1992年成立，都由中国代表担任主席及秘书长。国际龙舟联合会于2007年成为国际单项体育联合会总会大家庭的正式成员。至此，龙舟运动在世界舞台上有了更宽广的推广平台。

运动项目的国际化是当前体育文化发展的需要，也是全球化发展的必然趋势，龙舟运动项目当然也不例外。龙舟运动有自身的魅力，但要促进自身的发展，就需拓宽思路，运用国际化的语言和思维，使其更具文化的多样性和多元化。

### 1.3 龙舟运动文化与经济的互动发展

龙舟运动通过打造一系列的品牌赛事文化活动，与民族传统节日相融合，促进了体育休闲、娱乐性的发展，从“节日竞赛”化逐步发展成“竞赛节日化”，突出民族性、群众性、体验性、观赏性、趣味性。体育竞赛活动及体育表演活动、群众体验活动、体育用品展销活动、体育明星助阵活动、体育文化宣传活动和美食活动等，吸引了国内外更多的人参与，推动了全民健身活动的开展，带动了各地健身休闲、旅游产业的发展。拓展和丰富龙舟运动的发展模式，可以助推举办地的城市文化建设，促进当地经济的发展，在传播中华传统体育文化的同时，唱响地方好声音。

## 2 龙舟运动文化的启示

随着我国市场经济的繁荣、综合国力的提升，2017年，中共中央办公厅、国务院办公厅印发《关于实施中华优秀传统文化传承发展工程的意见》，为中华传统体育文化的发展提供了更好的契机。中华传统体育文化形式多样，在传承过程中不断发展。在党和国家的关怀重视下，经过几代人的不懈努力，龙舟、武术、风筝、围棋等项目已逐渐走向世界。这些项目的成功经验也为中华传统体育文化的发展提供了有益的借鉴和启示，同时满足人民对民族传统体育外在形式与内在精神的双重需求，是推动民族传统体育发展的必经之路。

### 2.1 整理、挖掘、创新中华传统体育项目的文化价值

新时代，我们要弘扬中华优秀传统文化，对民族体育、民俗民间体育、节庆体育等优秀传统体育文化项目内容和文化内涵进行挖掘整理、创新继承，讲好中国特色、中国智慧和中国精神的故事，延续历史文脉，拓展蕴含的时代价值，实现中华传统体育文化创造性转化和创新性发展。随着国家对非物质文化遗产的重视和保护传承力度的加大，中华传统体育文化的国际化发展为世界体育文化多元和繁荣增添了新的活力。

2.2 推广中华传统体育项目，不断提高群众参与度

群众性赛事文化推动了我国全民健身战略科学发展，对吸引社会力量参与办赛、激发人们体育消费具有重要作用。龙舟运动项目已经成为百姓日常参与全民健身活动的时尚新选择。现今，我国各地每年举办龙舟比赛200多场，全国性龙舟赛事的规模越来越大。比赛的过程展现出了同舟共济、奋勇争先的风采和拼搏奋进、团结协作的民族精神，同时，通过端午节举办的系列活动，营造了浓郁的节庆氛围，增添了时代内涵，让人们在参与全民健身活动的同时丰富了假期生活。通过网络平台进行的直播、技艺展示、活动交流等多种形式的宣传，更深入地拓展了龙舟文化的传播，丰富了传统节日的内涵，让龙舟运动文化千载传承而历久弥新。

2.3 中华传统体育项目走向竞技，进入国际舞台

如今的龙舟运动已经不再是单纯的民间活动，正在成长为高度规范化的现代竞技体育项目。龙舟、武术、摔跤、风筝、围棋、象棋等中华传统体育项目陆续进入国际舞台。我国在众多的传统体育项目中，遴选出优秀的体育项目，推进世界体坛，讲述中国故事，加强与世界各国体育文化的交流，扩大知名度，彰显文化自信，向世界展示中华民族优秀传统体育项目，弘扬中华传统体育文化。

2.4 发挥政策引导作用，打造中华传统体育项目品牌，提升城市形象

充分发挥政策的引导作用是中华传统体育项目发展的重要手段。以运动赛事项目为载体，将城市品牌建设与文化、旅游、商贸、会展等多元业态深度融合，可以丰富城市文化的内涵，加快推进体育主题公园、博物馆等重大民生基础设施建设，打造体育精神教育基地、体育文化基地、群众性文体生活空间，推动城市的创新发展和对当地文化的传承，实现体育与旅游的深度融合，促进体育游、全域游的快速发展，进一步提高城市知名度和美誉度。

## 3 结语

中华传统体育文化有着源远流长的历史和博大精深的文化内涵，在漫长的历史创造和积淀下发挥着强身健体、沟通情感、娱乐休闲、增强社会凝聚力的重要功能。随着时代的发展，具有民族特色的传统体育项目从延续走向创新。只有坚持自己独特的个性和传统文化特色，与世界文化接轨，实现多元化、国际化的发展，中华传统体育文化的继承和发展才能更具生命力和创造力。

## 参考文献

吴涛，陈金鳌.全民健身视域下民族传统体育发展困境及策略[J].体育文化导刊，2020（9）：67-72.

# 运动员膝关节劳损的辨经论治

姜建辉[1]，徐　凛[2]

（1.吉林省体育系统运动创伤医院，吉林　长春　130022；2.东北师范大学，吉林　长春　130024）

**摘要**：本研究对辨经论治进行总结，提出以局部“伤筋”为中心、局部和整体相结合、局部经筋辨证、整体经脉辨证的辨证思路，总结出辨主次、辨远近、辨表里的“三辨”方法，提出辨经论治是中医诊治运动员膝关节劳损的辨证思路之一。

**关键词**：运动员膝关节劳损；经筋；辨经论治；针刺

运动员膝关节劳损是影响训练质量的重要因素。目前对运动员膝关节劳损的中医辨证治疗还没有文献报道，因此，本研究从中医经筋理论的角度，结合运动员职业特点，提出运动员膝关节劳损的病因病机，并对辨经论治进行总结，以期为运动员膝关节劳损的诊治探索中医的辨证思路。

## 1　运动员膝关节劳损的病因病机

运动员长期进行专项训练、疲劳等多种因素会造成经筋的刚柔失衡，每次不协调用力都会造成经筋的损伤，长期反复的损伤最终会导致经筋组织形态改变，功能降低，此为“伤筋”，此时已经累及膝关节，在临床中表现为筋伤重骨节轻，之后伤筋累节，影响膝关节功能。专项技术动作造成的膝关节受力不均衡会进一步加重关节疼痛，此为“伤节”，最终成为筋节同伤的“顽痹”。运动员膝关节劳损是由长期专项训练引起的，以膝关节症状为主要表现发展为累积性顽症。所以，其病因病机是“伤筋累节”，占膝部运动创伤发生率的86.22%。

## 2　运动员膝关节劳损的辨经论治

辨经论治以局部经筋为主结合整体经脉辨证。局部辨证以经筋为主，经脉为辅。针对运动员膝关节劳损“伤筋累节”的病因病机，在辨证中应以怎样解决“伤筋”为核心。临

**作者简介**：姜建辉（1971—），主任医师，硕士。研究方向：运动损伤的治疗与康复。

床中在摸诊基础上辨经归位，再经过辨主次、辨表里、辨远近选穴遣方。

2.1 摸诊定位

医者摸诊是诊断治疗的基础，也是医者辨证下针的依据。做到指下如有眼，深浅组织在指下明辨，了然于胸，方可诊病医人。

2.1.1 经脉腧穴的摸诊方法　医者以循经寸度取穴法确定腧穴（筋结点）位置，以右手拇指指腹由表及里缓慢逐渐用力，可结合顺经和逆经的推按，最后在深层维持一定压力。在此过程中，依据指下感觉和患者反馈可以确定敏感腧穴，必要时可与健康一侧对比。

2.1.2 经筋腧穴的摸诊方法　经筋损伤通常导致经筋形态改变，表现为增厚、结节、条索等，临床称为“筋结”，多发在肌肉筋膜交叉处、肌肉肌腱移行处等。

经筋腧穴的摸诊方法是用拇指指腹或中指、食指、无名指三指指腹，根据摸诊部位大小、深浅不同，对拟探摸组织进行手法检查，同时嘱患者进行膝关节的主动和被动活动，必要时和健康一侧对比。初步确定“筋结”位置后再与患者沟通，询问“筋结”摸诊感觉与其他正常组织的区别。最后经摸诊确定和患者反馈，有异常反应的“筋结”为真性“筋结”，为首批针灸治疗的对象。

摸诊是临床医生的基础素养，准确的摸诊定位能为其后的辨位归经奠定良好基础，在临床辨经论治中是关键的第一步。

2.2 辨位归经

在运动医学针灸临床中，辩位归经是指根据摸诊确定的真性“筋结”的位置和分布，结合十二经脉在下肢的循行特点，确定是何经病症，然后进行辨经遣方。故辨位归经在辨经论治理论体系汇总中是关键环节。

2.3 辨经遣方

根据上面两步的分析辨证结论，确定针灸处方，精选治疗穴位。

2.3.1 辨经　运动员膝关节劳损是由筋伤累节所致，其中筋伤是关键，故在辨经时把解决伤筋问题作为核心。在辨经时，“三辨”病经，从主次、远近、表里3个角度综合治疗。

（1）辨主次。以三阳经筋为主，三阴经筋为次。在三阳经筋中，以阳性腧穴多的经筋为主，称为“主证经脉”；在腧穴中，以表现为紧、硬、结、痛症状为主。这样主次辨证让受伤最重的经筋得到充分的治疗，同时兼顾次重伤筋，在膝关节局部针对受伤经筋进行全面系统的治疗，以解决膝关节劳损的核心问题。

（2）辨远近。依据经脉辨证，遣方中取主证经脉的关节近端和远端敏感腧穴。辨远近取穴可以鼓促脉气循经而行，达到恢复受伤经脉功能的作用。

（3）辨表里。依据经脉辨证，每对互为表里的经脉相互作用和影响，脉气循环，以维持经脉正常生理功能。故在与主证经脉互为表里的对应经脉取穴，以加强脉气的恢复与运行。

2.3.2 遣方 在辨经取穴中，主证经筋每次取表现明显的3~4个腧穴，次要经筋取1~2个腧穴；经脉取近端1~2个敏感腧穴，远端取1个腧穴；表里经脉取1个腧穴。

方随法立，取穴精当。定要辨清主次、远近、表里，穴在精而不在多。治疗膝关节劳损要循序渐进，抽丝剥茧，逐步治疗和恢复损伤经络的功能，方可取得满意的疗效。

## 3 结语

运动员膝关节劳损是长期专项训练引起的，以膝关节症状为主要表现的累积性顽症，其病因病机是“伤筋累节”。辨经论治是中医诊治运动员膝关节劳损的辨证思路之一，今后在条件允许时应进行膝关节劳损辨经论治的临床实验研究。

## 参考文献

[1] 何玲，雷政权．论经筋病的针灸辨证治疗[J].现代中医药，2003(1)：46-48.

[2] 曲绵域，于长隆．实用运动医学[M].4版．北京：北京大学医学出版社，2003.

[3] 薛立功，张海荣．经筋理论与临床疼痛诊疗学[M].北京：中国中医药出版社，2002.

[4] 黄敬伟．经筋疗法[M].北京：中国中医药出版社，1996.

# 北京冬奥会重点运动员成绩可视化模块设计

袁俊杰

（国家体育总局体育信息中心，北京 100061）

**摘要**：在北京冬奥会重点运动员成绩管理系统中，比赛成绩收集、预处理和可视化显示是可视化流程的3个主要阶段。北京冬奥会重点运动员成绩管理系统使用异地自动采集、远程智能导入方式，实现成绩及时采集，通过关键的字段设计和成绩预处理过程，统一可视化数据格式，最后利用ECharts控件实现比赛成绩可视化展示。

**关键词**：北京冬奥会；运动员成绩；可视化；ECharts

随着数据可视化技术的不断发展，体育数据可视化的应用也日益成熟。北京冬奥会重点运动员成绩管理系统（以下简称本系统）利用ECharts控件设计了比赛成绩可视化模块，可以直观显示对手间的成绩差异和成绩变化趋势。

## 1　ECharts简介

ECharts是百度公司推出的一款使用Javascript实现的开源可视化库，兼容当前绝大部分浏览器，提供直观、交互丰富、可高度个性化定制的数据可视化图表，支持折线图、柱状图、饼图、地图等类型的图表。

ECharts通过Options参数来设置图表数据，其中常用的组件及其参数主要有：系列列表组件series通过type参数决定图表类型，如值为line是折线图，值为bar则是柱状图，而参数data可设置各系列的数据数组，其下级参数value是单个数据项的数值，并可自定义参数来传递其他数据；提示框组件tooltip的参数formatter，可设置提示内容格式；图例组件legend的参数data，可设置图例内容；*X*轴组件xAxis的参数data，可设置*X*轴的类目数据；*Y*轴组件yAxis的inverse参数，可设置是否是反向坐标轴。

---

**作者简介**：袁俊杰（1974—），副研究员，本科。研究方向：体育信息研究。

## 2 系统中的可视化模块

本系统主要采用ECharts控件实现了历届冬奥会我国奖牌数堆叠柱状图、我国各赛季奖牌堆叠柱状图、重点运动员按性别统计饼图、运动员各省市分布地图、单个或多名运动员某段时间比赛名次折线图、单个或多名运动员某段时间比赛成绩折线图等图表设计。其中，大部分图表实现起来比较简单，而比赛成绩折线图则因各项目成绩数据格式多样实现起来比较复杂，是本系统可视化模块设计中的关键。

## 3 关键设计与实现

在本系统中，比赛成绩收集、预处理和可视化显示是可视化流程的3个主要阶段。

### 3.1 数据库字段的关键设计

可视化功能涉及的数据表主要有运动项目表、比赛信息表、比赛成绩表等。其中，运动项目表主要有“小项编码”（主键）、“小项名称”、“成绩类型”等字段，比赛信息表主要有“比赛编号”（主键）、“比赛名称”、“举办地”、“比赛日期”等字段，比赛成绩表主要有“比赛编号”（外键）、“小项编码”（外键）、“名次”、“运动员姓名”、“国家/地区”、“原始成绩”（字符串型）、“图表成绩”（浮点数型）等字段。在这些字段中，“成绩类型”字段和“图表成绩”字段是实现可视化的关键。

比赛成绩的数值格式可以分为时间类（如1：12.232）、数字类（如89.12）和字符类（如-1LAP等）3类。数字类一般是评分、得分、高度、重量、距离等，数值越大，成绩越好；时间类则相反，数值越小，成绩越好；字符类一般不排序。

为在折线图中更直观地显示成绩上升或下降趋势，时间类成绩需要将*Y*轴反向显示，因此在体育项目表里增加了一个“成绩类型”字段，用以区分小项成绩是时间类、数字类，还是字符类。

在折线图中，数据项的数据为数值，而在字段设计时，“原始成绩”字段设计为字符串型，数字类和时间类数据均以字符串格式存放，因此冗余设计了一个浮点数型字段“图表成绩”，将时间类成绩字符串转化为秒数（浮点数型），可以统一按照数值来显示折线图中的数据项。

### 3.2 比赛成绩的网络自动采集

每个赛季，各冰雪项目的世界锦标赛、世界杯、积分赛等各类比赛接连不断，单靠手工搜集录入成绩无法满足时效要求。各国际单项体育联合会网站上实时发布的比赛成绩，除雪橇和冰球项目的成绩页面是PDF文件无法被机器直接读取解析外，其他项目的成绩都是普通网页或JSON文本，适合机器自动采集和解析。

本系统设计了异地采集、远程导入方式，在远程服务器上建立成绩采集库，通过成熟的网络信息采集系统，分别解析比赛列表网页、比赛小项列表网页、比赛成绩网页，配置各字段内容的采集节点，设置计划任务，实现自动定时采集，由本地系统远程读取、批量导入，从而提高数据更新效率。

3.3　比赛名称的自动翻译和小项编码的自动匹配

在远程导入过程中，采集的比赛名称为英文，如“ISU World Cup 2019/20”，需要翻译成中文，格式一般为“赛季+项目+比赛类别+比赛地点”，如“2019—2020赛季短道速滑世界杯中国北京站”，同时采集的小项名称需要转换为小项编码，因此本系统设计了中英文匹配词典表。本系统通过正向最大匹配算法，根据成绩采集库的相关内容，自动生成比赛中文名称和匹配小项。但这种方法无法处理未登录词，初期还需要人工介入。保存前可以手动修改比赛中文名称和比赛小项，系统自动将未登录的小项对应内容添加到词典表中。

3.4　比赛成绩的预处理

通常原始数据并不能直接用来制作可视化图像，需要将数据转化成适合图像展现的格式。本系统设计了两个自定义转换函数，来实现时间类成绩字符串和浮点数型数值的相互转换，在导入或录入数据时自动将原始成绩字符串转为浮点数型数值存入“图表成绩”字段内。

此外，有些成绩第一名是具体数值（如01: 12.13），而后面名次的成绩则是落后数值（如+1.23），系统中设计了一个自定义函数，将落后数值与第一名成绩分别转换为浮点数数值，相加后再转换为字符串（如01: 13.36），这中间会调用上面两个自定义的转换函数。

3.5　比赛成绩的可视化显示

在数据可视化的实际数据绘制中，所需要显示的数据不是静态的，需要从服务器端读取数据动态加载后呈现。前端页面根据查询条件生成请求参数传给服务器端；服务器端从数据库中查询相关数据，将图例、*X*轴以及各系列数值组合成JSON数据返回给前端；前端解析JSON数据，分别赋值给*X*轴的data和series的data，展示出图表来。本系统在传递的数据中，将“图表成绩”字段值赋予各系列data的value参数，同时自定义了其他参数，分别存放比赛日期、比赛名称、名次和原始成绩，用于前端每个数据项的提示内容显示。

3.6　应用效果

经过2018—2020赛季的试用，本系统效果很好。可视化模块能够使比赛成绩快速变成简单易懂的图形，直观显示运动员的成绩变化。例如，图1为系统生成的短道速滑男子1 500 m 2名运动员的成绩变化折线图，直观显示了这2名运动员在这一段时间里的成绩变化及差距。其中，图例为运动员姓名和比赛小项，*X*轴为比赛日期，*Y*轴设为反向轴，数据项是“图表成绩”字段的浮点数，提示内容包括比赛日期、运动员姓名、比赛小项、比赛名称、名次和原始成绩。

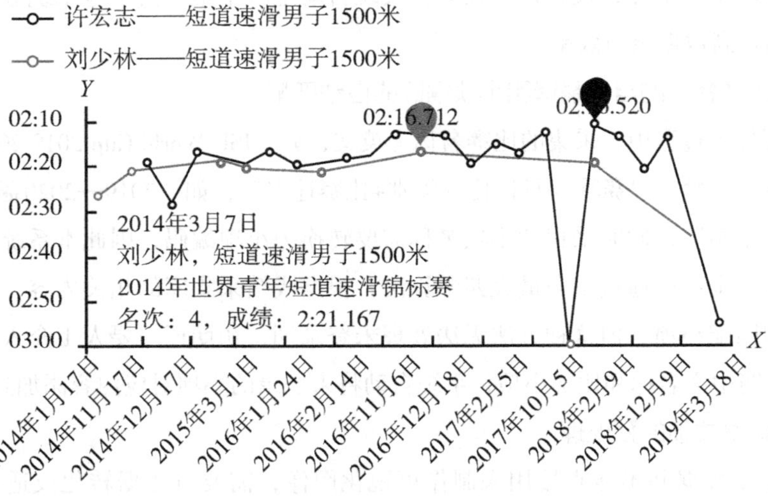


**图1　2名运动员赛季成绩变化对比折线图**

## 4　结语

在系统设计与实现中，成绩采集使用异地自动采集、远程智能导入方式，保证采集效率；通过关键字段的设计和成绩预处理过程，保证可视化数据的格式统一；最后通过ECharts控件实现成绩折线图，直观显示成绩变化和差异情况。本系统操作简便，效果很好。同时，一些特殊字段的设计可以直接用于其他类似体育成绩管理的系统，实现成绩排序和可视化展示。

## 参考文献

[1] 白王梓松. 大学生体质测试成绩管理系统中异常检测与可视化技术研究[D].湘潭：湘潭大学，2018.

[2] 崔蓬. ECharts在数据可视化中的应用[J].软件工程，2019，22（6）：42-46.

# 落地高度对单腿跳深动作力学特征的影响

袁　鹏，余诗琦

（上海体育学院，上海　200438）

**摘要**：本研究对不同高度单腿跳深动作的膝关节生物力学特征进行了研究。研究运用三维红外高速摄像机和三维测力台同步采集10名男子高水平排球运动员跳深过程中的运动学和动力学信号，跳深高度分别为15 cm、30 cm、45 cm。研究结果表明，膝关节最大屈曲角度随着高度增加而显著增加（$P<0.05$），缓冲期膝关节最大旋转剪切力和最大前向剪切力随着高度增加而显著增大（$P<0.05$），缓冲期膝关节屈曲力矩随着高度增加而显著增大（$P<0.05$），蹬伸期膝关节的屈曲功率、外旋功率随着高度增加而显著增大（$P<0.05$）。研究认为，随着高度增加，单腿跳深时存在幅度较大的额状面运动，并且缓冲吸收能量的能力没有显著提高。虽然随着高度增加蹬伸期膝关节功率增大，有利于运动表现水平的提高，但是单腿跳深较双腿跳深可能存在更大损伤风险，需谨慎选择单腿跳深动作作为提高超等长能力的优选方案。

**关键词**：不同落地高度；单腿跳深；关节角度；剪切力；力矩；功率

在跳深过程中，肌肉先后经历拉长和缩短2个阶段，肌肉–肌腱复合体在拉长阶段储存弹性势能，在缩短阶段又将弹性势能释放，这种收缩形式增大了肌肉的输出功率。大量的实践表明，跳深练习能显著提高爆发力训练效果，已成为超等长训练的重要手段之一。目前在生物力学研究领域，跳深所涉及的拉长–缩短周期理论研究侧重于时间参数、运动表现和肌肉激活等方面，并且以双腿跳深的研究较多，针对单腿跳深的关节的运动学、动力学的研究较少。

一定的落地高度决定了跳深前反馈和后反馈机制之间的整合。前反馈机制包括肌肉预激活，后反馈机制包括肌肉短、中、长潜伏期反应，两者共同调节肌肉的激活。当落地高度过低时，肌肉预激活程度较低，肌肉离心收缩与向心收缩的快速耦合时间较短，离心收缩储存的弹性势能较少。而超过特定的高度后，肌张力感受器兴奋使神经肌肉系统启动

**作者简介**：袁鹏（1976—），研究员，博士。研究方向：运动技能诊断与体能康复训练。

自我保护机制，预激活水平和牵张反射活动受到限制，肌肉主动收缩能力下降，影响下肢运动表现。所以，在跳深训练中选择合适的落地高度，可以诱导最佳的训练相关生理适应来提高运动表现。膝关节的运动是跳深训练中一个重要的环节，所以，本研究选取膝关节为测量对象，通过动力学、运动学数据同步测量探究单腿跳深过程中膝关节的生物力学特点，通过分析不同高度单腿跳深动作的生物力学特征，发现潜在的膝关节损伤风险因素，以期为优化单腿跳深训练提供科学依据。

## 1 研究对象与研究方法

### 1.1 研究对象

落地高度对单腿跳深动作力学特征的影响。

### 1.2 研究方法

#### 1.2.1 实验法

（1）实验对象。10名男子高水平排球运动员参与本次实验（年龄：17.25 ± 1.09岁；身高：195.17 ± 7.22 cm；体重：84.88 ± 4.88 kg）。10名受试者由3名运动健将和7名一级运动员组成，并且无下肢手术史或骨骼肌肉损伤史。正式实验开始之前，受试者熟悉实验要求、测试流程和动作技术并签署知情同意书。

（2）数据采集。利用8台三维红外高速摄像机和Qualisys Track Manager 2019.2采集受试者跳深过程中的下肢运动学信号，采集频率为200 Hz。贴点方案改良自Qualisys推荐的CAST Marker lower body marker set，共34个反光马克球粘贴于受试者的骨盆及双侧下肢：髂嵴、髂前上棘、髂后上棘、大转子、大腿外侧、大腿前侧、股骨内上髁、股骨外上髁、胫骨粗隆、小腿外侧、内外踝、内外踝中点（胫骨前侧）、跟骨、第一跖趾关节、第二跖趾关节和第五跖趾关节。利用Kistler 9281EA三维测力台采集受试者跳深过程中的地面反作用力，采集频率为1 000 Hz。利用Qualisys Track Manager 2019.2数据采集系统同步采集运动学和动力学数据。

跳箱高度分为15 cm（DJ15）、30 cm（DJ30）和45 cm（DJ45），跳箱边缘距测力台边缘10 cm，受试者分别从3个高度跳箱上跳深。当测试人员发出“准备”口令后，受试者双手叉腰，非优势腿支撑站在跳箱上，优势腿悬空置于跳箱边缘。当测试人员发出“开始”口令后，受试者身体自然前倾，以自由落体状态从跳箱上落到测力台中央，紧接着以全力向上跳起并重新落回测力台中央。在单腿跳深过程中，受试者始终以优势腿着地，非优势腿自然屈曲不接触地面。每一高度采集3次有效数据，同一高度之间休息30 s，不同高度之间休息1 min。

（3）数据处理。利用Qualisys Track Manager 2019.2对反光马克球进行识别，以V3D格

式导出。将V3D格式文件导入Visual 3D软件（V6.01.36，CMotion，USA），利用Visual 3D软件建立骨骼模型，利用零滞后四阶递归巴特沃斯滤波器对运动学和动力学数据进行滤波，截断频率为15 Hz。利用卡丹角计算关节角度，利用逆向动力学计算关节剪切力、力矩和功率，利用受试者的体重对动力学数据标准化。最后，对运动学和动力学数据进行时间标准化处理。

动作开始和结束阶段划分方法：当垂直地面反作用力首次大于20 N时为跳深动作缓冲期接触地面的时刻，当垂直地面反作用力首次小于20 N时为跳深动作蹬伸期离开地面的时刻。缓冲期和蹬伸期两阶段的划分界限为：膝关节最大屈曲角度。

1.2.2　统计学分析　利用单因素方差分析对3个高度的运动学和动力学数据进行分析，统计学分析软件使用SPSS 22.0。所有数据以均值 ± 标准差的形式表示，$P<0.05$表示差异具有统计学意义。

## 2　结果与分析

### 2.1　膝关节运动学特征

2.1.1　关节角度　落地高度对缓冲期膝关节着地屈曲角度、最大外翻角度、最大外旋角度无统计学意义（$P>0.05$）。落地高度对蹬伸期膝关节最大屈曲角度有统计学意义（$P<0.05$），DJ30的最大屈曲角度显著大于DJ15（$P<0.05$），DJ45的最大屈曲角度显著大于DJ15（$P<0.05$）；落地高度对蹬伸期膝关节最大外翻角度、最大外旋角度没有统计学意义（$P>0.05$）。膝关节角度见表1，膝关节角度变化见图1。

**表1　膝关节角度**　　　　单位：°

| 角度 | | 落地高度 | | |
|---|---|---|---|---|
| | | 15 cm | 30 cm | 45 cm |
| 缓冲期 | 着地屈曲角度 | 9.21 ± 9.52 | 9.76 ± 7.90 | 9.55 ± 10.00 |
| | 最大外翻角度 | 8.26 ± 2.36 | 8.91 ± 3.29 | 8.46 ± 3.38 |
| | 最大外旋角度 | 9.02 ± 5.72 | 9.24 ± 4.44 | 8.24 ± 6.03 |
| 蹬伸期 | 最大屈曲角度 | 49.14 ± 8.84 | 54.31 ± 9.27# | 56.51 ± 11.21*△ |
| | 最大外翻角度 | 8.53 ± 5.56 | 7.76 ± 6.87 | 7.33 ± 5.96 |
| | 最大外旋角度 | 14.67 ± 6.93 | 13.14 ± 7.04 | 14.20 ± 6.11 |

注：#表示15 cm与30 cm相比存在显著差异，*表示15 cm与45 cm相比存在显著差异，△表示30 cm与45 cm相比存在显著差异。

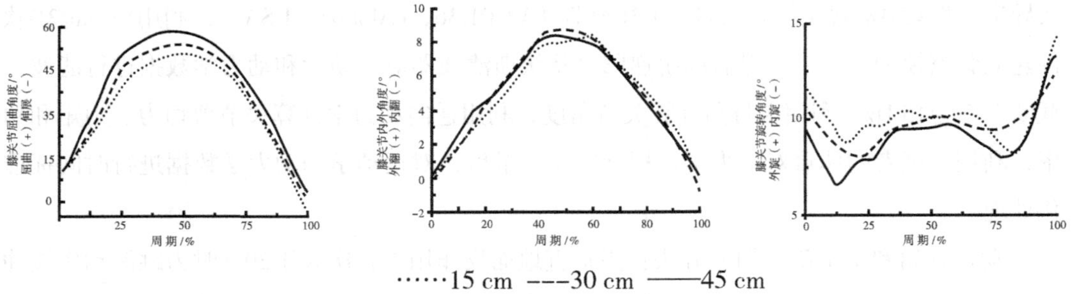


图1 膝关节角度变化

2.1.2 关节活动度 落地高度对膝关节屈伸、内外翻、内外旋关节活动度没有统计学意义（$P<0.05$）。膝关节活动度见表2。

表2 膝关节活动度 单位：°

| 活动度 | 落地高度 | | |
|---|---|---|---|
| | 15 cm* | 30 cm | 45 cm |
| 屈伸 | 54.93 ± 9.01 | 55.28 ± 11.05 | 60.23 ± 13.43 |
| 内外翻 | 7.97 ± 4.15 | 7.08 ± 4.03 | 8.50 ± 3.61 |
| 内外旋 | 7.26 ± 2.86 | 7.40 ± 3.97 | 8.23 ± 3.43 |
| 最大屈曲角度 | 49.14 ± 8.84 | 54.31 ± 9.27# | 56.51 ± 11.21* |
| 最大外翻角度 | 8.53 ± 5.56 | 7.76 ± 6.87 | 7.33 ± 5.96 |
| 最大外旋角度 | 14.67 ± 6.93 | 13.14 ± 7.04 | 14.20 ± 6.11 |

注：#表示15 cm与30 cm相比存在显著差异，*表示15 cm与45 cm相比存在显著差异，△表示30 cm与45 cm相比存在显著差异。

2.2 膝关节动力学特征

2.2.1 剪切力 落地高度对缓冲期膝关节侧向剪切力没有统计学意义（$P>0.05$）；落地高度对缓冲期膝关节前向剪切力和旋转剪切力有统计学意义（$P<0.05$），DJ45的前向剪切力显著大于DJ15（$P<0.05$），DJ30的旋转剪切力显著大于DJ15（$P<0.05$），DJ45的旋转剪切力显著大于DJ15和DJ30（$P<0.05$）。落地高度对蹬伸期膝关节侧向剪切力、前向剪切力、旋转剪切力没有统计学意义（$P>0.05$）。膝关节剪切力见表3。

表3 膝关节剪切力　　单位：N/kg

| 剪切力 | | 落地高度 | | |
|---|---|---|---|---|
| | | 15 cm | 30 cm | 45 cm |
| 缓冲期 | 侧向 | 2.85 ± 1.82 | 3.01 ± 2.00 | 3.22 ± 1.44 |
| | 前向 | 7.44 ± 2.26 | 7.64 ± 2.43 | 8.28 ± 2.05* |
| | 旋转 | 8.94 ± 4.47 | 13.98 ± 4.32# | 18.03 ± 3.49*△ |
| 蹬伸期 | 侧向 | 3.85 ± 1.76 | 3.80 ± 1.80 | 3.58 ± 1.36 |
| | 前向 | 7.82 ± 2.07 | 8.29 ± 1.90 | 8.39 ± 2.19 |
| | 旋转 | 11.44 ± 3.02 | 10.76 ± 2.97 | 10.08 ± 3.26 |

注：#表示15 cm与30 cm相比存在显著差异，*表示15 cm与45 cm相比存在显著差异，△表示30 cm与45 cm存在显著差异。

2.2.2　力矩　落地高度对缓冲期膝关节屈曲力矩有统计学意义（$P<0.05$），DJ45的屈曲力矩显著大于DJ15（$P>0.05$）；落地高度对缓冲期膝关节外翻力矩和外旋力矩没有统计学意义（$P>0.05$）。落地高度对蹬伸期膝关节伸展力矩、外翻功率和外旋力矩没有统计学意义（$P>0.05$）。膝关节力矩见表4。

表4　膝关节力矩　　单位：W/kg

| 力矩 | | 落地高度 | | |
|---|---|---|---|---|
| | | 15 cm | 30 cm | 45 cm |
| 缓冲期 | 屈曲 | 2.80 ± 0.54 | 3.04 ± 0.72 | 3.35 ± 0.56* |
| | 外翻 | 0.44 ± 0.31 | 0.47 ± 0.40 | 0.52 ± 0.46 |
| | 外旋 | 0.20 ± 0.15 | 0.19 ± 0.15 | 0.22 ± 0.16 |
| 蹬伸期 | 伸展 | 2.96 ± 0.49 | 3.13 ± 0.62 | 3.03 ± 0.56 |
| | 外翻 | 0.53 ± 0.27 | 0.42 ± 0.36 | 0.32 ± 0.23 |
| | 外旋 | 0.20 ± 0.15 | 0.20 ± 0.15 | 0.22 ± 0.16 |

注：#表示15 cm与30 cm相比存在显著差异，*表示15 cm与45 cm相比存在显著差异，△表示30 cm与45 cm相比存在显著差异。

2.2.3　功率　落地高度对缓冲期膝关节屈曲功率、外翻功率、外旋功率没有统计学意义（$P>0.05$）。落地高度对蹬伸期膝关节屈曲功率、外翻功率、外旋功率有统计学意义（$P<0.05$），DJ30伸展功率显著大于DJ15（$P<0.05$），DJ45伸展功率显著大于DJ15和DJ30（$P<0.05$），DJ45外翻、外旋功率显著大于DJ15（$P<0.05$）。膝关节功率见表5。

表5　膝关节功率　　单位：W/kg

| 功率 | | 落地高度 | | |
|---|---|---|---|---|
| | | 15 cm | 30 cm | 45 cm |
| 缓冲期 | 屈曲 | 10.88 ± 2.24 | 11.99 ± 2.98 | 11.07 ± 3.40 |
| | 外翻 | 2.08 ± 1.79 | 2.37 ± 1.81 | 2.09 ± 0.99 |
| | 外旋 | 0.96 ± 0.58 | 1.13 ± 0.56 | 1.19 ± 0.58 |
| 蹬伸期 | 伸展 | 11.14 ± 4.90 | 24.95 ± 5.28# | 35.69 ± 8.57*△ |
| | 外翻 | 2.07 ± 1.81 | 2.85 ± 2.40 | 3.05 ± 2.53* |
| | 外旋 | 1.22 ± 0.93 | 1.64 ± 1.2 | 1.92 ± 1.37* |

注：#表示15 cm与30 cm相比存在显著差异，*表示15 cm与45 cm相比存在显著差异，△表示30 cm与45 cm相比存在显著差异。

## 3　讨论

### 3.1　落地高度对膝关节运动学特征的影响分析

在本研究中，随着高度增加，单腿跳深最大屈曲角度显著增大（$P<0.05$）：DJ30的最大屈曲角度显著大于DJ15（$P<0.05$），DJ45的最大屈曲角度显著大于DJ15（$P<0.05$）。膝关节屈曲角度与垂直地面反作用力峰值的大小呈负相关，缓冲过程中较大的膝关节屈曲降低了地面反作用力对膝关节的负荷，增加膝关节屈曲角度有助于更有效地控制身体缓冲减速。但是，过大的屈曲角度并不能提高运动表现。彭（Peng）研究双腿跳深得出的结果显示，当落地高度超过40 cm时，尤其是达到了60 cm时，落地时会有更大的膝关节屈曲来降低受伤的风险。他认为60 cm的落地高度作为跳深练习的使用价值并不高，因为加大膝关节屈曲虽然起到了减震缓冲作用，但是同样也增加了能量的耗散，反而牺牲了离心收缩阶段势能的储存。因此，从更高落地高度下降可能会把这个原本增强式收缩训练任务转变成一个功能性的减速任务。

在Mok的双腿跳深实验中，女性运动员从30 cm跳箱上跳深，膝关节最大屈曲、外翻、外旋角度分别为108.32 ± 14.66°、6.92 ± 5.21°、9.57 ± 5.67°。而在本研究中，女性从30 cm落地高度单腿跳深时膝关节最大屈曲、外翻、外旋角度分别为53.83 ± 11.67°、14.16 ± 7.80°、15.42 ± 7.24°。通过对比单、双腿跳深数据可以发现，单腿跳深最大膝关节屈曲角度为双腿跳深的1/2，而外翻、外旋角度却是双腿跳深的2倍。这一结果显示，与双腿跳深相比，单腿跳深时膝关节屈曲角度更小，并且有更明显的膝关节外翻、外旋角度，意味着单腿跳深缓冲能力更小，并有更大的损伤风险。

### 3.2 落地高度对膝关节动力学特征的影响分析

本研究发现，膝关节前向剪切力DJ45显著大于DJ15（$P$<0.05）。运动中保护膝关节的关键是股四头肌和腘绳肌的联合收缩。股四头肌和腘绳肌激活比较低会表现出更大的韧带剪切力、胫骨前向剪切力和胫骨相对于股骨的垂直剪切力。如果股四头肌明显激活或股四头肌肌力较大，股四头肌产生的力经髌韧带在胫骨近端产生前向力，而牵拉胫骨向前移动，增加了胫骨前向剪切力。另外，本研究还发现，缓冲期膝关节旋转剪切力、外翻功率、外旋功率也随高度的增加显著增大（$P$<0.05）。黄浩洁等研究发现，落地时臀中肌、臀大肌和股直肌首先被激活，如果出现姿势的偏移，股直肌和股外侧肌激活时序前移，但是股内侧肌的激活却出现延迟。所以，若股直肌和股外侧肌激活先于股内侧肌，则会造成膝关节在维持稳定时以外翻、外旋的角度保持重心的稳定，引起膝关节外翻角度、外旋剪切力和功率增大。

在本研究中，缓冲期膝关节的屈曲功率没有受到高度变化的影响，这与姚（Yeow）的研究类似。在姚（Yeow）的实验中，受试者从30 cm和60 cm的跳箱上落地，单腿落地时2个高度之间膝关节的功率没有显著差异。一般而言，跳深落地后利用下肢的肌肉活动来吸收和消耗地面的能量冲击，膝关节的功率和离心做功随着落地高度的增加而增大。但是随着高度的增加，单腿跳深在缓冲期没有表现出功率的增大，说明高度增加后单腿跳深对地面反作用冲击能力没有变化，可能存在较大的膝关节损伤风险。但是在本研究中，蹬伸期膝关节的伸展功率随高度增加而显著增大（$P$<0.05），说明落地高度显著影响单腿跳深落地后的反馈机制，如牵张反射、肌肉短时反应、肌肉离心收缩与向心收缩的快速耦合等。蹬伸期膝关节的伸展功率增大，说明随着高度的增加肌肉所储存的弹性势能增加，在蹬伸期内弹性势能转化为动能从而使蹬伸期的膝关节伸展功率增大。结合单腿跳深缓冲期和蹬伸期的动力学特点可以发现，随着高度的增加，单腿跳深在缓冲期的缓冲吸收能量的能力没有显著变化，但是通过增加落地高度能够增大膝关节蹬伸期伸展功率。因此，单腿跳深虽然也可以提高运动表现，但是缓冲期可能有较大的损伤风险。

## 4 结论与建议

### 4.1 结论

（1）随着高度的增加，单腿跳深时，虽然膝关节最大屈曲角度和屈曲力矩会增大以缓冲减速，但是单腿跳深较双腿跳深产生更大的膝关节外翻、外旋角度和外翻、外旋剪切力。

（2）随着高度的增加，蹬伸期膝关节功率增大，但是膝关节缓冲期能量吸收能力没有显著提高。

### 4.2 建议

（1）单腿跳深时额状面活动幅度较大，建议运动员在训练和比赛中尽量采用双腿落地、起跳。

（2）单腿跳深可能较双腿跳深存在更大的损伤风险，需谨慎选择单腿跳深动作作为提高超等长能力的优选方案。

## 参考文献

[1] HORITA T, KOMI P V, NICOL C, et al. Stretch shortening cycle fatigue: interactions among joint stiness, reflex, and muscle mechanical performance in the drop jump[J].European Journal of Applied Physiology and Occupational Physiology, 1996, 73(5): 393-403.

[2] LEVENEZ M, THEUNISSEN S, BOTTERO A, et al. The effect of a passive stretch training protocol on performance during a drop jump in humans[J]. Journal of Sports Medicine and Physical Fitness, 2013, 53(3): 319-326.

[3] FORTUNA R, GROEBER M, SEIBERL W, et al. Shortening-induced force depression is modulated in a time-and speed-dependent manner following a stretch-shortening cycle[J].Physiological Reports, 2017, 5(12): e13279.

[4] DELL'ANTONIO E, RUSCHEL C, DE BRITO FONTANA H, et al. Effect of Immersion on Ground Reaction Force and Contact Time During Drop Jump Exercise[J]. The Journal of Strength and Conditioning Research, 2016, 30(12): 3443-3449.

[5] DI GIMINIANI R, PETRICOLA S. The power output-drop height relationship to determine the optimal dropping intensity and to monitor the training intervention[J]. The Journal of Strength & Conditioning Research, 2016, 30(1): 117-125.

[6] 臧宇，许贻林，殷飞，等.落地高度对高水平短跑运动员跳深动作下肢生物力学和反应性力量的影响[J].体育与科学，2019，40(6)：101-110.

[7] ARAI A, ISHIKAWA M, ITO A. Agonist-antagonist muscle activation during drop jumps[J]. European Journal of Sport Science, 2013, 13(5): 490-498.

[8] 田进，周家颖.跳深着地阶段下肢所测肌肉的表面肌电活动特征研究[J].西安体育学院学报，2009，26(3)：341-346.

[9] GIMINIANI R D, GIOVANNELLI A, CAPUANO L, et al. Neuromuscular Strategies in Stretch-Shortening Exercises with Increasing Drop Heights: The Role of Muscle Coactivation in Leg Stiffness and Power Propulsion[J].International Journal of Environmental Research and Public Health, 2020, 17(22): 8647.

# 颈部稳定性训练对高水平艺术体操运动员慢性颈痛的干预效果研究

钱菁华，詹斌慧，任钰琪

（北京体育大学运动医学与康复学院，北京　100084）

**摘要**：对6名有慢性颈痛的国家艺术体操队运动员进行6周颈部稳定性训练，并采集颈痛程度、颈椎功能障碍指数、颈部肌耐力、颈部本体感觉进行研究。研究结果表明，①颈痛程度降低（$P<0.05$）；②颈部功能受损程度明显下降（$P<0.05$）；③颈部屈伸及侧屈肌耐力显著提升（$P<0.01$）；④颈部本体感觉改善（$P<0.05$）。研究认为，颈部稳定性训练能够缓解高水平艺术体操运动员的颈痛症状，促进颈部本体感觉的恢复，提升颈部肌耐力和功能。

**关键词**：颈部稳定性训练；慢性颈痛；艺术体操；颈部稳定肌

高强度训练常常引起艺术体操运动员颈背部疼痛，从而影响其运动表现。艺术体操运动员在训练过程中颈部长时间保持直立紧绷状态，若维持颈部姿势的肌肉群薄弱且休息不恰当，就会导致颈部肌肉疲劳，从而引起颈痛。颈部深层肌肉群是维持颈部姿态及稳定性的重要结构，本研究通过康复训练激活颈部深层稳定肌肉群，观察颈部本体感觉、肌肉耐力及颈部功能的变化情况，研究颈部稳定性训练对有慢性颈痛的国家艺术体操队运动员的运动康复治疗效果。

## 1　研究对象与研究方法

### 1.1　研究对象

颈部稳定性训练对高水平艺术体操运动员慢性颈痛的干预效果。

### 1.2　研究方法

#### 1.2.1　实验法

（1）实验对象。中国女子艺术体操队团体项目运动员6名，基本信息见表1。

---

**作者简介**：钱菁华（1975—），教授，博士。研究方向：运动治疗与健康促进。

表1　受试者基本信息

| 受试者 | 年龄 / 岁 | 身高 /cm | 体重 /kg | 专业训练时间 / 年 |
|---|---|---|---|---|
| 艺术体操运动员（$n$=6） | 22.2 ± 1.94 | 171.6 ± 2.43 | 51.84 ± 1.33 | 14.5 ± 2.2 |

纳入标准：①颈痛症状持续12周及以上；②VAS评分3~5分；③颈椎功能障碍指数为0%~40%，即轻中度功能障碍；④颈部弱链测试中，颈深屈肌持续收缩的时间少于24 s；⑤无颈椎外伤史、手术史。

（2）测试指标及方法。

①疼痛视觉模拟评分法（Visual Analogue Scale，VAS）。VAS在疼痛评估中应用较为广泛，根据患者疼痛的严重程度，在标明刻度的痛尺上进行定位评分，“0”代表完全无痛，“10”代表剧烈疼痛无法忍受。

②颈椎功能障碍指数（Neck Disability Index，NDI）。NDI包括颈痛情况和对日常生活的影响两个部分。NDI具有良好的效度、信度和敏感度，适用于评定各种类型颈椎病患者的功能状态。

③颈部肌耐力测试。在卧位下，受试者轻微用力保持颈部姿势，直到颈部感觉疲劳为止，记录保持时间，测试颈部前屈、后伸、双侧屈肌肉群的肌耐力。以颈部屈肌耐力测试为例，受试者仰卧，双下肢屈膝，下巴最大限度回缩并保持等长收缩，抬起头颈直到头离开床面2.5 cm，记录保持时间。

④颈部本体感觉测试。受试者佩戴眼罩，坐位，双脚间距40 cm。受试者头戴帽檐固定有激光笔的特制实验用帽，激光指针指向正前方40 cm的固定坐标系统的中心，轨迹与地面保持水平，按照口令进行颈部的定位运动。测试时，首先令受试者记住坐标系统的原点位置，在进行特定方向的颈部活动后回到原位置，记录此时受试者所停留的位置与原点的距离。每个定向运动选取3个点作为测试用点，并在该运动方向上连续重复3次定位测试。测试方向有4个，即矢状面上的屈、伸及在额状面的左、右侧屈，共计36次颈部连续反复运动定位任务。

（3）运动干预方法。

①颈部局部稳定肌激活。头长肌激活：仰卧位，将生物压力反馈仪置于颈后，通过小幅度点头动作，保持颈后的生物压力反馈仪压力值为20~30 mmHg。颈伸肌激活：保持颈部平直，分别以下颈椎或上颈椎为轴，完成颈部伸展动作。颈椎旋转：在左右方向各45°象限完成。

②颈部稳定性训练。利用弹力带阻力对颈部各个方向运动的深层肌肉群进行训练，包括对颈部前屈、后伸、侧屈深层肌肉群的训练。分别选取仰卧位、俯卧位、侧卧位，运动

员头部伸出治疗床，脊柱自然放松，弹力带分别位于枕骨下方、额部、颞部。完成动作包括收颌同时后伸抗阻、屈颈同时前屈抗阻、收颌同时侧屈抗阻，每个动作在终末位保持5 s后再重复10次，共3组，组间休息1 min。动作进阶：干预2周后，选取弹性系数大一级的弹力带继续进行抗阻训练。训练时，治疗师双手上下交替拉动训练带并随机振动弹力带。

颈部稳定性训练共持续6周，每周3次，每次20 ~ 30 min。训练前通过颈部各方向主动活动进行热身，训练后进行颈部肌肉的牵拉放松。

1.2.2　数理统计法　运用Microsoft Office Excel 2016和 SPSS 17.0统计分析软件对结果进行统计学处理，计算出干预前后各项指标的均值、标准差等统计学指标，用均值 ± 标准差来表示各参数。干预前后指标采用配对$t$检验的方法，显著性差异标准为$P<0.05$，非常显著性差异标准为$P<0.01$。

## 2　结果与分析

### 2.1　颈痛VAS评分

经过颈部稳定性训练后，运动员的颈痛VAS评分显著下降（$P>0.05$），见表2。

**表2　艺术体操运动员颈部稳定性训练前后颈痛VAS评分**　$n$=6

| | 干预前 | 干预后 | $P$ 值 |
|---|---|---|---|
| VAS 评分 | 3.83 ± 1.47 | 2.67 ± 1.37 | 0.034* |

注：*表示干预前后相比$P<0.05$。

疼痛症状会引起神经肌肉控制异常，颈部稳定肌失活，在颈部主动活动过程中不能维持平衡，动态应力分布不均即颈椎失稳状态，进一步加重颈部疼痛症状。颈部稳定性训练不仅能够增加颈部肌肉力量、加强颈椎稳定性，还能够促进局部血液循环、加速致痛物质的代谢，有助于缓解疼痛。

### 2.2　颈部功能障碍指数

经过颈部稳定性训练后，NDI明显下降（$P<0.05$），见表3。

**表3　艺术体操运动员颈部稳定性训练前后NDI**　$n$=6

| | 干预前 | 干预后 | $P$ 值 |
|---|---|---|---|
| NDI | 24.78% ± 8.08% | 18.33% ± 8.59% | 0.026* |

注：*表示干预前后相比$P<0.05$。

干预后6名队员的NDI均高于干预前，综合功能受损程度减轻，在生活及专项训练中颈部功能水平提高，说明颈部稳定性训练对提高颈痛运动员的颈部功能有积极意义。

2.3 颈部肌耐力

经过颈部稳定性训练后，4个方向颈部肌耐力显著提升，尤其是颈前屈、颈后伸和颈左侧屈肌肉群的肌耐力显著提升（$P<0.01$），见表4。

**表4 艺术体操运动员颈部稳定性训练前后颈部肌耐力** $n=6$

| 肌群 | 干预前 | 干预后 | $P$值 |
|---|---|---|---|
| 颈前屈肌群 | 18.17 ± 8.52 | 2.67 ± 1.37 | 0.001** |
| 颈后伸肌群 | 61.83 ± 30.04 | 88.67 ± 21.71 | 0.009** |
| 颈右侧屈肌群 | 41.67 ± 14.71 | 66.50 ± 18.47 | 0.012* |
| 颈左侧屈肌群 | 37.17 ± 20.59 | 73.00 ± 4.38 | 0.002** |

注：*表示干预前后相比$P<0.05$，**表示干预前后相比$P<0.01$。

患有慢性颈痛的艺术体操运动员的颈部肌耐力均不足，其中颈深屈肌测试结果均处于疼痛值内，左右侧不对称，右侧肌肉群的耐力比左侧大。由于颈部肌耐力的不对称性，当高载荷时，头部未处于中立位，如头部前屈或侧屈时，增加了作用力的力臂，从而增加了颈部肌肉的负担，造成颈肌或韧带的损伤。

2.4 颈部本体感觉

经过颈部稳定性训练后，位置重置误差明显减小（$P<0.05$），颈部稳定性训练对颈部本体感觉的提高有显著性影响，从而增强颈部稳定性，见表5。

**表5 艺术体操运动员颈部稳定性训练前后颈部本体感觉** $n=6$

| 方向 | 干预前 | 干预后 | $P$值 |
|---|---|---|---|
| 颈前屈 | 10.3 ± 2.5 | 4.4 ± 1.22 | 0.014* |
| 颈后伸 | 6.7 ± 2.36 | 2.8 ± 1.72 | 0.029* |
| 颈右侧屈 | 7.3 ± 3.52 | 5.6 ± 1.52 | 0.037* |
| 颈左侧屈 | 3.9 ± 3.52 | 3.2 ± 2.52 | 0.044* |

注：*表示干预前后相比$P<0.05$。

好的本体感觉是维持关节稳定性的重要因素，本体感觉不足与颈椎失稳互相影响，形成恶性循环。肌肉是本体感觉的感受器和效应器，因此，对颈部稳定肌进行力量增强训练，有助于重塑本体感觉，促进颈痛患者康复。

## 3 结论与建议

（1）6周颈部稳定性训练能显著缓解高水平艺术体操运动员的慢性颈痛，降低颈部功能障碍程度，提高颈部肌耐力和本体感觉。

（2）由于样本量小，加之国家队备战奥运训练任务紧，结果受到了一定程度的影响，如何高效、高质量地协调专项训练和康复训练之间的关系值得进一步研究。

## 参考文献

[1] SABETI A, JEREMIAN L, GRAF A, et al. Elite level rhythmic gymnasts have significantly more and stronger pain than peers of similar age: a prospective study[J]. Wiener klinische Wochenschrift, 2015, 127 (1-2): 31-35.

[2] 苗欣. 艺术体操运动员脊柱侧弯特征及椎旁肌功能变化的研究 [D] .北京：北京体育大学，2013.

[3] 张晔.体育艺术类学生颈椎疾病的调查研究[D].武汉：华中师范大学，2013.

[4] 潘泳鸿，仲卫红，张俊新，等.肌肉疲劳与慢性颈痛的研究现状[J].中国康复理论与实践，2015 (2): 168-170.

[5] 王斌，洪永锋，李红，等.颈痛的功能评定[J].国外医学（物理医学与康复学分册），2004，24 (2): 49-51.

[6] VEMON H, MIOR S. The neck disability index: a study of reliability and validity[J].J Manipulative Physiol Ther, 1991, 14 (7): 409-415.

[7] 伍少玲，马超，伍时玲，等.颈椎功能障碍指数量表的效度与信度研究[J].中国康复医学杂志，2008，23 (7): 625-628.

[8] COTE P, CASSIDY D J, CARMLL L J, et a1. The annual incidence and course of neck pain in the general population: a population-based cohort study[J].Pain, 2004, 112 (3): 267-273.

[9] PINSAULT N, VUILLERME N, PAVAN P. Cervicocephalic relocation test to the neutral head position: assessment in bilateral labyrinthine-defective and chronic, nontraumatic neck pain patients[J].Archives of Physical Medicine & Rehabilitation, 2008, 89 (12): 2375-2378.

# 儿童青少年脊柱筛查研究

徐建方，郭瑞芃

（国家体育总局体育科学研究所，北京　100061）

**摘要**：脊柱健康问题日益呈现低龄化趋势。此外，很多儿童、青少年使用手机、计算机等电子产品过多，学业压力大，导致静态活动时间过长，体力活动不足，身体姿势不正确（如走路含胸低头、坐姿不正确、趴在桌上午睡等）。这些因素均易导致脊柱形态不良、肩颈腰背疼痛等发生。儿童、青少年定期进行脊柱检查，有助于尽早发现可能存在的脊柱形态不良等问题。如果及时对其进行干预，将有效防止脊柱异常问题的进一步恶化，降低骨骼发育完全后再治疗的难度和手术风险。

**关键词**：儿童青少年；脊柱；分类；异常

本研究主要运用文献资料法等研究方法对儿童青少年脊柱筛查进行研究。

脊柱侧弯高发于学龄期青少年，通常10岁之后侧弯进展风险加剧，因此学校在学生脊柱健康意识形成过程中扮演着重要角色。早发现、早诊断、早治疗是预防脊柱问题的关键。学校应大力科普脊柱健康与身体姿态知识，设计符合学生个体及人体力学的课桌椅，增加学生体育活动时间，尤其是在高发年龄段前后更要重视，定期对学生进行脊柱异常风险初筛。

若在儿童时期发现脊柱形态异常而不予干预，随着青春期的来临，脊柱形态的不良状况就会进一步加剧。轻度的脊柱形态异常通常不会过多影响脊柱的功能并引起疼痛，多数轻度脊柱侧弯患者只存在躯体不对称的现象。在当前我国脊柱健康知识普及程度不高的背景下，父母和孩子往往意识不到其严重性，忽视对其的干预，加上许多孩子自身的害羞、自卑心理，其脊柱异常极易进一步恶化，加大未来的治疗难度。因此，家长和孩子应高度重视脊柱健康的自检，如发现脊柱形态异常，要有针对性地尽早对其进行干预。

**作者简介**：徐建方，研究员。研究方向：体质健康等。

## 1 脊柱形态异常分类

### 1.1 矢状面曲度异常

1.1.1 颈椎曲度异常 人类的颈椎在矢状面上呈生理性前凸，与胸、腰椎相比，其弯曲的程度最小，但活动性最好。出生后的新生儿在从爬行到直立行走的过程中，颈曲逐渐形成，承托着头部重量、支撑着头部的运动。

颈椎生理曲度变小、变直，甚至反张弯曲常见于儿童、青少年颈椎矢状面曲度异常。而少数患者的颈椎生理曲度增大表现为过度前凸，通常由上胸椎的曲度异常变化所导致，即胸椎后凸增大，颈椎前凸相应增加。

1.1.2 胸椎曲度异常 胸椎曲度异常表现为曲度增大或减小。曲度增大通常称为后凸畸形，表现为驼背等身体姿态；曲度减小则表现为平背姿态。

1.1.3 腰椎曲度异常 生长发育及动作行为逐渐导致腰椎的前凸，但矢状面未有明显变化。老年人钙质流失严重，骨质疏松症多发，人体不可避免地经历老化而致使脊柱形态发生改变，腰椎曲度会随之减少甚至消失，呈现弯腰体态。而生理曲度增大则常见于腰椎滑脱。

### 1.2 冠状面曲度异常

正常成年人的脊柱在冠状面上呈整体笔直状态，由上到下越来越宽，尾部呈现尖尖的“塔形”，而婴儿的胸、腰椎则上下一样宽。这是由于人在生长发育过程中为了更好地承重，腰椎逐渐变得粗大。通常脊柱冠状面的曲度异常体现为曲度偏离了笔直，呈现冠状面C形或S形。颈段、胸段或腰段都可能出现异常曲线。韩（Han）等研究显示，冠状面曲度异常中双曲线的比例最多且曲线进展最快，胸椎比腰椎的冠状面侧弯曲度进展更快。

脊柱任何一个面的曲度异常都可能会达到医学上的脊柱侧弯标准。脊柱侧弯是指三维空间中脊柱发生旋转、异常弯曲，常见于冠状面曲度异常，以Cobb角大于10° 为诊断标准。

## 2 儿童、青少年脊柱异常的危害

### 2.1 颈肩痛

柯尊华等的研究显示，超五成青少年有间歇性肩颈痛，青少年颈肩痛不仅呈上升趋势，而且随着年龄的增加患病率上升。其原因除遗传性脊柱健康问题外，还与玩手机、写作业时间过长、枕头过高过硬、午睡时趴着、身体活动少等有关。

如果长期保持不良身体姿势，如长时间低头、趴着午睡等，颈椎生理曲度消失而变直、侧弯，颈肩痛、骨刺、颈椎间盘脱出、颈椎病等将会随之而来，进而出现大脑供血不足、手足麻木、头晕呕吐等并发症状。

此外，颈椎形态异常不仅会带来生理上的疼痛，还会影响身体姿态，如圆肩驼背、头部前倾（forward head posture，FHP）、头部歪斜、“富贵包”等。韩（Han）等的研究显示，不良体姿的持续会导致FHP，继而导致颈部和上背部疼痛、僵硬、浅呼吸和呼吸功能障碍等症状。

2.2　腰背痛

姚卫光等的研究显示，超过三成的青少年存在由坐姿不良等问题引发的腰背痛。大部分青少年的腰背痛是不明原因的疼痛，通常认为其影响因素包括不良姿势、缺乏运动、久坐、家族病史、书包过重等。儿童、青少年时期正是生长发育的高峰期，脊柱还未定形，此时不良姿态会改变脊柱的力学结构，加之缺乏锻炼使得脊柱周围肌肉的力量不足且不均衡，极易使脊柱发生变形，引起疼痛。

任玉红等的研究显示，腰背痛一般在10~40岁发病，尤其在青春期前后多发，六成患者会出现脊柱变形，致残率在30%以上。

李曙晨等的研究显示，腰背痛早期症状有慢性腰背疼痛僵硬、晨起腰痛明显等。

2.3　多种并发疾病

当生长发育期出现脊柱形态异常时，曲度极可能继续发展达到脊柱侧弯水平。男、女性的特发性脊柱侧弯（AIS）患病风险相当，但是，在青春期的生长突增过程中，女性的AIS发展风险和患更严重疾病的可能性是男性的5~10倍，延误治疗和干预则可能导致严重的躯干畸形。

AIS具体的危害主要是心肺功能受损。脊柱异常多发生在颈胸腰段，常会引发肩、颈和背部的肌肉骨骼问题，造成FHP、斜颈、颈胸椎活动度削减等，继而对呼吸功能有直接的负面影响，致使膈肌灵活性和力量降低，程度较重甚至会导致胸廓畸形及肺泡通气减少，从而引起胸闷、心慌气促等症状。

2.4　心理问题

脊柱形态异常患者可能会因形象不佳遭他人讥笑，因此产生自卑和自闭心理，甚至有潜在的饮酒、吸毒、自杀等风险，致使自尊心不强、精神障碍比例升高。在16岁以后接受脊柱侧弯治疗的青少年比在更小的年龄接受治疗的儿童有更多的情绪问题。

## 3　儿童、青少年脊柱筛查方法体系研究现状

自1860年威廉姆斯·亚当斯（Williams Adams）首次提出Adams前屈试验（forward bending test，FBT）后，邦内尔（Bunnel）在1984年提出用脊柱侧弯检查尺测量ATR（均幅指标），后续研究者逐渐将其结合作为非侵入性脊柱测量的普查手段。1980年以来，西方国家逐渐将其对少年儿童脊柱的测量作为学校体检的常规部分，我国香港地区在20世纪末

也将脊柱筛查纳入常规卫生服务，但目前我国内地还未将其列入中小学体检或体质健康测试体系，对脊柱的测量与检查重视度不高。

### 3.1 一般检查/直立位检查的方式、方法

3.1.1 直立位检查　直立位检查即一般检查，作为基础性检查在脊柱普查、初筛中常会用到。其检查方法测试人员观察被测人员的棘突线是否笔直、双肩是否等高、双肩胛骨下角是否等高和双肩胛骨是否对称、两侧腰凹是否对称。

判断标准：任意一项检查结果为否即可能存在脊柱形态不良的问题。

3.1.2 FBT+ATR　FBT+ATR，即Adams前屈试验结合脊柱侧弯检查尺。这是经典的脊柱普查、初筛手段，是在世界范围内常用的脊柱检查方法。

被测人员分别进行两种姿势下的检查：①站位姿势。裸露腰背部，放松颈部，自然垂头，上肢自然下垂，双脚并拢站立，然后前屈90°；②坐位姿势。双脚分开，与肩同宽，坐于凳上，保持膝关节90°，双手合掌，向前缓慢弯腰至上半身接近但未碰到大腿的位置，颈部始终放松并自然垂头。测试人员于被测人员身后，平视观察其背部是否等高，以脊柱侧弯检查尺测量并记录最大不等高处。

判断标准：阴性——角度<5°，阳性（转诊阈值）——5°~7°（不含7°），强阳性（高度怀疑脊柱侧弯，转诊）——≥7°。

### 3.2 专业设备检查的方式、方法

3.2.1 X射线检查　由于确诊脊柱侧弯的X射线检查存在一定剂量的医疗辐射，因此建议对初筛检查中无脊柱侧弯风险特征的儿童、青少年勿轻易、频繁拍片。

3.2.2 CT检查　CT检查和CT三维重建可清晰显示骨质结构和软组织，精确测量椎骨旋转，有助于观察脊柱是否存在先天畸形以及任何隐匿性的脊柱疾病。但由于CT检查存在高剂量的医疗辐射，后逐渐被MRI检测取代，不作为常规检查。

3.2.3 MRI检测　X射线检查显示可能存在先天性脊柱缺陷者，应进行MRI检测。MRI检测能清楚显示椎管内异常，帮助排除神经异常的可能性。与CT、X射线检查相比，该方法的精确度更高，而且无辐射。

3.2.4 超声成像法　1988年，莱茨（Letts）等首次使用超声成像法评估脊柱侧弯曲线。而后，越来越多的研究探索利用超声数字化来确定脊柱曲度、椎体旋转、Risser征程度等。虽然超声成像法无辐射，但检测质量与精确度会受到一些因素的限制，如患者肥胖、Cobb角超过50°等。

3.2.5 红外热成像法　红外热成像法是使用红外相机对背脊肌肉温度分布进行评估的方法，其原理建立在脊柱异常者的肌肉失衡及脊柱两旁热不对称理论上。该方法无辐射，设备较为轻便，但目前只是辅助进行脊柱筛查的工具，极少单独作为脊柱异常筛查的标准。

3.2.6 表面形貌法 表面形貌法运用光学进行躯干摄影扫描来测量脊柱形态，可提供人体背部的三维形态测量数据。该方法无辐射，属于初筛的一种手段，如云纹照相法（Moiré Topography）、集成形状成像系统（ISIS）、光栅立体摄影、InSpeck系统、Quantec形状成像系统（QSIS）、Formetric 3D系统、密尔沃基形貌系统（MTS）、3D体表扫描（3DSS）。它们大多提供自动数字化功能，可客观记录背形轮廓数据。但由于设备沉重、价格昂贵、操作需要专业人士、缺乏健康对照数据集、单独使用准确率不高等原因，该方法在脊柱初筛方法中不能代替常用的FBT+ATR。

3.2.7 传感器测量法 传感器测量法是一种电子测量脊柱活动能力和形态的方法，多个脊柱测量方法都会间接运用传感器。该方法通常是进行传感器测量后，经计算机算法在软件中显示可视化图像和量化数据。该方法使用便捷、无辐射，属于初筛的一种手段。

本研究使用的Spinal Mouse即传感器测量法的一种，其通过手持式传感器接触皮肤，扫描脊柱形态，经蓝牙传输到计算机上，可呈现立体脊柱形状以及脊柱矢状面各项椎间角等数据。Spinal Mouse多用于脊柱活动度和形态学领域，大量研究已证实其具有良好的信效度。但张智海等研究发现，其测量脊柱下腰段的精确度低，易受皮下脂肪因素影响。

近年来，随着科技的发展，结合多传感器与红外摄像技术等，人们研发出了3D深度传感器、3D人体扫描仪，可对脊柱进行无接触式自动化的激光扫描，通过从背部识别反射点云，自动计算评估背部不对称指数，预测是否存在AIS。与Spinal Mouse类似，3D深度传感器、3D人体扫描仪也都存在自己单独的算法以及局部精度的问题。

3.2.8 人工智能筛查法 针对脊柱异常的大规模人工智能筛查技术已被开发出来。其采用深度学习算法（DLAs）对患者背部图片以及X线片或超声图像进行模拟训练，明确了背部外观特征与脊柱侧弯严重程度的关系，同时使用目标检测网络定位患者的裸露背部，利用多个卷积神经网络满足不同筛查任务的需求。杨（Yang）等研究验证，其准确率已达到人类专家平均水平，且速度更快。

相较于光学数字化系统的表面形貌法，人工智能筛查法更加便捷，只需提供裸露的背部照片即可进行诊断识别，且同样无辐射。但仍需要通过增加健康人群X线片训练数据或多维照片来提高算法的准确性，且对于<20° 的曲线识别性存疑。

### 3.3 脊柱异常普查的国内外研究

虽然脊柱筛查几十年前就在西方国家作为学校体检的常规部分执行，但人们对其仍有诸多争议。反对者主要认为早期筛查预测价值低，且增加了许多低风险学生不必要的X线转诊成本与辐射。美国预防服务工作组和美国家庭医生学会曾建议停止对无症状的青少年进行常规脊柱侧弯筛查，然而，中止筛查后有证据表明这导致了侧弯的延迟发现以及手术率的增高。脊柱侧弯研究学会、美国整形外科医师学会、美国儿科学会等则支持早期筛查，认为早期筛查可以监测曲线进展，并及时启动干预。

虽然脊柱异常筛查的方法手段多样，但多数因种种原因而没有推广到大样本人群普查应用中。当前，一般检查、FBT+ATR、表面形貌法、Spinal Mouse仍然是使用较多的脊柱异常普查初筛手段。对脊柱形态早期常用的筛查方法是FBT，后来为了提高筛查可靠性、灵敏度和准确性，减少过度转诊，将FBT与ATR结合。卡普雷利E.（Kapreli E）等研究显示，FBT+ATR+云纹照相的筛查方法可最大限度地降低假阳性率。然而，云纹照相由于设备沉重等不便于普查。为了提高筛查准确性，现在已很少单独使用一种方法进行初筛，通常使用二检法或三检法，即结合2种或3种筛查手段，综合后若为阳性结果，再推荐进一步做放射性检查以确诊。

表1、表2列举了国内外脊柱筛查的一些研究。需要注意的是，单独的FBT检查仅以目测判断躯干倾斜程度，FBT+ATR则因各研究者使用的转诊X线片判断标准不一，而出现了最终确诊率的差异。

**表1　国外脊柱筛查研究**

| 地区 | 筛查方法 | 研究周期 | 总人数 | 男 / 女 | 年龄/岁 | 接受 X 射线 | Cobb >10° |
|---|---|---|---|---|---|---|---|
| 挪威 | FBT+ ATR | 2010 | 4 000 | NA | 12 | 60 | 17 |
| 波兰 | FBT+ATR+Moiré | 2012 | 996 | 0∶1.0 | 9~13 | NA | NA |
| 希腊 | FBT | 1975—1999 | 215 889 | 1.0∶1.01 | 5~15 | 130 869 | 7 965 |
| 希腊 | FBT+ ATR | 1977—1999 | 3 039 | 1.0∶1.01 | 5~17 | 118 | 90 |
| 新加坡 | FBT+ ATR | 2003 | 93 626 | 0∶1.0 | 9~13 | 4 025 | 1 119 |
| 土耳其 | FBT | 2008—2009 | 4 059 | 1.07∶1.0 | 10~14 | 39 | 11 |
| 华盛顿 | FBT | 1989—1996 | 52 300 | NA | 11~13 | 1 218 | 314 |
| 希腊 | FBT+ATR | 2006 | 2 071 | 1.13∶1.0 | 5~18 | 23 | 23 |
| 希腊 | FBT+ ATR | 1996—2006 | 3 301 | 0.99∶1.0 | 3~9 | NA | NA |
| 波兰 | FBT+ ATR | 2018 | 6 850 | 1.0∶1.0 | 9~13 | NA | NA |
| 意大利 | FBT+ ATR | 2017 | 272 | 1.24∶1.0 | 9~14 | NA | NA |

注：Moiré 表示云纹照相，NA表示未具体说明。

表2 国内脊柱筛查研究

| 地区 | 筛查方法 | 研究周期 | 总人数 | 男 / 女 | 年龄 / 岁 | 接受 X 射线 | Cobb >10° |
|---|---|---|---|---|---|---|---|
| 上海 | FBT | 2015 | 5 327 | 1.07∶1.0 | 11~13 | 301 | 153 |
| 深圳 | FBT+ ATR | 2017 | 19 870 | 1.48∶1.0 | 12~18 | 268 | 151 |
| 北京 | FBT | 2005—2006 | 57 581 | 1.04∶1.0 | 5~20 | NA | NA |
| 哈尔滨 | FBT+ Moiré | 2005—2009 | 24 362 | 1.0∶1.0 | 6~16 | 497 | 423 |
| 黑龙江 | FBT+ Moiré | 2007—2009 | 17 525 | 1.06∶1.0 | 7~15 | 387 | 335 |
| 江阴 | Moiré | 2009—2013 | 78 323 | NA | 11~16 | 576 | 357 |
| 无锡 | FBT+ ATR | 2014 | 11 024 | 1.15∶1.0 | 6~13 | 128 | 11 |
| 昆明 | FBT+ATR+ Spinal Mouse | 2017 | 784 | 0.67∶1.0 | 9~16 | 50 | 23 |
| 阳江 | FBT+ Moiré | 2010—2011 | 19 646 | 1.19∶1.0 | 7~16 | 175 | 136 |
| 泉州 | FBT+ ATR | 2002—2005 | 21 112 | 1.16∶1.0 | 7~18 | 305 | 158 |
| 宜昌 | FBT+ ATR | 2016 | 3 483 | 1.07∶1.0 | 9~15 | NA | NA |
| 惠州 | FBT | 2017—2019 | 104 088 | 1.29∶1.0 | 7~17 | 3 426 | 534 |
| 温州 | FBT+ Moiré | 2010—2011 | 18 154 | 1.05∶1.0 | 7~18 | 141 | 112 |
| 西安 | FBT+ATR | 2013—2014 | 30 742 | 1.07∶1.0 | 7~18 | 789 | 393 |

注：Moiré 表示云纹照相，NA表示未具体说明。

## 参考文献

[1] 杨红涛.爬行运动对小学生脊柱形态影响的实验研究——以四年级小学生为例[D].石家庄：河北师范大学，2017.

[2] 柯尊华，王静怡.颈椎病流行病学及发病机理研究进展[J].颈腰痛杂志，2014，35（1）：62-64.

[3] 张智海，李茂廷，于智勇，等.脊柱形态测量仪（Spinalmouse）测评腰痛患者全脊柱运动能力[J]. 脊柱外科杂志，2009，7（6）：346-349，360.

[4] 郭瑞芃，徐建方，李良，等. 中外青少年体质健康测评体系对比研究[J]. 中国体育科技，2019，55（6）：3-13.

[5] 王航平，孙振武，王廷华，等.昆明市青少年特发性脊柱侧凸患病率及相关因素分析[J].中国学校卫生，2018，39（12）：1851-1854.

[6] 李同泽，宋淑华.青少年体质健康测试中对脊柱异常筛查必要性及可行性的探讨[J]. 当代体育科技，2018，8（35）：228-229.

[7] 陈荣彬. 多地区青少年颈肩痛相关影响因素调查分析[D].广州：广州中医药大学，2016.

[8] 姚卫光. 在校儿童和青少年非特异性下腰痛的危险因素研究[D].广州：南方医科大学，2011.

[9] 李曙晨，张丽丽，杨春玲.强直性脊柱炎的实验室检查[J]. 实用医技杂志，2006，13（10）：1674-1675.

[10] 刘刚. CT测量、CTA及3-D重建对脊柱侧弯矫形手术的临床应用研究[D]. 北京：中国人民解放军军医进修学院，2005.

[11] 王利飞，张智海，李海啸，等.脊柱动态测量仪对正常人和腰痛患者脊柱运动能力的量化测量[J].航空航天医药，2010，21（7）：1110-1113.

[12] 任玉红，乙广贤，扈盛.青少年特发性脊柱侧弯筛查方法的比较[J]. 湖北体育科技，2018，37（10）：893-895，936.

[13] 胡广询，刘诚，刘赫，等.深圳市南山区中学生特发性脊柱侧凸患病率调查报告及防治策略[J].中国社区医师，2017，33（35）：110-111.

[14] LINKER B. A dangerous curve: the role of history in America's scoliosis screening programs[J]. American Journal Public Health, 2012, 102（4）: 606-616.

[15] DUNN J, HENRIKSON N B, MORRISON C C, et al. Screening for Adolescent Idiopathic Scoliosis: Evidence Report and Systematic Review for the US Preventive Services Task Force[J]. JAMA, 2018, 319（2）: 173-187.

[16] HIRANO K, IMAGAMA S, HASEGAWA Y, et al. Impact of spinal imbalance and BMI on lumbar spinal canal stenosis determined by a diagnostic support tool: cohort study in community-living people[J]. Arch Orthop Trauma Surg, 2013, 133（11）: 1477-1482.

[17] HAN J, PARK S, KIM Y, et al. Effects of forward head posture on forced vital capacity and respiratory muscles activity[J].Journal of Physical Therapy Science, 2016, 28（1）: 128-131.

[18] KAPRELI E, VOURAZANIS E, BILLIS E, et al. Respiratory dysfunction in chronic neck pain patients. A pilot study[J]. Cephalalgia, 2010, 29（7）: 701-710.

# 简论“运动康复三级预防模式”及其应用研究

徐建武

（北京市体育科学研究所，北京　100061）

**摘要：**运动康复的目标与普通人群康复的目标不同。本研究根据康复医学预防思想提出发展“运动康复三级预防模式”的理念，根据造成损伤的不同机制和不同阶段表现，分别对多维度综合进行运动损伤风险评估、整体辨证康复治疗的原则和应用，以及以运动员为中心实施康复体能一体化展开论述。

**关键词：**运动康复；三级预防模式；运动表现

运动康复是根据疾病的发生、发展规律及特点，通过特定的体育活动方法进行伤病预防、疾病康复和加快身体功能恢复。运动损伤的康复目标是降低运动损伤的发病率，并在运动损伤后尽快康复，以恢复到受伤前的运动水平，最终正常训练和参加比赛。

## 1　根据康复医学预防思想提出发展“运动康复三级预防模式”的理念

康复医学是一门跨学科独立的医学学科，并且已经成为一个比较完整的康复体系，包括康复预防、康复评定和康复治疗3个方面的内容。预防为主是康复工作的重要指导思想。解勇、侯乐荣等学者在2008年备战北京奥运会过程中提出一期康复预防（赛前）和二期康复预防（训练）的概念和目标，对我国运动康复工作的开展有一定的指导意义。我们按照康复医学的三级预防思想，结合10多年的运动康复实践，在2017年第一届北京运动康复研讨会上提出了“运动康复三级预防模式”的理念。其中，运动康复一级预防是运动风险评估与干预；运动康复二级预防是通过运动康复的整体辨证以正确诊断，尽早治好小伤，防止发展成大伤和慢性损伤；运动康复的三级预防是以运动员为中心实施康复体能一体化，增强运动员的组织适应性，目标是预防再伤，因此康复体能一体化显得尤为重要，并且康复评估贯穿“运动康复三级预防模式”。

**作者简介：**徐建武（1973—），研究员，硕士。研究方向：运动损伤及慢性肌骨病康复。

## 2 多维度综合进行运动损伤风险评估

风险是指与不确定性相联系的损失的可能性，体育运动处处隐藏着运动损伤风险。这需要对运动损伤风险进行识别、评估与应对，努力把风险降到最低。

功能性运动测试（FMS）：通过动作评价的分级系统描述动作模式的质量，从而发现身体灵活性和稳定性存在的缺陷。我们对217名不同项目的优秀运动员进行了FMS，分析测试数据，发现运动员在FMS总分等于或小于17分的基本身体功能条件下发生运动损伤的危险程度是大于17分条件下的8倍，同时发现深蹲、前后分腿蹲、肩部灵活性和躯干稳定性俯卧撑4个动作模式的测试得分对运动损伤风险有预测价值。例如，经FMS发现这4个动作模式存在薄弱环节，需要引起重视，尽量矫正。在FMS之后，我们又开展了一系列的损伤风险评估研究，有“静态体姿评估在运动损伤诊断和预防中的应用研究”“典型动作的姿势评估在运动损伤诊断和预防中的应用研究”及“采用Body-Style体型测试系统和Spinalmouse脊柱形态测量仪综合评价身体形态特点的研究”。运动损伤风险除与基本功能动作质量有关外，还与项目特点（跑、跳）有密切关系，因此在进行运动损伤风险评估时，必须进一步结合跳跃过程的测力台测试、跑步的功能测试（侧重于核心和下肢）等，对运动员身体的各部分进行更加全面的筛查，找出异常姿势、异常动作和异常压力分布，从而发现潜在的运动损伤风险进行干预。

## 3 整体辨证康复治疗的原则和应用

运动损伤主要涉及肌肉、骨骼，运动损伤康复的最终要求是恢复它们的功能。半个世纪前，著名物理治疗师弗拉德米尔·杨达（Vladimir Janda）就提出“一个较远的解剖部分看似不相关的损伤可能是导致患者主诉的原因或与患者的主诉相关联”。康复治疗的完整过程包括评估、治疗、再评估，是一个辨证论治的过程。经过实践探索，我们逐渐形成这样一套整体辨证康复模式：它以选择性功能动作评价为架构，围绕腰盆骨和身体姿态，以运动链为线索，结合临床特殊检查，以有问题的肌肉和关节为落点，通过恢复外周正常结构，重建肌肉平衡，强化运动感知觉训练，最终恢复受伤前的运动表现。由功能到结构，再回到功能，体现了结构和功能的辩证统一的关系。例如，某女子自由摔跤国家队运动员在2016年11月2日主诉右膝关节外侧疼痛2周，关节伸直受限。其在2017年4月25日全运会预赛后再次受伤，主诉左膝在30 min跑步后下蹲站起时疼痛明显。虽然2次是不同侧膝关节疼痛，但我们通过SFMA选择性功能动作评价，结合身体姿态评估和临床特殊检查，整体辨证研究，明确第二次产生症状的原因和第一次产生病症的原因是一样的。我们从解决运动员存在的外旋功能障碍无疼痛的髋关节着手，又根据踝关节是灵活性关节，而膝关节是以稳定性为主的关节，根据灵活性优先于稳定性的原则，在解决髋关节无痛的功能障碍后再对存在的站立不稳和疼痛的踝关节进行治疗，最后加强膝关节力量和稳定性，恢复相关肌肉平衡，快速恢复膝关节功能，为该名运动员全运会决赛取得最后胜利提供了康复保障。

## 4 以运动员为中心实施康复体能一体化

以运动员为中心实施康复体能一体化，强调收缩连续体原则（Contractile Continuum，CC）和运动适应性原则。收缩连续体原则是指运动员在比赛或训练期间需使用不同类型的力量，包括助力运动、自由运动、反应力量、抗阻运动、爆发力量、启动力、最大力量、离心力量、极限力量等。在康复计划和训练中进行各种速度和强度的运动需遵循收缩连续体的原则，并结合运动适应性原则，按顺序进行，而不能省略步骤。这样才可以为运动员安全回到运动场提供最佳机会，并让他们为比赛做好准备。

在备战第十四届全运会过程中，我们对1名高水平女子武术运动员的足跖跗关节损伤按运动康复三级预防模式进行康复。我们根据跖跗关节损伤机制，制订了3周运动康复治疗方案：第一周松解足底筋膜，应用Mulligan动态关节松动术恢复跖跗关节正确位置，强化足底肌；第二周减少负重，继续关节松动和足底肌练习，强化踝关节周围肌肉力量练习；第三周逐渐恢复走跑功能，强化核心稳定性练习。我们通过3周康复进阶，整体辨证施治，使其避免手术，得以快速康复。为确保运动员“安全”重返赛场，我们对该名运动员进行了FMS、YBT（Y-Balance Test）、踝关节等速肌力测试、跑步风险评估和Back In Action（BIA）功能测试，综合判断该运动员可以重返运动场，但在赛前训练阶段还需在专项体能练习中加强左踝肌肉快速力量和肌肉耐力练习，增强左侧单腿稳定性和增强式跳跃能力，在蹬伸时注意第一跖趾关节的发力，增加踝关节跖屈刚度，快速释放足弓的弹性势能，同时注意胸椎灵活性练习，增强左侧臀肌力量和核心反射性稳定性练习。

损伤发生的内在机制是生物力学负荷高于潜在结构的承受能力，或者机体对某些生物力学负荷的承受能力降低。运动康复三级预防模式针对造成损伤的不同机制和不同阶段表现采取干预和治疗，通过系统康复和训练建立相应的运动和功能活动能力，以解决使运动员面临受伤或成绩下降风险的特定的能力缺陷。因此，运动康复三级预防模式可以科学防治运动损伤，并且能够提高运动表现。

## 参考文献

[1] 解勇，侯乐荣.备战北京奥运会的运动损伤康复体系思考[J]. 成都体育学院学报，2008，34（2）：66-68.

[2] 徐建武，刘道满，赵凡，等. 功能动作测试（FMS）在优秀运动员损伤风险评估中的应用研究[J].中国运动医学杂志，2014，33（9）：855-859.

# 运动损伤心理干预研究

徐建清

（福建省体育科学研究所，福建　福州　350003）

**摘要：**本研究采用文献资料研究方法对运动损伤变量指标、竞技运动损伤受伤前心理的概念模型和框架、竞技运动损伤心理康复的概念模型和框架、运动损伤心理反应、竞技运动损伤康复依从性、运动损伤疼痛管理、运动损伤后重新返回比赛等热点主题进行梳理，并就心理干预提出建议与操作要点，以期为后续建立运动损伤心理监控与调节干预系统提供基本理论支持。

**关键词：**运动损伤心理；生物；心理社会

竞技运动员为了取得成功往往要花费数千小时进行高强度训练，这使得他们不得不经常面对运动损伤的困扰。除了从身体治疗方面重点开展预防保健康复以外，研究还发现，结合生理和心理的综合性计划对运动损伤的预防和康复更加有利。学界已经开始重视社会心理因素在运动损伤发生和康复过程中扮演的角色，近20年以来国际上有关二者关系的概念模型、实验证据和知识日益增长［安德烈亚斯·伊瓦尔松（Andreas Ivarsson）等］。

## 1　运动损伤变量指标含义的演变

对运动损伤的定义是多样而变化的，一种观点认为，运动损伤是指造成身体暂时（有时是永久性的）失能、无法运动的创伤；另一种观点认为，除中断训练比赛之外，不一定会导致运动能力受损的不适感也与受伤有关，极度不适或疼痛通常（但并不总是）意味着受伤。为了促进测量的标准化，2005年6月在奥斯陆举行的第一次世界体育伤害预防大会上（the 1st World Congress on Sports Injury Prevention in Oslo in June 2005）成立了运动损伤共识小组，并于2006年发布了足球损伤的定义和方法以及报告。

**作者简介：**徐建清（1971—），研究员，硕士。研究方向：体育社会心理学。

## 2 竞技运动员运动损伤预防与保健心理

### 2.1 运动损伤预防与保健心理的内容

竞技运动员运动损伤预防与保健心理的内容包括了经典应激——损伤理论框架、行动理论视角、状态视角及生物社会心理视角下的运动损伤预防心理模型，对运动损伤心理预防有了较为深刻的认识。

### 2.2 开展预防运动损伤心理干预的必要性

预防运动损伤的视角和模型帮助我们更加理解心理因素与发生运动损伤的关系，为后续干预提供了理论基础。安德烈亚斯·伊瓦尔松等收集了7篇心理干预文献，检验了旨在减少运动损伤的心理干预效应。这些研究文献运用验证过的心理干预手段如压力管理课程、认知行为疗法、正念疗法和元分析发现，在所有干预研究中治疗组比控制组的运动损伤发生率低，心理干预对于处于风险中的样本更加有效。由此可以证明，心理干预对预防运动损伤能起一定的作用。因此，在运动损伤预防过程中应考虑心理干预内容的设计。

### 2.3 运动损伤预防的心理干预模型

鉴于运动损伤发生是与一系列的风险行为紧密联系在一起的，避免这些风险行为就非常重要了。我们整合了计划理论和自我决定理论，为建立分析运动损伤预防依从性的理论框架提供了参考。一般来说，预防运动损伤的心理干预技术包括：认知重建（Cognitive restructuring），思维阻断（Thought stoppage），自信训练（Confidence training），培养现实期待（Fostering realistic expectations），Fostering cohesiveness（培养凝聚力），放松技术（Relaxation skills），自生训练、冥想（Autogenics/meditation），想象、心理演练（Imagery/mental rehearsal），注意力分配训练（Distraction disensitisation），药物控制（Medication modification），等等。

### 2.4 预防运动损伤的心理学建议

预防运动损伤的心理学建议包括开展心理诊断与评估、创设重视预防运动损伤的氛围、开展运动损伤风险的教育活动、加强教练员在预防运动损伤中的作用、定期检查和筛查运动损伤发生的风险因素、开展压力管理等。

## 3 竞技运动损伤康复心理概述

一个完整的康复过程应包括身体和心理两个方面的干预。

### 3.1 运动损伤人群的心理反应

康复过程常见的错误认知有否认、失能评价、认同延迟和不合理信念。患者常出现外向投射、内向投射和病人角色强化等心理障碍。如果运动损伤使运动员在整个赛季都无法参赛，使运动员毫无准备地要结束其运动生涯，那么，这种负面心理就更可能发生。竞技运动损伤人群的心理反应具体包括运动损伤认知反应、运动损伤情绪反应和运动损伤行为反应［运动员应对、康复的坚持（依从）性，损伤后的人际关系］。

3.2　运动损伤疼痛心理

运动损伤疼痛心理包括运动员个人特征、运动员康复活动对运动疼痛的影响、运动损伤疼痛的心理反应及运动损伤疼痛的处置等内容。

3.3　运动员运动损伤后重返比赛的心理干预

在施行的关于运动员运动损伤后返回运动的定性、横向和实验性研究中，艾科隆德（Eklund）等发现重新返回到运动过程中可能引起激动的感觉和期待，但同时会出现忧虑和不确定性，特别是运动员表现出高度的表现焦虑、重新受伤的焦虑、身体自我效能的减少、担心达不到受伤前的表现水平，以及来自教练、队员及家庭成员期待自己重返的高强度或轻微压力。在某些例子中，社会的和文化的因素（如媒体、运动亚文化群）也可能影响运动员在准备好之前返回运动的表现。

由于返回到赛场的运动员面对多种挑战，很多研究者已经检测了与运动员返回运动场的心理相关的构建。运动员重返运动场心理准备量表（Psychological Readiness to Sport Scale，I-PPRS）和再损伤焦虑问卷（Re-Injury Anxiety Inventory，RIAI）已被用于评估运动员心理上是否准备好重返运动场。

3.4　运动损伤心理康复干预的要点

运动心理学研究者已经检验了运动员对运动损伤的认知、情绪和行为上的反应，对这些心理反应进行研究能促进运动员形成合适的应对技巧，增强关键的康复行为，此外，运动员的认知和情绪反应也可能影响生理上的痊愈过程。

从心理干预的角度看，研究者已经证明了对提高依从性或运动损伤康复效果的多种干预策略的有效性，包括目标设置、意象和放松技术、压力免疫（Heil & Podlog）。相似地，自我指导的认知应对策略，如接受损伤、积极的自我谈话技术，预测了支持性的结果。最后，有一些证据初步表明心理因素通过神经激素（去甲肾上腺素、多巴胺）的改变也许会缩短康复过程。

对于促进运动员运动损伤康复来说，最大化社会支持的提供和最佳的医患之间的互动可能是必要的。另外一个重要的影响运动员运动损伤康复的社会因素是医患关系的质量。

3.5　促进运动损伤康复的心理学建议

促进运动损伤康复的心理学建议包括帮助运动员设置学习目标、鼓励和组织运动员进行开诚布公的交流、建立适宜的团体氛围、要求运动损伤运动员进行表象练习、鼓励运动损伤运动员进行积极的自我谈话、为运动损伤运动员提供社会支持、为物理治疗师和体能康复训练人员提供基础心理学训练。

## 4 结语

目前国内还缺乏丰富的运动损伤心理预防与心理康复研究成果，本研究以期为运动损伤心理预防与心理康复在运动损伤实践领域的研究提供理论支持。

## 参考文献

徐建清.精英运动员运动损伤的心理预防：理论模型和研究展望[J]. 河北体育学院学报，2019，33（6）：78-85.

# 接纳承诺疗法在运动员个案概念化中的应用
## ——以比赛常见心理问题为例

高志青

（北京市体育科学研究所，北京　100075）

**摘要：**本研究运用文献资料法、归纳总结法等研究方法，以比赛常见心理问题为例，探讨接纳承诺疗法在运动员个案概念化中的应用。

**关键词：**接纳承诺疗法；运动员；心理问题；个案概念化

## 1　问题的提出

运动员比赛心理问题既与比赛情境密切相关，又与运动员个性心理特征和心理过程紧密联系，其有效解决既依赖于运动员比赛心理问题解读的准确性，又取决于干预方式的有效性。在运动心理服务实践中，心理咨询作为运动员比赛心理问题的重要解决手段，多依据运动心理工作者个人经验和运动心理学一般知识，结合运动员情况和比赛情境进行，而非依据某一心理咨询理论的工作模式开展。其中，作为心理咨询工作必要内容的个案概念化，由于咨询过程中常常缺乏明确理论引领，虽然重要，但是经常被运动心理咨询者所忽视，在一定程度上影响了运动员比赛心理问题的解决。

个案概念化是心理咨询工作者根据某种心理咨询理论对来访者的问题进行假设，以推动咨询工作开展的一种思维方式。它有利于咨询师和来访者做到准确共情、找到问题解决的切入点和干预方向、把握咨询过程，是心理咨询的重要专业技能。本研究主要阐述接纳承诺疗法（Acceptance and Commitment Therapy，ACT）个案概念化方法和技术并结合运动员比赛常见心理问题予以分析。

## 2　接纳承诺疗法个案概念化主要内容

接纳承诺疗法基于功能性情境主义（Functional Contextualism）哲学取向，假设人的心理问题是认知融合和经验回避而产生的心理僵化所致，其病理和治疗模型基于6个相互联系

**作者简介：**高志青，研究员，博士。研究方向：运动心理学。

且对应的过程，即经验性回避—接受事实、认知融合—认知解离、不灵活的关注—灵活的关注、概念化自我的联接—觉察自我、冲动或缺乏行动—承诺行动、价值观不明确—明确价值观。心理问题解决在于打破心理僵化，提高心理灵活性。

接纳承诺疗法个案概念化包括问题和背景信息的收集、功能分析（时间、轨迹和语境）和价值访谈3项内容，具体从模型的6个方面出发，对来访者每一对过程进行评估，发现主导这一过程产生的具体表现，也可用数字予以量化评估，从而获得来访者心理僵化的主要原因和过程，同时为提升来访者心理灵活性提供方向。

## 3 运动员比赛常见心理问题和个案概念化

运用接纳承诺疗法个案概念化方法和技术，可以对运动员比赛常见心理问题进行个案概念化和干预。

### 3.1 运动员比赛常见心理问题

运动员比赛常见心理问题主要是压力下心理稳定性被破坏，表现在情绪不稳定、注意力不能有效聚焦当下。具体而言，一是运动员压力下的过多额外努力、“完美主义”倾向导致运动员注意力从整体转移到局部和动作细节，同时压力下运动员唤醒水平提高，对动作的精细感知相比平时发生一定变化，同样导致注意力转向局部和动作细节，2个方面都会导致动作完整性和流畅性受到影响，动作质量和运动表现下降，进一步引发或加剧运动员的担心、焦虑等情绪反应，注意力从当下离开，运动员心理稳定遭到破坏。二是运动员过多关注压力引发的担心、焦虑、过度紧张等正常应激反应，思维活动增多，同样让注意力从当下离开，运动员心理稳定性遭到破坏。三是对概率下正常技战术动作失误、成绩落后等情况不认可、不接受，“一片乌云遮住了蓝天”，不能够“跳出来”看问题。

### 3.2 运动员比赛心理问题的个案概念化

运动员比赛心理问题的个案概念化在问题和背景资料收集阶段，通常要结合比赛重点了解运动员从业的动机（比赛心理定向）和想要做一个什么样的运动员（比赛表现），通过运动员这一职业（比赛成绩），为今后生活（接下来的训练和比赛）奠定什么基础。在功能分析阶段，重点从时间、轨迹、语境3个方面进行谈话。咨询师要关注运动员比赛心理问题的表现方式和已有的处理办法对于运动员比赛正常发挥水平有什么样的作用和功能，从时间上去了解问题是什么时候开始的，是如何发展的，是在什么级别的比赛和什么样的运动水平等情境下发生的。发现运动员解决自己心理问题的惯有思维模式是非常重要的，因为这往往是比赛心理问题产生和未能有效解决的原因。对问题发生情境的关注，可以帮助运动员发现自己具有的解决问题的资源。在价值访谈阶段，咨询师要讨论运动员感受的价值和行动的价值之间的不同。运动员比赛时经常要应对逆境，逆境中如何体现竞技体育顽强不息、自我拼搏的精神，其中的感受会随着比赛的进程和自我的表现而起伏，选择什么样的行动去体现一个运动员的价值或他看重的事物（比赛目标），是价值访谈的重要目的。这个阶段还要重视价值和认知融合、自我、当下、接纳、承诺行动等过程的关系。具体分析如下。

从价值角度看，重点评估运动员在参赛过程中能否赢得比赛或者表现自身的什么特质。运动员的职业特点决定了其渴望赢得比赛，通过比赛展示和实现自身的价值。运动员通过比赛展示一个什么样的“我”，通常是运动员看重又容易忽略的事情，这也是解决运动员比赛心理问题的“总开关”。

从行动角度看，重点评估运动员采取的行动是否与价值一致，在实现价值的过程中，什么是与价值实现一致的行为。为了掌握技战术动作和取得优异运动表现，运动员需要反复进行训练和参赛，挑战身心极限，在比赛时已具备了相当高的技战术、心理、体能等的水平和解决比赛心理问题的能力，其需要的就是选择适当的行动。

从当下角度看，重点评估运动员对过去和未来的过分关注，比赛逆境下的分心和走神。运动员都知晓只有将注意力放在完成技战术动作的主线或要领上，才能高质量地完成技战术动作，换句话说，运动员知道注意力集中在当下是取得优异运动成绩的保障。我们要帮助运动员识别什么原因导致注意力离开了当下，又要坚定其只有关注当下比赛才能实现如其所愿的想法 。

从接纳角度看，重点评估运动员是否可以坦然面对和接受赛场发生的任何不可控的事情。运动员都有不同身体状态下、不同比赛环境下、不同竞技能力下参加训练和比赛的实际经历和经验，需要在比赛前和比赛中及时评估自己的接纳情况。

从解离角度看，重点评估运动员所描述的是想法还是事实。比赛充满了不确定性和偶然性，运动员在比赛中阶段性或整体超水平和失常发挥是经常发生的现象。运动员具有区分想法和事实的经历和经验，重点在于及时觉察自己的想法，为做出适当选择奠定基础。

从自我角度看，重点评估运动员赛前和赛中是否可以站在教练员、对手和自己赛后总结的角度看待当下的思维和行为，是否可以“跳出来”看问题。运动员在长期训练和比赛中，在教练员的指导下，不断反思总结，从多个维度和角度了解自我，对于概念自我和观察自我都有实际经历和感受。

上述6个方面在评估和个案概念化过程之间是相互联系的，具体到每个运动员所面临的比赛心理问题，每个方面之间的劣势和优势是不同的，在进行个案概念化和干预时可以从占据优势的方面入手分析，制订干预计划。

3.3 运动员比赛心理问题发生过程的个案概念化要点

运动员在处理比赛遇到的问题时通常有多种情况，这些情况是进行个案概念化的要点，具体如下：一是在压力下觉察到动作精细感觉或者是状态与平时或自己期待的不同时，通过反复“试错或者调整”来寻求“正确或者好”的技术动作感觉和状态。二是对正常概率下的技战术动作失误不能认可和接受，认为是动作技术哪个环节出了问题，希望“准备更充分一些，动作控制再好一些”，从关注动作“整体”走向关注“细节”。两种情况的共同之处在于运动员希望通过调整技术动作重新获得“好的动作感觉”，认为只有这样才能打好比赛。按接纳承诺理论的观点来分析，这是典型的认知融合和经验性回避。三是希望能够控制乃至“消除”那些所谓的消极情绪和不应该的“想法”，重新回到自己期待的“注意力集中状态”，反而使注意力离开了当下。其实质是不接受比赛与训练不同带来的正常变化，不认可所谓担心、焦虑、紧张等是比赛压力下正常的应激反应，渴望通过行为和认知活动去消除和抗拒这些变化，寻求最佳状态。这恰恰是一种无效行动或冲动行为，既是认知融合，又是经验性回避。

## 4 结语

运动员比赛心理问题解决的核心是如何保持和提高压力情境下的心理稳定性，对压力的认知和压力下对变化规律的正确认知是心理稳定性的关键，运动训练本质就是帮助运动员在不同情境下和不同身体状态下最大限度地发挥自己的水平、能力，在比赛中获取优异运动表现。这一概念本身隐含着运动员对不同环境（自身内部环境和外部环境）变化的接纳和适应，与接纳承诺疗法提高心理灵活性内涵相一致。接纳承诺疗法个案概念化方式和技术为准确和全面地解读运动员比赛心理问题，为采取相应干预方法保持运动员比赛过程中的心理稳定提供了新的路径。

## 参考文献

[1] 李欣，王斌，马红宇，等.我国运动心理咨询工作者的绩效评估研究[J].中国体育科技，2008，44（1）：30-35，39.

[2] 章崇会，姒刚彦.应用运动心理学从业者训练与督导[J].中国运动医学杂志，2011，30（9）：851-857.

[3] 安芹.个案概念化在心理咨询中的应用[J].中国心理卫生杂志，2006，20（2）：133-135.

[4] 刘丹，张婕.个案概念化在系统家庭治疗中的应用[J].中国临床心理学杂志，2014，22（4）：746-748，745.

[5] 斯蒂芬·海斯，柯克·斯特罗瑟，凯利·威尔森.接纳承诺疗法（ACT）正念改变之道[M].祝卓宏，张婍，辛久岭，等译.北京：知识产权出版社，2016.

[6] 姒刚彦，张忠秋，张春青，等.中国运动员备战2008年北京奥运会的心理服务[J].中国体育科技，2012，48（4）：3-20.

[7] 王进，娄虎，唐寅平，等.解读竞赛压力下的运动表现：一个“Clutch”视角的运动能力初探[J].体育科学，2013，33（6）：14-22.

[8] 张力为.运动员备战2008年北京奥运会的心理问题[J].北京体育大学学报，2006，29（6）：721-725.

# 大学生体成分与最大心率的相关性研究

高晓嶙[1]，徐　辉[2]，高　立[3]

（1. 国家体育总局体育科学研究所，北京　100061，2. 上海体育学院，上海　200438，3. 北京邮电大学，北京　100876）

**摘要**：为揭示体成分与HRmax相关生理学机制，提高预测准确性，本研究检测了健康大学生的体成分与HRmax，采用逐步多元线性回归的方法建立HRmax回归模型：HRmax=158.537+0.840×年龄+6.701×性别−5.328×是否经常锻炼+0.181×躯干体脂百分比，发现在大学生中体脂百分比与HRmax呈正相关，说明体脂百分比可能是独立于性别、年龄、经常锻炼之外心率的最大影响因素。

**关键词**：大学生体脂百分比；体成分；最大心率

近年来，许多研究显示海拔高度、健康状况、种族、智力发育、肥胖等都有可能对最大心率（HRmax）产生影响。目前，体成分与HRmax的相关研究很少，并且体成分和HRmax通常同时受性别、年龄、锻炼等因素的影响。本研究拟通过探索大学生体成分与HRmax的相关性，为提高HRmax预测准确性提供实验依据和理论支持。

## 1　研究方法

所有受试者均为健康在校大学生，均填写体力活动准备问卷（PAR-Q，国际通用中文版），签署知情同意书，并进行常规体格、血液、心电图、血压检查。本研究依据国家体育人口标准判断其是否经常锻炼。受试者根据性别和是否经常锻炼分为女普通组、女锻炼组、男普通组、男锻炼组。

清晨，组织受试者空腹测身高、体重、体成分。采用美国GE双能X线骨密度仪（DXA）检测受试者体成分，采用线性递增负荷运动试验方案检测受试者HRmax。

运用SPSS 25.0软件统计分析数据，利用K-S检验各组数据正态分布情况，利用Pearson和Spearman检验线性和非线性相关，应用偏相关控制影响因素筛选与HRmax相关的指标，通过多元线性回归方法建立方程，分析体成分与HRmax的相关性。

---

**作者简介**：高晓嶙（1974—），研究员，博士。研究方向：运动心脏医务监督。

## 2 结果与分析

在266名受试者中有女生132人、男生134人，平均年龄为21.6岁，平均HRmax为181.8 bpm，平均体重为63.8 kg，平均身高为169.5 cm，平均BMI为22.0。

HRmax平均值：女普通组为181.6 bpm，女锻炼组为178.2 bpm，男普通组为189.7 bpm，男锻炼组为181.1 bpm，总体为181.8 bpm。全身体脂百分比均值：女普通组为28.9%，女锻炼组为28.7%，男普通组为20.6%，男锻炼组为16.5%，总体为23.0%。全身骨密度均值：女普通组为1.136 g/cm$^2$，女锻炼组为1.171 g/cm$^2$，男普通组为1.178 g/cm$^2$，男锻炼组为1.278 g/cm$^2$，总体为1.203 g/cm$^2$。*T*值评分均值：女普通组为0.1，女锻炼组为0.6，男普通组为0.5，男锻炼组为1.6，总体为0.8。*Z*值评分均值：女普通组为0.3，女锻炼组为0.6，男普通组为0.4，男锻炼组为1.4，总体为0.7。头部骨密度最大，平均为2.093 g/cm$^2$，其次是大腿骨密度，平均为1.320 g/cm$^2$，肋骨的骨密度最低，平均为0.676 g/cm$^2$。全身体表面积均值：女普通组为2 011 cm$^2$，女锻炼组为2 127 cm$^2$，男普通组为2 327 cm$^2$，男锻炼组为2 488 cm$^2$，总体为2 256 cm$^2$。

在控制性别和锻炼因素后，全身及各部位的体脂百分比均与HRmax呈显著正相关（$P<0.05$），骨密度、全身体表面积与HRmax无显著相关（$P>0.05$）。根据偏相关分析结果，28个体脂百分比指标、性别、锻炼、年龄作为进入方程的候选指标，采用逐步多元线性回归的方法建立HRmax回归模型：$HRmax=158.537+0.840\times X_1+6.701\times X_2-5.328\times X_3+0.181\times X_4$。其中，$X_1$=年龄，$X_2$=性别（男=1，女=0），$X_3$=是否经常锻炼（是=1，否=0），$X_4$=躯干体脂百分比（脂肪/组织）。回归检验效果*F*值=13.603（$P=0.000$），*D–W*值=1.633，所有自变量VIP均小于2，提示该模型所有自变量与因变量具有显著的线性相关，不存在明显的自相关和多重共线性问题。标准化残差没有明显偏离正态性，提示整体模型构建良好。模型$R^2$为0.173，调整$R^2$为0.160，提示模型中的自变量可以解释HRmax16.0%的变化。根据标准化系数，自变量对HRmax作用由大到小依次为性别、锻炼、躯干体脂百分比（脂肪/组织）、年龄。纠正年龄、性别和是否经常锻炼因素后，躯干体脂百分比（脂肪/组织）与HRmax呈正相关，每增长1%，HRmax增加0.181 bpm。

已有研究证据显示，体脂百分比和中心性肥胖、心肺功能呈负相关，体脂百分比高和中心性肥胖人群往往具有较差的心肺功能。此外，肥胖和超重有可能导致心脏形态结构改变，并与其严重程度相关，常见结构改变包括左室壁增厚、心腔扩大、室壁厚度与左室内径平行增长。肥胖/超重患者由于心脏收缩和舒张功能的下降，运动时心脏每搏输出量增加有限，心输出量的增加更多依靠提高心率，这也许是导致肥胖/超重患者拥有更高HRmax的机制之一。除此之外，还有很多研究表明，肥胖/超重可能会激活人体的交感神经系统和肾素–血管紧张素系统，交感神经张力增高，心率、心肌收缩力和血压上升，长期下去必然会导致心脏结构和功能发生代偿性改变。

## 3 结论

大学生体脂百分比与HRmax呈正相关，其中躯干体脂百分比（脂肪/组织）最具代表性，可能是独立于性别、年龄、锻炼之外影响HRmax的体成分因素。体脂百分比有可能通过机械压迫心脏、神经体液和代谢等途径影响HRmax。

## 参考文献

[1] 常芸，张忠秋，陈吉棣. 中国运动员生理心理常数和营养状况调查[M].北京：人民体育出版社，2006.

[2] MOUROT L. Limitation of Maximal Heart Rate in Hypoxia: Mechanisms and Clinical Importance[J]. Frontiers in Physiology, 2018, 9: 972.

[3] FERNHALL B, MCCUBBIN J A, PITETTI K H, et al. Prediction of Maximal Heart Rate in Individuals with Mental Retardation[J]. Medicine & Science in Sports & Exercise, 2001, 33（10）: 1655-1660.

[4] HEINZMANN-FILHO J P, ZANATTA L B, VENDRUSCULO F M, et al. Maximum Heart Rate Measured Versus Estimated by Different Equations During the Cardiopulmonary Exercise Test in Obese Adolescents[J]. Rev Paul Pediatr, 2018, 36（3）: 309-314.

[5] 降凌燕，焦振山.中心性肥胖诊断标准及其在代谢综合征诊断中的应用研究进展[J].中国慢性病预防与控制，2011，19（3）：314-317.

[6] 张鹏思，杨腾飞，裴冬梅.职业人群生活方式和心理因素对肥胖的影响[J].中国医科大学学报，2020，49（12）：1076-1081.

[7] 郭春雷，王惠君，张兵.儿童青少年肥胖研究进展[J].卫生研究，2020，49（3）：516-522，526.

[8] 王向东，刘荣华，马宝娟，等.内脏脂肪含量对青年肥胖女性心肺功能及有氧运动能力的影响[J].现代预防医学，2010，37（10）：1907-1909.

[9] 崔爱东.腹型肥胖对超重者心脏结构和功能的影响[J].国际心血管病杂志，2010，37（5）：312-314.

[10] 张艳梅，韩丽娜，黄鹤，等.超重、肥胖患者心脏结构、功能变化及影响因素研究[J].生物医学工程学杂志，2016，33（1）：126-131，143.

[11] 陈贻珊，周越，于亮，等.肥胖儿童心脏结构和功能特征[J].中国运动医学杂志，2017，36（7）：610-617.

# 单项体育运动标准体系构建
## ——以健身气功为例

黄希发，杨　杰，张学谦

（国家体育总局体育科学研究所，北京　100061）

**摘要**：为推进各体育项目标准化建设，服务单项体育协会改革与管理创新，助力各项目运动和产业发展，应首先做好各体育项目标准体系顶层设计。本研究以健身气功为例，基于标准化系统工程方法，通过政策分析、文献分析和调查研究，确立了健身运动标准体系建设的目标和原则，从应用领域、对象属性、管理要素等维度构建了标准体系三维设计模型，建立了健身气功运动标准体系框架。该研究思路和方法可为其他健身运动体育项目构建标准体系提供参考。

**关键词**：体育项目；协会改革；标准体系；标准化系统工程

标准化已成为新时代支撑国家治理体系和治理能力现代化的基础性制度设计。面对全国性单项体育协会脱钩改革任务，政策上要求行业管理部门转变管理思路、创新管理方式，鼓励行业协会参与标准制定等工作，协会也需要通过制定标准等加强治理，以标准化建设服务协会改革，规范行业秩序，支撑政府监管，提升服务质量，促进项目发展。这是开展包括健身气功在内的各项运动标准体系研究的时代背景和目的所在。

## 1　标准体系构建的目标和原则分析

### 1.1　分析框架

单项体育运动标准化建设旨在从技术和管理上支持该项目行业发展目标的实现。行业发展目标对标准提出需求，但标准体系建设需关注现实条件的约束，统筹考虑需求和约束条件，提出标准体系建设目标。在上述目标的指引下，单项体育运动标准化建设按照《标准体系构建原则和要求》（GB/T 13016—2018）确定标准体系构建的原则。该分析框架如图1所示。

---

**作者简介**：黄希发（1980—），副研究员，博士。研究方向：体育标准化应用。

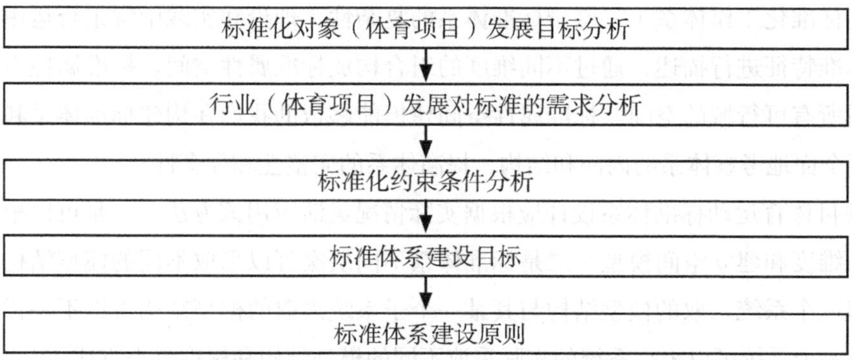


**图1　体育项目运动标准体系构建的目标和原则分析框架**

### 1.2　分析结果

（1）依据相关政策归纳健身气功行业的主要发展目标：提高健身气功运动普及程度，增强健身气功文化传播力和影响力，促进健身气功产业繁荣发展，推进健身气功治理体系与治理能力现代化。

（2）行业发展目标对标准提出相应的需求：通过标准保证健身气功功法科学性、权威性，保障健身气功活动规范性、安全性，是普及运动的基础；通过标准推动健身气功文化和知识普及工作，是提高认识和弘扬文化的前提；通过标准引导和规范群众健身、竞赛表演、技能培训等细分市场发展，是促进健身气功产业发展的手段；通过标准为健身气功管理提供技术依据和操作指南，是妥善处理政府、市场、协会关系，满足协会改革要求，提升行业治理能力的需要。

（3）标准化建设面临内外环境约束：国家对健身气功的监管要求，社会上存在的健身气功功法科学性和权威性难以保证、健身气功认识偏差、健身气功受众主要集中于中老年人群体等问题，决策层对标准化的高期待同现阶段健身气功标准化基础薄弱之间的矛盾，等等。

（4）综合权衡标准需求及约束条件，提出健身气功标准体系建设目标：一是从健身气功发展战略高度和全行业发展水平上构建标准体系；二是体系逻辑清晰，以健身气功功法为核心，以功法的编创、培训、习练、竞赛、交流、传播等业务为主线，保障健身气功功法及活动的科学、权威、安全、有序；三是管理特色鲜明，为健身气功运动迈入行业协会管理新时代提供支持；四是服务理念突出，通过标准化提升健身气功行业服务质量，促进产业发展。

（5）健身气功标准体系构建需遵循科学性、全面性、系统性、预见性、规范性和可扩展性原则。

## 2　标准体系框架的构建

### 2.1　标准体系构建的方法论

标准化系统工程将标准化系统（标准化体系）分为标准系统（标准体系）和标准化工

作系统（标准化工作体系）。鉴于标准体系的复杂性，理论和实践中常组合运用多种分类方法对标准特征进行描述，通过不同维度的组合构成标准属性空间。标准属性空间是包含标准体系所有可行域的空间。标准属性空间建模能够帮助我们在构建标准体系和设计标准项目时更全面地考察体系的内涵和结构，提高体系的完整性和配套性。

各项目体育运动标准体系设计应根据实际情况灵活应用该方法：一是可以根据需要选取具体的维度和建立空间模型；二是标准体系不同层次可以采取不同的模型结构（维度选择），即一个系统采取的模型结构与其某一个子系统采取的模型结构可以不一样，每一个层级的每一个系统可以根据系统的实际采取不同的模型结构和标准分类方法。

2.2　健身气功运动标准体系三维设计模型

本研究依据标准化系统工程方法，结合健身气功运动的特殊性，从“应用领域”（标准体系的基本框架）、“对象属性”（标准体系的基础部分）、“管理要素”（标准体系的辅助分类）3个维度构建健身气功运动标准体系，如图2所示。

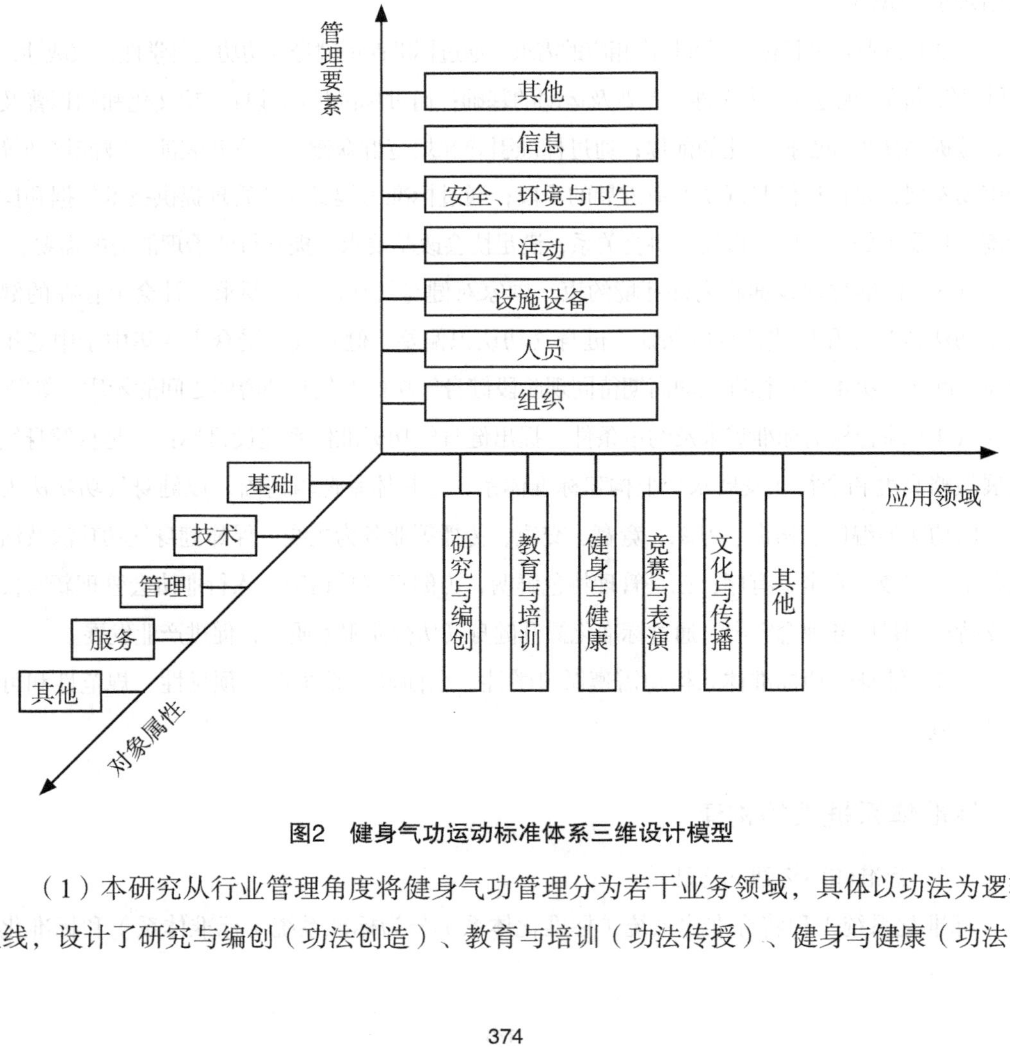


**图2　健身气功运动标准体系三维设计模型**

（1）本研究从行业管理角度将健身气功管理分为若干业务领域，具体以功法为逻辑主线，设计了研究与编创（功法创造）、教育与培训（功法传授）、健身与健康（功法习练）、竞赛与表演（功法交流展示）、文化与传播（功法及相关文化的普及与升华）等业务领域。这些要素能够反映标准的应用领域，因此被称为“应用领域维”。

（2）本研究依据所规定健身气功领域事项（对象）的性质（属性）将标准分为基础、技术、管理、服务等类别。这些要素被称为对象属性维。对象属性维有助于明确哪些技术问题需要制定技术标准，哪些管理事项需要制定管理标准，哪些服务事项需要制定服务标准，以及各项业务、各类型标准需要哪些基础标准的支持。

（3）健身气功运动所需的组织、人员、设施设备、活动、信息等必要的资源和条件支撑是健身气功管理中的要素，构成了管理要素维。管理要素维在标准体系中对健身气功各应用领域具有支撑作用。

2.3 健身气功运动标准体系结构图

基于“应用领域”设计维度，健身气功运动标准体系第一层级包括5个应用领域模块。对于部分未纳入现有应用领域而各领域又需要用到的具有基础性、公用性、支撑性的标准，设计“基础通用”模块予以前置。同样，分别基于“对象属性”“管理要素”设计维度，健身气功运动标准体系可以构建第二、第三层级模块。本研究仅把基础通用系列标准划分至三级模块，其他系列标准可以根据需要在具体实践中进一步细分。各模块的结构关系如图3所示。

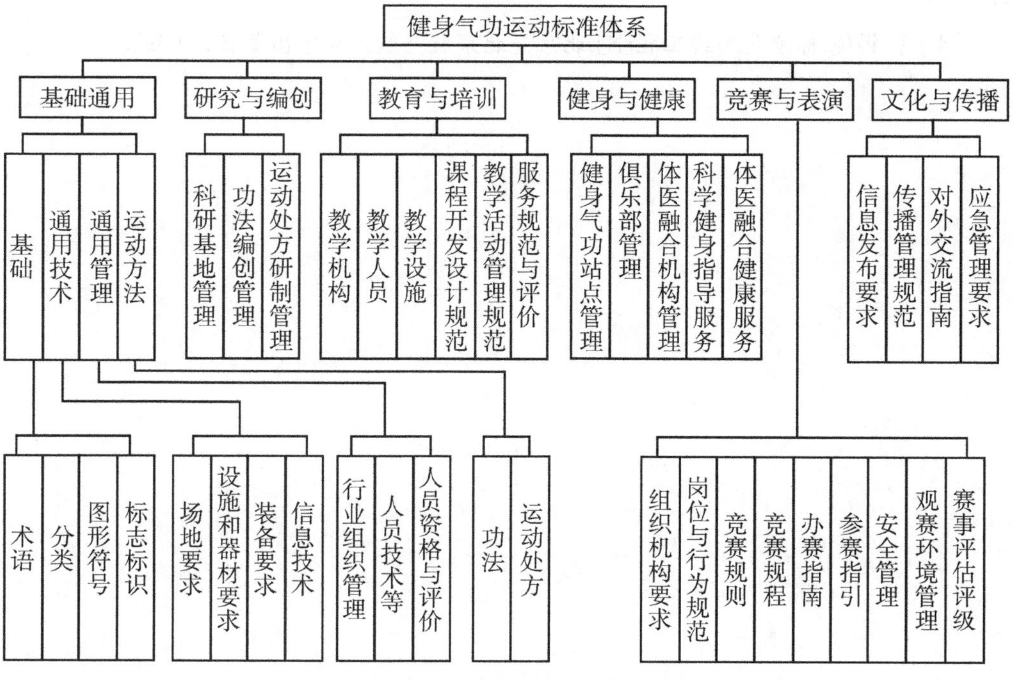


图3 健身气功运动标准体系结构图

应用上述标准体系结构图需注意3点：一是健身气功标准体系可以在体育标准体系中找到对应的位置形成对照表；二是各层级模块下可通过“其他”类扩展；三是标准体系结构图有助于对现实中已有和需要制定的标准进行归类和统筹设计，还要结合具体情况进行具体分析，编制标准明细表。

## 3 结语

本研究建立了健身气功运动标准体系框架，编制了标准体系结构图，可作为健身气功领域标准规划的依据。虽然健身气功有其特殊性，但在研究过程中遵循标准体系目标和原则分析框架，以业务逻辑为主线、以对象属性和管理要素为配套的标准体系设计模型，为各项目构建标准体系提供了一种可借鉴的思路。

## 参考文献

[1] 田晓平.开创新时代社会治理标准化新格局[J]. 中国质量与标准导报，2020（1）：23-29.

[2] 黄亚玲. 我国单项体育协会改革的软法之治[J]. 体育科学，2020，40（2）：15-23.

[3] 孙鸣浩.健身气功现状及发展对策探析[J]. 辽宁体育科技，2017，39（4）：101-104.

[4] 张锡纯.标准化系统工程[M].北京：北京航空航天大学出版社，1992.

# 数字化体能评估中心与训练中心的构建

黄 森

（湖南省体育科学研究所，湖南 长沙 410008）

**摘要**：本研究以数字化体能训练理论为指导，结合单位实际情况，围绕评估和训练的循环发展模式，以数字化设备为基础，由体能专业科研人员实施，构建对运动员身体功能、一般体能和专项体能进行全方位精准测试和评估的数字化体能评估中心，以及对运动员体能训练过程进行数字化、智能化监测和调控的数字化体能训练中心，以推动湖南竞技体育科技助力工作的进一步发展。

**关键词**：数字化；体能；评估；训练；构建

湖南省体育科学研究所（以下简称研究所）拥有国家体育总局首批重点实验室——运动机能评定与恢复重点实验室，以运动机能评定、训练监控与机能恢复为特色，但无专门的体能相关部门。根据体能训练发展需求，研究所先后前往国家体育总局以及北京、上海、山东等地的相关单位观摩、学习，以数字化体能训练理论为指导，结合研究所实际情况，围绕评估和训练的循环发展模式，进行了数字化体能评估中心和训练中心的构建，以期为科技助力科学化体能训练提供进一步的保障。

## 1 数字化体能评估中心的构建

### 1.1 构建目标

数字化体能评估中心是以数字化、全面化为特点进行体能评估的专业中心，由体能专业科研人员以数字化设备对运动员身体功能、一般体能和专项体能进行全方位精准测试和评估，为科学化训练提供参考依据。

### 1.2 构建思路

数字化体能评估中心整合运动生物化学、运动生理学、运动医学、运动生物力学、运动心理学、体能训练相关设备，以实验室测试为主，结合运动场测试，构建复合式数字化

---

**作者简介**：黄森（1971—），副研究员，博士。研究方向：运动训练的生理生化监控、体能训练。

体能评估中心。

1.3 构建内容

本研究根据所拥有的设备，按身体功能、一般体能、专项体能3个类别对运动员体能进行数字化全面评估，除运动项目要求到运动场进行的实地专项测试外，所有测试均在一层楼的不同实验室内完成，尽最大可能地满足湖南竞技体育项目发展的需求。设备、主要评估功能等见表1至表3。目前研究所的设备有的功能单一，有的具有多种功能，表1至表3只是原则性的分类，很多设备均可对不同类别项目及不同素质分别完成测试任务。各项目在实际应用中可以灵活掌握、充分发挥各设备的所有功能，根据自身特点制订针对性体能测试方案，为科学化体能评估提供保障。

**表1 身体功能评估**

| 设备 | 主要评估功能 |
| --- | --- |
| FMS 功能性动作模式筛查系统 | 灵活性、稳定性等 |
| SFMA 选择性功能动作评估系统 | 综合性功能动作能力 |
| YBTY- 平衡测试系统 | 动态平衡能力 |
| NeuroCom 动静态平衡功能测试系统 | 动静态平衡能力 |
| Redcord 悬吊测试系统 | 非稳定状态能力 |

**表2 一般体能评估**

| 分类 | 设备 | 主要评估功能 |
| --- | --- | --- |
| 力量素质 | GymAware 爆发力测试仪 | 爆发力 |
| | PUSH 力量与爆发力测试仪 | 爆发力与其他力量 |
| | CSMI 等动测试仪 | 等动收缩能力 |
| | Dr-wolff 等长测试仪 | 等长收缩能力 |
| | Kistler 三维测力台 | 三维力学分析 |
| | CORTEX 心肺功能仪 | 心肺功能等有氧耐力 |
| 耐力素质 | Polar 团队心率监测系统 | 有氧耐力等 |
| | EKF 便携式血乳酸测定仪 | 无氧耐力和有氧耐力等代谢特征 |
| | MONARK 有氧功率自行车 | 有氧耐力 |
| | Concept 划船机 | 无氧耐力和有氧耐力 |
| | VersaClimber 攀爬机 | 无氧耐力和有氧耐力 |
| | MONARK 无氧功率自行车 | 无氧耐力 |

续表

| 分类 | 设备 | 主要评估功能 |
| --- | --- | --- |
| 速度素质 | SPCS 生理相干与自主平衡系统 | 反应速度 |
| | Dartfish 运动视频分析软件 | 动作速度 |
| | Freelap 自动计时系统 | 位移速度 |
| | COSMED 运动跑台 | 位移速度 |
| | Optojump 运动素质测评系统 | 速度、反应、灵敏、平衡等 |
| 灵敏素质 | Speedlight 敏捷系统 | 灵敏性 |
| | 六边形跳、“十”字跳、“T”形跑设备 | 灵敏性 |
| 柔韧素质 | 角度仪 | 柔韧性 |
| | 坐位体前屈仪 | 柔韧性 |

表3　专项体能评估

| 设备 | 主要评估功能 |
| --- | --- |
| Dardfish 运动视频分析系统 | 动作及专项分析等 |
| LPH HUBER 核心力量测试系统 | 核心力量及 12 种专项运动评估 |
| Catapult 运动表现监控系统 | 速度、距离、位置等运动表现分析 |

## 2　数字化体能训练中心的构建

### 2.1　构建目标

构建以数字化、智能化为特点进行体能训练的专业中心，由体能专业科研人员对运动员体能训练过程进行数字化和智能化监测，对训练负荷、节奏等进行科学评定并积极进行调整，提高训练科学化水平和训练质量，为科学化体能训练提供实践基地。

### 2.2　构建思路

在湖南省体育局新提供的400平方米的新场馆内，按功能划分区域配置数字化、智能化体能训练设备，实现体能训练全面的数字化保障。

### 2.3　构建内容

在体能训练实践中，各种训练常交叉综合在一起。根据研究所实际情况，本研究将体能训练中心在原则上划分为3个训练区：①力量、速度训练区；②耐力、速度训练区；③身体功能训练区。设备、主要训练方向和特点见表4至表6。表中仅列各设备的主要训练方向和特点，在实际应用中各设备兼有不同训练功能，可进行不同类型的训练，可在实践中灵活应用。体能训练中心与田径场、足球场、篮球场、网球场、羽毛球场等场馆紧密连接，可为不同项目提供身体功能训练、一般体能训练和专项体能训练。本中心各设备的数字化、智能化，将传统体能训练上升到数字化体能训练，为教练员和运动员提供快速、便捷、客观的训练表现真实反映，为落实科学化体能训练提供保障。

**表4　力量、速度训练区**

| 设备 | 主要训练方向和特点 |
|---|---|
| GymAware 爆发力训练仪 | 各种力量、动作速度训练 |
| | 便携，不影响动作训练 |
| VertiMax 速度与爆发力训练台 | 以爆发力为主全身抗阻训练 |
| | 充分模拟各种项目不同专项动作 |
| NeuroExcellence 多功能离心训练平台 | 快速力量训练、大负荷训练 |
| | 神经肌肉性能训练 |
| PowerLift 数字化力量训练系统 | 各种力量、动作速度训练 |
| | 视频监控动作速度、模式 |
| Keiser 气阻训练系统 | 各种力量、动作速度训练 |
| | 结合专项精准动作模式训练 |
| VersaPully 无轨迹离心训练器 | 任意轨迹的力量、速度训练 |
| | 符合专项的三维动作模式 |
| PowerPlate 振动训练台 | 快速力量、核心力量等 |
| | 调动肌肉非自主快速收缩 |
| BFR 血流加压训练带 | 各种力量训练 |
| | 短时间小强度大刺激 |
| Compex 电刺激训练仪 | 各种力量训练 |
| | 特定肌群的不同负荷训练 |

表5　耐力、速度训练区

| 设备 | 主要训练方向和特点 |
| --- | --- |
| Skillrun 数字化跑台 | 无氧训练、有氧训练 |
| | 高低速、不同坡度带跑 |
| Skillmill 无动力跑台 | 无氧训练、有氧训练 |
| | 无动力设计、强化主动训练 |
| Concept 划船机 | 无氧训练、有氧训练 |
| | 专项训练、克服体重训练 |
| LifeFitness 功率自行车 | 无氧训练、有氧训练 |
| | 专项训练、克服体重训练 |
| Versa Climber 攀爬机 | 无氧训练、有氧训练 |
| | 综合素质训练、多种专项训练 |

表6　身体功能训练区

| 设备 | 主要训练方向和特点 |
| --- | --- |
| Speedlight 敏捷系统 | 灵敏、协调训练 |
| | 多种模式、多种专项设计 |
| TRX 悬吊训练系统 | 力量、平衡、协调等多功能训练 |
| | 非稳定状态全身抗阻力训练 |
| 功能性训练小器械：哑铃、壶铃、药球、牛角包、BOSU 球、瑞士球、绳梯、栏架等 | 多种身体功能、动作训练，各种功能、训练方案自由组合 |

## 3　结语

数字化体能评估中心和训练中心的构建，进一步充实了研究所的运动机能评定与恢复重点实验室，推动了体能训练的系统化建设，落实了体能训练的数字化、智能化发展要求，是重点实验室新的发展方向。数字化体能评估中心和训练中心相互支撑，共同构建体能评估、训练的科学循环体系，受到了广大教练员和运动员的高度重视，他们纷纷主动要求前往评估和训练，科、训联系得到进一步加强，体育科研设备的应用率得到提高，体能训练的科学化理念得以广泛推广，推动了湖南竞技体育科技助力工作的进一步发展。

## 参考文献

[1] 袁守龙.体能训练发展趋势和数字化智能化转型[J].体育学研究，2018，1（2）：77-85.

[2] 闫琪，廖婷，张雨佳.数字化体能训练的理念、进展与实践[J].体育科学，2018，38（11）：3-16.

[3] 高炳宏.我国现代体能训练的现状、问题与发展路径[J].体育学研究，2019，2（2）：73-81.

[4] 李春雷.我国体能训练反思与奥运会备战展望[J].体育学研究，2019，2（4）：60-69.

# 7~12岁儿童身体功能评估与干预的研究

曹　洁

（湖北省体育科学研究所，湖北　武汉　430205）

**摘要：**本研究以某小学192名7~12岁儿童为实验对象，通过FMS和脊柱机能测评，了解其功能状态，并选取8名儿童制订个性化干预训练方案。结果表明，实验对象脊柱机能存在明显个体差异，柔韧性较好，稳定性较差；FMS中躯干稳定俯卧撑和旋转稳定性与脊柱机能（柔韧性和稳定性）之间相关性极为显著（$P<0.01$）；针对实验对象的身体功能灵活性、不对称性和稳定性薄弱等问题，干预训练方案具有一定效果。

**关键词：**儿童 FMS筛查；脊柱机能；干预

随着科技的发展，国内外学者在各种训练理论和实践研究中的交流不断深化，在提出问题和研究解决问题的过程中，从运动训练视角来重新审视人体运动本质。当前，应用较多的运动功能评价方法是由美国康复专家格雷·库克（Gray Cook）和李·伯顿（Lee Burton）首次共同提出的功能性动作筛查。在我国，身体功能性动作筛查（FMS）最早出现在《高水平竞技体能训练》一书中。青少年儿童生长发育期受相关因素影响会出现脊柱机能及形态的异常，因而受到学者们的广泛关注。本研究通过对某小学7~12岁儿童进行FMS和脊柱机能测评，探究身体功能与脊柱机能特征的相关性；选取8名儿童进行干预，为以纠正训练的方式提高儿童身体功能水平提供一定依据。

## 1　研究对象与研究方法

### 1.1　研究对象

7~12岁儿童身体功能评估与干预。

### 1.2　研究方法

采用文献资料法、专家论证法、实验法、数理统计法等研究方法。

---

**作者简介：**曹洁（1981—），副研究员，硕士。研究方向：体育科研。

随机抽取某小学192名7~12岁儿童为实验对象，2岁为一组，每组男女各32人，组间性别无差异。

1.2.1 实验设备 FMS 采用组件（美国 Perform Better），脊柱机能测试采用电子脊柱测量仪（型号：Idiag SpinalMouse），脊柱侧弯水平测试采用脊柱侧弯水平测量尺（型号：Scolio meter）。

1.2.2 测试内容与方法 ① FMS的7个测试内容分别为举手深蹲、跨栏架、弓步直线蹲、肩部灵活性、直腿上抬、躯干稳定俯卧撑、旋转稳定性。②脊柱机能测评。采用电子脊柱测量仪分别在直立、俯身与负重直立3个姿势下对实验对象脊柱机能中的形态、柔韧性和稳定性3个因素进行测评并收集测试数据。③脊柱侧弯水平测试。采用脊柱侧弯水平测量尺进行Adam前屈检查，分别在实验对象直立和坐位两个体位上对脊柱上胸段、胸段和脊柱胸腰段、腰段进行测量，检测是否等高对称。

1.2.3 干预方案设计 根据实验对象身体功能评估情况，选取其中不对称性明显的8名儿童作为干预对象，制订个性化干预训练方案，干预16周，每周3次，每次约1h。

1.2.4 数据分析 FMS和脊柱侧弯水平测量尺测量数据采用人工评分后录入。电子脊柱测量仪数据保存在电脑中，导出Excel表格。所有数据分析通过SPSS 17.0和Excel 2010软件完成。进行$t$检验后，$P<0.05$为差异显著，$P<0.01$为差异极显著。对测试结果进行研究分析。

## 2 研究结果

### 2.1 FMS情况

2.1.1 各年龄组不同性别FMS得分情况 从192名儿童FMS的7个动作模式总评分结果看，本研究中各年龄组实验对象FMS总平均值，女性高于男性，无显著性差异（$P>0.05$）。7~8岁实验对象组评分低于9~10岁组，且差异显著（$P<0.05$）。

2.1.2 FMS的不同动作模式得分情况 本研究中各年龄组实验对象FMS的7个动作模式评分由高至低依次为直腿上抬>肩部灵活性>举手深蹲>弓步直线蹲>跨栏架>旋转稳定性>躯干稳定俯卧撑，动作模式评分随着年龄增长而升高的为跨栏架、弓步直线蹲、躯干稳定俯卧撑、旋转稳定性，动作模式评分随着年龄增长而降低的为举手深蹲、肩部灵活性、直腿上抬。各组间差异不显著（$P>0.05$）。

### 2.2 脊柱机能情况

本研究对实验对象脊柱机能中的形态、柔韧性和稳定性3个因素进行测评和数据收集，测试软件可对测评结果进行等级评分，分为5个等级：差为1分，稍差为2分，正常为3分，良好为4分，优秀为5分。本研究将测试评分为差和稍差者纳入不合格等级。

2.2.1　脊柱形态评价　实验对象脊柱形态测评结果显示，27.6%的脊柱姿势正常，优秀和良好的比例分别为8.33%和25.52%，差和稍差的比例分别为21.35%和17.19%。

2.2.2　脊柱柔韧性评价　实验对象脊柱柔韧性测评结果显示，31.25%的脊柱柔韧性正常，优秀和良好的比例分别为14.58%和31.25%，差和稍差的比例分别为8.33%和14.58%。

2.2.3　脊柱稳定性评价　实验对象脊柱稳定性测评结果显示，44.27%的脊柱稳定性正常，优秀和良好的比例分别为1.56%和13.02%，差和稍差的比例分别为19.79%和21.35%。

2.2.4　脊柱综合评价　实验对象脊柱机能综合评分数值分布较广泛，平均得分体现 了整体水平合格。9~10岁组的得分相对较高，7~8岁组的得分较低，各组间差异不显著（$P>0.05$）。各组组内实验对象脊柱综合评分情况差异较大。

### 2.3　FMS与脊柱机能测评相关性

本研究将可能与FMS的7个测试内容有关的脊柱机能3个测试指标进行相关性分析，相关性程度表现在：相关性随相关系数绝对值升高而增加，即相关系数的绝对值越接近1，相关度越强；相关系数绝对值越接近0，相关度越弱。本研究按照相关系数取值范围的不同，将变量的相关程度分为以下几个区间：0.8~1.0，极强相关；0.6~0.8（不包括0.8），强相关；0.4~0.6（不包括0.6），中等相关；0.2~0.4（不包括0.4），弱相关；0.0~0.2（不包括0.2），极弱相关或无关。

与脊柱形态显著相关的FMS的测试内容为肩部灵活性、躯干稳定俯卧撑、旋转稳定性（$P<0.05$）；与脊柱柔韧性显著相关的测试内容为肩部灵活性、直腿上抬（$P<0.05$），极显著相关的测试内容为躯干稳定俯卧撑、旋转稳定性（$P<0.01$）；与脊柱稳定性显著相关的测试内容为跨栏架、弓步直线蹲（$P<0.05$），极显著相关的测试内容为躯干稳定俯卧撑、旋转稳定性（$P<0.01$）。

### 2.4　身体功能干预效果

选择8名较为典型的实验对象，要求同时满足以下条件：①脊柱机能综合评价为差或稍差（视为不合格）；②Adam前屈检查中，分别在实验对象直立和坐位两个体位上用脊柱侧弯水平测量尺测量，在脊柱上胸段、胸段和脊柱胸腰段、腰段，有一段部位“剃刀背”角度2°~5°；③与脊柱柔韧性和稳定性相关性极高的FMS的测试内容（躯干稳定俯卧撑和旋转稳定性）双侧评分差值>1分。

实验对象普遍存在脊柱机能不佳、双侧机体功能不对称、躯干多维度稳定性较差的情况，本研究制订了针对性的干预方案，连续干预训练16周，每周3次，每次约1h。

在训练前后检验训练效果并将功能评估指标进行对比后发现，8名实验对象在FMS双侧评分差值、Adam前屈测试和脊柱机能等级上都有不同程度改变。其中，5名实验对象躯干稳定俯卧撑干预前后双侧差值减少1分，6名实验对象旋转稳定性干预前后双侧差值减少

1分；“剃刀背”角度，3名减少3°，2名减少2°，3名减少1°；脊柱柔韧性和稳定性等级，5名提高2级，3名提高1级。

## 3 结论

（1）FMS对7~12岁儿童身体功能评价具有一定意义，在生长发育阶段注重评价身体功能的对称性，而非以绝对分值衡量损伤风险。

（2）儿童身体发育程度不同，脊柱机能存在明显个体差异。本研究的实验对象脊柱柔韧性相对较好，稳定性相对较差。

（3）以FMS和脊柱机能测评作为评价儿童身体功能的综合指标更有意义。躯干稳定俯卧撑、旋转稳定性、脊柱机能（柔韧性和稳定性）之间相关性极为显著（$P<0.01$）。

（4）针对本研究的8名典型实验对象的身体功能出现的灵活性、不对称性和稳定性薄弱等问题，干预训练方案体现出一定的效果。

## 参考文献

［1］黎涌明，纪晓楠，资薇.人体运动的本质[J].体育科学，2014，34（2）：11-17.

［2］COOK G，BURTON L，HOOGENBOOM B. Pre-participation screening：The use of fundamental movements as an assessment of function-part1[J]. North America Journal of Sports Physical Therapy，2006，1（2）：62-72.

［3］福伦.高水平竞技体能训练[M]. 袁守龙，刘爱杰，译.北京：北京体育大学出版社，2006.

［4］SCHWAB F. Adult scoliosis：a health assessment analysis by SF-36[J].Spine，2003，28（6）：602-606.

［5］SCHWAB F，DUBEY A，GAMEZ L，et al. Adult scoliosis：prevalence，SF-36，and nutritional parameters in an elderly volunteer population[J]. Spine（Phila Pa 1976），2005，30（9）：1082-1085.

［6］刘兴茹.青少年羽毛球运动员功能动作测试及矫正训练效果实验研究[D].上海：上海体育学院，2016.

［7］陈立君，郑军，刘成刚，等.歼击机飞行员240例全脊柱形态及结构功能的X射线影像学特征评估[J].中国临床康复，2005，9（38）：61-63.

［8］唐盛平，付桂兵，孙客，等.前屈试验、脊柱测量仪与Cobb角的比较[J].中华小儿外科杂志，2006，27（7）：372-374.

［9］HUXEL BLIVER K C， ANDERSON B E. Core Stability Training for Injury

Prevention [J]. Sports Health, 2013, 5 (6) : 514-522.

[10] 朱建伟，周春明.功能性动作筛查在国内的研究进展[J].冰雪运动，2016，38 (2) : 58-62.

# 不同运动方案对稳定性冠心病患者康复的影响

梁　辰[1]，高　璨[1]，张建红[2]

（1. 国家体育总局运动医学研究所，北京　100061；2. 北京中医药大学，北京　100029）

**摘要：**本研究旨在探讨不同运动方案对SCAD患者康复的影响。本研究运用文献资料法、实验法等研究方法，选择112名SCAD患者为实验对象，将其随机分为有氧联合抗阻训练组（36人）、中医功法组（37人）和对照组（39人），在基线、实验结束12周评估运动参数和体质参数。结果表明，实验12周后，有氧联合抗阻训练组和中医功法组的Δ$VO_2$、Δ$VO_2$/kg、ΔMETS、Δ$VO_2$/HR、ΔSV、Δ$t$参数、Δ握力适能、Δ柔韧适能、Δ平衡适能参数均高于对照组（$P<0.05$），有氧联合抗阻训练组ΔBMI低于中医功法组和对照组，Δ基础代谢率高于中医功法组和对照组（$P<0.05$）。研究认为，有氧联合抗阻训练和中医功法均能安全有效地改善SCAD患者的心肺功能和体质适能。

**关键词：**稳定性冠心病；有氧联合抗阻训练；中医功法；心肺功能

《中国心血管病报告2017》指出，中国心血管病（Cardiovascular Disease，CVD）患病率及死亡率仍处于持续上升阶段，防治该疾病迫在眉睫。稳定性冠心病（Stable Coronary Artery Disease，SCAD）为动脉粥样硬化性狭窄，包括微血管障碍和冠脉痉挛引起的运动或应激的胸部症状。CVD患者适度运动能改善血液循环，有效防止血栓的形成和阻塞。针对CVD患者心肺功能、体质适能、日常行为能力、心理等方面的评估是评价该病康复疗效的重要手段。有氧训练和抗阻训练已被广泛应用于心脏康复治疗中，且取得了一定的效果。在本研究中我们将两者联合施行。中医功法可以降低血压和相关激素水平，改善身心健康及生活自理能力，为本研究将其应用于SCAD治疗中提供了一定的探索依据。

---

**作者简介：**梁辰（1982—），副主任医师，博士。研究方向：运动医务监督、运动性疾病、运动促进健康、运动处方。

## 1 研究对象与研究方法

### 1.1 研究对象

不同运动方案对SCAD患者康复的影响。

### 1.2 研究方法

1.2.1 实验方案 实验对象为2017年3月至2018年6月在国家体育总局体育医院功能检测科就诊的SCAD患者，根据随机原则进入有氧联合抗阻训练组、中医功法组和对照组。所有受试者的纳入均符合连续纳入的原则。对照组接受心内科常规药物治疗，不接受特殊干预。有氧联合抗阻训练组在对照组的基础上进行12周的有氧联合抗阻训练，每次总运动时间为30 min，每周运动3次，在运动过程中使用心电监护仪对受试者进行监控，并记录运动过程中的心率、血压等。中医功法组练习中医健身气功，锻炼频率同有氧联合抗阻训练组，每次练习套数为3~6套，每次练习时间为30 min，由一名健身气功老师进行指导，并在北京体育馆操房及器械训练房进行集中训练，由研究团队的2名医生进行监督。除了与有氧联合抗阻训练组、中医功法组同样的常规用药外，对照组不进行任何运动干预。

1.2.2 测试指标 本研究心肺运动平板实验采用意大利 COSMED 心电、呼吸设备，美国 Sun Tech Tango 运动动态血压监测仪、COSMED心肺功能分析软件、h/p/cosmos 跑台，采用改良布鲁斯方案进行递增负荷心肺运动试验。本研究用日本百利达人体成分分析仪（型号为MC-980-MA）采集实验对象相关体质参数，用中国深圳市恒康佳业科技有限公司生产的力量适能仪、柔韧适能仪、平衡适能仪（型号为HK-6000）检测左右手握力、坐位体前屈能力、闭目单脚站立时间。

1.2.3 统计方法 通过Student *t*检验或Mann-Whitney *U* 检验比较基线和12周有氧联合抗阻训练组、中医功法组、对照组干预结束时的变量值之间的差异，计数资料采用百分比的方式呈现，计量资料中正态分布数据采用均值 ± 标准差（$\overline{x} \pm S$）的形式呈现，采用SPSS 20.0软件对数据进行统计分析。

## 2 结果

### 2.1 实验前后基本体质参数比较

实验12周后，有氧联合抗阻训练组和中医功法组的Δ握力适能、Δ柔韧适能、Δ平衡适能参数高于对照组（$P<0.05$）（表1）。

表1　有氧联合抗阻训练组、中医功法组和对照组基本体质参数

| 基本体质参数 | 中医功法组（$n$=37） | | | 有氧联合抗阻训练组（$n$=36） | | | 对照组（$n$=39） | | | $P$ |
|---|---|---|---|---|---|---|---|---|---|---|
| | 基线 | 第12周末 | 差值（Δ） | 基线 | 第12周末 | 差值（Δ） | 基线 | 第12周末 | 差值（Δ） | |
| 握力适能/kg | 25.42 ± 7.70 | 30.88 ± 8.07 | 5.38 ± 5.97 | 27.06 ± 6.65 | 29.86 ± 8.76 | 2.86 ± 5.24 | 25.80 ± 7.89 | 25.91 ± 8.00 | 0.15 ± 5.36 | 0.000* |
| 柔韧适能/cm | 5.69 ± 6.68 | 10.90 ± 7.70 | 5.16 ± 7.17 | 4.17 ± 4.43 | 9.33 ± 6.61 | 5.08 ± 6.24 | 5.12 ± 4.98 | 5.72 ± 6.59 | 0.56 ± 6.09 | 0.000* |
| 平衡适能/s | 5.01 ± 3.93 | 12.34 ± 8.63 | 7.24 ± 8.20 | 4.78 ± 4.09 | 12.44 ± 9.55 | 7.75 ± 8.55 | 5.08 ± 4.15 | 10.66 ± 11.79 | 5.54 ± 11.10 | 0.030* |

注：组间差值比较*$P$<0.05。

## 2.2　实验前后体成分参数比较

实验12周后，有氧联合抗阻训练组的ΔBMI低于中医功法组和对照组（$P$<0.05），Δ基础代谢率高于中医功法组和对照组（$P$<0.05）（表2）。

表2　有氧联合抗阻训练组、中医功法组和对照组体成分参数

| 体成分参数 | 中医功法组（$n$=37） | | | 有氧联合抗阻训练组（$n$=36） | | | 对照组（$n$=39） | | | $P$ |
|---|---|---|---|---|---|---|---|---|---|---|
| | 基线 | 第12周末 | 差值（Δ） | 基线 | 第12周末 | 差值（Δ） | 基线 | 第12周末 | 差值（Δ） | |
| 体重/kg | 63.49 ± 10.27 | 63.32 ± 10.51 | −0.22 ± 3.02 | 68.28 ± 9.44 | 62.67 ± 10.13 | −0.11 ± 9.31 | 65.19 ± 9.16 | 65.69 ± 10.07 | 0.90 ± 4.34 | 0.388 |
| BMI | 23.62 ± 2.35 | 23.72 ± 2.47 | 0.00 ± 1.27 | 25.08 ± 2.35 | 20.75 ± 6.01 | −2.19 ± 3.10$^{Δ☆}$ | 24.20 ± 2.32 | 24.45 ± 2.55 | 0.18 ± 0.72 | 0.000* |
| 体脂肪量/kg | 17.92 ± 5.52 | 17.98 ± 5.36 | 0.19 ± 2.78 | 20.33 ± 6.60 | 20.11 ± 6.81 | 3.03 ± 5.57 | 19.73 ± 4.46 | 20.47 ± 4.82 | 0.74 ± 1.71 | 0.076 |
| 基础代谢率 | 1 293.73 ± 220.36 | 1 282.86 ± 219.97 | −10.86 ± 34.16 | 1 363.78 ± 194.93 | 1 923.00 ± 630.77 | 139.78 ± 306.22$^{Δ☆}$ | 1 301.26 ± 203.01 | 1 296.36 ± 210.43 | −4.90 ± 25.31 | 0.000* |

注：组间差值比较*$P$<0.05，与中医功法组比较$^{Δ}P$<0.05，与对照组比较$^{☆}P$<0.05。

## 2.3　实验前后心肺运动平板试验参数比较

实验12周后，有氧联合抗阻训练组、中医功法组的Δ$VO_2$、Δ$VO_2$/kg、ΔMETS、Δ$VO_2$/HR、ΔSV、Δt参数高于对照组（$P$<0.05）（表3）。

表3　有氧联合抗阻训练组、中医功法组和对照组心肺运动平板试验参数@peak的变化

| 心肺运动平板实验参数 | 中医功法组（$n$=37） | | | 有氧联合抗阻训练组（$n$=36） | | | 对照组（$n$=39） | | | $P$ |
|---|---|---|---|---|---|---|---|---|---|---|
| | 基线 | 第 12 周末 | 差值（Δ） | 基线 | 第 12 周末 | 差值（Δ） | 基线 | 第 12 周末 | 差值（Δ） | |
| $VO_2$/（mL·min$^{-1}$） | 1358.95 ± 336.70 | 1609.35 ± 492.38 | 250.41 ± 394.33$^{☆}$ | 1415.44 ± 376.60 | 1688.42 ± 627.26 | 72.97 ± 600.05$^{☆}$ | 1376.23 ± 348.66 | 1382.46 ± 382.29 | 6.23 ± 327.97$^{\Delta}$ | 0.002$^{*}$ |
| $VO_2$/kg/［mL/（kg·min）］ | 21.08 ± 3.47 | 24.56 ± 5.12 | 3.41 ± 4.86$^{☆}$ | 20.92 ± 3.67 | 23.86 ± 4.08 | 2.92 ± 4.71$^{☆}$ | 20.88 ± 3.91 | 20.98 ± 4.13 | 0.13 ± 4.67$^{\Delta}$ | 0.001$^{*}$ |
| METS | 6.15 ± 1.11 | 7.13 ± 1.69 | 1.16 ± 1.39$^{☆}$ | 6.11 ± 1.17 | 7.00 ± 1.60 | 0.94 ± 1.76$^{☆}$ | 6.00 ± 1.29 | 6.10 ± 1.48 | 0.18 ± 1.59$^{\Delta}$ | 0.009$^{*}$ |
| $VO_2$/HR/（mL·bpm$^{-1}$） | 10.95 ± 2.76 | 11.93 ± 3.46 | 1.08 ± 2.52$^{☆}$ | 11.17 ± 2.44 | 12.58 ± 2.85 | 1.53 ± 3.16$^{☆}$ | 10.76 ± 2.58 | 10.52 ± 2.66 | −0.15 ± 2.12$^{\Delta}$ | 0.007$^{*}$ |
| SV | 66.81 ± 16.02 | 73.08 ± 20.57 | 6.27 ± 15.34$^{☆}$ | 68.89 ± 15.19 | 81.81 ± 22.65 | 12.92 ± 22.89$^{☆}$ | 66.36 ± 15.41 | 64.44 ± 15.90 | −1.92 ± 11.23$^{\Delta}$ | 0.002$^{*}$ |

注：组间差值比较*$P$<0.05，与中医功法组比较$^{\Delta}P$<0.05，与对照组比较$^{☆}P$<0.05。

## 3 讨论

有氧联合抗阻训练、中医功法这2种运动方案均对SCAD患者康复具有一定的效果，2组患者心肺运动平板试验参数、体质参数在干预后均得到了不同程度的改善。根据研究结果，本研究认为有氧联合抗阻训练和中医功法应用于SCAD患者康复中的获益可能与几个机制相关。2种运动方案均符合有氧运动模式，患者通过适当的运动频率配合适宜的运动强度、运动时间和运动量，有助于增强有氧运动能力，提高无症状运动的耐受力，降低心血管疾病的死亡率。同样，抗阻训练通过肌肉质量和肌肉协调性代谢的改善来增强肌力和肌耐力，可以减少与心脏病或老龄化相关的肌肉质量和肌力的丢失，提高功能能力。中医功法的蹲桩、马步、弓步、虚步的动作训练类似于主动的肌肉抗阻训练而增加肌肉的力量，患者在练习过程中能通过主动静力拉伸或被动静力拉伸训练提高稳定性和平衡性，同时功法和弹力带训练中的一些单脚支撑、前后腿支撑、重心转换训练对提高患者的协调性、平衡性均有帮助。本研究的积极成果能为进一步将有氧联合抗阻训练和中医功法应用于SCAD患者康复提供有效的方法和理论依据。

## 4 结论

有氧联合抗阻训练和中医功法从一定程度上改善了SCAD患者心肺运动平板试验参数、体质参数。2种运动方式对SCAD患者康复具有一定的应用价值且安全性较高。

## 参考文献

［1］马丽媛，吴亚哲，王文，等.《中国心血管病报告2017》要点解读[J].中国心血管杂志，2018，23（1）：3-6.

［2］MEMBERS T F，MONTALESCOT G，SECHTEM U，et al. 2013 ESC guidelines on the management of stable coronary artery disease：the Task Force on the management of stable coronary artery disease of the European Society of Cardiology[J].European Heart Journal，2013，34（38）：2949.

［3］励建安.冠心病的运动疗法[J].现代康复，2001，5（5）：7-9.

［4］尼鲍尔.心脏康复实践操作手册[M].胡大一，译.北京：北京大学医学出版社，2012.

［5］BITTENCOURT H S，CRUZ C G，DAVID B C，et al. Addition of non-invasive ventilatory support to combined aerobic and resistance training improves dyspnea and quality of life in heart failure patients：a randomized controlled trial[J]. Clinical Rehabilitation，2017，31（11）：1508-1515.

[6] HUNG H M, YEH S H, CHEN C H. Effects of Qigong Exercise on Biomarkers and Mental and Physical Health in Adults With at Least One Risk Factor for Coronary Artery Disease[J]. Biological Research for Nursing, 2016, 18(3): 264-273.

[7] CHANG M Y. Qigong Effects on Heart Rate Variability and Peripheral Vasomotor Responses[J].Western Journal of Nursing Research, 2015, 37(11): 1383-1403.

[8] HERAN B S, CHEN J M, EBRAHIM S, et al. Exercise-based cardiac rehabilitation for coronary heart disease[J]. Cochrane Database Syst Rev, 2011(7): 1800.

[9] 庞明，郭清，史文，等.康复运动对老年心血管病患者左室功能及运动耐量的影响[J]. 心血管康复医学杂志，2010，19(6): 575-577.

[10] 马雪柏，蒋晓芳.心肌梗塞患者康复期运动锻炼效果的研究[J]. 心血管康复医学杂志，2009，18(3): 219-221.

[11] 李昊，张媛媛.有氧间歇运动对高血压大鼠动脉压力感受器反射能力的影响研究[J].西安体育学院学报，2016，33(3): 357-363.

[12] BUSCH J C, LILLOU D, WITTIG G, et al. Resistance and Balance Training Improves Functional Capacity in Very Old Participants Attending Cardiac Rehabilitation After Coronary Bypass Surgery[J]. Journal of the American Geriatrics Society, 2012, 60(12): 2270-2276.

# 体教融合视域下美国高校学生运动员文化教育管理经验与启示

彭小伟

（武汉体育学院体育教育学院，湖北　武汉　430079）

**摘要：**本研究采用文献资料法等对美国高校学生运动员文化教育管理经验进行研究。结果显示，美国高校学生运动员有着较高的学业成就和毕业就业率，凸显出其文化教育管理的良好成效。美国高校学生运动员文化教育管理经验主要包括系统的制度治理体系、严格的招生与毕业规定、优厚的奖学金政策和强大的学术资源保障。其对我国体教融合背景下学生运动员文化教育管理工作的启示有：协同学生运动员文化教育制度，多方主体合作共治；健全学生运动员培养目标体系，持续追踪完成进度；坚持学生运动员文化教育标准，杜绝毕业条件“放水”；优化学生运动员奖学金政策，激励学生努力专注学习；加强学生运动员文化教育保障，制定灵活学习制度。

**关键词：**体教融合；高校学生运动员；文化教育；美国

2020年9月，国家体育总局、教育部联合印发《关于深化体教融合 促进青少年健康发展的意见》（以下简称《意见》），旨在推动青少年文化教育和体育锻炼协调发展，一方面帮助学生在体育锻炼中享受乐趣、增强体质、健全人格、锤炼意志，培养德智体美劳全面发展的社会主义建设者和接班人；另一方面也让竞技体育后备人才在“原生态”的教育环境下接受系统的体育训练，为优秀运动员完成学业创造条件，补齐高水平运动员文化教育的短板。为贯彻落实《意见》要求，有必要正视并剖析当前我国普通高校学生运动员的文化教育问题，参考借鉴其他国家高校学生运动员文化教育的制度与经验，进一步建立、健全我国高校学生运动员文化教育管理体制与运行机制，为体教融合背景下我国高校学生运动员文化教育管理工作提出建议。

## 1　美国高校学生运动员文化教育的管理成效

依托普通高校培养高水平运动员是英美等发达国家竞技体育人才培养的常见模式。据

**作者简介：**彭小伟（1977—），教授，博士。研究方向：学校体育。

美国大学体育协会官方网站的统计，2016年里约奥运会美国队共获得121枚奖牌，其中大多数奖牌获得者是来自78所高校的学生运动员。这些高校学生运动员不仅取得了优异的运动成绩，而且借助弹性学制、个性化授课、配备学业导师等管理制度，顺利完成了系统的文化学习，为职业发展奠定了必要基础。本研究通过访问美国大学体育协会、美国各高校以及盖洛普咨询公司官网等，搜集美国高校学生运动员的学业、毕业及就业数据，进而分析美国高校学生运动员文化教育的实际成效。

1.1 美国高校学生运动员的毕业率对比分析

美国高校体育主要由NCAA管辖，NCAA依据高校的体育实力划分成一级联盟（Division Ⅰ）、二级联盟（Division Ⅱ）和三级联盟（Division Ⅲ）。NCAA为Division Ⅰ设定了毕业成功率（Graduation Success Rate，简称GSR），为Division Ⅱ和Division Ⅲ设定了学业成功率（Academic Success Rate，简称ASR）。美国高校的毕业要求一般包括：出勤率达到95%，完成通识教育课、专业课、选修课等课程修读计划，达到规定累积学分（约120分）。即使在如此严苛的毕业标准下，美国高校学生运动员GSR和ASR仍保持较高水平且逐年上升，如图1至图3所示。

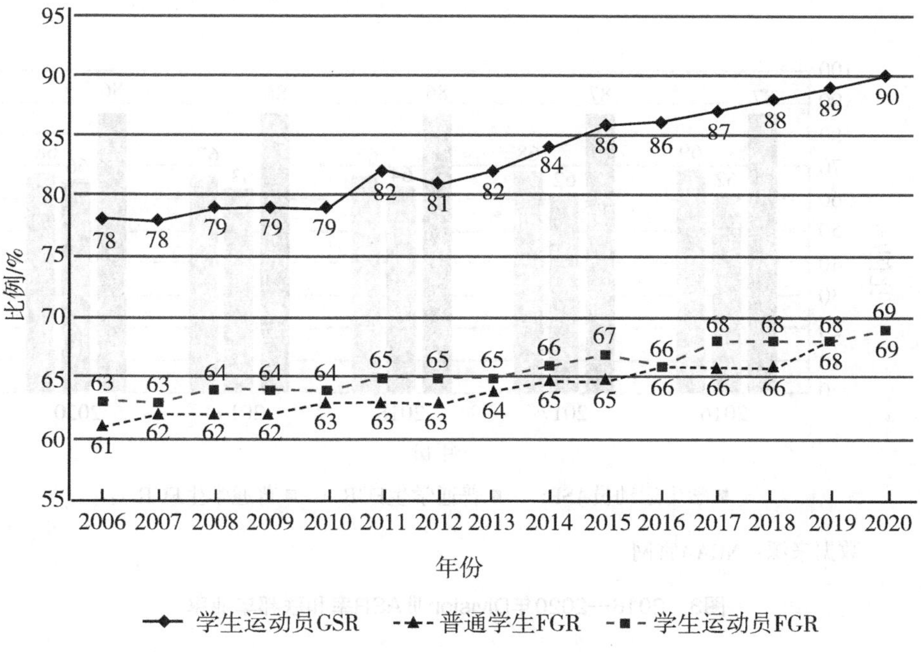


图1 2006—2020年Division Ⅰ GSR和FGR

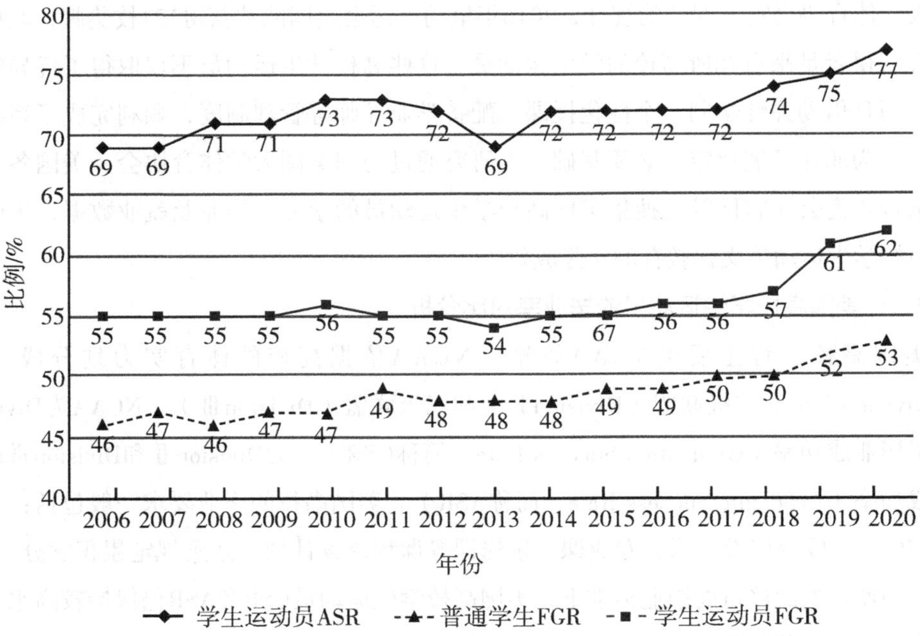


图2　2006—2020年Division Ⅱ ASR和联邦毕业率

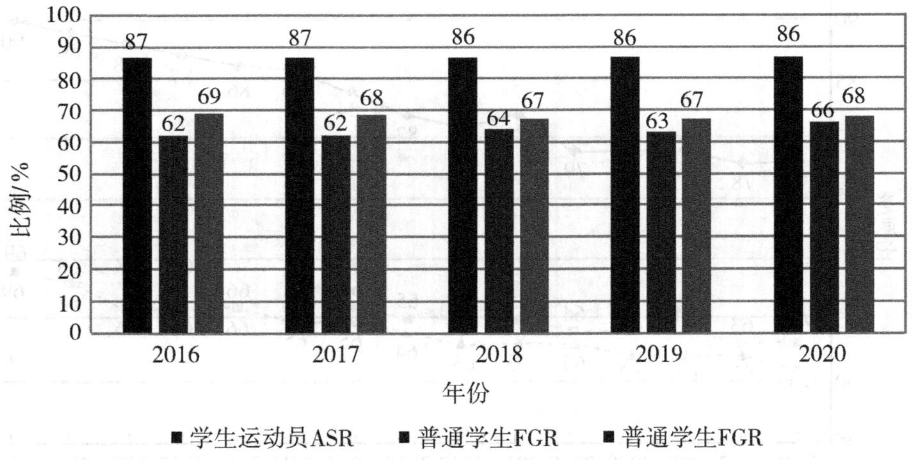


数据来源：NCAA官网。

图3　2016—2020年Division Ⅲ ASR率和联邦毕业率

### 1.2　美国高校学生运动员的就业率对比分析

盖洛普咨询公司对1975—2019年NCAA学生运动员的就业情况进行了调查（图4），结果表明，学生运动员（33%）毕业时已找到工作的比例比普通学生（30%）要高。从总体上看，学生运动员的就业率相对较高，找到工作的时间相对较短，毕业后未找工作的比例（14%）也低于普通学生（19%），而且NCAA学生运动员比普通学生更有可能在公司或组织中担任领导职务。

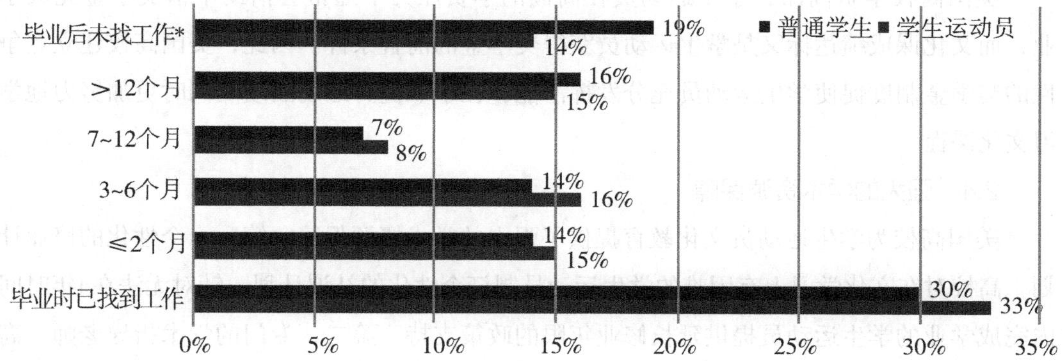


注：*包含升学、没找到工作和不想找工作等。由于数据四舍五入为整数，总计可能不等于100%。

数据来源：盖洛普咨询公司官网。

**图4　NCAA学生运动员及普通学生就业率与就业时间比较**

## 2　美国高校学生运动员文化教育的管理经验

### 2.1　系统的制度治理体系

美国高校学生运动员文化教育工作的治理体系包括以下几点：第一，健全学生运动员文化教育治理的组织架构，在NCAA的总治理框架下，完善校际体育联盟以及各高校内部的文化教育治理体系。第二，明确学生运动员文化教育治理的规章制度。NCAA章程特别强调，不允许把学生运动员当成获胜的工具，运动员享有接受大学教育的权利和应有的待遇。各高校在NCAA章程的基本框架内制定更为明确的规章制度，对学生运动员的日常生活、文化教育、奖学金评定、训练和参赛资格、学位申请等提出明确要求。第三，通过立法对学生运动员的文化教育设定基本准则，保障学生运动员享受全面受教育的权利。

### 2.2　严格的招生与毕业规定

美国高校在学生运动员的招生条件与毕业标准上都做了严格的规定。第一，严格的招生条件。各高校对学生运动员进行资格审查，审查内容主要包括：①报考大学的学生运动员必须是高中毕业生；②高中期间必须完成16门规定的核心课程，核心课程平均学分绩点（GPA）达到2.3；③学术能力评估测试（SAT）和美国大学入学考试（ACT）的总分达到与核心课程GPA相匹配的成绩（如Division Ⅰ的高校使用一种综合计算方法，核心课程GPA为3.55时，需要SAT400分和ACT37分）。第二，严格的毕业标准。各高校都对学生运动员申请毕业的基本条件做出明确要求，如俄克拉荷马州立大学《学生运动员手册》规定：必须在第三学期达到最低GPA的90%（1.80），第五学期达到最低GPA的95%（1.90），第七学期达到最低GPA的100%（2.00）才能申请毕业。

### 2.3 竞争性的奖学金制度

美国高校学费高昂，学生运动员在高额的学费压力下通常会借助申请奖学金完成学业，而文化课成绩达标又是学生运动员获得奖学金的前置条件。因此，美国高校建立竞争性的奖学金制度促使学生运动员充分发挥潜能，在争取优秀运动成绩的同时更加努力地学习文化课程。

### 2.4 强大的学术资源保障

美国高校为学生运动员文化教育提供了强大的学术资源保障。第一，个性化的修业计划。高校对在文化学习上有困难的学生运动员制订个性化的补课计划，针对无法在4年时间内完成学业的学生运动员提供延长修业年限的政策支持。第二，专门的学术指导老师。高校为学生运动员配备学术指导老师，帮助运动员制订学业规划，提供一些学习和生活上的帮助。第三，一流的学术设施。为避免学生运动员与普通学生争抢学术设施和资源，最大限度地节省学生运动员的时间和精力，各高校尽力为学生运动员提供专门的学习空间。

## 3 美国高校学生运动员文化教育管理经验对我国的启示

### 3.1 协同学生运动员文化教育制度，多方主体合作共治

我国在学生运动员文化教育的制度设计与实施机制上可以考虑从以下几方面加以改进。第一，推动多元主体协同共治。理顺政府机构、教育部门、体育部门、大学生体育协会、各运动队、运动员群体等多元治理主体关系，打造多主体协同合作、共商共治的联动治理机制。第二，加快运动员文化教育立法。健全法律制度，规范运动员文化教育管理，形成针对运动员招生标准、毕业条件、奖学金制度、学习资源保障等多方面制度。第三，增强大学生体育协会独立性。充分发挥大学生体育协会的积极作用，制定配套规章制度，逐步加强大学生体育协会对高校高水平运动队文化教育工作的领导、协调、监督功能。

### 3.2 健全学生运动员培养目标体系，持续追踪完成进度

面对目前我国面临的体育与教育领域学生运动员培养目标分离的局面，高校应从以下几方面实现突破。第一，根据《意见》精神，将培养德智体美劳全面发展的社会主义建设者和接班人作为高校学生运动员培养的最终目标，全面规范高校学生运动员入学考试、培养过程、毕业审核等工作体系。第二，遵循学校教育的制度框架，完善大学生竞技体育工作，提升高校学生运动员的综合素质；将运动员的学生身份放在第一位，将文化成绩达标作为学生运动员取得训练和竞赛资格的前置条件。第三，针对学生运动员制定个性化的阶段目标，及时帮助学生运动员解决在文化学习过程中遇到的问题。

3.3　坚持学生运动员招生标准，杜绝毕业条件"放水"

我国高校学生运动员文化教育问题具有历史性、复杂性和长期性，我国高校必须从招生环节入手，严把"入口关"，有计划、有步骤地逐年提高"准入门槛"，确保学生运动员具备进入大学学习的基本学力。与此同时，我国高校应通过运动训练的科学化改革，提高训练质量和效率，使学生运动员有必要的时间、精力参加文化学习，实现"学训平衡"；制定符合学生运动员实际情况的教学计划和教学大纲，使学生运动员专注专业核心课程的学习；试行累计学分制，适当延长修业年限，确保学生运动员能够完成修读计划；严格执行毕业标准，杜绝在毕业条件上进行"特殊关照"。

3.4　优化学生运动员奖学金制度，激励学生运动员努力专注学习

目前，我国高校奖学金额度和覆盖面总体偏低，经费来源渠道单一，很少有专门针对学生运动员设立的专项奖学金。高校要适当加大对学生运动员群体专项奖学金的投入，同时引导、鼓励已经毕业的优秀运动员校友、社会体育俱乐部、体育企业等积极向母校捐助，以创办种类更加丰富的奖学金项目；强化奖学金的激励性与保障性，注重奖、助结合，为学生运动员全身心投入学习与训练提供基本保障。

3.5　加强学生运动员文化教育保障，制定灵活的学习制度

我国学生运动员的文化教育保障体系亟待改进。第一，建立统一的学生运动员学业管理部门，依据学生运动员文化学习能力的差异性制订灵活的教学计划。第二，提供专门的专业学习指导教师。鉴于目前高校学生运动员大多由教练员负责管理，教练员不具备指导学生运动员专业学习的能力，必须同时聘任专门的指导教师为学生运动员在专业学习和大学生活等方面提供必要的帮助。第三，加大对学术设施的投入。高校应为学生运动员提供学习设施，如自习室、学生运动员学习中心、24小时图书馆等设施，为学生运动员创造学习空间。

## 4　结语

体育和教育的深度融合是美国高校运动员培养的突出特点。美国高校注重体育的教育功能，突出学生运动员的学生身份，完善针对学生运动员群体的文化教育制度，以保证学生运动员的学业成就，为学生运动员适应职业要求与未来发展奠定了坚实基础。我国应汲取美国高校学生运动员的文化教育培养经验，积极推动体教融合的不断深化，立足国情构建高校学生运动员文化教育体系，培养德智体美劳全面发展的社会主义事业建设者和接班人。

## 参考文献

[1] 李爱群，吕万刚，漆昌柱，等.理念·方法·路径：体教融合的理论阐释与实践探讨——"体教融合：理念·方法·路径"学术研讨会述评[J].武汉体育学院学报，2020，54（7）：5-12.

[2] 胡乐乐.透视美国大学的体育文化[N].光明日报，2016-12-18（8）.

[3] 彭国强，高庆勇.美国大学竞技体育的制度治理及其特征[J].成都体育学院学报，2020，46（4）：74-81.

# 山东省女子橄榄球队、女子手球队ACL断裂损伤的原因探讨

韩文义

（山东省运动康复研究中心，山东　济南　250102）

**摘要**：本研究运用文献资料法等研究方法，以山东省女子橄榄球队、女子手球队运动员为研究样本，探析其ACL断裂损伤的原因。

**关键词**：ACL；L4/5椎间盘膨出；腘绳肌

目前，高水平体育赛事越来越多，专业运动员为了能够在竞技体育比赛中取得出色成绩，势必会加大训练量、增加运动强度，随之而来的是运动损伤性疾病的日益增多，其中ACL（膝关节前交叉韧带，又称前十字韧带）损伤就比较多见。运动员在训练或比赛时因其技术不熟练、动作不到位，特别是在进行非接触性体育运动落地、剪切类动作，身体急转向及急停转身跑等动作时容易发生损伤。王芝琴等的研究显示，大约70%的ACL患者在体育运动中受伤。美国2005年人口流行性调查显示，ACL损伤的发病率大约为1/3 000，而从事职业足球运动的运动员的ACL损伤发病率大约为60/10万。敖英芳等报告了我国现役集训运动员的ACL损伤总体患病率大约为0.47%。

本研究以山东省女子橄榄球队、女子手球队运动员为研究样本，探讨其ACL断裂损伤的原因，以期为相关研究提供理论依据。

## 1　临床资料

山东省女子橄榄球队、女子手球队队员ACL断裂情况统计见表1、表2。

**作者简介**：韩文义（1970—），专业技术三级（主任医师），硕士。研究方向：各种运动创伤及脊源性相关内科病。

**表1　山东省女子橄榄球队队员ACL断裂情况表**

| 姓名 | 受伤部位 | 受伤时间 | 受伤时训练年限 / 年 | 是否合并 L4/5 椎间盘膨出或突出 | 高强度对抗、比赛前是否练习大力量 |
|---|---|---|---|---|---|
| 魏** | 右 ACL | 2012.10.20 | 2（七项全能 3 年转橄榄球 2 年） | 是 | 否 |
| 黄** | 左 ACL | 2013.05 | 3（百米 6 年转橄榄球 3 年） | 是 | 是 |
| 綦** | 右 ACL | 2013.06.08 | 2.5（百米 2 年转橄榄球 2.5 年） | 是 | 否 |
| 魏** | 右 ACL | 2014.05 | 4（七项全能 3 年转橄榄球 4 年） | 是 | 否 |
| 綦** | 左 ACL | 2014.08.01 | 3.6（百米 2 年转橄榄球 3.6 年） | 是 | 是 |
| 王** | 右 ACL | 2014.11.29 | 0.3（跳高 3.5 年转橄榄球 0.3 年） | 是 | 否 |
| 韩** | 右 ACL | 2016.01 | 1.3（三级跳远 6 年转橄榄球 1.3 年） | 是 | 否 |
| 麻** | 左 ACL | 2016.03.29 | 1.4（百米 6 年转橄榄球 1.4 年） | 是 | 否 |
| 王** | 左 ACL | 2017.10.13 | 6.7（百米 2 年转橄榄球 6.7 年） | 是 | 否 |
| 唐* | 左 ACL | 2018.03.15 | 4 | 是 | 否 |
| 石** | 右 ACL | 2018.03.28 | 2.3（百米 5 年转橄榄球 2.3 年） | 是 | 是 |
| 李** | 左 ACL | 2018.09.26 | 1.5（三级跳远 1.5 年转橄榄球 1 年） | 是 | 否 |
| 康** | 左 ACL | 2019.01.24 | 0.3（400 米 4.5 年转橄榄球 0.3 年） | 是 | 否 |
| 高** | 左 ACL | 2019.01.24 | 0.4（跳远 4 年转橄榄球 0.4 年） | 是 | 否 |

**表2　山东省女子手球队队员ACL断裂情况表**

| 姓名 | 受伤部位 | 受伤时间 | 受伤时训练年限 / 年 | 是否合并 L4/5 椎间盘膨出或突出 | 高强度对抗、比赛前是否练习大力量 |
|---|---|---|---|---|---|
| 刘** | 右 ACL | 2015.10 | 3 | 是 | 是 |
| 路** | 右 ACL | 2015 | 3 | 是 | 否 |
| 张** | 左 ACL | 2015.05 | 7 | 是 | 否 |
| 宋** | 右 ACL | 2017.05 | 9 | 是 | 是 |
| 田** | 左 ACL | 2017.07 | 8 | 是 | 是 |
| 杨** | 左 ACL | 2017.08 | 5 | 是 | 是 |
| 宫** | 左 ACL | 2018.06 | 4 | 是 | 否 |
| 杨** | 右 ACL | 2019.03 | 7 | 是 | 是 |
| 焦** | 右 ACL | 2019.04 | 3 | 否 | 是 |
| 高** | 右 ACL | 2019.04 | 8 | 是 | 是 |

## 2 讨论

### 2.1 ACL的组织结构与机械功能

ACL连接于股骨与胫骨间，位于膝关节腔内，起自股骨外侧髁的内侧面，斜向前下方，止于胫骨髁间隆起的前部以及内、外侧半月板的前角。它的主要作用是限制胫骨向前过度移位，与膝关节及周围的其他结构如肌肉、肌腱、韧带等组织共同发挥作用来维持关节的稳定和平衡，使人体能够顺利地完成各类复杂而高难度的运动。

对于ACL的作用，北京积水潭医院以及吉尔吉斯（Girgis）、肯尼迪（Kennedy）和胡斯顿（Hughston）等进行了很多研究，结论大体相近，但也存在一定的分歧。ACL的主要作用表现在以下4个方面：①限制胫骨前移；②限制过伸；③限制内外旋活动；④限制内外翻活动。ACL断裂大部分发生在膝关节过度伸直或一定程度的强力外展时。在非负重下过伸膝关节时前交叉韧带受到强力牵拉可以导致单纯的ACL损伤，而在膝关节过屈时也能够引起ACL损伤。

### 2.2 高强度对抗训练、比赛前练习大力量

调研发现，在第十三届全运会周期中，山东省女子橄榄球队发生ACL损伤8例，男子橄榄球队发生ACL损伤2例，而在2017—2018年女子橄榄球队没有发生一例ACL损伤，男子橄榄球队发生ACL损伤2例。究其原因，2016年年底山东省女子橄榄球队、女子手球队换了新体能教练，训练强度有所调整，原先一味的大强度训练特别是高强度对抗训练被取消，比赛前不再练习大力量。

调查中发现，山东省女子橄榄球队、女子手球队队员发生ACL损伤显著多于男子队，主要原因在于男女骨盆等生理因素的差异。男性骨盆下口小，而女性骨盆下口宽大且耻骨联合宽短；男性耻骨弓角度为70°~75°，较女性的耻骨弓角度小，女性耻骨弓角度为90°~100°；女性髋关节内收较男性更大，导致女性股骨内收内旋在膝关节处更容易发生内扣，臀部起外展外旋作用的肌肉在肌力弱或激活低时，股骨外展外旋幅度下降，由于生理结构使膝关节外翻外旋角度增加，会加大ACL损伤的风险。

温汉德尔（Weinhandl）等研究发现，在膝关节做侧切活动时，较小的腘绳肌力量会导致ACL的负荷明显增大。伊古奇（Iguchi）等通过肌电研究发现疲劳会改变肌肉的活动水平，如在膝关节做侧切动作的触地时刻，疲劳的半膜肌的活性水平相对较低。格列柯（Greco）的研究结果表明，在肌肉疲劳的情况下，腘绳肌的离心及向心峰力矩与股四头肌相比下降幅度更大，即就肌肉疲劳敏感程度而言，腘绳肌更易于发生疲劳。在快速伸膝时，股四头肌会产生快速的向心收缩，与此同时，腘绳肌则发生离心收缩。因为股四头肌强烈收缩，可以产生较大负荷，所以腘绳肌必须通过快速高张力的离心收缩产生充足的负

荷才能与之相匹配。腘绳肌的离心收缩抵消了股四头肌的向心力矩，也抵消了运动过程中身体产生的惯性冲量，以防止胫骨发生过度向前错动，保证膝关节局部稳定，使其在合理范围内运动。

在进行大力量训练后，肌肉出现疲劳，腘绳肌的离心收缩对抗作用减弱，膝关节屈曲角度减小，股四头肌收缩力矩，加上身体惯性导致胫骨过度向前错动，会使ACL损伤。竞技运动中的落地支撑、斜切动作、急停转身变向等动作使腘绳肌疲劳、力量减弱，会增大ACL的损伤风险。所以，运动员在平时力量训练中应注重腘绳肌及臀部肌肉的力量及耐力训练，体能教练要把控好大强度训练的量及时机，要充分与主教练沟通，大强度力量训练后不可进行对抗训练。这对降低ACL损伤风险有重要意义。

2.3　ACL断裂与训练年限的关系

调查中发现，刚入队的年轻队员跟其他专项队员刚转入该项目时（如田径跨项转橄榄球或手球、篮球跨项转橄榄球的队员）更容易发生损伤，原因在于运动员刚转入该项目时经验少、阅读比赛能力差，对技术动作没有进行很好的预判，加上其技术不熟练、不到位（竞赛专项中转身动作训练较少），特别是急停转身跑技术太差，易小腿外翻、外旋的错误，导致ACL应力过大进而断裂。

米塔（Meta）分析表明，有无预判在膝关节运动机制中存在显著差异。贝西尔（Besier）等研究表明，无预判组在做膝关节侧切动作时，内外旋力矩是有预判的2倍，ACL损伤的风险也因此大大增加。韦南德（Weinandl）等利用肌肉骨骼建模法研究后发现，在没有任何预判的情况下做膝关节侧切动作，ACL负荷会明显增大，尤其是在矢状平面上。所以，训练年限少的运动员在比赛中做技术动作前没有太多的时间去做合适的身体姿势调整，会导致膝关节外翻外旋力矩加大，肌肉激活不充分，负荷分配失衡，增大ACL损伤风险。对于刚入队的年轻队员，教练员要耐心教授其相关专业技术，待其熟练掌握后再进行对抗训练、比赛。

2.4　神经肌肉控制对ACL断裂的影响

神经肌肉控制通过激活关节周围的肌肉韧带等组织结构实现膝关节的动态稳定。当神经对这些组织的控制减低时，损伤就容易发生。笔者曾对发生ACL断裂的部分队员做过普查，发现他们都存在L4/5椎间盘膨出或突出的情况。也就是说，只要有L4/5椎间盘膨出或突出，其相关腿部神经支配就会有所减弱，在高强度训练中，ACL断裂发生的概率就大。当L4/5椎间盘膨出或突出时，神经根受压，神经支配的膝关节周围动态稳定的结构明显减弱，膝关节屈曲活性降低，屈曲幅度下降，腘绳肌活性降低，加上股四头肌收缩所产生的力矩，易导致胫骨明显向前位移，增加ACL损伤风险。所以，神经对膝关节周围肌肉活性的控制也是引起ACL损伤的一个重要因素。因此，加强运动过程中神经对相应肌群的控制和协调对降低ACL损伤的风险亦具有重要的意义。队医对队员应加以排查，对有L4/5椎间盘膨出或突出的队员进行积极治疗，使其腿部神经功能恢复，提高神经肌肉的控制力。

## 3 结语

本研究的目的在于为山东省女子橄榄球队、女子手球队ACL断裂高发生率的原因分析研究提供理论依据，降低ACL损伤的风险，并提出有效措施。队医对队员应加以排查，对有L4/5椎间盘膨出或突出的队员进行积极治疗，使其腿部神经功能恢复，提高其神经肌肉控制力。体能教练要把控好大强度训练的量及时机，充分与主教练沟通，大强度力量训练后不可进行对抗训练。对于刚入队的年轻队员，教练员要耐心教授其相关专业技术，待其熟练掌握后再进行对抗练习训练、比赛。这对降低ACL损伤风险意义重大。

## 参考文献

[1] 王芝琴，李友寒.运动员膝关节前交叉韧带损伤的机制及重建治疗[J].湖南科技学院学报，2007，28（4）：177-179.

[2] GRIFFIN L Y, AGEL L, ALBOHM M J, et al.Noncontact anterior cruciate ligament injuries: risk factors and prevention strategies[J].Journal of the American Academy of Orthopaedic Surgeons, 2000, 8（3）: 141-150.

[3] 敖英芳，田得祥，崔国庆，等.运动员前交叉韧带损伤的流行病学研究[J].体育科学，2000，20（4）：47-48，88.

[4] WEINHANDL J T, EARL-BOEHM J E, EBERSOLE K T, et al. Reduced hamstring strength increases anterior cruciate ligament loading during anticipated sidestep cutting[J].Clin Biomech（Bristol, Avon）, 2014, 29（7）: 752-759.

[5] RAHNAMA N, REILLY T, LEES A, et al. Muscle fatigue induced by exercise simulating the work rate of competitive soccer[J].J Sports Sci, 2003, 21（11）: 933-942.

# 我国竞技体育社会功能的历史流变及其启示

韩　炜

（山东体育学院，山东　济南　250102）

**摘要：**竞技体育社会功能与国家政治、文化、教育、经济、公共服务领域的发展密切相关。中华人民共和国成立七十多年来，竞技体育从无到有、从弱到强，为富国强民和中华民族伟大复兴提供强大动力。本研究以我国社会主要矛盾变化的时间节点为逻辑起点，系统梳理社会主义过渡时期、社会主义建设曲折探索时期、改革开放时期、深化改革与全面建设时期我国竞技体育各种社会功能的流变样态，归纳总结竞技体育社会功能流变特征的内在逻辑。未来，我国必须继续保证竞技体育政治功能的特殊地位，深入挖掘文化功能，切实增强教育功能，全面激发经济功能，充分释放公共服务功能，加快推进体育强国建设。

**关键词：**竞技体育；社会功能；历史流变；启示

竞技体育具有政治、文化、教育、经济、公共服务等社会功能，在提升国家影响力，促进社会文化、教育事业繁荣，推动经济发展，服务大众生活等方面具有重要作用。但受特定社会历史条件的制约，竞技体育的社会功能在不同历史发展阶段呈现出鲜明的时代特征。本研究以我国社会主要矛盾变化的时间节点为逻辑起点，通过系统梳理竞技体育社会功能流变样态，探寻推动竞技体育社会功能流变的内在逻辑，以阐释竞技体育社会功能的演变规律，为新时代更好地发挥竞技体育的社会功能与价值提供启示。

## 1　竞技体育社会功能历史流变的样态

### 1.1　社会主义过渡时期

社会主义过渡时期初步确立了竞技体育政治功能的主导地位，而文化功能处于被动从属地位。这一时期成立的体训队完全服务于国家参与国际竞赛的任务，没有经济、教育、公共服务组织制度方面的安排。所以，这一时期竞技体育的经济、教育、公共服务功能处

**作者简介：**韩炜（1978—），教授，博士。研究方向：体育教育训练学。

于缺失状态。

1.2 社会主义建设曲折探索时期

这一时期，我国通过“乒乓外交”使中断了20多年的中美外交关系得以恢复。“乒乓外交”的独特价值再一次证明竞技体育作为政治外交工具，能起到其他外交手段所无法比拟的作用。竞技体育政治功能的主导地位得到巩固，而文化功能仍从属于政治功能，其他社会功能缺失。

1.3 改革开放时期

国家出台各项措施，进一步巩固了竞技体育政治功能的主导地位，竞技体育的经济功能、公共服务功能得到进一步释放。1983—1987年，体教结合模式初步形成，竞技体育的教育功能渐渐显现。20世纪90年代竞技体育的职业化和商业化运作激发了竞技体育的文化娱乐和审美功能，竞技体育文化功能呈现多元化发展趋势。

1.4 深化改革与全面建设时期

国家出台《体育强国建设纲要》，进一步明确竞技体育为国争光的任务，体现了新时代竞技体育政治功能的重要性和长期性。这一时期，国家提出以促进运动项目文化为核心的体育文化建设，发挥体育在社会主义文化强国建设中的重要作用。在教育功能方面，国家明确了推进竞技体育全面走进学校的举措，为青少年的健康成长及竞技体育的可持续发展夯实基础。新时代，运动项目社会化、协会实体化改革取得较大突破，为进一步释放竞技体育经济、公共服务功能奠定了基础。

## 2 竞技体育社会功能历史流变特征的内在逻辑

2.1 政治功能：国际竞争需要竞技平台

竞技体育是人类共同的文化形态，其广泛的国际社会关注度和参与度，远超人类任何一种文化形态。显然，竞技体育是人类较为理想的理性斗争工具。竞技体育的竞争性特点和无国界平台特性，顺应了我国在各个历史发展时期的国家利益诉求，决定了竞技体育政治功能处于重要位置的必然性。

2.2 文化功能：文化多元需要竞技文化自属性

在社会主义过渡时期和社会主义建设曲折探索时期，竞技体育文化功能呈现从属单一的特性。改革开放时期至深化改革与全面建设时期，随着社会各领域的深化改革与攻坚，一方面，我国社会文化生活呈现出多元化发展趋势；另一方面，文化自觉的指向客观上要求中国竞技体育文化存在和发展的意义是为了人们能够生活得更好，回归人本主义价值体系。可见，社会文化的多元化发展需要竞技体育回归其文化自属性。这是竞技体育文化功能流变特征的内在逻辑。

2.3 教育功能：学校教育需要竞技育人

社会主义过渡时期至社会主义建设曲折探索时期，竞技体育教育功能处于缺失状态。改革开放后，社会各组织部门逐步回归本职功能。一方面，从教育系统内的现实问题来看，多年的应试教育导向使学生体质逐年下降，高近视率、高肥胖率、意志品质差等问题突出；另一方面，竞技体育可以增强体质，培养人的团结协作精神、社会规范意识、不畏艰险和勇于拼搏精神等，恰好成为解决上述学校教育问题的较优选择。可见，学校教育需要竞技体育发挥其促进人全面发展的育人功效。这是竞技体育教育功能流变特征的内在逻辑。

2.4 经济功能：市场经济需要竞技产品

社会主义过渡时期至社会主义建设曲折探索时期，竞技体育不担负经济功能。改革开放后，利用市场杠杆调节社会各部门内部各类资源，使其达到优化配置，成为社会各领域深化改革的大方向。现代竞技体育观赏性特点使其具备典型的市场开发潜力。在深化改革与全面建设时期，以足球为突破口的改革进一步激发了竞技体育的经济功能。可见，竞技体育的经济功能整体上呈现从缺失到半激发再到充分激发的流变特征，而市场经济体制的需求和竞技体育商品属性特点是竞技体育经济功能流变特征的内在逻辑。

2.5 公共服务功能：群众体育需要竞技引领

社会主义过渡时期至社会主义建设曲折探索时期，竞技体育公共服务功能缺失。改革开放后，一方面，人本主义思想的回归以及全民健身纲要的实施，使人民群众对健身、健康的需求日益提升；另一方面，我国竞技体育由于受国家财政支持，其本身又具有社会公共事业属性，理应担负起社会公共体育服务责任。深化改革与全面建设时期，政府通过各种改革举措，进一步协调竞技体育与群众体育发展格局，解放了竞技体育公共服务功能。可见，群众体育发展的需求与竞技体育的公共事业属性是竞技体育公共服务功能流变特征的内在逻辑。

## 3 我国竞技体育社会功能历史流变的启示

3.1 继续保证竞技体育政治功能的特殊地位

①继续推行“奥运争光计划”，保持在国际大赛取得优异成绩的稳定性和持续性。②继续服务好大国外交战略。竞技体育要担负起我国与其他国家外交对话与交流的“先行官”的职责，加强与国际体育组织的联系和交流，积极参与国际体育事务，担负起维护国际体育公平与正义的责任。

3.2 进一步挖掘竞技体育文化功能

①深入挖掘竞技体育文化符号，做好文化实物化工作。②注重优秀运动项目组织文化的总结、提炼和推广工作，建设竞技体育文化博物馆。③挖掘中华优秀传统体育项目的文化特

质，继承和发扬其文化内涵。④继续增加竞技体育竞赛表演业产品供给，不断满足人们对体育文化娱乐和审美的需求。⑤加强竞技体育项目文化和其他文化形式的融合。

3.3　进一步增强竞技体育教育功能

①竞技体育主管部门要联合教育部门共同制定青少年体育公共评价标准体系。②竞技体育部门、学校和社会体育组织等应为青少年学生开足、开齐运动项目课程。③竞技体育部门、学校和社会体育组织应联合打造多元化的赛事体系，推进小—中—大学无缝衔接的塔层竞赛体系。④加强师资队伍建设。成立专门的青少年竞训师资培训机构，进一步提升体育教师运动项目执教能力、课外活动组织能力及体育健康知识的储备水平。

3.4　进一步激发经济功能

①首先，政府转变角色，增加宏观政策供给；其次，政府增加制度和法律供给，调节和处置竞技体育市场上出现的各类纠纷。②竞技体育主管部门应继续在各运动项目管理中心（协会）推行“放管服”改革，进一步下放权力到各地方行政部门，向各单项协会放权。

3.5　进一步解放竞技体育公共服务功能

①竞技体育主管部门应该继续完善政府购买体育公共服务的相关体制机制。②竞技体育主管部门应通过各种方式宣传其能为社会大众提供的社会公共服务项目，扩大竞技体育公共服务功能的受众面和人们对其的了解度。③竞技体育主管部门应设立专门的公共服务经费，并通过市场杠杆作用，多渠道募集社会资金。

## 参考文献

[1] 徐艳玲，王盛椿.我国社会主要矛盾认知的历史流变及其启示[J].思想理论教育导刊，2018（10）：86-93.

[2] 朱传耿，王凯，丁永亮，等.改革开放40年来我国体育政策对发展理念演变的响应及展望[J].体育学研究，2018，1（6）：1-11.

[3] 熊晓正，郑国华.我国竞技体育发展模式的形成、演变与重构[J].体育科学，2007，27（10）：3-17.

[4] 杨国庆.从文化缺失到文化自觉：中国竞技运动项目文化建设的突围[J].武汉体育学院学报，2019，53（10）：5-11.

[5] 马冠楠，刘桂海.竞技体育政治功能新探[J].体育文化导刊，2011（7）：140-142.

[6] 张慧峰.中国竞技体育制度变迁研究[D].北京：北京体育大学，2010.

[7] 刘显.中国竞技体育市场化的制度变迁——基于演化经济学的问题分析[D].北京：北京体育大学，2013.

[8] 刘宏亮，刘红建，沈晓莲，等.英国“体育的未来”新战略：内容、评价及镜鉴[J].沈阳体育学院学报，2019，38(6)：33-41.

[9] 王军伟，张岚，余丁友.中国女排精神的内涵、价值及文化效力构建[J].体育学刊，2017，24(3)：35-39.

# 身体姿态的评估方法

蓝　涛

（河北体育学院，河北　石家庄　05004）

**摘要：**近年来，随着社会文明的进步和生活方式的改变，体态问题的检出率在全球范围内呈现明显上升的趋势，身体姿态的评估对预防和解决体态问题至关重要。本研究主要对视觉观察、仪器测量、辐射成像、摄影测量等体态评估方法进行综述，建议将摄影测量法作为未来身体姿态评估的主要方法。

**关键词：**身体姿态；评估；摄影测量法

身体姿态的评估与测量一直都是国内外学者研究的热点。随着科学技术的不断进步，体态评估的方法也由传统的视觉观察法走向利用智能计算机测量，评估结果也更加科学准确。通过查阅文献发现，身体姿态的评估方法主要有视觉观察法、仪器测量法、辐射成像法及摄影测量法。

## 1　身体姿态的评估方法分类

### 1.1　视觉观察法

视觉观察法，又称目测法，是身体姿态评估常用的方法之一，是测试人员对受试者进行现场观察或拍照，再与标准的身体姿态图册进行对比而得出结论的一种方法。芬克（Fink）等在2004年提出了利用视觉观察法来判断身体姿态是否正常，并根据人坐、立、走的外形结构来评价其身体姿态。视觉观察法的优点是不需要任何设备，可以通过直观的方式给出相应的评价。乔西帕（Josipa）利用视觉观察法对艺术体操运动员的头部、颈部、肩部、脊柱等位置进行观察来判断长期艺术体操训练对运动员身体姿态的影响。研究表明，视觉观察法虽然简单易行，但是无法检测到轻微的身体姿态变化，只有当身体姿态问题较为严重时，才会引起观察者的注意，因此该方法只是对身体姿态的粗略检验，并不能获得可量化的数据，不能准确地说明问题。视觉观察法对测试人员的要求较高，要求测

**作者简介：**蓝涛（1972—），副教授，硕士。研究方向：体育教育训练学。

试人员对人体的解剖结构非常熟悉，能够准确、客观地对受试者的身体姿态进行评价，且测试人员的主观因素会对结果产生一定的影响，使结果存在一定的误差。

1.2　仪器测量法

使用各种简单的测量工具也可对受试者进行各部位的身体姿态评估。例如，使用测角仪和倾斜仪来测量身体各部位的角度和斜率，使用软尺、可移动标尺来测量不良身体姿态与标准身体姿态之间的偏差，从而对身体姿态进行综合评估。研究表明，测角仪不仅可以测量关节活动度，还能对身体姿态进行评估。哈里森（Harrison）在1996年的研究中就已经使用了手动测角仪测量颈部倾斜角和头部倾斜角，并且指出手动测角仪具有良好的可靠性，建议将其作为身体姿态评估的参考。奇索姆（Chisom）提出可以利用简单的测量工具（如直尺、卷尺、量角器、三角板等）对身体姿态进行简单测量，从而得出量化结果。《体育测量与评价》一书也建议使用脊弯测量计来对脊柱前后弯曲度进行测量。但是蒂格佩克（Thigpekc）等对15名身体姿态异常患者的研究指出，由于难以保持测角仪的臂与水平面平行，测量颈椎旋转角度和颈部倾斜角度会出现数据偏差，建议使用更加可靠的方法来测量这些角度。福汀（Fortin）的研究也指出，仪器测量法的评估时间较长，受试者在评估期间可能会出现身体的移动，数据的可靠性可能会受到影响。由此可以看出，利用仪器进行测量可能会由于仪器或人为的因素出现误差，影响数据的科学性。

1.3　辐射成像法

辐射成像法主要包括X射线成像、计算机断层扫描（CT）以及磁共振（MR）3种方式。其中，X射线成像经常被称作骨骼评估的金标准，在吉列姆（Gilliam）等的一些研究中，X射线成像的测量结果经常作为金标准来检验其他测试方法的可靠性。想要使用骨性标注来评估身体姿态，3D X射线是一个比较好的选择。它能使评估结果更加准确，从根本上反映体态问题。但是由于X射线被归类为致癌物，其辐射风险仍然存在，X射线成像不作为日常身体姿态评估的方法。除此之外，CT以及MR可以观察到身体各部位的横截面，但其价格十分高昂，不适合大范围进行身体姿态的评估。因此，虽然辐射成像法准确可靠，但考虑到X射线的辐射风险以及CT、MR等方法的高昂价格，很少有研究使用该类方法进行大规模群体的身体姿态评估。

1.4　摄影测量法

摄影测量法是近几年来身体姿态评估较为简单且常用的方法，已被广泛应用于姿态校准的定量评估中。与其他评估方法相比，其优点是可以记录细微的身体姿态变化以及人体不同部位之间的相互关系。目前已经开发了特定的身体姿态评估软件，利用相机、水平三脚架、身体姿态网格图对受试者进行测量，即将相机安装在三脚架上，受试者站在身体姿态网格图前，让三脚架与受试者保持一定的距离并拍摄受试者正面、侧面和背面的照片，由此获得的照片将被传入计算机软件系统内部。这些软件会计算出受试者姿势角度存在的偏差，从而评估体态存在的问题。使用该方法可以获得量化且准确的数据，测量头部位置、肩部位置、颈椎前凸、胸椎前凸、腰椎前凸、腿部形态以及骨盆位置。与视觉观察法、仪器测量法和辐射成像法相比较，该方法的可信度较高，测量结果具有较高的精确性。罗德里戈（Rodrigo）等利用摄影测量法对葡萄牙两所中学的15~17岁的青少年进行了头部、颈部及肩部位置的评估，研究结果表明摄影测量法对颈椎和肩部站立矢状位测量的结果准确。韦伯（Weber）等选取摄影测量法以及辐射成像法对19~35岁的女性进行身体姿态评估，并对两种方法进行了比较。其研究结果验证了摄影测量法在身体姿态评估中的可靠性。在临床实践和研究中，摄影测量法作为一种非侵入性评估肌肉骨骼系统的工具，具有快速且无创的特点，对于大样本的人群来说，是实用且有效的方法，近几年来越发流行，并且被推荐为进行儿童青少年身体姿态评估较适合的方法之一。

## 2 结语

视觉观察法不需要任何设备，是体态评估最常用的方法，但用这种方法无法获得定量数据，轻微的身体姿态问题也不能被发现，限制了其在科学研究中的应用。目前存在的金标准是辐射成像法，但其成本和暴露于有害辐射的风险促使测试人员使用非侵入性方法来评估身体姿态。摄影测量法作为一种非侵入性方法，与视觉观察法、仪器测量法和辐射成像法相比可信度较高，测量结果具有较高的精确性，建议将其应用于未来的身体姿态评估研究。

## 参考文献

[1] GRAMMER K, FINK B, OBERZAUCHER E, et al. The representation of self reported affect in body posture and body posture simulation[J]. Coll Antropol, 2004, 28(2): 159-173.

[2] HARRISON A L, BARRY-GREB T, WOJTOWICZ G. Clinical measurement of head and shoulder posture variables[J].Journal of Orthopaedic & Sports Physical Therapy, 1996, 23(6): 353-361.

[3] THIGPEN C A, PADUA D A, Michener L A, et al. Head and shoulder posture affect scapular mechanics and muscle activity in overhead tasks[J]. Journal of Electromyography and Kinesiology, 2010, 20(4): 701-709.

[4] CLARK R A, PUA Y H, FORTIN K, et al. Validity of the Microsoft Kinect for assessment of postural control[J]. Gait & Posture, 2012, 36(3): 372-377.

［5］GILLIAM J, BRUNT D, MACMILLAN M, et al. Relationship of the pelvic angle to the sacral angle: measurement of clinical reliability and validity[J].Journal of Orthopaedic & Sports Physical Therapy, 1994, 20（4）: 193–199.

［6］BIERMA–ZEINSTRA S M, VAN GOOL J J, BERNSEN R M, et al. Measuring the sacral inclination angle in clinical practice: is there an alternative to radiographs?[J]. Journal of Manipulative & Physiological Therapeutics, 2001, 24（8）: 505–508.

［7］SINGLA D. VEQAR Z. Methods of Postural Assessment Used for Sports Persons[J]. Journal of Clinical & Diagnostic Research: Jcdr, 2014, 8（4）: 1–4.

［8］SINGLA D, VEQAR Z, HUSSAIN M E. Photogrammetric Assessment of Upper Body Posture Using Postural Angles: A Literature Review[J]. Journal of Chiropractic medicine, 2017, 16（2）: 131–138.

［9］RUIVO R M, PEZARAT–CORREIA P, CARITA A I. Intrarater and Interrater Reliability of Photographic Measurement of Upper–Body Standing Posture of Adolescents[J]. Journal of Manipulative and Physiological Therapeutics, 2015, 38（1）: 74–80.

［10］STOLINSKI L, KOZINOGA M, CZAPROWSKI D, et al. Two–dimensional digital photography for child body posture evaluation: standardized technique, reliable parameters and normative data for age 7–10 years[J]. Scoliosis and Spinal Disorders, 2017, 12: 38.

［11］FORTIN C, FELDMAN D E, CHERIET F, et al. Clinical methods for quantifying body segment posture: a literature review[J]. Disabil Rehabil, 2011, 33（5）: 367–383.

# 社会生态模型在健康促进中的应用

路瑛丽

（国家体育总局体育科学研究所，北京　100061）

**摘要**：NCD是造成人类死亡的重要因素之一，而超过80%的NCD致病风险因素是可以避免的。社会生态模型在健康促进中的应用主要通过以下两种途径：一是通过该模型对引起个体行为或疾病的复杂因素进行分层梳理和归纳总结，从而为健康行为或疾病的预防和干预奠定基础；二是以该模型为研究框架，从多系统、多因素角度提高健康行为促进或疾病干预效果。

**关键词**：社会生态模型；疾病干预；健康促进

2019年，我国非传染性疾病（NCD）造成的死亡人口数量占死亡人口总数的88%，NCD导致的医疗负担超过医疗总负担的70%。超过80%的NCD致病风险因素，如体力活动不足、不健康饮食、吸烟、过度饮酒等，是可以避免的。越早进行合理干预，对于预防和控制疾病发展及提高生活质量越有效，所以WHO提倡由政府领导全面综合的行动防控NCD。社会生态模型构建了多层次的影响因素体系，而且能够改变特定行为，故而得以在健康促进领域广泛应用，针对的主要人群有老年人、儿童、青少年、肥胖者、患者等，主要目标分为疾病预防、干预和健康行为促进。

## 1　社会生态模型在疾病预防和干预中的应用

加强慢性病管理具有提高患者生命质量的作用。陈乐乐采用社会生态模型进行慢性病管理因素研究，针对影响慢性病管理的个体、人际、社区因素从多维度提高慢性病管理效果,开展慢性病干预，提高患者生命质量。体力活动对慢性病具有干预效果，但同时受到多种因素影响。裴丽等研究发现，社会生态模型中个人自我效能、步行环境、社会支持等因素可明显影响2型糖尿病患者体力活动。李（Li）等以社会生态模型为理论框架，探讨影响

**作者简介**：路瑛丽（1977—），研究员，博士。研究方向：体育健康促进和运动训练的生理生化监控。

2型糖尿病患者运动状态的个体、社会和环境因素。本研究选取122名受试者并收集相关信息后发现，大多数参与者以步行为锻炼方式，且多采用单独锻炼方式，统计表明59.8%的参与者是有规律地进行锻炼，其中男性患者运动持续时间越长，运动自我效能感越高，客观支持度越高。因此，根据上述基于社会生态模型的2型糖尿病患者体力活动/体育锻炼影响因素而采取的措施将有助于提高患者体力活动水平。

社会生态模型还可用于幼儿牙齿疾病干预。维查扬拉特（Vichayanrat）等采用准实验设计、前后测量评估法对幼儿龋齿进行干预。该干预方案主要是从社会生态模型的个人、人际、组织和社区层面对1年干预前后幼儿龋齿相关健康行为（奶瓶喂养、刷牙、食用零食和氟化物使用等）进行评估，结果发现，干预可对幼儿刷牙、使用牙膏及氟化物具有积极影响，而对奶瓶使用、零食消费以及龋齿发生率没有明显改善，但实验组护理人员龋齿健康行为知识、态度及自我效能感明显提高，说明该干预方案可改善儿童口腔保健，因此建议进一步完善干预方案，以便后续干预可以有效预防龋齿。

社会生态模型在青少年肥胖相关因素及干预中也有应用。引起儿童肥胖的因素具有复杂性，奥赫里瓦查帕提（Ohrivachaspati）等应用社会生态模型对儿童肥胖影响因素进行归纳评价，结果发现，家庭、社区因素对儿童超重或肥胖影响最大，食物和体育活动环境对儿童体重也有一定影响，因此采用社会生态模型预测儿童体重状况可用于儿童肥胖预防策略和干预措施的制定。基姆（Kim）等基于社会生态模型调查与2 069名韩国中学生超重/肥胖有关的因素发现，中学生超重/肥胖不仅与个体因素有关，还与学校及社区因素密不可分，因此，超重/肥胖预防工作不仅应注重个体因素，还应注重学校及社区因素。这说明引起青少年肥胖的因素主要是个体、家庭、社区、学校等，干预性研究证明了这一点。崔馨月等对16所学校7~18岁的3 175名学生，进行了3个月的涉及“学生—学校—家庭”3个层面的社会生态模型肥胖干预，包括健康教育、环境改善、健康饮食与运动等，结果表明，干预后学生的腰围、腰臀比、超重肥胖率等明显改善，且小学效果强于中学。这说明基于社会生态模型的肥胖干预效果对中心性肥胖指标具有明显改善作用，而且越早干预效果越好。李（Li）等以社会生态模型为框架，通过学校、家庭等微观系统进行为期12周的儿童青少年肥胖干预，结果显示，干预组儿童青少年BMI变化与对照组BMI变化具有显著差异，干预后超重/肥胖发生率明显降低。

## 2 社会生态模型与健康行为影响因素研究

久坐行为与心血管疾病、癌症、肥胖等密切相关，办公室员工久坐行为的增加与各种因素有关，社会生态模型可为探究这些因素以减少久坐行为、增加工作中体力活动提供理论框架。由于办公室员工久坐行为为非自由支配性质，受到个人、社会和物理环境等多层次因素的影响，通过改变微观系统中个人动机、宏观系统中社会文化和物理环境，可为干预久坐员工提高其体力活动提供参考。马兰（Mullane）等对影响办公室员工久坐行为的社会生态因素的调查发现，午餐步行、定期面对面与久坐行为呈负相关，拥有私人办公室的员工站立时间短、坐着时间长。这些基于社会生态模型的个人、文化、身体等因素将为设计工作场所干预措施提供参考。老年人由年龄引起的生理功能下降导致久坐行为增加，从而对其健康形成负面效应，因此老年人久坐行为影响因素研究同样重要。沃斯（Voss）等从社会生态模型个人、社会、物理环境和组织层面了解影响老年人久坐行为的因素。通过焦点小组访谈发现，个人层面（缺乏动力、疼痛和疲劳）、组织或环境层面（安全问题、缺乏工作时间以外的活动等）等因素可能会引起老年人久坐行为的增加。基于社会生态模型的不同人群久坐行为影响因素的分析可为久坐行为干预提供支持。

女性进行规律性体育运动可提高其身心健康。张（Zhang）等探讨社会生态模型中个体（自我效能感、享受）、来自家庭和朋友的社会支持以及物理环境因素对平均年龄21岁的235名大学女生体力活动和健康相关生活质量的影响，结果发现个体自我效能感、环境安全与体育活动显著相关，因此营造安全的体育活动环境、增强自我效能感、提供愉悦的体育活动，可以促进高校女生的体育活动，提高健康相关生活质量。

戒烟行为对于促进个体健康具有重要作用，与多种因素有关。潘塔伊万（Pantaewan）等以泰国89名士兵为研究对象，以社会生态模型为理论基础，从个人、人际及组织3个层面设计戒烟行为干预方案。个人层面主要是个人内省，人际层面主要是来自家庭的支持，组织层面主要是加强支持戒烟政策宣传和开展相应活动以及提供无烟工作场所。干预结果表明，63%的参与者吸烟明显减少，4.5%的参与者彻底戒烟，改善吸烟行为和努力戒烟的自我效能感均有明显提高。

## 3 结语

社会生态模型在健康促进领域中的应用主要通过以下2种途径：一是通过该模型对引起个体健康行为或疾病的复杂因素进行分层梳理和归纳总结，从而为个体健康行为或疾病的预防和干预奠定基础；二是以该模型为研究框架，从多系统、多因素角度进行个体健康行为或疾病干预方案设计以提高干预效果。随着社会经济发展，影响个体健康行为或疾病发生的因素将日趋复杂，因此社会生态模型在健康促进领域中的应用将越来越广泛。

## 参考文献

[1] 陈乐乐.慢性病管理效果及影响因素研究——基于社会生态理论模型[D].厦门：厦门大学，2018.

[2] 裴丽，王燕，王美凤，等.社会生态模型下影响2型糖尿病患者体力活动相关因素关系模型的构建[J].中国实用护理杂志，2016，32（5）：325-328.

[3] PEI L, WANG Y, SUN C Y, et al. Individual, social and environmental predictors of regular exercise among adults with type 2 diabetes and peripheral neuropathy in China[J]. International Journal of Nursing Practice, 2016, 22（5）: 451-460.

[4] VICHAYANRAT T, STECKLER A, TANASUGAN C, et al. The evaluation of a multi-level oral health intervention to improve oral health practices among caregivers of preschool children[J]. The Southeast Asian Journal of Tropical Medicine and Public Health, 2012, 43（2）: 526-539.

[5] OHRI-VACHASPATI P, DELIA D, DEWEESE R S, et al. The relative contribution of layers of the Social Ecological Model to childhood obesity[J]. Public Health Nutrition, 2015, 18（11）: 2055-2066.

[6] KIM S, KIM G S. Ecological Factors Affecting Obesity Among Middle School Students in South Korea[J]. Journal of School Health, 2019, 89（3）: 181-190.

[7] 崔馨月，陈天娇，马军.社会生态模式在儿童青少年肥胖防控中对体格指标的干预效果[J].北京大学学报（医学版），2015，47（3）：400-405.

[8] LI X H, LIN S T, GUO H, et al. Effectiveness of a school-based physical activity intervention on obesity in school children: a nonrandomized controlled trial[J]. BMC Publ ic Health, 2014, 14: 1282.

[9] VAN KASTEREN Y F, LEWIS L K, MAEDER A, et al. Office-based physical activity: mapping a social ecological model approach against COM-B[J].BMC Public Health, 2020, 20（1）: 163.

[10] MULLANE S L, TOLEDO M J L, RYDELL S A, et al. Social ecological correlates of workplace sedentary behavior[J]. International Journal of Behavioral Nutrition and Physical Activity, 2017, 14（1）: 117.

[11] VOSS M L, POPE J P, COPELAND J L. Reducing Sedentary Time among Older Adults in Assisted Living: Perceptions, Barriers, and Motivators[J]. International Journal of Environmental Research and Public Health, 2020, 17（3）: 717.

[12] ZHANG T, DUNN J, MORROW J, et al. Ecological analysis of college women's physical activity and health-related quality of life[J].Women & Health, 2018, 58（3）: 260-277.

# 我国优秀划艇运动员专项机能评价研究

蔡成法

（山东省体育科学研究中心，山东 济南 250102）

**摘要：**本研究以Dansprint Pro皮划艇测功仪的形式，对参加第十三届全运会的男女划艇项目的前六名运动员——男子划艇运动员20人和女子划艇运动员17人的专项机能状态进行评估。研究结果表明，在改善划艇运动员的有氧能力的过程中，要关注运动员最大输出功率和力量素质的提升，以保证运动员的最大吸氧量对应功率的不断改善，切实有效地达到提高运动员专项能力的目的。

**关键词：**皮划艇；专项机能；测功仪；输出功率；最大吸氧量

目前，国内的学者对划艇项目的研究多集中在运动员机体有氧能量代谢方面，对专项速度和专项力量方面的研究较少，而划艇项目训练，最后一定是以提高专项速度为最终目的，单一以提高运动员最大吸氧量为目的的训练，并不能实质性改变运动员专项高速度能力。对运动员机体代谢水平与肌肉力量、速度的综合性评价和研究，可以帮助教练员全面了解每名运动员的个体专项特征并制订合理的训练计划，对我国划艇项目的快速发展具有实践意义。

## 1 研究对象和研究方法

### 1.1 研究对象

本研究选取第十三届全运会前六名的划艇运动员为测试对象，其中男子划艇运动员20名、女子划艇运动员17名。所有受试运动员身体状态良好（表1）。

表1 受试者基本情况表

| 组别 | *n* | 年龄 / 岁 | 身高 /m | 体重 /kg | 训练年限 / 年 |
|---|---|---|---|---|---|
| 男子划艇 | 20 | 20.63 ± 2.06 | 1.80 ± 0.03 | 82.55 ± 4.88 | 6.36 ± 2.19 |
| 女子划艇 | 17 | 18.47 ± 2.79 | 1.71 ± 0.02 | 67.92 ± 4.58 | 1.76 ± 0.94 |

**作者简介：**蔡成法（1974—），副研究员，博士。研究方向：运动训练监控。

### 1.2 测试方法与仪器

1.2.1 测试方法 运动员热身后，在测功仪上静坐2 min进入倒计时30 s，听到起动口令后，以最大能力快划10 s，并记录平均功率，原地休息3 min；以最大能力快划30 s并记录平均功率，原地休息10 min，在此期间采集第3 min和第7 min的耳血。运动员按照自己的功率设置进行2 min的台阶式强度负荷递增划行（男子运动员第一台阶负荷为自身体重×1.5系数，每个台阶递增30 W；女子运动员第一台阶负荷为自身体重×1.2系数，每个台阶递增30 W）直至力竭，记录最后台阶功率数据。运动员原地休息1 min，男子运动员以最大能力完成90 s划行，女子运动员以最大能力完成60 s划行，记录平均功率，采集第3 min和第5 min的耳血。

1.2.2 测试仪器 Jaeger Oxycon Mobile移动便携式心肺功能仪（德国）；Dansprint Pro皮划艇测功仪（丹麦），根据个人训练习惯进行风阻设置；BIOSEN C-Line台式血乳酸分析仪（德国），测试中所采集的血乳酸均为运动员的耳血（10 μL）；SEIKO计时秒表。各类仪器在测试前均调校到标准状态。

1.2.3 最大吸氧量判断标准 运动员在测试中达到力竭状态下，最大吸氧量值变化不大于0.1 L/min（$VO_2max/kg$），而且在不低于20 s的时间内保持稳定。

### 1.3 数据分析处理

使用SPSS统计学软件进行数据处理，依据测定结果计算平均值与标准差，以均值±标准差表示。

## 2 结果与分析

### 2.1 我国优秀划艇运动员专项机能测试结果

近几年，国际皮划艇测功仪研发及制作水平的快速提升，保证了测试数据的准确性和稳定性，这一做法在国际上也得到了验证。皮克特（Pickett）等（2018）在《最大上肢力量和最大摄氧量能力与高水平200米皮划艇运动员运动表现高度相关》的研究中的测试是在Dansprint Pro皮划艇测功仪（丹麦）上进行的，与我们进行测试的设备是一致的。研究结果表明，上肢力量、最大摄氧量能力与运动表现高度相关。

乌克兰国家体育大学体育部重点实验室通过多年的研究和数据积累，发布了基于Dansprint 皮划艇测功仪（丹麦）的皮划艇高水平运动员专项机能的评价标准，对运动员的各项机能水平给出了具体的量化指标（表2），具备很强的可操作性。由于女子划艇从2018年起才正式列为世界锦标赛比赛项目，目前尚无女子划艇运动员的专项机能相关评价标准。本研究测试的数据将会成为我国女子划艇运动员专项机能监控体系建立的基础。

表2　高水平男子划艇运动员专项机能标准（乌克兰）

| 10 s 功率 /W | 30 s 功率 /W | 最大吸氧量（L/min） | 相对吸氧量 /［mL/（kg・min）］ | 最大吸氧量对应功率 /W | 90 s 功率 /W | 血乳酸 /（mmol・$L^{-1}$） |
|---|---|---|---|---|---|---|
| ≥ 420 | ≥ 400 | ≥ 6.0 | ≥ 68 | ≥ 200 | ≥ 240 | ≥ 16 |

数据来源：乌克兰体育部重点实验室资料 2008年。

本研究按照乌克兰国家体育大学重点实验室的测试体系和标准，对我国优秀划艇运动员进行了基于皮划艇测功仪的专项机能测试，测试结果见表3。这些数据基本涵盖了运动员在整个比赛过程中所涉及的所有机能特征及状态。

表3　受试者专项机能测试各项机能结果

| 组别 | 10 s 功率 /W | 30 s 功率 /W | $VO_2max$（L/min）/［mL/（kg・min）］ | 最大吸氧量对应功率 /W |
|---|---|---|---|---|
| 男子划艇 | 252.25 ± 40.79 | 231.2 ± 28.9 | 4.23 ± 0.36　51.36 ± 4.06 | 162.57 ± 16.87 |
| 女子划艇 | 138 ± 25.78 | 126.78 ± 20.4 | 3.11 ± 0.31　45.67 ± 4.20 | 88.30 ± 4.47 |
| 组别 | $VO_2max$ 心率 / bpm | 无氧阈对应心率 / bpm | 90 s 功率 /W | 血乳酸 /（mmol・$L^{-1}$） |
| 男子划艇 | 177 ± 5.6 | 165.71 ± 6.58 | 162.25 ± 16.79 | 9.42 ± 1.25 |
| 女子划艇 | 174.21 ± 7.7 | 165.64 ± 7.6 | 100.76 ± 13.27 | 8.63 ± 1.34 |

### 2.2　我国划艇运动员无氧运动能力分析

10 s和30 s功率反映了运动员的专项无氧能力。男子划艇运动员10 s功率为252.25 ± 40.79 W，与乌克兰国家体育大学重点实验室的420 W标准相差了近180 W，说明我国优秀男子划艇运动员专项力量的总体水平与国际高水平运动员有较大差距。女子划艇运动员的10 s功率为138 ± 25.78 W，是所有测试数据中最大的标准差，说明了我国女子划艇运动员的10 s功率个体差异较大。我国男子划艇运动员30 s功率测试结果为231.2 ± 28.9 W，与乌克兰国家体育大学重点实验室的标准数据相差170 W之多，输出功率的差距直接反映了专项速度的差距。

### 2.3　我国划艇运动员有氧运动能力分析

最大摄氧量作为一个评价划艇运动员有氧能力的指标，一直受到各个国家科研专家的重视。田中、崔书经、黎诵明等的相关研究发现，最大吸氧量状态时的速度和功率，是比赛途中速度保持能力的直接体现。

表3显示，我国男子划艇运动员的最大吸氧量为4.23 ± 0.36 L/min，相对吸氧量为51.36 ± 4.06 mL/（kg・min），比国际优秀运动员最大吸氧量和相对吸氧量标准（≥6.0 L/min

和≥68 mL/kg・min$^{-1}$）分别低了32%和25%；最大吸氧量对应功率为162.57 ± 16.87 W，也比国际标准低了18%。我国女子划艇运动员最大吸氧量及对应功率分别为3.11 ± 0.31 L/min和88.30 ± 4.47 W。这些指标综合反映出我国划艇运动员的身体质量较大，但是输出功率水平较低，限制了运动员相对吸氧量和途中速度能力的提升。在2008到2017年的世界比赛中，我国男子划艇运动员在1 000 m项目上很少有机会进入前九名，这也许就是原因所在。

2.4　我国划艇运动员专项机能的整体评价

图1为我国男子划艇运动员专项机能与乌克兰实验室标准对比图。结果表明，我国男子划艇运动员在2016年测试的数据没有一项100%达到乌克兰国立体育大学重点实验室标准。特别是在30 s功率、血乳酸水平和10 s功率方面差距较大，仅达到了乌克兰国立体育大学重点实验室标准的60%；最大吸氧量对应功率最接近乌克兰国立体育大学重点实验室标准，但也只达到了81%。制约我国男子划艇运动员水平提高的首要因素是最大输出功率水平较低，专项速度能力不足；速度能力的低下也反映出运动员身体募集肌肉参与运动的效率较低，这也导致了肌肉在无氧状态下的工作能力较弱，而此时所产生的血乳酸浓度也不会较高。

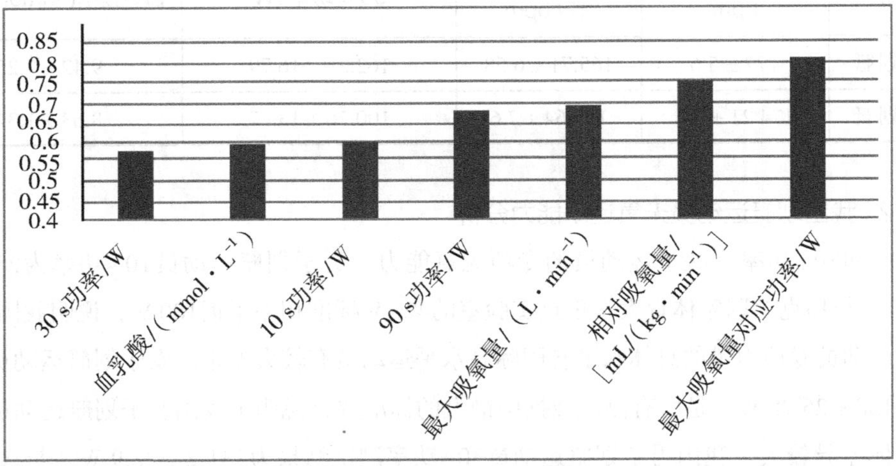


图1　我国男子划艇运动员专项机能与乌克兰国立体育大学重点实验室标准对比图

## 3　结语

在标准的实验室环境下，通过合理的测试程序设计，可以达到对划艇运动员的专项机能进行真实有效的诊断、评价的目的，找出专项能力短板，为教练员的训练计划设计提供数据依据。通过长期多次的阶段性测试，可以建立皮划艇运动员专项机能监控体系，提高训练效率。

## 参考文献

[1] PICKETT C W, NOSAKA K, ZOIS J, et al. Maximal Upper-body Strength and Oxygen Uptake Are Associated With Performance in High-Level 200-m Sprint Kayakers [J]. The Journal of Strength and Conditioning Research Publish Ahead of Print, 2018, 32(11): 3186-3192.

[2] 田中，崔书强.我国优秀皮划艇运动员有氧能力的评价[J]. 体育科研，2013, 34(5): 64-66, 71.

[3] 黎涌明.动作和能量代谢视角下静水皮划艇项目特征研究[J]. 体育科学，2015, 35(11): 38-44.

# “十三五”时期我国冰雪运动发展的回顾与展望

阚军常[1]，翟　哲[2]

（1. 哈尔滨体育学院，黑龙江　哈尔滨　150008；2. 上海体育学院，上海　200438）

**摘要**：本研究运用文献资料法、实地考察法等研究方法，对“十三五”时期我国冰雪运动发展的情况进行回顾。本研究认为，“十三五”时期我国冰雪运动以前所未有的发展速度在竞技体育、群众体育、体育产业、体育文化等方面取得了显著成就；“十三五”时期冰雪运动发展的特点主要是发展速度快、支持力度大及推动冰雪运动发展的主体类型多，且相互合作；“十三五”时期，我国冰雪运动发展的问题主要是相关主体合作效率不足、政策体系不健全、政策效果有待提升。下一阶段冰雪运动发展环境稳中向好，虽然发展速度会逐步放缓，但是发展质量仍然可以进一步提升。

**关键词**：“十三五”时期；冰雪运动发展；回顾；展望

“十三五”时期，我国冰雪运动发展取得了辉煌成就。冰雪运动以前所未有的速度在全国范围内发展壮大，冰雪运动竞技实力不断提升、冰雪运动参与人数不断增加、冰雪场地设施持续开发、冰雪产业规模高速增长、冰雪文化交流日趋频繁。只有对“十三五”时期冰雪运动发展的基本情况进行总结，分析该时期冰雪运动发展的特点，梳理其中存在的问题并对未来的发展形势进行展望，才可以促进冰雪运动的可持续发展。

## 1　“十三五”时期我国冰雪运动发展的基本情况

### 1.1　冰雪竞技实力稳步提升

“十三五”时期，我国冰雪运动竞技实力稳步提升。冰雪竞技人才队伍建设成绩显著，通过跨界、跨项选材获得了一批优秀运动员，新组建了数支高水平冰雪竞技队伍；冰雪项目参赛水平不断提升，2018年平昌冬奥会，我国冰雪竞技运动员参赛人数、参赛项目数量有所增加；冰雪赛事举办能力显著提高，举办了一系列具有代表性的国际冰雪赛事，

**作者简介**：阚军常（1971—），教授，博士。研究方向：冰雪运动发展。

为北京冬奥会的举办打下了良好基础。

1.2 群众冰雪运动发展迅猛

“十三五”时期，我国冰雪运动参与人数不断增加，冰雪运动推广普及的区域不再局限于北方，南方地区群众参与冰雪运动的热情高涨。青少年群体的冰雪参与热情被不断发掘。冰雪场地设施持续开发，场地质量不断提升。华中、华南地区冰场、雪场数量逐步提升，以东北、华北地区为代表涌现出一批高质量的冰雪场地。

1.3 冰雪产业规模高速增长

冰雪消费持续增加，层次不断提升。伴随着冰雪市场的不断拓展，冰雪产业体量持续增加，产业结构优化升级。冰雪运动产业投资规模不断扩大，投资主体呈现出多样化发展趋势，逐步形成了以冰雪娱乐、冰雪参与等为主体，场地经营、器材制造等为附属的产业链。冰雪产业链的长度持续增加，产业蕴含的科技水平稳步提升。

1.4 冰雪文化交流日趋频繁

冰雪外事活动频繁，促进了中外冰雪文化交流。“十三五”时期，我国与芬兰、俄罗斯等冰雪强国在冰雪竞技、产业、文化等方面展开交流活动，如举办了以“中芬运动年”为代表的特色冰雪运动文化交流活动，有力地促进了中国特色冰雪运动文化的建设与发展。

## 2 “十三五”时期我国冰雪运动发展的突出特点

2.1 冰雪运动发展速度快，支持力度大

“十三五”时期，我国冰雪运动以前所未有的速度发展。冰雪运动人口基数快速增长，其中，青少年群体参与比例最高。冰雪社会组织的发展势头更为迅猛，这一时期冰雪社会组织建设数量占总数的72%。此外，冰雪场地数量同比增长了215%，而冰雪产业市场规模也在以每年10%以上的速度快速提升。冰雪运动的高速发展源于国家颁布了一系列专项政策切实推动冰雪运动的发展，国家层面冰雪专项政策一般由多个部门联合制定，政策制定所涉及的部门数量之多前所未有。此外，地方政府也积极响应国家政策，开始加大力度制定具有地方特色的冰雪专项政策。

2.2 推动冰雪运动发展的主体类型多样，相互合作

“十三五”时期，推动冰雪运动发展的组织类型多种多样。不同于夏季项目的推进工作主要依赖于学校和体育部门，冰雪项目的推进工作需要政府、学校、企业、社会组织等多种类型的部门通力合作，共同开展工作。“十三五”时期，冰雪社会组织的快速发展正是对组织多样化需求的回应。不同类型的主体还需要相互合作才能推动冰雪运动发展，如在冰雪运动进校园过程中，体育部门联合教育部门共同制定校园冰雪运动发展标准；学校依托教育部门的资金、体育部门的政策，联合俱乐部发展校园冰雪运动。

## 3 “十三五”时期我国冰雪运动存在的问题梳理及发展趋势

### 3.1 “十三五”时期我国冰雪运动存在的问题

3.1.1 冰雪运动相关主体合作效率不足 各主体之间的合作效率不足是冰雪运动发展的主要问题之一。首先，政府部门之间的合作效率不足，无法在校园冰雪运动方面较好地合作。其中，部分基层教育部门在校园冰雪运动方面缺乏政策支持和行为支持，也没有与基层体育部门进行有效沟通。其次，政府部门和社会组织、企业之间的合作效率不足，部分基层体育部门不能与冰雪企业形成良好、长期的沟通，各种支持行为流于形式，资金划拨、平台搭建等硬性支持手段缺失，不能很好地回应企业和社会组织的真实诉求。

3.1.2 冰雪运动政策体系不健全，政策效果有待提升 冰雪政策体系不健全源于基层冰雪运动专项政策的制定效率低下。华北、东北等地的区域冰雪运动专项政策较多，基本涵盖了目前冰雪运动发展的主要领域，而其他地区的冰雪运动专项政策缺失问题较为严重。专项政策的缺乏降低了地区冰雪运动发展的积极性，让地方行政部门在发展冰雪运动时缺乏政策依据的同时，降低了社会力量发展冰雪运动的信心。政策效果不足的原因是冰雪运动专项政策缺乏倒逼机制、考核机制、激励机制，地方行政部门受到组织惰性影响缺乏执行压力，缺乏政策监督，因此难以较好地实现政策目标。

### 3.2 我国冰雪运动发展趋势

3.2.1 冰雪运动未来发展环境稳中向好 受新冠疫情影响，2020年的冰雪运动参与人数减少，冰雪市场发展受限，许多冰雪企业亏损严重，加之国际局势日趋紧张，国际资本对冰雪产业的投资不可避免地会受到影响。但是，我国新发展格局的构建对进一步培育和发展国内冰雪运动市场有利，我国经济总体向好发展，人民生活水平逐步提升是冰雪运动参与和冰雪产业发展的坚实基础，因此冰雪运动的未来发展前景仍较为乐观。

3.2.2 冰雪运动发展速度逐步向缓，发展质量稳步提升 现阶段由北京冬奥会带来的政策红利和市场红利仍然存续。但随着北京冬奥会的结束，冰雪运动社会关注程度、资本投入力度、政策支持力度均有可能受到影响。因此，冰雪运动未来发展速度会逐渐变慢。但是，随着关注度的降低，冰雪产业规模会逐渐稳定，劣质资本的撤出也会提升产业提供的产品质量，从而进一步吸引和培育真正的冰雪运动人口，提升冰雪运动的发展质量。

## 4 结语

“十三五”时期，我国冰雪运动发展势头迅猛，在竞技体育、群众体育、体育产业、体育文化、体育体制等方面均取得了杰出成就。在这一时期，冰雪运动的发展速度之快、政策支持力度之大前所未有，多类型主体的参与和合作为冰雪运动的发展提供助力。但是，主体之间合作效率不足、政策体系不健全和内容缺失等问题仍然制约着冰雪运动的进一步发展。未来一段时期，冰雪运动发展稳中向好，虽然发展速度可能会受到影响，但是只要逐步完善政策体系和政策内容，促进各主体展开高效的合作，冰雪运动的未来发展质量就一定能够进一步提升。

## 参考文献

[1] 伍斌，魏庆华，张鸿俊，等.中国滑雪产业发展报告（2019）[M].北京：社会科学文献出版社，2019.

[2] 王飞，阚军常，张莹，等.互动、认同与政策引领：西北冰雪运动发展全面推进研究[J].体育科学，40（11）：10-19.

# 日本女子51公斤级拳击运动员並木月海技战术分析

樊庆敏，张寅凯，刘恺基

（北京体育大学竞技体育学院，北京　100084）

**摘要**：本研究主要运用个案分析法、录像观察法、数理统计法，对2020年东京奥运会亚大区拳击预选赛女子51 kg级亚军並木月海在该赛事中的技术运用进行分析。结果显示：①並木月海的出拳数在每回合中呈先下降后上升的趋势，出拳成功率呈先上升后下降的趋势；②並木月海组合拳技术运用次数在每回合中呈阶梯式增长，第三回合第3 min为其组合拳技术击打成功率最高的时段。

**关键词**：女子；拳击；技战术；时间特征

在备战东京奥运会时，我国女子51 kg级运动员常园为我国重点争冠运动员，本研究就其在东京奥运会的主要对手——並木月海的技术运用进行研究并根据时间特征对比赛进行分段分析，得出並木月海的技术运用随比赛时间推进的变化趋势，以期为我国女子拳击运动员在日后与其对阵中能发挥出更好的技战术水平提供帮助，为教练员在训练决策和备战策略方面提供参考依据。

## 1　並木月海基本信息

並木月海曾获得5届日本全国冠军，2018年获得第六届哈萨克斯坦总统杯冠军、世界女子锦标赛季军，2019年获得康斯坦丁·科罗纳托夫国际锦标赛冠军，2020年获得亚大区奥运预选赛亚军，并成功取得东京奥运会入场券。其基本信息见表1。

**表1　並木月海基本信息**

| 姓名 | 性别 | 出生年月 | 国籍 | 身高 | 体重 |
|---|---|---|---|---|---|
| 並木月海<br>Tsukimi Namiki | 女 | 1998.09 | 日本 | 153 cm | 50 kg |

**作者简介**：樊庆敏（1973—），教授。研究方向：体育教育训练学。

## 2　並木月海单拳技术运用特征

### 2.1　並木月海出拳数及出拳成功率变化趋势

如图1所示，随着时间推进，並木月海的出拳数在每回合中呈先下降后上升的趋势，且每回合的第3 min都为该回合出拳数最多的时段。在整场比赛中，第三回合的第3 min为並木月海出拳数最多的时段。随着时间推进，並木月海的出拳成功率在每回合中呈先上升后下降的趋势，每回合的第2 min都为该回合出拳成功率最高的时段。

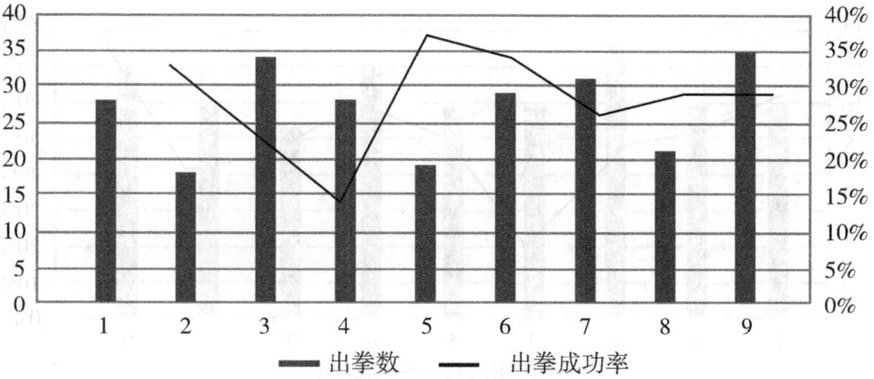


**图1　並木月海出拳数及出拳成功率变化趋势**

### 2.2　並木月海各类单拳技术运用变化趋势

如图2所示，随着时间推进，並木月海左直拳技术的运用次数在首回合整体呈上升趋势，第二回合开始呈下降趋势，于第三回合的第3 min触底反弹，第三回合的第3 min为该技术运用次数最多的时段；右直拳技术的运用次数在第一回合第3 min到达顶峰，第二回合开始下降，此后运用次数并无明显变化；右摆拳技术的运用次数在第一回合的第1 min最高，随时间推进呈下降趋势；右勾拳技术的运用次数随时间推进整体呈上升趋势；左摆拳和左勾拳技术的运用次数随比赛时间推进并无明显变化。

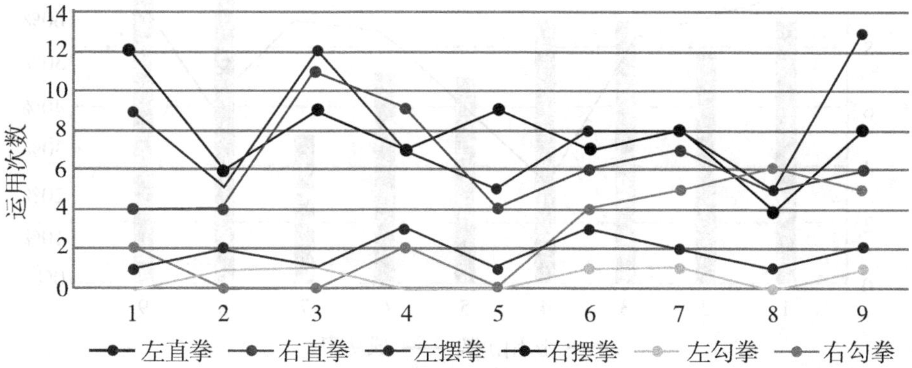


**图2　並木月海各类单拳技术运用变化趋势**

## 3　並木月海组合拳技术运用特征

### 3.1　並木月海组合拳技术运用次数及成功率变化趋势

如图3所示，在每回合中，並木月海组合拳技术运用次数呈阶梯式增长，每回合的第1 min都是该回合出拳数最少的时段，每回合的第3 min都是该回合出拳数最多的时段。随着时间推进，並木月海在首回合中组合拳击打成功率呈下降趋势，第二回合呈上升趋势，第三回合呈先下降后上升趋势。第三回合的第3 min为並木月海的组合拳技术击打成功率最高的时段。

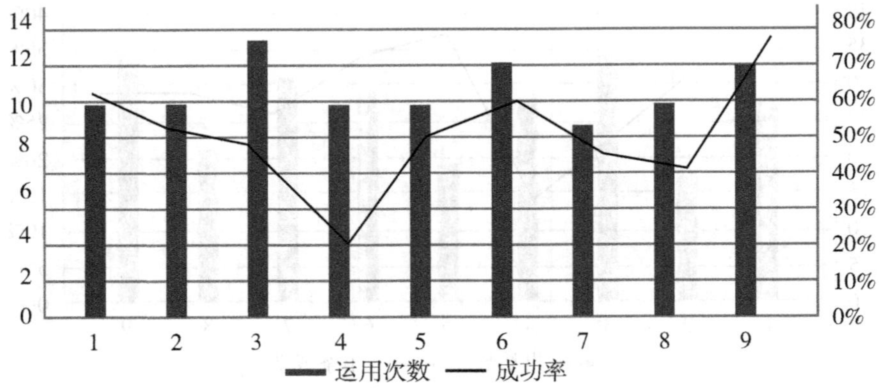


**图3　並木月海组合拳技术运用次数及成功率变化趋势**

### 3.2　並木月海两拳组合技术运用次数及成功率变化趋势

如图4所示，並木月海的两拳组合技术运用在首回合中呈先下降后上升的趋势，第二回合呈下降趋势，第三回合呈上升趋势，第三回合的第2、第3 min为並木月海两拳组合技术运用最多的时段。随着时间推进，並木月海两拳组合技术运用成功率在首回合呈下降趋势，在第二回合呈上升趋势，在第三回合呈先下降后上升趋势，第三回合的第3 min为並木月海

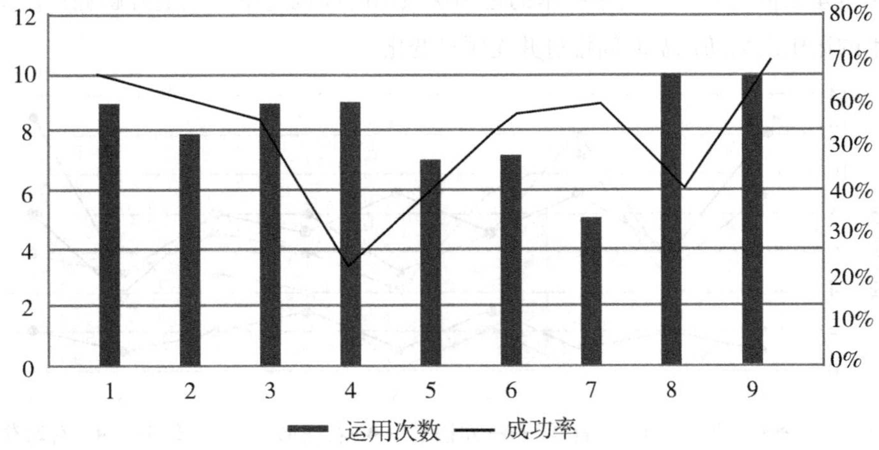


**图4　並木月海两拳组合技术运用次数及成功率变化趋势**

两拳组合技术运用成功率最高的时段。

3.3 並木月海三拳组合技术运用次数及成功率变化趋势

如图5所示，並木月海三拳组合技术运用次数在第一回合和第二回合均呈上升趋势，但在第三回合呈先下降后上升趋势。随着时间推进，並木月海三拳组合技术运用成功率在第一回合呈下降趋势，在第二回合呈先上升后下降的趋势，在第三回合呈先下降后上升的趋势，第一回合的第1 min和第三回合第3 min为並木月海三拳组合技术运用成功率最高的时段。

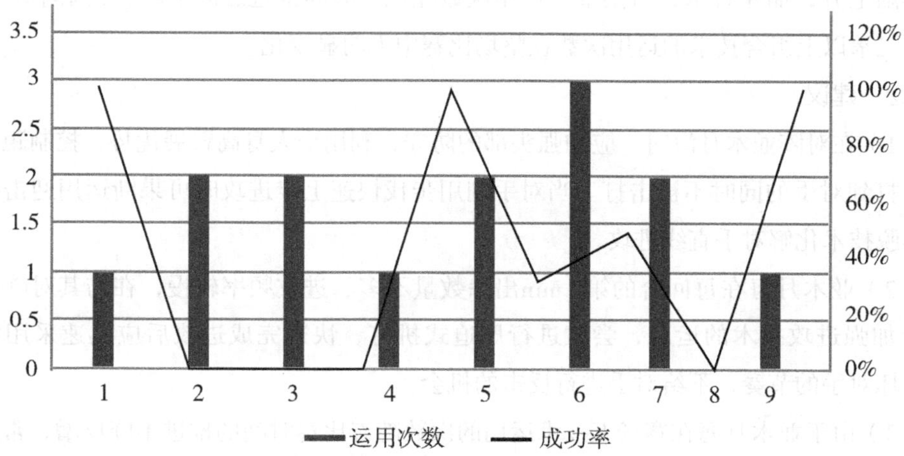


**图5 並木月海三拳组合技术运用次数及成功率变化趋势**

3.4 並木月海三拳以上组合技术运用次数及成功率变化趋势

如图6所示，三拳以上组合技术并不是並木月海的常用技术，运用该技术的时段主要在第一回合、第三回合的第3 min和第二回合，成功率呈阶梯式上升，每回合的最后1 min都是该技术运用成功率最高的时段。

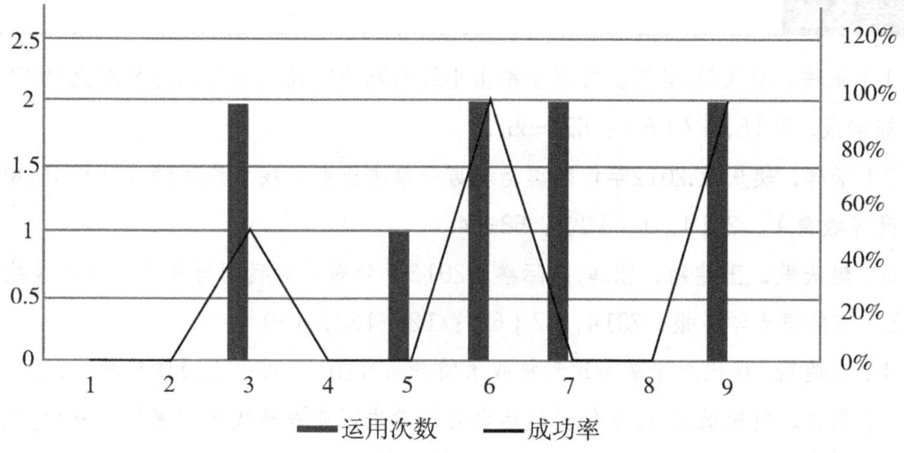


**图6 並木月海三拳以上组合技术运用次数及成功率变化趋势**

## 4 结论与建议

### 4.1 结论

並木月海在比赛的各个回合中，出拳技术运用次数呈先下降后上升的趋势，每回合的最后1 min均为该回合出拳数最多的时段。并且，在比赛最后一回合仍能保持优秀的运动表现。在技术运用方面，並木月海的左直拳、右勾拳及两拳组合技术的运用次数随比赛时间推进逐渐上升，而左直拳、右摆拳的运用次数随比赛时间推进逐渐下降，其余单拳技术和三拳及三拳以上组合技术的运用次数在整场比赛中无明显变化。

### 4.2 建议

（1）在对阵並木月海时，应加强头部的防守，利用个人身高臂展优势，控制距离，保证在击打到对手的同时不被击打。当对手利用步伐快速上步进攻时可果断运用迎击技术，采取摆脱技术化解对手直线进攻。

（2）並木月海在每回合的第2 min出拳数量不多、进攻频率较慢，在与其对阵时可在该时段加强进攻技术的运用，尝试进行压迫式拼打，快速完成进攻后应迅速采用贴靠技术，破坏对手的节奏，不给对手进行反击的机会。

（3）由于並木月海在赛场上技术运用的次数随着比赛时间的推进不降反增，常园应在赛前加强体能训练，从而保证在赛场上体力充沛，在与其对阵时能够更好地发挥技战术水平。

（4）並木月海在赛场上积极主动、作风顽强，符合新规则下拳击运动的发展理念，该技术风格值得在我国拳击运动员中进行推广。我国教练员应加强运动员力量、速度、耐力等专项体能的训练。训练中应增加出拳准确度及连贯性的训练，在对抗训练中增加压迫式进攻的训练，增强运动员在赛场上与对手进行对攻的能力。

## 参考文献


[1] 张辉，樊庆敏.世界优秀男子拳击小级别冠亚军技战术制胜特征对比分析[J].首都体育学院学报，2015，27（6）：552-557.

[2] 张辉，樊庆敏.2012年伦敦奥运会男子拳击比赛技战术应用特点分析[J].中国学校体育（高等教育），2014，1（10）：58-64.

[3] 樊庆敏，王德新，张辉.国际拳联2013评分规则对我国男子拳击选手技战术特征影响[J].北京体育大学学报，2014，37（6）：125-128，139.

[4] 王德新. 现代男子拳击运动技战术特征研究[D].上海：上海体育学院，2010.

[5] 张辉，樊庆敏.2012年伦敦奥运会女子拳击冠亚军技战术运用特点分析[J].北京体育大学学报，2013，36（4）：140-145.

[6] 王德新，樊庆敏，荣敦国，等.我国拳击+91 kg级伦敦奥运会主要对手的技战术特征分析[J].中国体育科技，2012，48（2）：63-71.

[7] 宋红海，樊庆敏，臧广悦.第29届奥运会拳击比赛技战术得分特点分析[J].中国体育科技，2011，47（6）：77-81.

[8] 陶龙.我国女子拳击项目制胜因素的研究[D].北京：北京体育大学，2013.

# 新型运动员培养模式：从体校模式到体教社融合模式

黎涌明

（上海体育学院，上海　200438）

**摘要**：本研究运用文献资料法、归纳总结法等研究方法，基于对我国运动员培养传统模式的分析，探讨我国新型运动员培养模式：从体校模式到体教社融合模式。

**关键词**：运动员；培养模式；体校模式；体教社融合模式

1990—2021年，1月1日这一天上海市出生的人口从2 784人下跌至27人，这一断崖式下跌是全国人口变化的一个缩影。对于竞技体育来说，这意味着我国运动员培养的人口红利正在快速消失。与其他领域一样，人口红利的大潮退去之后，效益就会成为一个追求的目标。在竞技体育领域，这个效益就是运动员培养的效益。

我国竞技体育运动员传统培养模式属于体校模式（图1），全国2 200个体校（2017年数据）支撑着我国在国际赛场的“飘升奏”（参赛、奖牌和金牌）。中小学、幼儿园里的青少年儿童被选拔进体校，成为竞技体育体系的运动员，专门从事某个体育项目的训练。2~6年后，具有运动天赋的运动员被进一步选拔进省市级运动队，代表各省市参加全国比赛。之后，这些运动员中真正具有运动天赋的运动员被选拔进国家队，代表国家参加国际比赛。从入选体校到代表国家队参加国际比赛，这个时间跨度长达数年到十几年，使得运动员的长期培养具有高度的不确定性和较低的成功率或效益。在此过程中，大部分运动员由于运动天赋不足或损伤等被淘汰。因此，一定规模国家队的维系离不开一个庞大的青少年儿童群体和一个庞大的体校运动员群体。

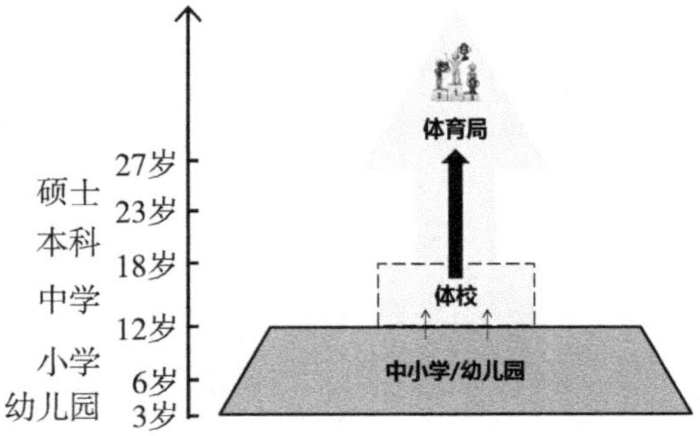


图1　我国运动员培养的体校模式

**作者简介**：黎涌明（1985—），教授，博士。研究方向：运动训练等。

然而，如果人口出生率急剧下降，中小学、幼儿园层面的青少年儿童数量就会剧减，并进一步导致体校无材可选或选不到足够数量的运动员，不仅数量上没有保障，青少年儿童的体质现状（肥胖、肌无力、姿态不良、近视）更让体校选材缺少质量的保障。如果体校运动员数量减少，而运动员的成材率保持不变，那么输送至国家队的运动员数量就会减少。

如果要保持国家队层面运动员数量的稳定，那么只能提高运动员的成才率（效益）和（或）增加从中小学、幼儿园选入体校运动员的数量。成才率的提高需要靠培养过程科学化水平的提升，中小学、幼儿园选入体校运动员数量的增加需要靠青少年儿童体质水平的整体提升和家长将孩子送至体校意愿的增强。而培养过程科学化水平的提升又与选材、培养体系、教练员水平、科研水平等息息相关，青少年儿童体质水平的整体提升与家庭、学校、社区的共同努力息息相关，家长将孩子送至体校意愿的增强与家长对体校培养模式的顾虑息息相关。因此，归根结底，在现有人口出生率急剧下降的背景下，我国竞技体育国家队的维系需要家庭、学校、社区共同参与提升青少年儿童的体质水平，需要消除家长对体校模式的顾虑，需要优化运动员选材和培养体系、提升教练员和科研人员水平。

鉴于此，本研究对运动员培养模式提出如下建议（图2）。

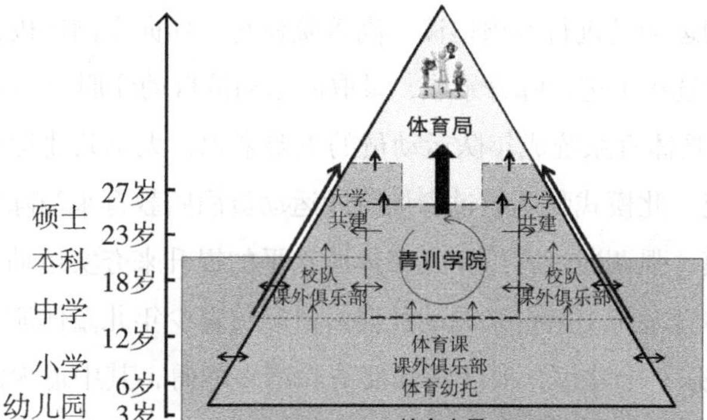


图2　运动员培养的体教社融合模式

（1）此模式为体教社融合模式，涉及体育系统、教育系统和社会3方面的参与与配合；图2中黄色对应体育系统，红色对应教育系统，灰色对应社会，绿色对应体育系统和教育系统的合作机构（但归属教育系统）。

（2）此模式对应的起始年龄为3岁，该年龄对应幼儿园的入学年龄，按学制依次分为幼儿园（3~6岁）、小学（6~12岁）、中学（12~18岁）、大学本科（18~23岁，5年制）、硕士（23~27岁，4年制）。

（3）幼儿园、小学和中学阶段是此模式的塔基，教育系统需要鼓励和引导此阶段的青少年儿童通过体育课和课外体育运动积极参与多个体育项目，并优先开展田径、游泳和体操项目。鉴于此阶段的青少年儿童数量庞大、体育基础相对较弱、教育系统师资力量有限，体育系统和教育系统需要为社会力量参与青少年儿童课外体育运动搭建平台。体育系统和教育系统可以通过在中学阶段的体育竞赛来进一步调动青少年儿童参与体育训练的积极性。此阶段既能全面提升青少年儿童的体质水平，也能为竞技体育系统培养和发掘潜在的运动员。

（4）体育系统与教育系统合作成立青训学院，在年龄上对应12~23岁，在学制上涵盖中学和大学本科。相比于相同学制阶段的普通中学和大学，青训学院有着类似的教育培养标准，但其教练员、训练设施、科研医务保障水平更高，可训练时间更多，运动员多项训练更有保障，跨项流动更为顺畅，纵向训练更为系统，升学压力更小。青训学院的运动员来源为普通小学和普通中学。青训学院通过训练营的方式从外部选拔运动员，并为体育系统培养和输送运动员，实现运动员的动态流动，每年开展不同年龄段运动员的选拔（从普通小学和中学）和淘汰（至普通中学和大学）。

（5）体育系统与高等院校共建某一项目或某些项目的运动队，开展的项目属于易跨项成才（晚定项、专项培养周期短）的项目。为了使学生运动员在训练的同时完成教育系统规定的学业，可将本科学制延长为5年（甚至更长），将硕士学制延长为4年（甚至更长），允许部分极具潜力的运动员进行本硕连读。高等院校每年面向全国选拔具有培养潜力的运动员（项内选拔和跨项选拔）进行降分录取，录取后运动员自动注册为体育系统的运动员。

（6）青训学院是体育系统成年队运动员的主要来源，大学共建运动队是体育系统成年队运动员的重要补充。此模式强调通过青训阶段运动员回归教育来消除家长的顾虑和壮大青训阶段运动员的规模，强调通过青少年儿童体质水平的提升来夯实运动员选材的基础，强调通过政府（教育和体育系统）搭台来调动社会力量参与青少年儿童体质水平提升。

（7）此模式只是一个建议，要实现需要清除诸多障碍，其中最大的障碍就在于“不融合”，现有体育系统、教育系统和社会，甚至体育和教育系统内部各部门需要汇聚融合的动力和勇气并对融合给予足够的耐心。

## 参考文献

刘劲松．“体教融合”背景下我国田径高水平后备人才培养现状探析[J]．体育画报，2020（24）：73，75.

# 我国山区农村留守儿童体质健康问题及干预策略研究的综述

潘玮敏

（西安体育学院运动与健康科学学院，陕西　西安　710068）

**摘要**：本研究应用文献资料法、逻辑分析法等研究方法对现阶段我国山区农村留守儿童体质健康问题及干预策略进行研究。

**关键词**：留守儿童；山区农村；体质健康；干预措施

《中国儿童福利与保护政策报告》显示，截至2018年，我国农村留守儿童仍有697万，其中山区农村留守儿童的占比较大。相较普通的农村留守儿童，山区农村留守儿童自身可利用的生活、医疗、教育等资源更为匮乏。然而，无论儿童身处何地，其体质健康应是平等的。目前对特殊生存环境的山区农村留守儿童的关注研究较少，本研究主要对山区农村留守儿童体质健康问题及干预策略进行探讨。

## 1　我国山区农村留守儿童体质健康现状综述

体质是人体在遗传基础上后天生长发育所表现出的身体形态和机能方面的特征，与心理性格具有相关性。儿童时期体质健康水平对青春期及成年期的个体身体发育和整体健康都有着显著的影响。我国现阶段大多数关于儿童体质健康的调查研究集中在不同年龄阶段学龄儿童体质的变化以及不同地区、种族儿童之间的对比研究，主要通过构建不同地区、种族儿童群体多元化健康服务体系，以期提高儿童体质健康水平和学校生活质量。

在儿童体质健康影响因素中，外界环境发挥着重要作用。其中，地域异质性不仅反映不同的生活条件，还反映与儿童体质发展高度相关的食物获取、体育活动、公共服务和户外资源的异质性。在过去的近十年间，农村和城市儿童体质健康之间的差异尽管已被广泛讨论，但是我国城镇化发展导致的农村留守儿童体质健康问题应得到更多关注。

农村留守儿童是指因父母双方均外出务工、离开居住地半年以上而无法与父母正常共同生活的、不满16周岁、农村户籍的未成年人。此群体一般和长辈亲人，父母的其他亲

---

**作者简介**：潘玮敏（1974—），教授，博士。研究方向：运动医学与健康。

戚、朋友一起生活，与父母双方在一起的时间很少。有调查研究发现，由于亲子关系缺失，农村留守儿童往往表现出严重的失落心理，性格孤僻封闭。父母关爱的匮乏使他们往往感到自卑，觉得自己低人一等，在学校不敢参加集体活动，宁愿自己忍受孤独也不与其他人交流，而且在其他监护人面前感到拘束，长此以往，易产生精神或人格障碍，同时对体质健康造成严重影响。高希彬等对山东省西南地区3～6岁留守儿童及非留守儿童的体质健康进行了对比分析，结果发现，留守儿童身体形态各项指标测定值均低于非留守儿童。王正霞对河南省五六年级农村留守儿童的体质健康状况进行评估，结果发现，留守儿童的体重较轻，身体形态发展不均衡，身体机能一般，体质健康个体综合评价成绩较差，且女生尤为严重。程晖对甘肃省12～15岁农村留守学生与非留守学生的身体形态进行比较分析，结果显示，农村留守学生与非留守学生在身体形态、身体素质等多项指标上存在显著差异，且均低于非留守学生。从以上研究可以看出，现阶段农村留守儿童体质健康水平明显低于非留守儿童。然而，农村留守儿童体质健康的发展水平在中国城市化进程深入的同时应等同于城市常住儿童。因此，如何更好地促进农村留守儿童体质健康的发展成为我国留守儿童体质问题研究关注的焦点。但现今大多研究仅限于农村儿童体质健康中身体素质之间的比较，未从多维度，尤其是将体质健康调查与心理健康结合进行深入研究。

另外，山区的农村生活、教育等客观环境不同于普通地区的农村。王飞针对广东山区农村留守儿童发放问卷调查发现，在社会化程度及人际交往方面，山区农村留守儿童明显更加弱于其他地区留守儿童。而且，这一群体由于地域交通等问题更易与父母长期无沟通，身心发展更易发生障碍，因而要促进山区农村留守儿童体质健康，不仅需要结合山区当地具体条件制定针对性的干预策略，而且需要促进其获得情感认同、自我价值实现等心理水平的发展。

## 2 促进山区农村留守儿童体质健康干预措施研究综述

营养是儿童生长发育的基础，而适宜、科学的运动则是增强儿童体质健康的有效手段。陈曙的研究表明，运动作为积极健康的生活方式，可以在促进农村留守儿童身体健康的同时对其不健康的心理进行舒缓，而且通过群体参与及体育规则的遵守，强化农村留守儿童的社会适应。现有研究证实从运动干预角度对农村留守儿童体质健康问题进行介入可取得较好的效果。但也有研究发现，在农村地区，留守儿童及家长，还有教师和基层学校领导（经济欠发达地区的山区农村表现更为突出）受传统落后观念制约，对体育在促进小学生健康成长方面的重要性认知不足。而且，相较于普通农村小学，山区农村小学规模小、经费紧张、场地器材欠缺、体育教师数量不足等因素致使山区农村留守儿童不能有效、有针对性地参与体育锻炼。贺雅吟通过调查贫困农村地区体育活动开展情况，提出现阶段我国农村地区尤其是贫困偏远地区留守儿童的体育活动开展现状仍处于社会边缘化境地，主要表现为农村体育教育不受重视、留守儿童体育兴趣低下、体育参与度不足等，主要与器材破损、设施陈旧、场地匮乏等因素有关。以上研究表明，山区农村中小学体育锻炼开展状况不佳，因此在运动干预促进农村留守儿童体质健康的过程中更应注重当地实际情况，采用灵活方式进行。但针对山区农村留守儿童的具体体育锻炼干预措施的研究不多，而且在已有文献中所采取的研究方法单一，没有根据具体情况充分利用当地可用资源有的放矢地指导山区农村留守儿童学校体育的科学健身。

综上所述，目前我国关于山区农村留守儿童体质健康的研究具有以下特点：第一，较少研究关注生活、医疗环境更为匮乏的山区农村留守儿童；第二，研究多从社会化发展的视角出发，针对体质健康影响的实践研究较少，且很少涉及山区农村留守儿童与同地区城市常住儿童的对比分析；第三，研究多以现状描述为主，缺乏有效介入措施及手段的深入研究，尚不能从现有研究中明确促进山区农村留守儿童体质健康的具体方式方法，且缺乏与心理状况调查的结合。因此，关于山区农村留守儿童体质健康影响因素及针对性体育锻炼干预策略的研究需要进一步加以关注和深入。

## 参考文献

[1] 边慧敏，崔佳春，唐代盛.中国欠发达地区农村留守儿童健康水平及其治理思考[J].社会科学研究，2018(2)：114-124.

[2] LÄMMLE L，WORTH A，BÖS K. Socio-demographic correlates of physical activity and physical fitness in German children and adolescents[J].Europan Journal of Public Health，2012，22(6)：880-884.

[3] WALHAIN F，VAN GORP M，LAMUR K S，et al. Health-Related Fitness， Motor Coordination，and Physical and Sedentary Activities of Urban and Rural Children in Suriname[J].Journal of physical actinvity & health ，2016，13(10)：1035-1041.

[4] 高希彬，王秋灵.山东欠发达地区农村留守与非留守学龄前儿童体质状况比较[J].中国学校卫生，2010，31(3)：330-332.

[5] 王正霞. 河南省留守儿童体质健康现状调查及对策研究[J]. 通化师范学院学报，2015，36(8)：119-122.

[6] 程晖.基于BMI、Rohrer指数对甘肃陇东南农村留守与非留守儿童体质健康评价[J].中国公共卫生管理，2016，32(1)：14-16.

# 基于格雷马斯行动元模式的《人民日报》冬奥会短道速滑报道分析

薛文婷

（北京体育大学新闻与传播学院，北京　100084）

**摘要：** 新闻是一种叙事性文体，既要报道信息，也要讲述故事。故事，则大多离不开事件和人物。基于格雷马斯的行动元模式，本研究从主体与客体、发送者与接受者、帮助者与反对者3组对应关系考察了《人民日报》的冬奥会短道速滑报道，发现故事主要围绕中国短道速滑运动员冲击金牌展开。其中，中国运动员是主体，金牌是客体；中国队主教练是主要的帮助者，他国运动队及运动员则是主要的反对者。今后，我国媒体在报道体育赛事时，应树立故事思维，注重人物报道，以更好地传播体育文化，建构社会认同，助力体育强国建设。

**关键词：**《人民日报》；冬奥会报道；短道速滑；行动元；人物

作为中国冬奥军团的“金牌之师”，中国短道速滑队是媒体冬奥会报道的重点，其冠军运动员也是媒体关注的焦点。我国媒体冬奥会短道速滑报道中还有哪些人物？人物之间呈现出怎样的结构关系？

为区分叙事人物，结构主义叙事学代表人物格雷马斯提出了行动元概念并建立起3组对应关系：主体与客体、发送者与接受者、帮助者与反对者。据此，本研究对《人民日报》的冬奥会短道速滑报道进行分析，以揭示重大国际体育赛事报道中的人物关系。

本研究围绕1988—2018年的9届冬奥会，以开幕前一个月至闭幕后一个月为时间节点，经“人民日报”数据库检索和人工复核，选取《人民日报》190余篇有关冬奥会短道速滑的报道为样本，约87 000字。

## 1　主体与客体

主体与客体是行动元模式中最基本也是最重要的一组关系。主体，指的是追求目标的行为者；客体，指的是主体想要追求的事物，可以是人物，也可以是某种物质上、精神上

**作者简介：** 薛文婷（1971—），教授，博士。研究方向：体育新闻传播史论、体育新闻传播与社会变迁。

的目标，或某种理想状况。

1.1 主体

自1988年[①]参加冬奥会短道速滑赛（当年为表演项目）以来，我国共有30名运动员获得冬奥会奖牌。因参与项目和比赛成绩不同，他们在《人民日报》上的出现频次有较大差异，具体见表1。

表1 《人民日报》冬奥会短道速滑报道中获奖运动员的词频统计

| 姓名 | 李琰 | 杨扬 | 王濛 | 周洋 | 李坚柔 | 武大靖 | 孙琳琳 | 张会 |
|---|---|---|---|---|---|---|---|---|
| 奖牌 | 金* | 金 | 金 | 金 | 金 | 金 | 金# | 金# |
| 词频 | 59 | 198 | 254 | 126 | 57 | 58 | 15 | 8 |
| 姓名 | 赵楠楠 | 张艳梅 | 杨阳 | 李佳军 | 安玉龙 | 范可新 | 韩天宇 | 李靳宇 |
| 奖牌 | 金# | 银 | 银 | 银 | 银 | 银 | 银 | 银 |
| 词频 | 6 | 35 | 38 | 71 | 1 | 27 | 43 | 14 |
| 姓名 | 王春露 | 孙丹丹 | 秦娜 | 刘晓颖 | 陈德全 | 许宏志 | 任子威 | 冯凯 |
| 奖牌 | 银# | 银# | 银# | 银# | 银# | 银# | 银# | 铜# |
| 词频 | 28 | 5 | 0 | 0 | 10 | 6 | 1 | 4 |
| 姓名 | 袁野 | 王雪峰 | 郭伟 | 李野 | 石竟男 | 梁文豪 | | |
| 奖牌 | 铜# | 铜# | 铜# | 铜# | 铜# | 铜# | | |
| 词频 | 0 | 0 | 0 | 6 | 2 | 6 | | |

注：以最高级别奖项为准，*为表演赛，#为接力赛。因2010年开始以中国队主教练身份参与冬奥会，李琰作为运动员的统计时间为1988—2006年，作为中国队主教练的统计时间为2010—2018年。

由表1可知，媒体最关注获得单人项目金牌的优秀运动员。2010年，中国队获得短道速滑女子项目全部4枚金牌，《人民日报》相继刊发了《王濛夺冠》《周洋夺冠》等报道，凸显金牌运动员的竞技实力、拼搏精神和赛场表现。李佳军等银牌得主也是《人民日报》的报道重点。“中国队”“中国选手”在报道中也频繁出现，足见中国短道速滑运动员在报道中居于主体行动元地位。

1.2 客体

自1988年中国短道速滑队首次参加冬奥会，金牌便成为中国短道速滑运动员的追求

① 注：1988年，短道速滑为表演项目。

对象和奋斗目标。尽管直至2002年才实现冬奥会金牌“零”的突破，但截至2022年北京冬奥会，中国短道速滑队已在冬奥会上获得10枚金牌，是中国冬奥代表团当仁不让的金牌大户。“金牌”及“冠军”“夺金”“夺冠”“卫冕”在《人民日报》的报道中高频出现，词频分别为305、99、38、37和23。譬如，围绕2002年盐湖城冬奥会，《人民日报》先后刊登了《得到的不仅是一枚金牌》《杨扬冬奥会再夺一金》等报道，彰显了“金牌”作为中国运动员追求目标的客体地位。

## 2 发送者和接受者

发送者是推动主体实现其目标的一种力量，可以是具体的，也可以是抽象的；可以表现为人，也可以表现为社会、命运、实践等抽象物。接受者则是由接受给予的客体所组成的行动元。

### 2.1 发送者

细读《人民日报》冬奥会短道速滑报道，可以发现推动中国运动员追求金牌目标的既有努力拼搏、不畏强手的体育精神，站上冬奥会最高领奖台的个人梦想、集体荣誉和国人期待，也有建设冰雪运动大国和体育强国的国家使命，代表性词语是“梦想”“期待”“精神”和“荣誉”等。2002年杨扬夺冠后，《人民日报》强调了“这枚金牌”的重要性：“全国人民期待着它”“中国体育代表团期待着它”“当地华人华侨期待着它”。时任国务院副总理的李岚清代表党中央、国务院电贺中国体育代表团，希望他们“再接再厉，为祖国赢得更多的荣誉”。2018年，当武大靖夺得中国队该届冬奥会首枚也是唯一一枚金牌时，“无数国人热泪盈眶”，因为“中国短道速滑队捍卫了荣誉”；运动员们表示，参加比赛就是要“为祖国争光、为民族争气”，就是要“把个人梦和体育强国梦汇入到实现中国梦的伟大奋斗中”。

### 2.2 接受者

行动元与角色并不是一一对应的关系，一个角色有时可以对应不止一个行动元，如接受者在很多情况下可以同时是主体。就《人民日报》冬奥会短道速滑报道而言，中国短道速滑运动员既是冲击金牌的主体，也是金牌这一客体的接受者。

## 3 帮助者与反对者

在叙事文本中，帮助者与反对者是一组非常重要的矛盾关系。帮助者旨在提供帮助，即促成愿望实现或促进交际；反对者旨在制造障碍，即阻碍愿望实现或阻碍交际。

### 3.1 帮助者

在《人民日报》冬奥会短道速滑报道中，姓名和身份出现频次较多的除了运动员，还有“主教练”（33次）、“辛庆山”（33次）和“李琰”（133次），他们是中国短道速滑运动员在追求金牌道路上重要的帮助者。1988年李琰在冬奥会上一鸣惊人，媒体也关注到了教练员辛庆山，认为正是他的严格训练才让运动员成绩大幅提升。再如，2010年的《李琰，冰坛铁娘子》一文讲述了李琰“报国情切”“临危受命”，引领中国短道速滑“攀上新高峰”的故事。

中国代表团的领导有时也会以“帮助者”的形象出现。2002年《人民日报》报道了中国代表团团长袁伟民、副团长李富荣与比赛失利的姑娘们“促膝谈心”，平抚她们的心绪，倾听她们的心声，使姑娘们卸下包袱，轻松上阵，从而实现了冬奥会金牌“零”的突破。

队友也是中国短道速滑运动员获胜的重要帮助者，因为短道速滑是“讲究配合、讲究战术的项目”。譬如，2006年女子1 000 m决赛时，前奥运会冠军杨扬在发令枪响后一马当先地冲了出去，目的在于以“领跑战术”打乱韩国选手节奏，掩护王濛“冲击冠军”。

### 3.2 反对者

反对者在故事发展中的作用不可或缺：主体在追求客体的过程中所遇到的种种波折、变故和遭遇，都是由反对者造成的，反对者让故事的发展一波三折。

在相关报道中，“韩国队”（112次）、“美国队”（54次）、“加拿大队”（67）、“阿波罗”（25次）、“对手”（80次）等代表中国队主要对手的词语多次出现。其中，作为短道速滑强队的韩国队，无疑是中国短道速滑运动员实现夺取金牌目标的最大“反对者”。《人民日报》的报道中不乏“中韩短道速滑——不是冤家不聚头”“中韩对决”“中韩短道势均力敌”等话语。

对一些成绩优异被视为中国短道速滑运动员竞争对手的外国运动员，《人民日报》也给予了关注。针对美国运动员特纳（Turner）犯规致使张艳梅“屈居第二名”，美国运动员鲁特（Reutter）屡与王濛、周洋碰撞，《人民日报》进行了委婉批评。

裁判员偶尔会因判罚尺度、争议言行被《人民日报》建构为“反对者”形象。1994年，《人民日报》刊文批评傲慢对待张艳梅使其被犯规干扰且出言嘲讽的裁判员“违背奥林匹克公平竞争精神”。2018年平昌冬奥会上，中国短道速滑屡遭争议判罚，《人民日报》通过教练员、运动员的话语间接表达了质疑。

## 4 结语

基于格雷马斯（Greimas）的行动元模式，本研究得出《人民日报》冬奥会短道速滑报道中的行动元—角色—人物关系，如图1所示。

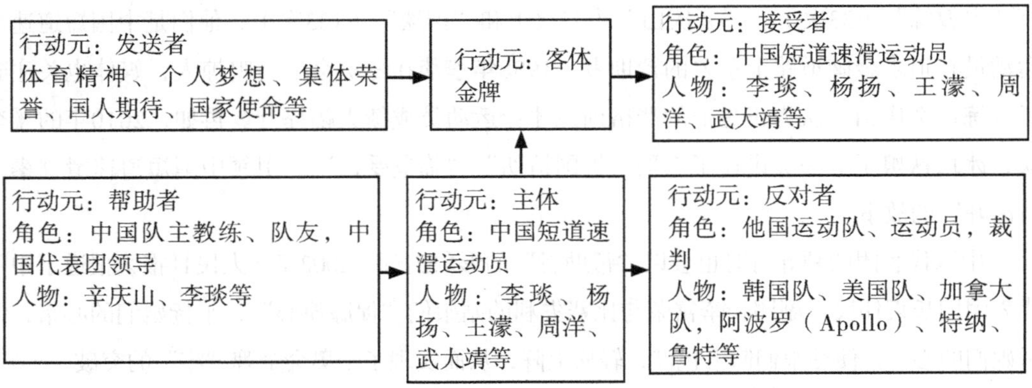


**图1 《人民日报》冬奥会短道速滑报道中的行动元—角色—人物关系**

新闻是一种叙事性文体，既要提供事实，也要讲述故事。故事，则大多离不开事件和人物。一个好的故事，“不能停留在事件的表面，而是要深入人性的核心层面”。《人民日报》的冬奥会短道速滑报道涉及中外运动员、教练员、代表团官员和裁判员等多个人物，注重表现部分人物的形象和性格，但缺少“讲故事”和“塑造人物形象”的自觉，人物呈现并不充分，人物形象也不饱满，遑论深入人性层面的探讨。因此，我国媒体在报道体育赛事时，应树立故事思维，注重人物报道，以更好地传播体育文化，建构社会认同，彰显人文关怀，助力体育强国建设。

## 参考文献

［1］谭君强.叙事学导论：从经典叙事学到后经典叙事学[M].北京：高等教育出版社，2008.

［2］李来.灰色地带下人性的消解与冲突——以格雷马斯行动元及符号矩阵分析《湄公河行动》.[J]戏剧之家，2017（4）：123-125，128.

［3］格雷马斯A.J.结构语义学[M].蒋梓骅，译.天津：百花文艺出版社，2001.

［4］威廉·E.布隆代尔.《华尔街日报》是如何讲故事的[M].徐扬，译.北京：华夏出版社，2006.

# 用于竞技运动员运动探测的可贴式柔性检测贴

薛　亮[1]，刘宜伟[2]

（1. 浙江体育科学研究所，浙江　杭州　310004；2. 中国科学院宁波材料技术与工程研究所，浙江　宁波　315201）

**摘要：**本实用新型专利公开了一种用于竞技运动员运动探测的可贴式柔性检测贴，可拉伸应变传感器层设于水凝胶层上方，可拉伸绝缘层设于可拉伸应变传感器层上方，可拉伸绝缘层上方设可拉伸电极层和处理电路层，可拉伸电极层和处理电路层上方分别通过可拉伸电连接线与肌电电极连接，处理电路层分别与可拉伸电极层和肌电电极连接，整体形成一体式的可贴式柔性检测贴结构，包括打印可拉伸应变传感器层、涂覆制作水凝胶层、形成可拉伸绝缘层等制备步骤。本实用新型专利可贴式柔性检测贴安装使用便捷，具有柔韧性、可贴性，是多功能运动探测系统，可更好地满足对竞技体育运动员关节角度、运动速度、肌肉功能状态、运动疲劳等的探测需求。

**关键词：**竞技运动员；运动训练监控检测系统；可贴式柔性检测贴

## 1　背景技术

随着传感器、大数据、物联网、人工智能等技术的快速发展，运动训练监控的智能化发展成为推动竞技体育运动成绩的又一“利器”。对于竞技运动来说，智能体育设备的核心就是实现对运动员身体机能和运动参数的探测。运动员的运动探测通常可以分为图像法和传感器法。图像法是在运动员的身体上布置反光标志点，利用多台摄像机记录在其运动时各标志点的运动轨迹，进而分析得到运动员的运动角度、速度和加速度等数据信息。一般来说，图像法存在着需要配合摄像头、操作复杂、比较费时、很难满足“不局限空间、便捷操作”要求等缺陷。而传感器法通常是在运动员各个关节处安装传感器，再通过传感器实时精确地获得运动员各个关节部位的运动参数，进而进行运动角度、速度、加速度、受力等的分析。虽然传感器法容易与可穿戴设备集成，是运动监控过程中便捷、实时地探测关节运动的极有竞争力的方法，但目前的传感器普遍采用刚性的MEMS（微机电系统）传感器，其模量达到上百GPa，与人体、运动员的服装不兼容。另外，现有的运动员关节运动

---

**作者简历：**薛亮（1980—），副研究员，本科（双学士学位）。研究方向：运动健康促进。

探测系统，一般也没有将运动状态的探测与肌肉运动状态信息相结合，无法更好地综合评价运动员的训练状态，而且安装极其复杂。

## 2 发明内容

（1）本实用新型专利是为解决现有的对运动员身体机能和运动参数的探测存在着操作复杂，需要配合摄像头等设备，或者采用刚性的MEMS传感器与人体或运动员服装兼容性差，未能将运动状态的探测与肌肉运动状态信息相结合，不能更好地综合评价运动员的训练状态等缺陷而提供的一种安装使用便捷，具有柔韧性、可贴性的多功能运动探测系统，能够更好地满足对竞技体育运动员关节角度、运动速度、肌肉功能状态、运动疲劳分析等的探测需求。

（2）本实用新型专利是一种用于竞技运动员运动探测的可贴式柔性检测贴，其结构包括可拉伸应变传感器层、水凝胶层、可拉伸绝缘层、可拉伸电极层、处理电路层以及肌电电极和可拉伸电连接线，其中可拉伸应变传感器层设于水凝胶层上方，可拉伸绝缘层设于可拉伸应变传感器层上方，可拉伸绝缘层上方设可拉伸电极层和处理电路层，可拉伸电极层和处理电路层上方分别通过可拉伸电连接线与肌电电极连接，处理电路层分别与可拉伸电极层和肌电电极连接，整体形成一体式的可贴式柔性检测贴结构。

（3）作为优选，所述的可拉伸应变传感器层采用基于石墨烯与聚二甲基硅氧烷按照质量比1–2：10构成的复合材质结构的电阻式应变传感器，提高了传感器的可拉伸使用效果；作为优选，所述的水凝胶层底面粘贴聚酰亚胺塑料保护膜，提高了使用前的保护安全有效性；作为优选，所述的可拉伸绝缘层采用聚二甲基硅氧烷材质结构，聚二甲基硅氧烷材质具有110%的高拉伸性，提高了绝缘层的拉伸使用有效性；作为优选，所述的肌电电极采用银纳米线与水凝胶按照质量比1–5：5复合而成的材质结构，提高了肌电电极的粘贴性效果；作为优选，所述的可拉伸电极层为在可拉伸绝缘层上制备褶皱结构的导电金膜，提高了可拉伸电极层制成后的拉伸使用有效性；作为优选，所述的处理电路层通过聚二甲基硅氧烷固定设于可拉伸绝缘层之上，处理电路层的信号输入端通过导电胶与可拉伸电连接线电连接，可拉伸电连接线和可拉伸电极层连接，处理电路层的信号输出端通过蓝牙或导电线与显示装置相连接，聚二甲基硅氧烷材质具有110%的高拉伸性，提高了绝缘层及可拉伸电极层、可拉伸电连接线的拉伸使用有效性；作为优选，所述的处理电路层采用芯片型号为AD5933的阻抗测量芯片，提高了阻抗测量处理简单便捷性；作为优选，所述的肌电电极设有2个，2个肌电电极之间具有空间距离，分别测量运动员身体不同位置的阻抗变化信息，可以监控运动员出汗、脂肪等信息变化的测量有效性。

下面结合图1和具体实施方式对本实用新型专利做进一步的详细说明。图1是本实用新型专利用于竞技运动员运动探测的可贴式柔性检测贴结构示意图。

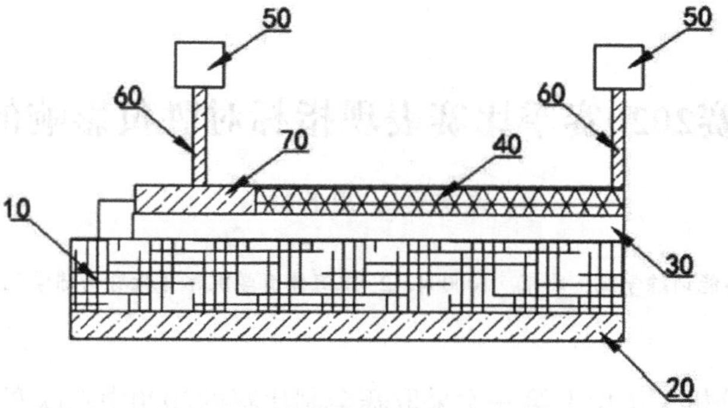


图1 可贴式柔性检测贴结构示意图

## 3 具体实施方式

如图1所示，一种用于竞技运动员运动探测的可贴式柔性检测贴，包括可拉伸应变传感器层（10）、水凝胶层（20）、可拉伸绝缘层（30）、可拉伸电极层（40）、处理电路层（70），以及肌电电极（50）和可拉伸电连接线（60）。

使用本实用新型专利的可贴式柔性检测贴或可贴式柔性检测系统时，撕掉塑料保护膜，可以将可贴式柔性检测贴直接粘贴在关节的皮肤上，如运动员进行手臂弯曲时，可拉伸应变传感器层被拉伸，其长度发生变化，电阻发生改变，进而可以探测运动员关节运动的角度，且通过电阻变化的速率，能间接测量出关节的运动速度等信息。由于可拉伸电连接线可以拉伸，可将肌电电极粘贴于参与运动的运动员的肌肉上，进而获得不同肌肉的运动力学信息。同时，2个肌电电极可以分别测量运动员身体不同位置的阻抗变化信息，监控运动员的出汗、脂肪等信息的变化，进而通过不同位置的信息反映疲劳状态。此外，当运动员出现痉挛时，可以通过肌电电极对运动员进行电刺激，进而缓解痉挛的状态。

## 4 结语

可贴式柔性检测贴具有多功能运动探测系统，能够进行拉伸，具有可贴附性，集成了柔性电极、可拉伸应变传感器层、处理电路层、肌电电极，具有表面肌电探测电极和人体阻抗探测电极功能，满足对竞技体育运动员关节角度、运动速度、肌肉功能状态、运动疲劳等的探测需求，具有很好的应用潜力。

## 参考文献

马冉，刘宏超.国际竞技训练领域内可穿戴设备的应用及未来发展趋势[J].湖北体育科技，2020，39（12）：1113-1117.

# 中超联赛2020赛季比赛表现指标对胜负影响的研究

魏宏文[1]，周长敬[2]

（1. 北京体育大学体能训练学院，北京　100084；2. 上海体育学院体育教育训练学院，上海　200438）

**摘要：**本研究分析了历史上第一次采取赛会制比赛的2020中超联赛比赛结果的比赛技术指标和体能指标，筛选出能够判别比赛结果的关键技术表现和体能表现参数。本研究以2020年中超联赛第一阶段112场比赛为研究对象，研究变量包括每场比赛的比赛结果和每场比赛中分别与技术和跑动相关的指标数据。本研究提供了COVID-19疫情之下中超联赛历史上首次采用赛会制的比赛常模数据，并且确定了从整体上能够更好地决定比赛结果的参数为射门成功率、拼抢成功率、拼抢空中球成功率。这些特征有助于教练员制定针对性的训练策略，并做好准备在比赛中控制这些参数，教练员也可以利用这些数据信息在训练和比赛中为球员设立目标。这些目标可以通过针对性的进攻或防守策略来实现。

**关键词：**中超联赛；技术表现；体能表现；比赛结果；判别分析

现有对中超联赛的研究分析了比赛中成功的一些参数，得出了一些制胜因素，但绝大多数研究只分析了比赛的跑动表现，少数只研究了技术表现。根据现有的研究，尚不完全清楚影响比赛结果的技术表现因素和体能表现因素，各研究结果也不完全一致。此外，这些研究都是对传统的主客场联赛制比赛进行的分析，目前尚无针对中国职业足球比赛其他赛制下比赛表现的研究。在足球比赛表现分析中，赛事类型是比赛情境因素之一，赛制是影响比赛表现的一个重要因素。迫于COVID-19疫情（以下简称疫情），2020年的中超联赛第一次采用赛会制，我们不清楚这种赛制下2020年中超联赛的特征。

基于现有研究的局限性和疫情下的中超联赛的特殊性，本研究以2020年中超联赛历史上第一次采取赛会制的比赛为研究对象，通过分析第一阶段的所有比赛，采取单因素方差分析和判别分析的统计学方法，分析影响比赛结果的比赛技术指标和体能指标，进一步筛选出能够判别比赛结果的关键技术表现和体能表现参数，为“疫情后赛季”的参赛策略提供借鉴。

---

**作者简介：**魏宏文（1972—），副教授，博士。研究方向：足球比赛表现分析。

# 1 方法

## 1.1 数据来源

本研究以2020年中超联赛第一阶段112场比赛为研究对象，数据来源于中超联赛官方合作伙伴AMISCO公司所提供的体能报告和技术报告。这些指标已被研究认为具有很好的信度和效度。

研究变量包括每场比赛的比赛结果（胜、平、负）和每场比赛中分别与技术和跑动相关的指标数据。基于数据的可获得性和前人的研究指标，将AMISCO公司提供报告中的指标分为4组：进球射门相关变量、进攻组织相关变量、防守相关变量、跑动相关变量。

## 1.2 数据统计

数据以均值 ± 标准差的形式表示。对数据进行正态分布检验、ANOVA检验之后，post poc采用Bonferroni法（方差齐时）或Dunnett T3法（方差不齐时）对各个指标进行多重比较。用效应量（effect size）进一步比较不同比赛结果之间的差异。采用判别分析（discriminant analysis），以结构系数（structural coefficient，SC）来更好地区分胜、平、负球队的变量。|SC|>|0.30|被认为具有显著性意义。

# 2 结果

## 2.1 技术表现参数对比赛结果的影响

在不同比赛结果下，技术表现参数的描述性统计分析（表1）显示，获胜球队的射门准确性分别显著高于平局球队（$P<0.001$，ES=1.78）和失利球队（$P<0.001$， ES=0.92）。获胜球队的射门次数（$P<0.05$，ES=0.41）、传中准确性（$P<0.01$，ES=0.49）、拼抢成功率（$P<0.001$，ES=0.64）、拼抢空中球成功率（$P<0.001$，ES=0.68）显著高于失利球队，而传中次数（$P<0.001$，ES=0.63）显著少于失利球队。平局球队的传中成功率（$P<0.05$，ES=0.47）显著高于失利球队。

表1 技术表现参数的描述性统计分析

| 技术表现参数 | 胜（$n$=86） | 平（$n$=52） | 负（$n$=86） | $F$ | $P$ |
|---|---|---|---|---|---|
| 射门 / 次 | 12.6 ± 4.16[b] | 12.0 ± 5.84 | 10.8 ± 4.48 | 3.120 | 0.046 |
| 射门成功率 /% | 42.0 ± 13.37[aabbb] | 33.1 ± 15.92 | 28.8 ± 15.19 | 17.661 | 0.000 |
| 控球时间 /% | 50.8 ± 9.06 | 50.0 ± 8.73 | 49.2 ± 9.07 | 0.625 | 0.536 |
| 传球 / 次 | 504.6 ± 133.65 | 489.1 ± 120.11 | 480.4 ± 99.55 | 0.914 | 0.402 |

续表

| 技术表现参数 | 胜（$n$=86） | 平（$n$=52） | 负（$n$=86） | $F$ | $P$ |
|---|---|---|---|---|---|
| 传球成功率 /% | 75.8 ± 8.67 | 74.9 ± 6.72 | 75.1 ± 6.66 | 0.313 | 0.731 |
| 向前传球 / 次 | 329.0 ± 74.00 | 321.8 ± 70.51 | 314.6 ± 56.94 | 0.988 | 0.374 |
| 向前传球成功率 /% | 69.5 ± 9.94 | 68.6 ± 7.84 | 68.6 ± 7.72 | 0.316 | 0.730 |
| 传中 / 次 | 17.2 ± 7.25$^{bbb}$ | 20.1 ± 10.51 | 22.2 ± 8.68 | 7.411 | 0.001 |
| 传中成功率 /% | 26.2 ± 12.03$^{bb}$ | 25.4 ± 9.76$^{b}$ | 20.7 ± 10.29 | 6.173 | 0.002 |
| 角球 / 个 | 4.2 ± 2.35 | 4.6 ± 3.27 | 4.5 ± 2.52 | 0.456 | 0.634 |
| 越位 / 次 | 1.7 ± 1.46 | 1.6 ± 1.05 | 1.6 ± 1.30 | 0.436 | 0.647 |
| 进攻三区控球 / 次 | 117.5 ± 45.04 | 121.5 ± 52.62 | 112.4 ± 40.90 | 0.686 | 0.505 |
| 拼抢 / 次 | 50.2 ± 10.94 | 52.7 ± 13.41 | 50.2 ± 10.94 | 0.894 | 0.411 |
| 拼抢成功率 /% | 52.7 ± 8.41$^{bbb}$ | 50.0 ± 8.29 | 47.3 ± 8.41 | 8.917 | 0.000 |
| 拼抢地面球 / 次 | 23.0 ± 5.93 | 23.2 ± 6.64 | 23.0 ± 5.93 | 0.013 | 0.987 |
| 拼抢地面球成功率 /% | 50.9 ± 11.69 | 50.0 ± 10.47 | 49.1 ± 11.69 | 0.574 | 0.564 |
| 拼抢空中球 / 次 | 27.2 ± 8.86 | 29.5 ± 9.43 | 27.2 ± 8.86 | 1.296 | 0.276 |
| 拼抢空中球成功率 /% | 53.9 ± 11.35$^{bbb}$ | 50.0 ± 11.33 | 46.1 ± 11.35 | 10.372 | 0.000 |
| 犯规 / 次 | 15.1 ± 3.85 | 14.7 ± 4.14 | 15.7 ± 4.09 | 1.256 | 0.287 |
| 黄牌 / 个 | 2.0 ± 1.34 | 2.0 ± 1.31 | 2.1 ± 1.21 | 0.191 | 0.827 |
| 红牌 / 个 | 0.1 ± 0.28 | 0.2 ± 0.36 | 0.1 ± 0.32 | 0.868 | 0.421 |

注：与平相比，aa：$P$<0.01。与负相比，b：$P$<0.05；bb：$P$<0.01；bbb：$P$<0.001。

## 2.2 体能表现参数对比赛结果的影响

在不同比赛结果下，体能表现参数的描述性统计分析（表2）显示，获胜球队控球时平均跑速显著低于失利球队（$P$<0.01，ES=0.56）。

**表2 体能表现参数的描述性统计分析**

| 体能表现参数 | 胜（$n$=86） | 平（$n$=52） | 负（$n$=86） | $F$ | $P$ |
|---|---|---|---|---|---|
| 总距离 /m | 9 665.1 ± 420.12 | 9 648.2 ± 566.85 | 9 662.4 ± 446.87 | 0.023 | 0.977 |
| 控球时平均跑速 /（km · $h^{-1}$） | 7.4 ± 0.35$^{bb}$ | 7.5 ± 0.34 | 7.6 ± 0.37 | 5.415 | 0.005 |
| 冲刺 / 次 | 6.3 ± 1.41 | 6.3 ± 1.29 | 6.0 ± 1.32 | 1.300 | 0.275 |
| 冲刺距离 /m | 130.3 ± 30.41 | 130.7 ± 29.33 | 124.7 ± 29.40 | 0.990 | 0.373 |

续表

| 体能表现参数 | 胜（$n$=86） | 平（$n$=52） | 负（$n$=86） | $F$ | $P$ |
|---|---|---|---|---|---|
| 高速跑 / 次 | 32.3 ± 4.93 | 31.5 ± 5.37 | 31.9 ± 4.59 | 0.438 | 0.646 |
| 高速跑距离 /m | 484.4 ± 76.21 | 473.7 ± 88.34 | 481.9 ± 72.22 | 0.315 | 0.730 |

注：与负相比bb：$P$<0.01。

2.3 关键比赛表现参数的筛选

在单因素方差分析的基础上，本研究进一步采用判别分析，结果显示，只有第一个判别方程具有显著性（$P$<0.001）。在这个判别方程中，具有较高判别能力的变量为射门成功率（SC=0.422）、拼抢空中球成功率（SC=0.332）、拼抢成功率（SC=0.308），表明在2020年中超联赛的第一阶段比赛中，较高的射门成功率、拼抢空中球成功率和拼抢成功率能够提高球队获胜的可能性。（表3）

**表3 比赛的技术表现和体能表现参数的结构系数**

| 比赛结果参数 | 方程 | |
|---|---|---|
| | 1 | 2 |
| 射门 / 次 | 0.183 | 0.033 |
| 射门成功率 /% | 0.422* | –0.346 |
| 控球时间 /% | 0.082 | –0.022 |
| 传球 / 次 | 0.097 | –0.069 |
| 传球成功率 /% | 0.044 | –0.124 |
| 向前传球 / 次 | 0.103 | –0.028 |
| 向前传球成功率 /% | 0.050 | –0.099 |
| 传中 / 次 | –0.278 | 0.146 |
| 传中成功率 /% | 0.249 | 0.204 |
| 角球 / 个 | –0.049 | 0.164 |
| 越位 / 次 | 0.067 | –0.037 |
| 进攻三区控球 / 次 | 0.059 | 0.203 |
| 拼抢 / 次 | 0.008 | 0.318 |
| 拼抢成功率 /% | 0.308* | –0.082 |
| 拼抢地面球 / 次 | 0.001 | 0.038 |

续表

| 比赛结果参数 | 方程 | |
|---|---|---|
| | 1 | 2 |
| 拼抢地面球成功率 /% | 0.078 | −0.021 |
| 拼抢空中球 / 次 | 0.010 | 0.382 |
| 拼抢空中球成功率 /% | 0.332★ | −0.089 |
| 犯规 / 次 | −0.086 | −0.254 |
| 黄牌 / 个 | −0.044 | −0.029 |
| 红牌 / 个 | −0.046 | 0.276 |
| 总距离 /m | 0.001 | −0.051 |
| 控球时平均跑速 / ( $km \cdot h^{-1}$ ) | −0.241 | −0.027 |
| 冲刺 / 次 | 0.114 | 0.095 |
| 冲刺距离 /m | 0.094 | 0.140 |
| 高速跑 / 次 | 0.037 | −0.188 |
| 高速跑距离 /m | 0.011 | −0.186 |
| Eigenvalue | 0.844 | 0.080 |
| Wilk's lambda | 0.502 | 0.926 |
| Canonical correlation | 0.677 | 0.272 |
| Chi-squared | 143.617 | 15.980 |
| df | 52 | 25 |
| Significance | 0.000 | 0.915 |
| % of varicance | 91.4 | 8.6 |

注：★为结构系数判别值≥|0.30|。

## 3 结论

本研究提供了疫情之下中超联赛历史上首次采用赛会制的比赛常模数据，并且确定了从整体上能够更好地决定比赛结果的参数为射门成功率、拼抢成功率、拼抢空中球成功率。这些特征有助于教练员制定针对性的训练策略并做好准备在比赛中控制这些参数，教练员也可以利用这些数据信息在训练和比赛中为球员设立目标。这些目标可以通过针对性的进攻或防守策略来实现。

## 参考文献

[1] 姜哲，黄竹杭，吴放.不同比赛情境下中国足球超级联赛关键跑动表现指标探析[J].中国体育科技，2018，54（1）：64-70.

[2] 姜哲，黄竹杭，吴放.多重比赛情境下中国足球超级联赛球队技战术表现对比赛胜负的影响[J].体育学刊，2018，25（2）：122-127.

[3] 李晓康，潘春光，刘浩.中超联赛各比赛位置球员跑动距离及强度特征研究[J].北京体育大学学报，2016，39（3）：130-136.

[4] 刘鸿优，彭召方.中国足球超级联赛致胜关键指标探析[J].中国体育科技，2016，52（3）：104-109.

[5] 彭召方，刘鸿优，国伟.中国足球超级联赛主场优势探析[J].沈阳体育学院学报，2016，35（2）：106-111.

[6] 吴放，张廷安.中超联赛球队跑动表现对比赛胜负的影响[J].中国体育科技，2017，53（3）：78-84.

[7] 谢军，刘鸿优.比赛情境因素对中国足球超级联赛技战术表现的影响[J].北京体育大学学报，2017，40（2）：107-111，136.

[8] 赵刚，陈超. 足球比赛表现研究方法和评价指标体系研究[J].体育科学，2015，35（4）：72-81.

[9] 房作铭，黄竹杭，刘鸿优.中超联赛不同位置球员高强度跑动表现特征[J].体育学刊，2019，26（2）：137-144.

# 美国高水平运动员的运动损伤康复体系

侯晓晖

（广州体育学院，广东　广州　510500）

**摘要：**本研究结合与乔治亚州立大学和Velocity Sport Performance（VSP）的运动防护师（AT）、体能教练和运动科学专家的访谈，围绕美国高水平运动队运动员的运动损伤康复体系展开讨论。

**关键词：**美国；高水平运动员；运动损伤；康复

## 1　运动防护师的培养和职业发展规划

美国的高水平运动队都配备有运动损伤防护的团队，称为运动医疗团队，包括运动医学的医生、运动防护师（AT）、物理治疗师（PT）等。运动医疗团队中的各个专业人员彼此分工合作，权责清晰：医生诊断并提供后续治疗的建议；物理治疗师负责术后或康复运动与仪器治疗，协助受伤运动员将身体状况恢复到可以应付日常活动的强度和机能；运动防护师全职跟队，是运动损伤防护的关键，根据伤病和健康需要转介运动员给其他专业人员，如各专科医师、物理治疗师、心理咨询师、运动科学人员、体能训练师、营养师等，并协助后续的检查、治疗与咨询。

目前美国运动防护师协会将运动防护师的工作分为五大领域：①预防运动伤害；②运动伤害的辨别、评估与紧急处理；③运动伤害后的康复与体能调整；④健康管理；⑤专业发展与责任。

预防运动伤害涵盖运动防护过程模式的“早期诊断”与“特殊防护”部分。AT对运动员从事特殊活动时身体、环境与该项活动可能衍生的危险因子进行监控，以降低运动伤害发生的概率与严重程度，具体包括运动前健康检查、运动机能评估、气温等环境监测、应用贴扎或护具和体能调整等。

运动伤害的辨别、评估与紧急处理主要集中在运动防护过程模式的“降低损害”部分。运动防护师需要熟悉问诊、理学检查、功能测试与病历记录，分辨可能的伤害，评估

**作者简介：**侯晓晖（1971—），教授，博士。研究方向：适应体育与运动康复。

其影响，做出适当的处置。这部分与医师类似，但运动防护师仅做急救处理，而非医师权责的诊断与处方。在平时训练或比赛时，现场未必有医师或其他会急救的医疗专业人员，运动防护师必须担任起第一线救治受伤运动员或运动参与者的职责。

运动伤害后的康复与体能调整是运动防护过程模式的“治疗康复”部分。运动员每日到医院进行康复治疗有实施上的困难，运动员伤后到回归训练、比赛前的体能调整恰为理疗师与教练不易拿捏的部分。运动防护师可依医师指示进行仪器治疗与运动治疗，加速运动员康复，并将运动员调整至可接受教练指导的状态。此外，不同的运动员因专项的特殊性，必须再经过针对个别需求设计的运动治疗、运动处方、功能性训练，甚至体能训练，以重获本体感觉、肌力、肌耐力、爆发力、心肺耐力、敏捷性、协调性等，并调整受伤后的心理状态，这样才能重拾运动场上的能力。

因此，运动防护师对人体的了解、专项需求及训练的知识，是运动员康复计划中不可或缺的。在国际上，运动防护师同时取得美国体能协会体能训练师资格几乎是常态。然而，因为运动防护师要求经过完整的大学专业训练，而能考体能训练师未必能考运动防护师，所以只有运动防护师兼具体能训练师资格，而没有体能训练师兼具运动防护师资格。

目前，我国虽在2014年国家职业大典修订中在体育行业中新增了运动防护师职业，使其成为体育行业继运动员、教练员、裁判员、体育研究人员之后第一个拟列入专业技术人员序列的职业资格，但尚未落实运动防护师岗位、规范运动防护工作要求，缺乏人才培养对接，很难支撑我国高水平运动队以及全民健身运动伤害防护的重任，亟待突破。

## 2　以解决问题为导向的运动损伤防护及康复系统

维思比科技有限公司介绍的以运动员为中心、以运动表现为驱动的运动损伤防护及康复系统，为我国运动康复的发展提供了很好的借鉴。

VSP成立于1999年，是美国一家大型的专业运动训练服务机构，主要致力于帮助运动员提高能力，培训运动员、教练员，帮助建立专业运动发展系统；先后服务了10届奥运会，20届美国橄榄球大联盟选秀，于2016年里约奥运会上服务队员取得31枚金牌，服务了17个国家专业队队员。VSP在全美有14个培训点，培训了10 000余名教练员和1 000 000余名运动员。

自成立以来，VSP逐渐形成了结构化、简洁有效的运动损伤防护及康复系统。它以运动员为中心、以运动表现为驱动，将训练、恢复和运动医学整合在一起，统一术语和标准，建立有效沟通，共同努力，各有侧重，从生理、心理、运动技能、营养等各方面全方位地帮助运动员做到更快、更强。

VSP的康复系统与着重临床思维的其他康复系统不同，不是从损伤出发，考虑运动员不能做的事情，而是从运动表现出发，考虑运动员能做的事情。

VSP综合应用各种手段，从生理上，积极促进损伤组织的修复和结构的重塑，如应用手法引流、肌效贴、拔罐消肿，应用冷疗减轻炎症和疼痛，通过改善睡眠、放松呼吸和补充营养提高副交感神经兴奋性，从而产生更好的内在修复环境，应用鱼油、蛋白质、抗炎或抗氧化的食物或补充剂促进修复，通过低剂量的激光、红外线、微波促进ATP生成和细胞修复，通过刮痧等帮助软组织松解消除粘连，特别强调通过进阶的离心训练重塑肌腱组织；从关节的延展性上，通过自我筋膜松解技术、DNS手法、希氏抑制手法、针灸等消除扳机点，通过全身振动训练、关节松动技术、拉伸和走罐激活高尔基腱增加组织延展性；从力量上，通过纠正训练、DNS等激活建立正确运动和核心控制模式，增加核心稳定性和力的传递能力，增强减速和加速的离心力量训练，发展最大力量、速度力量、力量速度以及反应速度；从动作发展上，通过增强动静态平衡的训练、生物反馈技术和节律稳定技术加强反馈，强调在建立正确动作模式以及发展快速反应能力的基础上，促进动作技术的发展。

同时，我们要关注运动训练的恢复。身体可以做到自我恢复，但需要采取相应措施帮助恢复，包括中枢神经系统的恢复、组织结构的恢复、生理机能的恢复和心理的身体恢复。要通过超量恢复来不断提升运动能力，但要避免过度疲劳和损伤的发生，加强训练和比赛的监控。要注重运动员机能水平各项指标基线的建立，注重长时间监控、阶段性的调整，特别是赛前时差的调整和免疫能力的增强，主要是解决睡眠和中枢神经系统的疲劳，以及由疲劳带来的免疫力降低。

## 3　以功能动作系统为基础，以动作发育为线索，以问题为导向，以离心运动为重点

本研究提出可以功能动作系统为基础，以动作发育为线索，根据评估，针对关节运动功能不良、组织延展性功能不良、稳定性和动作控制功能不良有效开展运动康复训练，特别强调离心力量训练的重要性。

离心力量有两个作用：一是缓冲制动，主要起到减震吸收的作用，主要由肌肉承担大量负荷；二是落地反弹，变向，像弹簧一样，对肌腱的弹性要求很高。离心力量的两个作用提示肌肉、肌腱充当的角色是不同的，针对性的训练是十分必要的。

离心力量减震的主要目的是减少吸收能量，控制发力。由于关节活动范围很大，时间较长，肌肉、肌腱中弹性成分存储的能量会变成热量流失。如果反复进行减震离心运动，就会造成局部肌肉负荷过重，热量过度累积，增加慢性劳损的风险。在排球等集体项

目的急停、落地缓冲等减速运动中，离心机制是非常重要的。离心负荷通常是最大力量的160%，所以需要极强的神经肌肉控制能力。

离心运动导致的伤病主要包括延迟性肌肉酸痛、急性损伤、慢性损伤等。大多数非接触性运动损伤发生在离心运动中，所以运动员不进行离心力量训练是损伤的高风险因素之一。离心运动可能会对肌腱造成微小损伤，如果得不到恢复，损伤积累就可能会导致肌腱退行性病变。离心力量训练比向心力量训练更容易导致延迟性肌肉酸痛，其原理可能是离心收缩相对于向心及等长收缩参与的运动单位较少，肌节过分拉长并引起肌动蛋白与肌凝蛋白之间非理想的交叠，从而导致肌节损伤。然后，白细胞会移动到受损的肌肉纤维部分以对急性发炎做出反应，并释放组胺及前列腺素之类的化学物质，从而引发疼痛的感觉。离心收缩后出现的组织结构损伤是可修复的，而且损伤修复后的肌肉增强了抗离心收缩所带来的损伤的能力。

大量研究表明，经离心力量训练获得的离心肌肉力量明显高于向心力量训练，经过训练，离心肌肉力量提高了18%~34%。离心训练提高离心肌肉力量的结果可以解释最大离心肌肉动作比最大向心肌肉动作更能刺激力量的增加。同时，离心力量的增加是由于离心收缩可以促进运动单位协调的神经性适应。离心训练可以促进肌腱的重塑，提高肌腱细胞的活性，增加胶原蛋白。在康复运动中，离心运动是已知肌腱康复的有效手段之一，通常早期采用小负荷多次重复的练习方法（12~15次/组），然后逐步增加强度，减少次数。离心力量的减震运动通过练气，逐步增加负荷，向发展离心的弹簧作用进阶。跑步时，如果步伐过大，脚落到重心前面，就会增大腘绳肌的离心负荷，导致损伤风险明显增加。建议在运动员准备活动中适当增加离心运动成分，如高速跑。肌腱只对10 min内的快速拉伸—收缩练习有反应，产生最佳重塑，6~8 h内再重复训练并不能提高效果，所以，一天中最好在运动训练前后各安排1次离心力量训练，同时服用维生素C等营养药物以利于肌腱重塑。

总体而言，美国高水平运动员的运动损伤康复，建立了以问题为导向，涵盖预防运动伤害、运动伤害的辨别评估与紧急处理、运动伤害后的康复与体能调整、健康管理、专业发展与责任全过程的运动损伤防护及康复系统，在团队、理念和工作模式上有很多值得我们学习和借鉴的地方。

## 参考文献

[1] HESS C W, GNACINSKI S L, MEYER B B. AReview of the SportInjury and Rehabilitation Literature: From Abstraction to Application[J].Sport Psychologist, 2019; 33 (3) : 232.

[2] 李璟圆.体育医疗卫生技术人才培养研究综述[J].体育文化导刊，2016（5）：23-26.

[3] 刘海东，马杰华.我国体育行业职业技能鉴定现状分析[J].内蒙古体育科技，2017（1）：22-25.

# 应变与求变：论篮球比赛节奏调控

李明达

（成都体育学院，四川 成都 610041）

**摘要**：本研究运用文献资料法、访谈法及视频分析法，多维度探析篮球比赛节奏内涵，认为篮球比赛节奏的本质是变化，具有习惯性、可预判性、非稳定性等特征；篮球比赛节奏由双方运动员的竞技能力、教练员指挥能力及对手发挥状态等多因素所驱动；把控节奏关键在于准确识变、及时应变和主动求变；教练员可通过暂停、换人、变换战术及影响裁判员等途径来调控比赛节奏；运动员可通过变换进攻或防守状态等方式来主动调整比赛节奏。

**关键词**：篮球比赛；节奏；应变；求变

篮球比赛中的节奏问题是一个能够反映全队与个人、连接场内与场外、融贯时间与空间的核心问题。通过梳理篮球比赛相关文献发现，节奏问题是一个常被论及却一直未受到足够重视的问题。基于此，本研究结合比赛实战情境，尝试以系统、动态的视角深入探究篮球比赛节奏，并通过揭示节奏的本质、表现特征，找出影响比赛节奏的因素，提出积极调控比赛节奏的策略。

## 1 篮球比赛节奏再认识

“节奏”的中文释义一般有两种：一种专指在音乐中交替出现的有规律的高低、强弱、长短等现象，另一种泛指有条不紊的有规律的工作进度。而在英文中常使用“rhythm”“tempo”“pace”3个词来表达节奏。其中，rhythm常用于表达音乐或诗歌的韵律，tempo常用于表达音乐中的速度、拍子及生活或事件的速度，pace则更多的是表达步伐、速度、距离及一些抽象概念。综合中英文对节奏的解释，可以说篮球比赛中的节奏与音乐中的节奏具有共同点，其本质都是变化，都含有快慢和轻重缓急之意。这也是大多数

**作者简介**：李明达（1976—），教授，博士。研究方向：篮球教学与训练、青少年体育、竞技运动项目文化。

研究者解读篮球比赛节奏的切入点和聚焦点。然而，我们还应该认识到篮球比赛节奏内涵的特殊性。音乐的节奏是既定的变化，是编排好的有序音符，追求的是节奏表现的精准稳定性。而篮球比赛节奏是对抗状态下的具有时间、空间及心理多个维度特征的变化，这种变化不是既定和有序的，而是动态创生性的。因此，从节奏的视角探究篮球比赛，要突破以往简单的技战术表现分析，从变化的主动性、被动性以及致因等多个层面去探讨，要认识到篮球比赛节奏关联着全队与个人、场内与场外、时间与空间，要认识到把控篮球比赛节奏的关键在于准确识变、及时应变和主动求变。

## 2 篮球比赛节奏的主要特征

### 2.1 节奏的习惯性

习惯是指通过长时间积累养成的某种潜意识行为或倾向。在篮球运动中，每名运动员体能分配、技战术运用、心理状态变化，以及教练员战术安排和临场指挥等常常会表现出一定的倾向性，这种在长期训练和比赛中形成的带有个人风格的倾向性，从节奏的角度看就是节奏的习惯性。节奏的习惯性也可以体现在全队，从全队的技战术风格上去理解。因此，明晰篮球比赛节奏的习惯性能够为我们赛前制订比赛方案提供必要的前提和靶向。

### 2.2 节奏的可预判性

“知己知彼，百战不殆。”节奏的习惯性特征使篮球比赛节奏变化具有可预判性。在比赛对抗中，不论是运动员个体还是球队整体，其技术风格、战术打法等都会以最熟悉、最习惯、最自信的方式表现出来。因此，根据比赛双方实际情况进行赛前准备和比赛节奏预判是教练员和运动员必备的专业素养。

### 2.3 节奏的非稳定性

篮球比赛的高对抗性导致攻守双方的既有或既定节奏很难保持稳定，场上情况瞬息万变，始终处于动态调整中。为了掌握攻防节奏的主动权，应对比赛中的突发变化，运动员和球队都要在技术运用、战术打法等多方面有充分的储备。当球队或运动员无法正常完成得分或防守时，教练员通常会主动进行战术调整或运动员更换，以便掌握有利的比赛节奏。因此，非稳定性是篮球比赛节奏的常态，比赛双方始终通过节奏调控来追求自身发挥的稳定性，同时破坏对手的节奏稳定。其中，节奏调控是影响比赛结果的重要因素。

## 3 篮球比赛节奏调控策略

### 3.1 准确识变

篮球比赛节奏变化总是体现在双方体能、技术、战术、心理、经验等全方位的攻守对抗中。对场上态势、节奏变化的把握取决于双方教练员、运动员的精准研判。节奏变化常常发生在攻防僵持、比分胶着或比分差距较大的比赛阶段，往往由想改变攻守现状的一方突然发起。其中，教练员、运动员应重点关注暂停、换人之后的节奏变化。总之，要想把控篮球比赛节奏，首要任务是及时发现和准确判断对手节奏的变化。

3.2 及时应变

高水平篮球比赛无论是个人技术还是全队战术，其节奏变化都非常频繁。因此，当发现对手节奏变化后，如何及时应变，变被动为主动就成为对教练员和运动员的重要考验。及时应变的效果不仅取决于对变化的准确研判，更在于恰当的应对策略和破解办法。其中，个人技术的全面性和高层次的战术素养以及全队的战术储备是有效应变的最重要保障。

3.3 主动求变

一般来讲，比赛得势下要保持节奏，做好应变，而在僵持或失势下就要改变节奏，做好主动求变。主动求变的目的就是把控比赛节奏，提高得分效率。因此，篮球比赛也可以看作一场攻守双方不断争夺有利节奏的过程。其中，主动求变是比赛的主旋律，通常通过暂停、换人、突然改变防守状态（如防守的位置和激烈程度）、突然改变进攻方式（如进攻速度、强度和得分方式）及突然改变防守阵势或形式等途径来实现。而节奏变化的时机越恰当、程度越大、越突然，效果就越明显。这些也可以作为教练员、运动员水平的考量指标。

## 4 结语

影响篮球比赛结果的因素很多，但对篮球比赛节奏的系统思考能够让我们更深入地触及篮球比赛制胜规律。尤其是基于各年龄段高水平篮球赛事大数据的定性与定量相结合分析比赛节奏，一定会给我们带来一些启示。这些研究结果关乎篮球运动员选材、后备人才培养、教练员培养等多个方面，也会给新时代中国篮球振兴发展带来一股新流。

## 参考文献

[1] 孙民治.篮球运动教程[M].北京：人民体育出版社，2006.

[2] 田麦久.运动训练学[M].北京：人民体育出版社，2000.

[3] 彭延春.对篮球比赛节奏的系统研究[J].首都体育学院学报，2003（2）：49-52.

[4] 马冀平.篮球比赛中的节奏及其影响[J].南京体育学院学报（社会科学版），2006，20（2）：116-119.

[5] 于振峰，张玉生.浅谈篮球比赛的节奏[J].中国体育科技，1995（10）：52-53，51.

# 蹦床运动员腰肌劳损个案报告

庞象青

（山西省体育科研所，山西　太原　030012）

**摘要：**本研究探讨综合疗法辅以体能康复训练对优秀蹦床运动员腰肌劳损治疗的临床疗效。采取中医手法结合针灸、理疗，同时进行体能康复训练，观察治疗效果。结果显示，15次治疗加30天体能康复训练后，症状消除。本研究从而得出结论，对于蹦床运动员腰肌劳损的治疗要采取动静态结合、早发现早治疗的思路，采取多种方式综合治疗，这样运动员才能更快、更好地恢复身体，尽早投入专项训练。

**关键词：**综合疗法；蹦床运动员；腰肌劳损；体能康复训练

蹦床运动是运动员利用蹦床反弹将自己弹向空中，并在空中完成各种翻转动作的竞技运动。动作主要依靠腰和下肢来完成，腰部的旋转动作幅度大，力度强，且十分频繁，这就客观上决定了该项目运动员的损伤多集中在腰部。其中腰肌劳损是最常见的蹦床运动损伤。为了提高蹦床运动员腰肌劳损的临床治疗效果，我们在综合治疗的基础上实施以核心肌群训练为主的体能康复训练，在蹦床运动员腰肌劳损的康复治疗方面取得了不错的疗效，现报告如下。

## 1　病例资料

### 1.1　一般资料

涂某，男，1988年出生，国家蹦床队运动员。曾获2014年美国蹦床世锦赛男子个人第一名，2014年仁川亚运会蹦床项目男子个人第二名，2017年天津全运会蹦床项目男子个人第一名。

### 1.2　伤病情况

2017年6月初，涂某在训练时逐渐感到腰方肌和竖脊肌发紧发僵，无其他不适，继续坚持训练。至7月初，自我感觉肌肉僵硬感越来越明显，并出现肌肉酸痛症状，休息一晚后不

**作者简介：**庞象青（1973—），副主任医师，本科。研究方向：运动医学。

能缓解，影响第二天训练，遂进行诊断检查。

### 1.3 检查

双侧骶棘肌和腰三横突处腰方肌有明显压痛点，痛点处可摸到痛性条索状结节，腰部活动受限，经核磁检查，排除腰部器质性病变。

### 1.4 诊断

腰肌劳损。

### 1.5 治疗

1.5.1 针灸治疗 针刺取穴：肾俞、气海俞、大肠俞、委中、阿是。常规消毒后针刺上述部位皮肤，取规格为0.3 mm × 75 mm毫针，直刺进针，进针时以捻转法慢慢进针，使针刺得气，得气后留针20 min。每日治疗1次，共治疗15次。

1.5.2 手法治疗 在针灸治疗后配合手法治疗，主要运用按揉、推、点、弹拨、滚、抖、擦等手法在腰背部治疗，有疏通经络、松解筋膜、理筋整复之效。手法应轻柔舒缓，刚柔并济，力量应连绵不断、变化自然，同时与意念、呼吸及动作协调配合，使手法柔和并具有渗透性。起始手法宜轻且柔，当弹拨手法作用于疼痛部位或痛性条索状结节或肌痉挛处时，可适当加重力量，以局部酸胀、运动员能耐受为宜；擦、推的手法多用在腰骶部，以局部透热为宜；使用点、滚的手法目的是松解粘连，解除痉挛，促进血液循环，改善劳损处营养供应，促进恢复。整套手法治疗每次约30 min。

1.5.3 配合物理治疗 以超声波治疗为主，目的是消炎，改善损伤肌肉局部微循环。

### 1.6 体能康复训练

采取的措施是提高腰部抗负荷的练习，包括加强腹背肌等核心肌群的练习。采取动静态配合的方法：动态措施采取仰卧两头起、俯卧两头起等，静态措施采取腹肌静控练习、背肌静控练习等。这样可以有效增强核心肌群力量，减少腰部劳损的出现。具体方法如下。

1.6.1 背桥训练方法 取仰卧屈膝体位，双手交叉置于胸前，脚跟和肩部用力将身体支撑，努力使身体保持直线，每次支撑30 s；力量恢复后增加训练难度，采取双足背屈体位，双下肢内收肌静力性收缩，抬高一侧下肢，每次支撑30 s。

1.6.2 侧卧支撑训练方法 用一侧前臂和双脚着地支撑，保持身体在一条直线上30 s。每组训练内容包含背桥以及侧卧支撑各5次，训练5组，组间间隔2 min。根据运动员腰肌劳损恢复情况及体能情况选择动作难度进行训练。以上训练每天1次。

1.6.3 体能康复训练 30天内每周周一、周三、周六下午增加以下体能康复训练，训练方法见表1。

表1　体能康复训练内容

| 动作名称 | 负荷 |
| --- | --- |
| 自行车 | 5 min |
| 平衡碟皮筋弓步蹲起 | 3 组 ×60 s |
| 三点水 | 2 组 ×6 次 |
| 腹肌大全（加对抗） | 左右各 10 次 |
| 瑞士球缓慢背伸展 | 2 组 ×10 次 |
| 瑞士球快速背伸展（单手上举） | 2 组 ×12 次 |
| 瑞士球仰卧单腿平衡 | 2 组 ×60 s |
| 俯卧静力两头起 | 2 组 ×60 s |
| 药球转体 | 2 组 ×60 s |
| 侧向抛球 | 2 组 ×20 次 |
| 侧卧转体 | 2 组 ×30 s |
| 瑞士球弹力带转体 | 2 组 ×20 次 |
| 瑞士球药球转体 | 2 组 ×20 次 |

### 1.7　治疗结果

经过上述15次治疗和30天体能康复训练，症状消除，运动员恢复正常训练，并于同年9月参加了在天津举办的全运会蹦床比赛，取得男子个人第一名的好成绩。

## 2　分析与讨论

### 2.1　腰肌劳损发病原因

为了维持腰椎活动的稳定性，椎体周围的肌肉以相反的方向互相交叉排列，主要有竖棘肌、腰方肌、多裂肌等。这些肌肉的作用是保护腰椎，维持稳定，防止过度弯曲和轴向旋转。当运动员在空中完成各种空翻转体动作时，这些肌肉受到不同方向力的牵拉，当外力超过肌肉自身承受能力时，富有弹性的肌纤维撕裂、水肿、出血、局部增厚，导致弹性减退而变僵硬，出现条索状结节，进而导致肌肉慢性劳损症状的出现；维持腰椎稳定的深层肌肉包括多裂肌、腹横肌、腰大肌等，它们紧贴脊柱，相较整体运动肌耐力好，可长时间维持运动员完成各种动作时脊柱节段稳定。这些肌肉的力量薄弱导致腰肌劳损。平时常规体能训练侧重于大肌群的训练，容易忽视维持腰椎稳定的深层肌肉的训练，造成运动员普遍性深层肌肉力量薄弱的现状，这样，当运动员处于大运动量训练或高强度比赛时，很容易由于深层肌肉力量薄弱引起躯体屈伸、旋转活动的相关肌肉发生代偿，加大辅助维持平衡做功，从而加速腰椎周围肌肉的疲劳、撕裂出血，导致肌肉痉挛，最终腰肌出现劳损。

2.2 腰肌劳损预防措施

2.2.1 加强核心肌群训练 加强核心肌群训练可确保脊柱的对称性和稳定性。应以体能训练为手段，以伤病治疗为切入点，以预防为主，将防伤防病放在首位，在去除伤病的同时最大限度地提高运动能力，强化人体腹部肌群、背部肌群、横膈肌、骨盆底肌等核心肌群的训练；应加强核心力量的训练和全身力量的均衡对称发展；应有整体观念，重视全身力量的均衡对称发展，保障蹦床运动员在网上起跳、空翻转体运动时有一个稳定又灵活的脊柱平台。

2.2.2 重视腰部负荷的适宜安排，做好医疗监督防护工作 腰部训练负荷过重是造成运动员腰肌劳损的主要原因。蹦床运动员腰肌劳损都与其过度使用腰部有关。蹦床运动员训练时，技术动作周而复始，完成动作所需各肌群持续做功，每天大量训练时腰部持续积累负荷和刺激，疲劳加深，从而引起腰部组织微细结构劳损和退行性改变，破坏了内在稳定性。这也是蹦床运动员腰部劳损居于损伤首位的原因。因此，应重视专项训练中腰部负荷的适宜安排，防止腰背部肌肉过度使用，特别是对已有腰部损伤的运动员而言，应定期进行多医学指标的体格检查，根据检查结果安排适宜的专项训练，防止其过早产生运动疲劳性损伤。

2.2.3 强调动作质量 当运动员练习多空翻周数、多转体度数、早转、后空翻的技术动作和成套动作间的连接技术时，教练员要严抓运动员技术规格，及时纠正错误动作，时刻注意正确姿态的保持。教练员要指导运动员从优秀运动员中寻找他们的共性技术。这个共性技术就是他们动作标准的原因，也是他们能够不受伤或少受伤的保障。因此，学习优秀运动员的共性技术，可以减少在技术方面引起的损伤。

2.2.4 重视心理情绪训练和心智训练 运动员心理情绪训练和心智训练应被纳入训练计划，应安排专门的训练课，加强对运动员注意力和情绪调控能力的训练。加强对运动员的安全教育，增强其自我保护意识，使其能够及时向教练员和队医反映身体状况并积极配合防治工作。

## 3 结语

通过对该病例的治疗和体能康复训练，我们发现对于蹦床运动员腰肌劳损的治疗要采取动静态结合、早发现早治疗的思路，采取多种方式综合治疗，这样运动员才能更快、更好地恢复身体，尽早投入专项训练。